清末民初词汇研究

张烨◎著

2013年国家社科基金重大项目
『百年汉语发展演变数据平台建设与研究』，项目批准号为：13&ZD133。

中国社会科学出版社

词汇研究

图书在版编目（CIP）数据

清末民初词汇研究／张烨著．—北京：中国社会科学出版社，2019.8
ISBN 978-7-5203-5109-6

Ⅰ．①清…　Ⅱ．①张…　Ⅲ．①汉语-词汇-研究-近代　Ⅳ．①H134

中国版本图书馆 CIP 数据核字（2019）第 209259 号

出 版 人　赵剑英
责任编辑　任　明
责任校对　李　剑
责任印制　郝美娜

出　　版　中国社会科学出版社
社　　址　北京鼓楼西大街甲 158 号
邮　　编　100720
网　　址　http：//www.csspw.cn
发 行 部　010-84083685
门 市 部　010-84029450
经　　销　新华书店及其他书店

印刷装订　北京君升印刷有限公司
版　　次　2019 年 8 月第 1 版
印　　次　2019 年 8 月第 1 次印刷

开　　本　710×1000　1/16
印　　张　33.75
插　　页　2
字　　数　553 千字
定　　价　128.00 元

序　言

清代末年到民国初年在汉语的发展史上占有非常重要的地位，笔者的太老师王力先生把这一阶段，即从 1840 年鸦片战争到 1919 年五四运动，定位为近代汉语与现代汉语的过渡阶段（见《汉语史稿》第 35 页，中华书局 1980 年版）。但是，时至今日，我们对这一阶段的总体面貌及过渡特征、其在汉语发展史中承上启下的作用及其具体表现等却所知甚少。

十余年前，笔者发文，首提“清末民初语言研究”的概念，并对其个性和特点、研究的意义和价值，以及研究内容等，进行了初步的讨论（见《试论清末民初语言的研究》，《励耘学刊》2008 年第 2 辑）。在本人 2013 年投标成功的国家社科基金重大项目“百年汉语发展演变数据平台建设与研究”（项目编号 13&ZD133）中，列了一个“清末民初语言研究”的子课题，具体包括以下三项内容：一是本阶段的词汇研究，二是本阶段的语法研究，三是本阶段一种独具特色且影响深远的文本形式——以梁启超为代表的“新民体”语言研究。经过五年时间高强度的工作，该子课题的研究工作基本告竣。

张烨博士的《清末民初词汇研究》就是与第一项内容相对应的研究成果，在其即将先行付梓的时候，应作者之邀，简单地介绍该选题形成的来龙去脉，以及该成果的主要内容及特色。

近年来，以本阶段语言（主要是词汇）为对象的研究成果渐多，特别是一些硕、博士论文，其中也不乏一些水平较高的成果。但是，总体而言，相关成果或者仅局限于某一类语料，或者只着眼于词汇的某一部分，因此使人多少有些“只见树木、不见森林”的感觉。本书则以本阶段词汇的整体为考察对象，而这也成为它的一个重要、鲜明的特色。书中按本土词与外来词分为上下两编，上编研究了构词、造词和词形，以及词义的演变；下编不仅探究了外来词的词义系统，还进一步分别考察了西源与日源外来词传入及融入汉语的过程、表现及特点等。

在具体的操作层面，本书有两点令人印象特别深刻：其一是语料丰赡，特别是大量使用了以往相关研究中要极少用到的语料，如早期由西方传教士所主办的新闻类期刊《遐迩贯珍》《六合丛谈》等，以及由钟淑河先生主编，湖南人民出版社出版的《走向世界丛书》，电子语料如计有7500余万字的台湾中研院“近代史数位资料库”等。其二是“考据式”的研究与呈现方式，主要表现在纵与横两个维度上：就前者来说，作者是汉语史出身，博士论文做的是汉译佛经词语研究，所以对本土新词语，经常是由古到今梳理出一条非常清晰的发展线索；就后者来说，在外来词特别是日源外来词方面，表现尤为明显：对于一个词，通常先是征引最早的书证，确定其引入时间，再旁征博引各种语料，特别是外国人编写的一些早期双语词典等，考证其词形、词义等的发展变化等。所以，书中的一个词条动辄近千字，而全书更是煌煌四十余万字之巨。

就风格而言，本书符合我们重大项目的总体旨趣与追求：以“描写”为主，我们试图通过各个方面的考察，先摸清此期语言及其使用的“家底”，了解其基本的面貌，从而为进一步的全面、深入研究打下坚实的基础。就这一点来说，本书相当出色地完成了它的任务，并使清末民初词汇研究达到了新的高度。

是为序。

刁晏斌
2019年春于北京

目　　录

上编　清末民初本土词研究

第一章　绪论 ………………………………………………………… (3)
　第一节　清末民初历史社会状况概述 …………………………… (3)
　第二节　清末民初词汇系统概况 ………………………………… (5)
　第三节　语料的选取 ……………………………………………… (12)
　　一　本土词的语料来源 ………………………………………… (12)
　　二　西源外来词的语料来源 …………………………………… (14)
　　三　日源外来词的语料来源 …………………………………… (15)
　第四节　研究方法 ………………………………………………… (17)
第二章　本阶段构词法研究 ………………………………………… (20)
　第一节　联合式复合词 …………………………………………… (22)
　　一　联合式复合词的语义构成 ………………………………… (22)
　　二　联合式复合词的语法构成 ………………………………… (51)
　　三　此期联合式复合词的主要特点 …………………………… (59)
　第二节　偏正式复合词 …………………………………………… (66)
　　一　偏正式复合词的语义构成 ………………………………… (67)
　　二　此期偏正式复合词的特点 ………………………………… (133)
　第三节　动宾式复合词 …………………………………………… (139)
　　一　词例分析 …………………………………………………… (139)
　　二　此期动宾式复合词的特点 ………………………………… (151)
　第四节　主谓式复合词 …………………………………………… (153)
　　一　词例分析 …………………………………………………… (154)
　　二　此期主谓式复合词的特点 ………………………………… (158)

第五节 动补式复合词 ……………………………………………… (159)
第六节 附加式复合词 ……………………………………………… (162)
一 此期附加式复合词概述 ……………………………………… (162)
二 具体类型及典型词例分析 …………………………………… (164)
第三章 本阶段造词法研究 …………………………………………… (187)
第一节 语法造词 …………………………………………………… (188)
一 此期语法造词的基本概况 …………………………………… (188)
二 语法造词的理据研究 ………………………………………… (189)
第二节 修辞造词 …………………………………………………… (201)
一 比喻造词 …………………………………………………… (202)
二 借代造词 …………………………………………………… (216)
第三节 简缩造词 …………………………………………………… (226)
一 简缩造词的类型及特点 ……………………………………… (227)
二 此期简缩词的音节特点 ……………………………………… (235)
三 原式与简缩词的关系 ………………………………………… (237)
第四节 其他造词法 ………………………………………………… (239)
一 委婉造词 …………………………………………………… (239)
二 仿词 ………………………………………………………… (244)
第四章 已有词语意义演变研究 ……………………………………… (248)
第一节 词汇意义的演变 …………………………………………… (248)
一 一个词的意义的演变情况 …………………………………… (249)
二 词的一个意义的演变情况 …………………………………… (262)
第二节 色彩义的演变 ……………………………………………… (274)
一 感情色彩的产生与变化 ……………………………………… (274)
二 时代色彩的产生及变化 ……………………………………… (278)
三 地方色彩的产生与变化 ……………………………………… (283)
四 形象色彩的产生与变化 ……………………………………… (287)
五 语体色彩的产生与变化 ……………………………………… (290)
第五章 复音词的词形问题 …………………………………………… (293)
第一节 同素颠倒词 ………………………………………………… (294)
一 同素颠倒词的确立及特点 …………………………………… (294)
二 此期同素颠倒词的使用情况调查 …………………………… (300)

第二节　异形同义词 …………………………………………… (305)
一　命名方式不同形成的异形词 ………………………………… (306)
二　全、简并存形成的异形词 …………………………………… (313)
三　书、语并存形成的异形词 …………………………………… (315)
四　新、旧并存形成的异形词 …………………………………… (317)
五　方言与通语并存形成的异形词 ……………………………… (320)
第三节　异形外来词 …………………………………………… (323)
一　音译、意译并存 ……………………………………………… (323)
二　音译差异 ……………………………………………………… (326)
三　意译差异 ……………………………………………………… (327)
四　全、简并存 …………………………………………………… (328)

下编　清末民初外来词研究

第一章　西源外来词研究 …………………………………………… (331)
第一节　西源外来词的传入过程及总体特点 ……………………… (331)
第二节　西源外来词的基本类型 ………………………………… (335)
一　清末民初外来词概述 ………………………………………… (335)
二　清末民初西源外来词的基本类型 …………………………… (336)
第三节　西源外来词的音译规律 ………………………………… (379)
一　音译词的产生理据及其作用 ………………………………… (379)
二　外来词音译的规律和特点 …………………………………… (385)
第二章　日源外来词研究 …………………………………………… (442)
第一节　日源外来词概况 ………………………………………… (442)
一　日源外来词的产生背景 ……………………………………… (442)
二　日源外来词的界定及分类 …………………………………… (446)
第二节　日源外来词的类型 ……………………………………… (448)
一　原语借词 ……………………………………………………… (449)
二　回归借词 ……………………………………………………… (456)
第三节　日源外来词的结构及特点 ……………………………… (460)
一　日源外来词的内部结构 ……………………………………… (460)
二　日源外来词的特点 …………………………………………… (465)

第三章 外来词词义系统研究 ……………………………… (469)
第一节 清末民初外来词的语义类别研究 ……………………… (469)
一 西源外来词的语义类别研究 ……………………………… (470)
二 日源外来词的语义类别研究 ……………………………… (496)
第二节 外来词与原词的意义关系 ……………………………… (508)
参考文献 ……………………………………………………… (528)
后记 …………………………………………………………… (532)

上编　清末民初本土词研究

第一章

绪 论

第一节 清末民初历史社会状况概述

在 17、18 世纪的西方世界，许多国家相继经历了资产阶级革命，特别是从 18 世纪 60 年代开始，爆发了几次工业革命，极大地改变了世界的政治、经济、文化面貌和国际形势格局，也直接推动了世界近代化的进程，这股强劲的历史潮流开始向全世界蔓延开来，在中国，虽然也受到了这股潮流的影响，但由于其本身与西方国家有着截然不同的文明传统，所以它的近代化过程也有自身的特性。

具体说来，中国社会的近代化变革始于 1840 年爆发的中英鸦片战争，这是中国近代史的开端，也使中国由封建社会逐步走向了半殖民地半封建社会。在变革的早期，虽然西方列强迫使清政府签订了一系列不平等条约，但中国“天朝上国”的思想仍是根深蒂固的。例如，《清实录·宣宗成皇帝实录》中便有这样的话：“此次英夷犯顺，江南各营将备员弁。”从中可以看出，当时的清廷把西方殖民侵略认为是一种“叛乱”，这很显然是受了中国封建王朝固有的华夷秩序和宗藩体制的影响。再如，1847 年有一位英国传教士曾在琉球定居，当时的道光皇帝对此做出的反应是：“佛英（即佛朗西和英国）二国，不应扰我属国”①。当时所签订的不平等条约，如《南京条约》等，也被看作一种“羁縻政策”②，清廷认为只

① 转引自费正清《中国的世界秩序：传统中国的对外关系》，中国社会科学出版社 2010 年版，第 267 页。

② “羁縻政策”这个术语引自胡中安、陈粹华《民族区域自治法学》，中央民族大学出版社 1994 年版，第 20 页。这个术语指的是封建统治者的一种间接统治方法，其中“羁，马络头也；縻，牛纼也”，指对少数民族像对牛马一样进行羁縻，这是中国大民族统治阶级从汉朝开始实行的一贯手段。

要给予夷人一定的经济和物质利益，就能继续维持自己的封建统治，连当时负责与洋人谈判的钦差大臣耆英也认为“战则士气不振，守则兵数不敷，舍羁縻之外，别无他策”①。从这一系列行为可以看出，在19世纪中叶，面对西方列强和资本主义的入侵，固守着天朝上国思想的中国人对异民族和外来文化有着一种本能的排斥心理，可以说很少有人能认识到这种近代化的潮流，更谈不上顺应它。

随着1856年第二次鸦片战争的爆发，当时的清政府受到了重创，在八里桥一役中损失了三万精兵，领土和主权被进一步侵犯。此外，当时的皇家公苑圆明园被烧毁，统治者咸丰皇帝也在1861年病逝，显然，如果再继续抱持着天朝上国的思想，已很难维持国家的稳定，“变革”是当时唯一的途径。自19世纪60年代开始，恭亲王奕訢和朝臣曾国藩、李鸿章等人发起了一场以“师夷长技以制夷”为目标的“洋务运动”。这场持续了三十余年的运动确实取得了一定的成就，如兴办民用工业、创立海军等，但是这种变革从本质上来说只是一种“器物层次”的改良。中国人千百年来所固有的自信和自尊已根深蒂固，所以即使如林则徐这样的有识之士，在谈及中西差距时也只是说“徐尝谓剿匪八字要言，器良技熟，胆壮心齐是已。第一要大炮得用，今此一物置之不讲，真令岳韩束手，奈何奈何！”②换句话说，军事上的失利已经让人们意识到“器不如人”，但至多只是学习效仿西方的先进技术和武器装备，对西方人及西方文明的抵触和排斥并未发生改变，这也导致无法从制度上进行彻底的革新。

直至19世纪末期，中日爆发甲午战争，虽然中国已在洋务运动时期建立了“北洋水师”，可以说军事实力上升较为迅速，但是面对亚洲小国日本，一直在硬实力上占有优势的中国却遭遇惨败，致使半殖民地化程度也大大加深。究其原因，日本在19世纪后半期经历了“明治维新”以后，逐渐走上了近代化的道路，并迅速跻身于世界强国之列，而此时的清朝即使有了洋务运动的促进，但其本质并未发生改变，所以仍然免不了失败的命运。可见，洋务运动并不能从根本上挽救清朝的衰落，唯有从“器物”上升到“制度”，才是真正的变革。

在转向制度革新的过程中，中国经历了由康有为、梁启超所引导的维

---

①《筹办夷务始末》道光朝卷4，第1813页。

② 转引自蒋廷黻《中国近代史》，江苏人民出版社2014年版，第22页。

新运动“戊戌变法”，也经历了由孙中山所发起的“君主立宪”，还有后期的“辛亥革命”，这些事件无一例外都以“变法”和实行“新政”作为前提，以积极吸纳西方文化，改革政治、教育制度为主要内容。例如，甲午战争之后，康有为曾向当时的皇帝上万言书，明确提出“拒和、迁都、变法”的主张。虽然变法终告失败，但这种改良运动使人们认识到“变”才是古今通理，并激起了新一轮向西方寻求救国真理的浪潮，也为“五四运动”奠定了基础。直至1912年，宣统皇帝退位，“中华民国”成立，中国两千多年的封建帝制正式终结。政治体制上的改变也亟待人们思想意识的进一步解放。民国初年，由陈独秀、鲁迅、胡适等发起的“新文化运动”就是对统治中国数千年的传统礼教的一次沉重打击，它促进了知识分子的觉醒，也为马克思主义在中国的传播打下了基础，更为中国共产党的诞生创造了有利条件。

总的来说，中国的近代史实际上就是一部社会文化转型的历史，也是中国从传统的农业宗法、君主专制社会走向工业化和民主化社会的历史。从清朝末年到民国初年，中国受到了西方殖民侵略的强大冲击，也经历了改良中兴、战败与觉醒的阶段，有人把当时的状况描述为“数千年未有之大变局”①。可以说，清末民初是整个近代史中比较独特而又不可或缺的一段，在语言及其发展上也有很多阶段性的特点，而这也正是我们选择这个时段入手，来进行词汇研究的重要原因之一。

第二节　清末民初词汇系统概况

“清末民初”这一指称形式广泛出现于中国近代史以及相关社会文化研究的文献中。但是，人们对这一时间段的划定并不完全一致，我们这里采取刁晏斌先生的看法，把这一阶段的起止时间定在1840年鸦片战争结束到1919年五四运动前夕②，而清末民初的语言研究就是对这一时间段内的各种语言现象进行的考察与分析。

上文我们对清末民初的社会发展状况做了简要的概述，可以说，此期的中国社会经历了前所未有的重要变革，而造成这种变革的主要原因在

① 李鸿章：《复朱九香学使》，《李文忠公全书》，朋僚函稿，卷6，第37—38页。

② 刁晏斌：《试论清末民初语言的研究》，《励耘学刊》（语言卷）2008年第2辑。

于，随着西方列强在军事和贸易上的侵略，中国社会不得不开始接受大量反映西方近代文明的新概念和新思想，而东西方文化的碰撞、接触势必会给语言造成深刻的影响，正如陈望道所说："语言分内发语和外来语，前者是本地自造的，后者从外路输入的。引线是外路的知识、新事物、新势力的输入"①。事实上，任何一种有生命力的语言都会在与其他语言接触的过程中不断发展，它可能从别的语言中直接借用一些本来没有的语言形式，也可能向外输出别的语言中所没有的成分。如果外来语言与本土语言有类似的语言形式，彼此之间可能还会产生竞争和淘汰。这种语言的吸纳和汰选在社会转型时期尤为突出，由此也使得此期的汉语产生了较大的变化。

众所周知，词汇是语言三要素中最灵活易变的，它对社会文化有着极为强烈的依附性。随着社会经济、文化等方面的发展，新事物、新概念层出不穷，相应地也会产生新的词语形式来指称与表达。相反，当旧事物被社会淘汰时，旧的词语就会失去生命力，随着时间推移也会逐渐消亡。面对这种词汇系统的巨变，有人曾用如下诗句做了生动的描绘："欧风兼美雨，过渡到东方；脑蒂渐开化，眼帘初改良；个人宁腐败，团体要横强；料理支那事，酣眠大剧场"②。诗中一语点明了当时西学东渐的浪潮之巨、之猛，寥寥数语中用了很多新词，如"欧风""过渡""脑蒂""开化""改良""眼帘""团体"等。虽然作者的本意是讽刺当时人们一窝蜂滥用新词语的现象，但其时新词新语大量涌现的状况却由此可见一斑。

此外，从语义的角度来看，随着人们对事物产生新的认识，一些本土固有词语的意义也会发生相应的改变，例如语义内容的深化和丰富、语义范围的扩大或缩小等，而外源词在进入汉语词汇系统的过程中以及进入后，势必要经过一个汉化的阶段，其语义往往受汉语习惯或文化心理等的影响而产生变化，从而出现外来词与源词语义不相契合的情况。

清末民初是造词的高峰时期，依据其发展速度及动因还可以细分为以下几个阶段：

第一阶段，鸦片战争以前，中国已开始出现西方传教士的身影，例如马礼逊、米怜陆续来华，并展开了文书传教的活动。在此期间，虽然翻译

① 陈望道：《文法革新问题答客问》，《学术杂志》第二辑 1940 年第 3 期。

② 选自清末民初李宝嘉所著《南亭四话》中的《新名词诗》之三。

出版了《英华字典》《广东省土话字汇》等书，但外来语言的传入及发展整体较为缓慢，并没有形成太大的规模。

第二阶段，鸦片战争爆发以后，西方殖民侵略敲开了中国封建闭锁的大门，随着国门被迫打开，对西方传教士的迁移、居住、传教等方面的限制也被迫取消。西方人在此期间大力发展翻译业，由传教士麦都思、美魏茶、慕维廉、艾约瑟等于1843年创建的“墨海书馆”是最早采用西式汉文铅印活字印刷的出版机构。墨海书馆还培养了一批通晓西学的学者，如李善兰、王韬等，其翻译出版的书籍涉及面较广，如介绍科学知识的《代微积拾级》（罗密士撰 李善兰译，1859年）、《代数学》（德·摩根著，李善兰、伟烈亚力译，1859年）、《博物新编》（合信撰，1855年）、《植物学》（韦廉臣著，艾约瑟译，1858年）、《全体新论》（合信、陈修堂编撰，1851年）。再如，介绍宗教的《使徒保罗达罗马人书》（麦都思、王韬译，1857年）、《使徒保罗达哥林多人前书》（麦都思、王韬译，1858年）、《新约全书》（麦都思、王韬译，1861年）。虽然墨海书馆于1863年关闭，但在此后陆续出现了许多新的译学馆，包括京师同文馆、江南制造总局翻译馆等，它们翻译的书籍众多，门类较广，而且被翻译语言也在英语的基础上增加了法语、德语、日语等。这些译学馆作为清政府及国人了解西方世界的窗口，对于新词新语的输入也起到了重要的推进作用。

第三阶段，1895年甲午战争之后，中国社会已进入半封建半殖民地阶段，此期的西书翻译者已不再像前期那样抱着一种求知的平和心态，而是具有“以译书为强国第一义”① 这样的历史责任感。所以，西书的引进比较审慎，译介范围也更倾向于社会科学、政治法律等方面，同时还大量翻译日文书籍，或者从日语转译西书。以上这些因素都极大地推动了西学及外来词语的引进，以及汉语词汇系统的发展。

有学者对清末民初的词汇发展特点做了概述，例如王力先生认为：“鸦片战争以后，中国社会起了急剧的变化，随着资本主义萌芽，社会要求语言用工作上需要的新的词和新的语来充实它的词汇。特别是1898年（戊戌）的资产阶级改良主义运动前后，‘变法’的中心人物和一些开明人士曾经把西方民主主义的理论和一般西方文化传播进来，于是汉语词汇

① 引自梁启超《变法通议》第七章《论译书》，1896年。

里需要增加大量的哲学上、政治上、经济上、科学上和文学上的名词术语。”① 像今天习见的“议院、赔偿、商业、证券、折扣、电影、美感”等词，都已出现在当时的报刊及文学作品中。由此可以看出，社会的巨变导致了词汇系统的大幅度扩充。在这些新兴词语中，有一部分所表达的事物或概念与西学传入没有关联，如“实牢”“养伤”“惨剧”等，它们完全是本土新造词，不过这部分词的数量并不算多。更多的新词反映的是外来的事物或概念，但采用的是本土语素及固有的构词法，如“电报”“波谷”“不等式”等。这种类型属于意译词范畴。由于后者涉及的词例较多，而且它们的产生与社会的巨变息息相关，所以也是我们重点讨论的对象。

清末民初，掀起了轰轰烈烈的“国语运动”和“白话文运动”，它们对于此期的词汇发展也起到重要的推动作用。我们知道，从唐宋以后，书面语越来越趋于口语化，出现了接近口语的“变文”“语录”等文体，还有明清时代涌现的章回体小说等，但是真正使口语成为通用的书面语还是受到了白话文运动的影响。例如，胡适作为白话文运动的先驱，在发表于1917年《新青年》第2卷的《文学改良刍议》中，提出八大主张：“需言之有物；不模仿古人；需讲求文法；不做无病之呻吟；务去烂调套语；不用典；不讲对仗；不避俗字俗语。”诸如“寥落、虫沙、归梦、鹃啼、雁字、玉楼、残更”等文言常用词语，被胡适称为“滥调、套语”，从中也可以看出当时进步人士对与口语脱节的文言文持排斥和反对的态度。随后，在陈独秀、鲁迅等人的倡导与践行下，“五四”时期中国正式开辟了一个白话文学的新纪元。由此产生的直接影响是，口语词汇在历史上第一次正式取得了文学语言的地位，为中国民族共同语的发展奠定了基础。②

除此以外，由于受到西方资本主义文化传播的影响，此期汉语的发展速度是前所未有的，与此同时，也出现了许多没有规范的混乱现象，主要是一义多形问题突出，具体有以下几种表现。

其一，音节多少不一。例如“毛细血管—毛细管、骆驼绒—驼绒、芥子末—芥末、牛痘苗—痘苗、火轮船—轮船、生产物—产物”等，这种类型一般都体现在由简缩成分与非简缩成分构成的一组对应词中。

---

① 王力：《汉语史稿》，中华书局1980年版，第516页。

② 潘允中：《汉语词汇史概要》，上海古籍出版社1989年版，第11页。

其二，语素顺序不同。例如“稳定—定稳、竞争—争竞、煤烟—烟煤、稽查—查稽、懊丧—丧懊、搜查—查搜、光荣—荣光、减少—少减”等，这种类型属于此期非常多见的“同素颠倒词”。

其三，歧异字形并存。例如“百叶窗—百页窗、草帽缏—草帽辫、车厢—车箱、车站—车栈、电灯—电镫、番茄—蕃茄、器具—器俱”等，这种由异体字形成的异形同义词在此期也非常多见。

以上类型更多着眼于本土自造词或以汉语固有语素和构词法形成的意译词，当然，受到“书面语与口语”“方言与通语”等因素的影响，也会出现一定数量的异形同义词，不过其数量不如以上几类那么多。除此以外，此期还涌现大量音译外来词，受其影响，一义多形问题变得更加突出与复杂，具体主要有以下几种情况。

其一，音译、意译并存。由于外来词的大量涌入，对于同一事物可能会出现音译、意译的对应形式，例如“吉贲—长臂猿、涅伏—神经、透平—水轮机、安琪儿—天使、杯葛—联合抵制、哀的美敦书—最后通牒、芝士—奶酪”等。

其二，音译差异。由于译者可能受到方言、字义等影响，同一事物可能存在多种音译形式，例如“吨—敦、皮酒—啤酒、咖啡—喀啡、库伦—库仑、吗啡—玛啡、雪茄—雪加、鸦片—丫片、吉他—吉它、罗曼斯—罗曼司、阿司匹林—阿斯匹林”等。

其三，意译差异。因为意译也可能出自不同人之手，选择自然会有所不同，由此形成差异。例如“番茄—西番柿、沸点—沸度、导体—引电质、电灯—自来月、棒球—棍球、白宫—白屋、小资产阶级—过渡阶级”等。

一般来说，一义多形现象在词语创制初期往往大量出现，但涉及的一对或一组词，其使用频率往往是不同的，有时还相差较大，所以多数情况下今天留存到现代汉语中的也仅有一对中的更加常见与常用的那一个。有关上述现象及其产生的原因，我们会在后文进行探讨。

以往的一般情况是，研究近代汉语的，其时间下限通常设定为明末清初，而研究现代汉语的，通常会从五四运动开始，即如潘允中《汉语语法史概要》所说：“自宋元明清至鸦片战争以前，是汉语史的近代时期……‘五四运动’以后为现代。”[①]这样，就导致清末民初的语言往往

① 潘允中：《汉语语法史概要》，中州书画社 1982 年版，第 17—18 页。

处于一个“两不管”的地带。事实上，此期应是汉语史重要的一环，它处于汉语发展史的过渡阶段。王力先生在《汉语史稿》中就明确指出，从 1840 年鸦片战争到 1919 年五四运动为近代汉语与现代汉语的过渡阶段。①

众所周知，语言发展演变并非突变，而是在日积月累中逐渐发生的，清末民初恰好处于这个变化过程中，所以它能在一定程度上体现语言系统性变化的动态发展过程。特别是由于受到外来语言的影响，此期的语言现象丰富多彩，与此前的语言有着较大区别，因此应当花大力气进行深入系统的研究。

从实际状况来看，对此期语文进行系统、分要素以及分专题的研究已取得了一定成果。就词汇方面而言，主要有以下方面。

第一，对此期词汇的特点和发展情况进行概述。典型论文如刁晏斌《试论清末民初语言的研究》(《励耘语言学刊》2008 年第 2 期)、黄振萍《晚清白话问题研究》(《清华汉学研究》2000 年第 3 期)、伍民《五四以来汉语词汇的一些变化》（《中国语文》1959 年第 4 期)、汪允《浅谈“五四”时期汉语词汇的几个特点》（《运城学院学报》2004 年第 1 期)等。另外，有关这方面的论述还散见于一些汉语史著作中，如刁晏斌《现代汉语史》(福建人民出版社 2006 年版)，该书在“词汇”章节涉及了清末民初的构词与造词、词形以及词义发展等问题；北京师范学院中文系汉语教研组编写的《五四以来汉语书面语言的变迁和发展》（商务印书馆 1959 年版)，该书虽以“五四运动”以后的汉语作为研究主体，但也包括了民国初年的词汇状况，例如创制新词、吸收方言词、外来词以及构词法发展等方面都有涉及；马西尼《现代汉语词汇的形成》（汉语大词典出版社 1997 年版)，该书除了介绍晚清时期的语言和历史状况以外，更多关注于此期涌入的大量外来词，对它们的类型、传入过程做了详尽探讨；再如王力《汉语史稿》（中华书局 1980 年版)、潘允中《汉语词汇史概要》(上海古籍出版社 1989 年版)、袁宾《近代汉语概论》（上海教育出版社 1992 年版)、［日］太田辰夫著，江蓝生、白维国翻译的《汉语史通考》(重庆出版社 1991 年版)、徐时仪《汉语白话发展史》（北京大学出版社 2007 年版)、周光庆《汉语与中国早期现代化思潮》（黑龙江教育出

① 王力：《汉语史稿》中册，中华书局 1980 年版，第 35 页。

版社 2001 年版）、高建平《汉语发展史》（哈尔滨工程大学出版社 2007 年版）等，这些专著中也多少涉及了清末民初词汇的特点和发展。

第二，从专著词汇的角度入手进行探究。典型论著如张美兰《〈语言自迩集〉中的清末北京话口语词及其贡献》（《北京社会科学》2007 年第 5 期）、原新梅《〈新青年〉中的外来词——兼谈“五·四”新词汇的特点》（《渤海大学学报》2006 年第 2 期）、杨霞《初期现代汉语新词语研究——以〈东方杂志〉（1911—1921）为语料》（河北大学博士学位论文，2011 年）、张威《晚清四大谴责小说词汇研究》（山东大学博士学位论文，2008 年）、林晓京《〈日清英露四语合璧〉的汉语语音词汇研究》（厦门大学硕士学位论文，2014 年）、张雪《〈杭州白话报〉白话词汇研究》（山东师范大学硕士学位论文，2015 年）、朱振伟《〈遐迩贯珍〉新词研究》（浙江财经学院硕士学位论文，2010 年）、凌素梅《〈六合丛谈〉新词研究》（浙江财经学院硕士学位论文，2013 年）、王琴《〈新青年〉的语言特点研究》（湘潭大学硕士学位论文，2007 年）、吴欣欣《从〈独秀文存〉看五四新词汇的特点》（《安徽史学》1993 年第 3 期）、顾亚芹《从新词产生的角度看〈申报〉词汇的时代性》（《文教资料》2009 年第 29 期）等。

第三，对此期出现的某类词，尤其是新词新语进行考察。代表性论著如刘晓梅《从四种近代史料看现代汉语前期词汇新现象》（《学术研究》2007 年第 2 期）、王宝红《论清代笔记中的现代汉语前期词汇新现象》（《咸阳师范学院学报》2008 年第 3 期）、杨端志《从清末民初科学小说新词语看“现代性”新词语的来源和发展——兼论“标志性子词语场”理论和“现代汉语词汇史”的起点》[《山东大学学报》（哲学社会科学版）2007 年第 1 期]、张蕾《都市新词语与社会生活变迁——以清末民初的上海（1843—1925）为中心》[《上海师范大学学报》（哲学社会科学版）2008 年第 3 期]、崔军民《萌芽期的现代法律新词研究》（中国社会科学出版社 2011 年版）、杨小勇《清末民初汉语同源词研究》（华中科技大学硕士学位论文，2007 年）、周琳娜《清代新词新义位发展演变研究》（山东大学博士学位论文，2009 年）、李娜《基于〈汉语大词典〉的民国词汇研究》（山东大学博士学位论文，2011 年）、李雪锋《早期现代汉语新词语研究》（济南大学硕士学位论文，2015 年）、尹延安《传教士中文报刊译述语言文化研究（1815—1907 年）》（华东师范大学博士学位论文，2013年）等。

总的来说，学者们虽然对这个时期的词汇给予了一定程度的关注，但是到目前为止，还没有人把清末民初作为一个共时平面，对其词汇系统，包括构词造词、词形、词义等方面进行全面研究。基于这一认识，本书尝试立足于这近百年的时间段，对其词汇的显现、发展及退隐等问题展开较为全面的讨论。

第三节 语料的选取

语言史的研究，材料是基础，基础打得不牢，研究得出的结论就不会可靠。[①] 清末民初横跨两个世纪，从1840年至1919年“五四运动”绵延了近100年的时间。在这段时期内，出现了大量不同文体、不同类型的文献资料，从中甄选出具有代表性的语料就显得尤为重要。关于语料的构成，我们尽量考虑到全面性、均衡性和代表性，例如，在使用书面语材料时也应兼顾口语，在书面语料中，大致涵盖了文学、新闻、政论、应用等文体。[②] 针对所研究对象的不同，我们分别介绍所选取的语料。

一 本土词的语料来源

首先，文学方面的语料主要选取了晚晴至民国初年的一些小说，如文康的《儿女英雄传》、李伯元的《官场现形记》、郑观应的《盛世危言》、刘鹗的《老残游记》、吴趼人的《二十年目睹之怪现状》等。此外，1919年“五四运动”前后，包括鲁迅、胡适、冰心等撰写的一些白话文作品，我们也作为参证，纳入收录的语料库中。新闻类的语料包括早期由西方传教士所主办的几种新闻类期刊，如《遐迩贯珍》《六合丛谈》等，它们均产生于第二次鸦片战争前后，但并非是纯粹意义上的宗教刊物，而是综合性的新闻期刊。本书主要参证的是上海辞书出版社于2005年、2006年出版的《六合丛谈：附解题·索引》以及《遐迩贯珍：附解题·索引》，二者均附有全文影印版。此外，由天津人民出版社编订的丛书《老新闻——民国旧事》，其内容涉及政治、文化、军事、经济等多方面，且主

① 蒋绍愚：《关于汉语史研究的几个问题》，《汉语史学报》2005年第00期。

② 刁晏斌：《现代汉语史》，福建人民出版社2006年版，第28页。

要来自当时的新闻报道，基本能还原当时的语言状态。该丛书共计 11 本，时间跨度从 1912 年民国元年直至 1949 年中华人民共和国成立，我们选取的是前三本（1912—1915、1916—1919、1920—1923）作为参考语料。除此之外，属于游记类或介绍异域风土人情的还有由钟淑河先生主编，湖南人民出版社出版的《走向世界丛书》，共计 27 种 20 册，例如曾纪泽《出使英法俄国日记》、薛福成《出使英法比义四国日记》、郭嵩焘《伦敦与巴黎日记》、张德彝《欧美环游记》、斌椿《乘槎笔记》、康有为《列国游记》、黎庶昌《西洋杂志》等，其中也记录了大量有关外国政治、经济、文化方面的新词。

其次，我们还利用电子数据库，收录了一些文集及历史语料，它们便于检索，可作为重要的参证。例如，由郑振铎主编、生活书店于 1937 年初印行的《晚清文选》，收录了 130 家近 500 篇文章，书中收录林则徐、严复、龚自珍、冯桂芬、薛福成、王先谦、谭嗣同、林纾、章太炎等人的众多文章，其内容涉及文集、日记、奏疏、函牍、手札等，总字数接近 90 万字，语言容量较大。再如，由台北市“中央研究院”近代史研究所开发的“近代史数位资料库（MHDB，Modern History Databases）”，整合了众多近代语料，目前开放申请的有“清代经世文编、近现代中国史事日志、内阁汉文题本专题档案、徐永昌日记、王世杰日记、新民说、晚清西学书目、清代奏折档案”等，目前总数量约 7500 余万字，作为检索语料是非常具有借鉴价值的。此外，还有由陕西师范大学开发的“汉籍全文检索系统”，收录了由清至民国共 1012 种常用文献，在收词、检索、词例等方面都提供了便利的条件。

最后，一些能反映当时语言状况的字词典也可以作为重要的参考资料。例如《新尔雅》，它是清末民初时期由中国留学生所编写的新语词典，主要收录了西洋的人文、自然科学概念、新兴术语等内容，尤其在医学、动植物、物理等方面所收录的新词数量众多，是以往少有的。我们这里参证的是上海辞书出版社编纂的《新尔雅：附解题 · 索引》。再如，由邢墨卿主编，新生命书局于 1934 年出版的《新名词辞典》，其中收录了 1300 余条新词，基本大部分产生于清末民初，内容包罗万象，涉及社会科学、哲学文艺、国际知识、自然科学及普通日常用语，它们普遍见诸当时的新闻杂志等。虽然收录词条不多，但该书重在新，而且词汇中也不乏口语词和方言词。另外还有 1937 年由黎锦熙、钱玄同主编，商务印书馆出版的《国语辞典》，也反映了20世纪上半叶的汉语词汇面貌。除此之外，香港中国语文学会组织编写的《近现代汉语新词词源词典》、上海辞书出版社编撰的《100年汉语新词新语大辞典》也收录了大量19世纪至20世纪中期所出现的新词，具有重要的参考价值。

二 西源外来词的语料来源

清末民初受到西学东渐的影响，大量新事物、新概念涌入中国，这使得此期外来词的数量骤增。为了研究的全面准确，我们对众多文献中的词汇进行了筛选和归纳。利用的语料主要包括以下两方面：一是各种外来词词典以及文献中带有的外来词词表，我们主要参证的是：（1）高名凯、刘正埮著于1984年的《汉语外来词词典》，该书共收录古今汉语外来词10000余条，且对每条外来词都做了探源，例如在词后标注源日、源英、源法等，这便于了解该词的语源。（2）1990年岑麒祥的《汉语外来语词典》，其中共收汉语外来词语4370条，作者也对原词的初始含义做了追溯和探源，便于归纳和统计。（3）2010年黄河清编著的《近现代辞源》，该书收近现代新词9500余条，其中以意译词、本土新词以及日语借形词为主，且该书在每个词条下会列出某词在历史上的多个名称，用◇进行标示，其中涉及大量音译外来词，如“单位”词条：“①记量事物的标准量的名称……◇准个、么匿，‘么匿’为英语unit（单位）之音译。”我们将这部分词典中收录的音译词也纳入词表中。（4）沈国威编著的《新尔雅：附解题·索引》，收录词语基本都产生于清末民初，虽然该书收词以日源外来词为主，但对西源外来词也有所涉及，如“埃尔姆斯光”等。该书体例一般为：“××，谓之××”，这里逗号前面是解释的话语，“谓之”后面的是要解释的新词，并在下面加点表示。该书还附有索引，分别为加点词以及说明部分的新词，因而有助于外来词的筛选工作。（5）邢墨卿主编的《新名词辞典》，收录了1300余条新词，其中不乏西源外来词，如“阿米巴”“马丹”等。（6）上海辞书出版社编撰的《100年汉语新词新语大辞典》，该书收录了大量19世纪至20世纪中期所出现的新词，其中也涉及了一些音译外来词。另外，意大利学者马西尼著于1997年的《现代汉语词汇的形成——十九世纪汉语外来语研究》中附了一份“十九世纪文献中的新词词表”，收录500余个新词，其中也有一些西源外来词，如“巴厘满”“伯理玺天德”等。再有刘禾著于2002年的《跨语际实践——文学、民族文化与被译介的现代性》中也附有外来词表，其中收录一些传教士译词以及来自日语的借词等。

二是从本土文献中析出的外来词，主要包括国人翻译的西方文献以及五四运动前后梁启超、鲁迅、郁达夫、冰心等人的作品。其中涉及了众多人名、地名和专门用语，如 1921 年郁达夫《银灰色的死》："一边这样想，一边他又想起'坦好直（Tannhaeuser）'里边的'盍县罢哈（Wolfran von Eschenbach）'来。"这里的"坦好直"就是歌剧"唐豪瑟"的旧译，"盍县罢哈"实际就是"埃申巴赫"。再如《青年杂志》第 1 卷 1916 年第 6 号中出现了"伊米儿"这一名称，这实际就是卢梭小说"爱弥儿"的另一译名。

三 日源外来词的语料来源

前人对外来词研究有很多丰硕的成果，清末民初记录日源外来词的原始资料也为数不少，不过，由于大多数日源词的外形与本土汉字词相同，所以筛选和甄别工作就尤为重要。另外，清末民初距今较久，很多原始文献难寻踪迹，所以应该尽量选取准确、全面的第一手资料。具体而言，我们主要集中在以下两方面语料的搜集。

一是各种字词典（还包括书籍中的日源词表）。词典是知识保存的媒介，它对日源词的吸收、总结和传播起到了重要的作用。其中词典类主要选取：（1）刘正埮《汉语外来词词典》（1984），该书明确标注了"源日"词语共计 892 条。（2）汪荣宝、叶澜编《新尔雅》（1903），从该书中总结出 231 条日源外来词①。（3）吴念慈主编《新术语词典》（1932），该书对日语新词有的标注了"（J）"，即"Japanese"，据此筛选出 179 条。（4）安莫仁 *Chinese New Terms and Expressions with English Translation*, *Introduction and Notes*，其中日语词后标注"J"，从中筛出 156 条日语词②。另外，清末民初的一些双语字词典亦有辅助参考的作用，如 1884 年井上哲次郎编《增订英华字典》、1908 年颜惠庆《英华大辞典》以及 1915 年

① 汪荣宝、叶澜共同编写的《新尔雅》一书，出版于光绪二十九年六月，由上海明权社发行。该书是由留日的中国学生编纂、出版的第一本向中国的读者解释说明西洋的人文、自然科学新概念、术语的术语集。由于它是对日本书籍的翻译或改编，因而记录了大量日源外来词。

② 该书作者 Evan Morgan，汉译为安莫仁，英国浸礼会教士，1884 年来华。其所编著的词典是一本袖珍词典，共收词 6000 余条，其中日语词 156 条。

版《辞源》，它们都或多或少受到了当时日书翻译的影响，从而记录了一定数量的日源词。除了字词典以外，在众多研究外来词的书籍中还列出了若干词表，我们主要选取的是：（1）马西尼《现代汉语词汇的形成——十九世纪汉语外来语研究》中涉及原语借词和回归借词数百条，虽然不多，但每条都做了细致的考证工作；（2）王立达《现代汉语从日语借来的词汇》总结了589条日源词；（3）高名凯、刘正埮《现代汉语外来词研究》归纳了459条日源词；（4）北京师范大学《五四以来汉语书面语言的变迁和发展》中记录了892条日语词；（5）［日］实藤惠秀《中国人留学日本史》中有“中国人承认来自日语的现代汉语词汇一览表”，共计844个词例。①

二是20世纪前后以留日学生和知识分子为主体撰写的各类文献。它们体裁多样，包括游记、笔记等文学作品，以及后世对科学著作的翻译、各种新闻报道等。它们基本如实记录了当时日源词对汉语产生的影响，具有重要的语料价值，例如李圭的《东行日记》（1876）、何如璋的《史东述略》（1877）、王韬的《扶桑游记》（1879）、陈家麟的《东槎闻见录》（1887）、傅云龙的《游历日本图经余记》（1889）、黄遵宪的《日本杂事诗》及《日本国志》、不肖生的《留东外史》等。另外，在研究本土词时我们建立了大规模语料库，其中就包括新文化运动前后，众多知识分子所写就的文学作品，包括梁启超、鲁迅、郭沫若、郁达夫等人，语料库中所涉及的一些日源词，我们也随时收集、记录，以供参考。以梁启超《饮冰室全集》为例，其作品中的日语词有较为明确的标注，主要采取以下两种方式：一是将日语词放到括号中，如“资生学（理财学日本谓之经济学）”“智学（日本谓之哲学）”等；二是直接采用日语词汇，将其解释放到括号中，例如“今者西人制造物品之原料（天产之物）”“曰社会（人群）伦理”。必须要说的是，虽然个别词在文献中已有出现，但使用频率极低，而且在其他同期文献资料或者外来语词典中均未体现，这样的词一般不做收录。

① 我们选取的是1983年由生活·读书·新知三联书店出版的增订1版，表源自书中第327页，原表只有784个词语，由于原作者及译者谭汝谦分别发现新资料，故同意将原表增补为844个词语。

第四节　研究方法

在现代语言学的研究领域中，有关词汇学的成果较为丰富，相关的研究方法也层出不穷，但是结合我们所要研究的语料，可以发现并非每种方法都适用。比如说，汉语词汇的构词法是建立在现代句法学基础上的，但是利用现代的语言观点去考察近现代的新词，有时会得出与其创制之初截然相反的观点。例如“分派”，它在古汉语中指“分为几支较小的水流”，“派”从水，本义即为“江河的支流”，此时该词是“动宾式”结构。但是，它在清末民初衍生出一个新义项，即“分摊+摊派”的含义，此时“派”为动词性语素，因而从现代构词法的角度来看，该词属于“联合式”结构。可见，现代语言学的方法虽然更有科学性，但这只能作为一种借鉴和辅助的手段，不能仅把语料由现代换成清末民初，原封不动地加以考察，尤其对与现代汉语有出入的词汇，更应因地制宜、量体裁衣。所以，总的来说，我们遵循一条基本的原则，即“立足现代汉语，贯通古今中外”①。结合具体的研究对象，拟主要采用以下几种方法。

1. 定量与定性相结合的方法

定量分析最早应用于自然科学领域，利用计算机、数理统计等技术手段进行广泛性的量化调查，最终用数据的形式对某种语言现象进行说明，具有简洁、直观的特点。而且，当语例的数量较大时，定量分析可以做到更加全面、系统，这要比随机抽取若干语例进行统计更具有说服力。这种方式实际上就是向熹先生所提出的“统计”方法②，也是汉语史研究中重要的辅助性手段。定性分析则是从语料出发，对其中的语言现象进行深入的剖析，细致的描写及解释，从中得出某一或某些结论，具有整体性、系统性的特点。

现在的词汇研究越来越重视在定性的基础上辅以定量分析，二者相辅相成、互相补充。清末民初时期，新词频出，语言现象较之以往有了很大的变化，无论词汇音节的增减、常用语素的出现频率还是词形的变化等，这诸多方面都需要有大量数据统计的工作作为支撑，它可以大大增强结论

① 刁晏斌：《现代汉语史》，福建人民出版社 2006 年版，第 27 页。

② 向熹：《简明汉语史》，高等教育出版社 1993 年版，第 6—8 页。

的可信度和科学性，这正如郭锡良先生曾指出的："从随意引证到定量分析，是古汉语研究为走向科学化而迈出的重要一步。"①

2. 共时和历时相结合的方法

索绪尔曾严格区分了共时（synchronic）语言研究和历时（diaehronie）语言研究②，他认为共时体现的是真正的、唯一的现实性，所以应当优于历时方面。事实上，语言总是处于不停歇的变化中，共时研究的对象固然是语言在某一阶段内的稳定状态，但这只是相对的稳定，并非绝对的静态，可以说，真正的共时状态只存在于历时发展长河中的刹那，转瞬即逝。同时，共时和历时的区分是人为的，并非语言本身固有的两个平面，而是为了便于研究而区分的。可见，唯有把共时与历时结合起来，才能更加全面、立体地探究语言现象的本质。清末民初本身是一个共时研究平面，同时它又是语言发展史中的一个历时阶段，其中所涉及的共时的变异现象（variation）是历时演变过程的真实反映。也就是说，如果共时研究的目标不仅是描写语言现象，还要解释语言现象，那就不能不把共时研究跟历时研究结合起来。③

3. 解释与描写相结合的方法

语言研究的目的基本可以归纳为两种，一是要对语言现象做出恰当的描写，二是要对出现的现象做出合理的解释。但是，学者无论侧重于哪个角度，都无法做到把二者截然分开。具体说来，每个人对于同一语言现象的描写都是不尽相同的，即使都是词汇研究，也可能从构词、词形、词义等多个角度进行描写。换句话说，只有知道想要描写什么，才能确定具体的描写方法，这必然要有一定的理论作为先导，而这实际就是我们所说的解释。吕叔湘先生曾提出："指明事物的异同所在不难，追究它们何以有此异同就不那么容易了，而这恰恰是对比研究的最终目的。"④虽然他所谈及的对象是汉英语言的对比，但可以看出，解释必然要建立在观察和描写的基础之上，而且语言研究应以解释现象作为最终目的。

我们针对清末民初词汇所进行的研究，一方面，要对当时词汇的构

① 郭锡良：《1985年的古汉语研究》，《中国语文天地》1986年第3期。

② 索绪尔：《普通语言学教程》，张绍杰译，湖南教育出版社2001年版，第130页。

③ 方光焘：《方光焘语言学论文集》，商务印书馆1997年版，第53页。

④ 杨自俭、李瑞华编：《英汉对比研究论文集》，上海外语教育出版社1997年版，扉页题词。

词、造词、词形、语义等多个角度进行细致的描写，这样可以把此期词汇的全貌完整地展现出来；另一方面，由于清末民初的词汇相比前代有了较大的改变，尤其会出现一些变异的情况，这都需要从动因和机制的角度加以阐释，以便明晰其中的规律。因此，在本书的研究中，我们力求做到全面考察和描写，并在此基础上尝试对研究对象进行充分解释。

4. 其他现代语言学的方法

目前，语言学已取得了较为丰硕的成果，那些较多地运用于汉语研究并且解释力较强的方式方法，我们都可以借鉴和应用。例如义素分析法，词库和词法、语义场等，这些理论和方法都可能成为词汇史研究中的分析手段。再比如网络调查法等，也是可以经常使用的方法，像我们在统计语素、词语出现的频率高低时，经常会利用网络数据库、语料库等进行词例的采集，它有着快捷、海量的特点，远比查阅纸质文本便利得多，所以尤其适用于定量分析。

第二章

本阶段构词法研究

论及“构词”，我们先要对其概念和研究范围进行界定，因为“构词”和“造词”在20世纪早期的研究中经常被混为一谈。许多学者认为，二者只是说法不同，本质上并没有太大差别，例如周祖谟先生提出：“创造新词的材料必然是语言里固有的东西，而且要按照语言中已经确定的构词法来构成。”[①] 这段表述中同时出现了“创造新词”以及“构词法”，可见在当时“构词”和“造词”可以通用，均指语言中构造新词的方法。

从20世纪中后期开始，造词法逐渐从构词法的体系中脱离出来，真正意义上的造词法研究开始出现。具体来说，谈及构词，其重点应是词的“内部结构”，所以构词主要研究的是词的构成成分如何组合在一起的方式和规律，正如葛本仪所说：“‘构词法’指的是词的内部结构规律的情况，也就是语素组合的方式和方法。”[②] 这种看法也代表了现在绝大多数学者对构词法的认知。至于造词，顾名思义，其重点在于“创造新词”。它与构词不同的是，构词注重对已有词语的内部结构进行剖析，而造词侧重于一个词从无到有的创制过程。较早提出对二者做区分的是孙常叙，他认为造词的素材和方法可以决定词的结构，可是词的结构却不能完全反映造词方法。[③] 任学良在《汉语造词法》中也明确提出了构词法和造词法的区别，并认为后者的范围更大，应当统率构词法[④]。后来的很多学者，如

---

① 周祖谟：《词汇和词汇学》，《语文学习》1958年第11期。

② 葛本仪：《现代汉语词汇学》，山东人民出版社2001年版，第81页。

③ 孙常叙：《汉语词汇》，中国社会科学出版社1956年版，第72—164页。

④ 任学良：《汉语造词法》，中国社会科学出版社1981年版，第3—7页。

刘叔新[1]、陈光磊[2]、钱玉莲[3]等也持有类似的看法，认为构词法和造词法是两个既有联系又不相同的概念，在研究中应当区分开来。还有学者概括得更为具体，如葛本仪指出："给事物及其行为命名的活动是造词问题……这些为事物命名的方法，就称为造词法。"[4] 可见，造词涉及了事物的得名之由，换句话说，它主要说明一个新词形成的原因和理据，把具有相同特点的规律归纳出来便形成了不同的造词法。

虽然现在构词法和造词法的研究已有了明确的区分，但是二者的联系也很紧密，例如"铁饼"，从造词法的角度来说，它属于"比喻造词"，从构词法来看，则是偏正式的双音复合词。可以说，大多数词都兼具构词和造词的问题，所以本文仅对造词法中较为特殊的类型，例如简缩造词、修辞造词等进行考察，若利用的是汉语语素和固有的构词规律进行组合造词，则主要在构词章节进行分析。

本章我们主要从"构词"的角度对清末民初的新词语进行考察。由于构词实际上是语素组合成词的方法，而单语素词、单纯词是不涉及内部结构的，不属于构词研究的主要对象，所以本节讨论以合成词为主。我们知道，汉语由单音节向双音节过渡大约出现在东汉时期，各种构词手段基本具备。以东汉时期的佛经语料为例，支娄迦谶八部译经中的合成词体现了六种主要的构词法，分别为"联合、偏正、动宾、主谓、述补、附加"，这些构词法在当时虽已产生，但两个构词语素的结合大都需要经过一个词汇化的过程。而在我们的考察范围内，清末民初出现了大量新词，它们所使用的构词法与东汉时期基本一致，也是六种，但具体说来又与东汉时期有着明显的差别。首先，语素结合成词的速度明显加快，一些常用的语素，如"电""洋""军"等在类推机制的促使下合成了大量新词；其次，从整体来看，虽然构词法的种类并没有发生变化，但是每一类构造新词的数量、比例以及大类下的小类都有较大的差异。

---

① 刘叔新：《汉语描写词汇学》，商务印书馆 1990 年版，第 92—118 页。

② 陈光磊：《汉语词法论》，学林出版社 1994 年版，第 19—20 页。

③ 钱玉莲：《现代汉语词汇讲义》，北京大学出版社 2006 年版，第 65—70 页。

④ 葛本仪：《汉语的造词与构词》，《文史哲》1985 年第 5 期。

第一节 联合式复合词

从历时发展的角度来看，联合式复合词指的是构成双音词的两个语素从一开始连在一起时，两个语素就具有并列的关系，彼此地位平等，其意义可能相同、相近，也可能类似或者相关，还有可能相反、相对。由于语言具有传承性，所以先秦时期既已存在的一些词，在现代虽然不单独使用了，但并没有消失，而是作为语素继续参与构词。汉语经过几千年的发展，词汇系统中存留了大量具有同义、类义或者反义关系的语素，这就为清末民初联合式新词的产生提供了丰富的原材料。同时，联合式复合词的形成过程也较为简单，尤其是同义联合复音词更是如此，丁喜霞曾对此做过描述："所谓同义并列短语的词汇化，其成词的途径是在汉语词汇双音化的驱动作用和同义并列构词法的类推作用下，运用同义联想把两个意义相近或相同的单音词并连在一起形成的。"① 我们知道，具有同义、近义关系的语素其联想距离相对较近，这也为二者的结合打下了基础。总的来说，清末民初的联合式新词数量相对较多，其中同义联合最多见，类义联合次之，反义联合数量最少。下面从语义和语法构成两方面进行讨论。

一 联合式复合词的语义构成

（一）同义联合

由于同义联合是由两个语义相同、相近的语素结合成词，而语言中往往有不止一个语义相同的语素存在，这些同义语素处于同一个语义场中，由它们结合而构成的词也经常是同义关系。在下文如遇到这类同义词，我们一并解释与说明，这样更能凸显同义联合构词的特点以及清末民初词汇的系统性。

【折扣】

此词产生于本阶段，用例并不鲜见，例如：

（1）京仓米既坏，京官领米不能挑剔，只付与米铺打折扣而已。

① 丁喜霞：《联想构词：同义并列双音词的构成模式》，《周口师范学院学报》2006 年第 23 期。

(何刚德《春明梦录》卷下)

(2) 于是持英国之票，赴法国银号，就近拨兑，折扣若干，是为抽厘。(汪凤藻译《富国策》卷三)

“折”单用可表“折扣”，在古汉语中便有这个用法，例如明代张敬修《师张文忠公行实》中有这样的表述：“请令今岁赐民改折十分之三，上以实帑藏，下以宽恤民力。”而“扣”单用也可表“折扣”，只是这个义项出现时间相对较晚，晚清天公所著《最近官场秘密史》卷六曾有这样的语句：“假如舅老爷提个九扣，也不过一万银子，同我三七分拆也不算什么差远。”清末民初，“折、扣”均有折扣义，通过考察19世纪的几部英汉/汉英词典对于“discount”的释义也能看出端倪。例如，马礼逊《五车韵府》：“折扣 or 扣折 ，discount”，再如罗存德《英华字典》：“discount，折，three p. C. discount，九七扣，九七折”。由此也能清晰地看出，在当时不但“折、扣”同义，而且“折扣”在同义连用的过程中，由于用法不固定，还有同素颠倒的形式存在。此外，值得一提的是，由“折、扣”还衍生出一些人们耳熟能详的成语，较为常见的如“七折八扣”，多形容买卖货物时折扣很大；此外还有“不折不扣”，它本是商业用语，指商品不打折扣，原价出售，后引申为“完全、十足”的意思，如民国小说《御香缥缈录》第二十九回：“我简直始终糊涂着，直至最后才知道这件事要是严格论来，我已不折不扣地得了一个罪名了！”从今天的使用来看，“折扣”已成了现代汉语常用词。

【本柢】

(3) 及其作《恒言录》，沾沾独取史传为征，亡由知声音文字之本柢。(章炳麟《新方言·自序》)

(4) 诚以人事连绵，深有本柢，如流水之必自原泉，卉木之茁于根茇，倏忽隐见，理之必无。(鲁迅《坟·文化偏至论》)

“本”在先秦时期即有“根”义，例如《吕氏春秋·辩土》：“是以晦广以平，则不丧本茎。”高诱注：“本，根也。”而“柢”《说文》释为“木根也”，例如《韩非子·解老》：“树木有曼根，有直根。根者，书之所谓柢也。柢也者，木之所以建生也；曼根者，木之所以持生也。”这里

“柢”特指“直根”，而“根”则指“曼根”，即“蔓延的细根”。可见此词系“本、柢”同义连用。由于“根、本、柢”属于同一语义场，它们可互相搭配构成同义联合词，例如“根本、根柢、本根”等。这些词均在先秦时期便已出现，表义为“草木的根干”，后世在其本义的基础上引申出“事物的本源”“事物的基础”等义，而“本柢”出现较晚，直到清末民初才有用例，且使用频率较低。究其原因，上古汉语以单音节词为主，受到汉语双音化趋势的影响，各种构词法逐渐发展成熟，表达不同的植物根部可在中心语素“根”的基础上添加修饰语素而构成，因而偏正式词语“直根”逐步取代了单音词“柢”。此外，上古时期属于农耕社会，人们出于对自然认知的需求，对许多与农业相关的事物做了细致的区分，像植物的根就有直根（柢）和细根（根）之分，但近代社会人们对这种需求逐渐降低，也无须再做细分，这也导致“柢”的使用频率降低，以其为语素而形成的词也相应减少。清末民初虽产生了“本柢”一词，但与其语义相近的“根本、根柢（根底）”早已产生，且使用频率较高，我们知道，较多语义相同的词语共存并用势必会造成冗余浪费，出于语言经济化的要求，使用频率较低的词语就可能会被淘汰，因而“本柢”在此期仅出现几例，后来便被“根本”所取代，最终没能保留到现代汉语中。

【删夷】

(5) 清朝入关到今，经过一十七个春秋，智取豪夺，得寸进尺，一半是人力，一半是天助，大难删夷，山河总算一统。(陆士谔《清朝秘史》第二十回)

(6) 违戾经旨而不知、陵乱删夷而不顾、或一唱而百和、或聚讼于千秋。(《皇朝经世文编》续集卷七十八)

“删”在上古可表“删除”义，例如《汉书 · 刑法志》：“若开后嗣，不若删定律令。”颜师古注：“删，刊也。有不便者，则刊而除之。”此例中“删”“除”义同。“夷”在上古也可单用，如《汉书 · 扬雄传上》：“斩丛棘，夷野草。”这里“夷”也为“消除、去掉”义，可见“删、夷”系同义连用。我们对CCL语料库进行检索，“删夷”在近现代仅出现一次，即鲁迅《且介亭杂文末编》：“删夷枝叶的人，决定得不到花果。”

可见其使用频率较低。由于“删夷”产生较晚，且与其语义相近的词较多，如“删除、剪除、消除”等，因而在语言的发展中没能取得一席之地，最终趋于退隐。

【沈汩】

(7) 而其所驻之河滨草屋十余间，皆被水卷去，沈汩无余矣！（薛福成《庸盦笔记·述异·武员唐突河神》）

“沈”即“沉”，有“沉没、淹没”义。“汩”在上古即可表“淹没、湮灭”，如严忌《哀时命》：“弱水汩其为难兮，路中断而不通。”该义一直沿用到清末民初，如柳亚子《咏史》中即有“人欲横流天理汩”的诗句，这里“汩”就代表天理被泯灭，可见，“沈、汩”亦属同义连用。该词直到清末民初才有用例，后来其义有引申，可指“沉沦”，如梁启超《新民说·论私德二》：“若根性薄弱者，几何不随流而沈汩也。”总的来说，此期该词使用频率较低，而且没有保留到今天。

【籀读】

(8) 夫汉景末年，去焚书时已七十年，若非时人多识古文也，何能籀读知其多十六篇哉？（章炳麟《国学讲演录·小学略说》）

(9) 人知氏而忘系姓，赖有《世本》公子谱等，识其始卒，然弗能人人籀读。（章炳麟《检论·序种姓上》）

“籀”许慎《〈说文解字〉叙》：“尉律，学僮十七已上始试，讽籀书九千字乃得为史。”段玉裁注：“《竹部》曰：‘籀，读书也。’”该词一直保留了下来，直到近代仍可单用，如龚自珍《知归子赞》：“帝王、妃后、臣宰、农工、徒隶之法，无不籀也。”可见，“籀、读”同义连用。该词产生较晚，且使用频率较低，在我们的统计范围内，清末民初还有一例，即“今日籀读古书，当潜心考索文义，而不可骤言通假”①。该词从语素组合的角度来看，属于“书面语+口语”的语素组合，有关这种组合的特

① 转引自张晖编《量守庐学记续编：黄侃的生平和学术》，生活·读书·新知三联书店2006年版，第110页。

点在后文还会详述，这里暂且不论。“籀读”一词仅见于清末民初，没有保留到今天。

【狭仄】

(10) 大甲溪路甚险巇，小径狭仄难驱驰。（吴德功《观光日记》）

(11) 全安栈的客房，也很狭仄。（陈少白《兴中会革命史要》三）

“狭”即“窄”，与“宽、广”相对，此义今天仍在使用。“仄”本义为“倾斜、偏斜”，后引申出“狭窄、狭小”的义项，例如《广雅·释诂》：“仄，陿也。”《诗·魏风·葛屦序》：“魏地陿隘，其民机巧趋利。”陆德明《经典释文》：“陿……本或作狭，依字应作陕。”可见，古汉语中“狭、陿”相通。再看例（10）中“险巇”与“狭仄”对举，其中“狭”“巇”义同，均表“险恶、险峻”，“狭、仄”当为同义连用。值得注意的是，“窄”与“狭、仄”语义相同，它作为构词语素也可与二者形成同义联合词，其中“窄狭”在中古时期已经出现，“窄仄”相对较晚，大约在民国时期产生，如茅盾《船上》：“（汉子）在那窄仄的舱里走来走去。”纵观这几个词的发展，“窄狭”在今天还有一定的使用频率，但不如“狭窄”多用，“狭仄、窄仄”已基本退隐。

【刈割】

(12) 清兵寇锦州，环城列炮，百道围攻。并纵兵四掠，附近禾稼，刈割殆尽。（佚名《蕉窗雨话》）

(13) 苑内开垦地亩过多，豢养草束，不敷刈割。（《清实录》宣宗成皇帝实录）

“刈”先秦时期即有“割取”义，如《诗·周南·葛覃》：“葛之覃兮，施于中谷，维叶莫莫，是刈是濩。”孔颖达疏：“葛既成就，已可采用，后妃於是刈取之。”可见，“刈、割”语义相同。“刈割”的同素逆序形式“割刈”早在中古时期既已出现，“刈割”直到清末民初才有用例，且使用频率较低。从语素构成上，它属于“书面语+口语”的结构。在现代汉语中，二词基本都不再使用。

【天穹】

(14) 旧逋新欠悉湔洗，覆冒直比天穹崇。(徐世昌《晚晴簃诗汇》卷五十一)

(15) 自古山川剧变迁，谁似我生多惨戚！一丸海岛天穹垂，非雾非烟闪倏吹。(洪弃生《寄鹤斋诗选·附录》)

"天穹"这个词形在中古汉语中出现过，"穹"谓"高"，"天穹"即"天空高远"，古汉语常见"地大天穹"一语，此时"天穹"为主谓结构。"穹"还可指"天空"，如《文选·谢惠连〈七月七日夜咏牛女〉诗》："蹀足循广除，瞬目晒曾穹。"李善注："穹，天也。"可见，"穹、天"语义相同，此时该词为同义联合词。"天穹"表"天空"义出现较晚，直到清末民初才有用例，不过该词一直保留到了今天，且多用于文学作品中，例如《人民日报》1996年12月3日文章中有这样的语句："顿觉高邈的天穹和弥望的林峦全被烈焰烘着了，只把一带寒光留给了喧腾的溪涧。"该句中"天穹"前有修饰语"高邈"，可见此时它只表示"天空"，表"天空高远"义已消失。

【纠绞】

(16) 有从公起见者、有专恣徇私者俱未见明白纠绞，诸如此类不可枚举。(《清实录》世祖章皇帝实录)

(17) 苔封石倚势盘屈，五龙纠绞根非孤。(徐世昌《晚晴簃诗汇》卷一百二十六)

"纠"《说文·丩部》释为"绳三合也"，指的是"绞合的绳索"，后来其语义发生引申，衍生出动词义项，表示"缠绕，纠缠"。"绞"在古汉语中可指"用两股以上条状物拧成一根绳索"，如孔颖达疏《礼记·杂记上》："知以一股所谓缠绖者，若是两股相交，则谓之绞。"后来"绞"引申为"几种东西缠绞在一起"，如柳宗元《晋问》："晋之北有异材……根绞怪石，不土而植"。可见，"纠、绞"均有"缠绕、拧在一起"之义，二者同义连用。该词产生较晚，在清末民初的用例较少。我们对CCL语料库进行检索，该词在台湾作家张大春著于1987年的《四喜忧国》中出现过，如“四周气生植物的纠绞植丛”，此外出现频率极低，可见该词基本不再使用，现代汉语多用“纠缠”表达此义。

【绰裕】

(18) 生产为消费者的需要所轨制，计算应绰裕一点。(李大钊《社会主义下的经济组织》)

“绰”在先秦时期即有“宽”义，如《诗·卫风·淇奥》：“宽兮绰兮，倚重较兮。”此例中“宽、绰”对举，语义相同，现代汉语仍有“宽绰”这一同义联合词。“裕”本指“富饶，财物多”，如《汉书·贾谊传》：“禽兽草木广裕，德被蛮貊四夷。”颜师古注：“裕，饶也。”后来“裕”引申出“宽裕”之义，如《孟子·公孙丑下》：“我无官守，我无言责也，则吾进退，岂不绰绰有余裕哉!”赵岐注：“绰、裕，皆宽也。”可见，“绰、裕”语义相同。值得一提的是，二者在结合时有可能受到语言简缩的影响，古汉语中曾有“绰有余裕”这个成语，在此基础上进行简缩，选择其中的同义语素形成了联合式词语“绰裕”。据我们统计，该词在民国初期产生，但仅在李大钊的作品中出现过，且用例较少，或许属于较有个人特色的词。现代汉语中通常用“宽绰”表达此义。

【逭遁】

(19) 迁徙以后，忽遭寇劫，孑身逭遁。(鲁迅《古籍序跋集·〈俟堂专文杂集〉题记》)

“逭”在上古即有“逃”义，例如《书·太甲中》：“天作孽，犹可违；自作孽，不可逭。”孔安国传曰：“逭，逃也。言天灾可避；自作灾不可逃。”“遁”亦有“逃”义，如《左传·庄公二十八年》：“诸侯救郑，楚师夜遁。”可见，“逭、遁”均表“逃跑”，二者结合属同义连用。该词在民国初期产生，用例较少，这一方面是由于语素“逭”在古汉语中不常用，即使作为构词语素也仅有“逭死、逭役、逭咎、逭责”等词例；另一方面，同样是同义联合词的“遁逃”早在先秦时期既已产生，例如《荀子·成相》：“主之孽，谗人达，贤能遁逃国乃蹶。”而且“遁逃”一词自产生便有较高的使用频率，直到现代汉语仍在使用，这可能都是造成“逭遁”使用频率较低的原因。该词没有保留到现代汉语中。

【表曝】

(20) 荣禄乃极聪明之人，至此并不表曝己之先见。(景善《景善日记》)

(21) 公主亦不愿自为表曝，凡事谦让韬晦，故外间鲜知其详。(许指严《十叶野闻·昌寿公主》)

“曝”本义指“晒”，后在此基础上引申为“暴露在外，露在外头”，例如《魏书·高祖纪上》：“在狱致死无近亲者，公给衣衾棺椟葬埋之，不得曝露。”此例中“曝、露”语义相同。“表”从衣，本指“衣服的外层”，后引申出“表明、表现”义，如《韩非子·外储说左上》：“故明主表信，如曾子杀彘也。”陈奇猷释曰：“表，表明也。”可见“表、曝”都有“表露在外”义，二者结合构成同义联合词。该词产生于清末民初，民国中晚期的文献中它还出现过，如郭沫若《洪波曲》第九章：“也就在这八九月间，反动派有更显著的阴谋，表曝在光天化日之下了。”今天多用“显露、表露”表达此义。

【豪阔】

(22) 据说还是前朝宰相的孙女，平居服御，颇为豪阔。(朱瘦菊《歇浦潮》第七十七回)

(23) 其本身既颇能下笔为文，而其人豪阔时，乃极豪阔也。(黄远庸《旧历新年之一瞥》)

“豪”在中古时期产生了“奢侈、豪华”的义项，如刘义庆《世说新语·汰侈》：“石崇与王恺争豪，并穷绮丽以饰舆服。”该义直到今天仍在使用，如“豪车、豪门”等。“阔”由形容词义项“宽疏”引申出“豪奢、荣显”之义，如成公绥《天地赋》：“何阴阳之难测，伟二仪之奓阔。”由此可见，“豪、阔”语义相同，二者可结合为同义联合词。现代汉语中此词偶有出现，如《读书》1983年第5期《从无地起楼台说起》：“中华书局出的《宋诗一百首》选了第一首诗，并指出北宋大官僚寇准的生活非常奢侈豪阔。”其实从此例可以看出，“奢侈、豪阔”语义相同，出于语言经济性的考虑，使用频率本不高的“豪阔”逐渐被“奢侈”所取代。

【消隐】

(24) 那时我再三排解，好容易把那件大祸消隐无形，你就该从此约束门徒，再不准他们行凶霸道。（佚名《乾隆南巡记》第74回）

(25) 但当他放下空杯的时候，他脸上纯真的神采立刻消隐了。（叶圣陶《倪焕之》二九）

“消”上古时期即可表“消失、消除”义，如《易·泰》：“内君子而外小人，君子道长，小人道消也。”这里“长、消”对举，可见“消”即“长”的对立面。“隐”本义为“隐藏、隐蔽”，由此引申出“隐没”的义项，且该义一直沿用至今，如张天翼《包氏父子》三：“太阳光又隐了下去”。可见，“消、隐”语义相同，二者结合表示“消失、隐去”的含义。值得一提的是，与二者同义的语素还有“匿”，《广雅·释诂》释“匿”为“隐”，它也可以和“消、隐”组成同义联合词，如“隐匿、消匿”等。其中“隐匿”早在先秦时期既已出现，使用频率较高，而“消匿”的产生时间比“消隐”还要晚。从历时发展的角度来看，几个同义联合词中产生最早的“隐匿”逐渐占了上风，现代汉语中“消隐、消匿”基本不再使用。

【谎骗】

(26) 因此就想了一个恶毒主意，和陈小剥皮商量妥当，拿鲍橘人做了招牌，去谎骗了许多货物。(李涵秋《广陵潮》第九十六回)

(27) 无奈年幼受人谎骗，这也是他命中该落此劫。（魏秀仁《花月痕》第二十回)

“谎”本义为“虚妄的话，假话”，后引申出动词义项“欺骗、哄骗”，它一直到清末民初都可单用表义，如鲁迅《野草·立论》：“我愿意既不谎人，也不遭打。”“骗”即为“欺骗”，因而二者可结合为同义联合词。该词到今天仍在使用，如《人民日报》2000 年 3 月 4 日《赋中自有妙文》：“有人胡编乱造，有人谎骗瞎侃；有人吹捧假大师，有人专写肉麻书。”但是，总的来说该词使用频率不高，现在多用“哄骗”表达此义。

【诧愕】

(28) 剑青于无意中得此离奇之消息，颇深诧愕。(徐枕亚《玉梨魂》第十五章)

(29) 前任听了他的说话，晓得他指的是自己，面子上只得做出诧愕的神气，装作不懂。(李伯元《官场现形记》第四十四回)

“诧”在古汉语中有“惊讶、诧异”之义，该义一直保留到今天。“愕”在上古时期即可表“惊讶”，如宋玉《高唐赋》：“卒愕异物，不知所出。”可见，“诧、愕”语义相同，该词为同义联合词。“诧愕”虽然产生较晚，但直到今天仍在使用，词例《大词典》首引茅盾著于 1929 年的《色盲》一文，较晚。

【都凡】

(30) 其次则分隶于六部，合计三十门，都凡四百六十条。(《清史稿·刑法志一》)

(31) 惟《二十年目睹之怪现状》一书，部分百回，都凡五十万言，借一人为总机捩，写社会种种怪状。(吴趼人《近十年之怪现状》)

该词形在古汉语中曾出现过，例如宋代韩维诗云：“书之远寄龙山下，云此仅止存都凡。”这里表示“大概、大凡”之义。清末民初“都凡”语义发生改变，此时为同义联合词。其中“都”为表总括的副词，先秦时期即有此义，且一直沿用至今。“凡”在上古时期也有“总计、总共”义，如《易·击辞上》：“乾之策二百一十有六，神之策百四十有四，凡三百有六十。”可见，“都、凡”同义连用。事实上，把上例与例 (30) 进行对比，其语境均为数词前加表总括的副词，从而也可以清楚地看出“都凡”即为“凡”。从语素构成上来说，二者属于“副词+副词”的结构，相对来说较为少见。该词使用频率较低，在今天偶有用例。

【哑默】【瘖哑】

(32) 你要哑默悄静的过去，我也不耐烦去请你来了。（文康《儿女英雄传》第五回）

(33) 万言摧烧之，奇气又瘖哑。(龚自珍《自春徂秋偶有所触拉杂书之漫不诠次得十五首》)

“哑”本指由于生理缺陷而不能说话，后由此义引申为“不说话、没有声音”，该义项一直保留到了今天，典型词例如“哑酒、哑剧”等。从例(32)也可以看出，“哑、默、悄、静”语义相同。“默”先秦时期即有“静默、不语”的含义，“哑、默”同义连用。再看“瘖”，它同“喑”，上古即表“嗓子哑，不能出声”义，例如《史记·扁鹊仓公列传》：“臣意谓之病苦沓风，三岁四支不能自用，使人瘖，瘖即死。”司马贞索隐：“瘖者，失音也。”此外，我们注意到明代陈第《咏怀十首》中有“孙登凤凰啸，仲长瘖哑默。”该例中“瘖、哑、默”同义连用，因而它们可互为构词语素形成同义联合词，但在明代形成的双音词其结构较为松散，直到清末民初“哑默、瘖哑”才固定下来。值得注意的是，“瘖哑”还有同素逆序形式“哑瘖”，但其产生时间更晚，大约在民国中晚期才出现，如萧红《朦胧的期待》：“现在反映在镜子里的李妈不是那个原来的李妈，而是另外的李妈了，黑了，沉重了，哑瘖了。”总的来说，以上几个词除了“哑默”在现代汉语中还偶有用例，其他的几乎都不再使用。

【畅旺】【畅盛】

(34) 昔有不宜穀之数国……常患缺食，而余物贸易亦不畅旺。(梁启超《〈史记·货殖列传〉今义》)

(35) 一旦开运，积发之势沛然莫御，销数畅旺，逾于寻常。(邹琳编《粤鹾纪实》)

(36) 回溯往祀，是等国族，固皆尝有其青春之期，以其畅盛之生命，展其特殊之天才。(李大钊《青春》)

(37) 由文明史观之，一国文明，有其畅盛之期，即有其衰歇之

运。（李大钊《法俄革命之比较观》）

“畅旺”大约出现在清末，其中“畅”在东汉时期即有“旺盛”之义，如王充《论衡·道虚》：“案草木之生，动摇者伤而不畅。”“畅”“旺”同义连用。最初二者结合表示“旺盛”的含义，多用于形容草木的生长繁盛，与“畅茂”语义相近。后来该词语义发生引申，其修饰的对象也由草木扩展到了金融、贸易等领域，表示“繁盛、繁荣”之义，像例（34）（35）均表示物品销量众多，经济繁盛。值得一提的是，该词在今天大陆地区很少用到，尤其在经营领域多半会使用“畅销”“购销两旺”等，而港台地区“畅旺”则比较多见。① 再看“畅盛”，其早期也有“草木旺盛”之义，如屈大均《广东新语》卷二十七：“春勿灌溉，夏勿晒而秋勿肥，依时以为珍护，而后兰乃畅盛也。”后来语义也发生变化，如例（36）即指“旺盛、兴盛”，例（37）“畅盛”与“衰歇”对举，其语义更加明确。“畅盛”在今天用例极少。

【迫勒】【遏勒】

（38）若用番民肩背行李，每名给饭钱五十文，毋许迫勒抬轿。（陈瑸《陈清端公文选》）

（39）我得到信后，便想立刻去访他，但恐怕夜间不容易找着他的住所，我只得暂时遏勒着了。（郭沫若《水平线下》）

“勒”单用时有“强制、强迫”的含义，如《北齐书·酷吏传·宋游道》：“敕至，市司犹不许，游道杖市司，勒使速付。”“迫”在先秦时期即有“强迫”之义，所以“迫、勒”同义连用，表示“强迫、逼迫”。《大词典》虽然收录了该词，但选取的是《“五四”爱国运动资料》中的语例，相对较晚，实际上该词在清代既已出现。再看“遏勒”，“遏”单用有“抑制、控制”之义，如《诗·大雅·民劳》：“式遏寇虐，憯不畏明。”“勒”也有“约束、抑制”之义，如《后汉书·马廖传》：“廖性宽缓，不能教勒子孙。”所以“遏、勒”语义相同，该词表义为“控制、抑

① 许蕾、李淑婷：《海峡两岸日常词语对照手册》，中国国际广播出版社2014年版，第43页。

制”。

【停闭】【倒闭】

(40) 遇有铺商倒闭，追比涉讼胥吏需索，以致商贾观望，难期起色。(《清实录·德宗景皇帝实录》)

(41) 舆中得省中来函，知玉振钱号被痞徒抢劫，遂致倒闭，余家公私所失不下万余，殊为怅闷。(曾纪泽《曾纪泽日记》)

(42) 我国茶商不知直接运销俄国，不独砖茶，他种茶亦然，营业一落千丈，至光绪十七年后三厂相继停闭矣。(刘锦藻《皇朝续文献通考》卷三百八十五)

(43) 姑置不论我国所有各厂不久已将停闭，致工人无处营生也。(贺长龄辑《皇朝经世文编》三编卷六十二)

从以上例句可以看出，“倒闭”“停闭”语义相同，多表示工厂、商铺等因无法继续经营而关门停办。二者均有共同语素“闭”，王冰注《素问》曾把“瘕水闭”释为“经水多闭绝也”，可见“闭”在古汉语中单用可表“结束、停止”的含义，像今天仍有“闭幕、闭会”的用法，所以“停”“闭”语义相近。“倒”在古汉语中即有“结束、失败”的含义，如裴松之注引《魏略》：“事昭然，卿用读书何为邪？于今日卿等门户倒矣。”“倒”的这个语义一直到清末仍在使用，如《二十年目睹之怪现状》第108回：“子安道：‘我们的生意已经倒了！’”所以，“倒”“闭”也属同义连用。从使用频率上来看，“停闭”在清代以前的文献中偶有出现，而“倒闭”则无一用例。我们通过“汉籍全文检索系统”对清代至民国的1012种文献进行考察之后发现，清代以后“倒闭”开始频繁出现，共计出现164次，而“停闭”则仅有30次。现代汉语中，“停闭”几乎不再使用，表达类似含义仅用“倒闭”一词。《汉语大词典》中二词均收，但其用例都相对较晚，尤其是“停闭”，选取的是夏丏尊、叶圣陶著于1934年的《文心》中的例句，实际上该词在清代之前既已出现。

【狞厉】【狞猛】

(44) 撒但为状，复至狞厉。(鲁迅《坟·摩罗诗力说》)

(45) 呜呼！又岂料承吾敝者别有此狞猛枭鸷之异族也。(梁启超《新民说》第十七节)

(46) 太鲁阁处东北深山，性狞猛，群番畏之。(连横《雅堂文集》卷三)

“狞”在古汉语中可单用，如刘餗《隋唐嘉话》卷中：“你情知此汉狞，何须犯他百姓?”此时“狞”表示“凶猛、凶恶”义。“厉”在先秦即有“凶恶”义，如《国语·齐语》：“以观其所能，而无大厉，升以为上卿之赞。”韦昭注：“厉，恶也。”可见，“狞、猛、厉”语义相同，它们可互为构词语素形成同义联合词。上述二词产生时间均较晚，在我们的统计范围内，“狞厉”自产生以来使用频率一直高于“狞猛”，虽然二者在今天偶尔出现，但都不属于现代汉语常用词。

【除脱】【拔除】【脱拔】

(47) 习惯起初的时候，是很容易除脱的。(《竞业旬报》1906年第2期《改良社会吗！还是改良习惯吗!》)

(48) 那番女忽地转身向外，拔除了头上满插的花草，卸下了耳边悬垂的木环。(曾朴《孽海花》第三十三回)

(49) 都是绝催得我一刻弗等两时辰，像有长毛杀上来一样，害我鞋皮也忘记脱拔上，弗知啥要紧！(网蛛生《人海潮》第十三回)

“脱”本义为“肉剥皮去骨”，如《尔雅·释器》：“肉曰脱之。”郭璞注曰：“剥其皮也。”后世“脱”的语义不断发展，逐渐衍生出“摆脱、除去”的含义，如马中锡《中山狼传》：“彼将躬耕，我脱辐衡，走郊坰以辟榛荆。”而“除”自先秦时期便有“摆脱、免除”的含义，如《墨子·号令》：“归敌者父母、妻子、同产皆车裂。先觉之，除。”孙诒让《墨子间诂》：“言先觉察者，除其罪也。”这里“除”即指“摆脱、免除”罪罚。再看“拔”，其本义为“抽出、拔出”，后引申出“脱离、摆脱”的义项，其语义与“除”一致。可见，“除、脱、拔”三者语义相同，可互相结合构成同义联合词。其中“拔脱、脱除”在中古时期既已产生，其余如“除脱、拔除、脱拔”产生均较晚，在清末民初才有用例。通过对“汉籍全文检索系统”的统计可知，“除脱”“脱拔”直至清末才逐渐增多，但总的来说，二词并不常用，其中“脱拔”一词《汉语大词典》未收。“拔除”《大词典》选用了民国中晚期的例句，相对较晚，事实上它在清末既已产生，且较为多用，该词也一直保留到了今天。

【窳陋】【窳弱】【窳败】【窳敝】

(50) 又以羽檄调青州驻防步兵千，马队二百，亦窳陋不可用。(姚锡光《东方兵事纪略·山东篇》)

(51) 百工之事，假使都和诸位一样的窳陋起来，无物不劣，无品不恶，试问诸位还能够富吗？(钟毓龙《上古秘史》第七十七回)

(52) 侍郎时官翰林院侍讲学士，首抗疏力争拳匪妖妄，不可倚以集事。又谓兵力窳弱，断不足当列国节制之师。(李岳瑞《悔逸斋笔乘》李文忠轶事)

(53) 凡艇船之窳败无用者，勇营之虚弱不得力者，量加裁撤。(薛福成《代李伯相复陈迭奉寄谕分别筹议疏》)

(54) 于是乙科之自视，亦日益轻，而吏治益以窳敝，甚矣姿格之为吏病也。(钱谦益《朝列大夫陆君墓志铭》)

“窳”在古汉语中义项较多，它在上古时期可表“疵病、粗劣”义，如《史记·五帝本纪》：“(舜) 陶河滨，河滨器皆不苦窳。”裴骃集解：“窳，病也。”它在清末民初仍可单用表此义，如梁启超《论变法不知本原之害》：“今中国之大，患在兵少而不练，船械窳而乏也。”“陋”表“粗劣”义古已有之，如《宋书·孔觊传》：“时吴郡顾觊之亦尚俭素，衣裘器用，皆择其陋者。”因而“窳、陋”同义连用，共同表示“粗劣”义，这从例 (51) 也能看出，“窳陋”当与“劣、恶”语义相同。“窳”在后世还引申出“羸弱”义项，例如《文选·枚乘〈七发〉》：“今太子肤色靡曼，四支委堕，筋骨挺解，血脉淫濯，手足堕窳。”应劭《汉书》注：窳，弱也。因而，“窳、弱”同义连用。此外，“窳”在古汉语中还可表“败坏、腐败”，该义也一直沿用到了清末民初，如李大钊《民彝与政治》：“由是言之，政治之良窳，视乎其群之善良得否尽量以著于政治。”此例中“良、窳”对用，可见“窳”与“良”语义相反。“敝”在此期也可表“败坏、衰败”义，如《清史稿·礼志一》：“沿及汉唐，讫乎有明，救敝兴雅，咸依为的。”可见，“窳”与“败、敝”语义相同。以上所述四词均为同义联合词，这是一个语素在不同义项上分别与同义语素相结合而构成的。其中“窳败”“窳敝”在清早期既已出现，“窳陋”“窳弱”相对较晚，不过几词的使用频率都不高，虽在清末民初偶有用例，但在现代汉语中基本不再使用。

（二）类义联合

“类义联合”指的是构成复合词的两个语素虽然义项不完全相同，但包含相同义素，因而具有相关性。促使类义语素结合的关键因素在于，二者同属于某一语义范畴，当它们组合在一起频繁使用时，其语义往往不再是语素 A 与语素 B 的简单加和，而是形成了新义，这就有可能由联合短语演变成新词。需要注意的是，类义联合词中的两个构词语素互有偏重，以限定性义素区分彼此，更重要的是，对它们要采取“异中求同”的态度，这才是促使二者结合的本质原因。在我们的统计范围内，清末民初类义联合词的数量少于同义联合词，但要比反义联合词多见。

以下我们对一些例词进行分析说明。

【敏活】

（55）日本府县为例，今当议订官制之始，自非体察国情，折衷至当无以收权责分明行政敏活之效。（《清实录·大清宣统政纪》卷四十七）

（56）我道老兄手段这样敏活，这一回的意外料也不难弥补。（陆士谔《十尾龟》第二十八回）

“敏活”属于类义联合结构，“敏”自先秦时期即可表“通达、聪敏”之义，而“活”本指“有生命存在”，后世逐渐发展出“灵活、活泼”的引申义。大约在明代前后，出现了“活泛”“灵活”“活灵活现”等词语，此时的“活”在该义项下作为语素参与构词。清初文人李渔的《闲情偶寄·词曲上·音律》有这样的语句：“曲中有务头，犹棋中有眼，有此则活，无此则死。”此时“活”单用表示“灵活、不呆板”。“敏活”即“聪敏灵活”。该词在现代汉语中的使用频率很低，偶尔出现在经济领域，如“交易之敏活”等。

【实牢】

(57) 那人见董良才睡着，又恐他睡不实牢，故意近前问道："小君子，你在路上行程共有几日了？"（佚名《蜜蜂计》）

"实""牢"两个语素组合在古汉语中曾出现过，例如唐代《千金翼方》卷第二十五："脉实牢者生，沉细者死。"这里"实牢"指脉象的一种，"牢"即为"坚"，《黄帝内经》《脉经》中均作"实坚"，二者相通。据我们统计，在中古时期"实牢"虽已出现，但全用于医学领域，而此例中的"实牢"是清代才出现的新词，语义与之前有所差异，属于类义联合词。其中"实"有"实在、诚实"之义，如"实诚"等，而"牢"则有"坚定、结实"的含义，如《红楼梦》第 82 回："自己身子不牢，年纪又大了。""实、牢"连用表示"实在、结实"。该词《大词典》已收录，但引例较晚，实际上，日本明治时期的北京官话课本中"实牢"已经出现。①

【鞭炮】

(58) 放起一挂三百头的鞭炮，那来拆字的人，拿出一百四十文钱酬谢他，登时看的人围满了。（旅生《痴人说梦记》第六回）

(59) 外国兵船上，无论那里都装的是炮，只要拿手指头往桌子上一揿，就轰的一声，立刻把人打死……我说的可是不是？我如今不怕别的，单怕他开炮。我是自小被炮仗吓坏了，往常听见放鞭炮总是护着耳朵的。（李伯元《官场现形记》第五十五回）

"鞭炮"一词在今天使用频率很高，但是其出现时间较晚，大约在清代末期才有用例，它是大小爆竹的统称。爆竹在中国至今已有上千年的历史，南北朝时期梁宗懔撰写的《荆楚岁时记》有这样的记载："先于庭前爆竹，以辟山臊恶鬼。"可见，当时人们通过使竹子爆裂发声的方式驱赶邪祟，该句中的"爆竹"还是动宾式结构。到了隋唐时期，出现了大量

① 陈明娥：《日本明治时期北京官话课本词汇研究》，厦门大学出版社 2014 年版，第 139 页。

"鸣爆竹""燃爆竹""放爆竹"的用法，可见此时"爆竹"已成为名词。由于唐代已发明了火药，所以过去烧竹子的方式改成了烧火药，如宋代《会稽志》卷第十三："除夕爆竹相闻，亦或以硫黄作爆药声，尤震厉谓之爆仗。"由此可以看出，利用火药燃爆，声音巨大的可称为"爆仗"。由于此时火炮也已出现，所以"爆仗"也被称为"炮仗"。后世人们又用竹筒和麻茎裹火药编成串，长长一溜称为"编炮"，又由于其声音清脆如鞭响，因而也被称作"鞭炮"。① 从以上说明可以看出，"鞭"多指小爆竹（现代常见"放小鞭"的说法），而"炮"往往是大爆竹，从例（59）可以清楚地看出，"炮"一般较为大型，因而"鞭炮"一词属于类义联合，今天已成为现代汉语常用词。

【惬洽】

（60）且惬洽既深，政见一致，多数人即可长为一党之行动。（张枬《辛亥革命前十年间时论选集·国会请愿同志会意见书》）

（61）余现仍与小珊来往，泯然无嫌，但心中不甚惬洽耳。（曾国藩《曾国藩文集》修身篇）

"惬"在古汉语中有"快心、满足"之义，例如王充《论衡·艺增》："故誉人不增其美，则闻者不快其意；毁人不益其恶，则听者不惬于心。"此例中"不快其意""不惬于心"二者对举，可见"快、惬"语义相同。"洽"先秦时期即有"融洽、和谐"之义，此义也一直保留到了今天。由此可见，"惬""洽"描述的都是一种愉悦、融和的心情，二者具有结合的基础。该词仅出现于清末民初，今天已不再使用。

【绮腻】

（62）他自以为有人帮忙，大事无碍，所以心中一点儿不念着店东识破他住在外面的过失，一心记念红珏的绮腻风光。（朱瘦菊《歇浦潮》第八十一回）

（63）唐人绝句之可为诗意者，如沉香亭北，如铜雀春深，生香活色，绮腻风流。（连横《雅堂文集》卷二）

---

① 郝铭鉴、孙欢：《中华探名典》，上海锦绣文章出版社 2014 年版，第 855 页。

“绮”《说文》释为“文缯也”，即“有花纹的丝织品”，后由该义引申出“美盛、华丽”之义，像今天说的“绮丽”即为同义联合词。“腻”本指“肥厚、油腻”，后由此义项引申出“细腻、滑泽”义，例如《楚辞·招魂》：“靡颜腻理，遗视矊些。”王逸注：“靡，緻也。腻，滑也。”该义项直到民国中期仍可单用，如李劼人《死水微澜》第五部分：“那娃儿虽不很白，倒还媚气，腻得很。”“绮、腻”语义虽不尽相同，但都含有“美好、细致”的义素，所以二者可结合为类义联合词，表示“华丽细腻”之义。《大词典》首引例为茅盾《虹》中语句，稍晚。

【杂踏】

(64) 太宗佩着宝剑，跨上御驾，五七十位护驾大臣，簇拥着，马蹄杂踏，跑出营门。(陆士谔《清朝秘史》第六回)

(65) 飞足奔过正街，来到淡花村酒楼门首。止听得后面足声杂踏，追踪而至。(海上独啸子《女娲石》第十三回)

“踏”通“沓”，在古汉语中由表“话多”引申为“事物繁多、纷多”，如王安石《中使宣医谢表》：“沓被慈怜，不胜负荷。”“杂”在上古时期即有“杂乱、紊乱”之义，如《墨子·非攻下》：“日月不时，寒暑杂至。”陆德明《经典释文》：“孟喜云：杂，乱也。谓寒暑错乱而至，失其恒节。”“杂、踏”语义虽不相同，但都可用于描述事物，且义素中均有“纷繁、杂乱”之义，因而具有联合构词的条件。值得注意的是，其同素逆序形式“沓杂”早在中古时期既已出现，“杂踏”出现相对较晚。该词在今天偶有用例，使用频率较低。

【顽迷】

(66) 虽皆顽迷腐败，然其团体极大，隐然为一国的潜势力。(梁启超《新中国未来记》第二回)

(67) 虽一再革命，国民不惜以头颅血肉为之保证，为之牺牲，而此辈顽迷，终难使之觉悟。(李大钊《俄国大革命之影响》)

“顽”在先秦时期可表“愚顽、愚妄”之义，如《书·尧典》：“父顽，母嚚，象傲。”孔传：“心不则德义之经为顽。”“迷”在上古时期有

"执迷、迷失"义，如《韩非子·解老》："凡失其所欲之路而妄行者之谓迷，迷则不能至于所欲至矣。""顽、迷"均表对事物的态度，且都有一定的贬义色彩，二者可结合为类义联合词，表义为"愚昧而执迷"。《大词典》首引郁达夫民国中期作品中的用例，稍晚。此词在现代汉语中虽有使用，但出现频率较低，主要出现在翻译的文学作品中。

【诡薄】

(68) 利欲熏心，诡薄成性。方且恣其含沙之毒，侥幸于法网之宽，殊不知无情之辟。(《钦定大清会典事例》卷三百九十七)

(69) 故其为诗，力追三唐、汉、魏，无诡薄之失。(《清史稿》四八四)

"诡"上古时期有"欺诈、假冒"之义，如《吕氏春秋·勿躬》："人主知能、不能之可以君民也，则幽诡愚险之言无不职矣。""薄"在古汉语中义项较多，其一指"虚假刻薄，不诚朴宽厚"，如《史记·商君列传论》："商君，其天资刻薄人也。"司马贞索隐："刻谓用刑深刻；薄谓弃仁义，不悃诚也。"由此可知，"诡、薄"均为描述人的贬义形容词，二者结合可指"虚伪浮薄"。该词使用频率较低，仅在清末民初出现过数例，没有保留到现代汉语中。

【黝黯】

(70) 天光黝黯水光黫，天水胶粘合成色。(林豪《澎湖厅志》卷十四)

(71) 绢本，色黝黯，微剥，而文字并完好。(吴庆坻《蕉廊脞录》卷七)

"黝"古汉语中指"淡青黑色"，如王充《论衡·自纪》："使面黝而黑丑，垢重袭而覆部，占射之者，十而失九。"这里"黝、黑"对用，可见二者分说有别。"黯"古汉语中作"深黑、昏暗"解，如谢庄《宋孝武宣贵妃诔》："重扃閟兮灯已黯，中泉寂兮此夜深。"虽然"黝、黯"二词在色彩上不尽相同，但同指黑色，均可用以形容色泽幽暗，因而可结合成类义联合词。该词在今天仍在使用，但多数情况下用"幽暗"来表达此义。《大词典》首引叶圣陶作于1923年的《隔膜》一文，稍晚。

【仄小】

(72) 日本房间仄小，喜轴难得有宽广的地方张挂。（不肖生《留东外史续集》第二十三章)

“仄”本义为“倾斜、偏斜”，后引申出“狭窄、狭小”的义项，它直到民国时期仍可单用表此义，如茅盾《尚未成功》：“那边又阴湿，又黑，地方也太仄。”“仄、小”侧重角度不同，前者更倾向于“窄”，后者更倾向于“体积小”，但二者均可形容事物“小”，因而具有连用的可能。“仄小”《大词典》首引胡也频著于1930年的《光明在我们的前面》，较晚。该词直到今天仍在使用，如《读书》1991年第12期《编辑室日记》：“现在，从事‘良币’制作的已被逼到一个仄小的角落。”但总的来说使用频率较低。

【认许】

(73) 从来旧例，选举康列巴里的僧侣，先要经英王认许，往后才能够请罗马法王承允。(署玉瑟斋主人《回天绮谈》第五回)

(74) 其第二事为外交团所不认许，以为武官如有不测，外交官不能担此责任。(黄远庸《大借款波折详记》)

“认”表“认可”，“许”即“许可”，二者语义虽然不同，但均带有“同意、允许”的义素，因而可以结合成类义联合词。由于该词的语义仅为构词语素的简单加和，没有形成新义，所以“认许”更像是“认可允许”的简缩形式，在表达上前者也不如后者清晰明了，因而该词在今天使用频率较低。我们在CCL语料库中查到了“不须经中国政府认许”的说法，它来源于法律方面的文献，可见“认许”多用于专业领域中。

【恶辣】

(75) “飞鸟尽，良弓藏；狡兔死，走狗烹”，这就是做功臣的应得的报应！但是也太恶辣了。（许啸天《清代宫廷艳史》第三十六回)

(76) 但邵府上也有恶辣的谋士的。(鲁迅《〈准风月谈〉后记》)

“恶”表“凶恶”义古已有之，“辣”本指“辣味”，后引申为“狠毒、厉害”，清末民初“辣”仍可单用表此义，如《老残游记》第四回：“玉大人官却是个清官，办案也实在麻利，只是手太辣些。”可见，“恶、辣”语义虽不同，但都强调人“凶狠、毒辣”的一面，且都带有贬义色彩，因而可结合成词。《大词典》首引沙汀1933年所作的《淘金记》，较晚，实际该词民国初年既已出现。现代的佛经文献中有时会有“恶辣钳锤”的说法，喻指极为严厉的教诲，但在日常生活中“恶辣”基本不再使用。

【浮扬】

(77) 自信者常沈著，而骄傲者常浮扬；自信者在主权，而骄傲者在客气。(梁启超《十种德性相反相成义》)

“浮扬”在古汉语中有“在水中浮游”的含义，如《论衡·是应》：“仓兕者，水中之兽也……时出浮扬，一身九头。”后来“浮”由其本义引申出“浮躁、轻浮”之义，如《国语·楚语上》：“教之乐，以疏其秽而镇其浮。”韦昭注：“浮，轻也。”“扬”本义为“飞起、飘扬”，后发展出“显扬、张扬”之义，如《淮南子·览冥训》：“不彰其功，不扬其声。”可见“浮、扬”语义相近，均有贬义色彩，二者结合可用于形容人“轻浮、张扬”，这从此例“浮扬”与“沈著”对用也可以清楚地看出。现代汉语中该词很少见。

【佩慰】

(78) 学生出洋，删改章程，覆减经费，切实周密，毫无遗憾，佩慰莫可名言。(李鸿章《李文忠公选集》)

(79) 东电悉，布置密速，佩慰。(张之洞《张文襄公选集》三)

“佩”表“佩服”，“慰”有“欣慰、快慰”之义，二者语义有相近之处，均可表示对人或事物的钦佩、欣赏之情，且带有褒义色彩，因而可结合成类义联合词。《大词典》首引例出自邹韬奋20世纪50年代写的《事业管理与职业修养》，较晚，实际该词早在晚清已经出现。由于“佩慰”的语义基本是语素的加和，没有发生转义，因而其凝固性不强，这也导致它在今天已不再使用。

【颁赠】

(80) 念叶氏二女系秦之母所定，姑无分嫡庶。着礼部一体颁赠诰封。(天虚我生《泪珠缘》第五十五回)

(81) 这么天下少有、古今希闻的大忠臣，崇祯连恤典也没有颁赠他，昏聩不昏聩？(陆士谔《清朝秘史》第六回)

“颁”本义指“发布、公布”，由此引申出“赏赐、分赏”之义，例如《周礼·天官·宫伯》：“以时颁其衣裘。”孙诒让正义：“郑举汉法为况，明此颁为常赐也。”“赠”有“送予、赐予”之义，该义直到今天仍在使用，因而“颁、赠”结合属类义连用，义为“上级对下级的赏赐、封赏”。《大词典》首引沙汀写于抗战时期的《在其香居茶馆里》，较晚，实际该词早在晚清既已出现。现代汉语中“颁赠”仍在使用，例如新华社2003年2月21日电：“今年16岁的曾子翘同学，喜获署理康乐及文化事务署署长蔡淑娟颁赠的纪念状和纪念品。”除此以外“颁赠典礼”的用法也经常可见。

【慈蔼】

(82) 顾吾师虽慈蔼，不足以杀吾悲。(苏曼殊《断鸿零雁记》第二章)

(83) 他老人家有时比妈还要慈蔼，不过对儿子们是要严厉一点。(丁玲《母亲》四)

“慈”表“慈爱、慈善”之义古已有之，像“慈母、仁慈”今天仍在使用。“蔼”在先秦时期即可表“温和、和善”，如《管子·侈靡》：“蔼然若夏之静云，乃及人之礼。”由此可见，“慈、蔼”语义相近，二者结合可表“仁慈和蔼”。该词虽保留到了现代汉语中，但使用频率并不高，这可能与其同义词众多有关，一般来说，今天表达此义多用“慈祥、和蔼”等。

【辞歇】【收歇】

(84) 东家因为他犯了官刑，便把他辞歇了。(吴趼人《二十年目睹之怪现状》第九十九回)

(85) 这人从前在公司中办事，颇为能干，自从公司更换经理之后，因与他意见不合，才辞歇出来。(朱瘦菊《歇浦潮》第八十二回)

(86) 问问左近的邻居，都说这铺子是前月关门的，因为亏空大，收歇了。(旅生《痴人说梦记》第六回)

(87) 咱们地方上有了这个人，大家休想安稳过日子，不如收歇了铺子罢。(李伯元《文明小史》第三十二回)

“辞”先秦时期即可表“遣去、辞退”义，如《左传·襄公二十二年》：“辞八人者，而后王安之。”杜预注：“辞，遣之。”该义一直保留到今天，且仍可单用，例如巴金《利娜·第十七封信》：“可是我看也不多看他一眼。我把我的跳舞教师也辞掉了。”“歇”有“停止、休息”之义，《说文·欠部》：“歇，息也。”后语义发生引申，使用范围扩大，如“歇工”即指“停止工作、休业”，“歇业”指的是“停止营业”。由此可见，“辞”侧重的是雇佣者主动辞退，“歇”倾向于受雇者辞职后的状态，二者在语义上有相关性，因而结合后可指“解雇”。《大词典》引用的是茅盾《子夜》中的例子，实际上该词在晚清既已出现。通过对 CCL 语料库进行检索，发现该词民国时期多用，尤其茅盾作品中出现较多，可见是较具个人特色的词，现代汉语基本没有用例。再看“收歇”，“收”在古汉语中义项较多，《说文》释为“捕也”，后引申出“结束、停止”的义项，如“收工”等，其使用范围也逐渐扩大，可以指商业活动的停止，因而“收、歇”语义相近，可结合为类义联合词。值得一提的是，与“辞歇、收歇”在语义和构词方面相近的还有“开消”一词，它产生相对较晚，如巴金《秋》二：“我把高忠开消了。”其中“开”表“开除”，“消”有“消除”“使消失”之义，二者均从不同角度形容“解雇、打发”这件事，所以它也属于类义联合词，不过现代汉语中基本不再使用。

【昏朦】【昏谬】

(88) 天色已经昏朦了，她还没有来。(郭沫若《卷耳集·邶风静女》)

(89) 尔真昏谬，尔病大热，非此品无得奏功。(宣鼎《夜雨秋灯录》卷三)

(90) 昏谬若此，虽用宫之奇、百里奚，亦未能保守其国，何况贪贿违谏，引狼入室哉！(刘体信《苌楚斋随笔》卷二)

“昏”在古汉语中义项较多，其本义指“傍晚、黄昏”，后引申出“昏暗、无光”义，如王僧达《和琅邪王依古》：“白日无精景，黄沙千里昏。”“朦”《说文》释为“月朦胧也”，后语义引申为“模糊不明貌”，因而“昏、朦”都有“昏暗、模糊”的义素，二者可结合成类义联合词，表示“昏蒙、昏暗”义。此外，“昏”在上古汉语还有“昏聩、糊涂”之义，如《吕氏春秋·诬徒》：“昏于小利，惑于嗜欲。”高诱注：“昏，迷；惑，悖。”“谬”在先秦时期即有“错误的、不合情理”之义，此义项一直保留到了今天，如“谬论、谬谈”等。可见，“昏、谬”都可形容人“昏聩、错误”，且均有贬义，二者类义连用。“昏朦、昏谬”产生较晚，前者在现代汉语中还有用例，但使用频率较低，一般用“昏暗”表达此义，后者在今天基本不再使用。

【静定】【静瑟】

(91) 所谓心猿意马者，心如猿猴之狡，意如烈马之驰，故必拴之锁之，使猿无所施其狡，马无所逞其驰，使归于静定。(佚名《七真因果传》第七回)

(92) 早晨起来……我每到这些小山中没有人来侵犯的地方去享受静瑟的空气。(郁达夫《迷羊》)

“静”在古汉语中义项较多，可表“静止不动、安静、洁净”等多种含义。以“静定、静瑟”为例，前者在古汉语中曾出现过，最早用于佛经中，特指“佛教的澄心静虑，坐禅入定”，清末民初时该词衍生出新义，其中“静”指“平静”，“定”在先秦时期即有“停、止息”的含义，如《诗·小雅·采薇》："我戍未定，靡使归聘。"郑玄笺："定，止也。"可见"静、定"类义连用，指"平静凝滞"。《大词典》首引民国中期茅盾《三人行》，较晚。"静瑟"在古汉语中曾指"传说中用员山静木制的能召集万灵的宝瑟"，此时该词为偏正式词语。清末民初"静瑟"产生了新义，其中"瑟"在上古时期可表"洁净鲜明貌"，如《诗·大雅·旱麓》："瑟彼玉瓒，黄流在中。"郑玄笺："瑟，洁鲜貌。"可见"静、瑟"语义中均有"洁净"的义素，二者可结合为类义联合词，指"洁净新鲜"，该词在今天基本不再使用。

【嘈乱】【嘈嚣】【嘈嚷】

(93) 黄得功在树林中听得人马嘈乱之声，知贼来劫大营，吩咐把信火点着。(松滋山人《铁冠图全传》第三十四回)

(94) 天吴却能人言，不过说起来八口齐张，声音嘈乱之至。(钟毓龙《上古秘史》第八十九回)

(95) 车内又十分嘈嚣，他很想同那位同乡谈话，因懒于高声说，也就中止。(林如稷《将过去》)

(96) 将至天明，忽听得外面嘈嚷，拥进了许多人来。(李清《梼杌闲评》第二十回)

"嘈"在古汉语中可单用，如杨修《许昌宫赋》："钟鼓隐而雷鸣，警跸嘈而响起。"其中"隐、嘈"对用，可见"嘈"表"喧闹"义。"嚣"在上古时期即表"喧哗"义，如《左传·成公十六年》："在陈而嚣，合而加嚣。"杜预注："嚣，喧哗也。"而"嚷"在古汉语中有"吵闹"义，我们今天常用的"吵嚷"即为同义联合词。由此可见，"嘈、乱、嚣、嚷"虽然侧重角度不同，但均可表声音的吵闹、喧杂，因而可互相结合为类义联合词。以上诸词中，"嘈嚷"产生较早，明末清初即有用例，其余词语均在清末民初才出现。相对来说，"嘈乱"使用频率更高，不过现代汉语多用"嘈杂、喧嚣"表达此义。

(三) 反义联合

反义联合词要求两个构词语素在某一义位上具有相反的关系。相较其他两种联合式的类型，它的形成过程较为复杂，具有反义关系的两个单音词在一起连用，最初可能只是单音词语义的加和，但随着使用频率提高，语义开始发生变化，变得更抽象、概括。换句话说，两个单音词的意义在一些相同的义素上融合为一个新的义位，整体代表一个更概括的意义。有学者提出了一条原则，但凡反义联合词的语义发生整体性改变，基本就已完成了由联合短语向词的转变。[①] 纵观清末民初见诸文献资料上的反义联合词，绝大多数的词形早已在上古、中古汉语中出现过，只是有一些词产生了新义项，真正新产生的词并不多见。我们结合典型词例进行分析。

【开关】

(97) 贾少奶急中生智，随手把开关一扭，熄了电灯，房中顿时漆黑。(朱瘦菊《歇浦潮》第三十回)

(98) 他在春晖中学校讲演时，曾指着“电灯开关”说……（朱自清《“海阔天空”与“古今中外”》）

“开关”本指“打开城门、宫门、关隘等的门户”，最初是一个动宾式词语，如《史记·秦始皇本纪》：“秦人开关延敌，九国之师逡巡遁逃而不敢进。”大约在明代左右，该词衍生出“开启和关闭”的义项，如《王阳明集》卷七：“哀我人斯，开关启闭，良知之说，直截简易，无俟推求，无不该具。”该句中“开关”“启闭”对用，由此可以清晰地看出此时“开关”已发展成反义联合词。我们知道，18 世纪中叶左右，西方物理学有了较大的进步，电流的发现为未来各种电器化设备的创造奠定了重要的基础，因而随着各种电气化事物的引入，清末民初“开关”又被赋予了新义，它指的是“电器装置上接通和截断电路的设备”，如茅盾《子夜》：“忽然她转身飞跑到厢房的前半间，扑到方桌旁边，一手扭开了小风扇的开关，又一旋身把背脊对住那风扇。”该义项一直保留到了今天，而且“开关”已成为现代汉语常用词。

【奇恒】

(99) 事有奇恒，途有险易，则不得不虑及於是耳。（章炳麟《中华民国解》）

---

① 丁喜霞：《中古常用并列双音词的成词和演变研究》，博士学位论文，浙江大学，2004 年。

“奇恒”在古汉语中曾出现过，指“奇病”，如《素问·玉版论要》：“奇恒者言奇病也。”此时该词为偏正式结构。清末民初它衍生出了新义，首先看“奇”，《说文》释之为“异也”，可见有“不同于寻常事物”之义。“恒”由“恒久、固定”义引申为“寻常、普通”，如《太平广记》卷二九六：“见二鹿极大，有异于恒鹿，乃走马逐之。”此句可以清楚地看出，“恒”与“异”相对，因而“奇、恒”连用可形成反义联合词，即指“特殊与一般”。此例“奇恒”与“险易”对举，也可证明“奇、恒”语义相反。该词使用频率较低，现代汉语中已不再使用。

【弛张】

(100) 几案可以弛张，什器轻于携取，便于用矣，而不得谓之美术。(鲁迅《集外集拾遗补编·拟播布美术意见书》)

“弛张”这个词形在先秦时期既已出现，“弛”指“放松弓弦”，“张”则是“拉紧弓弦”，因此“弛张”即为“一松一紧”，像我们常说的“文武之道，一张一弛”即是此义。后来该词语义发生引申，使用范围扩大，可喻指事物的“盛衰、进退、宽严”等，如方孝孺《春秋诸君子赞·子皮》：“赏罚弛张，必从其令。”到了民国时期，该词衍生出新义，语义进一步泛化，可指事物“拉开或收拢”，此时为反义联合词。“弛张”在今天用例较少，很多时候见于医学术语“弛张热”[1]中，其同素颠倒形式“张弛”的使用频率较高，常见于“张弛有序”“张弛有度”“张弛相宜”等中。

此外，还有一些新词形在清末民初之前并未出现过，可以说是此期真正的新词，其中有一部分是随着西方的先进科技或概念的引入而产生的，以下试举几例：

【供求】

(101) 地金地银两者之比价，常应于供求之率以为消长。(梁启

① 弛张热，也称消耗热，表现为持续高热，每日体温波动较大，日夜波动可超过1.5—2.0℃，但最低温度仍高于正常。引自杨左著、李庆株《新编临床医学数据手册》，金盾出版社1992年版，第273页。

超《中国货币问题》)

(102) 资本十万元，其出品尚难供求相应，故砖瓦时有来自福州各处也。(施景琛《鲲瀛日记》)

“供求”是反义联合词，指的是“供给和需求”。我们知道，古代中国社会一直以自给自足的自然经济为主，对外贸易并不发达，西方殖民侵略打开了国门，也被迫开放了对外的经济贸易，由此产生了一些新兴概念。“供求”是马克思所提出的经济学术语，系由清末进步人士所引入的新概念。民国时期《海外缤纷录》第十八回中对“供求”进行了形象的描绘：“工厂里招不到男工，工资便抬高了许多，生活程度日高一日，这原是经济学的供求律，不足为奇。”随着近代中国社会商品经济的日趋发达，该词的使用频率逐渐增高，由此还产生了成语“供不应求”，用于形容“供应不能满足需求”的状态。

【扬弃】

(103) 从唯心主义唯物主义的扬弃中认识知难行易的革命哲学。(《黄埔月刊》创刊号)

“扬弃”属于反义联合词，它大概在民国中期出现。该词是德语“aufheben”的意译，是一个哲学术语。它最早是由黑格尔提出，其中“扬”是继承发扬积极、合理的因素，“弃”是抛弃和否定消极的因素，也就是新事物对旧事物的抛弃与保留、克服与继承的统一。后来，该术语被马克思、恩格斯所继承发扬，借用它来说明唯物辩证法的否定观。五四运动以后，马克思主义思潮在中国蓬勃兴起，其理念也借由进步知识分子广泛传播，“扬弃”便是在这一过程中出现的新概念。《大词典》首引秦牧1979年的散文集《长街灯语》中的语句，较晚。该词一直沿用到了今天。

【畅塞】

(104) 只要记得那八股的范围格局，那文章的魄力之厚薄，气机之畅塞，词藻之枯腴，笔仗之灵钝，古文时文，总是一样的。(吴趼人《二十年目睹之怪现状》第四二回)

“畅”即“畅通”，“塞”为“堵塞、阻塞”，二者语义相反，因而“畅塞”为反义联合词。该词直到清末民初才有用例，且使用频率较低，通过“汉籍全文检索系统”进行统计，发现它仅出现1例。其实从此例可以看出，句中出现了多对语义相反的词，如“厚—薄、畅—塞、枯—腴、灵—钝、古—时”等，但由于“畅塞”的语义只是两个语素义的简单结合，没有像“厚薄”一样衍生出新义，因而它更像是语境中的一种临时组合，这也使得它很难留存到今天。

【消涨】

（105）庶可期其底深溜急。易为消涨。涨消则河低。河低则淮自高。（《皇朝经世文续编》卷一百六）

“消”在古汉语中即有“消减”义，例如“此消彼长”，“涨”则有“增长、积聚”之义，二者语义相反，“消涨”为反义联合词。该词在清末民初才有用例，在我们的统计范围内，它共出现5例，全部表示水势的增减。民国中期该词仍在使用，如郭沫若《十批判书·稷下黄老学派的批判》：“天地万物是有存亡、生死、盛衰、消涨的。”不过，从历时发展的角度来看，该词使用频率不高，这一方面是由于它与“消长”语义相近，而后者自中古时期便已出现，且使用较为频繁；另一方面，“消涨”更倾向与“水位”搭配，虽然今天它偶有出现，但搭配对象较为单一，例如“水库消涨带”“三峡消涨带”等。

二　联合式复合词的语法构成

上一小节我们主要对语素义的组成情况做了分析，本节则从语法构成的角度来进一步探究，主要论及“常见语素组合模式”以及“语素词性构成”两方面内容。

（一）常见语素组合模式

我们知道，联合式词语对构词语素的要求是语法地位上保持平等，两个语素具有互相选择的关系。但是，并非所有满足这一条件的都可成词，我们考察了此期的联合式词语，发现有几种较为常见的语素组合模式，下面分别进行探讨。

1. 书面语（口语）语素+口语（书面语）语素

王宁指出，词汇的发展具有三个基本规律，分别为累积律、区别律、协同律①，其中“累积律”是指词汇的发展是累积式的，新词的产生并不意味着旧词的消亡。换句话说，很多古汉语中产生的词经过几千年的发展虽已无法独立成词，但仍可参与构词，它们今天多半出现于书面语中，还有一些语素则是典型的口语语素。语言的协同律使得即使构词语素色彩义不同仍可结合，清末民初这样的语素组合不在少数，例如“亲吻（口语+书面语）、答允（口语+书面语）、愚傻（书面语+口语）、渺远（书面语+口语）、啮啃（书面语+口语）、嗄哑（书面语+口语）”等。

【亲吻】

（1）我见她心悦诚服地任我亲吻，人中道：“原来还亲着吻咧！”（陈辟邪《海外缤纷录》第十四回）

（2）如与女子共车过山洞时，当幽暗之区，彼以嘴啜自己手背作亲吻之声。（张德彝《航海述奇》）

“亲、吻”义同，均可表示“用嘴唇接触人或事物以示亲爱”，其中“吻”的这一义项产生较早，如唐代李洞玄《洞玄子》：“两口相吻，男含女下唇，女含男上唇，一时相吮。”“亲”出现较晚，在明代白话文小说中才逐渐多用起来，如《今古奇观》第十九卷：“邓氏将身一闪，耿埴狠抢进来，一把抱住，亲过嘴去。”二者相比，“吻”多用于书面，如今天习用的“吻别、接吻”等，“亲”则一般用于口语中，这从例（1）中的“亲着吻”也能清楚地看出，因而二者结合属于“口语+书面语”的语素组合。值得注意的是，联合式中的构词语素虽然语义一致，但语体色彩往往是不同的，不过这并不妨碍二者结合，这也是联合式与其他构词法相区别的地方。换句话说，同义联合词中，构词语素只需理性意义相同即可，对色彩意义并无太多要求。而且，由于这种“书面语”与“口语”语素结合的模式往往体现了历时的因素，因而其出现不会太早。“亲吻”在清末民初才开始出现，不过今天使用频率很高，属于现代汉语常用词。

① 肖晓晖：《汉语并列双音词构词规律研究》，中国传媒大学出版社2009年版，第60页。

【答允】

(3) 那妇人见他答允，更是欢喜非常，说道："我且回去先说一声，再来请你。"(《狄公案》第四回)

(4) 明日派兵去急捕，拿住贼人银追还，众兵答允遵吩咐，出去拿贼理当然。(半闲居士《小八义》第六十回)

"允"本义为"诚信、信实"，后引申出"应允、同意"的义项，如任昉《齐竟陵文宣王行状》："既允焚林之求，实兼仪形之寄。""答"本义为"回答、回话"，大约在中古前后也引申出"应允、同意"的义项，如《汉书·谷永传》："永自知有内应，展意无所依违，每言事辄见答礼。"可见二者同义连用。在历时的发展中，"允"主要用于书面语，如"应允、允诺"，"答"口语中使用较多，因而二者属于"口语+书面语"的语素组合。该词在今天仍在使用，据我们对 CCL 语料库的统计，它在港台作家作品中更为多见，如岑凯伦《合家欢》，金庸《倚天屠龙记》等。总的来说，"答允"不如其同义形式"应允"使用频率高。

【愚傻】

(5) 安人袭财得荫，外貌颇似贵公子，而性却愚傻，自幼不会读书，连人道上也不大明白。(夏敬渠《野叟曝言》卷五)

"愚"上古时期可单用，如贾谊《新书·道术》："深知祸福谓之知，反知为愚。"这里"知、愚"相对，可见"愚"表"愚昧、愚笨"之义。"傻"出现相对较晚，在近代杂剧中才逐渐增多，如高文秀《黑旋风双献功》："一个傻弟子孩儿！休要呆着，跟将我来。"在历时发展中，"愚"逐渐不可单用，主要见于书面语中，如"愚蠢、愚不可及"等，而"傻"在近代白话文作品中使用频率较高，主要用于口语中，因而二者属于"书面语+口语"的语素组合。该词在民国时期主要出现于老舍的作品中，但在今天并不多用，现代汉语一般用"愚蠢"表达此义。

民国中后期产生的联合词中也有符合该模式的，例如"渺远（书面语+口语）""啮啃（书面语+口语）""船舶（口语+书面语）"等。

2. 广义（狭义）语素+狭义（广义）语素

同义联合式中有一种“不平等联合词”，这指的是构成复音词的两个同义语素，其中一个语素的意义比较狭窄、具体，另一个语素的意义比较概括抽象。事实上，这样的语素从语义学的角度来说，应属于“上下位”关系。同样的，在双音化趋势的影响下，有的狭义语素失去了词的身份，但可通过与广义语素同义联合而延长生命。

【动颤】

(6) 德氏擦着眼泪，把姑娘、姑奶奶五字，叫不绝声，好容易鼻翅动颤，慢慢地苏醒过来。(王冷佛《春阿氏谋夫案》第四回)

(7) 我的四肢手足就同瘫了的一般，再也不能动颤。(郭沫若《牧羊哀话》)

“颤”从页，最早指的是“头部不定摆动”，后可指“身体颤动”，如《淮南子·说山训》：“故寒者颤，惧者亦颤。”“动”在古汉语中语义颇多，可以说凡是符合“脱离静止状态的活动、移动”均可用此表示，因而它有“行动、劳动、发动、萌动、变动”等数十个义项。“颤、动”从语义的广狭来看，显然“颤”是“动”的下位词，语义更加狭窄、具体，因而该词属于“广义语素+狭义语素”的组合模式。其同素逆序形式“颤动”早在中古时期既已出现，它出现相对较晚。我们知道，清末民初同素逆序词多见，但这种混乱的形式并不利于交际，也不符合语言经济性原则，因而二者之间势必要产生竞争。从历时发展的角度来看，“动颤”的使用频率要远低于“颤动”，后者今天已成了常用词。

【过滤】

(8) 第四百二十二图为过滤器用法，将药品置其泡内，倾以水或醇。泡若干时，开其塞门，则滤下。(傅兰雅辑《格致汇编》第三册《格致释器》)

“滤”指“过滤”，即“用滤纸或其他多孔材料分离悬浮在液体或气体中固体颗粒、有害物质的一种方法”。该义早在中古时期既已产生，如贾思勰《齐民要术·种红蓝花及栀子》：“接取白汁，绢袋滤，著别瓮中。”“过”在古汉语中有很多动词义项，其基本义为“经过”，由此引申出许多新的含义，例如“渡过、通过、超过、传递、帮助下咽”等，其中“滤过”也属于其中一种“经过”的方式，因而“过”为广义语素，而“滤”为狭义语素。值得注意的是，该词在清末民初也有同素逆序词“滤过”，如张尊旭《台湾游记》：“由唧筒装置室、沉淀池、滤过池、静水贮溜池等顺次察看。”可见此期“过滤”一词其语序还未完全固定。从今天的使用来看，“过滤”已基本取代“滤过”。

【甲壳】

(9) 凭着它一副锋利的牙齿和坚厚的皮和甲壳，什么都不怕。(不题撰人《观音菩萨传奇》第四十回)

(10) 龙虾之体自头胸部及腹部之二部接合而成，被以甚坚牢之甲壳。(《博物学教科书》第二编)

“甲”本指“植物某些部分的外层”，如“处于甲中”，即指“在种皮当中”，后引申为“某些动物身上的鳞片或硬壳”，如《山海经·中山经》：“有兽焉，其状如犬，虎爪，有甲，其名曰獜。”郭璞注：“言体有鳞甲。”“壳”则指物的坚硬外皮，范围广泛，既可小到动植物，也可大到天体，如《宋书·天文志一》：“天地之体，状如鸟卵，天包地外，犹壳之裹黄也。”同时“壳”还能指抽象事物，如《海州大云寺禅院碑》：“绝生死岸，破烦恼壳。”可见，“甲”的范围相对狭窄、具体，而“壳”则更为广泛抽象，“壳”的语义包含了“甲”，因而该词属于“狭义语素+广义语素”的组合，该词也一直沿用到了今天。

3. 自由（半自由）语素+半自由（自由）语素

语素如果从组词能力来分，可以分为三类，分别为“自由语素”“半自由语素”以及“黏着语素”。“联合式”的构词语素中不包括黏着语素，但有可能是“半自由语素”，也就是说它虽然不可独立成词，但位置比较自由，且可与其他语素组合成词。这样的结构在清末民初联合词中数量不少，如：

【晤见】

(11) 次早起身，先到顾府，晤见士贞、兰生，送亲女客，早已

回来。(邹弢《海上尘天影》第三十一回)

(12) 应子固还只晤见一次，如何便来请我，还是不去罢！(陈辟邪《海外缤纷录》第十一回)

“晤”在古汉语中有“会见、见面”之义，如韩愈《酬月喜张十八员外以王六秘书至》诗：“君来晤我时，风露渺无涯。”该例中“晤”可以用“见”替代，可见二者语义相同。从语素组合能力来看，“见”属自由语素，而“晤”虽不可独立成词，但在词中既可做前语素，又可做后语素，如“会晤、晤商”等，因而该词属于“半自由语素+自由语素”的结构。今天“晤见”一词仍在使用，多见于正式语体，如新闻报道当中，搜狐新闻 2009 年 01 月 04 日《张恨水与毛泽东周恩来的交往》：“毛泽东约见时间，单独晤见张恨水先生详谈。”

【低廉】

(13) 房屋虽多几间，房金却比市内低廉十之三四。(不肖生《留东外史续集》第五十九章)

(14) 及机器一兴，生产额忽过前此数倍，非低廉其价值，改良其品质，则将无销售之途。(梁启超《梁启超文集·杂答某报》)

中古时期“低”由形容词义项“由下至上距离小”引申出“低廉、便宜”的含义，如苏轼《金橙径》诗：“金橙纵复里人知，不见鲈鱼价自低。”“廉”在中古时期亦产生形容词义项“低廉、便宜”，例如王禹偁《黄州新建小竹楼记》：“刳去其节，用代陶瓦，比屋皆然，以其价廉而工省也。”该义项一直沿用到今天，如常说的“物美价廉”等。从语素组合能力来看，表便宜的“低”可单说，属于自由语素，而“廉”虽不可独立成词，但位置较灵活，如“低廉、廉价”等，因而该词属于“自由语素+半自由语素”的组合。“低廉”今天已成为现代汉语常用词，使用频率很高。

【壕沟】

(15) 只有筑一带砖城，设立壕沟，直抵魏河，方是上策。(俞万春《荡寇志》第九十回)

（16）言筑墙须八尺高，三尺厚；壕沟须八尺宽，六尺深。（曾国藩《曾国藩文集·禀军中要务》）

“壕”本指护城河，后引申为“沟道”，如孔尚任《桃花扇·余韵》：“残军留废垒，瘦马卧空壕。”可见，“壕、沟”同义连用。不过二者在语素性质上有所不同，例如可以说“挖了条沟”，但不可说“挖了条壕”。进一步说，“沟”为自由语素，“壕”虽不可独立成词，但在构词时位置灵活，如“战壕、壕堑”，因而二者属于“半自由语素+自由语素”的组合。此词现代汉语仍在使用，其语义除了指“沟道”，还可以特指“战壕”。

（二）联合式复音词的词性构成

上文我们对清末民初“联合式”复音词的语素组合模式进行了考察，下面再从词性构成的角度入手探究。我们知道，复音词的两个语素在成词之前都是单音词，所以由它们组合而成的结构在词性上会有一定的规律，尤其与汉语其他阶段相比，此期联合式的词性构成具有独特之处。具体来说，可以概括为以下几个特点：

第一，此期绝大多数联合式复音词其构词语素的词性与复音词词性保持一致，在前后词性一致的类型中，所构之词以动词居多，形容词、名词次之。其中“动+动→动”结构最为常见，其次是“形+形→形”，再次是“名+名→名”，其他结构相对较少，像“副+副→副”“代+代→代”均只有一例。从历时发展的角度来看，词性构成与上古时期差别较大，有人认为：“从语法构成看，前期联合式复合词中名+名=名最多，其次是动+动=动，最后是形+形=形，其他的占少数。”[①] 此期词性构成与现代汉语基本一致，周荐在对《现代汉语词典》（1983年版）进行考察之后得出结论，认为“联合式”中的“名名”组合占总数的24.5%，而“动动”组合占52.8%，“形+形”约占21.7%，其他种类相对较少[②]。再如据苑春法、黄昌宁考察，现代汉语中体素性的联合共计2058例，而谓素

① 李仕春：《从复音词数据看上古汉语构词法的发展》，《北京化工大学学报》2007年第1期。

② 周荐：《复合词词素间的意义结构关系》，《语言研究论丛》（第六辑），天津教育出版社1991年版。

中动词结合的有4252例，形容词结合的有2046例[①]。可见，清末民初作为古汉语与现代汉语的过渡阶段，联合式的词性构成与现代汉语更为接近。

第二，存在构词语素词性与复音词词性不一致的情况，虽然整体数量较少，但构成方式纷繁复杂，据我们统计共有10种之多。虽然有的词语在古汉语中出现过，但清末民初衍生了新义，甚至词性发生了改变，这就使得该结构由词性一致变成了词性不一致。例如“完全”，先秦时期“完”表完整，“全”表齐全，二者结合为“形+形→形”，清末民初“完全”衍生出“全然、纯粹”的副词义项，如晚清小说《八仙得道》：“不但柴米衣服完全不用忧虑，其他起居服用，都舒适非常。”此时前后词性变得不一致。由此可以看出，虽然每种结构产生新词数量不多，但新词新义的不断演进促使了词性构成的发展，这也使得此期词性组合更为灵活多变。

为了便于了解，我们将词性构成情况及相关例词用表格形式展现出来，具体如下：

表一　　　　联合式复音词的词性构成

结构方式		类型	例词
联合式	前后词性一致	名+名→名	环节、基础、甲壳、舰艇、阶级、缆绳
		形+形→形	良好、灵敏、强硬、颓废、稀薄、野蛮
		动+动→动	倒闭、缔结、废止、敷设、辅导、隔离
		代+代→代	自我
		副+副→副	稍微
	前后词性不一致	动+动→名	开关、打击、雕塑、侦探、装置、教养
		形+形→副	横竖、好歹、完全
		名+名→副	根本
		名+名→动	牺牲
		动+动→形	保守
		形+形→副	完全
		量+量→名	条件
		形+形→动	残废
		名+介→动	例如
		形+动→形	优越

① 苑春法、黄昌宁：《基于语素数据库的汉语语素及构词研究》，《语言文字应用》1998年第3期。

三　此期联合式复合词的主要特点

清末民初联合式新词数量众多，仅次于偏正式，其中以动词居多，形容词、名词次之。我们知道，此期是近代汉语向现代汉语过渡的阶段，汉语的发展之快和变化之大是前所未有的。通过我们考察，联合式复音词体现了“三多一减少”的特点，即同素颠倒词多、具有鲜明时代特性的新词新义多、利用文言多义性所造的同一词族的词数量多，由单音同义词组成的同义类聚系统数量减少，下面分别进行说明。

1. 同素颠倒词多

同素颠倒词指的是语素相同但是语素顺序相反的一对词①，清末民初的联合式同素颠倒词以动词居多，名词、形容词次之。我们对晚清的多部小说（《儿女英雄传》《官场现形记》《盛世危言》《老残游记》《二十年目睹之怪现状》）以及五四运动前后鲁迅、茅盾、冰心的多部白话文作品进行了统计，筛选出近千例联合式新词，在我们的统计范围内，联合式新词中80%以上有同素颠倒词。语言自身因素起到了重要的推动作用，同时，同素颠倒词的增多也给词汇系统增添了更多的复杂性，下面进行具体分析。

首先来看促使同素颠倒词增多的原因，主要有以下几个方面。

第一，联合式的构词语素顺序比较自由。在词语创制之初，语素结合往往比较松散，由于联合式的构词语素地位是平等的，在排列次序上就可能带有一定的选择性和灵活性，因而就出现了众多联合式同素颠倒词。举例来说，“顽迷”为类义联合，前语素义为“愚顽”，后语素指的是“执迷”，二者均表示对事物的态度且含贬义，从组合上来说没有必然的先后顺序，因而晚清小说《金钟传》中也出现了“心地之明亮可以振颓俗可以警迷顽”的用法。

第二，经过长期历时发展的积累。由于同素颠倒词历史悠久，很多可以追溯到先秦时期，例如《诗・南・桃夭》中便有“室家—家室”这样的用例，因而清末民初出现的同素颠倒词可能有多种不同来源。具体来说，可分为三种情况。

---

① “同素颠倒词”这个术语引自邵敬敏《现代汉语通论》，上海教育出版社2001年版，第163页。

一是一对同素颠倒词均在古汉语中产生，且都保留到了清末民初。这种类型非常多见，如“善良—良善、猛勇—勇猛”等。

二是此期出现了一个新词，它与古汉语中的旧词形成了一对同素颠倒词。例如，“侦探”一词在中古时期即已出现，这样的用例如：

子其往京师侦探之。（王明清《挥麈三录》三卷）

清末民初“探侦”出现，它与“侦探”同义，二者构成一对同素颠倒词，例如：

为今之计，当先委干员前往潼关，探侦动静。（魏秀仁《花月痕》第四回）

此外，如果某词在清末民初衍生了新义，且与之前义项区别较大，也可视为新词。例如“法律”，它是20世纪前后受到“留日热”“译书东热”影响而出现的回归借词[①]，在此义项下与“律法”形成了同素颠倒词。

三是这对词均在清末民初产生，数量虽然不多，但最能体现此期的词汇特点。据我们统计，此期绝大多数字序调换以后仍保持语义相近、词性相同，这与现代汉语中“异序异用”[②] 的情况有所不同。由此可见，正是由于清末民初同素颠倒词的来源众多，为它的形成提供了丰富的材料。

第三，覆盖各主要词类，由此也造成总体数量与使用频率的增加。其中动词最为多见，典型词例如“处理—理处、生育—育生、压迫—迫压”等；名词次之，如“土地—地土、身心—心身、血汗—汗血”等；最后是形容词，如“简单—单简、坎坷—坷坎、狂热—热狂”等。此外，其他词类虽然数量不多，但也有涉及，如“无不—不无、总共—共总”等副词，再如“自我—我自”等代词。另外，字序调换以后，其结构可能发生改变，例如“联合—偏正”式，像“儿女—女儿、子弟—弟子”等；再有“联合—主谓”式，如“成功—功成”；还有“联合—动补”式，

---

① 马西尼：《现代汉语词汇的形成：十九世纪的汉语外来词研究》，汉语大词典出版社1997年版，第20页。

② 李丽云：《现代汉语同素异序词论析》，硕士学位论文，河北师范大学，2002年。

如“湿润—润湿”等。由此可以看出，由于结构不同，使得同素颠倒词的种类更为多样，这也是同素颠倒词数量众多的原因之一。

由于联合式中有大量同素颠倒词，也使得词汇系统更具复杂性，其表现有以下几个方面。

首先，清末民初随着殖民侵略，国门被迫打开，中国社会经历了前所未有的变革。语言是社会交际工具，社会的巨变势必会对语言造成深刻影响，而词汇是语言要素中最灵活易变的，它也会随着社会变化而发生改变。刁晏斌指出，现代汉语的第一阶段具有“纷纭复杂、同义形式多、超常用例多、有发展变化”四个特点①。清末民初的汉语正处于文白夹杂的过渡阶段，很多词并没有完全定型，因而许多未加规范的混乱现象便会大量产生，同素颠倒词便从一个侧面折射出了此期汉语复杂而又多变的特点。

其次，清末民初许多进步人士在寻求制度革新的过程中，发起了一系列“反传统、反文言”的思想文化运动，如“新文化运动”“白话文运动”等。受此影响，很多文学家会有意创制与以往字序不同的新词来达到求新求变的目的，如鲁迅作品中的“愿心—心愿、规定—定规、断片—片段”；再如冰心作品中的“咒诅—诅咒、习练—练习、羡叹—叹羡、夜午—午夜”等。这些作家作品在社会上广为流传，他们的用词带有典型的时代特征，这也间接推动了同素颠倒词的发展。

2. 具有鲜明时代特色的新词新义多

清末民初大量新事物、新概念纷至沓来，为了适应社会的巨变，势必要造出众多新词来表达，而这些词体现了一定的规律性，从而折射出这个特殊时期的语言面貌，下面分别进行讨论。

（1）新词形

此期联合式新词以动词居多，形容词、名词次之，其他词类相对较少。我们通过考察，发现主要体现在以下方面：一是化学领域，如“分解、分馏、蒸馏、提取”；二是物理学领域，如“质量、振动、摩擦、放射”；三是生物、医学领域，如“痉挛、排泄、休眠、诊断”；四是军事领域，如“轰炸、割让、谈判、压迫”；五是法律领域，如“审查、审判、仲裁、调查”等。我们知道，当时战事频发，所以军事新词众多是

① 刁晏斌：《现代汉语史》，福建人民出版社 2006 年版，第 23 页。

顺理成章的。此外，这些词主要集中在科学领域。以“生物、医学”领域来说，明末清初已有部分传教士带来了西方的医药学，不过当时中医的地位是没法撼动的。随着西方化学、物理学、生物学等知识的不断发展，西医自鸦片战争以后展现了新的面貌。西医领域的新认识、新成就大量涌入，直接促成了医学术语的产生。例如“痉挛”，我国古代已对这种肌肉自发的强制性收缩有所认识，但从中医的角度把它归为“风强病”，如张仲景《伤寒论·痉湿暍病》：“风寒客于二经，则有头摇、口噤、反张、拘强之证，故名痉病也。”西医则从现代科学的角度进行研究，例如汤尔和《诊断学》：“由其皮质之刺戟（激），可见同肢之痉挛。”该句中“皮质、刺戟、痉挛”均是受西医影响而出现的新词。其他术语的产生与之类似，虽然中国古代也有化学、物理等方面的认知，但西学更具有现代意义，因而一经产生便进入了汉语词汇系统中，这不仅是一种词汇的吸纳，更重要的是体现出对西学由抗拒到接纳的转变。

（2）新义

这种类型指的是在古汉语中没有该义，但在清末民初衍生出了新义。例如“障碍”，它本出自佛经，由于恶业所引起的烦恼能扰乱身心，因而称为“障碍”，今天仍可看到“业障”的说法。清末民初该词语义扩大，泛指任何“阻碍”，例如《清实录·宣统政纪》卷二十七：“一咨议局围墙外旗房，向西迁移，以免障碍。”再如“判断”，该词在古汉语中表“判决、分析裁定”，清末民初特指“肯定或否定某种事物的存在，或指明某一对象是否具有某种属性的思维过程”。前文已述，清末民初进步人士为了救亡图存，从西学中大量汲取新知，例如近代逻辑学的知识就是17世纪末由入华传教士引介过来的，像李之藻与葡萄牙人傅泛际合译的《名理探》，这也是中国最早的一本逻辑学著作。① 受此影响，“判断”作为逻辑学术语也应运而生，并且一直沿用至今。

总的来说，此期新义主要有以下特点：第一，很多新义都是比喻义。如“潮流”，它本指潮水，后喻指“社会变动或发展的趋势”，如鲁迅《准风月谈·同意和解释》：“据说现在的世界潮流，正是庞大权力的政府的出现。”与之类似的还有“沉淀、沸腾、负担、骨干”等。我们知道，清末民初社会巨变，新事物频出，人们需要更多丰富多彩的表达，许多词

① 参见周云之《中国逻辑史》，山西教育出版社2004年版，第285页。

曾出现在比喻的语境中，随着使用频率增加，有可能使人产生相似的联想，因而众多比喻义也随之产生。第二，很多新义集中在自然科学领域，如“注射、浸润、舒张、生殖”等，它们在古汉语中虽然出现过，但在此期都产生了医学、生物学、化学等领域的新义。第三，很多新义体现为词性的变化，最多见的是动词衍生出名词义项，如“经理、侦探、顾问、开关”等。此外，还有形容词做副词，如“横竖、好歹”，动词做形容词如“广泛、抑制”。值得一提的是，此期产生的新义大多保留到了今天，这也体现了清末民初作为汉语史的过渡期，联结了古今词义的重要价值。

3. 利用文言多义性所造的同一词族的词数量多

这里说的词族，指的是含有相同组成成分的一组词语，“词族数量多”大致包含两个含义：一是指词族的数量多，二是指每个词族中的成员数量多。清末民初联合式新词具有这个特点，尤以利用文言多义性所造的同一词族的词数量居多。究其原因，造成词族多的客观基础是有一批可以重复使用的新词构成成分，联合式中的文言语素往往产生较早，且具有较多义项，它们在此期较为活跃，具有很强的能产性，其中以动词和形容词性语素为主。我们试举两例进行说明：

“发X”词族

“发”在汉语中属于多义动词，《汉语大词典》动词义项便有63个，清末民初它在不同义项下也衍生了一些新词，例如（括号中的数字是义项的序号）：

发育（发5：繁育、生长），发布（发9：披露、揭露），发赈（发17：特指赈济），发表、发达（发18：发布宣告）[①]，发泄（发29：抒发、发泄），发作（发40：发迹兴旺、使发迹兴旺）[②]，发舒（发42：花开放）[③]，发交、发刊（发47：交付、送出），发行（发56：发行），发酵（发62：发酵、膨胀）。

---

① “发达”清末民初衍生出“发表、表达”义，如梁启超《论书法》：“生于言论不自由时代，政见不可以直接发达，故为之符号标识焉以代之。”

② “发作”清末民初衍生出“发迹兴旺”义，沈从文《边城》二：“但这个大方洒脱的人，事业虽十分顺手，却因欢喜交朋结友，慷慨而又能济人之急，便不能同贩油商人一样大大发作起来。”

③ “发舒”清末民初衍生出“花开放”的义项，如俞樾《茶香室三钞·养兰诀》：“草木经夏，焦灼之后，必得此一番浓厚露气，濡养两月，方得含膏孕秀，以待来春发舒。”

“开 X” 词族

“开”自产生便一直属于基本词汇，它在《大词典》中有 47 个义项，其中大部分动词义项均可形成联合式词，如：

开拓（开 11：开辟、开拓），开通、开拆（开 19：指开通，使原来闭塞的，如风气等不闭塞），开放（开 21：指心情、意识的开豁、了然），开除、开革（开 29：免职、辞退、解雇），开销（开 31：开销、支付），开航（开 33：开动、发动、操纵车、船、飞机、机器、枪、炮等），开拔（开 34：队伍开拔）[①]，开办（开 35：举行、举办）。

我们对此期构词能力较强的语素进行了统计，具体情况参见下表：

表二　　活跃语素构词情况

<table>
<tr><th colspan="2">构词语素</th><th>构词数</th><th>词例</th></tr>
<tr><td rowspan="15">动词</td><td>查</td><td>24</td><td>查收、查封、查追、查度、查核、查拿、查讯、查探、查视、查问、查参、查报、查发、查催、查解、查询、查截、查夺、查赈、查销、查阅、查缉、查览、查验</td></tr>
<tr><td>消</td><td>18</td><td>消花、消没、消沉、消退、消逝、消涣、消流、消纳、消售、消渺、消溶、消蚀、消涨、消颓、消隐、消敛、消糜、消隳</td></tr>
<tr><td>收</td><td>16</td><td>收存、收回、收押、收括、收埋、收容、收掘、收勘、收发、收歇、收领、收数、收编、收检、收敛、收购</td></tr>
<tr><td>提</td><td>14</td><td>提升、提示、提究、提取、提供、提讯、提补、提炼、提审、提缉、提掳、提摄、提交、提牵</td></tr>
<tr><td>演</td><td>14</td><td>演习、演绎、演进、演化、演映、演造、演展、演习、演蜕、演递、演试、演溢、演讲、演变</td></tr>
<tr><td>抵</td><td>13</td><td>抵抗、抵冲、抵押、抵制、抵掎、抵达、抵补、抵销、抵諆、抵还、抵御、抵拦、抵触</td></tr>
<tr><td>表</td><td>12</td><td>表示、表托、表抒、表见、表现、表达、表诉、表彰、表演、表曝、表阐、表显</td></tr>
<tr><td>放</td><td>10</td><td>放泄、放送、放浪、放置、放漫、放飘、放任、放散、放射、放映</td></tr>
<tr><td>保</td><td>9</td><td>保守、保育、保证、保留、保障、保管、保养、保险、保藏</td></tr>
<tr><td>审</td><td>8</td><td>审批、审判、审查、审阅、审办、审拟、审释、审计</td></tr>
<tr><td>感</td><td>8</td><td>感染、感喟、感羡、感慨、感颂、感召、感知、感仰</td></tr>
<tr><td>批</td><td>8</td><td>批改、批阅、批评、批覆、批览、批答、批判、批示</td></tr>
<tr><td>思</td><td>7</td><td>思考、思悟、思裁、思摸、思想、思疑、思辨</td></tr>
<tr><td>接</td><td>6</td><td>接收、接洽、接纳、接替、接触、接合</td></tr>
<tr><td>装</td><td>5</td><td>装潢、装配、装修、装运、装置</td></tr>
</table>

① “开拔”指的是“军队由驻地或休息处出发”，如郭希仁《从戎纪略》：“余即告华堂，可令队伍少休息，即开拔扎全店以东。”

续表

构词语素		构词数	词例
形容词	沈	17	沈至、沈抑、沈宏、沈纡、沈峻、沈著、沈婉、沈细、沈痛、沈湛、沈闷、沈茵、沈肃、沈静、沈挚、沈迟、沈笃
	灵	15	灵幻、灵巧、灵泛、灵快、灵眇、灵俏、灵活、灵弱、灵通、灵捷、灵动、灵敏、灵隽、灵慧、灵警
	畅	13	畅白、畅利、畅快、畅旺、畅明、畅和、畅亮、畅朗、畅通、畅爽、畅盛、畅远、畅豁
	粗	10	粗大、粗拙、粗忽、粗重、粗悍、粗野、粗厉、粗朴、粗糙、粗砺
	静	9	静朴、静定、静幽、静美、静恬、静姝、静秘、静逸、静閟
	简	9	简净、简括、简厚、简短、简赅、简炼、简截、简僻、简濇
	腐	7	腐败、腐蚀、腐俗、腐恶、腐殠、腐旧、腐烂
	僵	7	僵呆、僵冷、僵直、僵板、僵硬、僵槁、僵滞
	顽	7	顽迷、顽腐、顽锢、顽旧、顽懦、顽谬、顽谗

从生成机制上说，有学者把每个词族中作为仿造基础的“结构关系+保留词语”称为“词语模”①，从上表也可以清楚地看出，此期可重复使用的词语模数量较多，其中由动词性语素构成的有15个，由形容词性语素构成的有9个，构词数量在10个以上的有12个，占到总数的50%。从语言精细化的角度考虑，像“保”在古汉语中有“保佑、保卫、保持、保举”等多种含义，它可以通过联合式构词让语义表达更清晰。总的来说，这种利用文言多义性而造词的过程，可以使得此期同一词族的词数量增多，这一特点也体现了在共时平面所遗留下的历时因素。

4. 由单音同义词组成的同义类聚系统数量减少

汉语中有大量同义词，它们可以交互组合，从而形成同义词场。这种同义词场在古汉语中非常多见，以东汉译经为例，就有表“知晓”“譬喻”“辛苦”“止息”“肮脏”“思虑”等数十个②。但是，清末民初这种同义类聚数量减少，即使存在，其中的成员数量也较少。在我们的统计范围内，比较典型的同义词场有表“喧哗”类的“嘈乱、嘈嚣、嘈嚷”；表

① 李宇明：《词语模》，刑福义主编《汉语语法特点面面观》，北京语言文化大学出版社1999年版，第146—158页。

② 张烨：《早期汉译佛经词汇系统的结构及生成》，中国社会科学出版社2016年版，第66页。

"摆脱"类的"除脱、拔除、脱拔"等。与上文所述的"三多"相比，这"一少"的内涵也是丰富的，因为它体现了清末民初规划与规约的一面，开启了由繁到简的进程。

具体来说，清末民初新事物、新概念增多，词汇系统会变得越发庞大。从语言经济性的角度考虑，表义相同、功能相近的词会产生竞争，那些使用频率较低的词语可能被淘汰，以保证词汇系统的相对稳定。因而，吸纳及创制新词体现了语言的由简到繁，大量同义类聚系统数量的减少则体现了语言的由繁到简。

再进一步说，同义类聚系统要求构词语素语义相同，原本为一个新事物命名已很困难，根据联合式的产生机制，还要再找一个同义词更是难上加难。同时，汉语到了清末民初已有几千年的历史，词汇系统已储备了较为丰富的表达动作行为、描述事物的词语，除了一些专业术语，基本不需要从外语引进这些概念，所以也很少出现新兴的联合式动词、形容词。即使出现，也无非是对原有同义语素的重新组合，或者在语序上进行调整。

再次，有学者认为，人们造新词时倾向带有修饰语的模式，因为这种模式最能凸显新信息，使造词行为在最大限度上有效。[①] 举例来说，19 世纪初期，科学家伏特发明了电池，人们逐渐意识到了电荷的存在，后世有很多与电相关的事物需要大量新词来表达。像"灯、车、缆、梯、线"等在古汉语中早已出现，当电能被应用其中时，在固有语素前添加"电"来修饰是理所当然的。这种方法便利、快捷，且具有类推性，后世凡是与电荷、电能相关的事物都可采用此种方式。显然，众多的新兴事物并不适合采用联合式来表述，这也是此期同义类聚系统数量下降的原因之一。

第二节　偏正式复合词

联合式复合词的构词语素，彼此之间的地位是平等的，偏正式复音词则不然，一般来说是由一个起修饰限制作用的语素（偏语素）加在另一个语素（正语素）的前面构成，正语素往往是偏正式结构和语义的核心，其语法功能与整个偏正式的语法功能基本一致。据我们考察，清末民初时

① 胡睿：《新词：论定中式复合名词的构词模式与构造过程》，硕士学位论文，东北师范大学，2006 年。

的新词以偏正式居多，而且比例远高于联合式、动宾式的复音词。究其原因，偏正式在构成上更为灵活，容易指称新概念。我们以当时使用频率较高的语素“洋”为例，它在古汉语中表示“多”义，例如《尔雅·释诂下》：“洋……多也。”到了南宋时期，郑和率领船队远航南海，人们开始把南海、西海及沿海各地称为“西洋”，随之也带来了大量西洋的新鲜事物，为了便于命名，人们采取了在本土固有事物前加“西洋”进行修饰的方式，造出了如“西洋人”“西洋炮”“西洋布”“西洋货船”“西洋铳”“西洋珠”等众多新词语。随着这种构词方式的使用频率逐渐提高，“西洋”也可以泛指与中国本土相对的欧美等西方国家，尤其到了清代，西学东渐越来越深入，西方的大量新兴事物也涌入了中国，“洋”在此时产生了一个新义项，用来表达“外国的、来自外国的”含义。可以说，只要与本土事物具有相似性的外国事物均可以直接前加“洋”修饰，构词过程相对简单，同时通过“洋”这个语素也标明了事物的外来属性，因而当时产生了大量“洋~”结构的偏正式词语，如“洋车”“洋瓷（即搪瓷）”“洋葱”“洋缎”“洋房”“洋货”“洋碱（即肥皂）”“洋钱”“洋人”“洋油”“洋装”等，可见，这种模式具有较强的类推性，因而其构词数量也相对较多。

从构词语素语义间的关系来看，正语素主要可以表示“人或事物”“动作行为”“状态性质”三类，每一大类中还可以再细分为若干小类，清末民初时的偏正式词以表“人或事物”的名词性词语居多，下面分别进行考察。

一　偏正式复合词的语义构成

（一）正语素表人或事物

1. 表示某一类人或某种身份职业

这种类型的偏正式词语基本都是名词，偏语素主要从人的性别、年龄、职业等方面进行修饰限定。由于清末民初正处于中国民族资本主义进一步发展时期，各种工场手工业迅速崛起，近代经济逐渐走向多元化格局，从而也促生了一些新兴的职业和社会身份。在我们的统计范围内，较为典型的正语素有“人、工、长（zhǎng）、客、官、兵、民”等，它们的构词能力较强，由于所构新词较多，这里仅列举较有典型性的词例进行阐释。

“X+工”结构

这种结构古已有之，例如《礼记·曲礼下》：“天子之六工：曰土工、金工、石工、木工、兽工、草工，典制六材。”后世也利用这种结构创制了大量新词，如“铁工”“舵工”“锤工”“冶工”“陶工”“铸工”“雕工”等，清末民初时期也产生了几个“X+工”结构的新词，具体用例如下：

（1）矿工疏凿，通于地内，至深者低于海面仅二百丈。（《遐迩贯珍》1854年4月第4号）

（2）小号合于化学事之用，中、大二号合于焊工之用。（傅兰雅辑《格致汇编》第三册《格致释器》）

（3）上海的外人自治会，曾为调查和研究上海的童工组织一委员会。（李大钊《上海的童工问题》）

（4）加以黏液，即可造成纸张。其厚薄匀净则在技工，与原料无关。（天虚我生《工商业尺牍偶存》）

（5）罢业之劳工与莫斯科学生破坏民间家屋，筑壁垒而守之。（《清议报》七十四册《俄国内乱》）

（6）水衣便于水内修理铁工、木工、泥水工。（傅兰雅辑《格致汇编》第一册《入水衣略论》）

以上六例中“X+工”结构的词语，除了“泥水工”，其他都是双音词。其中正语素“工”是“从事各种技艺的劳动者的总称”，偏语素则从“工”所从事的具体工种、年龄、技艺等角度进行修饰。从这些新兴的“X工”式词语可以看出，由于受到当时西方资本主义和先进科技的影响，中国的工业门类在日益增多并且逐步细化。例如“矿工”，虽然在中国古代已有地下开采铁、铜、锡、金等矿藏的记录，但当时主要以人工为主，无论产量还是技艺都相对落后，而清末民初时期，随着硝酸铵炸药的发明以及各种电动化设备的引入，中国的采矿业不断完善和大型化，对矿业采集的强烈需求也促生了大量“矿工”的产生。可见，这些“X工”式新词的产生也从一个侧面折射出了近代经济的快速发展。

“X+长”结构

“长”在先秦时期即可单用，表“君长、领袖”之义，例如《孟子·

梁惠王下》："君行仁政，斯民亲其上，死其长矣。"后世"长"的语义发生引申，使用范围扩大，现在一般的领导人和指挥官均可称"长"，而且它可以作为语素参与构词，形成"X长"结构。这种构式在清末民初也较为能产，产生了近十个新词。如：

(7) 打扫除之日，放课后从当番组长之指挥，教室内外、窗户、黑板、机、帽子挂等叮咛洒除。(吴汝纶《东游丛录·卫生图说》)

(8) 室长每组合一名，更番勤务。其勤务以土曜日晚餐后为始，至次周土曜日止。(吴汝纶《东游丛录·学校图表》)

(9) 明治十二年九月，筑波舰本邦环海回航之际，系该舰长海军中佐相浦纪道所指挥。(姚文栋译《日本地理兵要》卷二)

(10) 长沙日人擅捕江岸散步学生，诬以投石及断日船缆绳，并迫往保学生之交涉司科长，用书面证实。(《中华民国史事日志·1923》)

(11) 以在台北者为本场，在阿缑、嘉义者为支场。其场长，由总督府林务课长兼理。[谢鸣珂《台湾旅行记》(三)]

"X长"结构相对来说产生较晚，以上六个新词基本都在20世纪初才出现。由于当时进步人士开始转向日本学习各种先进的知识，所以有关日本社会制度、官职等级的概念也被陆续引入，例如"组长""室长"等本是日本的官职，在中国并没有与"室长"相对应的职位，所以此词的使用频率不高，也没有沿用下来。而"组长"一词虽然出现较晚，而且在早期使用频率并不高，我们利用"汉籍全文检索系统（第四版）"对清至民国的1012种文献进行检索，"组长"仅出现3例，而且全部出现在民国文献中。但是，时至今日，只要由不多人员组成的小单位的领导均可称"组长"，如"小组长""年级组长""生产组长"等，该词在现代汉语中十分多用。以上这六个词中，《汉语大词典》仅收录了"科长"和"课长"，后者在当时比较多见，指的是"旧时机关、厂矿中某部门的负责人"，但在今天，由于官职体系的逐渐细化，原本的"课长"也被其他官职名称所取代，而"科长"在今天则非常多用，其语义与产生之初没有发生变化。改革开放以后，随着日资企业进入中国，此词又在一定程度上复显。

"X+人"结构

该结构非常多见，而且极易形成新词，早在先秦时期便有表人结构"X者"，到了汉代已出现了"X人"结构。清末民初时期的"X人"式词语数量众多，但绝大多数是古汉语的遗留，出现于此期的新词不算太多，当然也有古汉语中曾出现的词形在清末民初衍生出了新义，我们这里一并进行说明。

（12）飞楼四十层以侵天，铁道电线百数十万里以缩地……而尚有此原人之俗，如在数千年狉狉榛榛之间，岂不哀哉！（康有为《大同书》甲部第一章）

（13）若不将烟土烟膏首缴到官，及至被人告发，或线人引拏，搜获真赃实据，定当尽法惩治。（梁廷枏《夷氛闻记》卷一）

（14）于财产集合之团体中而法律所认为权利主体者，谓之法人。（汪荣宝《新尔雅·释法》）

（15）保证人限东京市内，附近本校有家产。（关赓麟《日本学校图论》）

（16）日本维新以前，浪人处士，争议国是。（《清议报》六十五册）

（17）同人对此，盖深愿与国人共勉，特辟此栏，以俟佳篇。（沈雁冰《〈小说月报〉改革宣言》）

以上例句中共出现了六个"X人"式词语，其中前四个是清末民初产生的新词，后两个是在原词形的基础上产生了新义。① 我们先来看此期产生的四个"X人"式新词，其中"原人"即"原始人"，由于它更像是后者的缩略用法，在语义表达上不甚清晰，所以没有保留到今天。"线人"是指"为警察、侦探充当眼线，提供情报的人"，此词《大词典》并未收录，但在我们的统计范围内，清末民初文献中"线人"至少出现10次以上，可见该词在当时有一定的使用频率。不过，某些文献中还出现了与之同义的"眼线人"，可见"线人"在当时还没有完全固定下来。"法

① 需要说明的是，"原人"在《大词典》分为"原人"和"原2人"两个不同的词，先秦时期"原2人"便已出现，指的是"老实谨慎的人"，如《孟子·尽心下》："一乡皆称原人焉，无所往而不为原人，孔子以为德之贼，何哉？"我们这里探讨的是"原人"。

人”是法律术语，我们知道，20 世纪初期，在“留日热”“译书东热”的影响下，涌进了大量日本新词，其中法律术语即是其中一类，有学者曾概括道：“今日法律之名词，其学说之最新者，大抵出于西方而译自东国。”① “法人”即是在此影响下而产生的原语借词，汪荣宝《新尔雅》中已做了详尽的解释。今天“法人”一词颇为常见，一般与“自然人”相对。“保证人”顾名思义，是保证别人的行为符合某种要求的人，它出现较晚，直到 20 世纪前后才有用例。在今天，该词主要用于法律领域，特指“担保被告人不逃避审讯并随传随到的第三者”以及“担保债务人履行债务的第三者”，不过这二义在此期均未出现。

此外，还有两个词在古汉语中已出现过，到了清末民初，二者语义均发生了较大改变。具体说来，“浪人”早在北魏时期便已出现，表示“游荡无赖之徒”，清末民初“浪人”特指“日本明治维新时期西南战争后到处流浪居无定所的穷困武士”，它是近代日本社会中特有的历史现象。现今很多影视片都会出现“浪人”的形象，如发型古怪，身穿和服并腰挂佩刀等，该词也是随着对日本文化的引进而进入汉语词汇系统中的。“同人”出现更早，如《易经》：“同人于野，亨。”这里“同人”指的是“与人和同、和谐”，而民国初期的“同人”主要指“在同一单位工作的人或同行业的人”，今天这个用法已趋于萎缩，一般多用“同事”表达此义。

“X+兵”结构

中国古代战事频繁，所以涉及的兵种也较为繁多，例如“步兵、弓弩兵、器械兵、斧兵、骑兵、战车兵、水兵”等，可见“X 兵”结构在古代即很能产。到了清末民初，由于火药、炸药的出现，中国进入了热兵器时代，随之也产生了新的兵种，再加之当时动荡和战乱的环境，也使得原有的兵种变得更加丰富和细化。例如：

(18) 一见信号即由该队将校指示号兵照吹号音。(佚名《赴日观操报告书》)

(19) 印度步兵共七十四营，叛者十五营，或全叛，或不全叛。又炮兵三队，亦叛。(伟烈亚力《六合丛谈》)

① 李贵连：《二十世纪的中国法学》，北京大学出版社 1998 年版，第 12 页。

（20）留馆者学足二年，复令赴步兵、马兵、炮兵、工兵各军营中阅历数月，至是始克成材，可为将官。（郑观应《盛世危言》卷六）

（21）尖兵报有敌，后队转向东。（陈毅《红四军军次葛坳突围赴东固口占》）

以上例句中除了“步兵”“马兵（即骑兵）”在古汉语中出现过，其他全部是清末民初产生的新词。例如“号兵”，虽然古代战事中也经常利用吹号来发布命令或壮大气势，但在当时吹奏的是“角”，例如“鸣角收兵”“吹角”等。“角”的材质由最初的兽角逐渐演化为竹木、皮革、铜角等，但是到了清末，受到西方军队的影响，军旅中用西式的军号取代了过去的“角”，这为“号兵”的出现创造了条件。1890 年黄遵宪在《日本国志》第二十三卷将这种新式兵种称为“喇叭卒”，直到 20 世纪初，“号兵”一词才正式出现。再如“炮兵”，中国古代已有“砲”，当时是以投石作为炮弹，真正的火炮产生时间相对较晚，再加之清末民初中国战事频繁，有关军事的词语层出不穷，所以也促使了这种新兵种的产生。以上词语中产生时间较晚的是“尖兵”，它是源于日语的借词，指的是行军时派出的警戒侦察部队，这个义项直到今天仍在使用，如“尖兵班”等。此外，还有“哨兵”一词，它在古汉语中已经出现，但其语义在清末时期发生了变化。据我们考察，“哨兵”最早出现于元代，本指“巡查、巡更的士兵”，所以也常见“巡哨兵”的说法，但在 1890 年《日本国志》中出现的“哨兵”则指“执行警戒任务的士兵”，这个义项也一直保留到现代汉语中。

“X+阀”结构

与前几类表人或职业的结构相比，“X 阀”结构出现较晚。“阀”从门，古指“仕宦人家自序功状而树立在门外左边的柱子”，古汉语中常见“阀”“阅”连用，后者是“右边的柱子”，如《玉篇·门部》：“在左曰阀，在右曰阅。”后来二者语义发生引申，均可指代“名门巨室”，如韩愈《送文畅师北游》：“荐绅秉笔徒，声誉耀前阀。”直到清末时期，“阀”进一步泛化，凡是在某一方面有支配势力的人或家族都可命名为“阀”，它可与不同领域相搭配，因而也产生了多个“X 阀”式新词，如：

（22）文化运动之障碍物：学阀。（《新人》1920 年第 1 卷第 4 期）

（23）多少历史上遗留的偶像，如那皇帝、军阀、贵族、资本主义、军国主义，也都像枯叶经了秋风一样，飞落在地。（李大钊《新纪元》）

（24）北军阀固然不要脸，南党阀还像个人吗？既有今日，何必当初。（《梁启超文集·与令娴女士等书》）

（25）所以对世界上各种民族，都应该表示互爱互助的情谊。但是侵略主义占有主义的军阀、财阀，不得不以敌意相待。（《新青年》1919 年第七卷第一号）

（26）吴佩孚等通电谓财阀（梁士诒）盗阀（张）同恶相济。（《中华民国史事日志·1922》）

值得一提的是，“阀”在古汉语中单用时，基本没有体现出明显的色彩倾向，但“X 阀”式新词多半带有较强的贬义色彩。我们知道，晚清时期由于遭受西方殖民侵略以及太平天国农民斗争的影响，清政府赋予了地方官绅组织武装的权利，一时间各地方领导人纷纷把控兵权并培植自己的力量，1911 年辛亥革命爆发，南方各省宣布脱离清政府，由此各地所培养的军事力量进入了混战的局面，这种军阀割据为人们带来了无穷的灾难，这也使得当时人们提及“军阀”便带有一种厌恶反感的情绪。我们选取了见诸当时文献的一些片段，如“兽性军阀，怙私好乱”（吴恭亨《对联话》卷十二）、“官僚军阀，历落终身，受人吐骂”（李涵秋《广陵潮·第一百回》）、“现在军阀的豪奢专横”（《梁启超文集·情圣杜甫》）、“打倒军阀”（《中华民国史事日志·1919》），由此可以看出，“军阀”虽然势力强大，割据一方，但在当时却是人们痛恨的对象，这也有可能对其他“X 阀”式词语的感情色彩产生影响，这从例（26）对“财阀、盗阀”的描述“同恶相济”中也能得到印证。在这些新词中，“学阀”的出现频率相对较低，它指的是“凭借势力把持教育界或学术界的人”，与其他词语相同，“学阀”同样具有贬义色彩，如《海外缤纷录》第十六回：“那般凡事垄断的学阀，和不学无术的教员，没有学生们钳制着，益发要肆行无忌的大言不惭了。”此期产生的“X 阀”式新词全部保留到现代汉语中，并且感情色彩也未发生变化。

“X+棍”结构

“棍”本指棍棒，中古时期可用于表人，指的是“无赖、恶徒”等，如李绅《拜三川守诗序》：“里巷比多恶少，皆免帽散衣，聚为群斗，或差肩追绕击大毬，里言谓之打棍谙论，士庶苦之。”该结构自产生便有较强的构词能力，如“讼棍”专指“旧社会挑唆别人打官司自己从中取利的坏人”，再如“土棍”则是“地上的恶棍”等。我们今天常说的“恶棍”“光棍”也属于“X棍”结构①。清末民初“X棍”结构也较为能产，衍生了数个新词，如：

（27）那广告上又举出一个曾经被称为“学棍”的鲁迅来，而这回偏尊之曰“先生”。（鲁迅《而已集·通信》）

（28）主使的人一定是段锡朋、周利生等等背叛民众的党棍和走狗。（郭沫若《请看今天之蒋介石》）

（29）他还不止做贼呢，在外头做赌棍、做骗子、做拐子，无所不为。（吴趼人《二十年目睹之怪现状》第四回）

（30）你这淫棍，串通了钱宝生，趁着我丈夫不在家中，欺侮我一个女子。（黄南丁《风流奇案》第二十三回）

从以上例句可以清楚地看出，“X棍”结构在清末民初全部带有贬义色彩，例如“学棍”指的是依仗势力在教育界为非作歹的人，“赌棍”则是指沉溺于赌博，并以之为生的人。这些词中“党棍”产生较早，清初该词形便已出现，如叶梦珠《阅世编·科举五》：“始以苞苴公行而激变通省士子，继以党棍冤民而惊骇各行罢市，诚近来未有之奇变也。”该句中“党棍”指的是“党羽，党徒”，它是参与恶势力的随从者，这与清末民初“党棍”的语义差别较大，后者特指“国民党内在某一地方或某一单位为非作歹的头目”。总的来说，民国以后“X棍”结构的能产性逐渐下降，我们在民国中晚期文献中还搜索到一例“窑棍”，语义类似于“嫖客”。现代汉语中“X棍”结构较为少见，这可能与表人语素增多，互相之间竞争有关，例如“赌棍”今天多称“赌徒”。

① 《倒序现代汉语词典》第753页：光棍指“地痞、流氓”，“光棍儿”指“没有妻子的成年人”，现代汉语中“光棍”表“地痞、流氓”的含义已不再使用。

“X+民”结构

（31）又如机器兴而手民之利益不得不破坏，轮舶兴而帆樯之利益不得不破坏。（梁启超《梁启超文集·论进步》）

（32）他便平白地将一个好好大清国，眨又眨眼弄成共和了。甚么公民呀，议员呀，一古拢儿闹得乌乱。（李涵秋《广陵潮》第六十三回）

（33）选民资格，以及设立研究所，宣讲所，仍遵照原限奉行。（《大清宣统政纪卷》三十八）

“民”在古汉语中可特指“从事某种职业的人”，如《穀梁传·成公元年》：“古者有四民：有士民、有商民、有农民、有工民。”从古至今，以“民”做正语素而形成的偏正式词语数量较多，如“贱民、饥民、汉民、良民、居民、流民、难民、牧民、渔民、平民、贫民、市民、游民、逸民、灾民”等，可见“X+民”结构具有较强的能产性。清末民初该结构产生了几例新词，如“手民、公民、选民”等，它们有的是受到西学东渐的影响而产生的新事物，具有时代特性，也有在古汉语中曾出现过该词形，但后世语义发生较大改变的。具体来说，“手民”在古时仅指木工，如陶穀《清异录·手民》：“木匠总号运斤之艺，又曰手民、手货。”后来，雕版排字技术逐渐盛行，“手民”可指“雕版排字工人”，该词在晚清时期使用频率较高，经常在文学作品的序言中见到书稿完成以后“付诸手民”的用法。随着现代印刷行业不断采用电子、激光、高分子等技术成果，“手民”一词的使用频率逐渐降低，今天偶有看到“手民之误”的说法，这指的是旧时印刷上发生的错误。再如“公民”，古汉语中该词被释为“为公之民”，如《韩非子·五蠹》：“是以公民少而私人众矣。”辛亥革命前后，随着西方先进社会文化的传入，“公民”被赋予了新义，它特指“具有一个国家的国籍，并依据宪法或法律规定，享有权利和承担义务的人”。西方社会的“公民”源自古希腊语“Polites”（城邦），也就是“属于城邦的人”，英语中的语源则是“citizen”，即“市民”。后来，随着现代民族国家的出现以及西方资本主义民主制度的发展，公民被看作平等、独立且自由参与自我统治过程的个体。① 这个概念

① 黄典林、黄藤：《“公民身份”：西方起源与中国含义》，《南昌大学学报》2015年第6期。

传入中国以后，虽然汉语已有与之近似的词语，如“市民、国民”等，但很难反映出该词所带有的现代意义，而“公民”中的“公”意为属于国家或集体的人，具有更鲜明的“公共精神”，因而更符合该词的内涵。“选民”这个概念也具有现代意义，中国古代亦有选举制度，如科举制，目的在于选拔举用贤能，晚清时期，西方选举制度传入中国，它特指用投票或举手表决等方式选出代表或负责人。郑观应《盛世危言·公举》中也有相应介绍：“考各国议员选举之例，为民主、君民共主等国最重之典章。”因而，“选民”就是在此基础上产生的新事物，它被定义为“根据法律规定享有选举权和被选举权的公民”。

以上我们分析了几个常见的表人结构，它们的能产性较强，一般可以产生一个词群，除此之外，此期还有很多不属于某一词群的新词，试举几例：

【股东】

(34) 试思公司之股东，村市之居民，能受之否耶？（梁启超《新民说》第六节）

(35) 你的话固然也不错。但是这件事你娘舅也忒煞荒唐了，怎么自己也没有股子好说是股东呢？（李伯元《官场现形记》第五十回）

“东”本指方向，与“西”相对，在古代，建筑中的“东、西”方向代表着不同的文化含义。《礼记·曲礼上》：“主人就东阶，客就西阶。”具体来说，古代主宾交往的过程中，宾客来到主人家要站到大门西边面朝东，主人面朝西迎宾。进入大门以后，主人由东阶升堂，站在堂东侧，宾客则正好相反，走西阶，站在堂西与主人相对。主东宾西这样的位置由来已久，可见，中国自古以来便以东为大为上，“东”也逐渐引申出了“主人、东家”的含义，像我们今天所说的“东道主”即是主人的代称①。清末民初以前，由“东”做正语素已经产生了一些表人词语，例如“房东”

① “东道主”一词始见于《左传·僖公三十年》：“若舍郑以为东道主，行李之往来，共其乏困，君亦无所害。”此句翻译过来便是：让郑国独立存在，把其作为东方道路上的主人（郑国在秦国东方），秦国使者往来出行，让郑国供应他们的食用物资，对您也没有什么害处。由此，“东道主”就成了主人的代称，广泛使用起来。

即“房子的主人，出租或出借房屋的人”，“店东”是“旅店或商店的主人”，“行东”指的是“商行或手工作坊的业主”，“财东”即“财主”，“老东”为“老东家、老雇主”之义。可见，“东”做“主人、东家”解时，具有较强的能产性。我们知道，清末民初随着西方殖民侵略日益加深，其经济体系的渗透也对当时中国的经济状况造成了一定影响，1840年后，西方新型股份制企业的组织方式随着鸦片战争后的资本主义势力进入了中国，对当时近代新式工商业的创办起到了强大的刺激作用。在此基础上，近代中国最早实行股份制的企业，由李鸿章于1872年创办的洋务企业轮船招商局诞生了，在不到10年间，这种新型股份制企业便由一家增加到30多家，据《申报》1882年6月13日记载：“自招商局开之于先，召集商股创成大业，各商人亦踊跃争先，竞投股份，自是而后，百废俱兴。”由此也能看出当时的股份制公司日渐盛行。在此期间产生了一个新词“股东”，凡是持有股份公司股票的人都可叫作“股东”，此外，“股份、股券、股份公司、股份资本、股东总会”等一系列新词也应运而生。从“股东”一词的出现我们也能窥见当时社会生活的变化对汉语词汇系统造成的影响。

【笑匠】

(36) 牧牛道：“我是出名的笑匠，笑匠手里的出品，无非引笑发笑，你等一等，让我写完了，背给你听。”（网蛛生《人海潮》第二十五回）

“匠”《说文》释为“木工也”，它最早专指木工，后可泛指工匠，由此产生了一系列词语，如“画匠、花匠、皮匠、漆匠、石匠、铁匠、铜匠、瓦匠、锡匠、银匠、泥水匠”等。我们知道，一般具有精湛技艺的人才能称为“匠”，因而后世它引申为“在某一方面造诣高深的人”，如《高僧传》中的“宏道之匠”，再如齐己《寄郑谷郎中》诗中提到的“风骚匠”等。清末民初出现了“笑匠”一词，邢墨卿编纂的《新名词辞典》释为“以滑稽表演为职业的人，如卓别林、罗克等”①。众所周知，卓别林等都是享誉喜剧界，且有极高造诣的艺术家，在民国时期的作品中

① 邢墨卿：《新名词辞典》，新生命书局1934年版，第97页。

也屡屡见到他被称为“笑匠”的用例，如《田汉散文选》：“牛原君那部万花镜中谈卓别林的，归纳起来大体如此。我由此可以知道那个世界万名的笑匠，并不是个单纯的笑匠，实在有他更伟大的地方。”[①] 此外，我们在同期的资料中还发现素有“东方卓别林”之称的徐卓呆也被称为“笑匠”[②]，可见，当时人们多把在喜剧艺术方面成就颇高的人与“笑匠”联系起来。现在此词虽然仍在使用，但很多时候前面要添加其他修饰语，如“冷面笑匠”“大嘴笑匠”“千面笑匠”等，现代汉语多用“笑星”表达此义。

【西崽】

(37) 西崽跑了上来，又送上菜单点菜。(李伯元《官场现形记》第十回)

“崽”常见于方言口语中，可用作詈词。如清代西厓《谈徵·名部上·崽囝仔》：“粤人称凶恶人亦曰烂崽。”《红楼梦》中也有这样的描述：“这一点小崽子，也挑么挑六，咸嘴淡舌，咬群的骡子似的”，可见“崽”在使用中往往带有贬义、轻视的色彩。晚清时期，由于受到西方殖民主义的影响，在中国出现了诸多洋行和西餐馆，人们便把在其内工作的男性服务人员统称为“西崽”。一方面，偏语素“西”表明了他们从事的是外来行业，另一方面，当时人们可能出于对西方人的本能的反感，所以用“崽”来指代这个群体，从而表达了人们对这种替洋人跑腿卖命的人的一种鄙视的心态。

除了以上这些词以外，清末民初时期还有一些表人或职业身份的新词，个别词虽在古汉语中已出现，但在此期产生了新义，我们这里一并列举出来：号头（工头）、巨头、工贼、政客、掮客、法官、副官、警官、战友、工友、邮差、雇农、花农、教皇、教父、教徒、使徒、贩徒、军医、公使、大使、公仆、农奴、神甫、健将、锻工、大副、二副、瞎生（旧称以卜卦算命为业的盲人）、乌师（旧时妓院中为妓女教曲和伴奏的乐师）、葬家（葬师）、商家、受主（买主）。

---

① 田汉：《田汉散文选》，今代书店 1936 年版，第 160 页。

② 《投稿术》，复兴书局 1936 年版，第 112 页。

2. 偏语素表示事物的状貌和材质

上一类主要以正语素为关注点，以下类型更多探讨正语素与偏语素之间的语义关系。表事物状貌材质的复合词基本都是名词，其中正语素往往是具体事物，偏语素则是从事物的状貌特点等角度进行描述或限制，它可涉及事物的颜色、形状或材质等，整体构词数量较多。之所以这类词这么能产，可能是因为它较为符合偏正式复合词的强势结构，即“提示特征+事物类”①。

我们先看偏语素从质料、颜色等角度进行修饰的用例，这里列举典型词例进行考察。例如：

(38) 只见一个侍者送上三盘点心来。秋谷看时，见是每盘一块奶饼、一方蛋糕、两方糖饼。(张春帆《九尾龟》第一百九十一回)

(39) 第十三图亦系运货之火轮车，为烧白煤而设。(《火车与铁路略论》)

(40) 在事业家方面，所采取的方法，而与劳动者所为的非买同盟相对立的手段，即称为 Black list 黑表。(胡毅《劳动组合与劳动争议》)

“蛋糕”中的“糕”南北朝时便已出现，例如《北史・綦连猛传》：“七月刈禾太早，九月啖糕未好。”事实上，“糕”的出现可能还要早于这个时期，扬雄《方言》曾有“饵谓之餻”的语句，由于“饵”在秦汉时期是由稻米、黍米经过蒸煮制成，因而当时的“餻”应该就是“糕”的雏形。隋唐时期“糕糜”一词开始频繁出现，据学者考察，“糕糜”以元代为分界，元以前是一种固体的由糯米磨粉蒸制而成的糕类食品，元以后则从异域传入了粥类糕糜。② 由此可见，“糕”类食物在中国有着悠久的历史，而且主要采用米粉、麦粉、豆粉作为原料。尤其到了清代，由于食物品类的精细化，有关“糕”的种类更加丰富了，如“枣糕”“糖糕”“云片糕”“茯苓糕”“藕粉桂糖糕”等。

“蛋糕”顾名思义，它是一种由鸡蛋为原材料外加面粉、糖等制成的

① 董秀芳：《汉语的词库与词法》，北京大学出版社 2004 年版，第 121 页。

② 引自彭卫《〈水浒〉食物、食肆考》，《中原文化研究》2015 年第 3 期。

松软的糕点，我们查阅了19—20世纪初期具有代表性的英汉词典，并对"sponge cake"（即海绵蛋糕）进行检索，发现有四本词典的译名与今天类似，其中罗存德《英华字典》、赫美玲《官话》将其译作"鸡蛋糕"，邝其照《华英字典集成》、翟理思《华英字典》中"sponge cake"对应的是"蛋糕"，可见早期对这种食物的命名很注重"糕"的制作材质。在晚清至民国文献中，"蛋糕"一词经常出现，从表义上来看，它对应着两种不同的食物。其一是本土固有，又称为"鸡蛋糕"①，它是当时流行于河北、天津和北京的传统糕点，由于是用槽形模具成型烘制，所以也称为"槽子糕"；其二是随着国门逐渐打开由西方传入的新兴美食，如清末小说《轰天雷》第五回中提道："西崽送上菜单，占园请魏古轩先点了鸡丝鲍鱼汤、纸煨鸡、英腿蛋、杏仁茶、蛋糕布丁"，很显然，这里的"蛋糕、布丁"均属于西式糕点，与本土"蛋糕"最大的区别在于它使用黄油、香草粉等制作，糕体更为蓬松。通过检索当时的文献，发现经常出现"西洋蛋糕"的说法，可见它与本土食物"鸡蛋糕"具有差异。不过，从"鸡蛋糕"和"蛋糕"在此期均有出现的情况来看，清末民初"蛋糕"一词并未完全固定下来，这从晚清小说《海上尘天影》第十回中的语句或可看出端倪："一样西洋鸽蛋糕，用燕窝、参须粉和着鸽子蛋、白冰糖制的。"这里提到了"鸽蛋糕"，可见"蛋、糕"在语素组合的紧密程度上还是较为松散的，这可能也与这种食物产生较晚有关。

再看"白煤"，煤本身是一种黑色固体矿物，我国古代曾将其称为"石炭""石墨"，至迟从明代开始，有了"煤"或"煤炭"的说法。依据煤形成的阶段及煤化程度的不同，常见的又有"泥煤、褐煤、烟煤、无烟煤"等分类，其中"无烟煤"是煤化程度最大的。虽然它的表面仍为黑色，但由于燃烧过后与普通煤炭产生的黑色烟尘有着很大差异，因而用"白"来修饰煤以示区别，这里"白"并非单指颜色，而是从产生烟尘的角度与传统黑煤区分开来。

再如"黑表"，它是英语"Black list"的仿译词，1934年高希圣编纂的《经济科学大词典（全一册）》将其释为"急进的工会及罢工的主谋者的统计"。事实上，该词在英语中早已出现，中世纪初像牛津、剑桥等高等学府对于犯有不端行为的学生，将其姓名、行为等记录在黑皮书上，

---

① 这里所说的"鸡蛋糕"属于糕点，与今天带儿化音的"鸡蛋糕儿"是两种不同的食物。

谁的名字上了黑皮书，都将会名誉扫地。随后，一位英国商人效仿此做法，将一些赊欠不还、不守合同、不讲信用的顾客名字也列在黑皮书上，不少工厂老板也会将参加工会的人的名字列在“不予雇佣”栏下，长此以往，“黑表”一词带上了贬义色彩。在中国，“黑”这种颜色往往与“坏的、不好的、非法的”等事物相联系，像俗语“天下乌鸦一般黑”，再如“黑话、黑市”等，也与“Black list”一词所表达的含义相契合。值得一提的是，当时也产生了“白表（White list）”一词，如胡毅《劳动组合与劳动争议》书中第七节为“黑表与白表”，其中记载：“他们对于劳动者常用一种黑表的方法，使之永无求职的机会，不能在别的工场就业，终此一生……其次是比较稍微温和的，就是白表 White list，此即为雇主同业者，以其被佣之劳动者平素的行为，互相通知，或是不给予其有利益的推荐书类等消极的方法，并非如黑表类似的积极的将被解雇之劳动者名姓等，通告其同业者。”由此可以看出，虽然“白表”与“黑表”并非完全对立，但从程度上来说远比“黑表”轻，属于一种温和的处置，这也与汉语中“白”的含义相类似。后来，二词的语义保留了下来，但其说法被“黑名单”“白名单”所取代，不过，今天二者语义上是完全相对的，像电脑中凡是被列入“黑名单”的，其 IP 地址、邮件、病毒等都一律不能通过，反之，“白名单”则代表通行，进一步说，凡是有黑名单功能的应用，就会有白名单功能与其对应。

此外，表示事物的状貌类型中有一类通过“比喻修辞”而形成的词语，它们颇具特色，如“椎骨、马镫骨、蝶骨、丘疹、管足、鞭毛、臼齿、球茎、带鱼、瓜皮帽、珍珠米、蚊子船、开花弹、熊猫、豆腐脑、电流、刨花、人潮、学潮、灯泡、光球”等，它们在后文的“修辞造词”部分还会详述，这里搁置不论。

3. 偏语素表示事物的性质

这种类型的偏语素主要从正语素的性质等角度进行修饰，偏语素多是形容词性，也有部分动词及名词性语素，而正语素一般以名词性居多。这种类型的偏正式词语在清末民初数量较多，这种结构也属于较为能产的构式。根据偏语素侧重的角度不同，下面分几个小类进行阐述：

表示事物的好坏或善恶

这类语素之间的语义关系可用于表示事物的好坏或善恶，其中常见的偏语素有“好、快、高、良、坏、低、恶、怪”等，而且由于好与坏是一组对立关系，它们往往可以与共同的正语素相结合表达一对相反的概念，因而造出的新词常会成对出现，例如：

（41）香港海员三万余人罢工，要求加资（广州政府予以支援，因之马林对国民党颇具好感）。（郭廷以《中华民国史事日志》）

（42）世界名人历史画：俾斯麦与人民之恶感。（《图画日报》1910年第308号）

（43）夫裙为裳衣之一，罩诸亵服之外，断不因其式样而生何种之快感。（伍廷芳《美国视察记》）

（44）离去欲望利害之念而自然感愉快者，谓之美感。（汪荣宝《新尔雅·释教育》）

（45）就是在这美妙的景物间，还有着一只癞虾蟆常在其中不管三七二十一地制造丑感。（许钦文《花园底一角》）

（46）行政首长解散国会的权力，也只有招着国民的反感。（朱执信《恢复秩序与创造秩序》）

以上例句中的画线词都是“X感”结构，偏语素有表示好的方面，构成的词语如“好感、美感”等，也有表示不好、丑恶的一面，例如“恶感、丑感”，而且“好感—恶感”“美感—丑感”还形成了两对反义词。古汉语中“好”“恶”连用频率较高，有时也会有“利害好恶”“优劣好恶”这样对用的例子，而现代汉语常出现的“好坏”在古汉语中不如“好恶”常见，因而民国初期，“好感”与“恶感”相继产生，而据我们对清到民国的1012种文献检索之后发现，“坏感”一词并未出现。实际上，通过CCL语料库进行检索，“坏感”在现代汉语中也很少见，仅有2例，其中一例还是先提了“好感”，然后马上接“坏感”，“坏感”单用的仅有1例。与之类似的是“丑感”，它与“美感”相对立，“美感”在民国时期开始出现，发展至现代汉语已成了非常多用的词语，而“丑感”虽在民国也有使用，但仅此一例，现代汉语中几不可见。现在一般可用否定形式，如“没有美感/好感”来表达相反的含义，这也体现了语言发展中的不对称性。

此外，这类词中还有一些词语，例如“低能”“害虫”等，其中部分词《大词典》失收，包括“良港”“坏疽”“怪胎”等。

表示事物的性质

在这一类型中，有一组呈对立关系的偏语素“大”和“小”，它们都有较强的构词能力，由其构成的偏正式新词数量众多。虽然部分词语在清末民初有了新义，但由于其词形在古汉语中已经出现，这里暂不赘述，我们仅列举在此期出现的新词。

“大+X”结构

首先，我们来看“大”，它可表事物的性质，形容在体积、面积、数量、力量等方面超过一般或超过所比较的对象，例如：

(47) 午膳同人能至大菜间者，连余共十九人。(祁兆熙《游美洲日记》)

(48) 朔望近期之大潮，一尺四五寸；至两弦近期之小潮，仅见四五寸。(姚文栋《日本地理兵要》)

(49) 名词之为断案之所谓词者，谓之大词；其为断案之主词者，谓之小词。① (汪荣宝《新尔雅·释名》)

(50) 一边向外斜上为额，一边向内横入，以承大脑前叶。(合信《全体新论》)

(51) 伤在小腿，须并缠裹其足；伤在大腿，则足与小腿皆须缠裹。(合信《西医略论》卷上)

(52) 黄深滋不悦，扬言其室有大烟气味，呼巡警入，搜查殆遍，迄无所得。(《图画日报》1909 年第二十二号)

(53) 查洋烟先到香港转达各口，岁计约大土五万箱，小土四万箱。(郑观应《盛世危言·禁烟上》)

(54) 该区各局报费准自五月起，定一月为期，以小洋十六角作大洋一元核收。(《奉系军阀金融档案》)

(55) 世界大战终止，协约国与德国签订休战条约。(《中华民国史事日志·1918》)

通过观察以上例句中的新词可以发现，除了“大 X”构式的词语以

① 大词、小词现代汉语仍在使用，二者均为“三段论”中的术语，其中“大词”表示“三段论中结论的宾词”，“小词”表示“三段论中结论的主词”。

外，有时在同一句中也出现了与其相对的“小X”词语，例如“大潮—小潮”“大词—小词”“大洋—小洋”“大腿—小腿”等，还有“大脑、大考”等词在当时亦产生了对立词语“小脑、小考”。从中可以看出，“大、小”这对反义语素在构词方面具有较强的能产性。以上各词有的在现代汉语中仍很常用，有的只在当时流行，现在几乎不再使用，还有部分词语《大词典》失收，如“大词”“大战”，这里挑选具有典型性的词例进行分析。

例如“大洋”，这是旧中国的货币计算单位，银圆一元等于大洋十角，银角贬值后，银圆一元通常可兑换十一二角，此时银角即为“小洋”，这里的“大、小”是指货币面值的大与小。自从纸质货币开始普及，这两种货币即退出了流通市场。再如“大菜”，该词在清末民初产生了两个义项，一个是与“小菜”相对，翟里斯《华英字典》曾将二者释义为“the greater and lesser dishes at a Chinese dinner…hence, meat and vegetables, respectively”，可见，“大菜、小菜”的一个区分标准在于餐具大小及菜品的不同，例如清代小说《风月梦》第三回有这样的描述：“先摆了十二个小碟，后上了四个大盘……又上了五个大菜，吃了几壶百花酒……然后上了四个小菜碟子，众人将饭用毕。”这里即提到了“大菜”和“小菜”，在中国，用大碗盛放的一般多是肉菜，例如全鸡、全鸭、肘子等，而小菜用小碟盛装，多是除荤菜以外的普通菜蔬。此外，“大菜”在当时还可指西餐，做此义解时它与“大餐”同义，例如《二十年目睹之怪现状》第五十二回：“到了十二点钟，西崽送上大餐，夫人和金姨太太对坐着吃大菜。”上文说过，西崽是在西餐馆中从事服务工作的，而且例句中前用大餐，后用大菜，可见二者义同。此外，此期还出现了“小卖”一词，其语义与“小菜”有些相似，它指的是“饭馆中不成桌的、分量少的菜或专供零卖的现成菜”。再比方说“大烟”，它是鸦片的俗称，中国最早的吸烟记载始于明代前后，当时人们吸的是“淡巴菰”（即西班牙语tobaco的音译）。到了17世纪，吸烟的方式有了转变，人们开始由生食变为熟吸，至迟在乾隆时期（1736—1796），中国人开始流行用烟枪吸食，而且由于鸦片的传入，吸食的内容也由普通烟草变为了鸦片。在当时，烟民们躺在床上用烟枪吸食鸦片已成为一个标志性的场景。为了与以前的普通烟草相区别，再加之“大烟管”的盛行，“大烟”便成了鸦片的别名。与之类似的是“大土”，“土”在晚清时期单用可表示“烟土”，即“未经熬制的鸦片”，如张际亮《送云麓观察督粮粤东》：“土来金去芙蓉膏，丝轻帛贱羽毛布。”至于为何有“大土”“小土”之分，金武祥《粟香随笔》：“鸦片分两种：成圆者为大土，其价昂，聚于孟加拉、麻打拉萨；成片者为小土，其价廉，聚于孟买。”由此可以看出，二者的形状与产地均不相同，最重要的是“大土”价格要比“小土”昂贵，因而“大、小”主要是从价格高低方面对“土”进行修饰。

“小+X”结构

我们再来考察由语素“小”构成的一系列新词，由于部分新词已在上文阐释过，这里不再赘言，仅列举几例进行简要分析，如“小费”“小账”“小叶”。其中“小费”在先秦时期已经出现，当时“小”是从金额数量上限定后语素，所以该词表示少量的费用。但是，它在清末民初时发展出一个新义项，指“额外给饭馆、旅馆等服务性行业人员的钱”。在这个义项上，“小账”与“小费”义同，例如1924年《清华周刊》第316期：“剪一次发只需四毛，加头油一毛半。洗头就贵了。小账一毛，差不多中国学生都给的。”不过，从使用频率来看，“小费”的使用频率远高于“小账”。到了现代汉语中，前者沿用下来，并且非常习见，后者虽有用例，但多用于口语中。“小叶”一词《大词典》失收，汪荣宝《新尔雅·释植物》中释义为：“每二叶片以上相分离者，谓之复叶。其各部分，谓之小叶。”这类词的出现多半受到了西方动植物学传入的影响，这个叫法也一直沿用到了今天。

“电+X”结构

除了由“大、小”构成的一系列词，还有一组词也颇具特点，那就是由偏语素“电”修饰的一系列词。在清末民初时期，这类新词数量较多，“电”作为构词语素也有很强的能产性，较为典型的有“电车、电灯、电话、电缆、电路、电门、电器、电扇、电梯、电线、电影”等二十余个。“电”本义为闪电，19世纪初期，科学家伏特发明了电池，从而出现了比较大的持续电流，人们也逐渐意识到了电荷的存在和电荷变化的现象，后世有很多与电相关的东西被发明出来并传入中国，虽然这些事物在英语中的名称并没有一致的规律性，例如“电车—trolley”“电灯—electric lamp”“电话—telephone”等，但在汉语中，当为这些新事物命名的时候，往往采取统一的构词方式。

举例来说，“电灯”在这些词中产生较早，清代刘光第《万寿山》

诗："铁路穿宫门，电灯照严谷。"后语素"灯"在中国早已出现，在先秦时期即有类似的照明工具，只不过中国古代的灯多采用烧油、烧蜡等方式，但是由西方传入的这种新式照明工具是采用电能发光，因而在固有语素"灯"的前面添加"电"来修饰是顺理成章的。值得一提的是，此事物在传入初期曾有多种名称，有一类是以其外部形态为命名依据，由于早期电灯都是把灯丝置于玻璃中，所以会有"玻璃灯、玻球灯、玻璃洋灯"这样的名称。另外，由于电灯的光亮比普通煤油灯要强，且时间持久，所以在当时也有比较形象化的说法，如"自来月、赛月亮"等。还有一类则是以"电"作为修饰语素而形成的一系列较为科学的名称，如"电灯、电胆灯、电气灯、电光灯、电汽灯、电镫、电玻"等。通过对19—20世纪的多本英汉词典进行考察，在20世纪以前，对"electric lamp"的翻译并不统一，很多还是直接用"灯"来对译。据资料记载，电灯直到清光绪年间才传入中国，因而在20世纪初期的词典中才有较为准确的定名，像赫美玲《官话》中直接将其译为"电灯"，包括由其构成的词组如"arc lamp"也被译作"弧光电灯"，并且该词还成了1912年当时教育部所认定的"部定词"①。由此，电灯的名称正式确立下来，并取代了当时其他多种名称。

再如"电车"，它曾在先秦时期出现过，如《六韬·军用》："辎车骑寇，一名电车，兵法谓之电击。"在这里"电车"义为"忽往忽来风驰电掣一般的轻车"，也是偏正式结构。但是，除了在先秦出现一例以外，后世该词的使用频率极低，据我们统计，仅在唐代出现一次，如《晋书》卷八六："秋率众八万，围堑数重，云梯电车，地突百道，皆通于内。"宋代至明代的数百年间，再无用例。因而，19世纪，当西方传入这种由电做动力的公共交通工具时，它与本土文献中的"电车"是没有任何联系的，也不至于引起混淆。在19世纪末期，这种交通工具曾有多种译名，如"电气车、电气行车、电气街车"等，薛福成著于1890年的《出使英法义比四国日记》中首次出现了"电车"一词："泰西各国近于火车铁路之外，创行电车。"在此之后，"电车"一词的使用频率逐渐增加，广泛见于清末民初的各类文献中，它也属于上文提及的"部定词"。

① 1916年赫美玲《官话》凡例中说：凡由1912年中国教育部根据著名英华学者严复博士的意见所定之大学及普通学校通用标准科学术语，皆注上"部定"字样，下文"部定"皆出自于此，不另做说明。

总的来说，以上所述都是与电荷、电能相关联的事物，它们在传入之初都曾有多种译名，像“telephone”既有音译名也有意译名，其音译名“德律风”曾盛行了多年，其意译名也有“通言机、传声器、传声机、传话筒、千里叫、电线传声、电线传声器”等多种形式。再如“electric fan”也有“电气风扇、电气扇、电风扇、自来风、电扇”等多种译名。这些词语中的绝大部分最终都选择了用“电+本土语素”形成了偏正式词语。一方面，这是受到了汉语词汇发展呈双音化趋势的影响（当然，三音节及以上的词例也有一些），另一方面，由于以“电+本土语素”这种构词方式具有类推性，尤其适用于电能被大范围应用以后而产生的各种与电相关的事物，在命名方法上也较为简单，因而可以通过此方式形成一系列新词。在民国中期以后，这种构词方式仍具有较强能产性，例如产生了“电场、电刀、电工、电荷、电料、电能、电视、电椅”等词。

此外，表示事物的性质这种类型中还有偏语素为动词所构成的偏正式词语，它的数量不如偏语素为形容词、名词多，较为典型的如“飞机、飞艇、浮雕、吊床、渡轮、堆肥、贺电、贺信、绞刑”等。

4. 偏语素表示数量和范围

这种类型的词语中含有表数量、范围的语素，而且往往是偏语素，而正语素一般是具体事物，偶尔也有抽象概念。根据偏语素表数量的不同，我们一般可以分为以下几类：第一，偏语素为表示数量或范围概念的词，如“全、群”等；第二，偏语素为具体数词，而且是实指，整个词语即为“数量+事物”的简单组合，这其中也包括短语经过简缩而形成的词，如“五洲”；第三，偏语素虽为数词，但语义虚指，所以整个词义不能看作两个语素的简单相加，这种偏语素多为大数，如“百、千、万”等，这里往往极言其多，或者具有某种周遍性。下面我们挑选部分词例进行分析。

偏语素表数量、范围概念

（56）如北极之岛及亚默利加群岛并无印度国等处，皆有市埠。（马礼逊《外国史略》）

（57）若全球分为四份，实地一而海三焉。（合信《博物新编》二集）

(58) 盖无此全权，即不能全然自主也。(丁韪良译《万国公法》第一卷)

(59) 其对于自己所受以外之部分无异为全员及数人之代理者。(邱鸿文《民法物权引范》第三章)

不论“群”还是“全”，二者早在先秦时期便有较强的构词能力，由此构成的表数量和范围的偏正式词数量众多，如“全士、全丁、全仗、全兵、群臣、群子、群工”等。二者在清末民初仍沿用古代用法，以上所列举的词语中有的来自地理文献，有的来自法律文献，而这方面新词的产生与中国逐渐摆脱闭关锁国的状态，接纳西学有着密切的关系。像“岛”的概念古已有之，但对其认识比较局限，随着西学的引入，人们对于世界认知的范围逐渐扩大，像美洲附近的岛屿，亚洲附近的南洋诸岛，日本附近的琉球群岛等都进入了人们的视线，这也是自晚清开始“群岛”一词频繁出现的原因之一。再如“全球”，“地球”这个概念最早由利玛窦在1602年出版的《堪舆万国全图》中提出，在此之前，中国虽已认识到地球是球形，而非过去的“天圆地方”，但当时人们的科技水平有限，所以无从验证。直到西方航海技术发展，麦哲伦完成了首次环球航行，地球是球体被西方人所承认，这一概念才被西方传教士引入中国。据我们考察，虽然明代既已出现这个概念，但无论“地球”还是“全球”在当时都极为罕见，可以说，二者历经了二百余年的时间才在晚清时期大量使用。

偏语素表具体数量

(60) 自徽班登场而文班减色，京班出而徽班皆唱二黄。(葛元煦《沪游杂记》卷二)

(61) 两栖类分有尾类、无尾类之二目。(汪荣宝《新尔雅·释动物》)

(62) 见体操，盘铁杠，先单杠，后双杠。(吴汝纶《东游丛录·文部所讲》)

(63) 然而修单道之费比双轨省工料不止一倍。(丁韪良《中西闻见录》第五号)

(64) 因随缘儿媳妇是三个月的双身子，又叫了跟舅太太的婆儿

老蓝四个人伺候。(文康《儿女英雄传》第二十八回)

(65) 统计五洲有声名之国不及一百，自何来且所谓公法者？(傅兰雅《格致汇编》第二册)

(66) 分业愈多则愈专而愈精，地无遗利，人无重业。(康有为《大同书》庚部第七章)

(67) 他长的是个大身量，黄净子脸儿，两撇小胡子儿，左手是个六枝子。(文康《儿女英雄传》第三回)

相对来说，这种类型构成的新词较多，其中“二黄、五洲”为缩略词，其余词中的偏语素都为具体数量。“二黄”是戏曲腔调，清乾隆年间，由徽班传入北京，成为京调主体。由于过去大多认为它起源于湖北的黄冈、黄陂[①]，因而从两个地名中提取出首字“黄”，再加上重复的项数“二”，便形成了“二黄”这个缩略词。“五洲”在古汉语中曾作为地名出现过，如《水经注》：“城在山之阳，南对五洲也。江中有五洲相接，故以五洲为名。”清末时期的“五洲”是“五大洲”的简缩[②]，它也是随着中国对世界认识的逐步加深而产生的地理新词。此外，由“双”构成的偏正式词语往往和“单X”对用，像“单杠—双杠、单道—双轨”等。再如例（64）中的“双身子”，很形象地表达出“孕妇”的含义，该文献中还有“双伴儿”一词，即为今天所说的“双胞胎”。“六枝子”即指“一只手（脚）长六个指头”，它在当时亦作“六枝儿”，且二者在同一文献中均有用例。不过，我们在此期其他文献中均未看到二词，或属于较具个人或地方特色的词。

偏语素表虚指数量

(68) 西哲之言曰：“专制之国，君主万能。”非虚言也。(梁启超《梁启超文集·论私德》)

这里的“万”并非确指，而是带有一种周遍性的含义，“万能”即“无所不能”。此外，还有一些三音节词中出现了虚指数量的用法，例如

① 郑燕：《浅谈京剧二黄腔的特点》，《戏剧之家》2003年第2期。

② 旧分世界为五大洲，即亚洲、欧洲、非洲、澳洲和美洲。今分为七大洲，即亚洲、欧洲、非洲、北美洲、南美洲、大洋洲、南极洲。

"百宝橱、百宝囊"等，它们均表示装百宝的器具，其语源可能与明代出现的"百宝箱"有关，这里的"百"就是极言数量之多。

5. 偏语素表示时间、空间

"时间""空间"概念在某种程度上具有相通性，例如"前、后"，从方位的角度来看，"前"是"正面的或位次在头里的"，从时间角度来看，"前"指"较早的或过去的"。不论表时间还是空间，"前"均与"后"相对，与之类似的还有"上"与"下"这对反义词。为了便于说明，我们把这两部分的新词放在一起分析。很多表时间和方位的语素在先秦时期既已出现，它们既可以作为偏语素，也可以作为正语素，从古至今一直有着较强的构词能力。由于这类词数量较多，我们仅列举成对出现的，在语义上具有相对性的部分新词，并加以简单说明。

外 X—内 X

由"外、内"作为偏语素构成的词很多都成对出现，如"外部—内部、外耳—内耳、外景—内景、外径—内径、外延—内延、外衣—内衣、外因—内因、外踝—内踝、外勤—内勤、外在—内在、外债—内债、外海—内海、外心—内心"等①。一般具体事物都兼具内外两个属性，像"衣服"本身就可有穿在内或外这两种类型，也就是说，有了"外衣"，自然而然就有了"内衣"，其他词语也大致类似，因而这种构词方式具有较强的类推性。当然，个别事物由其本质所决定只具备单一属性，它们就没有相反的形式。例如"内涵、内幕"等词，内涵是包容在内的含义，内幕也是隐藏其中、不为外人所知，它们注定只有"内"的属性。再如"内脏"，它本身是"人和动物胸腔和腹腔内器官的统称"，这已经决定了它一定是在身体内部，所以也不可能出现对应形式"外脏"。

前 X—后 X

由此构成的词语如"前方—后方、前脑—后脑、前身—后身、前台—后台、前卫—后卫、前庭—后庭、前肢—后肢、前期—后期、前天—后天"等，这些词中除了最后两组表时间，其他全部表空间。由

① 这里的"内心"并非指身体里的心脏，心里头的含义，而是与"外心"相对的数学概念，指的是"三角形内切圆的圆心"，"外心"则是"三角形外接圆的圆心"。

“前、后”构成的词中，也有受到事物属性的制约，而只出现一种形式的，例如“前提、前线”，“前提”本是逻辑学名词，作为三段论中的先决条件，必然只能出现在最前面，而“前线”是作战时双方军队接近的地带，它在方位上也肯定处于军队的最前方，因而这两个词均没有相反形式存在。此外，“前、后”也可以出现于正语素的位置，如“史前、幕后”等。

上X—下X

由此构成的词语如“上层—下层、上颚—下颚、上肢—下肢、上颌—下颌、上唇—下唇、上士—下士、上级—下级”等。偏语素“上、下”除了表示方位，还由此引申出了社会等级的高低之义，像“上级—下级、上士—下士”都属于此义。

除了以上所述，表示时间、空间类的新词还有一些，其中语素“中”在表时间和空间时既可以与“前、后”，又可以与“上、下”处于同一语义场中，由“中”构成的词也值得注意，如“中脑、中卫、中庭、中期”与“前、后”构成的词形成一个系列，再如“中层、中士、中级”则与“上、下”构成的词是一个体系。

此外，“东、南、西、北、左、右”等表方位的词也可构成偏正式新词。其中“东、西”“南、北”“左、右”相对，除了单独构成双音词外，还出现了由其形成的四字格成语等，其中以“东……西……”结构最为能产，我们以其为例进行考察。

由表方位的“东”组成的偏正式词语有“东文、东方、东非、东南亚、东亚、东欧、东报、东语、东洋、东震”等①。值得注意的是，由于日本在中国的东方，所以经常以中国的“东”向代指日本。例如“东洋”本指我国东方的大海，后来随着国门打开，外国事物逐渐进入中国，人们把“外国的、来自外国的”统称为“洋”，因此“西洋”主要指西方欧美等国家，“东洋”则成了日本的代称，随之还衍生出了“东洋车（即人力车）”“东洋刀”“东洋参”等词。与之类似的，“东文”指日文，“东语”则是日语，“东报”即为日本发行的报纸。另外，前文已述，“东”由表方位引申出“东家、主人”之义，因而此期还出现了由其充当偏语素而构成的新词，如“东主、东翁、东家行”等。其中“东翁”是旧时

① “东震”即“中国”，“震”为“震旦”。印度古时称中国为震旦，中国在其东方，故称。

塾师、幕友对主人的敬称，如《官场现形记》第一回："先生忙忙还礼不迭。连忙一手扶起了方必开，一面嘴里说：'东翁，有话好讲，这从那里说起！'""东家行"则有与之相对的形式"西家行"，《三元里抗英斗争史料》："丝织业有东家行和西家行的组织，东家行即老板，西家行即工人"，由此可以清楚地看出二者的区别。

除了由"东、西"构成复音词以外，此期还出现了"东……西……"结构所构成的多个成语，据学者考察，《汉语大词典》中，"东、西"对举的成语等四字格固定词组有 119 条之多。① 清末民初也出现了三十余条，篇幅所限，我们简单列举数例，如"东扯西拉、东抄西袭、东拉西扯、东奔西走、东奔西逃、东奔西跑、东奔西窜、东挪西借、东歪西倒、东闪西挪、东偷西摸、东扬西荡、东睃西望、东补西凑、东驰西骋、东驰西击、东零西落、东鳞西爪"。此期还出现了如"东也不成，西也不就""东扯葫芦西扯瓢"等俗语。

总的来说，"东"做偏语素形成的新词数量较多，其他方位词"南、西、北、左、右"的能产性都稍逊一筹，由它们构成的新词具体如下：

南 X：

南鲜、南糖、南土②、南米③、南社④、南洋、南亚、南欧、南革⑤、南学会⑥、南蛮子、南班子⑦、南腔北调、南航北驾

---

① 王东茜：《汉语成语中"东……西……"结构的对举现象》，《河南城建学院学报》2010 年第 3 期。

② 南土：方言中指鸦片烟，如李圭《鸦片事略》："由印度传至云南，而南土兴矣，辗转至四川，而有川土。"

③ 南米：南方各省漕粮的总名，旧时的一种实物税。自南方征得粮米，经漕运至京师等地，供官军食用，如章炳麟《驳康有为论革命书》："彼既以南米供给驻防，亦知民志不怡，而不得不藉美名以媚悦之。"

④ 南社：辛亥革命时期的进步文学团体。由陈去病、高旭、柳亚子等发起，于 1909 年成立于苏州。其社名取"操南音不忘其旧"之意，鼓吹资产阶级民主革命，反对清王朝的专制统治。

⑤ 南革：指清末活动于南方的革命党。如《老残游记》第十一回："南革之乱，起於戊戌，成於甲辰，至庚戌、辰戌一冲而爆发……"

⑥ 南学会：清末维新派在湖南讲求新学、宣传变法的团体。由谭嗣同、唐才常等发起，1898 年（光绪二十四年）2 月在长沙成立（各县设分会）。

⑦ 南班子：天津人称来自上海的妓女班子。如《二十年目睹之怪现状》第七六回："饭后，约了我出去，到侯家后一家南班子里。"

西 X：

西洋、西人、西士、西土、西文、西方、西式、西夷①、西牢②、西哲、西旅③、西海、西装、西欧、西历、西餐、西学、西儒、西点、西礼、西药、西医、西洋参、西洋景、西洋画、西洋镜

北 X：

北非、北欧、北洋、北军④、北货

左 X：

左翼、左派、左癖⑤、左铅右椠⑥

右 X：

右翼、右派

除了以上方位词作偏语素的词例外，此期还有以时间词为偏语素构成的新词，如“早、晚、午、夜”等，由它们构成的新词如下：

早 X：

早班、早尖⑦、早场、早期、早操、早点、早茶

晚 X：

晚晌、晚课⑧、晚报、晚会、晚餐、晚场

---

① 西夷：鸦片战争前后，对西方侵略者的鄙称。如陈康祺《郎潜纪闻》卷七：“道光间西夷犯浙，武臣多死绥者。”

② 西牢：旧时西方帝国主义国家在中国租界上设立的监狱，如鲁迅《三闲集·“革命军马前卒”和“落伍者”》：“［邹容］后来从日本回国，在上海被捕，死在西牢里了。”

③ 西旅：通往西方国家的道路，如严复《论世变之亟》：“自胜代末造，西旅已通，迨及国朝，梯航日广。”

④ 北军：指北洋军阀的军队。如鲁迅《书信集·致蔡元培》：“近知江北一带，颇有散兵，半是北军旧属。”

⑤ 左癖：左撇子。如郭沫若《今昔集·论儒家的发生》：“就是有些人生成左手作事，所谓左癖。”

⑥ 左铅右椠：书写工具不离左右，意谓不停地写作。如李伯元《文明小史》第六十回：“做书人左铅右椠，舌敝唇焦。”

⑦ 早尖：指旅客早上的用饭与休息。如《儿女英雄传》第三十九回：“因天色尚早，便想不打早尖赶到邓家庄早饭。”

⑧ 晚课：指僧尼每天傍晚时分的念佛诵经。如《天雨花》第二十七回：“那两个尼姑，方做晚课。”

午 X：

午炮、午酒[①]、午市[②]、午茶

夜 X：

夜膳、夜车[③]、夜幕、夜空、夜照[④]、夜战、夜工、夜校、夜学[⑤]、夜班、夜场

6. 偏语素表用途或功能

这种类型的偏语素主要从正语素的用途和功能方面进行修饰说明，正语素往往表示具体的事物，且多以大类名为主。根据偏语素的功用分类，我们筛选出几个具有较强构词能力的偏语素，如“奖、教、警、邮”等，它们构词数量较多，这里选取典型词例进行解释说明。

“教+X”结构

由该结构产生的新词数量较多，有一些词形在古汉语中已出现，但在清末民初衍生新义，我们也视其为新词。例如“教本”，它早在中古时期便有用例，指“教化的根本”，虽然也是偏正式，但与清末民初所说的“教本”语义相差甚远，后者可以指“教科书”，如关赓麟《日本学校图论》：“本校儿童必需品一览表：教科书：修身教本、新编修身教典、国语读本……”该句中前用“教科书”，后用“教本”，可见二者语义相同。值得一提的是，在当时还产生了语义类似的“教材”一词，此词在古汉语中从未出现，语义较为明确，不像“教本”可能与古汉语中的语义发生混淆，因而从今天的角度来看，“教本”的出现频率远低于“教材”。再如“教官”，它在先秦时期便已出现，最早指“掌管教化的官员”，后

① 午酒：午饭前的酒席。如《儿女英雄传》第二十九回：“安公子便预先吩咐了厨房预备了一桌盛馔，又叫备了桌午酒。”

② 午市：旧时上海交易所中分上下午两场进行交易。上午称早市，下午称午市。

③ 夜车：夜里发出、到达、经过的车。如《人海潮》第三十五回：“我十分懊丧，只得乘晚到苏，接夜车赶回上海。”后世“夜车”衍生出新义，表示“在深夜里工作或学习”，通过我们的检索，此期该义还未出现。

④ 夜照：此词形清初已出现，是“萤火虫”的别名，如厉荃《事物异名录·昆虫上》：“萤火，一名夜照。”清末民初它衍生出新义，指“夜间使用的护照”，如孙中山《革命成功始得享国民幸福》：“那种护照又分作两种，在白天有日照，在晚间有夜照。”。

⑤ 夜学：中古时期既已出现，原指“夜间学习”，如方干《偶作》：“夜学事须凭雪照，朝厨争奈绝烟何。”后来它衍生出新义，指“夜晚授课的学校”，如郑观应《盛世危言·学校》：“更有文会、夜学、印书会、新闻馆，别有大书院九处，书籍甚富。”

来语义发生引申，可特指“掌管学校的官员”，此时又称“校官、学官”。直到清末民初，“教官”才开始专指“在军队或军事院校中执教的军官”，如 1897 年 8 月 28 日《时务报》：“外务大臣本以武官出身，性质方正谨严，哥氏有学识，为京西大学教官，颇以笃厚闻。”我们利用 CCL 语料库对民国文献中的“教官”进行检索，发现它的语义并未完全固定，例如老舍《四世同堂》：“他不像瑞丰所说的那种教官那样，除了教日语，他老在屋里读书或制标本，几乎不过问校务。”该句中的“教官”应类似于学校官员的含义，但同时期的其他作品中“教官”大多指执教军官，所以这可能是老舍作品中的词汇特色。从今天来看，《现代汉语词典》（第 7 版）[①] 中“教官”专指“军队、军校中的官员”，其他义项已消失。

此外，还有若干“教+X”结构的新词，其词形在古汉语中并未出现过，如“教案、教鞭、教材、教程、教具、教室、教务”等，这一系列词的产生与近代新式教育的出现有着密切的关系，而且其中不乏日源外来词。回顾中国的教育史，《礼记 · 学记》有这样的语句：“古之教者，家有塾，党有庠，术有序，国有学”，指出中国古代学校类型有私塾、乡学、太学等，包括后代兴起的官学，书院等，无论是哪一类，其实都属于中国旧式教育的机构，其主要特征是在教授知识的同时以传递儒家文化为重任，教学内容基本围绕“四书五经”等经典著作。由于中国传统文化一直延续了几千年，加之古代学校的政治、经济基础少有变动，这诸多因素决定了旧式教育体制在几千年来变化不大。这种状况直到近代鸦片战争前后才被打破。近代以来，越来越多的有识之士意识到旧式学堂的教学覆盖面太窄，教材几千年来变化很小，知识也存在严重老化的问题，为了摆脱中国被动挨打的局面，教育体制必须进行相应的改革。据记载，最早在中国开办的教会学校是马礼逊学堂，该校于 1839 年 11 月 4 日在澳门成立[②]。虽然学校的规模不大，但其开设课程种类丰富，包括中文、英文、历史、代数、几何、天文、地理、生理学、化学、初等机械学等十余门。这些课程对于学生了解世界、开阔视野，尤其掌握先进的科技文化知识起到了重要的推动作用，这与中国古代书院注重空谈和考据相比，显然更有实效性。在此之后，由西方传教士兴办的教会学校如雨后春笋般纷纷出

① 本书所用均为此版，以下为了简约，简称《现汉》。

② 熊月之：《西学东渐与晚清社会》，中国人民大学出版社 2011 年版，第 226 页。

现，如英华书院、徐家汇公学、格致书院、清心书院等，这种新式学校不仅带来了西方的先进知识，也促进中国教育由旧到新的转变。除此以外，中国人自己兴办的学校也逐渐增多，例如早期以教授外语为主的京师同文馆、上海广方言馆、广州同文馆、台湾西学馆等。以京师同文馆为例，自1870年以后，它开设的课程逐渐由外语和中文扩展到数学、格物、机器、化学、天文等，其教学体制也与西学接近，例如强调学生的自主学习能力，鼓励学生发言、提问等，这种变化一反旧式教育中老师高高在上，学生完全被动的状态。这种新式教育在19世纪后半期一直稳步发展，直至1903年清政府制定了《奏定学堂章程》，这从根本上标志着近代中国教育的转型。虽然在中国古代也有“先生、学堂、教席、戒尺”等事物，但新式教育的推广势必带来大量与之相关的新概念，这些概念采取了统一的构词方式，在汉语固有语素“教”后面添加本土语素构成偏正式复合词，其中偏语素“教”标明了后语素的用途或功能。例如，“具”为“用具”，凡是供人使用的物品都可以称为“用具”，所以其语义范围相当宽泛。通过前加语素“教”，语义限定在与教学相关，教具即“教学用具”，“具”的功能性一目了然。与之类似，“教材”即“教学所用的材料”，“教程”为“教学的课程”，“教鞭”是“教学中所用的类似鞭子的东西”，这种构词方式简单、便捷，前语素“教”使得后语素的语义限定在教学范围内，而且这种方式有类推性，很容易形成一个词族，这也利于众多新概念指称形式的形成。

“邮+X”结构

“邮”在先秦时期义为“驿站”，指的是“供出巡的官员、传送文书的小吏和旅客歇宿的馆舍”，如《孟子·公孙丑》：“德之流行速于置邮而传命。”该句用邮驿传播信息的速度与德行的流布相类比，可见邮驿在当时已很普遍，其主要功能是传送官府公文。后代又陆续出现了传递私信的机构，如明代的民信局以及办理海外华侨与国内通信的侨批局等。[①] 以上所说都可以视为古代信息传送的典型标志，但这与近现代的“邮政”是完全不同的概念。可以说，近代邮政是随着1840年国门被

① 侨批局又称郊批、批局、批信局、侨批信局，指的是福建、广东等沿海省区，专营与其亲属间的通信、汇款业务的民信局，因为福建方言把“信”叫“批”，所以把为华侨通信服务的侨信局习惯称为侨批局。转引自“侨批局”，互动百科，http：//www. baike. com/wiki/侨批局。

侵略者洞开以后，强行输入给中国的产物。由于英国在 19 世纪前期首创了专门的邮政机构，并以邮票作为邮资已付的凭证，这也成为近现代邮政业的开端。在鸦片战争以后，英国首先在中国设立了邮局，随后美国、德国、法国、日本也纷纷在上海开设了自己的邮局，这些机构在当时被称为“客邮”，但其性质并非为方便中国人民，而是以政治、经济、文化等侵略为目的，甚至还有利用客邮运输毒品的现象存在。在此之后，一些有识之士逐渐意识到本国兴办邮政的重要性，因而在 19 世纪 70 年代以后，清政府开始委任当时的海关总务司赫德（Robert · Hart，1835—1911）兼办邮政，新成立的邮政机构被命名为“海关拨驷达局”①，这里的“拨驷达”即为英语 post 的音译，并在 1878 年发行了第一套大龙邮票。20 世纪初期，清政府成立了政府组织“邮传部”，邮政业逐渐由海关转移到了国家。由于当时的邮政已由政府专营，实行了邮资制度，并向公众普遍开放，所以说清末民初的中国邮政已走入了现代化时期。

这种新兴邮政业的产生也会带来大量与之相关的词语，据我们考察，在 19 世纪 70 年代以后出现了将近 20 个“邮+X”结构的新词，如“邮包、邮差、邮车、邮船、邮戳、邮袋、邮资、邮费、邮件、邮箱、邮筒”等。这里只有“邮筒”在古汉语中出现过，如王安石《寄张先郎中》：“篝火尚能书细字，邮筒还肯寄新诗。”此时“邮筒”指的是“古时寄书信的竹筒”。自从有了新式邮政以后，中国也仿照西方设立了在路旁供投递信件的信筒，这是“邮筒”一词在清末民初产生的新义，这个义项也一直沿用到今天。除此以外，其他词均未在古汉语中出现，不过它们在创制时采取了相同的方式，后语素全部是本土固有并很常见的事物，如“车、船、袋、箱、票”等，而前语素“邮”在古汉语中就可表示“邮递、邮寄”义，二者结合构成偏正式复合词，“邮”直接标明后面事物的用途或功能。例如，“邮车”专指“运送邮件的车辆”，“邮资”指的是“邮寄时所需要的资费”。这种构式与“教+X”结构一样，都有着较强的能产性和类推性。不过，这种以“邮”做偏语素构成新词的方式直到 20 世纪初才较为固定，我们选取了 19—20 世纪的几本英汉词典，并对“邮+X”结构的英语原词进行了考察，限于篇幅，这里仅列举几个典型性

① 引自孙少颖《中国集邮大辞典》，中国大百科全书出版社 1996 年版，第 124 页。

词例的不同译法，详见表三。

表三　　　　“邮+X”结构译名一览

	邮费/邮资	邮票	邮局	邮戳	邮差
	postage	stamp	post-office	postmark	postman
马礼逊《英华字典》	信资、槟资、酒资	—	—	—	千里马
卫三畏《英华韵府历阶》	信资、梹资、酒资	—	书信馆	—	快马、巡城马、千里马
麦都思《英华字典》	信资、槟资、酒资	—	驲邮、送信家	—	带书信者
罗存德《英华字典》	信资	—	书信馆、驿馆、邮馆	驿印、驿号	派信者、带信嘅人、外马
卢公明《英华萃林韵府》	信资、槟资、梹资、酒资、酒钱	—	文书馆、书信馆、公文馆、送信家	—	千里马、带书信者
邝其照《英华字典集成》	信资、酒资、槟资	—	书信馆、驿局	驿印	带书信者、派信者
颜惠庆《英华大辞典》	邮费、邮资、信资	邮票	邮政局、邮局	邮局印、邮票注消印	驿卒、走使、信差、送信者、邮差
商务印书馆《英华新字典》	—	邮票、信票	邮政局	邮印、邮号	送信者、带信者、邮件脚夫
赫美玲《官话》	邮资、邮费、信资	邮票	—	—	邮差、信差、送信的、跑信的

从以上“邮+X”结构在不同字典中的译法来看，我们会发现以下几个规律：第一，绝大多数词语的译法以20世纪作为分界线，在此之前的字词典都利用古代已有的与邮递相关的词汇进行对译，而20世纪后的几部字词典，如1908年颜惠庆《英华大辞典》、1913年商务书馆《英华新字典》以及1916年赫美玲《官话》中，开始频繁使用“邮+X”结构。例如，“postage”在20世纪以前经常被译作“信资、槟（梹）资、酒资”，这里“酒资”也被称为“酒力”，它是民信局收寄普通信函的资费，由寄信人交纳①，所以在明、清时代的信封上常见“酒力付讫”或“酒资已给”的字样，即信资已全部由寄信人付清。“槟（梹）资”与“酒资”义同，仅见于外国人编著的字词典中。由此可见，虽然从19世纪中期开

① 翟宽：《新编集邮词典》（修订本），中国展望出版社1993年版，第7页。

始，近代邮政业已逐渐兴起，但它并没有完全摆脱古代邮递业的影响，由于还要受到邮驿、民信局、侨批局、客邮的冲击，因而在对应的词汇表达上就相对滞后。直至20世纪初，中国邮政步入现代化时期，人们可利用“邮+X”结构造出一系列与邮政业相关的新词，“邮费”的译法才逐渐固定下来。通过观察，“邮票、邮局、邮差”的出现时间也是符合这个规律的。这里只有“邮戳”出现相对较晚，在我们的考察范围内，直到1927年天虚我生《工商业尺牍偶存》中才出现该词。第二，即使采用“邮+X”结构造新词，几部字词典中的译法也并不完全统一，例如“pos－toffice”既可译作“邮政局”，也可译作“邮局”，“postman”也有“邮差、邮件脚夫”等译法。再如“postmark”的译名更是五花八门，包括“邮局印、邮票注消印、邮印、邮号”等多种形式。可见，虽然“邮”作偏语素具有较强的能产性，但由于人们认知的不同，所选取的正语素也各有不同，这也是造词初期经常出现的情况，即同一事物同时有多种命名形式并存，也就是所谓的异形同义词。

此外，此期表用途或功能的偏语素还有“奖、警”等，它们构词能力较强，而且所构新词多是社会新兴事物。由于篇幅所限，我们把由其构成的新词列举如下：

“警+X”结构

警灯、警笛、警官、警棍、警犬、警卫、警务、警钟

“奖+X”结构

奖金、奖牌、奖品、奖章、奖状、奖札、奖杯、奖券

除了以上双音节词外，此类中还有若干三音节词。其中表用途、功能的偏语素往往是双音节，它们有的是联合式结构，有的是动宾式结构，试举几例（下划线表示偏语素）。

<u>安乐</u>椅：坐着舒适的、能前后摇动的椅子。如瞿秋白《饿乡纪程》一：“我回头一看，安乐椅上躺着一位‘小老爷’。”

<u>避雷</u>针：一种用来保护建筑物、高大树木等避免雷击的装置。如《皇朝经世文编》卷九十一：“一条名曰避雷针，上出杆顶五寸，下入地尺余，不与磁碗传电之线相着。”

<u>捕鲸</u>船：一种专门用于捕鲸、加工鲸鱼的船。如1908年颜惠庆《英华大辞典》释“whaler”：“a ship employed in the whale fishery，捕鲸船。”

<u>动员</u>令：指发动人们参加某项活动或积极投入备战的命令，言辞多富

有鼓动性和煽动性。如《历代兴衰演义》第52回："俄国亦下动员令，出兵助塞，奥亦请德相助抵俄。"

断头台：执行死刑的刑具，用以将犯人的头斩去。如《宦海升沉录》第三十回："今番所遇若不是大人，恐今日在狴犴中，明日即登断头台上了。"

兑换券：旧时地方政府或没有纸币发行权的银行为了资金周转或补助市面货币不足而发行的周转券或流通券。如吴汝纶《东游丛录》："日本银行大增兑换券。"

复写纸：一种涂着蜡质颜料供复写或打字用的纸。如《工商业尺牍偶存》："本品效用，只能比复写纸效用三倍而止。"

缝纫机：做针线活的机器，一般用脚蹬，也有用电动机做动力的。如《中华民国史事日志·1929》："获步枪二千枝，机关枪数十挺，及大量缝纫机。"

7. 表示事物的种属

从语义上来看，这类偏正式的两个构词语素具有种属关系。具体来说，外延大的为"属概念"，也就是"上位概念"；外延小的概念叫"种概念"，或"下位概念"。古汉语中曾出现类似的构词方式，即"大名冠小名"，如"鸟乌、草芥"等，但它只存在于先秦时期，后世逐渐消失。清末民初出现的表种属关系的偏正式，从语义上来看，一般是种概念在前，属概念在后。

【蚜虫】

(69) 更有称谓蚜虫者，常至其聚集处，自其虫腹部末端之二管，吸其甘汁。(虞和寅《博物学教科书》第一编)

"蚜虫"这种昆虫早已有之，由于其形体似虱，多生活在植物的嫩茎嫩叶间，因而旧称"竹虱"。"蚜虫"一词产生较晚，清末民初才有用例。其中"蚜"在古汉语中出现过，《玉篇》释为"火牙切，虫名"，可见它在中古时期便可单用表义，今天仍可看到"棉蚜、高粱蚜、菜蚜"等。由于受到汉语双音化趋势的影响，"蚜"需要缀加一个成分构成双音词，我们知道，汉字属于意音文字，很多偏旁具有表义作用，像"虫"便是"蚜"的类属偏旁，它可以从原来的单音词中独立出来成为标记类属的语素，因而在“蚜”后添加类属名“虫”是顺理成章的。“蚜虫”从语义上来看，更类似于“小类名+大类名”的结构。

【鸵鸟】

(70) 鸵鸟与鸸鹋走得甚速。(理雅各译《智环启蒙塾课初步》第六十二课)

这种动物并非本土固有，但它至迟在东汉时期已传入中国。最早它是作为安息国（即今伊朗）的贡品被带入我国，例如《汉书》卷九十六中提到了“大马爵”，这实际指的就是“鸵鸟”。后晋代郭义恭《广志》中对此进行了解释：“大爵，颈及膺身，蹄似橐驼，色苍，举头高八九尺，张翅丈余，食大麦。”后来到了中古时期，由于它的足部与骆驼相似，因而出现了“驼鸟”一词，如《唐书·吐火罗传》中有，“吐火罗，永徽元年献大鸟，高七尺，黑色，足类骆驼，鼓翅而行，日三百里，能噉铁，俗谓驼鸟。”直到19世纪中期，人们新造“鸵”字，其中“鸟”部用于表明类属，可与之前的“驼”相区分，从表义来看，“鸵”显然要比“驼”更清晰。“鸵鸟”即为“小类名+大类名”的结构，虽然该词出现较晚，但自民国中期以后使用频率逐渐提高，直至今天已基本取代了“驼鸟”一词。

由于这种类型主要见于古汉语中，因而此期构成新词数量极少，但是从历时角度来看，这类词往往一经产生便会沿用下来，并且形成一个词群。这种类型的词一般是动植物名称。例如：

“小类名+虫”

蛲虫、蝗虫、蛔虫、蠓虫、蛆虫、蛀虫

“小类名+草”

茅草、蒲草、茜草、莎草、蕰草、萱草、苲草

“小类名+鱼”

鲍鱼、鲸鱼、鲙鱼、鲨鱼、鳝鱼、鲦鱼、鱿鱼

“小类名+脏（zàng）”

心脏、肝脏、脾脏、肺脏、肾脏、膵脏（胰脏旧称）、胰脏

（二）正语素表动作行为

偏正式复音词的正语素除了可以表示人或事物，还可以表示某种动作

行为，从结构类型来看比较类似现代汉语中的“状中式”。相对来说，这类词语的数量虽然远不如上一类多，但是偏语素与正语素的语义关系还是较为丰富的，从二者语义关系的角度来看，可以具体分为以下几种类型。

1. 表动作行为的方式、手段

这种类型的数量在此类中是最多的，其中正语素基本为动词性语素，偏语素的词性则较为多样，可为动词、形容词、副词、名词等多种类型。由于这类词数量较多，我们主要挑选具有能产性的构式或者成系统出现的词语。此外，有些古汉语中已出现的词形虽在清末民初产生了新义，但其语义变化较小，且结构类型也未发生改变，这种词语一般不视为此期产生的新词，因而也不属于我们的研究范畴。

（1）偏语素为名词性

由于名词性语素做状语的情况相对特殊，所以我们把这类词作为重点考察对象，其中较为能产的结构有“笔X”“函X”“国X”等。

“笔+X”结构

（71）吾独坚持君宪说，与革命党笔战，累十数万言。（梁启超《梁启超文集·梁任公与英报记者之谈话》）

（72）局人急以笔录，转为饬呈，毫无耽搁。（张德彝《航海述奇》）

（73）曲躬述就试名，数约四十余人。退而历口试、笔试二处，别有监试者。（郭嵩焘《伦敦与巴黎日记》）

（74）如用中华之算盘或用西国之笔算而推算之，其时候必长。（傅兰雅《格致汇编·算图器说》）

（75）《医理略述》，岭南尹端模笔译，美国嘉约翰校正。（傅兰雅《格致汇编·医理略述》）

（76）搭客中有日本数人前往金山者，其语音啁啾，殊属难解，其文字与中国同。中一医生，与之笔谈，颇释烦闷。（志刚《初使泰西记》）

以上词语中，除了“笔谈”在古汉语中曾有过该词形，其他词语均在清末民初才产生。“笔”在先秦时期既已出现，它本是一种书写和绘画的工具，后来语义发生引申，与语言文字、书面语相关的都可用其表达，它也可以作为偏语素修饰动词性语素构成状中式词语。例如，“笔战”指“用文字进行争论”，“笔译”是“用文字进行翻译”，而“笔试”则是“通过书面作答的方式来考试”等。“笔录”一词《大词典》并未收录，但其语义与其他“笔+X”结构相似，它表示“用笔记录”。值得一提的是，“笔谈”这个词形早在中古时期便已出现，它属于笔记类体裁，指一种随手记录的写作类型。通过“汉籍全文检索系统”可知，“笔谈”一词在宋代曾出现百余次，全部表示文学体裁，较为著名的有《梦溪笔谈》《王沂公笔谈》《清暑笔谈》等，但这显然与例（76）中的语义不符。实际上，清末民初时期的“笔谈”是随着中日交流日益频繁而产生的新事物，从例句也可以清楚地看出，在当时，中日两国的语音虽已不通，但在文字上还有很多相近之处，所以“笔谈”特指“因语言不通等原因，两人通过在纸上写字交换意见的方式来代替口谈”。该词在使用中，语义范围逐渐扩大，如陆士谔《清朝秘史》第128回：“小箱的钥匙，德宗与醇王各佩一个，外人不得启开，书信中大抵言外边琐屑之事，无非供笔谈解闷而已。”从中可以看出，凡书面谈话均可称为“笔谈”。

以上这些“笔+X”结构，其中部分词有对应的“口+X”结构，但往往出现较早，如“口试”“口谈”“口算”等。出现于清末民初的有“口译”，如吴趼人《二十年目睹之怪现状》第106回：“这个容易，只要添上一个人名字，说某人口译，你自己充了笔述，不就完了么。”值得注意的是，“口译、笔译”出现时间均较晚，这可能是因为古代人们对西书翻译没有那么迫切的需求，所以在翻译类别上也不做细分。再如“口治”，它义为“朗读、口谈”，往往可与“耳治、目治”连用。在清末民初时期它还未固定成词，如《皇朝经世文编》卷五：“古人以简策传事者少，以口舌传事者多，以目治事者少，以口耳治事者多，故同为一言。”从中可以大致看出“口治”一词的形成轨迹。

“函+X”结构

（77）究竟敕书中曾否载明“便宜行事全权”字样，贵大臣等能否遇事自专，毋须电请裁决？特先函问云？（姚锡光《东方兵事纪略》）

（78）最好在说弼臣翁函邀弟来访，更易说话。（孙中山《复邓泽如函》）

(79) 外埠有愿代售批发者，另有特别折扣。托局函购，原班回件。(《图画日报》1909 年第一百三十五号)

(80) 该会欲设一函授科，以便远者。(李骏《第三次旅法华工情形报告书》)

(81) (橡皮用具) 印有详细绘图说明书，函索即寄，良好机会勿错过。(《医药杂志》1920 年第 6 期)

以上词语均为清末民初产生的新词，其中偏语素“函”《说文解字》释为：“圅，舌也”，它本是象形字，字形如同舌头卷曲的形状。后来语义发生引申，可指传递消息或指示的信件，因而，传递书信、文件的人也被称为“函使”。事实上，古汉语虽无“函问”一词，但有“以函问……”这样的结构，其语义与“函问”(即用通信的方式向对方询问)大致相同，例如：

(82) (太祖) 授晔以心腹之任；每有疑事，辄以函问晔，至一夜数十至耳。(《三国志》裴松之注)

所以在长期使用的过程中，这种非词单位可能会逐渐变得紧凑而发生词汇化的现象。与之类似，“函邀”即“以函邀之”，“函索”即“以函索之”，可见偏语素“函”修饰动词性语素的构式具有较强的类推性，因而在清末民初时期也比较能产。通过 CCL 语料库对以上词例现有使用情况进行考察，“函授”“函购”的使用频率也较高，且都保留到了今天，其他词语的结构则不固定。像“函邀”“函索”虽有用例，但同时也存在“来函邀请、发函邀请、致函邀请、致函索取、来函索要”等多种形式，可见它们在使用上并未达到人所共知的程度。而“函问”在语料库中仅出现 5 例，没有一例是单独使用，全部是以“信函问讯、发函问候”这样的短语形式出现，可见该词在今天已基本不再使用。

“国+X”结构

(83) 国立银行于所领纸币岁税千分之七。(黄遵宪《日本国志》卷十六)

(84) 凡铸刀剑枪械，无不可用国产。(鲁迅《坟·科学史教篇》)

(85) 惟无枪炮厂，盖国已太小，不必深备国防也。（康有为《列国游记·丹墨游记》）

(86) 市场运输归于国营。（李大钊《社会主义下的经济组织》）

(87) 若今日社会私有之制度废，而国有之制度兴，竞争之精神去，而协合之精神生，则主义一定实力行之。（侯士绾译《社会主义》第七章）

“国”为“国家”，自鸦片战争以后，中国逐渐走向了近代化的道路。尤其民国前后，受到内忧外患的双重夹击，人们的独立意识增强，开始对“本国”和“他国”有了明确的区分，所以此期也产生了一些“国+X”结构的新词，例如“国立”就是“国家所设立的”，“国营”指的是“国家投资经营的”，“国有”则是“归国家所有的”，无不在强调“本国所有”这一概念。像例（84），鲁迅先生明确提出枪械武器均可用“国产”，我们知道，晚清时期中国在与外敌的斗争中，武器装备一直处于落后的状态，后来经过洋务运动等救国运动，大力发展军备和重工业，因此，武器使用本国所产，实则体现了一种民族自豪感。此外，例（87）中提到了“私有制”和“国有制”，我们知道，原始社会时期曾出现过原始公社的公有制，随着新的生产工具的出现，生产力逐步发展，原始公有制让位于私有制，中国自明中叶便产生了资产主义的萌芽。后来，社会主义学说引入了中国，我国逐渐开始实行社会化大生产条件下的社会主义公有制，而“国有制”就是“公有制”的主体。正是由于这两种制度的对立，因而经常出现“国+X”和“私+X”结构的词语成对出现，如“国营—私营”“国有—私有”等。由于清末民初“国+X”结构经常出现，也促生了相关词族的产生，例如，有了“国立”，就会出现“省立、市立、官立”等词语，这也从一个侧面证明了“国+X”式新词在当时使用频率较高，流传广泛。值得注意的是，与“国”类似的还有“公”，它在当时也可以看作与“私人”相区别的集体、政府或国家等，由此也产生了“公办（国家创办）”“公立（政府或集体设立）”“公有（谓财产属国家或集体所有）”“公诉（以国家公诉人身份向法院提起的诉讼）”等词。

除了上述较为典型的结构以外，以名词为偏语素的状中式在当时还有一些，例如“芽接、冰镇、碱筑（用石碱夯筑）、胎生、电疗、卵生、蛀蚀、肉搏、枪决、枪杀、盆栽、目测、舶来、模造、法定、风蚀、水蚀、节录、节选、军用、面授、炮击、盆浴、旁听、票汇、声讨、图解、心算、珠算、意译、音译、电疗、海产、海运、家用、潮解、人造、神传、汗污、客串、硃批[①]、天演[②]”等。

（2）偏语素为副词性

偏语素为副词的状中式结构在此期也有不少，有的偏语素具有较强的能产性，以其为词根可以形成一个词族，我们主要以这类为重点研究对象。例如：

“公+X”结构

（88）唐使闻共和政府所提出之理由毫无异辞，极思和平解决，乃提议九日以政体付之国会公决。（伍廷芳《致六国领事文》）

（89）解释之意义公认为有效力者，谓之有权的解释。（汪荣宝《新尔雅·释法》）

前文已述，“公”有表“公家”的含义，此时为名词性语素，但它本身义项较多，如《礼记·礼运》：“大道之行也，天下为公。”郑玄注：“公，犹共也。”可见，“公”有副词义项，表义为“共同”，以上二例便是由此构成的状中式新词。“公决”即“共同决定”，“公认”则指“大家共同承认”。后文还会提到“公”做形容词性语素而构成的词语，可见它在当时属于能产性较强的偏语素。

“专+X”结构

（90）日本全国烟草归国家专卖，每年平均之数赢一千万圆。（罗振玉《扶桑两月记》）

（91）其第一年课程各科所习无甚异同，后三年间则各随其体质专修一科。（黄遵宪《日本国志》卷三十二）

---

① 硃批：评校书籍时用朱笔作的批语、校记。

② 天演：谓自然进化，“天”指顺应自然，该词是严复对英语“evolution”的意译，如严复《译〈天演论〉自序》：“后二百年，有斯宾塞尔者，以天演自然言化，著书造论，贯天地人而一理之。”今天该词已消失，“evolution”被译作“进化”。

(92) 邻地之工作物，必不定一人专用始能达其目的。(邱鸿文《民法物权引范》)

(93) 吓得府里的知府，手忙脚乱，随即专差专访下来，命县丞代理县印，立即传原被告等人。(佚名《狄公案》第三十四回)

(94) 俄罗斯若以克鲁巴特金的自由组织代替了列宁的劳动专政，马上不但资产阶级要恢复势力，连帝政复兴也必不免。(陈独秀《谈政治》)

“专”在古汉语中义项较多，它做副词性语素时可指“专门”，例如《颜氏家训·勉学》：“故士大夫子弟，皆以博学为贵，不肯专儒。”这里的“专儒”即为“专门修儒”。此外，“专”还有“独有、独一”之义，如柳宗元《捕蛇者说》：“有蒋氏者，专其利三世矣。”清末民初“专”也成了高频语素，由其构成了较多状中式词语。以上例句中的“专+X”式新词，绝大多数的词形在古汉语中出现过，例如“专用”本指“独自行事”，如《仪礼·丧服》：“妇人有三从之义，无专用之道。”后指“专供某种需要或某个人使用的”。再如“专修”，它本源于佛教，指的是“专心修行”，后来语义引申为“专门学习某种课业”，它们在清末民初都产生了新义，我们视其为新词。再如“专卖”，它特指“国家对某种消费物品的生产和销售，由专卖部门独占经营和管理的制度”，我们今天常见“XX专卖”或者“专卖店”这样的用法。以上词例全部沿用到了现代汉语中，其中“专访”一词产生较晚，从例(93)可以看出，“专差、专访”更像是临时组合，其构词语素结合较为松散，词形还未完全凝固下来。今天所说的“专访”则特指“针对某个问题或某个人进行采访”。

“共+X”结构

(95) 同人对此，盖深愿与国人共勉，特辟此栏，以俟佳篇。(沈雁冰《〈小说月报〉改革宣言》)

(96) 下午四时，开校友大会，演述日本学校与社会之共鸣，以代开会辞。(《经亨颐日记》1918年3月21日)

(97) 凡二种相异动物，或动物与植物，或植物与植物，往有共栖一处，互相补助者，名曰共栖。(大渡忠太郎《植物学教科书》第

二编）

（98）该细菌指与豆科植物，系一种相依为利之作用，考此种互利之机会，植物中常有之，谓之共生（Symbiosis）。（《民国教科书·植物学》第三篇）

（99）交流电路之为物，亦犹音叉，能接收外来之交变电压，而与之共振。（王云五《万有文库第一集·千种交流电机》）

“共”在先秦时期即有副词义项，如《礼记·内则》：“少事长，贱事贵，共帅时。”郑玄注：“共，犹皆也。”可见，它有“共同、一起”的含义。“共”在古汉语中便有较强的构词能力，可构成许多状中式词语，如“共存、共有、共事、共用、同舟共济”等。清末民初它也造出若干“共+X”式新词，表义为“共同/互相+X”。这些词语有的在古汉语中曾出现过，但其语义多半是“共”与正语素的简单加和，与清末民初有着较大区别。我们以“共鸣”为例，它在前代曾出现过，例如文献中有“共鸣琴”“共鸣弦”等，可以看出，此时“鸣”与其后的名词构成动宾词组，“共、鸣”跨层，结构比较松散。晚清时期，西学引入，“共鸣”成了西方物理学中的术语，它指的是“物体因共振而发声的现象”，早在晚清时期的自然科学书籍中便有该词，例如钟观光《理科通证·动物篇·蛙》：“每喉头发生一次，则球囊膨胀一次，是曰共鸣装置。”后来，该词语义扩大，由声音的共鸣扩大到“情感”，从例（96）可以看出，它指的是“由别人的某种思想感情引起相同的思想感情”。与之类似的“共振”，清末民初它也成了物理学的声学术语。此外，“共栖、共生”则属于生物学术语，这从例（98）和例（99）的释义中可以清楚看出。以上“共+X”式新词全部保留到了今天，有的还非常多用，如“共鸣、共勉”等。

与“共”类似的还有由“合”构成的一系列词，如“合演、合影、合照、合唱、合组”等，这里“合”也有“一起、共同”的含义。由于“合”与“独”语义相反，因而常出现由二者构成的一对反义词，如“合唱—独唱”“合照—独照”“合奏—独奏”等。

除此以外，此期以副词为偏语素所构成的状中式词语还有“协办、协商、协助、协作、私拆、私诉、私立、轮唱、轮作、直达、直航、直辖、直接、偷渡、特许、特制、白耗、偏劳[1]、继任、兼任、联防、联欢、零售、偶发、齐唱、强奸、现存、现行、暂缓、常任、常备、并发、必修、终审、原判、通告、总裁、总理、总统”等。

（3）偏语素为形容词性

相比以上两类，偏语素为形容词性的状中式词语数量较少，且能产性较强的偏语素也不多，所以我们仅对其中较有特点的词语进行考察，其他词语仅做列举，不再阐释。

“公+X”结构

（100）刑事开庭审问，名为公判；民事开庭审问，谓之口头辩论。（刘庭春《日本各政治机关参观详记》）

（101）故凡两国失和，多请邻邦公判。（康有为《大同书》乙部第二章）

（102）帝国会议员须先降旨，预定集会之期，至迟亦须四十日公布。（傅云龙《游历日本图经》）

（103）吏员巡视诸学区，察其实况，分年编报，以公示于众。（黄遵宪《日本国志》卷三十三）

（104）这国歌于二月中在国民剧场公演。（丰子恺《近世西洋十大音乐家故事》）

前文已述，“公”义项较多，且为兼类词，因而可以在多个义项下参与构词。它有形容词义项，如《西游记》第五十回：“律云：公取窃取皆为盗。”句中“公”“窃”对举，可以清楚地看出它为“公开”义，此外，“公”还有“公正”的含义。以上词例中，“公判”在清末民初是多义词，分别利用了“公”的两个形容词义项，例（100）表示的是“公开宣判，即把审理完结的案件当众判决”，例（101）则是“公正判决”的含义。其他“公+X”结构均义为“公开地X”，例如“公示”指“公开宣示”，“公演”则指“公开演出”。这些“公+X”式新词全部保留到了现代汉语中，有的还成了现代汉语常用词，如“公布”等。

---

[1] “偏劳”在古汉语中曾出现过，指负担特别重，该义项直到清代仍在使用。不过，它在清末民初产生了一个新义项，指的是“请人帮忙或谢人代做事的客气话”，有偏劳烦的含义，例如鲁迅《彷徨·肥皂》：“这事只好偏劳你们两位了。”

“默+X”结构

(105) 现在秤余火耗等陋规，殆可谓公然的秘密，政府默认之。(梁启超《驳某报之土地国有论》)

(106) 默读 (Silent Reading)：一称静读，即阅看文字不出声朗诵而静审其意义之方法。(余家菊《中国教育辞典》)

(107) 凌妻置婴儿草地上，随众人步往林边默送。(郭沫若《星空·孤竹君之二子》)

(108) 每一个文学团体以外的作品，在这样忙碌或萧闲的战场，便都被“打发”或默杀了。(鲁迅《二心集·我们要批评家》)

(109) 不免觉得他稍微有一点过于冷静，过于默视的样子，而其实他是无时不充满着热烈的希望，发挥着丰富的感情的。(鲁迅《华盖集续编·记谈话》)

(110) 听了这话，只默默的不响；宙士觉察出她的默允，便以一臂夹了她的臂，半扶掖的把她带到了园囿中。(郑振铎《取火者的逮捕·埃娥》)

(111) 自攻破镇南阁之后，默察广西全局大有可为。(孙中山《致邓泽如函》)

“默”义项较多，做形容词时主要表“沉默、静默”，它在古汉语中就较为能产，构成了许多状中式词语，比较典型的如“默写、默赞、默听、默窥、默诵”等。从其所构词语可以看出，“默”的搭配对象范围广泛，大凡动作动词都可用其修饰。清末民初它仍然保持着较高的能产性，如“默送”即为“默默地相送”，“默视”则表示“默默而视”，多指对该管的事故意不管或漠不关心。值得一提的是，有部分语素在古汉语中与“默”构成了状中式，在后世它们的同义语素仍可与其结合，这样就形成了一对同义词。举例来说，“默诵”在古汉语中早已出现，如苏轼《次韵孔毅甫集句见赠》之四：“不如默诵千万首，左抽右取谈笑足。”“读”与“诵”语义相近，民国时期出现了“默读”一词，不过它除了指“默默朗读”以外，还特指“语文教学上训练阅读能力的重要方法”。与之类似的还有“默允”“默察”，它们产生较晚，但其同义形式“默许”“默观”则早已出现。另外，“默”还有副词义项，指“暗暗地、私下地”，它直到清代仍可单用表此义，如吴骞《扶风传信录》中提到了“默为诃护”，即“私下里保护”的含义。“默”作此义时也可构成状中式，此期产生的新词如“默揣、默忖”等。可见，当“默”所搭配的是心理动词时，一般“默”为副词义项。

【清炖】

(112) 每顿总有一样猪油弄的菜，而隔不上三天，就有一顿大荤，不是清炖，便是红烧。(李劼人《天魔舞》第十四章)

“清炖”是清末民初时期出现的新词，其中偏语素“清”有“清淡、不浓”的含义，“清炖”是一种烹调法，指的是“汤中不放酱油用文火慢慢煮或隔水蒸”，例如坑余生《续济公传》：“这东西要用文火清炖，不可加入盐酱。”从该句也可以清楚地看出此词的含义。

此外，此期产生的以形容词为偏语素的状中式词语还有“等分、多发、概括、概算、概观、干馏、假释、假死、假想、冷藏、误解、误伤、误诊、稀释、新兴、虚报、虚构、胜诉、败诉、难产、主谋、主动、主笔、断言、早退、后进”等。

(4) 偏语素为动词性

这类状中式词语的数量不多，限于篇幅，我们仅列举如下。

榨取、诱奸、围剿、贿脱、贿选、睨视、瞥视、扫射、转让、转运、转载、转租、仿制、伏击、改订、改选、焊接、寄售、累计、累进、旅居、谋杀、扫射、缩写、缩印、听诊、选编、选派、选送、走读、助教、助理、跃进

除了以上四类，我们还发现两例以量词为偏语素的新词“趸批、条播”。首先来看“趸批”，“趸”单用可表“整批”，直到清代仍有该用法，如《红楼梦》第五一回：“王太医和张太医每常来了，也并没个给钱的，不过每年四节，一大趸儿送礼。”可见，“趸批”即“货物成批地售出”，例如德龄郡主《御香缥缈录》第三十回：“如两广云贵等处，多半要待各方所献的贡品聚集成数之后，才趸批的一次起运入京，以免零零啐啐的递送。”此外，类似结构的还有“趸售、趸买”等。再看“条播”，“条”为量词，该词表示一种播种方式，顾名思义，即把种子均匀播成长条，如《最新农业教科书》卷二：“播种之方式有三：撒播、点播、条播

是也。”

2. 表动作行为的情态、状貌

这类偏正式复音词的正语素表动作行为，而偏语素则从动作行为的状貌或情态方面进行修饰限制，下面挑选典型词例进行分析。

【鸟瞰】

(113) 有总叙述之必要时，则用鸟瞰法描写之。(丁詧盦《初级本国地理·编辑大意》)

“鸟瞰”是以名词作为偏语素，总的来说，此期这种状中式数量不多，但较有特点，也能比较形象地体现出状貌的特点。此词是通过比喻造词而产生的，其中“瞰”表“看、俯视”义，用“鸟”修饰它，实际是形容“如同鸟一般俯视来看”。由于这种俯瞰的方式可以总览全局，它又引申出“概略地观察”“概括地论述”等含义。该词出现较晚，直到民国时期才有用例，不过一直留存到了现在。今天“鸟瞰”一词较为常见，且由于使用频率提高，其比喻色彩也已经淡化。

【座谈】

(114) 党史座谈会，座谈唐山工人图书馆。(《唐山工运史资料汇编》第三辑)

“座谈”是来自日语的原语借词，它利用的是汉语语素和固有构词法，该词也是以名词作为偏语素，“谈”作为常用动词，可构成“畅谈、笔谈、空谈、健谈”等多个状中式词语，“座”表“座位”，它用来修饰“谈”，强调“谈”的具体方式。由于谈话的人都在座位上，可见会谈比较随意、简单，因而“座谈”指的是“不拘形式地漫谈讨论”。该词在今天非常多用，“XX 座谈会”的用法随处可见。

【阴消】

(115) 在那外面的反抗运动渐渐阴消下去的时候，四川人的猛烈的反抗热，却如死火山复活的一样，突然爆发起来了。(郭沫若《反正前后》第二篇)

“阴消”在古汉语中曾出现过，表示“阳痿”，如《三国志·魏志·公孙度传》：“（公孙恭）病阴消为阉人，劣弱不能治国。”清末民初该词有了新义项，语义与古汉语有较大差异，我们视其为新词。由“阴”做偏语素给人一种阴暗无光的感觉，用其修饰“消”，带有一种“暗暗、私下”的含义，具有浓郁的形象色彩，因而此词义为“暗暗地消失”。

【逼射】

(116) 近如方院，远如天文台，以及周围的高高下下的树，都逼射得看出了红、蓝、黄的颜色。(冰心《往事二》之六)

(117) 内有镜堂焉，四壁皆镜，冷光逼射，眉发皆寒。（乐钧《耳食录》卷八)

“逼”表“逼近、逼迫”，这里用以形容动词性语素的状貌和情态。“射”单用只是普通动词，指“光线照射、放射”，用“逼”修饰以后体现出一种光线逼近而且直接照射的状态。像例（117）若单用“射”，则失却了那种镜光凛冽而迫近的感觉。该词在晚清时期出现，但使用频率并不高。从后世的用例来看，《现汉》并未收录“逼射”，它虽然偶尔出现，但多见于一些文学色彩较浓的散文当中。而且，利用“逼”做偏语素的构式也很不能产，此外我们仅搜集到“逼视”一例。

【倾献】【倾销】

(118) 有一个可怜的女性倾献她的全身心去爱一位男子。(郭沫若《落叶》)

(119) 大家都只顾得逃命，囤积的东西，哪个不想倾销了，寻几个现钱。(李劼人《天魔舞》第二五章)

“倾”有动词义项，先秦时期即可指“把东西倒出来”，后来由此义项引申出多种含义，如“倾泻、倾诉、倾轧”等，但它们都有一个相同的义素，即“全部、竭尽”。“倾”做偏语素修饰动词时带有一定的形象色彩，像“倾献”实际就是“全部献出”，但“倾”给人一种把情感、思绪如倒水一般全部泼洒出去的感觉，令表达更加鲜明、形象。再如“倾销”，它在近代汉语中曾出现过，如《醒世恒言·陆五汉硬留合色鞋》："只得把那两锭雪白的大银，在一个倾银铺里去倾销，指望加出些银水。"从语境即可看出，此时"销"为本义，"倾销"即指"熔铸金银"。清末民初其语义发生改变，"倾销"指"大量抛售商品"，"倾"做偏语素给人一种"竭尽全力"，甚至是"强势的、压倒性"的感觉，而这正与该词的附加色彩一致。

【密挤】【密接】

(120) 两三年内，左右抽笋，严排密挤，天然藩篱，炮火皆不能入。(柯培元《噶玛兰志略》卷三)

(121) 该铁路能密接东西之离隔矣，何则？自欧洲中央至亚细亚东部，当销费四五十日，惟由此铁路，则十余日足矣。(《皇朝经世文统编》卷六十三理财部八)

以上两词的偏语素"密"是形容词性，它从状貌的角度修饰后面的动词性语素。以"密接"为例，"接"本身有"交接、连接"之义，但它可能是广泛连接，也可能仅接触了一点，通过"密"来修饰"接"的状貌，明确了这种紧密相接的状态。再如，"挤"本身可以指"以身体在拥挤或狭窄的环境中用力活动"，前加偏语素"密"则进一步描述了"拥挤、紧密"的状貌。不过，从例（120）来看，由于"严排、密挤"对用，所以很难说"密挤"在当时已经成词，至少从语素的结合上来说还不够紧密。从后世的用例来看，"密挤"的出现频率较低，而且主要集中在清末至民国这个时期，例如茅盾《蚀》中出现了"密挤的混乱的人层"，萧红《破落之街》中也有"沿路的屋顶和蜂巢样密挤着"这样的语句，而当代文学作品中则非常少见。

【锦注】【锦念】

(122) 久荷青垂，多蒙锦注！窃同敝帚，享获千金。[洪弃生《寄鹤斋选集（三）》]

(123) 劳他们锦念不起。(天宝宫人《孽海花》第二幕)

"锦"本指"有彩色花纹的丝织品"，因其具有优美的特征，后世引申出形容词义项，用以形容事物的美好。在古汉语中，由"锦"构成的定中式词语很多，如“锦章、锦笺、锦心（比喻优美的文思）、锦石、锦句、锦地、锦衣”等，它们均有美好义。但是，由“锦”做偏语素形成的状中式词语相对较少，在我们的考察范围内，仅找到“锦旋”一例，如柯丹丘《荆钗记》：“他既登金榜，怎不锦旋。”这里即表示“顺利荣归”的含义。清末民初出现了“锦注、锦念”等状中式词语，多用于书信或对话的结语中，二者语义相近，表示“他人对自己的关注、挂念”。其中“锦”隐含了美好的寓意，所以二词主要用于敬称中。从历时角度来看，二者的使用时限也相对较短，现代汉语中几乎没有用例。

【飞掠】【飞放】【飞涨】

(124) 忽一个炮子从子材头顶飞掠而过，大帽上的珊瑚顶子翡翠翎管，都不知轰到了哪里去。(陆士谔《清朝秘史》第九十四回)

(125) 耿晶晶地白灼的圆光！从我两眸中有无限道的金丝向着太阳飞放。(郭沫若《女神·太阳礼赞》)

(126) 麦角，无论何种均极缺乏，价格日见飞涨。(《医药杂志》1920 年第 6 期)

“飞”有“飞快、迅速”之义，可做偏语素形成状中式结构。这种构式古已有之，而且具有较强能产性，例如“飞跑、飞递（迅速递送）、飞掷、飞奔、飞奏、飞逝、飞启（迅速报告）、飞棹（飞快地划桨）”等。例句中的三词除了“飞放”，其余均产生于清末民初时期。其中“飞放”在中古时期已经出现，但表义与今天有很大不同，特指“纵鹰隼捕猎”，如《元史·兵志四》：“天子或亲幸近郊，纵鹰隼搏击，以为游豫之度，谓之飞放。”民国时期“飞放”已有新义，与其他“飞+X”结构类似，表示“很快放出”。但是，该词在现代汉语中的使用频率较低，偶尔出现也与其本义相关，如“飞放一群群圣洁的白鸽”。(《人民日报》1993 年 10 月 1 日）而“飞掠、飞涨”均留存到了现代汉语中，而且使用频率较高。此外，由于“飞+X”构式能产性较强，在民国中后期也有其他类似结构，如茅盾《子夜》十二：“同时那办公室的门已经飞开，闯进一个人来。”句中的“飞开”即指门“迅速开启”，不过《大词典》未收录该词。

【僵伏】【僵持】【僵坠】

（127）徐黑头间的血，遂嗤嗤嗤的疾冒而出，那尸身也僵伏着，寂然不动了。（修竹乡人《民国艳史》第三十八回）

（128）楚玉和田安护住武宗，四面棍如丛林，双方虎视眈眈，僵持不下。（齐秦野人《武宗逸史》第十章）

（129）星，月光，僵坠的胡蝶，暗中的花，猫头鹰的不祥之言，杜鹃的啼血，笑的渺茫，爱的翔舞……（鲁迅《野草·希望》）

“僵”单用时可表“僵硬、不活动”，如“百足之虫，至死不僵”。它在古汉语中也可作为偏语素形成状中式结构，且该结构具有较强能产性，可构成“僵立、僵卧、僵踣、僵踞”等词语。以上例句中的“僵+X”式词语均在清末民初产生，其中“僵伏”还通过借代引申产生了名词义项，表示“倒伏、倒毙的人”，如王闿运《御夷论二》：“夫锋刃相接，僵伏相踵，而计胜负者，站之末也。”从后世的用例来看，“僵伏、僵持”的使用频率相对较高，尤其“僵持”已成为现代汉语常用词，但“僵坠”已基本消失。

【惨笑】【惨叫】【惨呼】

（130）幼凤惨笑着道：“要我病好，除非请聊斋上说的陆判官来，替我换掉一个肺。”（网蛛生《人海潮》第三十六回）

（131）此时的达空，仿佛是悬崖撒手，万念皆空，喉中惨叫了一声，恰与裂帛相仿，便闷晕倒在地上。（董荫孤《案中冤案》第九章）

（132）凭那孩子胆气再壮个十倍，不怕他不惊极惨呼、魂胆俱丧，不知不觉身子往前一扑……（无垢道人《八仙得道》第三十八回）

“惨”单用时可表“悲惨”，这种用法古已有之。通过对《大词典》所收录的上百词条进行考察，我们发现“惨”在古汉语中多出现于联合式结构中，典型词例如“惨怖、惨沮、惨刻、惨苦、惨毒、惨恨、惨僻、惨暴、惨恸、惨戚”等。虽然也有部分以“惨”形成的偏正式结构，但总体数量不及联合式词语，而且出现时间相对较晚。以状中式为例，直至中古时期才出现了“惨戮、惨杀、惨号、惨嗟”等词。到了清末民初，

“惨+X”结构进一步发展，由其构成的状中式词语更加丰富，而且绝大多数留存到了今天。“惨”做偏语素其形象色彩很浓，以“惨笑”为例，“笑”本是开心快乐时显现的愉悦表情，“惨”则有忧愁悲惨的含义，二者结合，给人一种内心极度痛苦而勉强一笑的感觉，更凸显了“惨”的属性。“惨呼、惨叫”也是如此，除了程度加深，同时也带给人悲惨的感觉。此外，“惨”做偏语素形成的定中式结构在清末民初也有了较大发展，新词数量众多，如“惨遇、惨案、惨景、惨象、惨域、惨事、惨变、惨难、惨举、惨状”等。

【激增】【暴跌】【锐减】

(133) 皮革制造物之用途日见激增。(白鹏飞译《工业常识》二五)

(134) 全省骚然，贸易不振，工事顿乏，所有工价随而暴跌。(梁启超《记华工禁约》)

(135) 劳力之损去者，不可以复续。此又其锐减之迹，显而易见者也。(梁启超《新民说》第十四节)

以上三词中的偏语素“暴、激、锐”在上古时期均有形容词义项，如《诗·邶风·终风》：“终风且暴，顾我则笑。”《史记·游侠列传序》：“顺风而呼，声非加疾，其埶激也。”再如《孟子·尽心上》：“其进锐者，其退速。”从中可以看出，“暴、激、锐”语义相近，均可表示“急剧、猛烈”义。三者在古汉语中也都有与动词性语素结合的用例。例如，“激”构成了“激合、激射、激变”等词，其中“激变”在产生之初表示“因刺激而发生变乱”，后在民国初期语义发生引申，如瞿秋白《饿乡纪程》中有这样的语句：“二十年来思想激变，一九一一年的革命证明中国旧社会的破产。”此句中的“激”即表“急剧、猛烈”，其语义结构与“激增”基本一致。而“暴”在古汉语中也有“暴贵（急剧涨价）、暴溢、暴涨”等用例，它在民国时期的构词能力较强，除了构成“暴跌”一词，还有语义相近的“暴落”，如《文心》八：“‘一·二八’事变引起了金融恐慌，各业周转不灵，公债的价格暴落。”此外，还产生了语义相反的“暴腾”，如郭沫若《羽书集》中便有“物价一天天地暴腾起来”的语句。相对来说，“锐”在古汉语中较少形成状中式结构，在我们的考察范围内，仅有“锐进”一例。民国中期，曾出现了“锐涨”的形式，语义与“锐减”相反，但《大词典》并未收录，而“锐减”一词今天非常多用。

此外，此期表示动作行为的情态、状貌的状中式还有如“冷观、素描、欢送、欢迎、急救、急需、简编、精装、滥用、滥发、力争、漫画、漫谈、浓缩、速成、速记、速写、突变、赘生、清算、广告、幻想、粉碎、敌视”等。

3. 表动作行为的程度、范围

此类中的偏语素主要从动作行为的轻重程度、范围等方面进行修饰，其中部分偏语素在构词过程中类推性较强，能形成一系列词语，所以该类构词数量也相对较多。较为典型的如：

“深+X”结构

（136）虽然，这也是人情之常，无足深怪的。（鲁迅《热风·随感录四十三》）

（137）夫君统有何幽邃之义，而可深耽熟玩。（谭嗣同《仁学》二）

（138）斯言也，吾始疑之，乃今深喻笃信，而叹其说之无以易也。（严复《译〈天演论〉自序》）

（139）摩而忒独持匕首在手，深颦蹙额不作声，若重有忧者。（天僇生《孤臣碧血记》）

“深”本义指“从水面到水底的距离大”，与“浅”相对，后来使用范围扩大，可泛指距离大，由此引申出“程度深”的含义，可用于修饰动词、形容词而构成状中式词语。我们对古汉语中出现的“深+X”结构进行了考察，早期“深”更多形容距离远近，如“深垒”，它指的是“筑高墙”，也就是构建牢固的工事以自守，此时“深”强调的是高度高。再如“深窜”，它指的是“远逃”，可见此时凸显的是“距离远”。“深”表程度所构成的词语如“深谴”“深覆”“深隐”“深藏”“深晓”“深察”等。清末民初，“深”仍有一定的构词能力，此时它主要表程度深。例如“深耽”，“耽”有“专心于”的含义，用“深”修饰，强调一种“专注、沉溺”的状态。再如，“颦”表“皱眉”，“深颦”则是“紧蹙眉头”，强调一种愁苦貌。例（138）中“深喻”“笃信”连用，“笃”本身有“深厚”义，可见“深、笃”义同，均强调程度深。不过，以上词例在现代汉语中较为少见，尤其“深喻”已基本不再使用。

“远+X”结构

（140）哥伦布掷乡里优游之乐而奋身远航。（梁启超《说希望》）

（141）师范生有运动会，其目曰柔道、击剑、击枪……又以时习水泳、漕橹、远足之事。（丁鸿臣《游历日本视察兵制学制日记》）

（142）他同他同学中间的距离，一天一天的远背起来。（郁达夫《沉沦》二）

（143）年终两省会剿一次，以为肃清之计，然大盗往往先期远飏。（黄轩祖《游梁琐记·内黄大盗》）

“远”指“距离长”，由其做偏语素修饰动词，可强调动词所达到的距离远。例如“远背”，“背”表“背离”，该词义为“远远背离”，由此引申为“疏远”。再如“远飏”，“飏”有“飞”义，该词本指“飞往远处”，此义早已出现，如苏轼《入峡》诗：“横飞应自得，远飏似无贪。”清末民初该词语义发生引申，可指“往远处逃窜”，而且直到民国中后期仍有这种用法，如沈从文《大小阮》：“小三哥此次远扬，据他说有一百元就可以往广东。”这里“远扬”即为“远飏”，二者义同。

“大+X”结构

（144）原来的东、西两厂为了取得刘瑾的信任，大打出手，争相邀功，弄得官民均不安生。（齐秦野人《武宗逸史》第六章）

（145）有时候高，有时候低，有时候平坦。但是感觉不那么大起大落，就知道这位好功夫。（常杰淼《雍正剑侠图》第六十七回）

（146）那个不知道金姨太太死了，明天大出丧。（吴趼人《二十年目睹之怪现状》第七八回）

（147）我既是大包大揽的应了下来，自然是没有错儿。不过为替您省钱起见，几乎把我的唾沫都要说干了。（董荫孤《案中冤案》

第 11 章）

“大”本义与“小”相对，形容“体积、面积、数量、力量等方面超过一般或超过所比较的对象”，后代语义发生引申，可指程度深或范围广，此时它可作为偏语素构成状中式词语。这种构式先秦时期既已出现，例如“大阅”即“大规模地检阅军队”，“大行”即“普遍推广，施行”，再如“大作”指的是“大办”等。从后世的用例来看，这种“大+X”结构一直沿用了下来，并且具有较强的能产性，而且在此基础上还可构成成语等固定用语，例如动词“有”可受“大”修饰形成“大有”一词，它本为《易经》中之卦名，即“乾下离上”，象征着大、多。“有”后接名词形成动宾结构之后，仍可受“大”修饰，例如形成“大有人在、大有作为、大有径庭”等成语。再比方说，古汉语中还有一种结构也很常见，即由两个“大+X”结构结合在一起形成联合式短语，较为典型的有“大吹大打、大吹大擂”等。除此以外，还有“大呼小叫、大吆小喝”等成语，虽然结构中分别用“大、小”来修饰，但语义上都在凸显大的方面，即“大声呼叫、大声吆喝”等，我们也把这种“大 X 小 Y”结构归于此类。清末民初“大+X”结构也形成了若干新词语，与古汉语略有不同的是，此期双音节较少，绝大多数是三音节以上，像“大出丧”是“规模较大的出殡”，“大出血”则是“大量出血”的含义。此外，成语等固定用语的数量也较多，如“大打出手、大起大落、大包大揽”等，其构词模式也基本符合我们上文所说，或者由“大”修饰动宾结构，或者由两个“大+X”结构形成联合式，在我们的考察范围内，此期没有出现“大 X 小 Y”结构的新词语。

“狂+X”结构

（148）问你金亨无言语，火上加油更着急，有了张嘴难说话，热汗狂流湿透衣。（半闲居士《小八义》第六十七回）

（149）雨生遇着这个绝好机会，更不怠慢，一手拉着稳子径钻入轿子当里，紧紧拖着轿杠拼命狂喊。（李涵秋《广陵潮》第三十一回）

（150）自应饬该司妥为筹办，何必先来踏勘，况该夷酋惊吠狂嗥，亦必多为挟制。（《清实录·文宗显皇帝实录》三百二十六）

（151）加之最近丝价狂跌，他再不能忍痛抛售，这存丝一项也搁煞了十多万。（茅盾《子夜》十二）

“狂”从犬，本义指狗发疯，后引申出多个形容词义项，如“狂乱、失却常态（狂死）”、“浮夸（狂人）”、“纵情、恣意（狂淫）”等。此外，“狂”可做偏语素修饰动词性语素，用以形容动作的猛烈、剧烈，这种用法在古汉语中屡见不鲜，较为典型的词例如“狂笑、狂号、狂叫、狂吠、狂奔、狂喜、狂啸、狂击”等。清末民初“狂+X”结构也构成了若干新词，其中“狂流”最早出现时是定中式结构，表示汹涌的水波，后来逐渐衍生为状中式，指“剧烈地奔流、涌流”。例（149）和例（150）中的“狂喊”和“狂嗥”语义相近，均表“大声喊叫”，其实从古汉语词例来看，与之语义接近的词有很多，如“狂叫、狂号”等，它们可形成一个词族，但从使用频率来看，彼此之间并不相同。据我们对CCL语料库的检索情况来看，从20世纪初至今，出现频率最高的为“狂叫”，共计312次，其次是“狂喊”，共出现172例，而“狂嗥、狂号”的使用频率均很低，分别为7次和6次。究其原因，这几个词的中心语互为同义词，所以理性义基本一致，但其附加义有所不同，其中“喊、叫”基本用于口语，而“号、嗥”书面语色彩较浓，所以在使用中，前两者也逐渐占据了上风，成了现代汉语常用词。

“痛+X”结构

（152）独苍山一老，来此作狎邪游，大不满意；其门下士，亦以为一样春色。其丑诋痛斥，可为不遗余力矣。（宣鼎《夜雨秋灯录三集·珠江风月》）

（153）俄国的妇女，使她们崇拜，然而她们却痛叱中国今日之所谓新兴的，有知识的妇女。（丁玲《韦护》第一章）

（154）自竹垞（朱彝尊）痛贬《草堂诗余》，而推《绝妙好词》，后人群附和之。（王国维《人间词话删稿》三四）

（155）朕披阅史册，每深恶而痛嫉之。方今政治肃清不愿言官蹈此恶习，著将此传谕各科道。［《清实录·高宗纯皇帝实录（乾隆）》］

（156）寨内伏兵起，急发矢殪数人，两路兵齐入，痛歼无遗。

（丁绍仪《东瀛识略》卷八）

（157）汪堃所著《盾鼻随闻录》对何氏自文安公凌汉以下，并逮其家妇孺，无不痛诬丑诋，至令人不忍观。（薛福成《庸盦笔记·轶闻·〈盾鼻随闻录〉当毁》）

“痛”本指疼痛，由于疾病、创伤所带来的感受痛切非常，所以后来引申出副词义项，表示“彻底地、非常”，可作为偏语素修饰动作行为，极言程度深。由“痛+X”结构形成的状中式词语数量不少，且古已有之，例如“痛恶、痛恨、痛诋、痛毁、痛憎、痛骂、痛惩、痛击、痛改前非”等。清末民初，“痛+X”结构仍有着较强的构词能力，形成新词较多，像上述例句中的“痛斥、痛叱、痛歼、痛贬”等词，自出现以来便一直沿用至今，在现代汉语中仍很习见，而余下的“痛嫉、痛诬”相对来说使用频率较低，其中“痛嫉”仅出现在成语“深恶痛嫉”中，“痛诬”通常也不单独出现。像例（152）和例（157）中均出现了“痛+X”结构与“丑诋”连用的形式，后者表示极力地辱骂、诋毁，可见在该结构“痛、丑”都是对后接动作行为程度极深的一种反映。

此外，清末民初表动作行为的程度、范围的状中式词语还有“恶讨、高烧、高就、高发、过拂、沈亘（深深地萦绕）、沈想、沈楞、沈伏①、畅明、畅发、畅游”等。

4. 表动作行为的时间、方位

这类结构的偏语素多以时间名词、方位名词为主，此外还包括与时间、空间相关的副词、形容词等，我们挑选能产性较强的结构进行考察。

“预+X”结构

（158）客来预订游山约，收拾龙团手自煎。（许南英《窥园留草》卷一）

（159）第一次预习生字音义成语出处及难辞句之解释。第二次预习层次段落之分析。（《江苏省立第一师范学校要览》）

（160）判事之预审、法庭之公判、审院之上诉，其中捕拿之法、

① “沈伏”这一词形古已有之，先秦时期指“滞郁”，后来语义引申，可指“官职不显，不受重用”，清末民初衍生了新义，指“深深隐藏”，如瞿秋白《赤都心史》二三：“一切一切都沉伏在灯影里。”

监禁之法、质讯之法……无不有一定之法。(黄遵宪《日本国志》卷二十七)

(161)去了五六天，不见回电。无奈又去一个电报，并且预付了复电费，也没有回电。(吴趼人《二十年目睹之怪现状》第八十二回)

(162)根据传统的《长命两河曲》改编了一首新曲子，在打算演唱给皇帝听之前，先给韦青预演。(曹绣君《古今情海·张红红》)

(163)海上设防，船须预订，械须预购，人须预练，且邻衅一开，各国军火均不能购运，全在绸缪于未事之先。(李鸿章《李文忠公选集·筹铁甲船价》)

“预”有“事先、预先”之义，可修饰动词性语素，该用法自上古时期便已出现，如《战国策·燕策三》:“于是太子预求天下之利匕首。”并且该结构在当时较为普遍，构词数量较多，比较典型的如“预见、预知、预席（预先排定席位）、预备、预诏、预谋、预虑”等。从后世发展来看，“预+X”结构自上古至近古，一直有着很强的能产性，在每个阶段都会形成若干新词，并且绝大多数保留到了今天，如“预祝、预示、预支、预防、预告、预计、预约、预料、预报”等在现代汉语中都很常见。这些词例中绝大多数是清末民初产生的新词，其中“预订”虽然出现较晚，但在当时它有异形同义词“预定”，二者可以通用，例如鲁迅《书信集·致郑振铎》:“再版之《北平笺谱》，前曾预定二部，后又发信，代人定二部。”这里“预定”即“预订”。此外，由于“预+X”结构古已有之且能形成大量新词，因而其成词过程十分便捷，可以说只要是实义动词都有可能被“预”所修饰，但能否成词还与其使用频率的高低相关。像例(163)中连续出现多个“预+X”结构，但“预练”《大词典》并未收录，从CCL语料库的收录情况来看，“预练”仅出现2次，且全出现于现代汉语中，可见两个语素在结合上并不紧密，还不具备成词条件。

“外/内+X”结构

(164)组织之法分内勤、外勤。内勤有刑事系、营业系、特务系；外勤有派出所、驻在所。(舒鸿仪《东瀛警察笔记》卷四)

(165) 全国工业振兴，器物精良，出口外销货品日益增多。(《奏定高等农工商实业学堂章程》)

(166) 在中国内销不出洋之丝斤仍按第八节须纳销场税。(1901年《中英新订商约》)

(167) 眼球突出，多为眼眶内占位性病变所致，亦有部分系内分泌紊乱或眶内组织炎症而致者。(《重刊巢氏诸病源候总论》卷二十八)

(168) 外使诸侯，内耗其国，伺其危之陂，以恐其主曰："交非我不亲，怨非我不解"。(汪辉祖《官经》三)

(169) 张保之寇海也，自嘉庆初年始也，后与其党郭学显内噬。(曾国藩《广东嘉应州知州刘君事状》)

(170) 闻今科北闱乡试主考已经内定，我与君均在选中。但我数十年戎马奔驰，久荒笔墨，不知能胜任否？(陈夔龙《梦蕉亭杂记》卷二)

"内、外"表示方位，语义相对。上文对定中式词语进行考察时也提到了"外/内+X"结构，相对来说，二者更易构成定中式词语。以"内、外"做偏语素的状中式结构在古汉语中也有出现，但数量并不太多，较为典型的如"内攻、内含、内讧、内应、内用、内服、外用、外役、外奔、外溢、外卖、外敷、外应"等。可以看出，由于"内、外"互为反义，所以在构词过程中也有成对出现的情况，像"内应—外应、内用—外用、内服—外敷①"等。清末民初"外/内+X"结构也形成了若干新词，其中也有成对出现的，如"内勤—外勤、内销—外销"。"外销"虽产生较晚，但在当时有两个不同义项，晚清时期可把那些不必报户部，且由地方官员自行销用的公款称为"外销"，如《官场现形记》第三五回："我们山西没有外销的款子，所以有些事情绌于经费，都不能办。"而它的另一个义项则与"内销"语义相反，指把商品向外销售至外国，这也

① 《汉语大词典》释"内服"：谓将药物从口服下，与"外敷"相对而言。从医书用例来看，二者连用并不少见，如明代江瓘编辑《名医类案》卷第十："上舍患痔，外敷寒凉，内服消毒，攻溃于臀。"再如明代朱棣、滕硕、刘醇等编《普济方》卷三百九："用粟米、熟铁、陈葱、好醋。同钵内炒烟。用碗覆之。存性。外敷贴、内服。"直至今天中医学仍有"内服外敷"的说法，故而把二者算作成对出现。

是该词今天主要的义项。当然，鉴于某些行为的属性，“内/外”注定无法成对出现，例如“内定”本就是在内部选定，有秘而不宣之义，自然没法“外定”。

此外，例（167）出现“内分泌”一词，该词是日源外来词，其产生受到近现代西方医学的影响，因为在古代中医典籍中并未出现“分泌”这个概念。伴随着西学引入，这类与医学、生物相关的词也逐渐增多，例如与“内分泌”相对的“外分泌”，再如“内出血、内寄生、外寄生”等新词语也陆续出现。

“先/后+X”结构

（171）盖日本为东洋先进之国，泰西之新思想、新智识，普遍旁塞于国中。（《清议报》1899年第二十三册）

（172）革命胜利的先决条件，就是：完全破除旧支配阶级的武装。（蔡和森《现在还是政治战争时代并不是“法统”战争时代》）

（173）况且我们如果个个同心，前死后继，也未必定是不能保住地方的。（轩辕正裔《瓜分惨祸预言记》第二回）

（174）限于篇幅，未便详叙，此月只印其三分之一，余待后续。（《遐迩贯珍》1854年第十一号）

（175）后备兵二千六百九十六人。（姚文栋《日本地理兵要》卷一）

“先、后”均可表时间或次序，二者语义相对。在使用上，从古至今出现了多例以“先、后”为偏语素形成的状中式词语，例如“先X”可以构成“先死、先行、先见（提前显露）、先逝、先倡、先登、先发、先零（早凋）、先导、先醒、先遣、先睹为快、先知先觉、先斩后奏”等，其中不乏一些人们耳熟能详的成语，且一直沿用至今。再如“后X”，该结构可构成“后死、后任、后交、后来、后知、后起、后觉”等词语。可以说，“先/后+X”结构一直具有较强的能产性，以上所列大多数是清末民初产生的新词语，虽有部分在古汉语中曾出现过，但语义与后代有着较大差异，我们也视其为清末民初新词语。例如“先进”，它在上古时期为名词，朱熹注《论语》：“先进后进，犹言前辈后辈。”后世它引申出“先行”之义，此时已变成状中式结构，直至清末民初，该词又引申出

“位于前列、可为表率”的含义，而且该义项也一直沿用至今。再如“后续”①，古汉语中它的绝大多数用例都不是以词的形式出现，我们考察了它的几种常见语境，如“以后续封、然后续立、其后续得、此后续办、随后续退”等，从中可以清楚地看出，“后、续”二者不在同一层次，因而在早期难以成词。但是，随着使用频率增加，二者之间自然带有“随后接续而来”这样的语义，此时该结构发生词汇化，“后续”也成为了状中式词。

此外，此期该类型的状中式词语还有“早育、中梗②、晚出、早婚、晚婚、上访”等。

5. 表动作行为的数量

此类的偏语素主要是数词或者与数量有关的副词性语素，凸显动作行为出现的次数或频率，总的来说，这类新词数量较少。例如：

“重+X”结构

(176) 倘使你不给我温热，使我重行烧起，我不久就须灭亡。(鲁迅《野草·死火》)

(177) 我当下踌躇了一回，想我已是结过婚的人，哪可犯重婚之罪？(陈辟邪《海外缤纷录》第十二回)

(178) 晚年重印，更名曰《书镜》，或自悔立名之未安乎。(刘体信《苌楚斋随笔》卷九)

(179) 近者商务印书馆闻雅堂哲嗣震东君存有是书，欲其重版以饷国人。(连横《台湾通史》卷三十七)

(180) 由总统颁布开禁谕旨，把工禁开了，和贵国使臣重订条约，消了贵国商民之气。(旅生《痴人说梦记》第二十七回)

(181) 苟非洗之又洗，刷之又刷，怎能扫除尘秽，重现光明呢？(海天独啸子《女娲石》第十回)

---

① “后续”在清代也产生了名词义项，表“后嗣”，如蒲松龄《聊斋志异·龙飞相公》：“曩因不肖孙堂，连结匪类，近墓作井，使老夫不安於夜室，故以海水没之。今其后续如何矣！”我们这里讨论的并非名词义项。

② “中梗”一词有两个义项，其一指“中途阻梗”，此义明末清初既已出现，其二指“从中作梗”，该义产生于民国时期，如苏曼殊《碎簪记》：“据二子答问之言推之，事或为其叔中梗耳。”

（182）齐韵叟要传命一班家乐开台重演，十余位皆道谢告辞。（韩邦庆《海上花列传》第四十回）

“重”在先秦时期即有副词义项，可表示动作行为的重复，相当于“再、重新”。古汉语中，由“重”做偏语素而构成的状中式词语数量众多，较为典型的如“重申、重生、重出、重逢、重做、重来、重刻、重修、重整旗鼓”等。该结构一直到清末民初仍有较强的能产性，以上例句中，除了例（176）和例（177）的词形在古汉语中曾出现过，其他全部是此期产生的新词。先看古汉语中曾出现的词形，“重行”在上古即有用例，义为“再嫁”，例如《列女传·鲁寡陶婴》：“虽有贤雄兮终不重行。”清末民初该词衍生出“重新开始”的新义。再如“重婚”，它在元代即有“重新婚配”之义，清末民初它特指“法律上已有配偶而又与他人结婚”，这是受西方婚恋制度影响而产生的新义。我们知道，西方受基督教影响至深，婚姻由上帝设立，奉行的是一男一女的结合，因而西方自古以来在法律上就规定了严格的一夫一妻制。中国在清末民初深受西方影响，因而自中华民国成立以后，便以法律形式规定了一夫一妻制，违反这条法律的也就犯了“重婚罪”。可见，随着它的语义发生变化，该词的感情色彩也由中性变成了偏贬义色彩。再看此期出现的几个新词，“重印”“重版”“重现”均为单义词，而“重订”除了表“重新订正（著作）”以外，它还可与“条约、规章制度”相搭配，如例（180）即为此义，由于清末民初中国在与外国打交道的过程中出现了众多条约，这也使得该词使用频率较高。而“重演”本义为“重新演出”，此期它还衍生出了一个比喻义，喻指“相同、相似的事再一次出现”，例如《孽海花》第三十五回：“我们赞襄他造成一个虚君位的立宪国家，免得革命流血，重演法国惨剧。”不过该义产生较晚，在此期用例极少，现代汉语中则较为多见，常有“历史重演”的用法。

“复+X”结构

（183）汝且将当印临死之时是何景象，复述一遍，以便向周氏质讯。（佚名《狄公案》第二十八回）

（184）少应学政试，督学仁和胡文恪拔置第一，复刻其文卷分给九学诸生。（易宗夔《新世说》卷三）

(185) 今复按之，誓句殊不多见，兹择其最工者录之。(梁章钜《楹联丛话》卷一)

(186) 飘泊已来，视文字杳如隔世，帖括之学，久不复习。(王韬《淞隐漫录》卷六)

(187) 无论如何，总可以复活一部旧书也。(鲁迅《书信集·致郑振铎》)

"复"在上古时期即有"又、更、再"的副词义项，可用于动词前表示数量，其语义相当于"再一次"。该结构在清末民初具有一定构词能力。以上词例中除了"复按"，其余几词在今天均很习见。"复按"即"复查"，"按"在先秦时期可表"查验、考察"义，如《韩非子·外储说左上》中便出现了"考实按形"，此义一直沿用到了清末民初。今天该词偶有出现，我们通过 CCL 语料库进行检索，仅看到 2 例，且只见于书面语中。除了上述新词，"复活"这个词形在古汉语中曾出现过，此期衍生出新义，可喻指"已毁弃的事物重新修复"，其语义范围扩大，已不限于生命体。"复+X"结构在民国中期还有若干新词，如"复赛、复试、复写①"等。

除此以外，此期该类型产生的新词还有"既遂、半工、再版、再生、再见、倍增"等。

6. 偏语素表否定

这类词相对比较特殊，偏语素主要是表否定的副词性语素，如"不、无"等，由于副词性语素与其后的动词性语素在语义关系上并不紧密，因而其成词也相对较慢，一般都是在长期使用过程中逐渐凝固成词，所以整体数量相对较少。从用例上来看，古汉语中由"不、无"所构成的状中式词语虽然数量不多，但也有一些常用词，有的还一直沿用到了今天。例如，由"不"构成的词例有"不及、不止、不中、不升、不分、不乏、不可、不禁、不合、不免"等；由"无"构成的词例有"无听、无觉、无竞、无碍、无归、无扰、无亏、无数、无伤"等。

清末民初由"无、不"所构成的新词不多，其中有的已在古汉语中

① "复写"在古汉语中有"重复抄录"之义，这里说的是"把复写纸夹在两张或几张纸之间，一次可以书写出若干份。因用以比喻事物的重现或重演"。如郭沫若《反正前后》第二篇一："我认为它是沪、杭、甬争路事件的复写和扩大。"

出现过，但在此期语义发生了较大改变，我们也将其视作新词；还有的是在古汉语原有词形的基础上，跟其他成分相结合，形成四音节新词语。

首先来看第一种情况。以“不好”为例，它早在先秦时期便已出现，“不好”与“好”相对，即“不美、不善”。晚清时期，它产生了一个新义项，指“不能”，如《官场现形记》第三十四回：“他这来是为借钱来的，现在借钱的话说不出口……我不好不答应他。”这里的“不好”与先秦时期有着较大差别，而且从出现语境来看，多用于双重否定结构中，即使在现代汉语中，“不好不X”的用法也比比皆是，可见该用法一直沿用到了今天。再如“不定”，它也出现于先秦，本指“不安定、不稳定”，清末民初产生了一个副词义项，表示“说不清”，如晚清奇案小说《春阿氏谋夫案》第六回：“钰福站在一旁，听了逼真，知是母亲与媳妇爱氏，不定又因为什么，闹了些个闲气。”该意思今天非常多用。《大词典》收录了该义项，但采用的是20世纪中期老舍《四世同堂》中的书证，相对较晚。

其次再看第二种情况。以“不”为例，它在古汉语中可构成“不了”一词，指的是“没有完结”，该词形在清末民初与其他成分相结合，形成新的四字结构，例如李伯元《活地狱》第二十八回：“县官也不肯十分追究，想把大家拖了一个昏天黑地，自然就不了而了的。”另外，此期还出现了四字结构“不了了之”，如《大清宣统政纪》卷八：“因证据未备，两造争执，遂以不了了之，民闲受累无穷。”它与“不了而了”语义相近，均指事情还未完结就扔到一边不去管，就算了事。这两个结构随着使用频率增加，人们对其形成了固定的认识，因而逐渐成了此期新兴的成语。不过，从后世用例来看，“不了了之”的使用频率远高于“不了而了”，我们通过“BCC语料库”进行检索，后者仅出现四例，可见，对于两个语义相近且使用语境相似的词语来说，一者取代另一者是符合语言经济性规律的。与之类似的还有“不择”，它在先秦即指“不加挑选”，清末民初“不择”可后接其他成分，构成如“不择手段”“不择生冷（犹言不择手段）”等新兴成语。

我们再以“无”为例，它在古汉语中有“无可”这一形式，表义为“没有可以”，它在古汉语中即可与其他成分相结合形成新词语，如“无可救药”等。“无可”在清末民初仍然有着较强的能产性，可后接谓词性成分构成新兴成语，这里简单列举几例。

(188) 说了这句，回头瞧瞧春瑛的神色。春瑛听了这话，自然惊奇得无可名状。(无垢道人《八仙得道》第71回)

(189) 山川道理，形势方向，昭然明晰，无可置疑。(《皇朝经世文编》卷一百三)

(190) 衣云无可置喙，只得强辩道："这也是珍重的捻花人，和梅花本身无涉。"(网蛛生《人海潮》第七回)

(191) 甲午主战，丧师辱国，无可讳言，然其时圣眷犹未衰也。(何德刚《春明梦录》卷上)

以上由"无可"构成的成语全部沿用到今天，而且该结构在后世仍能构成新词语，如"无可非议""无可厚非"等。

(三) 正语素表性质或状态

此类中的正语素多是形容词性，偏语素则从程度、时间、范围等方面进行修饰说明。总的来说，清末民初这类新词的数量较少。下面列举一些典型词例进行分析。

【高热】

(192) 清光绪丙午，为内国言学堂萌芽时代，亦为学生干涉政治潮流沸度最高热时代。(吴恭亨《对联话》卷十四)

"高"与"矮"相对，指"从上向下距离大"。后来其语义发生引申，可接形容词性语素，"高"在这里表示"程度深、超于一般标准"。例如"高妙"，"妙"本就有"美好"之义，前加"高"修饰，即指"美善之至"。与之类似，"高热"表示热的程度极高，在例（192）中形象地描绘出了学生干涉政治的热情如同水沸腾到顶点的状态。《大词典》收录了该词，释义为"高烧"，在我们的考察范围内，清代医书如《重刊巢氏诸病源候总论》中的确出现了"高热"一词，且与高烧义同，但从上例可以看出，"高热"还应当有其他义项，《大词典》释义不甚全面。

【薄明】

（193）其内则睛珠如稠，结明胶一粒，有薄明胞衣。（《皇朝经世文统编》卷九十五）

“薄”在先秦时期即可表“略微”，后接动词或形容词性语素，例如《论语·卫灵公》：“躬自厚而薄责於人，则远怨矣。”上例中的“薄明”就是一种似明非明、光线微弱的状态，和“微明”语义相近。民国中后期，该词有一定的使用频率，例如鲁迅《热风·随感录五十九》：“在刀光火色衰微中，看出一种薄明的天色，便是新世纪的曙光。”但是，通过对CCL语料库进行考察，“薄明”在现代汉语中用例较少，表达此义多用“微明”。另外，民国中期还产生了与其结构类似的“薄暗”，即指“光线微弱、昏暗”，如茅盾《子夜》四：“他顾不得儿子，转身就往里面跑，薄暗中却又劈头撞着了一个人。”它在今天的使用频率也很低。

【近真】

（194）根据经验的事实，分析综合，求出一个近真的公例，以推论同类事物，这种学问叫做“科学”。（梁启超《梁启超文集·人生观与科学》）

“近”与“远”相对，本义是“距离小”，后词义发生引申，义为“接近、靠近”。在使用上，“近”后多接名词性语素，如“夕阳无限好，只是近黄昏”，它也可后接形容词性语素，表示接近某个程度或标准，如《四友斋丛说》卷二十九：“徽州有汪海云亦善画，墨气稍不及时，而画法近正，是皆不失画家矩度者也。”此例中的“近正”即指“接近正确、标准”。同样的，“近真”表示“接近真实”，它在民国时期，尤其是鲁迅的文集中多次出现，但在现代汉语中出现频率很低，一般会用“趋近真实”的说法来替代该词。

【恒定】

（195）去极九十度安赤道圈，与子午规十字相交，恒定不动。（《清史稿》卷二七）

（196）此后运动继续中，为恒定的，几无变动。（程章瀚《运动生理·各论》）

“恒”先秦时期即可表“长久”，如《象》：“恒，久也。刚上而柔下。”它在古汉语中多形成定中式结构，如“恒数、恒德、恒操、恒论、恒谈”等。相对来说，由其构成状中式的用例较少，比较典型的如“恒长、恒居、恒庸”等。“恒定”一词出现较晚，“定”表“固定的、稳定的”，“恒定”即为“永久固定的”。它最初为自然科学术语，以上二例中它便分别出现于天文和物理领域。从现代汉语的角度来看，“恒定”大多数情况仍作为科学术语使用，但也有例外，例如《人民日报》1995 年 1 月 15 日《书店一角》：“曲线美所以会恒定为女装的表现特征，造型为 S 形，是因为这种表现迎合了女士们追求高压、温柔恬静的服装心理。”可见，该词在历时发展中语义范围发生了扩大。

【通黄】

（197）临河的土场上，太阳渐渐的收了通黄的光线了。（鲁迅《呐喊·风波》）

“通”在古汉语中有多个义项，其中之一为“整个、全部”，例如“通身”即为“全身、浑身”。它还可用来修饰颜色，构成状中式词语，例如苏轼《书双竹湛师房》诗中提到“白灰旋拨通红火”，其中的“通红”从表面看是“全部是红色”的含义，实际可引申为“很红、十分红”，该词一直沿用到了今天，经常可见“通红的脸蛋”的用法。与之类似，清末民初出现了“通黄”一词，它义为“很黄、十分黄”，不过在我们的考察范围内，它只出现于鲁迅的作品中，可见是较有个人特色的词。

【沈哀】

（198）深惜春光成晚，沾泥残絮有沈哀。（网蛛生《人海潮》第四十三回）

“沈”《说文·水部》释为“陵上滈水也”，它本义是“山岭上凹处的积水”，后引申出“程度深”的义项，汉代以后可修饰动词、形容词性语素，能产性较强。修饰动词的典型词例如“沈迷、沈怨、沈恨、沈饮”等，其中“沈恨”指的是“极度怨恨”，“沈饮”即为“痛饮、大量饮酒”。“沈”修饰形容词的用法出现也较早，例如“沈困”，《后汉书·顺烈梁皇后》：“从闲以来，加以浮肿，逆害饮食，寝以沈困。”这里“沈困”即“异常乏力”，此外还有“沈悲、沈寒、沈痛、沈厄”等词在古籍中也很多见。上例中的“沈哀”便是沿袭了这种用法而构成的新词，表义为“十分哀伤”，此词没有保留到现代汉语中。

二　此期偏正式复合词的特点

（一）构词语素的语义关系

清末民初的偏正式词语数量众多，种类繁复，根据正语素的语义，我们把偏正式分为三类，分别为“表人或事物”“表动作行为”“表性质和状态”。除了最后一类，其余每一大类中，构词语素间的语义关系都很丰富多样。例如，表人或事物的类别下，可分为七大类，分别为表身份职业、表状貌材质、表事物的性质、表事物的数量和范围、表时间空间、表用途或功能、表事物的种属；正语素表动作行为时，其下又可细分为六类，分别为表动作行为的方式手段、表情态状貌、表程度范围、表时间方位、表数量、表否定。

我们曾对东汉时期汉译佛经词汇中的语义类别做过较为全面的分析，纵观偏正式语义关系从古至今的发展，这三个大类没有发生变化，但每类中的小类有所变化，有的自出现以来便沿用到今天，且构词能力极强，也有的构词数量明显减少甚至消失。举例来说，表示人的身份、职业的偏正式词语在古汉语中一直非常多见，清末民初正值社会转型的重要时期，顺应社会发展及变化，尤其是受到西方世界的影响，众多从未有过的新兴身份、职业也随之出现。可以说，只要社会上新增一个门类，甚至是某个新兴事物出现，都可能会催生相应的职业或身份词语。例如，19 世纪末现代意义上的汽车产生，由此出现了“司机”一词，与之对应的还有“乘客”“乘务员”等。再如，现代西医的传入为中国医学界带来了新的理论知识，由此也出现了与医生、大夫相对应的“患者”，以及照料病人的“看护妇（日源词）”等。

与古汉语中习见的表人正语素进行对比，我们发现，以“人”“工”做正语素从古到今一直存在，且具有很强的能产性。以“阀”为正语素具有时代特色，尤其在清末民初较为多用。以“兵”为正语素受到此期战事频发的影响，在数量及使用频率上都有所增加。其余正语素，如“民、长”等，其构词能力与古汉语基本持平。值得注意的是，此期以“士”做正语素虽也有用例，但属于本土自创词的仅有“教士、修士”，全部带有宗教色彩，其余的“X士”结构基本都是从日语引进的，如“辩护士、代议士、博士、骑士”等，可见“士”在清末民初的构词能力不强，特别是“辩护士”后来被“律师”取代，“代议士”被“议员”取代，说明“士”的能产性有逐渐下降的趋势。

另外，古代人民受到封建迷信的影响，往往会造出超现实的人物形象，这就使得以“神、帝、王、官、魔”为正语素的词语数量众多；再有先民由于长期生活在阶级制度森严的旧社会中，因而体现等级的“婢、奴、主、臣”等正语素也有较高的使用频率。清末民初，这两种类型的正语素数量骤减，有的甚至没有构成新词，如“X婢”结构。由此可见，社会的发展以及人们思想认知的提高都是影响表人正语素发生变化的重要因素。

我们也对日语借词中表人类的正语素做了归纳，发现以下几个语素构词能力较强：一是“人”，如“代言人、法人、浪人、仲裁人”；二是“员”，如“议员、事务员、陪审员、成员”；三是“者”，如“新闻记者、劳动者、无产者”；四是“手”，如“旗手、运转手、副手”；五是“儿”，如“低能儿、风云儿、宠儿”；六是“家”，如“艺术家、资本家”等。与汉语进行对比，可以发现“人”“者”“家”等在两种语言中均较为能产。另外，“员”的传入对汉语起了很大的影响，它的构词能力极强，特别是1949年以后，产生了很多“员”族词。

从每类的构词数量来看，有时受到语法发展的影响，有的结构已不符合此期语法的要求，因而也极少构成新词。例如，清末民初表种属类的偏正式词语较为少见，前文已述，这种结构是受到上古汉语中“大名冠小名”的影响而产生的，这种结构早已消失，因而以表小名的种概念和表大名的属概念相结合的方式也失去了发展的根基。另外，在单音节向双音节过渡的过程中，该结构虽可作为一种创制新词的手段，但其限制条件较高，因为既然有种属之分，它势必属于生物，这就使得表具体事物和抽象事物的大量单音词均无法利用该模式构成新词。值得一提的是，此类中有“小类名+脏（zàng）”结构，人们俗称的“五脏（心、肝、脾、肺、肾）”均在明代前后已有用例，唯有“膵脏（胰脏）”出现较晚。在中国传统的中医观中，人们对“五脏六腑”的认知中并不包括“胰脏”。中医对“胰脏”的说法语焉不详，五花八门，例如《难经》中的“散膏”，《医纲总枢》提到的“珑管”，《难经正义》中的“甜肉”等，虽然对其形状和功能有所认知，但却并未按照“小类名+脏（zàng）”的结构进行命名。事实上，“膵脏”一词源于日语，日本人造词显然受到汉语固有词（如“心脏、肾脏”）的影响，但现代西医，尤其是解剖学、生理学的传入对日语影响至深，因而把这一具有重要功能的生理器官也归于身体脏器，并在造词活动中表现出来，这体现了社会发展与词汇演变的双向互动。再如，动作行为类中有一类表动作行为的方式、手段，其中偏语素可有动词、形容词、副词、名词等多种词性，其中名词性偏语素比较特殊，其数量也相对较少。众所周知，古汉语中名词作状语的情况很普遍，如“席卷、云集、东行、蜂拥”等，现代汉语中这种语法结构趋于萎缩，除了古汉语遗留以外，由其构成的新词数量自然比较少。值得注意的是，我们发现此期出现了“国X”“公X”等新词，虽然它们属于名词性状语素，但大多数都是来自日语的原语借词，如“国立、公诉、公营、公认、公判”等，我们知道，日语借词有很多都直接采用古汉语词形，可见，这种名词作状语的结构仍深受古汉语影响，因而产生新词数量较少。

（二）构成偏正式词语的语素特点

此期偏正式新词数量最多，粗略统计也有3500余例，占据所有复合词之首。我们对构词语素进行了考察，发现有一些偏语素属于高频语素，平均造词数量在20个以上，下面我们对这些高频语素进行总结，详见表四①：

① 此期亦有来自日语的借词，利用的是汉语语素和构词法，也有直接借用古汉语的词形，它们可进行结构分析，为了以示区分，在其后用括号标注（日）。

表四 高频偏语素的构词情况

	高频语素	词例	
		定中式	状中式
名词	电	电表、电冰箱、电波（日）、电车、电磁、电灯、电风扇、电工、电弧、电话、电机、电极、电键、电缆、电力、电量、电流（日）、电铃、电炉、电路、电码、电门、电钮、电瓶、电气、电容、电石、电势、电视、电台、电梯、电筒、电网、电文、电线、电信、电刑、电讯、电压、电影、电源、电子、电阻	电报、电传、电动、电镀、电告、电焊、电汇、电解、电离、电疗
	气	气窗、气垫、气管、气孔、气流、气门、气囊、气泡、气枪、气球、气态、气体、气温、气象、气象台、气压、气质、气缸、气水、气分（日）	
	国	国教（日）、国境、国军、国库、国乐、国民、国旗、国情、国权、国术、国税、国体、国文、国学、国语、国葬、国债	国立（日）
	手	手表、手电、手段、手风琴、手铐、手榴弹（日）、手民、手旗、手球、手术、手套、手提包、手提箱、手腕、手续（日）、手语、手账	手工、手淫
	西	西半球、西餐、西点、西法、西方、西非、西服、西红柿、西画、西历、西欧、西式、西文、西学、西亚、西洋、西医、西药、西乐、西崽、西装	
	地	地磅、地表、地层、地磁、地道、地点、地方病、地方时、地方税、地方志、地核、地积、地雷、地理、地貌、地皮、地平线、地壳、地球、地区、地热、地摊、地峡、地上水（日）、地下水（日）、地线、地心、地形、地学、地衣、地质（日）、地质学（日）、地轴、地主	
	政	政变、政策（日）、政党、政府、政见、政界、政局、政客、政体、政委、政治、政治犯、政治家、政治学	
	海	海兵、海菜、海草、海程、海胆、海风、海狗、海关、海军、海狸、海里、海流、海派、海狮、海兽、海獭、海图、海豚、海湾、海峡、海象、海燕、海鱼、海域	
	党	党报、党纲、党徽、党籍、党魁、党派、党旗、党委、党员	
	军	军车、军刀、军阀、军服、军港、军国主义（日）、军号、军火、军籍（日）、军纪、军舰、军旗、军区、军事、军团、军衔、军医、军乐、军政、军装	军训、军用
动词	学	学报、学部、学潮、学费、学风、学府、学棍、学会、学科、学理、学历（日）、学龄、学名、学年、学派、学期、学区、学生装、学士、学说、学徒、学位、学务、学衔、学友、学院、学制	
	病	病虫害（日）、病床、病毒、病房、病假、病菌、病况、病理、病理学、病例、病历、病情、病势、病态、病原、病灶	病变、病逝

续表

	高频语素	词例	
		定中式	状中式
形容词	新	新大陆、新纪元、新教、新人、新生、新手、新书、新文化运动、新文学、新闻、新闻纸、新星、新学、新月、新址	新兴
	大	大兵、大菜、大餐、大潮、大词、大动脉、大队、大副、大管、大号、大会、大家庭、大奖、大君、大考、大老、大礼拜、大力、大量、大陆、大门、大名、大脑、大炮、大气、大气压、大前提、大人物、大使、大提琴、大头针、大腿、大王、大尉、大写、大猩猩、大行星、大型（日）、大熊座（日）、大学、大烟、大洋、大圆、大月、大战、大政、大洲、大自然	大团圆、大修、大出血
	小	小报、小菜、小肠、小潮、小词、小调、小队、小费、小工、小号、小家庭、小节、小脑、小农、小朋友、小品、小前提、小市民、小数、小说、小提琴、小腿、小我、小写、小行星、小型（日）、小学、小洋、小叶、小影、小照、小组	小结、小卖
	特	特种、特别快车、特产、特点、特技、特价、特刊、特例、特区、特权、特色、特务（日）、特效、特性、特征、特质、特种	特定、特长（日）、特赦、特写、特许、特约、特制、特有
	公	公报、公差、公称（日）、公敌、公法、公房、公告、公国、公海、公函、公家、公款、公理、公例、公路、公民、公仆、公使、公式、公司、公务员、公益、公债（日）、公职、公制	公安、公办、公布、公开、公决、公立、公判（日）、公认（日）、公示、公诉（日）、公营（日）、公演、公有、公证
	长	长波、长笛、长臂猿、长度、长方形、长工、长骨、长号、长颈鹿、长篇、长期、长枪、长石、长途	长跑

从表四可以看出以下几个特点：

第一，从高频语素的词性来看，其中以名词性居多，构词数量最多的当为“电”，它既可构成定中式，又可形成状中式。前文已述，名词作状语在此期并不多见，这使得由电构成的一系列状中式更为凸显。我们知道，19 世纪末“电”正式进入人类的生产生活，这对社会的进步和发展起到了重要的推动作用，电能也被利用到社会生活的方方面面。以“电”构成的状中式为例，涉及的领域包括医疗（如“电疗”）、材料加工（如

“电镀”“电焊”）、自然科学（如“电解”“电离”）、通信（如“电报”“电传”“电告”“电汇”）等，可谓包罗万象。高频语素中动词性语素数量最少，这主要是因为汉语语法中，动词与名词搭配往往会形成动宾式结构，因此它出现在定语或状语的可能就会相应减少。形容词做偏语素在此期也很常见，与名词性偏语素不同的是，所有的形容词性语素均可形成定中与状中两种类型的词语，这是受到句法结构的影响。

第二，从偏语素的语义类别来看，有的从古至今一直有着极强的构词能力，如“大、小、长”等，有的则带有浓郁的时代色彩，如“军、西、电、党、新、特”等。举例来说，清末民初受到西方侵略的影响，国门洞开，大量西人、西学涌入中国，可以说一下打开了一扇了解西方世界的大门，这也使得“西”“泰西”“西洋”都非常多见，由其构成的词语也带有时代气息，诸如“西餐、西服、西医、西乐”等。再如“新”，清末民初属于中国社会的转型时期，旧有的封建制度被打破，当时的进步人士为了与过去的旧制相区别，处处提倡“新”，如“新文化”“新文学”“新思潮”“新学”“新纪元”等，这种新旧对比其实就是改朝换代、旧貌换新颜的真实写照。

第三，几乎每个高频语素所构词语中均有源自日本的外来词，如“小型、公营、特务、军籍、地上水”等，这些词与汉语本土词几乎没有任何差别。由于高频语素往往义项较多，且从古至今一直有着较强的生命力，因而日语中亦选取了这部分语素进行造词活动是顺理成章的。同时，某些日语借词进入汉语以后，还会对本土词汇产生影响，例如“X 型”结构在古汉语中很少见到，受日语“-型”的影响，汉语中逐渐出现了“流线型（亦为日源词）”“重型”“微型”“中型”“新型”等一系列词，丰富了本土词汇系统。

（三）偏正式的词类及词性构成

此期偏正式以名词居多，动词次之，形容词数量相对较少，这可能是受到清末民初新事物大量出现的影响，它们的指称形式往往是名词。此外，还有一定数量的副词，如“肯定”“间接”“直接”等，不过它们往往是兼类词，如“肯定”还有动词、形容词义项，而且其中大多数源自日语，本土自创的偏正式副词极为少见。

从语素的词性构成上来看，偏正式的构成比较多样，如“名+名”“形+名”，它们在古汉语中就较为能产，此期仍保留了这一特点，由它们构成的新词占据了大多数。此外，还有一些结构，例如：动+名（飞机）、形+形（高热）、数+形（百忙）、形+动（重读）、名+动（野战）、名+形（晚寒）、副+动（专卖）、副+形（最初）。这些结构构词总数不多，但其中的不少词此期较为常用，这里也不乏日源外来词，如“专卖”“白热”等。

第三节　动宾式复合词

动宾式结构的构词语素间往往有支配与被支配、关涉与被关涉的关系，其中前语素是动词性的，表动作行为，后语素往往是名词、代词性的，表动作行为所支配、关涉的对象。此期这种类型的新词虽不如偏正式、联合式多见，但整体数量也不少，粗略统计有五百余个。下面选择一些典型的动宾式复音词进行分析。

一　词例分析

此期动宾式结构有一个明显的特点，很多词的前语素在上古时期既已产生，在历时发展中，它们的语义不断引申发展，逐渐变成了多义动词，由于每个义项均可参与构词，因而构词能力较强，有着很强的规律性。例如：

“打+X”结构

(1) 堂西有平场，为操枪打靶之区。(傅兰雅《格致汇编·南洋水师学堂考试纪略》)

(2) 在尊处装设打浆机器，有无水碓场所，堪以利用？(天虚我生《工商业尺牍偶存》)

(3) 制图室工师于此制图（即打样）。（张大镛《日本各校纪略》）

(4) 地面土质松湿之处，欲起建房屋或工程之事，以打桩为极要之工。(佚名《打桩汽机》)

(5) 补习的科目是几何画、工作图、簿记等科，女子则补习打字簿记。(徐特立《法国小学状况》)

(6) 义和牢记心头，后来他与几个朋友打公司，每人五角大洋，

在雅叙园吃晚饭。(朱瘦菊《歇浦潮》第二十五回)

(7) 京官领米不能挑剔，只付与米铺打折扣而已。而兵米则不然。(何德刚《春明梦录》卷下)

(8) 谁知他一味的打官话，要公事公办；一面就打迭通禀上台，一面把官船扣住。(吴趼人《二十年目睹之怪现状》第八十回)

(9) 奴才合宋官儿两个便在老爷灵旁一边一个打地铺，也就睡下。(文康《儿女英雄传》第二十回)

"打"为多义动词，现有文献中该字最早出现于东汉王延寿的《梦赋》："捎烟陋，拂诸渠，撞纵目，打三颅。"《说文解字》将其释义为"击也。从手，丁声"，可见"打"本义是"用手击打物体"，它后面往往接具体的事物名词。后来，"打"的义项发生引申，其指称的动作范围变得更广，而且当"打"所接的名词等由指称具体事物变为抽象事物时，其语义会进一步泛化。事实上，"打"自宋代起已成为一个几乎无往而不用的常用动词，并且今天的各种用法已经基本具备。[①] 可以说，近代汉语中的"打"使用频率越发提高，在语义和搭配上都有了空前的发展。从语义角度来看，《大词典》中的"打"足足有40个义项，《现代汉语词典》中"打"也有24个义项，虽然二者在义项归并上有所不同，但基本囊括了以上例句中"打"的全部义项，在这9个新词语中，只有"打桩""打字"采用的是动词本义，其他全部是引申义。例如，"打样"中的"打"是"涂抹、画"的含义，"打靶"中的"打"指的是"放射、放出"，"打"在"打官话"中则是"采取某种方式"的含义。从语素搭配的角度来看，清末民初"打"仍具有很强的能产性，可以后接名词性语素构成众多"打+X"结构的新词语。从以上用例也可以看出，"打"后的名词性语素绝大多数表具体事物，如"靶、桩、公司"等，只有两个三音节词后接的是抽象事物名词，即"折扣、官话"。

此外，从新词语的发展演变来看，这些词语中除了"打公司"，其他的一经出现往往就有较高的使用频率，而且绝大多数沿用到了今天。"打公司"指的是"合股开公司"，在我们的调查范围内，除了民国早期的

① 引自胡明扬《说"打"》，《语言论集》第二辑，中国人民大学出版社1991年版，第154页。

《歇浦潮》以及茅盾《子夜》中出现了 5 次，此外没有其他用例，可见“打公司”是较有时代和个人特色的词语。由于这些词语的产生时间较短，有些还未完全固定下来，因而在发展过程中可能出现其他形式，例如“打折扣”在清末民初时已有用例，但在当时也有双音节形式“打折”，如李修行《如此京华》第十四回：“欢欢喜喜捡起来看时，谁知都是些一元两元的打折军用钞票，满堆了半桌，还不到一百张”。二者在历时发展过程中，可能受到双音化趋势的影响，“打折”的使用频率逐渐上升，成了现代汉语常用词，而“打折扣”往往出现在“大打折扣”等成语中，语义也发生了引申，一般用以比喻减少或降低事物的数量或质量。再如“打官话”，它也出现于清末民初，但与其义同的“打官腔”出现时间则相对较晚，在民国中晚期的文献中都难见用例。现代汉语中，“打官腔”已逐渐取代了“打官话”，有着较高的使用频率。

值得一提的是，“打字”是随着西方新兴科技的传入而产生的新词，世界上第一台商用打字机大约产生于 19 世纪中后期，随着它的引入，打字也逐渐成为了一种需要掌握的先进技术，其功用如伍廷芳在《斐律滨赛会记》中所说：“近来打字机盛行于世，直可代书写之劳”，也正是由于打字技术的推广，促生了几个相关的新词语。例如，傅兰雅在 1876 年编辑的《格致汇编》第一册中提到了“写字机器”，此后还出现了“代笔新机”“打字机器”“活字机”“写字器”“写字机”“打字架”等，[①] 这些实际上就是“打字机”的雏形。另外，从事打字工作的人则先后有了“打字者、用书写机者、活字记者”等多种称呼，直到民国中晚期“打字员”一词才出现，并一直沿用到今天。

“开+X”结构

(10) 狭轨广轨固然不成问题，然而没有筑路便想开车，却是断断乎不行的。(梁启超《梁启超文集·人权与女权》)

(11) 主仆两个另外雇了东洋车，一路跟来。到了栈房，喝过茶，洗过脸，开饭吃过。(李伯元《官场现形记》第七回)

(12) 唐绍仪电袁世凯，请允将国会改在上海开会，蒙藏选举区

---

① 引自“中央研究院”近代史研究所《英华字典》语料库中颜惠庆《英华大辞典》以及赫美玲《官话》。

作为两处，并再请辞职。(郭廷以《中华民国史事日志》)

(13) 近丹国公使令其电报公司购送各式水雷十余具，连应用杂件，开价五千余两。(李鸿章《李文忠公选集》)

(14) 顿时从二十四元六角开盘飞涨到三十七元八角收盘，买的人只管要买，绝少卖出的人。(网蛛生《人海潮》第四十一回)

(15) 炮火能及之处，即先开炮，至鸟枪可及，便兼开枪。(梁廷枏《夷氛闻记》卷二)

(16) 老四道："我最喜欢瞧，每逢开映新片，无有不到。"(网蛛生《人海潮》第十九回)

(17) 在外面如是之用，还不为奇；只怕两个开战时，还要他们摇旗呐喊，遥助声威呢！(吴趼人《二十年目睹之怪现状》第八十四回)

"开"是多义动词，有"开启、展开、展现、舒畅"等多个义项，它从先秦时期便可表"开始"义，如屈原《九章·思美人》："开春发岁兮，白日出之悠悠。"当其核心语义可以归纳为"开始"时，多半形成动宾式合成词，用以表明某项活动的开始。"开+X"结构中的后语素既可以是名词性，也可以是动词性，其中"X"为名词性语素的如"开车、开饭、开会、开枪"等，"X"为动词性语素的有"开映、开战"。

从语义的角度来看，"X"是动词性语素时，它往往是后续活动的代表性动作，比方说例（16）中，"影片"对应的典型动作即为"放映"，因而"开映"便是"放映"这项活动的开始。"X"是名词性语素时情况有些复杂，当后接名词表示具体可感的事物时，如"车、枪、饭"等，"开"会对事物本身的形式或状态产生实际作用或改变，例如"开车"，车由不动的状态开始启动，这就产生了位移的变化；再如"开饭"，"饭"可以泛指饭和菜等食物，"开饭"表示的就是饭菜由无到有摆上桌准备吃的过程。当"开"后接的是较为抽象的名词时，如"盘、价"等，它的动词义不明显，往往指后接名词所代表的某种活动、事项的开始。例如"开盘"，"盘"可指"行情、价格"，这个词来自经济学领域，主要用于股票、证券和黄金交易市场等。中国最早的证券交易始于洋务运动时期，在当时，很多官员开始仿照西方建立股份公司，发行股票等。尤其在清末，买卖的股票涵盖了洋务派所创办的重要企业，例如轮船招商局、川汉铁路等。直至1914年，北洋政府颁布了中国第一部证券交易条例，同年，上海成立了中国最早的华资股票交易所。此后，各地陆续出现了多家交易所，如上海金业交易所、青岛物品证券交易所、天津市企业交易所等，并逐渐形成了旧中国的证券市场。在这样活跃的市场条件下，“开盘”一词也活跃起来，它与“开价、开市”语义相近，所以只要出现了“开始的价格”，便等同于证券、黄金等交易市场开始了当天的交易活动。与之对应的，“开盘、开市”等词也有相反形式“收盘、收市”。

此外，还有一些“开+X”结构的词语，它们在古汉语中早已出现，但其语义和结构与我们所说的动宾式并不相同。例如“开演”，它本源于佛经，如《六祖大师缘起外纪》：“有肉身菩萨，于此树下开演上乘，度无量众。”这里“开演”释为“开解、阐释”，是联合式结构，语义与民国时期产生的动宾式“开演”（指戏剧、电影等开始演出或放映）有着较大差异。这些新词与例句中出现的词语不同，它们并不是利用“开+X”结构类推产生的新词，而主要是在原词形的基础上衍生新义。从以上例子也可以看出，虽然有部分词形在古汉语中已出现，但随着动宾式“开+X”结构使用频率的增加，它的能产性增强，并且在每个阶段都能构成新词，这为“开演”等逐渐转为动宾式词语提供了便利条件。我们知道，语言发展与选择遵循经济性原则，清末民初各行业的术语逐渐增多，这对每个领域新词的命名也提出了更多需求，动宾式“开+X”结构表义明晰，而且符合人们创制新词时的求便心理，因而这类词也不断丰富，直至现代汉语仍有很强的生命力。

“退+X”结构

（18）昨晚靠我卧榻之日本人，忽然托辞饭食不良，退票不去，仓惶下船登岸。（定朴《东游日记》）

（19）退庭的时候，他们勉强做作的笑容，我不禁想到古人一句话“哀莫大于心死”。（冰心《二十一日听审的感受》）

（20）谕内阁、陆军部奏、陆军第一镇兵丁亟待退伍。（《大清宣统政纪》卷之六十）

（21）凡少年子弟未有恒性，于寻常小学退学后从事于职业，往往忘其旧学。（关庚麟《日本学校图论》）

（22）因恐商办各省不愿退股，则拒款尤力，故必先尽其附股，而缓借外债。（《大清宣统政纪》卷之六十）

(23) 张公正待退座，只见刘广捉了两名贼目解上来。(俞万春《荡寇志》第一三六回)

(24) 无已，其令临期定货者及早退货，是亦保全之法。(金作砺《黄金世界》第九回)

(25) 上峰不允购办机器，婉商务退款二万，悉数交王观察收。(李伯元《官场现形记》第九回)

(26) 举式次第：(一) 社员入场；(二) 来宾就席；(三) 南强开会辞；(四) 鹤亭朗读式辞……(七) 撮影；(八) 退场。(傅锡祺《栎社沿革志略》)

(27) 上江来的又都是土货，不比洋货，仍复退出口有退税的例。(吴趼人《二十年目睹之怪现状》第五一回)

"退"作为动词时语义较多，自先秦时期便有"退却、离去、减退、退回"等多个义项，当时"退"以单用居多。东汉时期，汉语词汇由单音节向双音节过渡，由"退"形成的动宾式双音词越发增多，比较常见的如"退田、退仕、退兵、退位、退官、退军、退阵、退耕"。在我们的考察范围内，"退+X"结构从古至今都有着较强的构词能力，在每个阶段都会产生较多新词，清末民初也不例外。

从以上新词所代表的语义类别来看，与经济相关的词语数量较多，如"退货、退款、退税、退股"等，这可能与清末民初正处于政治经济转型时期有关。鸦片战争前，中国虽已出现了资本主义萌芽，但仍以自给自足的自然经济为主。鸦片战争后，随着洋务运动的兴起，清政府为了摆脱困境，挽救危机，采取了一系列的经济改革，例如由传统的"重农抑商"转为工商业并举，大力推动重工业的发展等。在此期间，虽然经济结构一直在发生着改变，但从整体来看，近代机器化生产的基础还是比较薄弱的，而且城市经济的发展更侧重于金融业与投机性商业，这从以上列举的新词中可见一斑。前文已述，清末民初时期，中国的证券市场发展迅速，股票交易也十分活跃，所以每天开盘以后，人们既可以认购股票（即"入股"），也可以退出股票（即"退股"）。再如"退税"，鸦片战争前中西贸易格局基本上是西方商船由西至东到中国，而不是中国商船由东而西到西方，这可能是由中国长期保有的自给自足的经济观和对本土文化的优越感而决定的，在这样的背景下，中国出口贸易的需求并不强烈，尤其受到清政府闭关锁国政策的影响更是如此。鸦片战争以后，中国被迫打开了国门，对外贸易的规模迅速扩大，所以在已纳税款的货物出口时，通过退还已纳税的部分或全部用以奖励出口贸易，这也就是所谓的“退税”政策。此外，清末民初由于受到外敌入侵，战事频发，有关战争、军事的新词开始出现，比如例（20）提到的“退伍”。为了维护政权稳定，进步派人士也从西方引入了相关的法律制度，像例（19）中的“退庭”就是此期产生的新词，这也进一步印证了新词的产生与社会生活的演变发展息息相关。

“退+X”结构在清末民初虽有较强的能产性，所构新词数量众多，但以上新词在当时的使用频率并不高。通过对汉籍全文检索系统中清至民国的1012种文献进行考察，“退座、退税、退票”等词均为孤例，“退庭、退场、退款”也仅出现2次，相对来说，使用频率最高的为“退学”，共计出现27次。由此可见，随着新兴事物的产生虽然会有相应的新词出现，但由于其使用范围狭窄，仅在某个领域较为多用，还达不到社会大众的认可，因而在当时没有广泛传播开来。不过从今天来看，以上“退+X”结构的新词历经几十年的发展，其中绝大多数留存了下来，并且很多成了现代汉语常用词。

除了以上所述，在当时还出现了“退役、退职、退席、退班”等词，不过它们在古代汉语中均已出现，语义与清末民初相差不大，限于篇幅，我们这里不再赘述。

“放+X”结构

（28）法以通电物连其二处，则二处之电得以相合而消矣。寻常用以通电者名放电。（傅兰雅《格致汇编·论电》）

（29）别后即驾马车驰往非客司铸铁厂，因路稍远，至厂门之时，已放工，不能看其做工。（《格致汇编·历览英国铁厂记略》）

（30）合众国国民银行放款总额为三四八一四四六七二二美元。（王怡柯译《货币学》第九章）

（31）一不许工人在场圃上用自来火吸烟与放枪、放花爆等。（傅兰雅《格致汇编》第二册）

（32）年关已经逼近了……每天在报纸上登出大号字的“××公司大放盘”的广告。（郭沫若《水平线下·后悔》）

(33) 只恐他那军师吴用亲来，那厮会放野火，倒要防备。(俞万春《荡寇志》第七二回)

“放”《说文解字》释为“逐也”，其本义为“将罪犯驱逐到遥远的边疆”，后世引申出了“舍弃、免去、放纵、散放、释放”等多个义项。从构词来看，“放”是多义动词，其动作性较强，因而也常见其与名词性语素相结合，构成动宾式词语。总的来说，“放+X”结构自先秦时期便已产生，一直有着较强的能产性，较为典型的词有“放牛、放火、放手、放甲、放仗、放血、放舟、放屁、放毒”等，直到清末民初它仍可构成较多新词语。从以上例句中的新词语类别来看，主要集中在经济、科技与军事领域，这都与当时的社会生活紧密相连。

自清代以来，“放+X”结构产生的三音节动宾式词语的数量较多，而且很多采取的是比喻造词的方式。例如《儒林外史》第六回有这样的语句：“放狗屁！快替我去！来迟了，连你一顿嘴巴！”这里的“放狗屁”很显然是詈词，把狗屁的臭不可闻比喻成说话胡言乱语或不合情理。再如“放冷箭”，也早已有之，如《水浒传》第九十二回：“鼠辈怎敢放冷箭！教你一个个都死！”在该句中，“放冷箭”表达的是本义，指“暗中放箭射人”，但在民国时期，这种行为可被比喻成暗中伤人。例（33）中的“放野火”，其中“野火”即野外焚烧草木所燃之火，这种火势很难控制，所以该词后来可比喻造谣捣乱的行为，类似于“煽风点火”。清末民初该词语还出现过一次，见于《新茶花》第十回：“俺们先生一心和你要好，你不晓得在哪里听了闲话，却来放野火，照你们这样交情，可是该的？”除此以外，民国中后期又陆续产生了“放+X”结构的三音节动宾式，如“放大炮（比喻说大话）”“放白鸽（比喻以女色为诱饵设置骗局，类似于仙人跳）”“放冷风（比喻散布流言蜚语）”“放空炮（比喻说实际做不到的空话、大话）”“放空气（比喻故意散布某种消息或制造某种氛围）”“放空枪（比喻说不能实现的空话）”等，其中有些是在双音节动宾式的基础上产生的，如“放枪—放空枪”“放炮—放大炮、放空炮”等。

“脱+X”结构

(34) 然遇水之后，干时不致硬化，又受虫害时无脱毛之患，且

能耐高温。(白鹏飞译《工业常识》二五)

(35) 先溶解粗制糖于水，加以少量之石灰，加热滤过，通其滤液于骨炭滤器，使之脱色。(白鹏飞译《工业常识》三〇)

(36) 用法夺取其水分者，谓之脱水剂。(汪荣宝《新尔雅·释化》)

(37) 乳之取出脂肪者，谓之脱脂乳，否则谓之全乳。(钟观光《理科通证·动物篇》)

(38) Dislocation，[日译] 脱臼，转位，变位；[参考名] 脱节，脱位；[决定名] 脱位，脱节。(《医学名词汇编》)

(39) 仲蔚道："宁波轮船从来不能脱班的。"(邹弢《海上尘天影》第五十四回)

"脱"本指"肉剥皮去骨"，后来意义扩大，引申出"离开、摆脱、逃遁、脱落、解除"等多个义项。由于其实义性较强，可以后接名词性语素构成动宾式词语，而"脱+X"结构也有很强的构词能力，例如可以构成"脱口、脱巾、脱手、脱甲、脱血、脱衣、脱身、脱肛、脱角、脱枷、脱骨、脱胎、脱冠、脱气、脱脚、脱腕、脱发"等词。从以上词例可以看出，与"脱"结合的语素有很多与身体器官相关，如"手、腕、脚、口、骨、胎、身"等。正因为它在语素搭配上有着这种特性，"脱+X"也经常用于医学领域，例如"脱血"是指因真阴亏损，血海空虚而形成的一种慢性出血疾病；"脱肛"是肛管和直肠自肛门脱出；"脱气"则是中医领域由元气损耗而致的一种慢性病。

"脱+X"结构发展至清末民初，在构词能力上与前代无异，仍能产生较多新词，但在语义类别上有所扩展。例如，"脱色、脱水、脱脂"这些词都与近现代的化学工业技术息息相关。我们知道，西方的自然科学在19世纪已取得了长足的进步，清末民初也是广泛吸纳西学的重要阶段，大量有识之士和进步知识分子在从西方学到先进技术之后，转而投向于兴办科学事业、开展科学研究的实践中，这也使得许多自然科学领域的词语逐渐增多。以"脱色"为例，无论是哪种脱色方式，都必须采取化学试剂而产生某种特定的化学反应，这种过程在化学技术引入之前是很难做到的，可见自然科技的发展也催生了这些化学新词的产生。

以上例句中"脱位"产生相对较晚，它常用于医学领域。事实上，早在古汉语中便有相关概念的表达，如“脱柄”即指骨节脱位离开，明代《蕉帕记·闹钗》有这样的语句：“请你一顿拳头打，教脱柄”。再如“脱臼”，也早在唐宋的医书中有过记载。“脱位”直到民国中期左右才出现，我们通过考察“dislocation”在20世纪初的几本英汉字典可以发现，对其释义基本以“脱臼、脱节”为主，但1913年出版的商务书馆《英华新字典》中将其解释为“移离本位、脱节、脱臼”，由“移离本位”可以看出在“脱+X”结构的影响下，“脱位”一词大致的形成轨迹。

“出+X”结构

(40) 火轮车行动甚捷，人皆知之。……有时车行出轨，或覆入深渊而车坏人没。(丁韪良《中西闻见录》第18号)

(41) 施教育全岛归心，议通商百货出口。(旅生《痴人说梦记》第二十八回)

(42) 这就是我公司里的出品，我打算在车子上面整理整理，把旧车子统统淘汰。(李涵秋《广陵潮》第九十一回)

(43) 因令习武旦各戏，出台时年仅十三。(《图画日报》1910年第三百十二号)

(44) 曰大律师 (Barristers)，则出庭司辩护者。(容闳《西学东渐记》第七章)

(45) 出席及发言之权，任政府之自由或大臣自至或委员代行。(张謇《日本宪法义解》)

(46) 有英之名医，日日审视，而凡入院之人，名皆录于院簿，及愈而出院。(佚名《格物说杂》)

(47) 个中人谓之为出风头，借以炫耀途人，自鸣得意。(《图画日报》1909年第八十号)

“出”从古至今语义均较多，《大词典》中其动词义项足有35个之多，如“产生、出产、发出、发泄、出现、出生、出嫁、出版、超出”等，因而“出+X”结构具有很强的构词能力，既可后接动词性语素形成联合式，如“出动、出发、出生、出现、出入”等，又可接名词性语素形成动宾式，如“出工、出人、出力、出山、出手、出月子”等。清末民初该结构的能产性较强，以上词语除了“出口”这个词形在古汉语中曾出现过，其余均是此期产生的新词语。

从例句可以看出，这些词语多集中于经济、科学、交通、法律领域，可见也是受到当时西学的影响而产生的。具体来说，属于经济领域的如“出口、出品”，其中“出口”在18世纪前后产生了新义，指（船只）驶出港口，该义一直保留到了清末民初。例（41）中的“出口”指的是“本国或本地区的货物运出去”。“出品”本指“制造出产品”，后语义发生引申，生产出的物品也可叫“出品”，例（42）即表此义。属于交通领域的如“出轨”，世界上第一条铁路建成于19世纪初，中国引入火车这种轨道交通工具要到19世纪后半期，在此之前也不会出现“铁轨、轨道”等一系列与之相关的新词，而早期的火车由于技术等方面的原因，容易出现“脱离轨道”的问题，也就是“出轨”（亦为“脱轨”）。该词一直沿用到今天，且在原义基础上衍生出了带有贬义色彩的比喻义，特指“言语行动超出常规”等。再如“出庭、出席”，它们也是受到西方法制制度影响而出现的法律新词，不但保留到今天，而且使用频率很高。

除此之外，此期还出现一个三音节的“出风头”，“风头”本指风的势头，后来引申出“出头露面、显示自己”之义。晚清徐珂《清稗类钞·方言类1》提到“出风头”源于吴方言，并对此进行了阐释：“出风头，出其所长，以炫于人、因而得美满之赞誉，以自鸣得意者，谓之出风头。例如妖姬艳女，明妆丽服，招摇过市，途人瞩目，以及夜入剧场，翩然下降，光艳照人，一座皆惊，皆出风头之谓也。”我们对清末民初文献进行了考察，发现它的使用频率较高，试举两例。

（48）学红艺妓的样，图出风头，归根一无所得。（不肖生《留东外史续集》第三十章）

（49）装束整齐，过得瘾足，带着个娘姨出去坐马车，兜圈了，出风头。（彭养鸥《黑籍冤魂》第十八回）

可见，“出风头”的出现语境要么是指妓女招揽客人，要么是纨绔子弟坐马车在街头招摇过市，基本与《清稗类钞》所提到的相吻合，在感情色彩上更倾向于贬义。不过，“风头”在此期可单独表义，如《九尾龟》第二十七回：“那林黛玉虽然相貌平常，却是个天生尤物，丰韵天然，那一步颦一笑的风头，一举一动的身段，真是姑苏第一，上海无双。”因而“出风头”在结合上并不紧密，此期还出现了“出出风头”“出一回风头”“大出风头”等形式。

“收+X”结构

(50) 问明各人交易数目，登载入册，两旁牌子上写着六厘公债岁月期收盘若干。(网蛛生《人海潮》第四十一回)

(51) 沈德符顾曲杂言、沈君绥度曲须知，多论出字收音之秘，于派别尚少分晰。(谢章铤《赌棋山庄词话》卷九)

(52) 还不如讲点有趣的事做收梢，算是“馀兴”。(鲁迅《而已集·略谈香港》)

(53) 兹据万青藜等奏称、奉天银号，均已收业。(《清实录·穆宗毅皇帝实录》)

(54) 快点呢，店家要收市哩。(云间天赘生《商界现形记》第十五回)

(55) 这东西又不是人人可当，家家收当的。(吴趼人《二十年目睹之怪现状》第八十回)

(56) 寻奏、吴廷斌被倢亏空弊混。诬陷收贿各节。查无其事。(《清实录·德宗景皇帝实录》)

(57) 最妙住到医院中去，每日早晚两次看治，或者可以早些时收工。(朱瘦菊《歇浦潮》第七回)

“收”在古汉语中便为多义动词，对《大词典》中义项进行统计，发现动词义项包括“拘捕、收纳、收回、收获、收购、约束”等10余个，在各个义项上均可形成动宾式结构。古汉语中“收+X”结构形成了如“收本、收兵、收礼、收灯、收心”等词，很多保留到了今天，可见该结构具有很强的构词能力。

以上例句中所出现的词例，很多与经济生活有关，例如“收盘”是指金融、股票、证券等交易所及各行业公会每天最后开出的价格，“收业”则代表停业，与“收市”语义相同。“收工”即停止工作，等同于下班。“收当”即接受典当。另外，有一些“收+X”式词语早已出现，但在清末民初衍生了新义，例如“收兵”除了用于军事领域，还可特指结束争斗，语义范围有所扩大。再如“收场”，原指下场、结局，后可特指某些文艺作品的结尾。

除了以上这些能产性较强的动宾式结构以外，此期还出现了一些动宾式词语，限于篇幅，我们简列一些典型性词例（来自日语的在其后标注来源）。

产卵、产煤、罢工、罢课、拜金、保皇[①]、接生、接吻（日）、搭客、导电、倒车、缔约、断交、分红、割地、窒息、灌肠、化脓（日）、健身、出口（日）、旷课、立宪（日）、临床（日）、落幕、抛盘、辟谣、签约、缺勤、入伍、失恋（日）、受粉、探险（日）、烫发、通话、投稿、熄火、下海、镶牙、冶金、休战、招租、动员（日）

二　此期动宾式复合词的特点

关于此期动宾式复合词的特点，我们从以下几个方面来进行讨论。

首先，从动宾式词语的数量来看，有学者对现代汉语中的动宾式进行了统计，如苑春法、黄昌宁指出，动宾式动词有 7134 个，名词有 290 个，形容词有 165 个，总计达到 7589 个，是仅次于偏正式（22265 个）与联合式（8667 个）的第三大构词法[②]。再如周荐对《现代汉语词典》收录双音复合词进行了统计，发现偏正式数量最多，约占 50. 72%，联合式约占 25. 7%，而支配式的数量排名第三，约占 15. 6%[③]。可见，虽然各家由于统计资料的不同可能会导致数据和比例有所不同，但动宾式在汉语构词法中的重要地位却是可以显现出来的，其构词数量也仅次于偏正式和联合式。据我们的统计，清末民初的动宾式新词为数不少，仅《近现代辞源》《100 年汉语新词新语大辞典》中就包括 500 余例新词语，像我们上文分析的词例绝大多数都保留到了今天。其构词数量与现代汉语相一致，位于偏正式、联合式之后，是此期的第三大构词法。不过，虽然动宾式在构词法中的地位没有变化，但其增长速度却与古汉语有所不同。我们曾对汉语

---

① “保皇”义为力图维护封建君主政体，反对资产阶级革命，清末由此衍生了一系列新词，如“保皇派”“保皇党”“保皇会”等。

② 数据引自苑春法、黄昌宁：《基于语素数据库的汉语语素及构词研究》，《语言文字应用》1998 年第 3 期。

③ 引自周荐《汉语词汇结构论》，上海辞书出版社 2005 年版，第 158 页。文中所说的“支配式”范围较广，还包括 a+x、n+x 以及逆序的情况，虽然我们认为动宾式只应包括 v+x，但由于这部分所占比例高达支配式的 97. 6%，不影响我们的研究结果，因而其数据仍具有参考价值。

构词法的历时变化做过粗略的统计，发现直至反映清中期词汇的《红楼梦》中，动宾式的数量都没有明显增长，还不足词汇总量的10%[①]，而到了现代汉语中，其比例则有了突飞猛进的增长，可见清末民初是动宾式高速发展的重要阶段。

其次，从动宾式词语反映的内容来看，它们绝大多数体现的是某种动作行为，《现代汉语分类词典》中将表动作行为的词语分为"生物活动""社会活动"以及"运动与变化"三类，在每一大类中又分为若干小类，如表"社会活动"类别下就包括"管理""经贸""生产""交通""文教""战争""司法""信仰""社交""帮助""争斗"，共计11类。通过对动宾式的语义类别进行穷尽性的统计，发现其反映的内容主要集中在表生物活动的"生活工作"类和表社会活动的"文教"类中，我们对数量较多的类别分别举例说明。

表生活工作：复员、探险、退役、退伍、失恋、打工、登山、倒车、审美、掉色、定货、择优、渎职、照相、招生、折纸、旷工、理发、留影、赛马、售货、烫发、罢工、撤职；

表文教：临床、导电、倒嗓、定名、定影、对光、放电、防腐、放学、分青、感光、隔音、在学、造血、住院、击剑、兼课、健身、观光、揭幕、结晶、就医、绝食、排版、跳栏；

表管理：动员、任命、组阁、立宪、签到、缺勤、集权、肃反；

表经贸：放款、分红、转账、购物、合股、集资、亏本、免税、偷税；

表生产：锻铁、翻砂、造林、施工、制版、植树、铸铁、冶金、产煤；

表战争、争斗：督战、断交、放枪、征兵、缴械、开火、开炮、抗日、停战、宣战、打炮；

表生理活动：堕胎、发热、发炎、发音、换牙、接吻；

表司法：合法、减刑、举证、立法、判刑、退庭。

由以上词例可以看出，此期动宾式新词虽只有几百个，但散布于社会生活的诸多领域，如生产生活、医疗卫生、文体娱乐、科学、法律、军

---

① 张烨：《早期汉译佛经词汇系统的结构及生成》，中国社会科学出版社2016年版，第271页。

事、交通、政治等，可见此期社会的飞速发展对词汇也造成了深刻影响，有这样的表达需求势必会产生相应的新词，这也是清末民初动宾式快速增长的重要原因。

最后，从词性角度来看，主要涉及所构词语的词性以及构词语素的词性构成这两个方面。此期的动宾式词语以动词为主，名词次之（如“超人”“作文”），形容词数量相对较少（如“无形”“合法”），这一点与现代汉语基本一致。但是，此期我们并未发现动宾式副词，而现代汉语中有类似于“照常”“有时”等，这一点二者有所区别。从词性构成的角度来看，主要包括以下几种类型：动+名→动（救国）、动+名→名（钻床）、动+名→形（合法）、动+动→动（增援）、动+动→名（竞走）、动+形→动（保健）等。受到动宾式结构的影响，主要的词性构成类型为“动+名→动”。虽然在该结构中，位于动词后的语素即使是动词性也不影响动宾式的构成，但两个动词性语素往往更倾向于联合式，这也使得“动+动→动”结构在此期较为少见。

另外，古汉语中曾有动宾式结构后带宾语的情况，后来逐渐少见，到了现代汉语中该类型有复现的倾向，使用频率越来越高。我们对此期的动宾式新词语进行了考察，发现能带宾语的动宾式词语数量虽不如现代汉语多，但已有动宾带宾的趋势，后带的宾语多是表处所或表数量、时间的词。例如“加盟”，《清稗类钞选录》：“高溪之天祐洪率新兵数千，欲加盟我军。”此外，还有“进口、出口、开战、列席、入伍、任命、服务、捐资、转账、借款、拨款、征兵”等。另外，还有少数在现代汉语中能接宾语的词此期并未发现该种用法，如“落选”，现代汉语可说“落选奥运会”，清末民初该词没有一例后接宾语。再如“护航”，有时可看到“护航沿江大开发”的说法，此期也没有出现它后带宾语的用例。可见，从语法搭配的角度来看，清末民初动宾式还未达到现代汉语那般灵活、多样。

第四节　主谓式复合词

主谓式复合词也像其他复合词一样，最初是由主谓短语演变而来。主谓式复合词应具有以下特点：第一，至少由两个语素（或语素组）构成，主语语素在前，谓语语素在后，由此形成的复合词不限于双音节；第二，主语语素一般是体词性，而谓语语素一般是动词或形容词性。值得注意的是，主谓短语的谓语可能是名词，如“今天星期三”，但主谓式复合词的后语素则不能由名词性成分充当。总的来说，主谓式复合词从古到今数量均较少，我们曾对东汉时期的支谶译经做过考察，即使在这种偏口语化的语料中，主谓式的数量也仅占构词总数的0.5%。① 现代汉语中，它的比例也没有发生太大变化，据苑春法、黄昌宁的统计，主谓式占现代汉语复合词总量（40948个）的1%，仅有410个左右。② 周荐经过考察也得出类似结论，主谓式复合词仅占总数的1.17%。③ 据我们调查，清末民初的主谓式复音词数量较少，而且绝大多数是“自~”结构，下面就一些比较典型的词例进行分析。

一 词例分析

“自+X”结构

（1）城中贸易颇省，然出入货物非本地自产自消，多属左近邻国运贩暂留，以便转售于他方也。（傅兰雅辑《格致汇编》第三册）

（2）笔纸墨类皆自费，书籍工具材料皆公费。（项文瑞《游日本学校笔记》）

（3）被害人已死亡者，得由其亲属自诉。（徐福基《刑事诉讼法纲要》第二编）

（4）虽亦以大臣崇奉异教，然文定并不以理学自囿，犹可说也，然《四库提要》已深恶痛绝，斥责不遗余力。（刘体信《苌楚斋随笔》卷五）

（5）地球之转动有二，一是自转，一是圜日，自转成昼夜，圜日成四季。（合信《博物新编》二集）

（6）日与杨士琦诸人，进行帝制，卒致自食其果。（刘禺生《世载堂杂忆》）

---

① 引自张烨《早期汉译佛经词汇系统的结构及生成》，中国社会科学出版社2016年版，第271页。

② 数据引自苑春法、黄昌宁《基于语素数据库的汉语语素及构词研究》，《语言文字应用》1998年第3期。

③ 引自周荐《汉语词汇结构论》，上海辞书出版社2004年版，第121页。

(7) 你那一条性命先葬在活坟里面了，岂非自讨苦吃？还惹得我见笑哩。(无垢道人《八仙得道》第三十八回)

(8) 踌躇了好半天，只得仰承宪意，自圆其说道："职道的话原是一时愚昧之谈，作不得准的。"(李伯元《官场现形记》第五十五回)

"自+X"结构从古至今一直有着很强的构词能力，而且在不同的历史阶段它都能产生较多新词，现代汉语中的"自 X"有很多是古汉语的遗留，另外此类词语在意义方面也有其自身的特殊性，因而有必要单独进行考察。从语素构成的角度来看，以上例句的 8 个新词语中"自"均为代词性语素作主语成分[①]，谓语成分全部为动词性语素。在语义方面，有的词例中的"自"为施事或当事，受事成分未出现在词中，但可在谓语成分后添加出来，如"自产、自费、自诉、自愿"等。还有的词，如"自转、自囿"等，其中的"自"既是施事也是受事，像"自囿"实际就是自己束缚自己。有的学者认为这种"自+X"结构属于古代汉语中宾语前置的遗留，所以属于特殊的动宾式[②]，也有学者认为它类似于前缀，表示动作由自己发出并及于自身[③]。事实上，这种结构表面看是"自 X"，从深层来说是"自 X 自"，但其本质仍是主谓结构，只是受到汉语双音化趋势等因素的影响，长期以来便形成了这类特殊的"自 X"结构。

以上所举有的是在清末民初产生的新词语，也就是说这个词形在古汉语中从未出现过，例如"自囿、自食其果、自圆其说"，还有的则是在古汉语中已出现过，但语义与此期相差较大，如"自诉、自费"，因而也视为新词。举例来说，"自诉"在汉代已出现，如《后汉书·独行传》："妾不得白日自诉，每夜陈冤，客辄眠不见应，不胜感恚，故杀之。"这里的

① 对于"自+X"结构中"自"的词性学界存有一定争议，例如杨伯峻在《古汉语虚词》中提道："'自'作代词，就是今天说'自己''自家'。古代用'自'字，常放在动词前，形似副词。"再如吕叔湘在《语法研究入门》中提到："古代的'自'是副词，现代的'自'可是代词"，从这些学者的论述中可以看出，虽然有把"自"看作副词的倾向，但其表义应为"亲自地、自动地"，这与我们今天所谈及的表示"自己"的"自"有较大差距，因而这里仍统一视为代词。

② 董秀芳：《词汇化：汉语双音词的衍生和发展》，商务印书馆 2011 年版，第 173 页。

③ 吕叔湘：《现代汉语八百词》，商务印书馆 1980 年版，第 693 页。

“自诉”即“自己诉说”。我们知道，清末民初从日本引入了大量与法律相关的术语，“自诉”在此期也成了法律领域的新名词，它特指“由法律规定的自诉案件的被害人或监护人，为追究被告人刑事责任，直接向法院提起的刑事诉讼”，由此也衍生出了一个新词“自诉人”。再如“自费”，《大词典》并未收录此词，但这个词形在中古时期已经出现，如《大唐创业起居注》：“吾当共之贡市，不用尔物，毋为追役，自费家财。”由此可以看出，此句中的“自费”等同于“白费”，即“徒然耗费”。从后世用例来看，一直到清代早期仍沿用此义。直到清末民初，该词衍生出新义，表示“自己负担费用”，并且还产生了与之相对的“公费（由公家或集体供给的费用）”。现代汉语中“自费”采用的是后一个义项，而且非常多用，而前一个义项已被“白费”所取代。

清末民初由“自+X”结构产生的成语为数不少，有部分是在古汉语双音词的基础上衍生出来的。例如，“自讨”在先秦时期义为“自请处分、自我责罚”，“自食”在汉代即可表示“靠己力养活自己”，二者在清末民初均后接其他成分形成新兴成语“自讨苦吃、自食其果”等。此外，此期“自+X”结构虽没有大量产生古汉语中未出现过的新词，但它也体现了独特的构词规律：

第一，在原有“自+X”结构的基础上，可以通过其他构词法而形成新概念、新术语。例如，“自由”一词是来自日语的回归词，自清末传回中国以后，出现了许多以“自由”为修饰语素构成的偏正式新词语，如“自由车（自行车）、自由港、自由诗、自由职业、自由体操、自由竞争”等。

第二，民国中后期出现了由两个“自+X”结构形成的联合式成语，如“自吹自捧”“自吹自擂”“自给自足”等，由此也可以看出“自+X”的构词规律在不同历史时期虽有差异，但总体来说一直保持着旺盛的生命力。

除了“自+X”结构以外，此期还有一类主谓式复合词语颇具特点，它们基本都产生并使用于医学领域，例如“脑充血、脑贫血、腹水、动脉硬化、肺气肿、胃溃疡”等。我们知道，明末清初的来华传教士不仅宣扬教义，同时还带来了西方的自然科学和医药学，由于当时传入的还是较为粗浅的知识，并没有大规模应用于临床，因而中医的统治地位是没法撼动的。随着西方化学、物理学、生物学等的不断发展，在此基础上，西医自19世纪开始也展现了全新的面貌。例如，牛痘接种、西医外科、解剖学等内容陆续传入，这给当时中国的医学领域带来了很大的影响。尤其鸦片战争以后，教会医院由沿海地区陆续进入整个内地，这进一步促进了西医的传播和发展，而且从清末开始，外来药品再也没有被简单视为“番药”，西医也逐渐形成了与中医相互对立、互相渗透的局面。西医领域的新认识、新成就大量涌入，人们对于疾病及其症状也有了新的认识，这直接催生了医疗术语的大量产生。

我们以上文提到的主谓式新词为例，其中有好几例以“脑”为主语语素，如“脑充血、脑贫血”。事实上，“脑”早在上古时期已经出现，当时人们对其认识比较简单，如《说文解字》将其释为“头髓也”，这个观点也一直延续了几千年。直到晚清时期西方解剖学传入并发展起来，人们才更多地从临床诊断的角度来认识“脑”及其相关病症。例如“脑充血”，在1919年汤尔和译《诊断学》中出现过：“此诸症亦由神经细胞过敏、血行障碍（脑贫血、脑充血、脑动脉硬化症老人）、血液病（尿毒症）、脑压亢进等而发生者。”我国对这种病症早已了解，传统中医称其为“逆上”，例如《赤水玄珠》第六卷：“痰因火盛逆上者，治火为先，白术、黄芩、石膏之类。”由二者对比可以清楚地看出，西医更侧重从现代医学的角度来阐释，相对更加科学，而这也是一些传统中医术语逐渐被新的医学术语所取代的原因之一。此外，还有的术语是通过简缩造词而产生的，例如“腹水”，它在元明时期虽未出现，但通过考察当时的医书可以发现大量“大腹/小腹水胀、水肿”的说法，它们的频繁结合使得“腹”“水”有了相互结合并且发生词汇化的可能，在汉语双音化趋势的影响下，该结构发生简缩，最终把这种腹腔内有液体积聚的症状称为“腹水”。

除了以上所提到的具有相同特点的词群以外，此期还有一些典型词例，我们结合例句进行分析。

【眼红】

(9) 苏维国见金砺亲自出来，正是冤家相见，分外眼红。(陈墨峰《海外扶余》第十回)

(10) 芮大姑娘良心尚好，不似妓院中妓女，见钱眼红，总想替他想个法子救济救济。(李涵秋《广陵潮》第九十六回)

“眼红”这个词形古已有之，例如明代医书《普济方》所说“伤寒”，即会出现“眼红脸赤类惊风”等病症；再如形容人“眼红”，实则在说“流泪”，如《三遂平妖传》第十一回：“弄得这些愚夫愚妇眼红鼻塞，不住的拭泪。”此时“眼红”即为本义，形容眼睛发红的状态。清末民初该词形衍生了新义，可指“见别人条件好或有好的东西非常羡慕而忌妒”，这可能是由于当人情绪激动时，眼睛往往会充血，因而用“眼红”形象地描绘出了人羡慕、嫉妒的状态。该义在此期较为多用，且一直保留到了今天，成了现代汉语常用词。

【案发】

(11) 案发前所造公正证书足证明其人不在所犯之地。(黄遵宪《日本国志》卷二十九)

(12) 只因当案发之后，我因关怀书件，愈觉没法可施，特地求霍君相助。(程小青《倭刀记》第十三章)

“案发”这一词形在古汉语中已出现，如《后汉书·党锢传·贾彪》：“城南有盗劫害人者，北有妇人杀子者，彪出案发，而掾吏欲引南。”李贤注：“就发处案验也。”可见，该词义为“到案件发生处查验”。清末民初，该词衍生了新义，指“案情暴露”。不过，据我们考察，此期文献中该词结合并不紧密，例如文献中出现了“大案发作”“旧案发觉”“案发了出来”“一案发露”等用法，从表面上看，“案发”更类似跨层结构凝固而成，可见它尚未完全固定下来。另外，我们还发现了“案发”的另一用法，由于“案”可指榜、告示，因而该词常与科举考试相搭配，例如清小说《鸳鸯针》第一回：“值科考案发有名，就备了整齐戏筵。”这里指的是考试发榜。该义项在清末民初亦很常见，《大词典》未收录该义。

二 此期主谓式复合词的特点

主谓式构词法从古到今一直保持着比较平稳的发展态势，它的构词数量相对较少，在清末民初属于很不能产的构词方式。在我们的统计范围内，大多数主谓式新词语属于“自+X”结构，语素“自”后可添加动词、形容词性语素构成双音节词或者四字格。该结构具有较强的能产性，且此期产生的新词语绝大多数保留到了今天，如“自愿、自诉、自责”等，可见具有很强的生命力。

从来源角度来看，此期有部分主谓式新词来自日语，日本人或者借用古汉语中原有的词形，或者利用汉语固有语素和构词法构成新词，由于其形式与汉语很相近，因而很难辨别它们的外来身份。例如“自律”，它早在先秦时期既已出现，指“遵循法度、自加约束”，晚清时期，该词形被日本人借去对译英语“autonomy”，其语义已发生改变，指的是德国哲学家康德所提出的伦理学用语，即“不受外界约束、不为感情所支配、根据自己的‘良心’，为追求道德本身的目的而制定的伦理原则”。在该义项上，它与主谓式新词“他律”构成一对反义词。另外，医学术语中也有一些日源外来词，如“胃溃疡”。“溃疡”一词早已出现，如《周礼·天官·疡医》：“掌肿疡、溃疡、金疡、折疡之祝药。”贾公彦疏：“溃疡，痈而含脓血，已溃破者。”后来，日语在汉语原有词的基础上，根据西方医学中的病症创制了“胃溃疡”一词，其语义就是语素的简单加和，极易理解，现在该词使用频率很高，人们已无法看出它源于日语。这些主谓式的日语借词在传入中国以后，很快传播开来。

从词性角度来看，此期主谓式以动词居多，形容词次之，名词数量相对较少，这一点与现代汉语基本一致。从语素的词性构成来看，由于主谓式结构中，第二个语素多为动词、形容词性，因而较为常见的结构有“代+动→动（自诉）”“名+动→动（海啸）”“代+动→形（自愿）”“名+形→动（眼红）”等。此期我们并未发现以名词为谓语的新词。

第五节　动补式复合词

顾名思义，动补式复合词是由一个动词性语素和一个动词或形容词性语素组合而成，后语素做前语素的补语性成分，它往往从前面动词所导致的结果、状态、趋向等角度进行补充说明，例如“抓紧、步入、降低”等。学界对于动补式复合词的出现时间存有争议，周迟明认为，“合用式是由词法上的关系发展而成的，大概起源于殷代……分用式是由句法上的关系发展而成的，大概起源于先秦。”[①] 梁银峰将动补结构分为语义指受型、语义指施型和语义指动型三类，并认为“语义指动型动补结构产生得最早，先秦时期就已出现萌芽”[②]。王力先生则认为，“使成式产生于汉代，逐渐扩展于南北朝，普遍应用于唐代”[③]，祝敏彻[④]、宋绍年也持类似观点[⑤]，认为该结构在汉代才出现。此外，还有“六朝说”“唐代说”等。据我们对东汉时期佛经语料的考察，至少在此期已经出现了动补式复合词，只是数量较少[⑥]，而且相较其他复合词类型来说，它从古至今的能产性都较弱，产生的新词语并不算多。

清末民初的动补式复合词仅有数十例，不过有的补语语素则多次出现，具有一定的规律性，这里先把这些新兴词语列出：

爆破、揭破、推进、引动、爆裂、改进、策动、剥离、流失、鼓足、削弱、探明、证实、表明、加深、扩散、压缩、扩张、抵消、打消、改良、改善、增强、坏死、降低、扩大、放大、瞄准、取消、溶解、熔解、熔融、烫伤、提高、析出、产出、娩出、校准、落成、实现、收紧、加紧。

此期动补式新词主要具有以下特点。

第一，有的补语成分经常参与构词，如“破”（爆破、揭破）、“明”（探明、表明）、“动”（引动、策动）、“消”（抵消、打消、取消）、“进”（推进、改进）、“准”（瞄准、校准）、“出”（析出、娩出），它们绝大多数都广泛传播，并且直到今天仍有很强的生命力，且很多补语成分在现代汉语仍有较高的使用频率，但部分词语已被新的动补式复合词所取代，如“引动”现在一般为“引起、触动”等，“揭破”也被“揭露”所替代。

第二，我们知道，动补式复合词最初也是由短语词汇化后形成的，根

---

① 周迟明：《汉语的使成性复合动词》，文史哲杂志编辑委员会《汉语论丛》（第 4 辑），中华书局 1958 年版，第 195 页。

② 梁银峰：《汉语动补结构的产生与演变》，学林出版社 2006 年版，第 331 页。

③ 王力：《中国语法理论》，商务印书馆 1954 年版，第 164 页。

④ 祝敏彻：《使成式的起源和发展》，《兰州大学学报》1963 年第 2 期。

⑤ 宋绍年：《汉语结果补语式的起源再探讨》，《古汉语研究》1994 年第 2 期。

⑥ 张烨：《早期汉译佛经词汇系统的结构及生成》，中国社会科学出版社 2016 年版，第 156 页。

据其补语性质可区分为多种类型。从现代的角度来看，大致可以分为七类，如结果补语、程度补语、趋向补语、数量补语、可能补语等。其中有的结构基本不会出现在动补式词语中，如可能补语通常需在结构中添加“不”或“得”，程度补语往往也需要以“得”为标记，而一个简短的词语形式往往较难容纳它们。从清末民初动补式新词可以看出，主要以结果补语为主，其构词数量也最多，如“爆〈破〉、爆〈裂〉、探〈明〉、提〈高〉、扩〈大〉、改〈良〉、降〈低〉”等。此外还有趋向补语，如“析〈出〉、娩〈出〉”等。事实上，补语成分并不限于动词和形容词，例如数量补语、处所补语是数量结构或介词结构，如“打〈两次〉”“翻〈两番〉”“倒〈在地上〉”，这些结构有的会随着使用频率的增高而凝固下来演变成词，如“翻番”“倒地”等，其中补语成分分别省略了数量结构中的数词以及介词结构的介词。但是，从我们统计的结果来看，清末民初可能出现了这样的用法，不过很多时候只是一种临时组合，使用频率较低，也没有作为一个整体经常性出现，因而还不能视作动补式复合词。

第三，从新词的语义类别来看，主要集中在几个领域，例如军事、生产方面的用语，如“爆破、爆裂、瞄准、策动、压缩、扩张”等；再如化学、医学方面的用语如“溶解、熔解、熔融、烫伤、坏死”等。前文已述，为了适应社会的变迁以及新事物的增长，势必要创制新词语来表达新概念，清末民初这些领域发展相对较快，相应地，这几个领域的动补式新词的数量也相对较多。

有关这一时期动补式复合词的特点和发展，北京师范学院中文系汉语教研组编著的《五四以来汉语书面语言的变迁和发展》一书中有过这样的归纳：动副结构[①]的词在戊戌——辛亥时期也产生了一些……都是我们或日本人在翻译中创造出来的。它们一开始被创造出来就是相当固定的词，两个词素间很少能插进“得”或“不”。这些词的产生对于原有的结构的凝定起了一定的促进作用，因此，在五四以后它也成为一个能产的类型，构成了很多的词。[②] 从论述中不难看出，书中对这种结构的判断标准是从结构是否紧密，能否插入新的成分来考察，这与我们上文所述是一致

① 这里所说的“动副结构”即我们所说的动补结构，从作者所列举的词例来看，补语成分全部为动词或形容词性语素，与我们文中所讨论的范围一致。

② 引自北京师范学院中文系汉语教研组《五四以来汉语书面语言的变迁和发展》，商务印书馆 1959 年版，第 107 页。

的。若从其发展来看，有学者认为，动补式在现代汉语中构词数为963个，在总构词量中的百分比已经超过了主谓式，占总数的2.35%，而“主谓式”仅占1%。[①] 所以，动补式在晚清以降基本保持着不断增长的趋势，但相较其他构词法，如联合式、偏正式等，它还远未达到能产的地步。

第六节 附加式复合词

一 此期附加式复合词概述

这种类型的复合词往往是由具有实义的词根语素与一个附加语素组合而成，其中附加语素既可以出现在前，也可以出现在后。附加语素有可能成为词类的标志，具有附加意义。这种类型古已有之，也有一定的构词能力，清末民初受到西方以及日本的影响，产生了一些新兴词缀，或者有些构词成分有了词缀化的倾向，这是此期的新特点，我们重点探讨由此构成的新词语及其成因。

谈及词缀，第一个全面引进跟词缀有关的概念，包括词根、前缀、后缀、加缀等，并对后人产生影响的学者是瞿秋白，他在1931年发表的《普通中国话的字眼研究》一文中，提出了以加缀法为中心的构词法体系，例如“子”“儿”（桌子、瓶儿），“的”（红的、绿的），“了”（去了，来了）等[②]。后代学者们陆续展开探讨，但是直到今天其判断标准等也未能统一，这就导致不同人得出的结论往往有较大差异，例如北京大学中国语言文学系汉语教研室编著的《现代汉语》中认为，“老、第、初、阿”属于前缀，“然、子、儿、头、度、率、家、手、性、者、员、式、化”属于后缀，还有一些不能确定它们的性质，如“无、不、反、非、超”等[③]。任学良《汉语造词法》中认为，现代汉语前缀有“老、阿、

① 引自苑春法、黄昌宁《基于语素数据库的汉语语素及构词研究》，《语言文字应用》1998年第3期。

② 潘文国、叶步青、韩洋：《汉语的构词法研究》，华东师范大学出版社2004年版，第65页。

③ 北京大学中国语言文学系汉语教研室：《现代汉语》，高等教育出版社1958年版，第115—116页。

巴、反、被、所、而、非、小、可、第、初、见、不”，后缀数量较多，如“子、儿、头、员、家、者、郎、众、士、师、生、手、汉、夫、丁、属、鬼、棍、迷、犯、派、巴、化、于、乎、以、么、然、性、处、且、品、其、而、尔、的、地、得、了、着。”[①] 黄廖版《现代汉语》中提到，前缀有“老、第、阿、小”，“子、儿、头、性、者、化”则属于后缀[②]。很多学者也提到了“准词缀”“类词缀”等概念，例如，张静主编《新编现代汉语》中提到，词缀有“典型词缀”和“稍有实义但正在虚化的词缀”[③]；任学良也提到汉语中有一些已经虚化但程度还不够高的构词成分，这些可以看作“准词头”和“准词尾”，前者如“准、二、以”，后者如“论、度、式”等[④]。此外，郭良夫在《现代汉语的前缀和后缀》一文中也提到了“类词缀”，认为“一个类前缀或一个类后缀，使用的次数多了，使用的范围广了，就会成为名副其实的前缀或后缀”[⑤]。汤志祥则把汉语词缀分为纯词缀、准词缀和类词缀三种，认为纯词缀很少，只有前缀“老、小、阿”和后缀“子、儿、头”，而准词缀的原有词义并未完全虚化，而只是弱化，因而呈“半虚半实”状态，例如“可、非、反、准”等准前缀和“分子、主义、者、员、性、化、师”等准后缀。此外，还有一种类词缀，其构词能力与前两者相同，但意义完全没有虚化，类前缀主要有“超、多、高、性、软、核、半、全、大、单、双”等，类后缀主要有“风、热、难、人、车、卡、站、票、券、水、税、鞋、肉、舞、歌、班、灯、箱、酒、饭、货、楼”等[⑥]。

以上论述主要基于现代汉语的角度，清末民初时期的词缀既有古汉语的遗留，也有一些新兴词缀，此外还有部分发生了“词缀化”的现象，成为准词缀或类词缀。据我们初步统计与认定，清末民初的前缀主要有“第、老、阿”，准词缀包括“非、反、泛”等；后缀主要有“子、儿、头”，准词缀则包括“者、师、手、员、性、化、主义、分子”。绝大多

① 任学良：《汉语造词法》，中国社会科学出版社 1981 年版，第 30—102 页。

② 黄伯荣、廖序东：《现代汉语》，高等教育出版社 1991 年版，第 267 页。

③ 张静：《新编现代汉语》，上海教育出版社 1980 年版，第 217 页。

④ 任学良：《汉语造词法》，中国社会科学出版社 1981 年版，第 30—102 页。

⑤ 郭良夫：《现代汉语的前缀和后缀》，《中国语文》1983 年第 4 期。

⑥ 汤志祥：《当代汉语词语的共时状况及其嬗变》，复旦大学出版社 2001 年版，第 149—162 页。

数准后缀的产生是受到翻译的影响，如“泛”源自英语前缀 pan-，而“主义”源自英语后缀“-ism”等。

以下根据词缀及类词缀和准词缀（我们均笼统地称为词缀）在句中位置的不同，主要分为两种类型讨论。

二　具体类型及典型词例分析

1. 前缀+词根

总的来说，清末民初的前缀基本都是古汉语遗留的，例如“第、老、阿”等，构成新词数量并不多，我们选取具有代表性的词例进行分析。

“第+X”结构

由此构成的新词大多是受到西学以及外来思潮的影响，主要集中在法律和政治领域，如“第一国际、第二国际、第三国际、第一审、第二审”等。

具体来说，1864 年英法德意四国工人代表在伦敦开会成立了“国际工人联合会”（International Workingmen's Association），马克思代表德国参加并组织工作，“科学社会主义”理论也逐渐成了组织的指导思想。由于会名过长，人们便取它的第一个单词“international”（国际），加之它首次出现，便称其为“第一国际”。此后，在 1889 年和 1919 年又分别成立了“社会主义国际”和“共产国际”，也就是所谓的“第二国际”和“第三国际”，它们都是马克思学说的一部分，先后承继，其相关术语也被中国的进步知识分子于 20 世纪初引入中国。例如，中国宣传马克思主义的第一人——李大钊，在其《马克思的经济学说》中首次使用了“第一国际”等相关词语。再如，法律领域的术语“第一审、第二审”也在此期产生，如《清实录·宣统政纪》卷三十二：“有兼为被告人利益或不利益而行之者，要皆以提起于判决确定后为限，且可以提起非常上告者，惟第一审或第二审判决之案。”今天二者仍在使用，由于出现频率较高，往往简称为“一审”“二审”。

清末民初还出现了一例较有代表性的新词“第三者”，该词形在古汉语中曾出现过，如《文献通考》卷三百二十七：“扶桑名国王为乙祁，贵人第一者为对卢，第二者为小对卢，第三者为纳咄沙。”该句中的“第三者”用于对举，表示第三个人，可见至少在宋末元初时期“第三者”只是一种临时性的组合，并未成为新词。清末民初该结构逐渐词汇化，并衍生出了两个义项，其一指的是“当事双方以外的人或团体”，例如章炳麟《国学讲演录·小学略说》：“实则自称曰我，称第三者曰他，区别已明，何必为此骈枝？”其二指的是“插足于他人家庭，跟夫妇中的一方有不正当的男女关系的人”，如民国时期《海外缤纷录》第二十一回：“你能这样想就好，此后我们的交情，才不致因第三者而决裂了。”这两个义项均保留到现代汉语中，其中以义项二更为常用，人们在使用时经常带有贬义的色彩。

此外，清末民初“第+X”结构还产生了“第三党”[①]“第一线”等新词语。

“老+X”结构

“老”在中古时期便可作为前缀参与构词，其构词能力很强，从古至今产生了大量“老+X”结构的词语，如“老虎、老师、老鼠、老百姓、老大、老婆”等。朱德熙认为，现代汉语中前缀“老”有几种用法，一是附加在单音节姓前边表示对熟悉的人的称呼，二是放在数词“二”至“十”前表示排行，三是出现在少数表示动物的名词里[②]。相较而言，清末民初前缀“老”的用法和现代汉语相差不多，但也有古汉语的留存，在承继古汉语的用法过程中，其使用范围变得狭窄，很多仅在方言中出现。

【老雕】

(1) 他要闹起俏皮来，只怕你是二姑娘玩老雕，你更架不住。(俞樾《七侠五义》第一百十二回)

此例中的“老雕”即鹰属的泛称，它是通过词缀“老”添加动物名词而构成的新词。古汉语中“雕”是一种大型猛禽，先秦时期便已出现。中古时期“老”逐渐虚化为词缀，受到汉语双音化趋势的影响，许多单用的动物名便通过添加词缀的方式构成了双音词，如“老虎、老鼠、老鸹”等。与之类似，“雕”也在“老+X”结构的影响下形成了新词“老雕”，只是其出现时间较晚，直至清末才出现。而且，其使用频率较低，

① 李盛平：《中国现代史词典》，中国国际广播出版社 1987 年版，第 719 页。

② 朱德熙：《语法讲义》，商务印书馆 1982 年版，第 29—30 页。

据我们考察，清末民初出现不足 10 例，仅局限在《七侠五义》《七剑十三侠》《泣血亭》三部小说中。通过 CCL 语料库进行检索，民国中晚期“老雕”的使用频率也不高，例如老舍 1934 年所著的《柳屯的》：“焉知我们以为难堪的，不是他的享受呢？猪八戒玩老雕，各好一路——我们村里很有些圣明的俗语儿。”

【老几】

(2) 海马说：“对面老几，你休要自寻死路，海寨主我有好生之德，不和你一般见识，快叫少年英雄前来和我动手！”（贪梦道人《彭公案》第一百八十一回）

此例中的“老几”是通过词缀“老”后加表疑问的数词“几”而构成，该词本身可单纯指“排行第几”，例如“你在家里排行老几”，不过结合语境来看，“老几”在例（2）中带有一种轻蔑的含义，犹言“什么东西，什么货色”。清末民初该词用例相对较少，民国中后期逐渐增多，绝大多数用于反问，例如曹禺《雷雨》：“鲁大海（忍不住，立起，大声）你死就死了，你算老几！”再如老舍作于 1933 年的《抱孙》一文中也有这样的语句：“孙子算老几，女儿是女儿。上医院吧，别等念完催生咒了。”从现代汉语的使用情况来看，“老几”一直保留到今天，但多用于贬义。

【老总】

(3) 不要说候补道、府跟他不上，就是甚么洋务局，营务处，支应局几位老总，算得第一分的红人，也赶不上他。（李伯元《官场现形记》第十回）

(4) 李公便勒住马，着人问道：“老总们是哪一军的将官？从哪里来的？”（惜红居士《李公案》第 21 回）

上例中“老总”在清末民初衍生出了两个义项。晚清政府在当时设置了一些新的官署和办事机构，这些部门的主管人员被称为“督办”或“总办”，其副职是“会办”，再次一级为“帮办”。北洋军阀统治时期的某些特殊机构亦设此官。例如，清末的保甲局、厘捐局，民国初期的招商局、硝矿局等皆有总办、会办。这种构词方式一直留存到了今天，在现代汉语中也有较强的能产性，例如“老记、老编、老班”即为“记者、编辑、班主任”，它们均是由“老”加上指人名词的缩略语素而形成，而且简称往往是词语信息的焦点。例（4）中的“老总”是旧时民间对士兵、警察的称呼，该义项一直到民国中后期仍在使用，例如萧红《生死场》十三：“昨夜来过几个‘老总’，搜查没有什么就走了！”现代汉语中，“老总”又被赋予了新义，可以是对解放军高级领导人的尊称，如“陈老总、贺老总”等，也可以尊称有总工程师、总经理、总编辑等头衔的人。

【老西儿】

（5）他可又闹急了，找着一个专门重利盘剥的老西儿，要和他借钱。（吴趼人《二十年目睹之怪现状》第九六回）

此例中的“老西儿”与上例“老总”类似，都是由词缀“老”加名词的缩略语素构成的新名词。“老西儿”指山西人，究其原因，明清乃至民国时代山西生意人的足迹遍及天下，清代的票号皆山西人所经营，再加之有人还兼营高利贷，山西人便因为做买卖而留下了这样不太雅致的称呼①，该词在使用时往往也带有一种贬义。由于其流传较广，一些有名的山西人也常用它来称呼，一般是在该词前加姓氏。例如宋朝名相寇准，他在相声中被戏称为“寇老西儿”，民国时期山西军阀阎锡山，也常被称作“阎老西儿”。老舍《四世同堂》中也出现了该词：“敢情山西馆子做菜也不坏呢！樊老西儿约我，我这是头一回吃山西菜！”“老西儿”一词一直留存到现代汉语中，例如山西电视台曾有一档方言节目，主持人陈老西儿就用太原话主持节目，可见它在今天并非全用于贬义，有时也可用于自称。

此外，“老”在古汉语中还可与普通事物名词连用，例如李白《哭宣城善酿纪叟》：“纪叟黄泉里，还应酿老春”，这里“老春”即为酒名，再如“老拳”为“拳头”等。清末民初“老”与事物名词相连的用例极少，在民国晚期仅出现一例“老海”，如“别的不用什么，只是你们山西的老海很难买”，该例中的“老海”即为“海洛因”。

---

① 诸丞亮：《现代汉语新词新语新义词典》，中国工人出版社 1990 年版，第 544 页。

“阿+X”结构

前缀“阿”在汉代产生，在经历了魏晋南北朝以后，它有了较大发展，例如可以用在人名或姓的前面，用在排行次第前面，或者用在称谓之前等。其构词能力很强，应用广泛。但是，宋代以降，北方方言中的“阿”缀逐渐减少，有学者曾对此进行过探讨，认为“阿”的减少可能与“老”的兴起有着密切关系，由于二者用法较为类似，都可附着在某些名语素、数语素、形语素之前，因而二者有着制约关系。[①] 清代以后，在《红楼梦》《儿女英雄传》《醒世姻缘传》等北方方言作品中“阿”缀较为罕见，直至清末民初该词缀在用法上都没有太多发展，构词数量也不多。

例如，民国早期李伯通的《西太后艳史演义》第十五回：“春时阿兄桂祥，阿侄荣福，都已提拔到一二品的要秩。”该例中的“阿兄”“阿侄”均用称谓，其中前者产生较早，魏晋时期便已出现，后者则是清末民初才出现，这可能与“侄”用来指称“兄弟的儿子”这一意义产生得较晚有关。再如，清末民初的一些文学作品中的人物也常用“阿+X”结构命名，最出名的莫过于鲁迅笔下的“阿Q”。鲁迅小说中还有“蓝皮阿五”“红眼睛阿义”等人物。由于鲁迅是浙江绍兴人，他的作品带有吴方言的特色，因而在他的作品中常出现“阿”附加在人名、姓名之前的用法。

中古以后，人名中偶见“阿猫、阿狗”的称呼，如《三刻拍案惊奇》中的“韩阿狗”以及《醋葫芦》中的“张阿猫”等。清末民初“阿猫”“阿狗”开始连用，并逐渐衍生出新义。例如吴趼人《二十年目睹之怪现状》第三十回：“那裁缝只得换写一张，胡乱改了个甚么阿猫、阿狗的名字，他才快活了，还拿这个话去回了总办请功呢。”从该例可以看出，这里的“阿猫、阿狗”并非实指，多泛指微不足道的小人物，再加之汉语中猫、狗经常连用，这对于二者连用起到了一定的推动作用。民国初期网蛛生《人海潮》中就有这样的用例：“难听煞格，叫阿狗阿猫，你相信么?”这里的“阿狗阿猫”带有一种诙谐意味，也暗含平凡之义。在鲁迅作品中二者已经凝固，喻指平庸之辈，而且出现频率较高，如鲁迅《二心集·我们要批评家》：“然而新的批评家不开口，类似批评家之流便趁势

① 刘新中：《几个常见词缀在汉语方言中的分布》，《学术研究》2003年第11期。

一笔抹杀：‘阿狗阿猫。’”

除了上述“第、老、阿”等古汉语遗留的词缀以外，清末民初也有一些新词缀或准词缀出现，而部分语素也开始有了明显的词缀化倾向，其中较为典型的有“非”“反”“泛”等。它们都是受到外来语影响而逐渐形成的，它们所表示的语义与原语素相关，而在此之前，它们从未有准词缀的用法。以上几个准词缀都是通过意译的方式产生，它们分别对应英语中的构词语素，具体对应情况如下：

反—anti-　　非—im-/un-/dis-/non-　　泛—pan-

它们由实词变为类词缀，语义发生虚化。具体来说，像“unconventionality”是派生词缀“un-”与词根语素“conventionality”结合而成，在翻译的过程中，“conventionality”可译作“常规”，“un-”在汉语中并没有对应的词缀，依据其含义人们选用了与之意思相当的语素“非”。也就是说，在语素“非”没有参与构词之前，汉语可能要用一个短语甚至一个句子才能表达相应的含义，比较烦琐冗长。“非”在古汉语中有动词义项，表示“无、没有”，用于对译外语中的派生词缀时，虽然意义发生了一定程度的虚化，但表否定的核心意义并未改变。人们对含有“im-/un-/dis-/non-”词缀的外语词在翻译过程中一般都用“非”来对译，这就造成了它的大量使用，并且具有了一定的类推性。在构词中，类词缀往往作为背景信息与表示焦点信息的词根相结合，通过类推方式不断构成新词。[①] 其他类词缀如“反、泛”等的产生与使用大致也是如此。

清末民初由这些类词缀构成的新词数量并不算多，其中“泛”出现频率较低，其余准词缀构词数量相对较多。例如，由“非”构成的新词有“非法、非金属、非卖品、非农业”等；由“反”构成的有“反作用、反革命、反证、反诉”；由“泛”构成的有“泛神论”，它有时还与其他新兴类词缀等共现于同一词语中，如与“主义”连用构成“泛劳动主义、泛美主义、泛斯拉夫主义”等。

2. 词根+后缀

“子、儿、头”均是古汉语中比较成熟的后缀，它们一直留存到清末民初，但总的来说，由其构成的新词数量并不多。因为新词基本都是名词，它们很多都是指称由西学引入而带来的新事物、新概念的。

---

① 尹海良：《现代汉语类词缀研究》，博士学位论文，山东大学，2007 年。

"X+子"结构

"子"在中古时期已经成为后缀，并且能产性较强，使用范围广泛，前可加名词、动词、形容词性语素构成名词。清末民初"X+子"结构词语数量较多，但其中的"子"并非全为词缀，有的还带有实义，我们先把这部分暂列出来。

电子、调子、分子、鸽子、黑子、集子、角子、精子、骗子、量子、卵子、统子[①]、呢子、拍子、配子、痞子（痞子运动）、片子、票子、钳子、枪子、亲子、圣子、案子、錾子、原子、质子、胞子、被子（被子植物）、裸子（裸子植物）、股子、矬子、腕子、绫子、刮舌子[②]、话匣子、烂摊子、老妈子、兔崽子、书呆子、私生子、烟扦子、溺盆子、枪杆子、洋鬼子、夜游子。

王力先生《汉语史稿》曾指出六种"子"不应视作词尾的情况：一是表示儿子女儿的"子"；二是指作尊称用的"子"；三是指禽兽虫类的初生者；四是指鸟卵；五是指从事某种行业的人；六是指圆形的小东西。[③] 我们结合这个标准对以上"X+子"结构进行分析。

首先，这部分词语中，有的"子"实义性非常强，如"亲子"，该词形早在古汉语中出现过，如《淮南子·缪称训》："弗爱弗利，亲子叛父。"这里的"亲子"为偏正式结构，指的是"亲生子女"。清末民初该词衍生出新义，如汪荣宝《新尔雅·释群》："明亲为亲子为子之关系者，谓之亲子关系。"此例中"亲子"指的是"人或动物的上一代与下一代"，很显然"子"含有"子女"之义，完全没有虚化痕迹，因而"亲子"并非"词根+后缀"结构。与之类似的是"圣子（即耶稣）"，如伟烈亚力编《六合丛谈》十三："圣子为圣父所造，非无始，非永生。"此例中的"子"为"儿子"义，也并非词缀。再如"枪子"，《现代汉语词典》中"子"条目下有一条"小而坚硬的块状物或粒状物"义，此时"子"也是实义名词，指子弹，因而该词也不属于附加式词。王力先生提出的"指从事某种行业的人"的"子"一般也不视为词缀，涉及的如"骗子、

---

① "统子"是做衣服用的毛皮料子的俗称，如吴趼人《二十年目睹之怪现状》第四八回："只有那沈月卿只穿了一件元色绉纱皮袄，没有出锋，看不出什么统子。"

② "刮舌子"是刮去舌面污垢的用具，1879年杨少坪《增广英字指南》（卷五）中将"tongue scraper"释作"刮舌"，也有人将其译作"刮舌儿"。

③ 王力：《汉语史稿》，中华书局2002年版，第223页。

老妈子、书呆子、痞子、洋鬼子、夜游子[①]”等。

其次，这些词语有些是专业领域的术语，它们相对生僻。例如科技术语“电子、原子、分（fēn）子、量子、质子”等，它们都来自物理学领域，也是伴随着西学传入而创制的新词。为了弄清其中“子”的性质，我们先简单了解它们的定义（取自《现代汉语词典》）。

原子：组成单质和化合物分子的基本单位，是物质在化学变化中的最小微粒……

电子：构成原子的粒子之一，质量极小，带负电，在原子中围绕原子核旋转。

分子：物质中能够独立存在并保持本物质一切化学性质的最小微粒，由原子组成。

从以上释义可以看出，这些事物的语义之间有着一定的联系，即它们都是某种“粒子”。粒子中的“子”语义已经发生虚化，因而粒子本身是“词根+词缀”的结构[②]，但这些新名词不同于粒子，例如“电子”是由“带负电”+“粒子”组成，可见它们均是偏正式结构，其中的“子”有实义性，即指“粒子”。

再如植物领域的名词“裸子（裸子植物）、胞子、被子（被子植物）”，其中“裸子植物”和“被子植物”相对，它指的是种子外面没有果皮裹着，胚珠和种子都是裸露的植物类型。很显然，不管是“裸子”还是“被子”，其中的“子”都有较强的实义性，指的是“植物的种子、果实”。“胞子”即“孢子”，它是某些低等动物和植物产生的一种有繁殖作用或休眠作用的细胞，这里的“子”可指细胞，其实和“种子”义比较相似，因而也具有实义性，所以以上几词均不是“词根+后缀”的组合。此外，生物学术语“精子”“卵子”“配子（生物体进行有性生殖时所产生的性细胞）”中的“子”也并非词缀。“精子”（sperm）在20世纪前后的几本英汉词典中被释为：1. animal seed 动物之精液（1908年颜惠庆《英华大辞典》）；2. sperm, animal seed, especially that of the male（1899年邝其照《华英字典集成》）。从释义可见，“精子”被视为动物

① “夜游子”是喜欢深夜活动的人，如《儿女英雄传》第二二回：“那是我们家有名儿的夜游子，话拉拉儿。”该义在当时还有“夜游神”的说法。

② 参见王光全《构词域与后缀“子”的语义问题》，《世界汉语教学》2009年第3期。其中构成表物名词的第9项“构成珠粒状物名称”，中间即有“粒子”。

的“种子”，具有传承下一代的作用，因而也有一定的实义性，不应视作词缀。

除了以上“子”表实义的几种类型之外，此期“子”作后缀构成的新词数量不少。在这些词语中，“子”有的已经完全虚化，无法说出具体意义，即使去掉语义也不发生变化，如“鸽子、票子、案子、绫子、呢子、腕子、调子”等。还有一些词语，“子”在其中有较大程度的虚化，但还带有一定的实义性，如“钳子、錾子、扦子、拍子”等表非生命体的词。这里“钳子”不等于“钳”，“錾子”不等于“錾”，但通过添加“子”可以使原本单音节的动词转变为在意义上有关联的名词。除了双音节词，此期“X+子”结构的三音节词语也有很多，如“刮舌子、话匣子、烂摊子、溺盆子、枪杆子”，它们中的绝大多数都保留到了今天。

“X+儿”结构

我们再看词缀“儿”，它由表示小孩儿的本义衍生出“儿子、子女”等相关义项，后来其语义逐渐虚化，在结构中的位置固定，最终演化为词缀。根据王力先生的观点，“儿”作为后缀出现于唐代，此时的“儿”是独立成音节的。到了宋代，“儿”缀的应用范围进一步扩大，它不仅被用于人名、动物名后，还可以用于食物、器具、地名等之后。此外，也有量词加“儿”的形式出现。明清时期，“儿”缀的构词能力进一步增强，可以用于动词重叠之后，此时的“儿”已由独立音节演变为不能独立成音节的儿化音。

与“子”的情况相类似，我们需要注意区分实词“儿”和词缀“儿”。例如，清末民初出现了“低能儿、模特儿、天老儿、产儿、个儿、货儿、贾儿、百禄儿、怀抱儿、拉拉儿”等，这里“个儿”“货儿”“贾儿”“拉拉儿”等中的“儿”是词缀，像“货儿”，从构词功能的角度来看，词缀显著的功能是帮助构词，也是汉语由单音节向双音节发展的重要手段之一，词缀“儿”主要用来标记名词，当其附于非名词之后也可以使原词词性改变，转化为名词。因而，通过添加儿缀，“货”由货物变成了“卖货的人”。再如“拉拉儿”，“拉拉”在近古时期出现，义为“连续不断貌”，此义一直到今天仍在使用，例如口语中会有“雨明天还要拉拉一天”的说法。该词通过添加儿缀，词性发生改变，清末民初出现了“话拉拉儿”，指的就是说话没完没了的人，如《儿女英雄传》第二二回：“那是我们家有名儿的夜游子，话拉拉儿。”

除此以外，其余的“儿”均为实词性语素。像“低能儿”中的“儿”即指“小儿、幼儿”，“产儿”[①]指的是“刚出生的婴儿”，“百禄儿”义为“出生满百日的婴儿”，“怀抱儿”即为“婴儿”。再如“天老儿”，它指的是患白化病的人，例如陈森《品花宝鉴》第三十九回：“我娶亲五年，今日才看清。那晓得你嫂子是个天老儿，一头白发。”该词属于偏正式结构，即由“天生”+“老儿”组成，其中“老儿”在中古时期便已出现，其义项之一指的是“老人”，这里的“儿”带有实义，即表“人”。可见，以上数词中“儿”还没有从实词虚化为词缀。值得一提的是，在汉语词汇发展史上，后缀“子”和“儿”演化为后缀的轨迹基本相同，所以二者有时与同一词根组合，表义相同，像“个儿”也可以说“个子”，上文提到的“刮舌子”在当时也可以称作“刮舌儿”。

“X+头”结构

后缀“头”本义指人的头部，从这个义项出发，引申出“事物顶端”“物品的残余部分”“边、畔”等含义。“头”最早作为方位名词的后缀存在，到了中古时期已能和普通名词结合构成附加式词语，如“指头、舌头、馒头”等。近古时期，“头”的构词能力增强，可与动词结合，如“问头”。有关“头”做词缀的标准，学者们也有不同看法，例如张斌《新编现代汉语》认为：“头”有真词缀（骨头、想头、甜头）、类词缀（对头、姘头、滑头）、词根表“顶端”义（烟头、针头、箭头）、词根表“首领”义（寡头、巨头、工头）。[②]清末民初的“X头”结构中，“头”也有词缀和词根语素之分，下面分别举例说明。

在我们所归纳的词例中，“头”做词根语素的频率较高，也就是说在结构中有着较强的实义性，例如“弹头、多头、空头、柱头、寡头、镜头、巨头、天头、龙头、钻头、襟头”。这里“头”有的表示“顶端”，如“柱头（雌蕊的顶部，是接受花粉的地方）”“弹头”“镜头”“襟头（衣襟的头，即衣襟口）”等；也有的“头”表示“首领”，如“寡头”“巨头”“捕头”。相对特殊的有“多头、空头、天头”，前两者语义相对，例如《中华百科辞典》“交易所”条：“其有货而待价涨者，为多头

① “产儿”在中古时期曾出现过，但基本都是动宾式结构，表示“产出婴儿”，清末民初“产儿”为名词，且多用于比喻，如1923年《新青年季刊》第一期：“《新青年》杂志是中国革命的产儿。”

② 张斌：《新编现代汉语》，复旦大学出版社2002年版，第178页。

经纪人（bull）；欲买进而望价跌者，为空头经纪人（bear）。”它们都是金融术语，“多头”“空头”中的“头”指的是“头寸”，它在《现代汉语词典》中被释为“旧时指银行、钱庄等所拥有的款项，收多付少叫头寸多……”由于头寸的多少均发生在交易所初开盘之时，因而这里“头”与“前端、初始端”义紧密相连，可见还具有较强实义性。

再看“天头”，1910年《图画日报》第一百四十四号：“只怕粗心碌乱披，天头地脚有高低。”它指的是书页上端的空白处，与“地脚”相对，一般用于写书眉或眉批等，由于所处的位置在版心之上，又好像人的头顶，因而称作“天头”，可见此例中的“头”与其本义有着紧密的联系。再有“龙头”一词，它在古汉语中已出现过该词形，就指“龙之头”，实义性很强，后代由此义引申出“如龙形事物的顶端”，可用于指称“山巅”或者“幡竿之顶端”等。近古时期，榨床上的酒液出口由于形状如龙吐水，因而也被命名为“龙头”，这与我们今天所说的自来水管的放水活门语义相近，可见二者一脉相承，所以虽然现代意义上的“龙头”产生时间较晚，但其语义还带有一定实义性。

清末民初“头”做词缀产生的新词数量不多，我们简述几例。例如“罐头”，产生时间大约在19世纪初，由于当时世界贸易发达，许多长期生活在海上的船员因吃不到新鲜的蔬菜水果而患上了败血症，于是法国政府用12000法郎的巨额奖金征求一种长期贮存食品的方法。其中经营蜜饯食品的法国人阿佩尔夫妇经过不断实践，将食品装入宽口玻璃瓶，用木塞塞住，放在蒸锅里加热，并用蜡封口，这便是早期的罐头。它传入中国的时间大约在20世纪前后，如1897年张士瀛《地球韵言》卷四：“罐头鱼利，与金矿埒。翻致富书，养蜂有诀。”再如“钟头、咽头、准头、匹头”等词，这里的“头”也为后缀。例如“准头”，它指的是旧时相术用语，即“鼻头”，如《英烈传》第十回：“所喜者：准头黄明，贯于天庭，直待神采焕发，如风扫阴翳，便是受命之日。”再如“匹头”，指的是“布匹”，如王韬《兴利》：“西人贸易于中土者，不过以匹头为大宗。”这里的“头”没有实义性，作为后缀参与构词。

再如“找头、听头、吃头、喝头”等，它们均是“动词+头”的结构，“头”缀附在动词性词根以后，构成新词，并且可以将动词词性转变为名词，其表义可概括为“做某动作的价值意义”。例如民国初年小说《留东外史》第五十六章提到了“吃头”：“日本料理有什么吃头，没得糟踢钱。”这里即为“吃的价值、意义”。

除了上述古汉语遗留的后缀以外，此期还有部分语素在翻译的过程中受到西语的影响，也开始表现出明显的词缀化倾向。它们大都先是在日语中用来对译印欧语的词缀，然后作为“回归词”而重回汉语。[①] 由于这些语素是在翻译的时候特意加在外来词之后的成分，它们在一开始就有了标明类别的意义，随着使用频率增加，在构词中表示类别的作用不断发展，其语义也变得没那么具体，发生了一定程度的虚化，因而较易形成词缀。例如“-er”，它是英语中的表人名词后缀，带有该词缀的外源词引入汉语中时，会选择相应的语素进行对译。汉语中的“者”在古汉语中可形成“者”字结构，其用法之一就是指代人，如“知音者、老者、读者”等，它在语义和用法上与词缀“-er”相符，因而可用于翻译相关的外源词，如“reader”在汉语中即为“读者”，“writer”译作“作者”，“leader”译作“领导者”，“fouder”译作“缔造者”，“者”在翻译上具有便利性和概括性，人们也没有必要为每个带“-er”后缀的词语重新命名，因而符合语言经济性原则。随着使用频率逐渐增加，“者”的用法和位置愈加固定，其语义包含一定的类属性，这也使得它具有了成为后缀的条件。当然，后缀“- er”也可以对应汉语中的“家”（如“thinker”——思想家）、“师”（如“engineer”——工程师）等。除了受到翻译影响而产生的准后缀，汉语原有的一些语素也逐渐向词缀发展，所以此期后缀和准后缀的数量相对较多，较为典型的有“手、师、者、员、家、主义、性、化、分子”等。例如：

“X+师”结构

工程师、技师、讲师、律师、牧师、矿师、镖师、厨师、鼓师、会计师。

“师”缀往往对应英语中的“-er”“-ist”。这部分新词绝大多数都留存在现代汉语中，且很多用。比较特殊的有“矿师”和“鼓师”，前者指的是勘察和采矿的工程技术人员，如马建忠《富民说》：“历请矿师为之

① 北京师范学院中文系汉语教研组：《五四以来汉语书面语言的变迁和发展》，商务印书馆1959年版，第107—112页。

勘验，则金脉纷披，绵亘起伏于诸山之脊。”从后世用例来看，“矿师”一词使用频率极低，有时需与其他语素组合才可使用，例如“探矿师”；“鼓师”这个职业虽然现在仍存在着，但一般不称其为“鼓师”，而是用“鼓手”。

“X+家”结构

专家、商家、革命家、观察家、哲学家、资本家、演奏家、专门家、光学家、化学家、教育家、科学家、活动家、史学家、文学家、数学家、艺术家、政治家、思想家、天文学家、统计学家、物理学家、心理学家、政治学家、植物学家、语言学家、动物学家。

“家”在古汉语中可指掌握某种专门知识或从事某种专门活动的人，如“诗家”即“诗人”，“选家”指的是选集科场墨卷八股文章的人。该结构虽然也有一定的构词量，但总的来说并不是非常能产。清末民初受到英语的影响，它在指人时往往利用构词后缀，如“家”可对应“-er”“-or”“-ist”，这也使得它的构词能力得到了提升。从以上词例可以看出，涉及自然与社会科学领域的新词众多，这与清末民初西学引进有着密切的联系。

“X+者”结构

译者、患者、记者、编者、读者、第三者、劳动者、无产者、胜利者、爱国者、独裁者、先行者、乐观主义者、悲观主义者、拜金主义者。

在这些词语中，值得一提的是“编者”。1870年杨广坪《增广英字指南》将“editor”译作“主稿、报章主笔”，后来又有了“编辑员、编辑人、编辑者”等不同的同义形式。“编辑”古已有之，指对资料或现成的作品进行整理、加工，编成书刊，它是动词，后为了与名词“编辑”（做编辑工作的人）相区别，所以通过在“编辑”后添加准词缀的方式来区分。其中“编辑者”明末清初已出现，其简缩形式“编者”出现较晚，但使用频率较高。“编辑员”也在清末民初出现，它的用例较少，仅有12例，由此也可以看出这些准词缀在发展上并不平衡，“员”的发展要比

"者"晚一些。

"X+手"结构

打手、号手、生手、枪手、新手、舵手、歌手、里手、猎手、扒手、扦手、选手、助手、能手、射击手、吹鼓手、神枪手。

"手"用于词尾可指"从事某种行业、活动或作出某种行动的人"，它从古至今一直有着较强的构词能力，如"水手、射手、弓箭手"等。以上清末民初新词语中较有特色的为"扦手"。"扦"本义为"插"，后引申为"金属、竹子等制成的针状物"，如"竹扦子""铁扦"等。清末民初随着对外贸易的逐渐扩大，在各大通商口岸出现了一种新的职业，即"扦手"。他们在各大关卡（主要是海关）对进出货物进行检查，由于经常手持铁扦子，因而把这类人称为"扦手"，如吴趼人《二十年目睹之怪现状》第十回："原来外面扦手查着了一船私货，争着来报。"该词在当时还有"扦子、扦子手"等同义形式，甚至在同一文献中可以变换使用，如郑观应《盛世危言·税则》中前文提道"扦手皆以西人承充"，后文又有"关道皇皇而问之税司，税司茫茫而委之扦子"的语句，可见它作为新兴职业，其名称在当时并未完全固定下来。从使用频率来看，"扦手"最为多用，"扦子手"其次，"扦子"由于还有其他义项（即等同于"签子"），其表人用法较为少见。当然，现在随着这种职业的逐渐消亡，该词也不再使用。

"X+员"结构

教员、学员、团员、职员、演员、科员、阁员、库员、课员、警员、行员、馆员、股员、店员、兵员、队员、雇员、海员、船员、会员、艺员、校员、探员、译员、随员、税员、社员、区员、议员、伤员、党员、招待员、服务员、营业员、视学员、教职员、事务员、承审员、指挥员、编辑员、售票员、打字员、运动员、侦探员、国务员①

① 国务员：民国初年置国务院，国务总理及各部总长均称为国务员。

在我们的统计范围内，“员”做词缀构成的新词普遍产生较晚，很多都在民国前后才出现。与“者、师”等不同的是，前两者在古汉语中早有表人的用法，例如“师”可指专精某种技艺的人，像“乐师、场师、调马师”等，而“员”的表人用法相对较晚。《说文》释其为“物数也”，后其引申为量词，犹个，可指称人的数量，如“县官十员”等。在此基础上，“员”用于表人员的用法逐渐衍生出来，但时间相对较晚，大概要到近古时期。在搜集的语例中，可以见到这样的用法，如刘锦藻撰《皇朝续文献通考》卷一百十五：“视学员一员，掌教育事宜。劝业员一员，掌农工商及交通事宜。典狱员一员，掌监狱事宜。主计员一员，掌收税事宜。”该例中“员”既可做词缀，也有做量词的用法，而它的这种特性是“者、师”等语素所不具备的。有学者提出，全国解放以后，平等的思想在全国范围内真正地得到了贯彻和落实，表现在人物称谓上，就是抹掉等级的差异，尽可能地都称“员”，所以，就出现了很多这样的词，仅《倒序现代汉语词典》就收了“办事员、乘务员、店员、话务员、投递员”等五十余个。[①]

“X+主义”结构

清末民初“主义”作后缀而产生的新词数量较多，“主义”这个词形在古汉语中已出现过，但不同于今天所说的准词缀。例如《逸周书·谥法解》：“主义行德曰元”，此时“主义”即“以义为主”，它是动宾结构。后来它还产生了“对事情的主张主旨、以解释词义为主”等含义。清末民初“主义”这个词形传入了日本以后，日本人用其对译英语中的“-ism”后缀，并将其赋予新义，指一定的思想、政治、社会制度体系等。传回中国以后，它在20世纪前后非常盛行，胡适在《多研究些问题，少谈些“主义”》一文中就谈到了对它产生原因的理解：“凡‘主义’都是应时势而起的。某种社会到了某时代，受了某种的影响，呈现某种不满意的现状，于是有一些有心人观察这种现象，想出某种救济的法子，这是‘主义’的源起。‘主义’初起时，大都是一种救时的具体主张，后来这种主张传播出去，传播的人要图简便，便用一两个字来代表这种具体的主张，所以叫他做‘某某主义’。”[②] 在19世纪的中国，由于

① 刁晏斌：《现代汉语史》，福建人民出版社2006年版，第118页。

② 原载《每周评论》第31号（1919年7月20日），后收入《胡适文存》卷二。

“主义”并未盛行，人们在对译过程中往往采用与本土相近的概念。以“美食主义”为例，它是英语“epicurism”的意译形式，但在20世纪之前的英汉词典中，如1866年罗存德《华英字典》，1884年井上哲次郎《订增英华字典》中均将其译作“食色之道”，可见“主义”在当时并未盛行，人们多半用“道、理”等词来翻译。自从吸纳了日语中的“主义”后，汉语也开始用它构成新词语，像“epicurism”，1908年颜惠庆《英华大辞典》中则直接将其译作“美食主义、口腹主义”，由此也能大致看出“主义”一词的出现及使用时间。刁晏斌先生认为此期“主义”词缀化趋向相当明显和突出，可以说是它使用的“黄金时期”。①

这一点，从当时众多文学或政治作品的题目中或许也能窥见端倪，我们对当时的文献进行了粗略统计，发现以“X主义”入题的例子比比皆是，例如李大钊的《我的马克思主义观》《再论问题与主义》《平民主义》《社会主义下的经济组织》《日本帝国主义最近进攻中国的方策》《联治主义与世界组织》，瞿秋白的《现代文明的问题与社会主义》《中国国民革命与戴季陶主义》《中国的苏维埃政权与社会主义》《自民权主义至社会主义》，朱执信的《心理的国家主义》《国家主义之发生及其变态》《侵害主权与人道主义》，孙中山的《三民主义·民族主义》《三民主义·民权主义》《三民主义·民生主义》，胡适的《多研究些问题，少谈些主义》，梁启超的《乐利主义泰斗边沁之学说》②，刘半农的《作揖主义》，鲁迅的《坟·寡妇主义》，夏丏尊的《中国的实用主义》，陶行知的《生活工具主义之教育》，钱然的《合作主义纲要》，黄炎培的《学校教育采用主义之商榷》等。

由于“主义”一词在当时颇为盛行，导致其用法比较混乱，其前不仅可以加名词、动词、形容词，甚至可以加词组或者小短句，每个类型我们分别列举典型词例③。

名词+主义

国家主义、个人主义、资本主义、社会主义、民族主义、精神主

① 刁晏斌:《现代汉语史》，福建人民出版社2006年版，第124页。

② “乐利主义”即功利主义。

③ 下文中涉及的“X主义”主要源自我们建立的语料库以及当时各类字词典，如《新名词辞典》《新术语词典》，另外还有对“读秀学术搜索”中此期文献的统计。

义、教育主义、道德主义、阶级主义、自然主义、三民主义、形式主义、直觉主义、帝国主义、世界主义、国民主义、大国主义、民生主义、工团主义、人道主义、实证主义、武力主义、军备主义、政治主义、伦理主义、个位主义、作业主义、家族主义、劳力主义、联邦主义、菜食主义、个性主义、报酬主义、庶民主义、证据主义、名分主义、国粹主义、民权主义、平民主义、寡妇主义、机会主义、军国主义、商国主义、经济主义、产业主义、知识主义、列宁主义、本本主义、民权主义、公妻主义、人文主义、人格主义、形式主义、本位主义、美食主义、口腹主义、铁血主义、尾巴主义①、孙文主义、戴季陶主义②、普鲁士主义、亚细亚主义、易卜生主义、图书馆主义、马克思主义、斯拉夫主义、日耳曼主义。

动词+主义

放任主义、保护主义、共产主义、修正主义、侵略主义、竞争主义、干涉主义、禁欲主义、进步主义、开发主义、立宪主义、破坏主义、殖民主义、尚武主义、重农主义、减政主义、奋斗主义、牺牲主义、革新主义、爱国主义、断食主义、自习主义、不婚主义、统一主义、劳动主义、作揖主义、辅导主义、结婚主义、自学主义、试验主义、实验主义、厌世主义、排外主义、应用主义、改良主义、利己主义、爱他主义、报复主义、自卫主义、博爱主义、折衷主义、专制主义、独身主义、人为主义。

形容词+主义

虚无主义、民主主义、自由主义、和平主义、平等主义、保守主义、悲观主义、独立主义、急进主义、快乐主义、乐天主义、幸福主

① 尾巴主义：放弃领导迎合落后和错误意见的思想和行为，特点是当进行某项任务的条件已成熟，群众的觉悟已达到一定程度时，领导却对客观形势估计不定，把部分落后者的意见当作广大群众的意见，不去实现任务，落在群众后面，引自王任邦《政治学辞典》，上海辞书出版社2009年版，第95页。

② 戴季陶主义：第一次国共和作期间国民党右派的主要代表人物，1926年6、7月间，他先后发表了《孙文主义的哲学基础》和《国民革命与中国国民党》两本小册子，集中反映了他的反动思想，人们称为戴季陶主义。引自王辉民《主义词典》，远方出版社2003年版，第360页。

义、功利主义、进取主义、开放主义、理想主义、勤劳主义、乐观主义、新旧主义、神秘主义、唯实主义、古典主义、浪漫主义、写实主义、为我主义、膨胀主义、温和主义、唯物主义、唯心主义、唯美主义、教条主义、过激主义。

短语/小句+主义

多妻主义、联俄派主义、非秘密主义、新国家主义、新从新主义、新尚知主义、无强权主义、新教育主义、非募债主义、新唯实主义、大亚美利加主义、右倾机会主义、保护贸易主义、自由贸易主义、自由判断主义、教化价值主义、口头审理主义、直接审理主义、不干涉审理主义、无政府主义、移民满洲主义、世界小家庭主义、东方家庭主义、一夫一妇主义、贤妻良母之义、救济婴儿主义、新亚细亚主义、经济集中主义、新木爱罗主义①、时髦三克主义②。

以上“X 主义”的很多词语都保留到了今天，而且绝大多数都是“双音词+主义”，三音节以上的较为少见，这是由于它们很多都是一种临时使用，除却这个语境往往难于理解，因而很难留存下来。我们以梁启超的《南海康先生传》摘要为例，其中有这样一段：“一、孔教者，进步主义，非保守主义。二、孔教者，兼爱主义，非独善主义。三、孔教者，世界主义，非国别主义。四、孔教者，平等主义，非督制主义。五、孔教者，强立主义，非巽懦主义。六、孔教者，重魂主义，非爱身主义。”为了解释“孔教”，里面用了众多“X 主义”新词语，其中每句的最后一词均为前句的反义，像“非督制主义（平等主义的对立面）”、“非巽懦主

① 新木爱罗主义：见于 1898 年梁启超主编的《清议报》二册《极东之新木爱罗主义》，这里的“新木爱罗主义”即“新门罗主义”，门罗主义（Monroe Doctrine）由詹姆斯·门罗发表于 1823 年，表明美利坚合众国当时的观点，即欧洲列强不应再殖民美洲，或涉足美国与墨西哥等美洲国家之主权相关事务。

② 时髦三克主义：宣统辛亥以前，服西装者甚少，即有之，亦以中下等人为多，中人以上者不屑为之。九十月乱炽之时，举国若狂，竟以服洋装为时髦。避乱在沪之遗臣遗民，经济每多困难，平时出门，仅坐黄包车而已。时人集一联云：“革命钜子绿毡帽，亡国大夫黄包车。”甚工切。迨至十余年，约在乙丑、丙寅之间，以用三克为时髦，谓之三克主义。以上转引自刘声木《苌楚斋随笔》。

义（强立主义的对立面）”等，如果没有语境的提示，往往令人不知所云，可见它更多是临时组合而非固定结构。

“X+性”结构

> 脆性、惯性、延性、阳性、阴性、展性、急性、苛性①、理性、毒性、惰性、恶性、韧性、弹性、烈性、慢性、严重性、国民性、危险性、可能性、流行性、奴隶性、动物性、破坏性、民族性、重要性、传染性、政治性、全国性、革命性、特殊性、历史性、保守性、流动性、必然性、依赖性、独立性、社会性、实在性、真实性、规律性、普遍性、矛盾性、主观性、私人性、尖锐性、同一性、一致性、神秘性、大陆性（气候）、海洋性、放射性、盖然性②、可塑性、劣根性、偶然性、戏剧性、人间性③、植物性（神经）。

“性”对应英语中的“-ity”词缀，该词缀在英语中往往与形容词词根相结合，构成名词，表示具有某种特征的状态、性质。例如“possibility”（可能性）是由形容词“possible”加词缀“-ity”构成，在引入汉语中时需要为该词缀寻找对应的语素。“性”在先秦时期单用即可表示事物的性质或性能，它也可与其他语素结合，表示事物的性质或品质，例如“本性”“天性”等，这点与词缀“-ity”在用法上类似，因而为“性”成为准词缀提供了必要的条件。由于词缀“性”的产生与西语翻译有着密切的联系，所以时间相对较晚，大概在晚清时期。从以上词例可以看出，与“性”结合的多半是双音节词，单音节词相对较少，这种音节上的规律与现代汉语并不完全一致。我们对1987年中国社会科学院语言研究所编写的《倒序现代汉语词典》中收录的“X性”结构做了统计，在107个词中，与单音节结合的有70个，占到总数的65.42%，与双音节结合的有31个，占总数的

① “苛（kē）性”即“腐蚀性”，1888年顾厚焜《日本新政考》卷二：“一名结晶曹达，其化水者为苛性曹达，供洗濯之用，如中国胰子。”

② 盖然性：有可能但又不是必然的性质。1928年余家菊等《中国教育辞典》：“盖然性（probability）谓有某种程度上之确实性也。”

③ 人间性：见于1934年邢墨卿《新名词辞典》第3页，义为“人类所以为万物之灵的特性，此种特性，由本能与理性的斗争而生，如争斗、烦闷、懊恼、悔恨、悲哀等，俱为人间性的流露”。

28.97%，这可能与现代汉语以双音节为主有关。此外，此期“性”主要与形容词与名词性语素相结合，与动词结合的用例相对较少，仅有“流行性、破坏性、革命性、传染性、依赖性、放射性”等几个。至于结合后的词性，既有名词，也有区别词，其词性主要与词根语素相关，词根如果是名词性的，那么这个附加式词语就是名词（如“国民性、社会性”），如果词根是形容词性的，则所构成的词语要么是名词（如“真实性、严重性”），要么是区别词（如“急性、慢性”）。

“X+化”结构

进化、软化、丑化、赤化①、欧化、深化、转化、理化、氧化、液化、白化②、美化③、碳化、糖化、西化、硬化、风化、醇化④、退化、恶化、腐化、具体化、法国化、美国化、民主化、人间化、简单化、阴阳化、西方化、都市化、贵族化、工业化、合理化、现代化、国有化、白热化。

“化”在先秦时期即有“变化、改变”之义，如《国语·晋语九》：“雀入于海为蛤，雉入于淮为蜃。鼋鼍鱼鳖，莫不能化，唯人不能。”此时它是实词，在当时也可以形成“X化”结构，如“内化、外化、俭化、雅化”等。受到汉语双音化趋势的影响，由“化”构成的双音节词也逐渐增多，其用法也越来越广泛。中古时期，“X化”结构可指“变化的目的或结果”，例如“神化”可表示其变化后的状态，有一种静态的结果义。近古汉语中“X化”结果更倾向于表示变化的静态结果及性质等。有学者指出，尽管“化”一直是实语素，但其构词位置为虚化提供了内

① 赤化：共产党以红旗为标志，中华人民共和国成立前称无产阶级革命或受共产党的影响为“赤化”。鲁迅《华盖集·忽然想到（十）》：“我不解为什么中国人如果真使中国赤化，真在中国暴动，就得听英捕来处死刑？”

② 白化：生物体的病变部分因缺乏色素或色素减少而变白。1918年《植物学大词典》“雾害”条：温室内之植物，则被害殊甚，其害一在遮断日光，俾叶绿退消起白化病。

③ 美化：在当时有两个含义，一是指加以装饰或点缀使之美观，例如鲁迅《集外集拾遗补编·儗播布美术意见书》：“然所见天物，非必圆满，花或槁谢，林或荒秽，再现之际，当加改造，俾得其宜，是曰美化。”二是“美国化”的缩略。

④ 醇化：使归于淳厚，纯粹。章炳麟《检论·序种姓上》：“文字、政教既一，其始异者，其终且醇化”。

在的可能性[①]，因而，受到这种构式的影响，“化”也发生了变化，它的语义由表动态的实义动词逐渐发生虚化，这对“化”成为准词缀提供了便利的条件。

清末民初时期，受到西学传入的影响，“化”可以对译英语词缀“-ize”“-ate”“-fy”等，作为准词缀大量参与构词。由上述词例可以看出，此期“化”与单音节结合的新词相对较多，而且构词语素的凝固性较强，很多词语保留到了今天且非常多用，如“进化、丑化、恶化、深化”。这些词还经常成对出现，例如“进化—退化、软化—硬化、美化—丑化”等。从“化”与双音节结合的词例来看，有部分词语结合并不紧密，带有临时使用的性质。以“化”前添加国家名称为例，在我们的统计范围内，清末民初就有“法国化、美国化”等，例如1923年梁启超在东南大学课毕告别辞中曾说：“现在哩，教育是完全换了路了，美国式代日式、德式而兴，不出数年，我敢说是全部要变成美国化，或许我们这里——东南大学——就是推行美化的大本营。”在该例中，“美国化”前面有动词“变成”，可见此时“化”的实义性已经很弱了，基本可以看作是词缀。另外，从语境可知，这里将美国与日本、德国相类比，三者属于并列的关系，可见只要符合语义，也自然会类推出“日本化、德国化”等，而这也进一步说明此期“化”与双音节词结合并不如单音节紧密。此外，从与“化”结合的成分的词性来看，形容词数量最多，名词次之，动词的数量最少，这可能与“化”本身还带有一定的动作性有关。

“X+分子”结构

> 新分子、不良分子、残余分子、根本分子、国民分子、过激分子、激烈分子、叛乱分子、团体分子、健全分子、优秀分子、不肖分子、重要分子、中坚分子、内中分子、不法分子、暴烈分子、共产分子、共产党分子、构成分子、请愿团分子。

“分子”表示属于一定阶级、阶层、集体或具有某种特征的人，具有类属性，可以看作准词缀。该用法产生较晚，从我们搜集的语例来看，晚清时期“分子”仍有一定的实义性，即使参与构词其结构也较为松散，

---

① 张云秋：《“化”尾动词功能弱化的等级序列》，《中国语文》2002年第1期。

当时很多文献中都有“分子”单用的情况，试举几例。

(1) 尝言今之世如我者，亦不可少之一分子，且甚愿继起之有人也。(吴恭亨《对联话》卷十四·谐谑)

(2) 我国商人何尝不是国民一分子，果真以国家为重，不和他买卖。(李涵秋《广陵潮》第八十七回)

(3) 顾君是互助团里的一分子，何不去和程公使交涉？(陈辟邪《海外缤纷录》第十九回)

(4) 中国男子也是中华民国的一分子。(陶寒翠《民国艳史》第十回)

(5) 元洪也是汉族一分子，既承众位推举，我就出来尽一日儿义务！(陆士谔《清朝秘史》第一百三十九回)

(6) 诸君为农业学生，亦实业之一分子。(邱文鸾《台湾旅行记》之二)

(7) 因他两人，在留东学生会内是有点名望的，且又是发起组织义勇队的一分子，所以就举他两人。(黄小配《宦海升沉录》第十二回)

从以上例子可以看出，“分子”使用范围很广，几乎任何阶层、组织、集团中的一员都可以用其表示，而且例（2）和例（3）中，“国民一分子”“互助团里的一分子”在清末民初时都产生了相近的“X+分子”结构，如“国民分子”“团体分子”等。梁启超的作品中“分子”一词颇为多用，有的作品中既出现了“分子”单用的情况，也有以其为准词缀的用例。例如他的《社会主义论》序：“凡员颅方趾以生于今日者，皆以国家一分子之资格，而兼有世界人类一分子之资格者也。惟其有国家一分子之资格，故不可不研求国家之性质……无论以世界人类分子之资格，或以中国国民分子之资格，而皆不容以对岸火灾视之。”该文撰于 1907 年，可见至少在当时，“分子”作为准词缀来使用并不普遍，它与其前语素的结合也并不紧密，很多时候只是一种临时结构。再有，梁启超《与令娴女士等书》中出现了“最凶恶阴险龌龊的分子”“最恶劣分子”的用法，民国中晚期还出现了“恶劣分子”一词，例如郁达夫《茑萝行》：“更有些忌刻我的恶劣分子，就想以此来作我的葬歌，纷纷的攻击我起来。”可见，“分子”逐渐成为准词缀不仅与其在结构中的位置有关，更重要的是由语言简缩所造成的。像我们今天非常多用的“知识分子”，虽然它在清末民初没有产生，但梁启超《北海谈话记》节选中有“知识才能分子”，可以推想“知识分子”也有可能是在此基础上经过简缩而形成的。

纵观以上准词缀自产生到今天的发展趋势，有学者进行了类型上的归纳，例如刁晏斌先生认为，“主义”呈现的是一种“向下型发展”，是一种由盛到衰的变化。前文已述，“主义”的产生深受日语翻译的影响，而这段时期突出体现在清末民初，因而此时也是“主义”的爆发期，产生新词数量众多，后期虽然它也有一定的构词能力，但由于许多新词已经产生，因而数量呈现下降的趋势。再如“U 字型发展变化”，它呈现的是由盛到衰，再由衰到盛的发展变化，符合该特点的准词缀有“化”等。此外还有“马鞍型发展变化”，它与上一种模式正好相反，在产生初期和今天的使用相对较少，而在中间阶段发展较快，像我们提到的“员”缀，同为表人词缀，其产生时间比本土语素“者、师”要晚，在构词上可能产生竞争关系，这也影响了它在产生初期的发展。而中华人民共和国成立初期，为了体现人人平等，很多旧有的名称改用新名，如“邮差—邮递员、厨子—炊事员、保姆—保育员”等，这就造成了“员”在中间阶段的大量使用。“分子”也大致可以归于此类。除此以外，还有“平直型发展变化”，即在现代汉语的各阶段都比较均衡，没有大的起落，属于这种类型的有“性”等。①

---

① 刁晏斌：《现代汉语史》，福建人民出版社 2006 年版，第 123—128 页。

第三章

本阶段造词法研究

上一章我们主要从清末民初新词语的构词法角度进行考察，构词法更关注词语的内部结构，它主要是从静态的、共时的角度分析语素构成方式。而造词指的是创制新词，它是解决一个词从无到有的问题，因而它主要从动态的、历时的角度去分析新词产生的途径和方法。构词法和造词法是有密切联系的，词的结构是造词形成的结果，而对已有词的结构方式进行分析，总结、概括出词的各种结构方式，利用这些方式进行类推，即可造出同样结构的新词。但是，二者又并不相同，它们是不同目的、不同角度的两种分析。

对造词法的研究早在 20 世纪中期便已开展，孙常叙著于 1956 年的《汉语词汇》中已把造词法和构词法并列，并进行了区分和界定。张寿康《构词法和构形法》以及任学良《汉语造词法》中均提出了造词法的构想，尤其任书认为："大部分词既有造词法又有构词法的问题，其余的词则只有造词法没有构词法的问题……造词法和构词法是纲和目的关系。"[①] 这是我国第一次正式论述汉语造词法并且建立起造词法的类型，影响是深远的。此外，有关造词法方面的论著主要有武占坤、王勤《现代汉语词汇概要》（内蒙古人民出版社 1983 年版）、刘叔新《汉语描写词汇学》（商务印书馆 1990 年版）、陈光磊《汉语词法论》（学林出版社 1994 年版）、葛本仪《现代汉语词汇学》（山东人民出版社 2001 年版）、陈宝勤《汉语造词研究》（巴蜀书社 2002 年版）、万献初《汉语构词论》（湖北人民出版社 2004 年版）、周荐《汉语词汇结构论》（上海辞书出版社 2004 年版）等。虽然学界对造词和造词法的研究已经较为丰富，但学者们的

---

① 任学良：《汉语造词法》，北京师范大学出版社 1981 年版，第 4 页。

分类方法及结果并不一致。例如，任学良将造词法分为词法学造词法、句法学造词法、修辞学造词法、语音学造词法和综合式造词法等五类；① 刘叔新构建的造词法体系主要有词汇材料式、语音材料式、混合材料式等三类；② 葛本仪将其分为音义结合任意法、摹声法、音变法、说明法、比拟法、引申法、双音法、简缩法等八种；③ 李如龙则认为有音义相生、语素合成、语法类推、修辞转化四类④。虽然分类不尽相同，但绝大多数学者都考虑到了“语音、语法、修辞”等因素。与古汉语相比，此期利用语音所造新词（如联绵词、叠音词）数量较少，不属于本文考察重点，因而我们主要对“语法”“修辞”“简缩”等方面的造词方式进行考察。

第一节 语法造词

一 此期语法造词的基本概况

“语法造词”指的是利用汉语语素（亦包括外来音节语素化的结果，如“佛、啤”）按汉语固有语法规则和组合方式造成新词的方法，上述任学良所划分的句法学造词法即指此类。这种方式简单便捷，类推性强，可以说是汉语造词法中最重要的方式。据学者考察，现代汉语中由语素合成的双音词可能要占双音词的60%左右⑤，而在我们的统计范围内，清末民初大多数词语也是依靠语法造词的方式造出来的。

我们知道，此期是汉语受到外来语言强烈冲击的阶段，大量新事物、新概念纷至沓来，这使得汉语词汇必须进行扩展，通过创制新词的方式以适应社会生活的急剧变化。有的词是在对译外语的过程中产生的，如“电话、大脑、邮票、波谷、蒸馏”等，虽然它们采用的语素和构词法都是本土固有的⑥，但其表达的概念源于外国，这种一般称作“意译词”，

① 归纳自任学良《汉语造词法》，北京师范大学出版社 1981 年版。

② 刘叔新：《汉语描写词汇学》，商务印书馆 1990 年版，第 100 页。

③ 葛本仪：《现代汉语词汇学》（第 3 版），商务印书馆 2014 年版，第 65—80 页。

④ 李如龙：《汉语词汇衍生的方式及流变》，《河北师范大学学报》2002 年第 5 期。

⑤ 转引自程湘清《先秦汉语研究》，山东教育出版社 1992 年版，第 7 页。

⑥ 我们所说的本土语素也包括有些通过音译产生的无义音节，如“英”是“English”（英国）的音译缩略，随着使用频率增高，语义固定，便逐渐由无义音节变成了表义的汉语语素。

我们认为其中的大多数都属于语法造词的研究范畴，当然，这里也包括部分仿译词，如“黑表（Black list）”“白皮书（Whitebook）”等。当然，很多新词的产生与外源词没有任何关系，完全利用本土语素和构词法经过语素合成而来，例如“刈割、绰裕、畅旺”等联合式，“尖兵、美感、大菜、全球、内衣”等偏正式，“放枪、退座、开饭”等动宾式等。现代汉语中，偏正式最为能产，联合式次之，其他如动宾式、动补式、主谓式、附加式也都起到了重要的造词作用，清末民初的构词也符合这个规律。

二 语法造词的理据研究

“造词法”与“构词法”不同，它的研究对象并不是已经成形的双音词，它探究是“从无到有”的过程，所以它是一种“动态”的研究。同时，它还涉及“造词的方法”，也就是用现有的语言材料如何创造出新词语，其中促使语言材料相结合的动因就显得尤为重要。我们知道，理据是“在语言的这一自组织运转过程中，每一个促动或继发语言存在、变异和发展的动因（motivation）”[①]，由此可见，造词研究与理据密不可分。换句话说，研究词语的形成，我们不仅要知其然，还要知其所以然。

王宁指出，双音词的理据，应包括原始构词时两个语素各自的意义，两个语素结合的语言原因和文化原因，与这两方面原因相关的语素结构模式。[②] 举例来说，清末民初出现了“黄包车”一词，从构词角度来看，它属于偏正式复合词，其造词方式也很简单，它是利用汉语固有语素和构词法而形成的，属于语法造词。不过，仅从这些分析仍然很难探究其语素是如何结合在一起的，因为它的形成涉及一定的造词理据。下面我们就具体探讨此期语法造词所涉及的理据问题。

以上文所举的“黄包车”为例，它又称“人力车、东洋车”，是一种用人力拉行的双轮客运工具。关于谁是其创造人，说法不一，有的说是居留日本的美国牧师强纳森·斯科比，也有的说是横滨英领事馆馆员佩里，此外还有人认为是日本人铃木德次郎。虽然众说纷纭，但是有一点是肯定

① 王艾录、司富珍：《汉语的语词理据》，商务印书馆2001年版，第1页。

② 王宁：《训诂学与汉语双音词的结构和意义》，《语言教学与研究》1997年第4期。

的，即“黄包车”属于舶来品，大约于清同治十二年（1873）由法国人米拉从日本引入中国。到了中国以后各地广泛采用，民国初年已经风靡京、津、沪等大城市。到了民国八年（1919），东洋车始由工部局规定，一律涂以黄漆或桐油，“黄包车”由此而得名。[①] 此车当时在不同地区的命名并不一致，例如北平人称其为“洋车”，在天津叫作“胶皮”，这是由于早期黄包车两轮高大，外裹铁皮，拉行颠簸，后改为钢丝橡胶轮，车行平稳，“胶皮”由其车轮材质而得名，而“黄包车”一般是上海人的称呼。[②] 通过对“汉籍全文检索系统”晚清至民国的文献进行考察，该词广泛出现于民国文学的“三潮”（《人海潮》《广陵潮》《歇浦潮》）中，而这几部作品均是反映江浙一带尤其是上海生活场景的，由此也可以证明“黄包车”一词在使用上的地域特性。后来，随着抗战胜利，由人骑行脚蹬的三轮车逐渐取代了这种人力车，“黄包车”一词也渐渐退出了历史舞台。不过，今天台湾地区以及日本国内仍有黄包车的踪迹。由此可见，通过探究这一词语的构词理据我们可以窥见 20 世纪初至中期，近半个世纪以来中国交通工具的历史及其变迁的一个方面，而这也是我们考察某些词构词理据的重要目的之一。下面结合典型词例进行分析。

【龙洋】

(1) 还有四块现洋钱，两块是安徽龙洋，一块是北洋机器洋钱，一块是天津通用的那一种立人儿，一股脑儿共是十七块。（吴趼人《近十年之怪现状》第十一回）

(2) 现在本省开铸龙圆，分厘大小同鹰洋是一样的，而外间反不能畅销，倒说龙洋靠不住。（李伯元《中国现在记》）

“龙洋”属语法造词，系偏正式。前文已述，偏正式的定中结构可以分为“表某类人、表事物的状貌和材质、表事物的性质或状态、表示数量范围、表时间或空间、表用途或功能、表种属”等多种语义类型，但是“龙”并不是“洋”的材质、性质或用途，它和“洋”也形成不了种属的关系，可见，从这个角度研究显然无法弄清该词的得名之由，这就需

① 陈定山：《春申旧闻》，海豚出版社 2015 年版，第 45 页。

② 萧萧：《上海话俗语系列——海派俗语图解》，上海大学出版社 2015 年版，第 67 页。

要从构词理据的角度深入分析。

事实上，近代中国币制在创建过程中深受西方钱币文化的影响，“龙洋”即是这一过程中的产物。清代早中期一直是银钱平行本位，大数用银，小数用钱，像清代的铜钱一直沿袭两千多年来的方孔圆钱，采用范模铸币。晚清时期，随着与外国贸易、金融往来频繁，具有统一价格标准、外形一致的外国银圆流入中国市场，这对中国的货币制度造成了巨大的冲击，金融制度一度非常混乱，而这也促使中国必须进行币制改革来适应社会经济的发展。像例（2）提到的“鹰洋”，它就是鸦片战争后至20世纪初流行在中国境内的一种外国银铸币，因币面图案为飞鹰，故称鹰洋，又称墨西哥银圆，上海曾把它作为本位货币。① 再如例（1）中的“立人儿”，它又被称为“人洋、立洋、杖洋、番洋”等，这是旧时英国铸造的一种银圆的俗称，币面图案为一手持三叉戟的不列颠女神战像，并用汉、英和马来文标明“一圆”字样。1895年起在孟买、加尔各答等地铸造，大小轻重仿墨西哥鹰洋。② 我们还发现一段文字或可描绘当时外国银圆流入中国的混乱局面：

> 这龙洋、鹰洋、本洋，耳朵里听得倒也很多，从来没有听见过有个眼镜洋，不知是那一国制造出的。列位不要少见多怪，这眼镜洋是总集龙洋、鹰洋、本洋而成的，却并不是把这些洋钱拿来熔化了另铸这眼镜洋。说来却也有个原故。江西居在腹地，并非通商口岸，市面通用都是银子。因南赣与广东毗连，时常行商，有兑换用处。内地钱店，洋钱不辨真伪，遇着商人拿洋钱来兑换，他不论是龙、是鹰、是鬼子头，总在面上凿他一凿，走一家如此，走十家亦如此，走到后来，中间一块都被他凿穿空心，只留下一转边子，像个眼镜框，这便是眼镜洋得名之由。(白眼《后官场现形记》第八回)

从这段文字可以清楚地看出，无论是本国货币还是外国银圆，它们的命名均以铸币上图案的特点作为修饰性语素（如“鹰、龙、眼镜”），在

① 引自辞海编辑委员会编《辞海·经济分册》，上海辞书出版社1980年版，第1181页。

② 引自张静、郑先炳《金融新语·术语·俗语辞典》，中国经济出版社1993年版，第489页。

此后加“洋”而构成[①]，中国的“龙洋”也不例外。它是两广总督张之洞在广东设立造币厂铸造的银圆，其币面中央是汉文“光绪元宝”四字，背面为蟠龙花纹和英文，故名“龙洋”，这也是中国自铸近代银圆的开始。[②] 值得一提的是，中国铸币采取的“龙纹”也别有文化内涵，“龙”在中国自古便有尊贵、吉祥之义，也是中华民族最具代表性的文化象征之一，自张之洞铸币采用龙纹以后，它就成了中国金银币的主要吉祥纹饰。而且，晚清铸币上的龙纹还有坐龙（龙纹呈蹲坐状）、立龙（龙纹呈站立状）、水龙（立龙下方有水波纹者）、旱龙（立龙下方无水波纹者）、飞龙（龙纹呈飞腾之势）、长须龙（龙须较长）、曲须龙（龙须呈弯曲状）、大尾龙（曲须龙的一种，龙尾特长）、反龙（龙身走向呈反“S”状）、游龙（龙纹作游动状）等[③]，这与外国货币上统一的纹饰大不相同，也从一个侧面折射出了中国货币独有的吉祥文化内涵。“龙洋”在民国中期语义发生泛化，凡是中国银圆均可用其表示，如张天翼《小彼得·皮带》：“他当然希望是少尉：比准尉多十块龙洋。”当然，今天随着纸质人民币的统一，此词已不再使用。

【七九】

(3) 七九机关枪驮鞍，系半圆弧形之铁梁，其梁中凸与马脊梁相合。(《陆军第三师关于机关枪驮鞍子弹箱改进意见书》)

(4) 一共是二十七个人，二十七棵步枪：七九、“大盖”、“八米厘”……全有啊！(萧军《八月的乡村》第七节)

“七九”从结构来说，属于由两个数词构成的联合式复音词，但其语

---

① 民国中期还出现了“盾”一词，如田汉《回春之曲》第一幕：“你知道她爸爸的橡胶生意赔了本，欠陈文甫好几十万盾钱。”这里的“盾”本是荷兰的本位货币，荷兰文作“Guilder”，在荷兰语中本指“金的”，意即该币最初是由金子所铸造的。引入中国以后，它没有像其他很多欧洲国家一样，如“马克（Mark）”“法郎（Franc）”“镑（Pound）”“里拉（Lira）”等采用音译的方式，其译名也是与其货币上的图案有关。由于此种硬币的设计图案中含有四个盾，因而这一译名就被用于指荷兰货币。由于印度尼西亚过去为荷兰的殖民地，因而其货币卢比（Rupiah）的通称也为“盾”。

② 引自张静、郑先炳《金融新语·术语·俗语辞典》，中国经济出版社 1993 年版，第 489 页。

③ 上官书砚：《现代金融词典》，吉林人民出版社 1987 年版，第 81 页。

义并非“七”和“九”的简单相加。事实上，该词形在古汉语中曾出现过，古代把农历冬至日起第五十五天至第六十三天，称为“七九”。清末民初的“七九”另有所指，其造词也涉及一定理据。前文已述，19 世纪末期，中国由于受到外敌入侵，战事频繁，有关军事的新词也大量出现，其中关于枪支弹药的命名也体现了一定的规律性。“七九”实际是步枪的名称，它是我国湖北枪炮厂（后称汉阳兵工厂）仿制德国“毛瑟”1888 式、1898 式、1898K 式的一种步枪，1893 年开始生产，1948 年停产，是当时使用最广泛的非自动步枪。1937 年出版的《近代九种步兵轻兵器教练与说明》中的第七章即为“汉造七九步枪”，其中很直接地说明了该词的得名之由：“枪名曰七九步枪，以其口径为七公厘九也。”可见，这是用口径大小为其命名。我们搜集到上海兵工厂 1916 年至 1921 年额加代造各种军械数目单①，简单列举几项。

七九机关枪二十枝
七五山炮开花弹头二万零零十个
七五山炮弹铜壳二万一千三个
七九元年式单筒步枪一千一百支
七九机关枪三十七支
七五山炮三十六尊
七九枪弹三百万粒
七九四年式机关枪四支
六八枪弹一百二十七万粒
六寸手枪三十四支
……

从这份清单可以看出，除了“七九”步枪，还出现了“七五山炮”“六八枪弹”等，其实它们的命名与“七九”一致，均以口径命名。“七五山炮”是指光绪三十一年（1905）沪造克虏伯式的火炮②，也是中国制造出的首门管退后坐的后堂装填火炮，由于其口径为 75 毫米，因而其名

① 《中国近代兵器工业档案史料》编委会主编：《中国近代兵器工业档案史料》（二），兵器工业出版社 1993 年版，第 178 页。

② 克虏伯火炮是普鲁士克虏伯钢铁公司生产的近代新式火炮，第二次鸦片战争后曾大量输入中国。引自邹振环《疏通知译史》，上海人民出版社 2012 年版，第 227 页。

称即为“七五山炮”，在当时也可简称为“七五沪山”“七五克山”等，这些名称就是在口径基础上添加了产地或制造商。“六八”指的是6.8毫米×57毫米毛瑟步枪弹，它是由“七九”式毛瑟步枪弹缩口而成，从1929年直至1935年，太原兵工厂曾仿制了超过十万支日本三八式步枪，称为“晋造六五步枪”，其机匣顶部印有“六五步枪”的铭文。值得注意的是，以上所说均为中国自产枪炮，而刚刚提到的日本“三八”式步枪，它属于引入的外来步枪，其命名则不是以口径为标准。由于其生产时间为日本明治三十八年（1905），因而其命名便以年份代表，也就从那时起三八式步枪就成为日本步兵的制式步枪。我们从例（3）也可以看出，“七九”在20世纪20年代还要后接“步枪、机关枪”等，到了30年代这种自制步枪已可直接称呼，可见该词在当时已较为普及。

【揩油】

（5）他们办学的人，大概有几句座右铭的，叫做“金钱为重，揩油次之，教育为轻”。（网蛛生《人海潮》第二十八回）

（6）现在索性把赌界中几个专门名目列了个表，省得看官们事事质问……揩油——同道赢钱之后不肯全数摊派私行干没。（陆士谔《十尾龟》第二十九回）

“揩油”为动宾结构，它也是通过语法造词而产生的。从表面上看，“揩油”仅指“沾取油”这个行为，但它的形成其实与文化理据有着密不可分的关系。具体说来，晚清弹词《描金凤》中有一位姓汪的朝奉，典当生意兴隆，但却非常小气，嗜钱如命。他每天看到火腿担挑过，他必定要叫停下担来，手拿一块熟火腿询价，随后右手放下来，左手再拿第二块问价，问完以后他却不买，不过两只手上沾满了火腿的油，他舔舔右手，说道：“这火腿每两要五十六，东西很好”，再舔舔左手，说道：“这每两要四十二，滋味好。”可见他专门揩人家的油。他每天吃饭，小菜只有一些腐乳，但他吃完了饭，每天拿一块猪肉在嘴唇上揩揩，人家如果问今天吃什么小菜，他就指指嘴唇说道：“今天吃荤。”[①]“揩油”其典故便由此

① 引自李阿毛《上海话俗语系列——洋泾浜图说》，上海大学出版社2015年版，第161页。

而来。

清末民初，该词由短语结构固定下来，语义发生转变，如1934年邢墨卿主编《新名词辞典》释义："当货物或金钱过手的时候，取一部分以入私囊的不规则行为，俗称揩油，其义盖与舞弊同。"可见该词在当时还未达到人所共知的地步，其代表的概念还属新鲜事物。将该词语义分析得淋漓尽致的还属鲁迅，他屡次在作品中提到"揩油"，曾对上海话"揩油"做出形象的描绘："装满油的柏油桶，难免会渗油，有人若想要一张油纸引火，只要用普通纸在柏油桶上揩两下就成了，而不论用肉眼还是以磅秤过磅，油桶内的油都丝毫不会减少。"[①] 此外，1933年8月17日他在《申报》副刊《自由谈》发表了"揩油"一文，文章通过描写电车上的卖票人，从而犀利地指出："揩油"不是"取回扣"或"取佣钱"，因为这是一种秘密；但也不是偷窃，因为在原则上，所取的实在是微乎其微。因此也不能说是"分肥"；至多，或者可以谓之"舞弊"罢。……恰如从油水汪洋的处所，揩了一下，于人无损，于揩者却有益的……[②]除此以外，"揩油"还可指对妇女调笑几句或趁机摸一下的行为，有些类似于今天说的"吃豆腐"，无论是占便宜还是吃豆腐的义项均已保留到了今天。

【智齿】

（7）Wisdom teeth，智齿。（《最新中学教科书·生理学》）

（8）与喉相近之大臼齿左右各二枚至丁年后始发生是谓智齿。（孙佐译述《生理卫生新教科书》第三篇）

"智齿"从结构上来说属于偏正式复音词，它也被称为"智牙"，是英语"wisdom teeth"的仿译词。要论其构词理据，可能要追溯到英语中的原始词源。我们通过"在线词源字典"（网址为：www. etymonline. com）进行检索，发现这样一段话：

Wisdom teeth so called from 1848 (earlier teeth of wisdom, 1660s), a loan-translation of Latin dentes sapientiae, itself a loan-translation of Greek sophronisteres (used by Hippocrates, from sophron "prudent, self-con-

① 李栋：《语词缘起大观》，黄山书社2007年版，第236页。

② 鲁迅：《鲁迅文集》第5卷，黑龙江人民出版社1995年版，第100页。

trolled”), so called because they usually appear ages 17-25, when a person reaches adulthood.

从该段可以看出，“wisdom teeth”的叫法产生相对较晚，在英语中大概在1848年才开始出现此词，它本身也是在对拉丁语外源词的翻译过程中产生的，这个外源词本身又来自对希腊外源词的翻译，不论拉丁语还是希腊语，其词源均与“智慧、精明、谨慎的、自我控制的”有关。该释义也明确指出，之所以称为“智齿”，是因为它通常出现在17—25岁的年龄，而这正是人的生理、心理都趋近成熟的时期，象征着“智慧到来”，因此而得名。中国有句俗语“人长智增”，可见牙齿的发展也遵循着同样的规律。

19世纪中期，随着西方自然科学的传入，大量医学、生理的词语也进入了中国，但“wisdom teeth”一词本身产生较晚，因而在19世纪早期的英华字典中查不到该词以及相关译名。我们搜索到20世纪初的两本字典中有这样的记载：（1）1908年颜惠庆《英华大辞典》：wisdom tooth, the last, or back, tooth of the full set on each half of each jaw in man, 齻，智齿。（2）1916年赫美玲《官话》：wisdom tooth，慧牙（部定），齻（文）。其中“齻”是汉语固有词，梅膺祚《字汇》：“齻，牙末。”再如张自烈《正字通》：“男子二十四岁，女子二十一岁，齻牙生。”[①] 此外，两位译者均采用了仿译的形式进行对译，但由于“wisdom”既可译作“智”，又可译作“慧”，“tooth”也有“齿”和“牙”两种译法，因而其译名并不固定。从汉语历时发展的角度来看，可能受到汉语双音化趋势的影响，加之“智齿、慧牙”相对更易理解且带有一定理据，因而双音形式逐渐取代了单音词“齻”。另外，由于它是人牙齿中最后长出来的，次序是排列在牙床骨留下的最后一个位置上，所以也有人叫它“尽头牙”“尽根牙”。

【好望角】

（9）会阿非利加洲极南有英属地，曰岌朴，或曰好望角，英人建埠头，辟地利。（佚名《洪杨轶闻》）

① 上古时期古人即注意到“智齿”这一现象，当时人们称其为“真牙”，如《素问·上古天真论》：女子三七，肾气平均，故真牙生而长极……男子三八，肾气平均，筋骨劲强，故真牙生而长极。这里“真牙”与单音词“齻”义同。

（10）所派兵舰，须从大西洋绕出南非洲好望角一带，然后能到太平洋。（碧荷馆主人《新纪元》第四回）

“好望角”属于偏正式结构，它所代表的事物并非本土固有，但采用的语素和构词法是汉语所有，因而属于意译词。好望角的发现较早，据1933年出版的《世界商业历史》中“好望角（Cape of Good Hope）之发现”一节中记载：

在十五世纪时，英主辈出，以亨利（Prince Henry）为尤著。公元一四二零年，亨利有鉴于国境之太窄，思欲觅新地以为尾闾，竭力提倡，日夕不遑，终其身未之或懈，其对于搜求新地，殊有整个计划：……按部就班，与年俱进，先后发现阿索乐斯群岛，马德拉群岛，潜沿非洲海岸而依次南进，公元一四四五年第你太士觅得佛得角群岛。距亨利提倡之时，不过二十五年，自以为达到非洲极南地矣，殊不知艰难辛苦，更历四十一年，而巴沙罗缪太士始达非洲之极南地，名之曰风潮角（Cape of Storms）。[①]

由此可以看出，人们最早对其命名是以地理特性为主，事实上，该地正处于大西洋和印度洋的汇合处，所以强劲的西风导致掀起的惊涛骇浪长年不断，不愧为“风潮角”。19世纪中国出现的一些有关外国地理的书籍中亦有描述，例如1844年徐继畬《瀛环考略》：“欧罗巴诸国来粤东，皆从大西洋海开行，沿亚非利加之西岸，南行至尽头之岌朴，乃转而东北。舟行至此，风涛最险。欧罗巴人惯于浮海，亦罔不栗栗危惧。过此乃额手称庆。”这里所说的“岌朴”即“风潮角”，其实从徐书中对此地的命名也能看出端倪，“岌”先秦时期即有“危险、危急”之义，如《管子·小问》：“危哉！君之国岌乎？”今天仍有“岌岌可危”，地名中采用此字，也在暗示此地凶险异常。但是，“风暴角”对于连接当时的亚欧大陆，乃至开辟亚欧通商之新航线都有重要的价值，当时的葡王约翰二世也认为只要绕过了这个风暴角就有到达印度的希望，因而他将此地重新命名为“Cape of Good Hope”，寓意为“带有美好希望的海角”，我国将其意译为

① 王仁夔：《世界商业历史》，世界书局1933年版，第47页。

“好望角”。从该词的命名也可以看出先人们对未知挑战存有美好的希冀。

【花柳病】

(11) 疳疮别是一种花柳病，打六百零六尤无关系。(佚名《花柳易知》第一篇)

(12) 正合着成语叫做“有意栽花不发，无心插柳成阴”，那棵柳树插不得，一插便染花柳病。(网蛛生《人海潮》第四十九回)

“花柳病”从结构来说属于偏正式复音词，其构词语素均为本土固有，探究该词的重点应是缘何用“花柳”来修饰“病”。事实上，这是性病的俗称，我国古代虽无该词，但古人早对该病有所认识。例如，隋巢元方《病源候论二十四·花瘘候》：“风湿容干皮肤，与血气相搏，其肉突出，如花开状。”再如周痍信《郑伟墓志》：“消渴连年，累有相如之患。遣于大渐，遂如范增之疾……铭云：‘梧桐茂苑，杨柳娼家……’”其中“花柳”这一词形早在古汉语中出现过，最初它可作为类义联合词，即指“花和柳”，多用于诗句的描写中。后来唐代该词可指繁华游乐之地，如李白《流夜郎赠辛判官》：“昔在长安醉花柳，五侯七贵同杯酒。”由此义项引申出“妓院或娼妓”之义，如元武汉臣《玉壶春》第一折：“你有满腹才学，不思进取功名，只以花柳为念。”由此可以看出，“花柳”最开始用于描写美好的景致，带有一定的褒义色彩，但到中古以后该词已逐渐向贬义词转变，直到今天还有“寻花问柳（喻狎妓，贬义）”这一说法。由此我们大致可以梳理出“花柳病”的形成脉络，由于人们流连于风月场所，自然与嫖妓、乱交脱不开干系，所以“花柳”实际上是指这种性病的传染途径，这在民国时期的文献中也能找到佐证，如《花柳病的预防及治疗》：“因为本病多起于折花攀柳，所以叫做花柳病，就是认它为一种风流疾病的意思。”① 英语中该词直接用“venereal disease”（即“与性相关疾病”）来表示，而汉语采用了一个看上去很美好的名称，这或许与汉民族比较委婉，注重形象色彩的文化心理有关。

---

① 牟鸿彝：《花柳病的预防及治疗》，北新书局 1934 年版，第 1 页。

【拉皮条】

(13) 他这人专门替人家拉皮条，溜钩子。(李伯元《官场现形记》第四回)

(14) 原来南边的土语，青楼中介绍，谓之拉皮条。(邹弢《海上尘天影》第三十回)

“拉皮条”属于动宾式结构，从表面上看，它指的是拉动皮条，属于语法造词，但其内中含义则需从理据的角度进行考证。“拉皮条”指的是撮合不正当男女关系，在该词出现以前，汉语中已有词语表达相关概念，如“马伯六”（又称“马泊六、马八六”）。如《水浒传》第二四回：“老身为头是做媒，又会做牙婆，也会抱腰，也会收小的，也会说风情，也会做马泊六。”该词属于俗语，后代亦有人对此进行解释，如清褚人获《坚瓠广集·马伯六》：“偶见《群碎录》：‘北地马群，每一牡将十余牝而行，牝皆随牡，不入他群……愚合计之，亦每伯牝马用牡马六疋，故称马伯六耶？’”可见，“马伯六”实际上就是“撮合”之义。

晚清时期出现了“拉皮条”一词，例如俞万春《荡寇志》：“一心要干旧日的买卖，怎奈人地生疏，没处寻个拉皮条的马泊六。”由此例可见，“拉皮条”与“马泊六”语义相近。

与之类似的还有“拉马”一词，如《十尾龟》第十一回：“拉马是做媒的别名，凡到基台上玩要，没有相好，开台基的就替你四路八方去喊人，喊了来尽你拣选。或是只喊一个人来，竭力替你撮合，那通叫做拉马，又叫做拉皮条。”由这几例我们大致可以看出，“马泊六”在清代也有“拉马”的俗称，而“拉马”和“拉皮条”义同。有学者认为，“皮”和“条”是女人和男人性器官的音读[①]，而且读音是出自上海方言[②]，因而拉皮条者就是把不相关的男女拉到一起相姘的行为和职业。我们对19—20世纪的多部英汉词典中的“pimp”（即拉皮条）一词进行考察，发现1822年马礼逊《英华字典》将其释为“拉皮条”，可见19世纪前期该词既已出现。但是，在其后的字词典中译法出现了分歧，

① 薛理勇：《上海掌故辞典》，上海辞书出版社1999年版，第645页。

② 黄式权：《淞南梦影录》：“沪上方言有不可解者……称挑夫曰野鸡，称蜂蝶媒曰拉皮条。”

例如 1866 年罗存德《英华字典》释为“扯皮条”，1908 年颜惠庆《英华大辞典》译作“卖娼，蓄妓（俗称为拉皮条）”，1916 年赫美玲《官话》译作“拉皮条，牵线[新]”，从众多译法中可以看出几点：第一，“拉皮条”当属俗语，这点颜惠庆也直接指出了，这也是该词用法并不固定的原因。例如，罗存德称为“扯皮条”，我们在清末民初的其他文献中还查到“拉拉皮条、拉个皮条”的用法；第二，虽然译者的译法不一，而且也产生了较为文雅、规范的说法，例如“蓄妓、牵线[新]”等，但“拉皮条”仍在当时的词典中持续了近百年的时间，可见该词在汉语中已经较为通行。而且，它直到今天仍在使用，其语义范围有所扩大，例如：“用他那双锐利的眼光把对方从头到脚‘照相’一遍，从对方的口音、谈吐、穿着等，3 分钟之内他就能判断出此人是真正搞企业的还是开‘皮包公司’的，是当老板的还是做经纪人或拉皮条的。”（转引自 CCL 语料库 1994 年报刊精选），可见现代汉语中撮合某些不正当交易也可称为“拉皮条”。

【白鸽票】

1917 年出版的《新谈汇》（初集）第 163 页曾提到一副对联：“三鸟害人鸦雀鸽，一虫利世茧蛾蚕”，上联中的“鸦”是鸦片，“雀”为麻雀，即麻将，而“鸽”则为“白鸽票”，也是彩票的一种，从这段文字也可以看出白鸽票在当时流行之广。

“白鸽票”从构词角度来说属于偏正式，但为何用白鸽修饰，需要从彩票在我国的传入和发展说起。在我国出现较早且得到租界当局同意的有“吕宋票”，18 世纪初西班牙占领了菲律宾，19 世纪中后期，为了克服政府财政困难，西班牙统治者多次发行彩票，其博彩方式是用电报将获奖号码传递到国内。这种吕宋票在上海地区颇为流行，一直发行到 1898 年 5 月，因为美西战争结束了西班牙在菲律宾的殖民统治，因而在上海一家独大的吕宋票也寿终正寝。此外，还有在广州一带较为流行的彩票形式，也就是“白鸽票”。它源于清代道光年间盛行的赌鸽活动，赛鸽时每只鸽子按《千字文》中的天、地、玄、黄、宇、宙、洪、荒、日、月等顺序编号，赌鸽时所猜字号若与比赛结果相同，则为赢家。后来赌法演变为票厂从《幼学千字文》前段选出 80 个字，让投买者任圈 10 字为一条，然后命师爷选定应开的 20 个字，在厂前当众悬挂。每届辰、申两个时辰，票厂摔碎装有选定 20 字的“大钱罂”，供投买者核对自己是否中彩。一般有五字以上相符，便可按不同等级中彩。[①] 民国时期亦有人对“白鸽”二字考证，认为其“寓意甚佳，盖凡养鸽之家，往往能以小群之鸽将人家大群之鸽引至家中者，是小往大来之意也”[②]。

这种白鸽票在民国初年已逐渐被政府公开发行的彩票所取代，这在19—20世纪初的多部英汉词典中可以得到印证。英语“lottery”在早期词典中均被译作“白鸽票”，到了1908年颜惠庆《英华大辞典》中首次出现了“彩票”，其后的商务书馆《英华新字典》及赫美玲《官话》中均译作“彩票”，“白鸽票”已不再使用。不过它后来由我国广东一带传入澳门，至今在该地仍很流行，澳门地区现在还有《白鸽票法定规章》等律法，只不过当今采用的是电脑开字的方式，也有人称其为“电脑白鸽”。

第二节　修辞造词

汉语中还有一类较为特殊的“修辞造词法”，任学良《汉语造词法》第四章中指出：“运用修辞手法（即所谓的辞格）来创造新词的，就叫做修辞学造词法。”[③] 此法古已有之，几千年来历久不衰，而且颇具文化内涵，由其造出的典型词例如“中宫、手谈、净手、秋毫、蚕食、瀑布、丹青、干戈、万年”等。修辞造词的重要意义正如有的学者所提出的：“新词语仅仅指出它们内部的构造方式，做常规性的表层的分析，还无足以使人们理解它们的意义，因而，应当注意研究修辞方式的渗入与新词语的创造两者之间密切的关系，否则就难以全面揭示新词语产生的全部途径和反映出它丰富多彩的面貌来。”[④] 因此，本节我们即从“修辞造词”的角度进行考察，虽然学界对其分类不尽相同，但主要涉及的有“比喻造词”“借代造词”等，根据清末民初新词的状况，我们一一进行分析。

---

① 李定夷：《新谈汇》（初集），国华书局1917年版，第163页。

② 朱浒：《中国风化图史（民国卷）》，吉林摄影出版社2001年版，第828页。

③ 任学良：《汉语造词法》，北京师范大学出版社1981年版，第202页。

④ 沈孟璎：《修辞方式的渗入与新词语的创造》，《山东大学学报》（哲学社会科学版）1998年第3期。

一　比喻造词

在各种修辞造词法中，比喻造词是非常多见、比较重要的一类，所以对它的讨论也较多。任学良指出，“一种事物像什么，就用什么来命名，因而形成了一种特殊的造词方法——比喻造词法。比喻造词法，就是把修辞学的比喻用来创造新词。”① 具体来说，比喻造词是仿造修辞学的比喻格创立的原理创制新词的方法，比喻修辞多以句子为单位，如“月亮像玉盘一样”，而比喻造词法创造出来的新词则以词或短语形式出现。

比喻造词法体现了汉民族的形象思维特点，因而别具特色。刘师培指出，“凡物之大者或谓之王，如蛇曰王蛇，鸟曰王雎是……凡物之小者或曰童、婢，如梁曰童梁，牛曰童牛，鱼曰鱼婢是。”② 此段话中隐约可见比喻造词的影子。郭绍虞认为，“喻义简练到副词化或形容词化，事实上即创造了新词。如《汉书·成帝纪》：‘帝王之道日以陵夷’，谓如陵之夷为，而陵夷即成一新词……至于形容词化的喻义，则更适宜于创造新词。”③

与其他修辞造词的方法相比，由于比喻是最为常见的一种修辞格，所以由其形成新义项的情况最多，而且由比喻产生的新词语也很多。李运熹认为这种造词法是诸种修辞手段造词中最为活跃、形式最为复杂、数量也最多的一种方法④；刁晏斌曾作过一个抽样统计，结果显示由比喻而造的词在所有新词语中所占的比例是 8.5%⑤。学者们对汉语中众多的比喻词语也进行了分类，总的来说，根据比喻修辞中本体、喻体是否出现，基本可分为两类：明喻造词和借喻造词。其中明喻造词由于有本体喻体两部分，而它们所在词中的位置并不固定，所以根据位置关系可分为本体在前和喻体在前两种方式。而借喻造词是本体事物不出现，借用喻体事物来指称本体，所以在该种类型中只有喻体出现。下面我们分别进行探究。

---

①　任学良：《汉语造词法》，中国社会科学出版社 1981 年版，第 206 页。

②　刘师培：《正名隅论》，《左庵外集》卷六，《遗书》第 46 册，江苏古籍出版社 1997 年版，第 1446 页。

③　郭绍虞：《语文通论》，开明书店 1947 年版，第 165 页。

④　李运熹：《试论比喻造词》，《宁波大学学报》1982 年第 3 期。

⑤　刁晏斌：《新时期大陆汉语的发展与变革》，台湾洪叶文化事业公司 1995 年版，第 27 页。

（一）明喻造词

明喻造词比较普遍，具体情况各不相同，以下分别讨论。

1. 喻体在前

这种类型的词语从结构来说类似偏正式，从本体喻体的语义关系来看，二者可以整体相似，也可以部分相似。相对来说，整体相似的情况更为多见。整体相似并非仅指外形上的相似，如果本体喻体在性质、功用上有相似之处，也属于此类。

（1）本体喻体整体相似

这种造词方式古已有之，例如明代俞弁《续医说》："弘治末年民间患恶疮自广东始，吴人不识，呼为广疮；又以其形似谓之杨梅疮。"该例中的"广疮"是语素合成造词，而"杨梅疮"就属于典型的比喻造词。这类词数量较多，根据相似属性的不同，又分为整体形体相似和整体非形体相似两类。

A. 整体形体相似

这种类型着眼于"形体相似"，而且本体和喻体必须具有完整的相似性。以"瓜子脸"为例，人脸的形状恰如瓜子一般"上圆下尖"，这与后文要提到的"部分相似"不尽相同。例如"梅花鹿"，它指的是"鹿"（本体）的皮毛花纹像"梅花"（喻体），而皮毛只是鹿的一部分。相对来说，此期整体形体相似的类型要多于部分相似。

（1）中窍内常有气，又有四骨极小。第一名椎骨，形似打铁之椎……第二名砧骨，形似打铁之砧……第三名小珠骨，形如小珠；第四名马镫骨，甚如马镫。（合信《全体新论·耳官妙用论》）

（2）病毒感染后，八周至十三周，皮发蔷薇疹或丘疹，此时亦有发热者。（汤尔和译《诊断学》）

（3）白喉症杆菌，此为无自动性之杆状细菌，长与结核菌相同。（《植物学大辞典》）

（4）头足有之足，有翼足、管足之分。（汪荣宝《新尔雅·释动物》）

（5）口中有门齿、犬齿、牙齿及臼齿（奥齿），颇锐利。（虞和寅《博物学教科书》第一编）

（6）其地中茎椭圆而坚，以单薄膜质之鳞片蔽之，如慈姑、青

芋及香红花之类，此谓之球茎。（汪荣宝《新尔雅·释植物》）

（7）白带鱼：身薄而长，其状如带，故名。泉人呼为澳鱼。（陈文达《凤山县志》卷七）

（8）碧桃穿着银灰缎子的长袍，罩着一件黑色的铁机缎的小背心，歪戴了一定圆形的瓜皮帽。（郁达夫《秋柳》）

（9）Indian corn，珍珠米。（杨少坪《增广英字指南》卷四）

（10）揭下者即为玻璃纸，可盖于已有之图上。（徐建寅《欧游杂录》）

（11）再望西去，过一重门，即是一个蝴蝶厅。（刘鹗《老残游记》第三回）

观察上述新词，它们当中既有自源词也有他源词，前者如“带鱼、玻璃纸、瓜皮帽”，后者如“杆菌、管足、蝶骨”等。据我们考察，以上所选取的词语即使源自外语，对它们的造词法并不造成影响。[①] 以“丘疹”为例，它在英语中为“papula”，该词并不是复合词，从结构上难以拆分，而且词内也没有前后缀，所以“丘疹”并非是“papula”的仿译形式，而是利用汉语造词法重新造出的新词。与英语相比，汉语造词更形象化，把这种疹子比喻成像小丘一般突起。

从新词的语义来看，以上词语中很多都集中在动植物及医学领域。究其原因，无疑是受到当时西学引入的影响。举例来说，近代西医学是在化学、生物学、解剖学的基础上发展出的全新学科，其中需要的实验器材，例如显微镜的出现也是其发展的重要因素，这使得人们对动植物（微生物）有了新的认识。具体来说，像例（1）中列举了耳朵里的四种耳骨，全部采用比喻造词的方式，非常形象生动，这也使得人们更易于理解和贴近抽象枯燥的自然科学。再如“杆菌”“管足”等，都是基于西方精密仪器观测的基础上造出的新词，像“杆菌”是“一种形状如杆的细菌”，由于大小仅为几微米，只能用精密仪器才能观测得到，所以在近代西医未传入之前，在汉语系统中也不会出现这类表生物的词语。

从语素的特点来看，这些词的正语素大多是本土固有的常见事物，如

① 如果汉语词是对英语词的仿译，即使体现了比喻的因素，由于它不属于汉语造词法，我们的考察会将这类词语排除。

“骨”“齿”“足”“毛”“鱼”“米”等，偏语素虽然也是名词性，但其语义已发生抽象、泛化。举例来说，“臼齿”中的“臼”是普通名词，本是古代的一种舂米器，如《易·系辞下》：“断木为杵，掘地为臼。”《现代汉语词典》将其释作：“舂米的器具，用石头或木头制成，中部凹下。”作为事物名词，它的语义中包含多个要素：其一，功用（舂米所用）；其二，材质（石头或木制）；其三，形状（中部凹下）。这些要素在“臼”与后语素“齿”结合的过程中所起到的作用是不一样的。有学者曾提出“凸显度”的概念，它指的是“名词所激活目标区域的本质结构的显著程度”①，换句话说，在语素结合的过程中，名词性语素“齿”决定了“臼”的哪个属性更为凸显。牙齿作为普通事物，其形状本是一目了然的，“臼齿”这种表面略微凹下的形状恰与“臼”的形状相吻合，所以这也是“臼”最凸显的特性。同时，“臼”的主要功能为“研磨”，我们知道，人类牙齿有几种功能分类，除了能咬碎食物的门牙和犬牙外，还有能咀嚼食物的“磨牙”（即臼齿），所以“臼”的功用属性也得到了凸显，这也是名词性语素“臼”能与“齿”相结合的另一个重要原因。以上其他比喻式复合词的形成也基本类似，很多都是凸显了其修饰性语素表形状、样貌等的因素，如“球茎”其形状如球，“马镫骨”是骨头形似“马镫”。此外，还有的语素可以出现在多个词形中作本体或喻体，例如“蝴蝶”，由于其形体特点很鲜明，因而除了例（11）的蝴蝶厅，此期还出现了“蝴蝶履”，指的是清代艺妓所穿的蝴蝶式的鞋子。②

从词语产生来源看，有的词例是由古汉语中的短语简缩而来，像例（7）中直接指明了“带鱼”的得名之由，即“形状如带”，我们在元朝《南海志》卷七中找到这样的语句：“腰带鱼、沙钻鱼、针鱼、曹白鱼”，从“腰带鱼”到“带鱼”，我们也可以大致看出该词形成的轨迹。再如“马镫骨”，今天多作“镫骨”，可见也是经过适当简缩而形成的。

对此类词有时要作相对灵活的理解，比如“瓜皮帽”，指的是帽子的

---

① 黄洁：《名名复合词内部语义关系多样性的认知理据》，《语言教学与研究》2008年第6期。

② 清末民初还出现了“蝴蝶骨”一词，它从词形上来看，与“蝴蝶厅”“蝴蝶履”类似，但它源自英语“sphenoid”，该词在英语中的词源由“spheno-”（楔形、蝶骨）+“-oid”（意为……样的，……状的，如……的）构成，因而蝴蝶骨实则是对英语词的仿译，不属于我们的考察范围。

形状像半个西瓜皮而非整个西瓜，“蜂腰”是指腰细如蜜蜂的腰，而并非像蜜蜂。

B. 整体非形体相似

这种类型的本体喻体在性质、功能等方面具有相似性，相对来说数量较少。例如：

(12) 各种台式后膛炮，实心弹、开花弹、子母弹，或钢模，或木雕……（张大镛《日本武学兵队纪略》）

(13) 又有大小各磋铁椎、老虎钳、手钳、风箱、砂皮、酒准、小钉等物。(傅兰雅辑《格致汇编》第一册)

(14) 虹吸管，其管弯而一端长一端短，用时将短端置流质内，于长端以口吸之，至流质吸满，则能自流不息，尽而后已。(傅兰雅辑《格致汇编》第三册)

这种类型虽然词例不多，但都颇具特色，我们一一进行分析。首先来看例（12），“开花弹”和“子母弹”均在晚清开始出现，属于军事词汇，它们也是由比喻造词而产生的新词。与上类不同的是，并非说“弹”的形状像“开花”或“子母”，其修饰语素更多是从弹药的性质和功用角度切入的。“开花弹”（又名“榴弹”），其学名应为“达姆弹”。[①] 之所以用“开花”来比喻弹药，是因为它杀伤力很大，射入人体后弹头会“开花”，造成小孔进大孔出的喇叭形伤口，或者射入人头部会使脑袋“开花”，因而得名。[②] 我们在民国三十八年出版的《刑事警察科学知识全书》中找到这样一段话：“此外欧洲尚有一件命案，尸体发现时已腐烂，尸身上出现许多洞，似为开花弹所伤之形状，一般人皆疑为开花弹炸伤之痕迹……”[③]

再看“子母弹”，它又称“榴霰弹”，张士瀛《地球韵言》卷三：“子母弹内聚小弹，利于击人。”由此可以看出“子母弹”的特性。说得更具体些，我们可以把子母弹的弹体看作母体，而其中的小炸弹则为

---

① 达姆弹（dumdums），英国制造的一种枪弹。因由印度加尔各答附近一个叫达姆的地方兵工厂生产而得名。

② 转引自何静华、形继祖《兵器面面观》，广州出版社 2003 年版，第 59 页。

③ 冯文尧：《刑事警察科学知识全书》，世界书局 1949 年版，第 41 页。

“子炸弹”，在性质上类似“母子”的关系，这也是用“子母”来修饰“弹”的原因。我们选取了商务印书馆1934年发行的《军械制造》（第二版）中关于“开花弹”和“子母弹”的图片，可以更形象地认识到这一点。

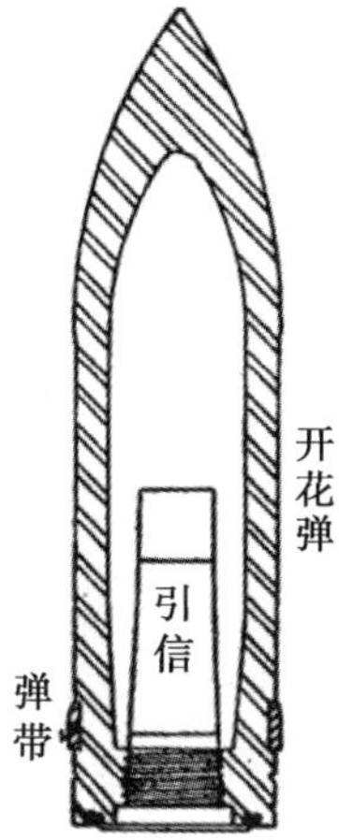

图一　开花弹构造

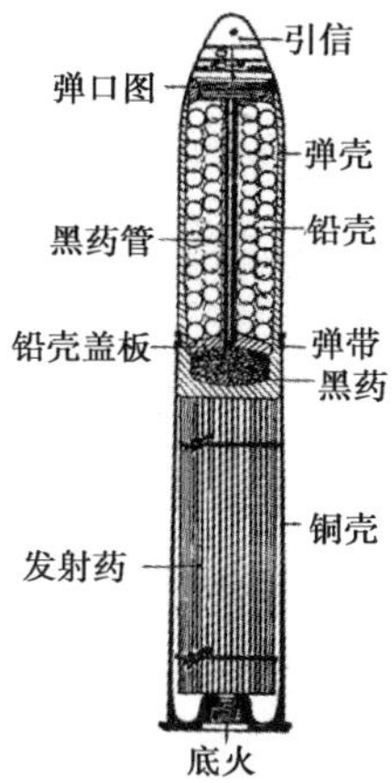

图二　子母弹构造

“子母弹”与“开花弹”相比，一个是“榴霰弹”，一个是“榴弹”，前者多了一个“霰”字。“霰”在古汉语中本指“白色不透明的球形或圆锥形小冰粒”，后用在军事术语中，如“霰弹”，之所以有这样的用法，是因为二者有共通性，即都由小粒组成，只不过一个是冰粒，一个是弹粒。

“老虎钳”也是从功用的角度进行比喻造词的，这种钳子又被称作“钢丝钳”，钳口有刃，一般多用来起钉子或夹断钉子和铁丝。由于老虎也有利齿且能咬断坚硬的食物，所以从功用角度来说，它的作用恰与“老虎”啮咬一致，因而用“老虎”做喻体来修饰本体“钳”。

我们再看例（14）中的“虹吸管”，从例句中我们已对该事物有了大致的认识，“虹吸”其实是古代的一种灌溉工具，在该词未出现以前，古人早已懂得了利用虹吸原理而制造虹吸管。例如，范晔《后汉书》卷七八：“又作翻车渴乌，施于桥东，用洒南北郊路，以省百姓洒道之费。”其中“翻车”释曰“设机车以饮水”，“渴乌”则为曲筒，以气引水上也。这就是虹吸管的雏形。再如苏轼《东坡志林》卷四：“又以竹之差小者出入井中为桶，无底而窍其上，悬熟皮数寸，出入水中，气自呼吸而启闭之，一筒致水数斗。”文中虽没有说出事物的具体名称，但对这种利用负压的装置和原理说得很清楚。此外，宋曾公亮《武经总要》卷十二：“唧筒，用长竹，下开窍，以絮裹水杆，自窍唧水。”可以看出，这里所说的“唧筒”与苏轼所说同为一物。晚清时期这种利用虹吸现象的事物又有了新名称，如《儿女英雄传》第三十回：“就是掣酒的那个酒掣子，俗名叫作‘过山龙’，又叫‘倒流儿’。因这件东西从那头把酒掣出来，绕个弯儿注到这头儿去，如同人的滑串流口，虽是无稽之谈，可以从他口里绕着弯儿说到人心里去，所以叫作‘滑稽’。”这里的“过山龙”其实也是虹吸管的一种。

“虹吸”一词正式出现当在明代，《古今图书集成·考工》：“田高水下，苦难逆灌，爰制引器，用利高田。厥器凡二，一名虹吸，一名鹤引。虹吸引之既通，不假人力而昼夜自常运矣。”之所以把这种器具命名为“虹吸”，是因为“虹”在古代素有与“吸水、饮水”相关的典故和传说。例如罗振玉《殷墟书契菁华》有卜辞云：“王占云：有祟，八月庚戌，……昃，并有出虹，自北饮于河。”可见，先秦时期便有这样的用例存在。再如《汉书·北王旦传》：“是时天雨，虹下属宫中，饮井水，井水竭。”沈括《梦溪笔谈·异事》：“世传虹能入溪涧饮水，信然……虹两头皆垂涧中。”从后世的发展来看，虹饮水的范围逐渐扩大，可以饮井、饮溪涧等。关于“虹饮水”的说法一直流传至今，正如郭沫若所说：“吾蜀乡人至今犹有虹有首饮水之说。”① 由此可以看出，“虹饮、虹吸”的组合是有一定理据支撑的。古诗中也经常有这样形象的描绘，如乔吉《双调水仙子·重观瀑布》：“似白虹饮涧，玉龙下山，晴雪飞滩。”再如汪文桂《香槎歌》：“长虹吸川鲸掣海，一饮数斗何嫌馋。”无论是长虹吸水，还是鲸鱼吞海，由于经常出现且使用频率较高，因而逐渐简缩成了“虹吸、鲸吞”。再看《古今图书集成》中出现的“鹤引”，它指的也是古代灌溉工具，与“虹吸”都有长的弯形，只不过一个是“彩虹”，一个是“鹤嘴”，如果从动作性来说，均采用的是负压吸水的原理，所以它与“虹吸”无论在功用还是造词上都是基本一致的，可见古人在命名时善用这种有形象色彩的方式。“虹吸管”大约在晚清时期出现，属于本体喻体整体相似的类型。

---

① 郭沫若：《卜辞通纂》，科学出版社 1963 年版，第 86 页。

此外，清末民初还出现了“橄榄绿”“橄榄球”二词。其中前者源自对英语“olive green”的仿译，后者是本土自造词，如王云五《英汉对照百科名汇》：“Football，Rugby，橄榄球。”虽然来源不同，但从其造词本质来看，都是采用了比喻的修辞。“橄榄”《现汉》释为：“常绿乔木，羽状复叶，小叶长椭圆形，花白色，果实长椭圆形，两端稍尖，绿色，可以吃，也可入药。”这个义项也包含了多个要素，除去基本属性、功用，还有形状（果实长椭圆形，两端稍尖）以及颜色（绿色），从它参与构词的情况来看，“橄榄绿”和“橄榄球”分别凸显了橄榄的形状和颜色属性。可见，虽然同是比喻结构，喻体名词被凸显的属性要依据本体名词而定。换句话说，两个构词语素的联想距离越近，则越容易结合成词。由这一特点也决定了二词在类型上的不同，“橄榄球”是本体喻体整体形体相似，“橄榄绿”则是整体非形体相似。

除此以外，此类还包括“处女地、处女作”，分别喻指“未开垦的地”以及“第一部作品”，它们在后文的词义章节还有详释，这里暂不赘述。

（2）本体喻体部分相似

这种类型指的是本体喻体仅在某个部分有相似性，并非整体相似，这类一般都属于形体部分相似，相对来说数量不算太多。例如：

（15）眼镜蛇：有毒蛇之一种，产于印度、埃及、台湾，体大于黄领蛇，颈部有如眼镜之斑纹。（彭世芳《博物词典》）

（16）船头有铁锥，极锋利，可以撞击敌船，西语谓之兰母，译言牧羊，喻羊之以头触物也。华人谓之蚊子船。（黄遵宪《日本国志》卷二十五）

（17）蜂巢胃，Reticulum。（彭世芳《博物词典》）

（18）黄文汉看两个菜碟内，一碟松花蛋，一碟火腿，忙起身笑道：“更完全是中国式了。”（不肖生《留东外史》第八十章）

（19）宜以打猎，名曰猎狗；其毛如狮子形者，曰狮子狗。（《中西工艺制造百科全书》第十一篇）

以上词例的本体喻体均在某一部分具有相似性，我们分别说明。“眼镜蛇”并非“蛇”长得像“眼镜”，而是由于它发怒时，颈部会高度膨胀，扁起来，此时会在眼镜蛇的颈部背后看到一个明显的眼睛状的花纹，和人戴的眼镜很相似，因而“眼镜蛇”其实是指其后颈部花纹像“眼镜”，因而属于部分相似。“蚊子船”是一种撞角军舰，由于船头装有撞毁敌船的突出物，所以它的船前部的形态很类似于蚊子的“喙”（一种刺吸式口器），因而取了这样一个形象的名称。再看“蜂巢胃”，它指的是反刍动物的胃的第二部分，这段胃的内壁上有蜂窝状的组织，因而称其为“蜂巢胃”，这也属于部分相似的例子。与该词同义的还有“网胃”，从形态来说与“蜂巢”是类似的，都是中空且带有细小网格的结构。最后看“松花蛋”，它是用石灰、黏土、盐水、稻壳等搅匀，包在鸭蛋或鸡蛋的壳上，使之凝固变味而制成的蛋。“松花蛋”也是部分相似的例子，因为并非“蛋”像松花，而是做好的蛋上呈现的花纹像松针形，因而叫作“松花蛋”。该词可省称为“松花”，如 1917 年徐珂《清稗类钞·饮食类·京师食品》：“皮蛋，曰松花。”

2. 本体在前

这种类型的复合词曾引起一些学者的关注，但看法不尽相同，例如有的学者提出这是一种“逆序”结构，如周荐称其为“逆序定中式”①，还有学者则认为这是一种正常的偏正式，如袁毓林、王洪君②等。如果从比喻造词的角度来看，它相对“喻体在前”来说，数量要少一些，这可能与“喻体在前”结构更接近汉语中的偏正式有关，此类一般也是形体相似。由于这类词中起到修饰作用的均为后语素，也是喻体语素，因而根据其性质不同，我们分为以下几类进行说明。为了便于说明，我们把本体语素称为语素 A，喻体语素称为语素 B，由它们构成的复合词为 AB 式。

第一类：

(20) 有一天，他忽想起杭州的豆腐脑十分有味，第二天便吩咐钱厨子做一碗豆腐脑。(许啸天《清代宫廷艳史》第三十五回)

(21) Panda，an Indian bear or the Himalayas，西马拉山中之熊猫。(颜惠庆《英华大辞典》)

(22) 盖狗之族，其曰豺狗者豺也，曰毛狗者狼也。（屈大均

① 周荐：《语素逆序的现代汉语复合词》，《逻辑与语言学习》1991 年第 5 期。

② 详细内容请参见袁毓林《论句法的强制性——从一类 N1N2 名词的句法语义分析展开》，《汉语学习》1988 年第 3 期；王洪君《“逆序定中”辨析》，《汉语学习》1999 年第 4 期。

《广东新语》卷二十一）

这类词的结构很不能产，几乎没有由此产生过新词，从语义上来说，它们均可理解为“像B一样的A”，例如“豺狗”即为像狗一样的豺，这从例（22）中也能清楚地看出。它们之所以很不能产，是因为B语素主要从形体上对A进行修饰，而这种对应是很独特的，有时甚至是唯一的，所以语素AB的结合需要很多限制条件。我们以“豆腐脑”为例，“脑”《现代汉语词典》释为“动物中枢神经的主要部分，位于头部。”从释义可以看出，“脑”这个词主要强调的是其功用特性。卓然《故都食物百咏》：“豆腐新鲜卤汁肥，一瓯隽味趁朝晖。分明细嫩真同脑，食罢居然鼓腹归。”[①] 从句中可以看出，这是用“脑”的外形属性来修饰“豆腐”，把豆腐软嫩白滑的样貌比喻成“脑”，而外形属性恰恰不是“脑”的本质属性，因而二者结合具有很大的限制性，“熊猫”[②]“豺狗”与之类似，这也使得该构式很不能产。

第二类：

此类中的B语素带有一定的形容性，但并没有发展出形容词性，由于数量较多，我们仅列举部分：

电流、电波、电浪（即电波）、电网、胆囊、灯泡、光环、光球、光波、光圈、果酱、奶粉、奶油、卵巢、铁饼、刨花、云马、泪泉、心泉、人潮、学潮、思潮、心潮、工潮、地衣、钢丝、铅丝、骨盆、寒流、脑海

在这些词中，有的B语素虽不是形容词，但如果处于偏正前位，其形容性较强。例如“流”，它本指水或其他液体移动，作为修饰性语素，可以构成“流言、流说”等词，此时“流”带有“流动的，虚浮的”含义。如果处在偏正式后位，此时“流”带有“像水流的东西”的含义，像“电流”即表示“电荷像水流”一般，“X流”比喻结构具有一定的类推性，后世还产生了“寒流、暖流、气流”等词。还有的B语素本身没有形容性，但也会衍生出形象性的描绘色彩。像“囊”本是普通名词，指“袋子”，但由于储存胆汁的器官形如袋子，因而用它做喻体来修饰“胆”，与之类似的还有“精囊、卵巢”等。再如“云马”，在古汉语中

① 卓然：《故都食物百咏》，《正风》1936年第9期。

② “熊猫”在某些方言中仍有“猫熊”的叫法，现在台湾地区仍称作“猫熊”。

曾出现过，如李白《送程刘二侍御兼独孤判官赴安西幕府》："天外飞霜下葱海，火旗云马生光彩。"王琦注："云马，谓马之多似云。"此时"云马"的中心语素为"马"，该词属于"喻前本后"的类型。民国时期该词衍生出新义项，如阿英《盐乡杂信·一九三四年》："湖上的层峰叠峦，上面全有云马奔驰。"此时"云马"指的是"云像马一样飞驰"，其核心语素是"云"，所以当为"本前喻后"的类型。

清末民初以"潮"做喻体语素的词例较多，如"人潮、思潮、学潮、心潮、革命潮"等。"潮"本指海水受日月引力而定时涨落的现象，后引申出新义，可喻指事物如潮水般汹涌起伏。我们曾对"X 潮"结构做过考察，发现即使是同一事物，也可能根据所处的语境不同而展现不同的性质义。[①] 例如潮水既可以"汹涌"又可以"起伏"，在"心潮"一词中，"潮"更侧重描绘心绪不平，起伏不定；而在"人潮、学潮"中，它则强调人或者各种学生运动涌动的状态，因而通常会说"心潮澎湃/起伏""人潮汹涌"等，而不会反过来说。由此也可以看出，"X 潮"与"灯泡、铁饼、胆囊"等词有所不同，后者在比喻造词中可直接凸显其外形因素，例如"铁饼"即"圆饼状的铁"，而"潮"并没有明确突出的外形，在无语境的条件下，很难确定它的性质义，所以只有在语境确定的条件下（即 X 已知），"潮"在比喻造词中的凸显要素才能被确定下来。

第三类：

这类结构从构式角度来说具有很强的能产性。其主要特征是当 B 语素置于偏正前位时，它已是形容词，当它置于偏正后位时，一般可转指名词性事物，例如"干、松、卷"等。我们先看词例：

（23）一碟杏仁飞面野鸡合子，一碟玫瑰核桃蛋卷儿，配上龙井茶。（逍遥子《后红楼梦》第三十回）

（24）再往福利洋行，将外国糖、饼干、水果各色买些。（韩邦庆《海上花列传》第三十八回）

（25）白浪布丁、滨格、猪古辣冰忌廉、葡萄干、香蕉、咖啡……（李伯元《官场现形记》第七回）

（26）一样是火腿；一样是肉松；还有那虾米、鱿鱼丝、卤肫肝

① 徐正考、张烨：《一种结构特殊的偏正式复合名词》，《苏州大学学报》2011 年第 5 期。

等，共是七样。(吴沃尧《劫余灰》)

(27) 这里有庄家送来的鱼松，阳亲家寄来的干鸡脯、虾子鸭羹、糟虾子笋。(邹弢《海上尘天影》第十回)

以上词例中的B语素均有修饰性，如“卷”本有“弯曲”义，可构成“卷发、卷烟”等词，后来它可转指“卷成圆筒状的东西”，做名词时往往有形式标记，可在其后添加“儿”。例如“蛋卷儿”。《大词典》将其释为“由鸡蛋和面粉加适当佐料制成，质较松脆，层卷成圆筒形”，从释义可以看出，它可理解为“卷筒形的鸡蛋类食物”。由于“卷”兼具形容词和名词两种词性，所以它形容色彩强，易于构造出新词，如“发卷儿、烟卷儿”等。再如“肉松”是“松散的绒状的瘦肉制品”，所有带有这种“松散、绒状”特性的食物都可以此命名，因而也可能有“鱼松、虾松、鸡松、鸭松”等。“干”可由形容词转指为“加工制成的干的食品”，其能产性更强，产生了“饼干、葡萄干、菜干、萝卜干、豆腐干、牛肉干”等大量食品类词语。

(二) 借喻造词

借喻造词中不出现本体事物，只出现喻体，通过喻体事物来指称本体。一般来说又可分为整体形体相似和整形非形体相似两种。

1. 整体形体相似

整体形体相似的借喻词语数量较多，我们先列举典型词例再进行分析。例如：

眼球、血球、眼帘、肺泡、肺叶、脑桥、脑室、鼻翼、河槽、河床、牙床、苗床、矿床、心房、刨床、车床、波峰、波谷、草皮、地衣、病灶、耳鼓、脑桥、曳白、枝柯、璇珠、海星、长龙。

这些词例中有的是由一般偏正短语凝结成词，由于人们常用来借喻某种事物，这时候短语就有可能成为借喻词，例如“长龙、曳白、璇珠、枝柯”等。古汉语中已有此类借喻造词法，像南方水果桂圆，由于长得像眼珠，人们美其名曰“龙眼”，得到大众认可以后，“龙眼”便可借来指称这种水果。具体来说，“长龙”是清代中后期出现的一种旧式武器“抬枪”的别称，它是一种重型鸟枪，长1丈左右，其外形类似“长龙”，因而属于借喻造词。再如“曳白”，在古汉语中曾出现过该词形，它本指“卷纸空白，只字未写”，也就是交白卷，由于其具有“空白、白色”等属性，后可借喻为“白色的云气或江水等”，如叶圣陶《火灾·义儿》：“上面有葱绿的丛树，突兀的山石，蓝碧的云天，纡曲曳白的回泉。”再如，“璇珠”喻指“水珠”，“枝柯”喻指“次要的事物”等。

此外，还有一部分词例的偏语素有指别的作用，换句话说，体现借喻因素的主要是后语素，偏语素是把它与其他事物区分开来。举例来说，中古时期出现的“木耳”一词采用的就是借喻造词的方式，由于木耳形似人耳，因而可用“耳”借喻这种类似耳朵的菌类，又由于它生长在木头上，而非真正的耳朵，因而用“木”添加在“耳”前，用以指别。通过观察上述词例，大部分属于此类，而且很多是生理、医学领域的新词，如“眼球、血球、肺泡、肺叶、脑室、脑桥、鼻翼”等。

限于篇幅，我们简单分析几例。像“眼球、血球”，其中后语素“球”本是普通名词，中古时期同“毬”，指的是古代一种游戏用具，后来可以泛指“圆球形的物体”。“眼球”是视觉器官的主要部分，眼睛还包括眼内腔、眼角膜、眼副器等，所以并非“眼睛”像“球形”，而是“眼睛中的球形器官”，可见偏语素“眼”主要起到指别作用。再看“血球”，血细胞（红细胞和白细胞）均呈圆球状，为了强调是“血液”中的，因而在“球”前添加指别语素“血”。再比方说“河床、牙床、苗床、矿床”这一组词，“床”《说文》释曰“安身之坐者”，也就是让身体安稳之义，由此引申出“使稳定的承托物”的含义，其实就是物体的底部，例如李时珍《本草纲目·金石三·甘砂》：“土人采之，穴地数十尺，始见其苗，乃白石耳，谓之朱砂床。”这里指的就是朱砂矿的基部。后世“床”在此基础上，可喻指“某些像床的承载物”“某些像床的地面”（《现代汉语词典》），前面的偏语素则有指别的作用。如“牙床”《中华大词典》释曰：“凡荐居物下者，多谓之床，如乘齿牙之骨日牙床。”“河床”指的是“河的像床的东西”，实际上就是河流底部，两岸间流水的部分，“矿床”则是矿藏底部，也就是矿产的聚集地段。由此可看出这种借喻造词模式有着较强的类推性，只要具有整体相似性，就可通过前加指别作用的偏语素构成新词。

2. 整体非形体相似

这种类型主要指在性质、功能等方面有相似性，而非形体相似。我们简单列举几例。

(1) 横眉冷对千夫指，俯首甘为孺子牛。(鲁迅《自嘲》)

(2) 总而言之，不过说是“落水狗”未始不可打，或者简直应该打而已。(鲁迅《坟·论“费厄泼赖”应该缓行》)

(3) 每有无耻棍豪，多置狎邪门巷，遂作莺巢燕垒，顿成柳市花街。(黄六鸿《福惠全书·邮政·逐娼妓》)

(4) 如今皇上作媒给宝二爷娶林姑娘，天天大锣大鼓在这里嚷，宝二爷肚子里怕不明白？(归锄子《红楼梦补》第二十二回)

以上词语有的在古汉语中曾出现过，但后来借喻指其他事物，如“孺子牛”“燕垒”，也有一般短语凝结成词，自产生时便是比喻词，如“落水狗”。具体来说，“孺子牛”早在春秋时期便已出现，如《左传·哀公六年》：“女忘君之为孺子牛而折其齿乎？”这说的是春秋时期齐景公与其庶子荼嬉戏，他装牛伏在地上，荼坐在他背上前行，结果荼不小心摔倒掉地，把齐景公的牙齿挂折了。可以看出，此句中的“孺子牛”结构松散，并没有凝固成一个词，民国时期该词可以借喻指“甘为人民服务的人”，就如同孺子牛一般，一直趴伏在地上鞠躬尽瘁，带有褒义色彩。今天该词仍在使用，基本都使用其比喻义。与“孺子牛”类似的还有“沙牛”，它本指黄牛，后也可借喻指“忠实诚恳为别人服务的人”，如聂绀弩作于1938年的《母亲们》中有这样的语句：“那会说话的沙牛，成天推磨，砍柴，烧茶，煮稀饭，煮好了挑到游击队那里去。”显然“沙牛”也是借喻词。“燕垒”本指燕子窝，由于其不甚坚固，在古汉语中就产生了借喻的用法，可喻指“脆弱的据点”，如姜夔《圣宋铙歌吹曲·淮海浊》：“汝胡弗思，与越豨辈；皇威压之，燕垒自碎。”后来它在清代又产生了指代妓院娼馆的新义。古汉语中有“莺莺燕燕”这个成语，它可指春光物候，但也可喻指众多的妻妾或妓女，像今天还有用“流莺”暗指女性的性工作者的用法，因而“莺巢”“燕垒”也成了妓院娼馆的代名词。再看“落水狗”，由于狗落水以后狼狈不堪，所以用其比喻失势的坏人，带有贬义色彩。例（2）中的“落水狗”一词加了引号，也是强化其隐含的喻义，今天常有“痛打落水狗”的用法，它可以比喻成继续打击已经失败的坏人，使其不再死灰复燃。

最后来说“大锣大鼓”。从表面看，它属于联合短语，但由于敲打锣鼓可能引起巨大的声响，因而该词喻指“大肆宣扬”。“大锣大鼓”今天仍在使用，如韩石山《李健吾与阎逢春》一文："他活着的时候又不懂得大锣大鼓地宣传，又不是京、海一带的'红'演员，就这么被人'另'眼看待了。"

除此以外，此期还有几例，如"开倒车"喻指朝着和前进相反的方向行进，"铁饭碗"比喻非常稳固的职位，"放野火"谓造谣捣乱，"水老鼠"喻指船上的小偷，"报屁股"即报纸的附刊（各大日报专载软性文字的一栏）。不过总地来说，此期这种类型数量不多。

二 借代造词

清末民初还有一部分利用"借代"修辞产生的新词，从认知的角度来看，"借代"造词涉及的是一种"接近"和"突显"的关系。"接近"是指在认知上，距离相近的事物容易被看作一个单位，而"突显"则是指人们的注意力更容易观察和记忆事物比较突显的方面。[①] 换句话说，由于事物联想距离较近，人们有时不直接说出所要表达的人或事物，而借用表示事物特征的部分或事物中的部分来称说，其中被替代的叫"本体"，替代的叫"借体"，"本体"不出现，用"借体"来替代，这种方式便是"借代造词法"。常见的借代主要体现为部分代整体或部分代部分。清末民初这类词数量并不算多，我们列举典型词例进行分析。

【蓝皮书】【白皮书】

(1) 西人每岁必有一籍，纪其国之大政大事议院之言论，近世译者名之为蓝皮书。(《皇朝经世文统编》卷六)

(2) 北京政府发行白皮书（关于对德宣战之文件）。(《中华民国史事日志》1918——中华民国七年戊午)

"蓝皮书、白皮书"从表面看是偏正式词语，分别表示不同封皮颜色的书，实际上二者属于借代造词，且是"特征代整体"，分别具有特定的含义。从例（1）可以看出，该词是在对译西语的过程中产生的，某些西方国家（如英国）的政府、议会等公开发表有关政治、外交、财政等重大问题的文件，因其封皮是蓝色的，长此以往便用"蓝皮书"来代指这

① 赵艳芳：《认知语言学概论》，上海外语教育出版社2001年版，第98页。

种政府公文。与之类似，“白皮书”（如美国）也是政府有关重大事务的官方报告书，由其特有的封皮颜色而得名。还有其他国家的政府报告也分别有惯用的颜色，例如法国一般用“黄皮书”[①]，《中法战争 7》中记载了“法国黄皮书”，副标题是“东京事件·一八八四年五月十一日天津专约·北黎案”[②]，可见早在 19 世纪末该词既已出现。除此以外，红色的叫红皮书（如西班牙），灰色的叫灰皮书（如日本），绿色的叫绿皮书（如意大利）。[③]

【皕宋】

(3) 殊不知百年以内之善本，亦寥落如景星。皕宋千元，断非人人所敢居矣。(叶德辉《书林清话》卷九)

“皕”《说文·皕部》释为“二百也”，“皕宋”从表面上看是“二百种宋版书”，可以用来形容宋版书多，如刘成禺《洪宪纪事诗》之一八二：“皕宋图书广海藤，萧然高阁类孤僧。”但实际上，该词是利用“借代造词”而产生的新词，它被用来借指“楼名”，主要利用的是“特征代整体”的方式。究其原因，它是晚清时期陆心源的藏书处（在今浙江省湖州市），陆心源是清末四大藏书家之一，家中藏书众多，号称有宋版书二百也，后来便以“皕宋”指代其藏书的楼名。例（3）中的“千元”指代另一位藏书家吴骞，因为他家中藏有一千部元版书，该词亦为借代造词。

【站笼】

(4) 碰到了打架的，吵嘴的，便不论曲直，一概捉进衙门里，轻则站笼，重则三仙进洞。(李伯元《活地狱》第二十回)

(5) 原来刑杖之中惟有藤鞭最是利害，京津一带惩治青皮都用这个藤鞭，仿佛就和站笼一般。(张春帆《九尾龟》第五十二回)

① 1951 年北京师范大学中国大辞典编纂处编著《学习辞典》第 362 页“黄皮书”词条：法国政府正式公布的文书，封面是黄色的。

② 中国史学会主编：《中法战争 7》，新知识出版社 1955 年版，第 215 页。

③ 北京第二外国语学院国际关系教研室编：《国际问题参考资料》，国际关系教研室 1976 年版，第 117 页。

“站笼”从表面看属于偏正式结构，义为“站立的笼子”，其实它也属于“借代造词”。明清时期曾发明刑具“立枷”，用木笼，顶开圆孔，以束犯人颈部，使昼夜站立致毙。更有甚者于脚下垫物，然后抽去，使之悬空，可见刑罚之残酷。清代以后这种受立枷酷刑的刑罚便称为“站笼”，此时它指的是受刑的动作，这从例（5）中也可以看出。此词是利用工具代指动作行为而产生的。

【巡锡】

（6）曩时海会寺僧传芳巡锡泉州，闻故家黄氏有王书，造门请见。（连横《雅言》）

（7）未几，天下扰乱，于是巡锡印度、缅甸、暹罗、耶婆堤、黑齿诸国。（苏曼殊《绛纱记》）

“巡锡”从表面上看属于动宾结构，实际上它是由借代造词法而产生的佛教词。“锡”在魏晋时期便有代指“锡杖”的用法，如慧皎《高僧传·忘身·释僧群》：“忽有一折翅鸭舒翼当梁，头就唼群。群欲举锡拨之。”“锡杖”是梵语“khakkara”的意译形式，也是比丘十八物之一，《大比丘三千威仪》对它有这样的描述：“杖头状如塔形，为用锡料所造。杖柄应用木竿为之，下端则按装钢鐏，高与眉齐。”由此可见，锡杖主要由其杖头材质而得名。事实上，佛教大约于东汉时期传入中国，当时正是玄学盛行之时，就如同道教文化中道士经常手持尘尾（一种于手柄前端附上兽毛，如马尾麈尾或丝状麻布的工具或器物，一般用作扫除尘迹或驱赶蚊蝇之用）一般，僧人由于行路、乞食或驱虫等都需要锡杖，因此它也成了僧人身份的象征。由此可见，“巡锡”中的“锡”可代指僧人，该词指的是僧人外出布教。事实上，清代以前既有“X 锡”结构，且都采用了借代造词的方式，如“飞锡”指的是“僧人持杖云游”，在某处住下则叫“卓锡”或“挂锡”①。

---

① 明张岱《夜航船》引《高僧传》：“梁武时，宝志爱舒州潜山奇绝，时有方士白鹤道人者亦欲之。帝命二人各以物识其地，得者居之。道人以鹤止处为记，宝志以卓锡处为记。已而，鹤先飞去，忽闻空中锡飞声，遂卓于山麓，而鹤止他处，遂各以所识筑室焉。故称行僧为飞锡，住赠为卓锡，又曰挂锡。”

【花旗】

(8) 我存在花旗银行逐日支取的三万银子，索性拿来再拼一拼。如果输完了，就此封手不赌。(陆士谔《十尾龟》第二十九回)

(9) 凭你是拿花旗白煤代了东洋可介子，也说你是次货，不是碎了，便是潮了，挑剔了多少。(吴趼人《二十年目睹之怪现状》第六二回)

“花旗”从表面看是偏正结构，表义为“带花纹的旗帜”，实则它属于借代造词，可代指“美国”。梁廷枏《海国四说·合省国说》卷一有这样的记载：“来市诸国，其船必入泊番禺县之黄埔。至即于桅上高竖一旗，以自识别。其商居广东省城西门外之十三行后楼，楼外立高杆，亦各横一旗，故见其旗即知何国货至。及开行返国时，即卷除之。杆无横旗，即知某国商已回帆矣。”可见，当时在与外国通航贸易的过程中，常以国旗作为国家的标志。之所以用“花旗”代指美国，是因为其国旗花色类似，徐继畬《瀛寰志略》这样描述：“因其船挂花旗，故粤东呼为花旗国。其旗方幅，红白相间。右角另一小方黑色上以白点绘北斗形。”由此可以看出，由于美国国旗有许多星星、条纹以及红白蓝三种颜色，看起来比较花俏，因而中国人以“花旗”代称，美国人则被称作“花旗人”。至今还有一些国家沿用该名称，如越南常把美国称为“花旗”（越南语：Hoa KỲ/花旗），再如，日本和中国均把美国特产人参称为“花旗参”（日语“かきじん”），美国蜜橘通称“花旗蜜橘”，北美黄杉被称作“花旗松”，以及美国最大的银行之一花旗银行（citibank）等。

【蔻丹】

(10) 吉士牌香烟广告上美女型的脸儿，装上一双长睫毛的大黑眼睛，伸着涂着蔻丹的手指，向汽车招手，汽车杀停了。（张若谷《战争·饮食·男女》）

(11) 那么，买一套精致的“蔻丹”送她罢，买几种“何北甘”化妆品送她罢，想想她近来企慕着什么东西吗？（施蛰存《上元镫》）

“蔻丹”指的是妇女涂染指甲的油。该词产生较晚，直到民国时期才出现，不过在我国早有使用指甲油的历史。早在西汉时期便把朱砂或者胭脂磨成粉末再掺入米粉、铅粉、猪牛动物油脂等辅料调和成糊状涂在指甲上。再如南宋周密《癸辛杂识》有这样的记载：“凤仙花红者，用叶捣碎，入明矾少许在内。先洗净指甲，然后以此敷甲上，用片帛缠定讨夜。初染色淡，连染三五次，其色若胭脂，洗涤不去，可经旬。直至退甲，方渐去之。”晚清富察敦崇《燕京岁时记》：“凤仙花即透骨草，又名指甲草。五月花开之候，闺阁儿女取而捣之，以染指甲，鲜红透骨，经年乃消。”可见，使用凤仙花这种植物染甲的方式在古代蔚然成风，且持续了近千年的时间。直到19世纪德国科学家发明了硝化纤维素，它可以把颜料固定在指甲上，且不溶于水，这使得近代指甲油逐步发展起来。民国时期，外国的指甲油传入中国，其中最为著名的当属美国老牌指甲油(Cutex)，其发明人诺瑟姆·沃伦最早在市场上出售一种化妆用液体表皮清洗剂，五年后，他又率先推出美国最早的指甲油，即“Cutex”。它是由拉丁语中表示“表皮”的词语Cuticle的词首“cut”，加上表示“显露、突出”义的后缀“ex”构成，取其“明艳夺人”之义。[①] 我国引入了这种指甲油并利用音义兼译的方式为其命名为“蔻丹”。“蔻”取“豆蔻”之义，大意说的是如同柔弱美丽的十三四岁的少女一般，“丹”表红色，整个词带给人一种形象的美感，仿佛让人联想起含苞待放的少女，纤纤玉指上的一抹鲜红。我们通过一则当时的广告语或能看出新旧指甲油在我国的变迁：《妇女杂志》1924年9月内附广告中便有这样的广告词“用凤仙花染指甲，为女子修容术之一，由来已久，昔人诗云，金凤花开色更鲜，佳人染得指头丹”。然后，话锋一转“凤仙但能染色而不能修指，未免美中不足，近时科学日精，修容之术，亦日巧，故蔻丹修指用品，遂为女子妆台之密友，其便利功用，远非昔时之凤仙花汁所能及”。这也大大推动了蔻丹指甲油的销售，再加之它名称优美，一时间成了指甲油的代名词。直到今天女士在做美甲时，仍有“蔻丹甲”的叫法，可见蔻丹这个品牌名称早就可以用来指代女士指甲油了。

① 白光、李红主编：《中外著名品牌标识释义辞典》，中国经济出版社2001年版，第140页。

【封笔】

（12）雪姆妈当真一位书画家老前辈，当初倪墨痕先生，就赏识他的，现在封笔了，专替后辈定润例。（网蛛生《人海潮》第十七回）

（13）筹办诸务，俱周详妥协。惟时朕已封笔。（《清实录·高宗纯皇帝实录》）

“封笔”从表面看属于动宾结构，实际上它也是利用借代而形成的新词。我们知道，早在先秦时期中国就已出现了书写工具毛笔，自此以后，虽然毛笔的材质不断更新变化，但它一直是文人墨客书写、绘画的主要工具。正因为文人笔不离手，因而“笔”所构成的词语往往与文采、写作有着密切的关系，例如“笔才”即“写作才能”，王隐《晋书》：“广长口才，虞长笔才，俱少政事。”这里“口才、笔才”对举，分别指在口语和书面语表达方面的才能，与之类似的还有“口诛笔伐”“笔舌”等。再如“笔分”，指“写作的天资禀赋”，“笔生”谓“以书写为业的人”，“笔海”犹“文海”等。由众多“笔X”式词语可以看出，“笔”在长期参与造词的过程中，具有一定的指代作用，古人“提笔”并非“提起笔”这个动作，而是拿笔作文，当然“搁笔”就是中止写作或绘画之义，此义直到民国时期仍在使用，如鲁迅《〈花边文学〉序言》：“我本也可以就此搁笔，但为了赌气，却还是改些作法，换些笔名，托人抄写了去投稿。”“封笔”的语义与“搁笔”类似，代指“文人不再写作”。

【燕兰】

（14）燕兰识字尚聪明，难遣当筵迟暮情。（龚自珍《己亥杂诗》之二三三）

“燕兰”这一词形虽然出现较晚，但早在先秦时期即有与其相关的典故出现，见于《左传·宣公三年》：“初，郑文公有贱妾曰燕姞，梦天使与己兰，曰：‘余为伯儵。余，而祖也，以是为而子。以兰有国香，人服媚之如是。’既而文公见之，与之兰而御之。辞曰：‘妾不才，幸而有子，将不信，敢征兰乎。’公曰：‘诺。’生穆公，名之曰兰。”后世便用“燕梦征兰”作为妇女怀孕生男之典，例如唐元稹《王承宗母吴氏封齐国太夫人制诰》：“（吴氏）鲁文在手，燕梦征兰，道以匡夫，仁而训子。”我们通过汉籍全文检索系统对清至民国的文献进行调查，未发现“燕梦征兰”，而“燕兰”则只出现 1 例。从例（14）可知，这里“燕兰”指代自己的儿子。一方面，“燕兰”属于借代造词，化用人们熟知的典故而指代他义，另一方面，它也源于对“燕梦征兰”的简缩。尤其它产生的语境是在诗句中，受到诗歌字数和格律的限制，可能会使得它在原型的基础上发生简缩。此期该词出现频率极低，也没有保留到今天。

【同砚】

（15）面前却立着合他同砚的一个新安毕生，手里拿着一方界尺，拍的那桌子乱响。（文康《儿女英雄传》序）

“同砚”一词出现较晚，可借指同学。究其原因，它源于“同研”，后者出自《汉书·张安世传》：“彭祖又小与上同席研书。”“同席研书”在古代是一同学习之义，该结构经过简缩变成了“同研”，“研”通“砚”，后世便把“同砚”称为“同学”。另外，由于旧时同学往往共用笔砚，这也可能是“同砚”代指同学的原因之一。此词在清末民初使用频率不高，今已消失。

【摇咕咚】

（16）一个躺在父母跟前的老头子，一个抱在母亲手上的小孩子，是怎样地使我发生不同的感想啊，他们一手都拿着“摇咕咚”。（鲁迅《二十四孝图》）

“摇咕咚”一词的形象色彩很浓，从字面就可大致猜出它是一种摇起来带有咕咚响声的东西。事实上，它就是北京人口中的“小鼓”，类似于“鼗”。朱熹曰：“鼗，小鼓，两旁有耳；持其柄而摇之，则旁耳还自击。”从描述中可以看出，这种“摇咕咚”其实就是拨浪鼓，其声音也的确是咕咚作响。因而，该词属于借代造词，主要以声音特征代指事物本身。不过，从例（16）中“摇咕咚”打引号来看，该词在当时还达不到人所共知的程度。

除了上述通过借代修辞构成的新词以外，还有几例词语在清末民初产生了“借代义”，我们这里一并讨论。

【第三者】

（17）我想我们两人约婚，是我两个私人的事，与第三者绝不相干，哪用得着第三者出来倡反对的论调呢？（不肖生《留东外史续集》第六十章）

“第三者”从表面看指第三人，也就是当事双方以外的一方，不过它在使用中也衍生出了借代义，特指“插足他人家庭，与夫妇中的一方保持不正当男女关系的人”。1925 年吴瑞公译《最新性欲研究：男女交合论》第六章有这样的语句：“男子则富于理性，能分别是非，然性情猛烈，一发而不易制，故其发生惨案，必在当场或一时间，事过境迁，则可无事矣；又其所杀者，必为其恋爱者；于第三者，则不甚仇视之，而自杀者更少概见。”可见，在一夫一妻制国家，婚恋男女双方即为“第一者”和“第二者”，此外任何与当事双方有感情接触的人都属于“第三者”，他对爱情或婚姻肯定会造成不良影响，因而“第三者”就成了插足婚姻的代名词，在使用上带有贬义色彩。现代汉语常说的“小三儿”，指的就是“第三者”。

【胡臭】

（18）吾国因君主专制，胡臭握柄，贿赂公行。（郭孝成《河南革命惨史》）

“胡臭”即“狐臭”，它是一种疾病，是由于腋窝等处的皮肤内汗腺分泌异常而发出的刺鼻臭味，巢元方《诸病源候总论·小儿杂病诸候·狐臭》：“人有血气不和，腋下有如野狐之气，谓之狐臭。”陈寅恪《寒柳堂集·狐臭与胡臭》曾对二词进行考证，认为“胡臭”之“胡”自是胡人之“胡”……疑此腋气本由西胡种人得名，迨西胡人种与华夏民族血统混淆既久之后，即在华人之中亦间有此臭者，倘仍以胡为名，自宜有人疑为不合，因其复似野狐之气，遂改“胡”为“狐”矣。清末民初“胡臭”衍生出了借代义，它成了对清朝统治者的蔑称。究其原因，清末政府腐败无能，面对列强侵略总是一味忍让，割地赔款，因而人们掀起了反清的热潮，其中孙中山在1905年提出的“驱除鞑虏，恢复中华”最为出名，其目的就在于推翻当时由满族所建立的封建王朝，建立由汉族掌握的新政权，恢复中华民族的历史文化传统。其中“同盟会”宣言是这样阐释“驱除鞑虏”的：“今之满洲，本塞外东胡，昔在明朝，屡为边患；后乘中国多事，长驱入关，灭我中国，据我政府，迫我汉人为其奴隶，有不从者，杀戮亿万。我汉人为亡国之民者二百六十年于斯！满洲政府穷凶极恶，今已贯盈，义师所指，覆彼洲汉军人等，如悔司来降者，免其罪；敢有抵抗，杀无赦！汉人有为满奴以作汉奸者，亦如之。”从中可以看出，当时汉人视满族为塞外胡人，认为整个中国是充满“膻腥胡臭”的地方，甚至朝鲜政府私下也称清帝为“胡皇”[①]。这也就不难理解为何用“胡臭”这个特征代指清末统治者了。尤其“胡臭”会令人产生不适，用来形容人往往会有不好的联想，带有一定贬义色彩，也符合当时人们对清帝的鄙夷和厌恶。

【堣夷】

(19) 堣夷不庭，谖以盗言；始自称制，终为陪属。（章炳麟《安君颂》）

“堣夷”这个词形在古汉语中出现过，《说文·土部》：“堣，堣夷，在冀州旸谷。”可见该词在古汉语中曾用作地名。后来衍生出借代义，由于它处于东方海滨，其地理位置与日本类似，因此该词可代指“日本”。“堣夷”仅在清末民初出现过，后世基本没有用例，可见是具有时代特色的词。

【娵隅】

(20) 问君底事事娵隅？我只因贫为所驱。（蔡有守《黄晦闻欲事蕃语口占答之》）

---

① 陆进国：《燕行录》咏北京东岳庙诗抄，《民俗研究》2006年第3期。

（21）略解娵隅称博雅，人言叔宝最风流。（郁达夫《杂感》诗之六）

在古汉语中“娵隅”词形早已出现，如刘义庆《世说新语·排调》：“既饮，揽笔便作一句云：‘娵隅跃清池。’桓问娵隅是何物，答曰：‘蛮名鱼为娵隅。’”可见，古代西南少数民族称“鱼”为“娵隅”。由于少数民族文字多复杂难解，恰如例句中所说，不知“娵隅”为何物，因此便以一个具体的词语借指整个少数民族语言。

【小利】

（22）一只四喜袋不知去向……贾子蛰忙问可是给小利偷了东西去。（蘧园《负曝闲谈》第九回）

（23）那个瞅瞅眼儿。叫小利偷了银子的，如今总不见他。（陈森《品花宝鉴》第十九回）

“小利”一词古已有之，指的是“小利益”，该义直到今天仍在使用，例如“蝇头小利”。后来，明清时期的京城中，出现了“小李”这个名词，作为“小偷”的代称。究其原因，明代藏书家叶盛《水东日记》中有这样的解释：“蜀人以交子贸易，藏腰间，盗善以小刃取之稠人中如己物……此即今京师小李之类。小李云者，意为昔时此贼之首，犹健讼者所云邓思贤耳。”由于邓思贤是诉讼名师，他曾将自己的诉讼经验写成书并传授大众，他也成了“健讼者”的代称，“小李”这一称谓就相当于在说扒手中的首领，数一数二的人物。该词直到清代仍在使用，如元璟《京师百咏》有《小李》诗：“都门喧热名利区，白日奔走良可虞。中有小李善剽窃，如鬼如蜮满路隅。”由于“小利”与“小李”语音相近，且扒手本来也是贪图“小利”才去实施扒窃行为，因而在清末民初“小利”也开始指代扒手，不过使用频率并不高。现代汉语中“小利”的借代义已消失。

【高升】

（24）厂中即施放大高升百枚，百子鞭炮万响，以致敬意。（《“五四”爱国运动资料·上海罢市实录》）

“高升”这个词形古已有之，指的是“旧时对升官晋级者恭贺用的套语”，该义直到清末民初仍在使用，如《广陵潮》第四十七回：“保佑这毕大老爷早早高升，别调优缺。”由语义可知，加官晋爵从根本上来说是“向高处上升”，所以清末民初该词形衍生了新义，可指代“爆竹”。爆竹点燃以后会直飞冲天，这一属性与“升官晋级”较为相似，二者语义相关，因而用“高升”指代爆竹。该义项直到今天仍在使用，如《钟山》1982 年第 2 期：“迎新娘的花轿花花绿绿蛮标致，‘高升’一窜乒乓响。”

第三节 简缩造词

这种类型指的是从较长的原词语中抽取代表性成分组造成一个新的简短的语言单位，用以替代原词语表义的一种造词方法。这种方法古已有之，尤其是佛经中经常可见“数字简缩语”，即以数字加上联合短语中的共有成分或概括语素而造出的缩略词，例如“三界”，它指的是“凡夫生死往来的三种世界”，也就是“欲界、色界、无色界”。这里“三”是确指，从联合短语中提取共同成分“界”，二者结合构成新词，再如“四大、五阴、六衰”等均为典型的佛经缩略词①，这种方法在佛经中的使用如此之普遍，正如颜洽茂所说：“这种缩略之例在汉唐间佛教三藏和解释教义的撰述中不胜枚举。”② 这种造词方法在今天已得到了公认且具有较强的生命力，如郭伏良认为“简缩造词是把词组的形式通过简缩而改造成词的方法”③，再如刁晏斌认为“简缩是汉语新词语产生的重要途径之一”④。清末民初简缩造词的数量虽然不多，但基本上现代汉语中的简缩类型在此期均有出现，且很多词带有较强的时代特色，因而具有重要的研究价值，我们拟从以下几方面分别探讨。

---

① “四大”指的是人身的四大特性，即“地、水、火、风”，它们分别对应了“坚、湿、暖、动”的特点。“五阴”即“五蕴”，这是指人的身心包孕有“色、受、想、行、识”五个要素。“六衰”指的是能衰耗人们真性的六大因素，即“色、声、香、味、触、法”六尘。

② 颜洽茂：《缩略构词补说》，《辽宁师范大学学报》（社会科学版）1984 年第 5 期。

③ 郭伏良：《试论建国后汉语简缩造词的类型与特点》，《汉字文化》1998 年第 4 期。

④ 刁晏斌：《现代汉语史》，福建人民出版社 2006 年版，第 86 页。

一　简缩造词的类型及特点

《五四以来汉语书面语言的变迁和发展》一书中提到了几种常用的简缩形式，例如有省“名”的，如“清华大学—清华”；有省“形”的，如“中国人民解放军—解放军”；有成分共用式，如“指挥员、战斗员—指战员”；有成分抽用式，如“土地改革—土改”；有标数总称式，如“苍蝇、蚊子、老鼠、麻雀—四害”等①。贺国伟把简缩分为四种类型：一是选用多字词语中的若干个代表字作为代表语素，如“科技、扫盲、文史哲”等；二是合并多字词语中的相同部分，如“企事业、进出口、国内外”等；三是取前舍后或取后舍前，如“清华（大学）、商务（印书馆）、（中国南极）长城站”等；四是用数字概括，包括概括多个词语中有代表性的语素后加上数字概括，如“三农（农业、农村、农民）”，以及概括所属性质或类型，如“四书、五谷”等②。在我们的统计范围内，清末民初以上这四种类型均有出现，其中以第一种最为多见，其他几种类型的造词数量均较少。为了便于称说，我们把未缩略前的形式称为“原式”，缩略后的称为“简缩式”，下面结合典型词例进行说明。

（一）简缩词的四种类型

类型一

【托派】

(1) 认为中国已经走上资本主义道路，反帝、反封建的任务应由中国资产阶级来担任。这是托派。(茅盾《子夜》后记)

“托派”是“托洛茨基派”的缩略形式，其中“托洛茨基”是人名。一般来说，对外国人的简称往往以其译名的第一个字为代表，如“莎士比亚”可简称为“莎翁”，因而“托派”即选取了“托洛茨基”中有代表性的“托”字，后加语素“派”构成，属于简缩造词。该词在20世纪

① 北京师范学院中文系汉语教研组编著：《五四以来汉语书面语言的变迁和发展》，商务印书馆1959年版，第118页。

② 贺国伟：《汉语词语的产生与定型》，上海辞书出版社2003年版，第111—119页。

30 年代左右较为盛行，其产生背景与苏联的国内斗争有关。自 1924 年革命导师列宁逝世以后，联共党内出现了派系斗争，经过三年的斗争，苏共中央终于在 1927 年将托洛茨基等“联合反对派”清除出党，从此该派在苏联国内已没有市场，于是他们把阵地转到各国共产党内，以扩散他们的影响。1925—1927 年，中国共产党为了培养干部，派了一批党员到苏联专门学习，当时的中山大学校长拉狄克是托派中有名的人物，而且其请来的教授也多数是托派，一部分中国留学生渐渐受到了其影响，对托洛茨基逐渐由钦佩发展到信仰。这部分人回国以后，就着手组织了几个托派小组织，如以陈独秀为代表的机会主义者便采取了托派的政治主张，这些组织也被称为“托陈取消派”①。事实上，该词也属于“简缩造词”，“托陈”即“托洛茨基”和“陈独秀”合流的产物，“取消”的实质是“取消列宁主义左翼思想”。当然，随着中国革命取得全国胜利以后，中国“托派”已基本瓦解，该词不再使用。

【县苏】

> （2）所谓政府机关一百人，是指新的县苏维埃，城区苏维埃两个机关（四十人），加上县苏赤卫队，不是指的旧政府。（毛泽东《寻乌调查》）

“县苏”是“县苏维埃政府”的缩略形式，其中“苏维埃”源自俄语“совет”，是英语“soviet”的音译形式，义为“代表会议”。俄国十月革命以后，“苏维埃”成为俄国新型政权的标志，它在共产党的领导下，不仅可以立法，还可直接派生行政机构。受到苏联共产主义的影响，中国在 20 世纪 20 年代中后期开始，逐渐以建立苏维埃政权作为中心任务，例如 1927 年 9 月 19 日中共中央临时政治局通过的《关于“左派国民党”及苏维埃口号问题决议案》中明确提出“现在的任务不仅宣传苏维埃的思想，并且在革命斗争新的高潮中应成立苏维埃”②。此后，革命根据地的工农民主政权通称苏维埃政府。“苏维埃”一词在当时非常盛行，由于其使用频率较高，它的首字“苏”也从无义音节逐渐转为语素，代

---

① 转引自中国人民政治协商会议全国委员会、文史资料研究委员会、《文史资料选辑》编辑部编《文史资料选辑》第 24 卷第 71 辑，中国文史出版社 1992 年版，第 69 页。

② 同上。

指“苏维埃政权”。语素“苏”在当时有着较强的能产性，而且主要参与简缩造词，如当时的革命根据地就简称为“苏区”。此外，省、市、区、乡也普遍建立了苏维埃政府，它们也被分别命名为“省苏”“市苏”“区苏”“乡苏”，这些词也全部属于缩略词。

【朱毛】

(3) 中央若因别项需要朱毛二人改换工作，望即派遣得力人来。(毛泽东《红军第四军前委给中央的信》)

“朱毛”是“朱德、毛泽东”的简缩形式，它源自我们党第一代领导集体的两位核心成员，以二者的姓氏为代表语素结合而成。我们知道，1928 年 4 月 28 日，由朱德领导的南昌起义的部队以及由毛泽东领导的秋收起义的部队，二者胜利会师，很快就建立了以井冈山为中心的红色政权，“朱毛”也成了红军和那一个革命时代的象征。在当时的历史文献中，该词频繁出现，仅从文献的题目中也可见一斑，如《朱毛红军》《朱毛会师龙市》《十唱朱毛会师》《朱毛鄘县沔渡会师》等，可见“朱毛”在当时已达到人们熟知的程度。有趣的是，由于国民党对朱毛红军恨之入骨，从 1928 年开始，他们大肆使用“赤匪匪首朱毛”“朱毛匪军”等污蔑语句，这让当时很多不明真相的百姓认为红军中有一个非常厉害的人物，他姓“朱”名“毛”，令国民党闻风丧胆。1930 年 7 月 28 日《江西民国日报》刊登了一则消息《鲁总指挥严令缉拿朱毛》，文中直接指明“能击毙朱毛献其首级者，合赏洋五万元，能活捉朱毛捆送来辕者，合赏洋十万元”，甚至连蒋介石也提出要“杀猪拔毛”，由此也能看出“朱毛”在当时有着极大的影响力。

【千把】

(4) 自提镇以至千把，各捐一月薪水，以备赏需。(黄辅辰《戴经堂日钞》)

“千把”源于古代官职，它是“千总”和“把总”的缩略形式。明清时期，各地总兵属下以及明驻守京师三大营、清京师巡捕五营皆设立“把总”一职，属于低级武官。到了明嘉靖中则增置“千总”官职，在当时以功臣担任，以后职权日轻，到了清代则为武职中的下级，仅次于“守备”。这两个词语直到清末民初仍在使用，像鲁迅《呐喊·阿Q正传》中还提到了“老把总”。由于二者均属武官，且等级相近，因而为了便于称说，便从中各取代表语素“千、把”，二者结合成词。值得一提的是，此期文献中同时出现了“千把总”的形式，它属于上文所说“简缩造词”的第二种类型，即合并多字词语中的相同部分“总”而形成缩略词。两种形式相比较，“千把总”的语义要比“千把”明晰一些，所以此期前者的使用频率相对更高，而后者在当时也并未引起混淆或误解，可见它也有一定的使用比例。

【路劫】

(5) 另片奏、奉天省城长发当铺被抢，赃贼未获，并有路劫之案。(《清实录·德宗景皇帝实录》卷四百二十)

(6) 南门当铺明火执仗刀伤事主；东门外路劫，杀死事主少妇车夫，抢去银两首饰衣服。(郭小亭《济公全传》第八十九回)

“路劫”是状中式短语“拦路抢劫”的缩略形式，该短语由两个双音词构成，在简缩的过程中，分别选取了每个双音词的第二个语素作为代表，二者结合而成。值得注意的是，例(6)《济公全传》第八十九回中既出现了“路劫”，也出现了逆序形式“劫路”，如“二位救命，那边有劫路的了”。从二者并存的情况来看，“路劫”这一缩略形式在当时并未完全固定。而且，虽然“劫路”在当时的使用频率并不如“路劫”高，但从今天的用例来看，人们要么采用“劫路”，要么直接称这种行为是“拦路抢劫”，简缩词“路劫”几乎不再出现。

【海派】

(7) 这就叫“海派高僧”，上海地方，非如此交际，简直不能算高僧。(网蛛生《人海潮》第十二回)

(8) 其(严载如)写花卉，亦饶雅韵，殊异于今所谓海派者。(夏敬观《忍古楼词话》)

“海派”一词属多义词，早在清末时期它被应用于戏剧领域，是“上海派京剧”的缩略形式。我们知道，中国京剧历史悠久，其发展中心以北京为主，但在光绪二十年（1894）以前，上海便有了京剧班的足迹。京剧能在此地立足，一方面是由于上海临近安徽，而且是长江下游的海口，与徽班有着较近的渊源，另一方面，京剧的戏码中杂有昆曲，而昆曲的故乡昆山、苏州，与上海近在咫尺①。因为这些原因，京剧不仅在上海站住了脚，而且根据上海观众的口味，形成了独树一帜的“海派”京剧。后来，“海派”一词语义范围扩大，它不局限于京剧风格，而可泛指“上海”的风格或特色。例（7）中《人海潮》著于20世纪20年代，该例前面用“海派高僧”，后面直接提到“上海”，从中可以清晰地看出在当时“海派”语义已发生泛化。此外，文学中也有“海派”这一术语，它特指站在现代都市文明和商业文化的立场上来打量上海，用现代上海人的口气讲述上海故事的文学流派。

除了以上这些典型词例，此期还有一些词语属于该类，限于篇幅，我们用表格形式进行概括：

表五　“类型一”简缩造词情况

缩略式	原式	缩略式	原式
农运	农民运动	电扇	电气风扇、电气扇、电风扇
工运	工人运动	痘苗	牛痘苗
肃反	肃清反革命	劳力	劳动力
辅币	辅助货币	画板	画图板
附小	附属小学	腹膜	腹内腑统膜
附中	附属中学	冰点	冰冻点
初小	初年级小学	臭氧	臭氧气
高师	高等师范	产权	产业权利
高小	高年级小学	磁暴	磁气暴
驼绒	骆驼绒	肺泡	肺气泡
理化	物理化学	沸点	沸腾点
潜艇	潜水艇	磁力	磁气力
螺钉	螺丝钉	磁场	磁力场
螺纹	螺丝纹	选区	选举区域

① 转引自周贻白《中国戏剧史讲座》，中国戏剧出版社1958年版，第238页。

续表

缩略式	原式	缩略式	原式
国联	国际联盟	股票	股份票
邮电	邮政电信	邮车	邮便车
半票	半价票	邮船	邮便船
化肥	化学肥料	振幅	振动幅
磷肥	磷质肥料	扦手	扦子手
飞船	飞行船	保育	保健养育
机枪	机关枪	茶点	茶水和点心
食油	食用油	飞机	飞行机
变星	变光星、变光恒星	机车	机关车
病变	病理变化	财部	财政部
厂商	工厂商店	教部	教育部
电车	电气车、电气行车、电气街车	检厅	检查厅
防线	防御线	信交	信托公司和交易所
产销	生产和销售	白细胞	白血细胞
农工商	农业工业商业	毛细管	毛细血管
保险箱	保险铁箱	胆固醇	胆脂固醇
肺活量	肺活气量	抽水机	抽水机器
吸墨纸	吸墨水纸	有机物	有机化合物
地检厅	地方检察厅	地审厅	地方审判厅

类型二

这种类型在此期并不多见，造词数量相对较少，通常为三音节词。为了一目了然地看出原式和简缩式的关系，我们用表格的形式进行说明。

表六　　“类型二”简缩造词情况

简缩式	原式	合并词语的相同部分	用例
动植物	动物植物	物	近今地学家以各层所藏动植物迹而类分之。（《格致汇编·格物杂说》）
进出口	进口出口	口	进出口货单：绿茶——蛾眉、芽雨、元珠、芝珠、熙春、松萝。（伟烈亚力编《六合丛谈》四）
工商业	工业商业	业	该国工商业情形，无论何人，不能料其能如今日之盛。（1898 年 5 月 30 日《时务报》）

续表

简缩式	原式	合并词语的相同部分	用例
红绿灯	红灯绿灯	灯	东西行的车辆此时正在那里静候指挥交通的红绿灯的命令。（茅盾《子夜》一）
病虫害	病害虫害	害	制造纸盒病虫害标本三十余盒（陈让卿《两年来之四川中心农事试验场》）

类型三

此期这种类型造词数量也很少，在我们统计范围内仅有 13 例，它们绝大多数是“取后舍前”，只有 3 例是“取前舍后”，全部是双音词。其简缩情况见表七。

表七　“类型三”简缩造词情况

简缩式	原式	用例
冰鞋	溜冰鞋	正面高楼，出售茶、酒、加非，并出赁冰鞋。（张德彝《欧美环游记》）
成品	完成品	原料与成品之比较量。（《工商业尺牍偶存》）
一审	第一审	唯任属员取供详解，过堂一审，即为归案了事。（方浚师《蕉轩随录》卷一）
二审	第二审	善言开导免验尸骸，二审口供升堂讯问。（佚名《狄公案》第二十一回）
电筒	手电筒	所用器具有电筒、电管、电堆、电圈。（《清会典》卷一百）
蝶骨	蝴蝶骨	若其形制陵杂，难施统属，如颞颥骨、蝶骨者，则曰不正骨。（周树人《人生象学・本论》）
蜂鸟	蜜蜂鸟	蜂鸟，Humming bird。（《博物词典》）
共管	国际共管	列强对于中国，从前瓜分不成，现在便主张共管。（孙中山《学生当赞成国民会议》）
保儿	马保儿	“希真辞归，将钱开发马保儿，便问那保儿道：“我要买匹好马，但一时好的难遇，你可晓得那里有？”（《荡寇志》第七三回）
警厅	巡警厅	第一日车行所压，毙无数，为警厅所闻，乃令车皆绕道行。（《宾退随笔》）
负电	负电气	有干电、湿电、正电、负电、附电、化电、天空电、地球电、动物电诸类。（《皇朝经世文四编》卷十一学术电学）
药棉	药棉花	我见血流个不止，幸好家中有现成的绷带药棉，就替小姐胡乱裹上了。（不肖生《留东外史续集》第三十三章）
礼拜	礼拜天	二十八日，阴，是日礼拜。（斌椿《乘槎笔记》）

类型四

前文已述，数字简缩词主要分两类，一种是概括多个词语中有代表性语素后加上数字，另一种是概括所属性质或类型，此期该类型的词语虽然不多，但这两种类型均已出现，具体简缩情况参见表八。

表八　“类型四”简缩造词情况

简缩式	原式及说明	用例
五洲	亚洲、欧洲、非洲、澳洲、美洲	统计五洲有声名之国不及一百，自何来且所谓公法者？（傅兰雅《格致汇编》第二册）
二黄	“黄冈、黄陂”清乾隆年间，徽班传入北京，成为京调主体。人们普遍认为它起源于湖北的黄冈、黄陂，因此简缩为“二黄”	自徽班登场而文班减色，京班出而徽班皆唱二黄。（葛元煦《沪游杂记》卷二）
东三省	东北的三个省份，辽宁、吉林、黑龙江的简称	每年到了换班的时候，凡如御前乾清门的那班东三省朋友，那个不羡慕这缺是个发财的利途？（文康《儿女英雄传》第四十回）
五金	金、银、铜、铁、锡	英国之洋布与五金有余，所以能将此各物卖与别国。（《火车与铁路略论》）
三合土	“石灰、沙、碎砖”，它由三种材料混合，石灰、砂和碎砖加水拌和后，经浇灌夯实而成的建筑材料	岛岸有一台以三合土为之无甲护，有炮九尊。（王咏霓《归国日记》）

（二）简缩词的类型特点

针对此期简缩词的类型特点，学者们也做过一些讨论，例如《五四以来汉语书面语言的变迁和发展》一书中指出：“五四以后，在专名复杂化、词组词汇化迅速进行的同时，词组的简缩也就很快地发展起来，成为各种各样的格式，运用得越来越普遍。”① 可以看出，受到当时语言环境的影响，简缩词也愈发多见。事实上，此期简缩词的发展已较为完备，现代汉语中出现的几种类型全部具备，但与以后的各阶段相比，此期简缩词语的使用还不是太多，特别是数字简缩词语用得更少一些。②

此期出现了一些简缩性的政治术语，主要集中在“类型一”中，如

① 引自北京师范学院中文系汉语教研组编著《五四以来汉语书面语言的变迁和发展》，商务印书馆 1959 年版，第 118 页。

② 刁晏斌：《现代汉语史》，福建人民出版社 2006 年版，第 57 页。

“托派、县苏、农运、国联”等。我们知道，中国自鸦片战争之后已沦为半封建半殖民地社会，有识之士都在寻求救国的出路，俄国自 1917 年十月革命胜利以后，为世界各国无产阶级革命、殖民地和半殖民地的解放运动指引了新的道路，中国也开始从俄国汲取各种新思想。可以说，影响我国至深的马克思列宁主义以及共产党的建立，都与“以俄为师”息息相关。由于引入的很多外来词是多音节，如“托洛茨基、苏维埃”等，在读写上费时费力，再加之这些新兴概念本来就很艰涩难懂，如果形式过于复杂，更不利于它们的推广和传播，所以基于这些因素，众多的政治术语在跟其他词语组成新词语时都可能发生缩略而成为更便于识记的简缩形式。

二　此期简缩词的音节特点

简缩词语之所以出现，其根本原因在于未简缩前的形式往往较长，在说和写上比较费时费力，不便交流。因而，缩略后的形式追求精练，音节数较少。清末民初的简缩词语以双音节最为多见，三音节也有用例但总量不多，四音节及以上的简缩式则极少见到。

在我们的统计范围内，此期的简缩模式有以下几种，按照出现的比例多少排列如下。

第一，“四音节→双音节”，如“农民运动→农运、邮政电信→邮电、辅助货币→辅币、物理化学→理化、化学肥料→化肥、工厂商店→厂商”等，这是几种模式中造词数量最多的一种；

第二，“三音节→双音节”，如“溜冰鞋→冰鞋、完成品→成品、第二审→二审、机关枪→机枪、食用油→食油”等，这种模式主要集中在“类型三”中；

第三，“四音节→三音节”，如“动物植物→动植物、进口出口→进出口、白血细胞→白细胞、毛细血管→毛细管”，这种模式主要集中体现在上节所说的“类型二”中；

第四，“五音节→双音节”，例如“肃清反革命→肃反、初年级小学→初小、高年级小学→高小、腹内腑统膜→腹膜”等；

第五，“六音节→三音节”，如“农业工业商业→农工商”，这种模式数量极少，我们仅发现这一例；

这些模式中值得注意的是第二种，即“三音节→双音节”，它的造词数量仅次于“四音节→双音节”，而且，原式和简缩式在音节数上区别不大，因而其繁、简对立并不特别突出，所以它最能体现词汇双音化发展趋向。

原形的音节减少后，有时对整个词义和结构的影响不大，而有时则会破坏整个结构甚至使得词语的理据消失。前者的例子如“痘苗”，它是“牛痘苗”的缩略形式。我们知道，牛痘本是牛身上的一种传染病，由天花病毒所引起。18 世纪末，英国医生詹纳（E. Jenner）发明了牛痘疫苗，通过接种并产生抗体从而抵御病毒的侵袭。这种疫苗只产生于牛身上，换句话说，“牛痘苗”就是“痘苗”，因而即使去掉“牛”字对该词也没有影响。我们再来看影响结构甚至破坏理据的词例，后者的例子如“机枪”，它源于“机关枪”，世界上第一台机关枪是由比利时工程师伐商在 1851 年制造的，传入中国以后，由于它具有按下扳机即连续发射的特点，这与中国古代的“机关”（设有机件一触发便可制动的器械）颇为相似，人们便俗称这种枪为“机关枪”，后简缩为“机枪”。事实上，“机枪”并不等同于“机关枪”，它只是枪中的重要组成部分，这在民国时期的文献中可以找到佐证，如《训练总监部军事讲话》：“气体压力即发生作用、压迫活塞前端，使其后退，以压缩复坐发条，而活塞与诸机关均互相关连，活塞后退，机枪即开。”① 为了更清晰地说明这个问题，我们还在该书中找到了图例，如图三所示。

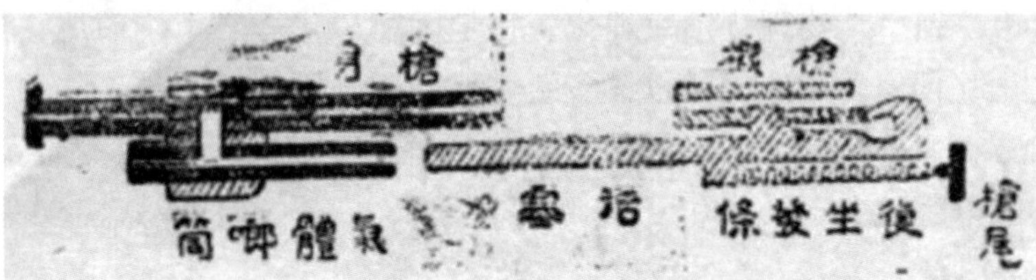

图三　机关枪构造

从上图可知，“机枪”是枪后部的组成部分，它与“机关枪”更类似于部分与整体的关系，因而，“机关枪”经过简缩以后虽然更精练，而且符合双音化趋势，但对词义的理解其实是有干扰作用的。不过，由于

① 引自训练总监部国民军事教育处《训练总监部军事讲话》，公孚印书局 1929 年版，第 144 页。

“机枪”在当时使用频率较高，逐渐成为了一种约定俗成，因而该名称也一直沿用到了今天。

此外，还有的简缩式并非一次成形，其中经历了几次简缩。举例来说，“变星”出现于19世纪中后期，如1876年《格致汇编·互相问答》：“各恒星内有变光大者，有变光小者，有依时而分显与不显，谓之变星。”从例句可知，它实际上就是一种“变光恒星”，所以它的产生即经历了“变光恒星”到“变光星”，“变光星”再到“变星”这两次缩略的过程。再如“电扇”，周仲彝《豪慈儿科学》第三章：“遍身洒之，以扇扇之，随洒随扇，令其水速化气，或扇以电扇亦可。”例句提到了“扇”及“电扇”，前者就是我国传统的“风扇”，它早已出现，就是热天借以生风取凉的用具，如南朝萧子良《净住子净行法门》：“若季夏郁蒸，熇赫炎烈，复须轻絺广室，风扇牙簟。”而“电扇”是由国外传入的新兴事物，它是“利用电动机带动叶片旋转，使空气流动的装置”，与我国的“风扇”有着明显区别，即采用的是“电气”化的方式来驱动，因而，它最早被称为“电气风扇”。后来，由于该事物越来越普及，它的使用频率逐渐增高，从方便交流的角度出发，“电气风扇”发生了简缩，在当时同时有“电气扇”“电风扇”两种缩略形式。后来，三音节词可能受到双音化趋势的影响，又在20世纪初期简缩成了“电扇”，所以“电扇”也是经过两次简缩而成的新词。与之类似的还有“电车”，它也经历了由“电气行车”到“电气车”，再由“电气车”到“电车”这一过程。

三　原式与简缩词的关系

首先，从时间的角度考虑，简缩词的产生必然晚于原式，在历时发展的过程中可能出现以下几种情况：第一种是在某一时期内二者并存；第二种是简缩式流行，原式基本不用；第三种是原式通行，简缩式基本不再使用。

我们对此期的简缩词语进行了考察，发现以第一种情况最为多见，如“机枪—机关枪、螺钉—螺丝钉、半票—半价票、驼绒—骆驼绒、附小—附属小学”等。第二种情况相对较少，可以试想一下，简缩式出现较晚，它要达到大众认可的程度需要一定的时间，在此期间，通常会有一个二者并存的时期。简缩式若完全取代原式，这需要很长的时间以及较高的使用频率，不可能有突变的情况发生。为了对此有进一步的了解，我们利用

"汉籍全文检索系统"对"类型一"中的原式和简缩式进行了考察，发现符合该情况的词例有十余个，它们分别出现的次数如表九所示。

表九 简缩式与原式的出现频率

缩略式	出现次数	原式	出现次数
肃反	3	肃清反革命	1
辅币	11	辅助货币	1
驼绒	27	骆驼绒	10
理化	65	物理化学	10
邮电	53	邮政电信	3
病变	49	病理变化	20
电车	170	电气车、电气行车、电气街车	10/4/0
痘苗	4	牛痘苗	1
农工商	549	农业工业商业	1
机车	34	机关车	5
飞机	65	飞行机	6
扦手	20	扦子手	9

从上表可以看出，有的简缩式在此期已基本取代了原式，如"辅币—辅助货币"，有的简缩式虽然使用频率略高，但彼此相差不大，而且二者出现次数均较少，如"肃反—肃清反革命、痘苗—牛痘苗"等，这样的词例往往出现较晚，从短期的数据还难以看出演变的趋势。相对来说，"类型二"和"类型四"中的原式更有可能被简缩式取代，如"动植物—动物植物、工商业—工业商业、五金—金银铜铁锡"等。这是因为原式基本都是词组，本身也是临时组合，结构较为松散，包括"类型一"中的"农工商"也是如此，其原式是联合式词组"农业工业商业"，若有更为简洁的形式用以表达相同的含义，人们还是倾向于使用简缩式。在我们的考察范围内，第三种情况此期几乎没有出现，或许偶尔有简缩词出现，但在短期内很难达到流行的程度，更多属于创制者的一种临时用法，所以很难说是原式通行，但简缩式已基本不再使用，因为并没有出现二者并存和取代的这一过程。

除此以外，从简缩式与原式的对应角度来看，前者是在后者的基础上产生的，虽然简缩式出现较晚，但它与原式在所指对象和范围上有一致性，因而可以作为原式的替代形式。但是，在实际使用中，二者可能在概念义和色彩义等方面有一定的差异。例如“厂商”，《近现代辞源》将其释为“工厂和商店”①，显然它是一个简缩词。晚清时期该词出现，如《皇朝经世文编》卷八十二：“一遇旱涝，粮食昂贵，厂商停工，则佣作无资以生。”但是，简缩以后该词多指“开工厂的人”，此义项在清末民初更为多用，如《清史稿》卷一二〇：“矿厂丁户，厂员督率厂商、课长及峒长、炉头等编查。”该例中“厂商”与“课长、峒长”等并用，可见此时指代人。

第四节　其他造词法

一　委婉造词

人们在某些场合进行交际，或者为了达成一定的语用目的，往往采取一些曲折的，含蓄的词语间接表达说话者的意图，给不宜当众称说等的事物换一个委婉些的名字，这种造词法就是委婉造词，由其造出的词就是委婉词。这种委婉词的数量在清末民初并不算多，我们结合词例进行说明。

【长生板】

(1) 买了一副百把银子的长生板，越日就殓他去了。(黄世仲《廿载繁华梦》第十二回)

从构词角度来看，“长生板”属于偏正式结构，实则它是利用委婉方式造出的新词，与人们最为忌怕的“死亡”有关，义指“棺材”。古往今来，“长生不老”是人们经久不变的追求，这种文化心理在委婉造词上有比较充分的体现。一种常见的表达方式是“反着说”，而此即为一例。棺材本是人死以后装殓尸体的器具，它本是寿命终结的象征，而这里用“死”相反意思的“长生”来委婉表达，反映的是人们“趋吉避凶”的心理。

① 黄河清：《近现代辞源》，上海辞书出版社 2010 年版，第 85 页。

【瘾君子】

(2) 一班瘾君子吓得屁滚尿流，不吸则瘾发难熬，吸则恐怕差役人室捉拿。(《林公案》第44回)

“瘾君子”属于委婉造词，特指“吸烟或吸毒上瘾的人”。“君子”在古汉语中本是对才德出众的人的美称，该义一直保留到了今天，现在还有“谦谦君子”的说法。但是，晚清时期随着鸦片大量传入，受此毒害、上瘾的人越发增多，很多人因为毒品甚至变得家破人亡。之所以用“君子”来指称这些上瘾的吸毒者，可能是因为中国人委婉、含蓄的文化心理，故意用一种“反话”来命名，从而起到劝诫作用。中国古代有“梁上君子”这一说法，说的是东汉陈寔遇到小偷夜间闯入躲在房梁上，他发现以后便把子孙叫来训诫道：“不善之人未必本恶，习以性成，遂至于此。梁上君子者是矣!”本来小偷应是人人痛恨的对象，这里用梁上的“君子”来指称，带有一种委婉的意味，“瘾君子”的造词机制与此相同。该词今天仍在使用，主要指的是吸毒成瘾的人，带有贬义。

【福寿膏】

(3) 吃得高兴，遂起他个美名，叫做“芙蓉膏”，又叫做“福寿膏”。(彭养鸥《黑籍冤魂》第一回)

清末民初，鸦片这类毒品已经变得十分普遍，尤其第二次鸦片战争以后，中国境内每年有1.45万吨鸦片的产量①，而且由于鸦片种植利润很高，是种植小麦收入的2—4倍，这也使得鸦片流播呈现愈演愈烈之势。当时社会流行客人到来首先点灯吸食鸦片，就如同今天待客招待纸烟一般，家中人人吸毒的情形随处可见。鸦片对人的戕害日益严重，这也导致当时中国陷入更黑暗的深渊中。按理说，这种害人的毒品本该是遭人唾弃的对象，但一方面，当时上瘾难以戒除的人比比皆是，另一方面，当时的清廷“巧妙”地从鸦片的输入贸易中征收高额的鸦片税，这使得鸦片不

① [美] 戴维·考特莱特：《上瘾五百年——瘾品与现代世界的形成》，上海人民出版社2005年版，第31页。

仅屡禁不绝，还成了政府敛财的工具。为了“推销”这种毒品，给它起了一个委婉含蓄的名称，美其名曰“福寿膏”。由于人在吸毒后短期内确实有腾云驾雾、飘飘欲仙的感觉，仿佛能起到“增福添寿”的效果，因此用这个名称似乎能掩盖它的危害。这种造词方式与“瘾君子”类似，都用反义的方式进行命名，因为“福寿膏”不仅不能增福添寿，反而会缩短寿命。除此以外，徐珂《清稗类钞》提到了晚清时期的若干隐语，例如将鸦片称为“云游”，吃鸦片则为“咬云”，再如《黑籍冤魂》中将吸鸦片吐出的烟团称为“烟霞”，民国中期还有人将鸦片婉称为“十一划”[①]，这些都属于委婉造词。从命名可以看出，这些词对毒品都带有一定的“美化”，换句话说，具有一定迷惑人心的作用，从而达到“推销”的目的。当然，20世纪以来，随着鸦片逐渐被禁止，这些名称都已不再使用。

【夜壶】

(4) 新买的马桶，新打的夜壶，都预备在床底下。(文康《儿女英雄传》第三九回)

“壶”为容器名，在日常生活里十分普遍，如盛液体的“茶壶、酒壶”，再如盛某些固体的容器，如“冰壶、鼻烟壶”等。“夜壶”顾名思义，它是夜间使用的容器，也属于委婉造词。分泌与各种排泄物在古代一般都在语言禁忌之列，因为它们往往污秽，会带给人不愉快的生理反应，为了避免这种情况，就要采用委婉的方式进行命名。从古至今，与之类似的委婉词还有很多，如排泄大小便被婉称为“出大恭”“出小恭”“解手”“方便”等。今天，随着抽水马桶的普及，夜壶的使用频率也逐渐降低。

【收房】

(5) 红雯敌若不喜欢他，也不劝老爷收房。(西泠野樵《绘芳录》第七十二回)

① 十一划：鸦片的婉称，由于鸦片俗称烟土，也简称“土”，可拆成十和一。例如沙陆墟《魂断梨园》十七：“周先生，你一人十一划有吗?”

(6) 这碧莲是个大丫头，已经十八岁了，陆观察……已经和他鬼混得不少，就差没有光明正大的收房。(吴趼人《二十年目睹之怪现状》第八四回)

从构词角度来说，“收房”是动宾式结构，它义为“收纳为妾”，属于委婉造词。虽然古代文学作品中经常可见男人“三妻四妾”的说法，但实际上古人纳妾并非易事。如《唐律疏议》第十三：“一夫一妇，不刊之制。有妻更娶，本不成妻。详求理法，止同凡人之坐。”可见，中古时期人们纳妾是要受到法律制裁的。即使到了晚清时期，纳妾仍要受到诸多限制，以晚清名臣曾国藩为例，他在五十一岁时纳妾，由于正值咸丰皇帝死去，大丧期间，他在此时秘密娶了个小妾，受到了知情人的指责，认为他“违制失德莫过于此，实名教罪人之尤”。时人也称他为“伪君子”“伪道学”[①]。可见，对于纳妾这件事，古人没法做到直言不讳地去谈论它，因而便要换用委婉的说法。“房”在古汉语中既可表妻室，也可婉指性行为，例如夫妻成婚之日要“圆房”，再如夫妻间的性生活可用“行房、同房”委婉地表达，“收房”也是如此。

【永终】【大去】【沈眠】

(7) 午后，大行皇帝大殓，十有九龄的天子至此永终。(蔡东藩《慈禧太后演义》第十五回)

(8) 我身体平安，惟膀子疼痛利害，举箸提笔，诸多不便，大约大去之期不远矣。(朱自清《背影》)

(9) 中兴沴诸将，永夜遂沈眠。(章炳麟《狱中闻湘人某被捕有感》)

从构词角度来看，“永终”“大去”“沈眠”的内部结构相同，都为状中式。三者均为委婉造词，语义相同，均为“死”的婉称。求生是人的本能，从古到今，死是人们最忌讳的，它总是给人们带来恐惧和痛苦，因而关于死亡的委婉说法往往是最多的。例如“永终”，人的生命只有一

① 转引自常万里《反经——曾国藩反败为胜的八大策略》，湖南人民出版社 2014 年版，第 192 页。

次，当生命走向终点时，这就是一种“永远”的“终结”。再如“大去”，“去”单用即可委婉地表示“死亡”，例如“他去了”，此用法一直沿用到了今天。用“大”修饰“去”，可作为死的婉称，强调生命永久消逝。“沈眠”是用形象化的手法来表达死亡之义，人死亡的状态就如同陷入了“沉睡”一般。

总的来说，此期关于死亡的委婉词数量不如古汉语多，这一方面是因为在科学落后的旧时代，人们认为疾病和伤残的背后有着某种神秘的力量，是因为得罪了神灵而招致的惩罚，或因招惹凶神而带来的灾难。清末民初，随着医学技术的发达，对于“死亡”“丧事”“死者”等的直陈不再变得讳莫如深；另一方面，古代社会的等级分化明显，皇帝、诸侯、士大夫、老百姓的死亡均有不同的指称形式。此期随着封建制度的逐步瓦解，很多旧的委婉词逐渐消亡，人们不需要创制更多关于死亡的新词。此外，民国中期还出现了一例关于死的委婉词语“翘辫子”，如巴金《第四病室》第七章：“一句话也没有讲过，第二天早晨就翘辫子了。”显然该词比“大去、永终”更口语化，更具有诙谐意味。

【先严】【先慈】【慈躬】

（10）兄弟襁褓时，先严、慈便相继弃养，亏得祖父抚养成人，以有今日。（吴趼人《二十年目睹之怪现状》第七四回）

（11）不知太皇太后慈躬如何了？（吴趼人《痛史》第七回）

“严”表“父亲”，如“家严”即为“家父”。“慈”为“慈母”的省称，该用法古已有之，如王安石《寄虔州江阴二妹》诗：“庶云留汝车，慰我堂上慈。”中国自古便是礼仪之邦，对长辈、先祖有着尊敬和崇拜的文化心理，所以在上古的语言活动中便已出现较为系统的称颂先祖的敬语，如“先王”“显考”“先妣”等，并且一直沿用下来。由于对长辈不便直呼名讳，人们往往会采用一些委婉的敬称，包括对逝世的先人也是如此。例（10）和例（11）中“先严”“先慈”分别指亡父、亡母，“慈躬”是对父母等长辈身体的敬称。另外，例（10）中还出现“弃养”一词，也属于委婉造词，义为“父母逝世”，即父母死亡，子女不得奉养。不过，晚清时期该词语义有所改变，其感情色彩也发生了变化，如《不下带编》卷一：“彼恶子逆孙，丧心弃养，任其父祖之风烛铄灭而弗顾者，真犬彘不食其肉也。”很明显该例中“弃养”是指子孙不赡养父母，带有明显的贬义色彩。

此外，还有一些词在清末民初衍生出委婉义，这里也简单举例说明。

流丹：本指流动着红色，形容色彩飞动。清末民初可指“流血”，如钱谦益《〈李忠文公文水全集〉序》：“为朋友，刚肠热血，流丹化碧。”

破璧：本指击碎玉璧。后喻指女子“破处”，与“完璧”相对。如黄轩祖《游梁琐记·易内奇案》：“况女已破璧，讼亦无益，遂从之。”

二 仿词

仿词是模仿已有词而造出的新词，最常见的情况是以一个单音节的语素为基础，向左或向右扩展，从而形成一个新词，或者说是保留一个原有的语素，而对另外一个语素进行替换，由此形成新词。这种方式主要分为反义仿词和类义仿词两类，总的来说，此期造词数量不算太多，但也颇具特色。下面结合典型词例来分析。

【丘九】

(1) 仿佛五四运动初年，有人拿“丘九”的荣衔加在学生的头上。(陈大慈《花椒》)

(2) 以外，只有家庭社会的一片哭诅声：“不识时务!”“不近人情!”“书呆子!”“丘九!”(许啸天《流氓的哲学》)

“丘九”属于较有时代特色的词，这从例（1）也可以看出，它是在五四运动前后顺应时代潮流而出现的。在此之前，早在中古时期就有“丘八”一词，它是利用委婉造词而生成的，如《续晋阳秋》有这样的记载：“垂是夜梦行路，路穷。顾见孔子墓傍坟有八。觉而心恶之。召占梦者占之，曰：‘行路穷，道尽也，不可行。孔子名丘，‘八’以配‘丘’，此兵字，路必有伏兵。’”可见，“丘八”即“兵”的隐语。清末民初在“丘八”的基础上通过替换其中的数词语素形成了“丘九”，无疑属于仿词。1926年新生命书局出版的《大学杂景》中有这样的语句：“丘八是军阀争地盘的武器，丘九是什么呢？……流氓是一般社会中的打手，丘八是军阀的打手，丘九是谁的打手呢？现在的政治是全有赖于丘八的枪杆子始能维持，社会上的所谓闲人是要赖打手的势力始能立足，所谓教育者宜其也需要打手了。”由这段话可以看出，“丘九”是当时学生的代称。我们知道，五四运动时期，由于对政府的不满，当时社会各阶层人士都怀有和学生一样的激愤之情，并通过各种爱国运动爆发出来。关于士子和丘八之间的关系，有人指出：“士兵天然地就对读书人有敬畏之感，还在晚清时节，士兵们就不大敢轻易进学堂生事，哪怕这个学堂里有革命党需要搜查。进入民国之后，这种军警怕学生的状况，并没有消除。即使有上方的命令，军警在学生面前依然缩手缩脚，怕三怕四。他们尊学生为老爷，说我们是丘八，你们是丘九，比我们大一辈。”[①] 可见，“丘九”中的数词更类似于排行，表示辈分上的等级。值得一提的是，有文人在此基础上进一步仿词，如胡适在中国公学举行的军训典礼上发表演说：“大家都知道当兵的丘八最狠，因为他们有武器；同时学生更狠，因为他们有头脑，有学问，所以人称丘九，今天学生组成了学生军，就变成丘十七，将来救国救民的责任，全在你们这般丘十七身上。”学生本被称作“丘九”，而学生军无疑就等于“丘八+丘九”，因称“丘十七”。虽然“丘十七”多半属于临时修辞的性质，没有流传下来，但也能看出“丘九”在当时流传颇广且很有话题度。

【软货】

(3) 今日所通称为货币者，纯为金属货币，然因交通发达，金属货币，往往有携藏不便之虞，于是轻便纸币 paper money 出焉。前者谓之硬货，hard money，后者谓之软货，soft money。（津村秀松《经济学大意尾纸》）

该例中既出现了“硬货”，又出现了“软货”，后者是在前者基础上经过仿拟构成的新词。上例已对二者进行了比较详尽的解释，硬货即金属铸造的钱币，软货指的是“轻软”的货币，即纸币。事实上，从货币的流通史来看，金属货币更早产生，纸币由于制作成本低，更易拖带与保管，后来逐渐成了代替金属货币执行流通手段的货币。换句话说，没有金属货币就没有纸币，二者在产生上有先后顺序，这在命名上也有所反映。我们在《时务分类文编》卷二十八中发现这样一句话：“银货及纸币之与

① 《北洋时期军警怕学生，称其为“丘九”》凤凰网·历史。

金货，要必有均一价值，故我党现拟，不论其为纸币与为硬货，皆维持使平准也。”该句中，凡是与金属铸币相关的全部使用“X货”，如“银货”“金货”，而且还出现了“纸币”与“硬货”对举的情况，可见二者语义相对，但是该句中并未出现“软货”，或因其产生较晚。事实上，“纸币”一词很早便已出现（我国宋代即有纸币“交子”），而“硬货”一词大概产生于20世纪初，通过汉籍全文检索系统进行统计，该词在清末民初文献中共出现8次，而“软货”则一次也未出现，可见“硬货”应该先出现，且该词在社会较为通行，由于“硬”与“软”是一对反义词，正好与金属铸币和纸币的外在属性相契合，因而“软货”就是由“硬货”类推而来。

【白货】

“白货”是在“黑货”的基础上通过仿词而造出的新词。“黑货”是鸦片的俗称，由于生鸦片呈黑色或棕褐色，因此得名。与此相关，清末民初还出现了“黑籍中人”的说法，义指“吸食鸦片的人”。此期还出现了一部著名的醒世作品《黑籍冤魂》，专门讲述封建大户一家五代由于被鸦片所害，最终家破人亡的悲剧。此外，“黑甜”也可作为鸦片的代称，由于鸦片色黑，加之吸后有快感，因而得名，例如许地山《女儿心》七：“再前便是那抽鸦片的客人，手拿着烟枪，仰面打鼾，烟灯可还未灭，黑甜的气味绕缭四围。”“白货”从颜色上来看，与“黑货”相对，它指代的是另外一种毒品，也就是所谓“毒中之王”的海洛因。它在通常条件下呈白色粉末状，因而也有“白粉、白面儿”的俗称。民国中晚期，还出现了“黑货”与“白货”合称形式“黑白货”，济宁市政协文史资料委员会编纂的《济宁文史资料》第7辑中有这样的语句：“在整个日伪时期，日本帝国主义者，继英国之后，向中国贩卖大烟（鸦片）、白面（海落英）的毒化政策更为猖獗……此外，尚有专门以贩卖‘黑白货’为职业的大毒贩数十人。”

“X点”结构

清末民初出现了众多“X点”结构的词，从造词角度来看，其中有的属于反义仿词，有的属于类义仿词。具体来说，有一部分是受到了日语影响而产生的仿拟词，例如“美点、优点、缺点、劣点”这一组词，其中“美点”属于日源外来词，清末民初的文学作品中该词偶有出现，受其影响，汉语通过类义仿词造出了“优点”，二者义同。有了“优点”，自然就出现与其对立的反义词，古汉语中“优”与“劣”相对，因而“劣点”在仿拟的作用下应运而生。

由于“缺”亦有“缺陷、劣势”的语义，因而“缺点”与“劣点”语义相近。[①] 有关这一组词在后文还会详述，这里搁置不论。除了这组较有特色的“X点”结构词例以外，在当时还出现了其他“X点”结构词，这也是受到仿拟造词的影响，这些词例多数集中于自然科学领域，如“冰点、燃点、沸点、焦点、力点、立脚点、露点[②]、熔点、着火点、支点”等，它们中的绝大多数也保留到了今天。

除此以外，我们再列举几组由仿词而造出的新词，它们共属于同一词族，每个词族中都有一定数量的成员，具有规律性，如：

国立：省立、市立、县立、官立

县苏：省苏、区苏、乡苏、市苏

罢工：罢课、罢市、罢教、罢业、罢学

分校：分厂、分队、分册、分局、分店、分则

盗窃：盗打、盗伐、盗毁、盗记、盗听、盗掘、盗抢

① 日语中没有“缺点”这个词形，与“美点”相对的是“欠点”。

② “露点”《倒序现代汉语词典》第208页释为：含有水汽的湿空气，在气压不变的条件下冷却，使所含的水汽达到饱和状态时的温度叫作露点。

第四章

已有词语意义演变研究

学者们对于词义的界定不尽相同，我们同意有的学者的观点，认为词义应当包括词汇意义、色彩意义和语法意义三个部分[①]，本章我们只涉及词汇意义和色彩意义的分析。

事物的运动是绝对的，而其静止状态是相对的，词义也不例外。清末民初，受到社会剧变和人们思想认识不断深化的影响，除了创制大量新词用来反映社会生活的变迁，还会通过已有词语意义的变化发展来应对社会的高速发展对词语的迫切需求。此期词义的演变发展与其他阶段相比，往往更加复杂、活跃和丰富。

第一节　词汇意义的演变

这里，我们按葛本仪的观点，从"一个词的意义"和"词的一个意义"两个角度展开讨论。[②] 由于讨论的是清末民初这个阶段的词义演变，因而无论是上述哪个角度的研究，其比较的对象都要限于这个时间段内，否则就失去了比较的意义。在工具书的参证上，我们选取了《汉语大词典》、商务印书馆《英华新字典》（1913）、《新尔雅》（1903）、《新名词辞典》（1934）、《辞海》（1936）、《国语辞典》（1937）等多部字词典，它们能较为真实地反映此期词汇的语义及变化，通过不同字词典的对比，也有助于了解词义的历时发展脉络。

---

① 葛本仪：《现代汉语词汇学》，山东人民出版社 2001 年版，第 121 页。

② 同上书，第 183 页。

一　一个词的意义的演变情况

所谓一个词的意义的发展变化，就是指一个词的义项的增多和减少以及相关的消长变化等。[①] 由于词义往往都是由单义向多义发展，因而义项增多一般是最为多见的现象，而义项减少并不是主流趋势，清末民初词的意义演变符合这个规律。

（一）义项的增多

义项的增多表现为同一个词所表示概念、动作行为及性质状态等的增加。同时，新义项的出现不会干扰旧义项，二者可以同时并存，保持各自的独立性。至于一个词如何由本义演变出引申义，学者们对此多有论述，比较新的认识是从认知语言学角度的解释。赵艳芳认为，“（词义）变化的内在机制是‘隐喻和转喻’思维，借助隐喻、转喻，以认知图式为模型发生引申”[②]。概念隐喻理论（Conceptual Metaphor Theory，CMT）由美国语言学家 George Lakoff 和 Mark Johnson 在 1980 年所著《我们赖以生存的隐喻》一书中首先提出，Lakoff 在《当代隐喻理论》一文中系统阐释。其中涉及“始源域”“目标域”和“映射”几个基本概念，隐喻的认知基础在于始源域和目标域之间的相似性，对说话双方而言，目标域（本体）要比始源域（喻体）更为熟悉，从本质上来说，通过隐喻而新增的义项一般都是比喻义。而“转喻”最早出现于修辞学，当甲乙两事物有密切关联时，可用乙事物来取代甲事物。后来，人们认识到除了隐喻以外，转喻也是一种能反映事物之间关系的认知方式，词义也可以靠此方式进行扩展。Lakoff 认为，转喻是发生在同一个理想化认知模型（ICM）中的一个实体与另一个实体的“替代”关系。转喻的主要功能就是在同一个认知域中，用一个范畴去激活另一个范畴，这样后者就得到了突出。[③] 从本质上来说，通过转喻而新增的义项一般都是借代义。结合“隐喻”和“转喻”这两个途径，我们选取有代表性的词例进行分析。

---

① 刁晏斌：《现代汉语史》，福建人民出版社 2006 年版，第 168 页。

② 赵艳芳：《认知语言学概论》，上海外语教育出版社 2001 年版，第 121 页。

③ 转引自高佑梅《语言符号“非任意性”研究——认知语言学框架下的多模态语言分析》，南开大学出版社 2014 年版，第 28 页。

【结晶】

(1) 曹达与食盐同入水成化水曹达，一名结晶曹达，其化水者为苛性曹达，供洗濯之用，如中国胰子。(顾厚焜《日本新政考》卷二)

(2) 盖彼所举者，实为爱之结晶，而非恋爱。爱与恋爱，实大有区别。(吴瑞公《最新性欲研究》第一章)

“结晶”是清末民初产生的新词，在西方自然科学引入之前，人们对一些化学现象缺乏科学、系统的认知，自然也无法产生出相应的词用以描绘例（1）所描述的现象。“结晶”既是物质存在的一种状态，又是对这一过程的描述。在化学领域中，当热的饱和溶液冷却以后，溶质就会以“晶体”的形式析出，这一过程叫作“结晶”，而由其形成的晶体称为“结晶体”，也可省称为“结晶”。20世纪初期该词衍生出新义，由于“结晶”是通过比较复杂的过程凝结而成，除了化学领域外，与其他很多事物也具有相似性，因而此词通过隐喻产生了用于更广范围的表示“珍贵的成果”这一新义项。我们对“汉籍全文检索系统”中清末民初的文献进行考察，发现此词除了用于本义，其比喻义也偶有出现，它既可形容具体事物，如“十月怀胎的结晶”，也可形容抽象事物，如“心血”“创造力”“诗学”“血统”等。相对来说，后者更为多用。从一个词的意义演变来看，“结晶”属于义项的增多。

【悲剧】

(3) 尔时太平洋中二十世纪之天地，悲剧喜剧壮剧惨剧齐鞈鞳。(梁启超《二十世纪太平洋歌》)

(4) 十月一日，以《对岸帝国悲剧》为题，论之曰……(《清议报》十五册《英俄两国协商》)

“悲剧”一词出现较晚，大概到20世纪前后才有用例。它源于西方，是戏剧的主要类型之一，其特征是表现主人公与现实之间不可调和的冲突及其悲惨结局。这种“戏剧”不同于中国传统的“戏曲”，中国戏曲历史悠久，早在汉代就有关于“百戏”的记载，宋代出现了“杂剧”，到了清代，已发展至上百个剧种，像京剧、豫剧、越剧、黄梅戏等都是人们喜闻乐见的传统戏曲剧种。不过，不同文化背景所产生的戏剧形式往往各有特性，所以从严格意义上来说，直到晚清时期中国并没有出现可与西方类比的“悲剧”“喜剧”“正剧”等戏剧形式。纵观19—20世纪多部英汉词典，“tragedy”在早期曾被直译为“苦情的戏、哭戏、悲切之戏、悲哀之戏曲”等，可见在引介这种外来剧种时，本土并没有与之对应的概念。直到20世纪初，1908年颜惠庆《英华大辞典》才首次将其译作“悲剧”，该名称也一直沿用至今。清末民初，“悲剧”一词在本义的基础上衍生出新义，由于这个剧种具有反映“悲惨、悲哀”的特点，而人生中也会有很多悲惨不幸的遭遇，因而利用隐喻的手段使其产生了新义。其实，“悲剧”的比喻义在产生初期也需要语境提示，如《人海潮》第三十四回：“他们都是初涉情场，不知不觉，演成一出悲剧”，再如《御香缥缈录》第十四回：“若是有人把它搬上舞台去的话；必不失为一出可歌，可泣，可叹，可恨的悲剧”。在这些例句中，“悲剧”已隐含比喻义，但它必须与“演出”“舞台”等提示性语句共现，可见其新增的比喻义项并未完全固定下来。不过在今天，该义项已非常普遍，“人生悲剧”“爱情悲剧”等用例比比皆是。“喜剧”与之类似，这里不再赘言。

【暗流】

(5) 大日尔曼主义与大斯拉夫主义二大暗流，冲激摩荡，轧轹不已。(李大钊《警告全国父老书》)

“暗流”一词中古既已出现，如王勃《焦岸早行和陆四》：“复嶂迷晴色，虚严辨暗流。”此句中“暗流”指的是“潜流、伏流”。清末民初该词衍生出了新义，由于暗流带有潜藏、隐蔽且易于流布等特性，所以该词可喻指“潜在的社会动态或思想倾向”。与之类似的还有“潮流”一词，它在此期可喻指“社会变动或发展的趋势”。值得一提的是，“流”在清末民初也增加了新义，这可能与其常用于比喻语境有关，它由“水流”引申出“像水流的东西”这个义项，常见于比喻造词中，如“寒流、暖流、气流、电流”等。

【主力军】

(6) 诸方之变必纷作，而吾主力军既立于不可败，夫然后天下事乃有所凭借，以得所结束。(梁启超《与蔡锷第四书》)

(7) 破坏中国的以工农阶级作主力军的国民革命运动。(李大钊《日本帝国主义最近进攻中国的方略》)

清末民初由于战事频发，所以关于军事、战争的词语也大量产生。“主力军”最早用于军事领域，它指的是“担任作战主力的部队”。由于“主力”不仅在军队中有，在其他领域也会出现，因而该词通过隐喻衍生出新义，喻指“起主要作用的力量”，自然也属于义项增多。从历时发展角度来看，在当时“主力军”多用其本义，而在今天，由于远离战争环境，其比喻义成为主要义项，使用范围也非常广泛。

【寄生虫】

(8) 蝇之传播寄生虫，昔人多未察及。(钟观光《理科通证·动物篇》)

(9) 或以自己的手工劳动与奴隶劳动去竞争；或做社会的寄生虫。(蔡和森《社会进化史》第三篇)

“寄生虫”是伴随着西方生物学、医学传入而出现的新词，它指的是“寄生在别的动物或植物体内或体外的动物”。“寄生”的说法古已有之，在上古即可指“依附于他物而生长的生物”，如《诗·小雅·頍弁》：“茑与女萝，施于松柏”，毛传：“茑，寄生也。”但是，由于很多寄生虫，如“疟原虫、小麦线虫”等，都需要通过显微镜等精密仪器才能观察到，因而在显微镜传入中国以前，本土文献资料中并未出现“寄生虫”这一词形。该词大约在20世纪前后出现，它本用于医学领域，后来通过隐喻手段产生了新义项，喻指“依附别人过活的人”。由于寄生虫主要从寄主中吸取养分，有时还传染疾病，对寄主不利，绝大多数是有害的，所以在实际使用中，此词多表贬义。

由“转喻”产生新义的典型词例

转喻是指当甲事物同乙事物不相类似，但有密切关系时，可以利用这种关系，以乙事物的名称来取代甲事物这样的一种手段。它与上面所说的隐喻有几个重要区别：第一，转喻是基于邻近性，而隐喻是基于相似性；第二，转喻类似于“借代”，而隐喻类似于“比喻”，所以转喻重在指称，而隐喻在于描述；第三，转喻的映射是可以逆转的，例如可以部分代整体，反过来也可以整体代部分，而隐喻是单向的，例如我们可以说“他真是猪”，而不能说“猪像他”。下面我们对由“转喻”产生新义的典型词例具体说明。

【手腕】

(1) 站在地上，一笔一笔的画起来；双脚一进一退的，以补手腕所不及。(吴趼人《二十年目睹之怪现状》第三十七回)

(2) 其行政手腕以及其对矿务的兴革，均为其僚属所钦佩。(伍廷芳《致上海〈字林西报〉》函)

“手腕”一词古已有之，指的是“手和臂连接的部分”，该义项自产生便一直保留到了今天。清末民初，该词通过转喻手段衍生出了新义，可指“手段、伎俩”。该义项在引申之初，由于新义并未固定，可从语境中的提示语句看出其演变轨迹。例如，黄远庸《痛苦之新年》有这样的语句：“有讴歌大借款之成功以为周总长果有旋转乾坤之手腕耶”，该句把从根本上改变了局面比喻成“旋转乾坤”，而“旋转”（此处义为“使之旋转”）需要借助“手腕”的动作和力量，因此句中的“手腕”也可以说还有一定的实义。不过，想要达成旋转乾坤这个目的势必要借助一定的方式手段，因此这里的“手腕”也可以认为已经由实变虚，即代指“手段”。该义在使用中既可为褒义，也可为贬义。前者如例（1），再如叶圣陶《友谊》四曾提到的“艺术手腕”，大致同于“艺术才能”；后者如“两面派手腕”“媚惑手腕”“下等手腕”等①。

【乒乓球】

(3) 一直是琮琮地响着的乒乓球，突然都寂静。(茅盾《虹》六)

① 所列举的“X手腕”词语全部选自汉籍全文检索系统中的文献。

(4) 球类中有足球、篮球、排球、网球、棒球、队球、乒乓球、霍克哥尔龙球等。(钱聘《民众教育纲要》第三章)

乒乓球属于外来事物，最早起源于英国。19 世纪末，几位英国军官发明了这种球类运动，最初是在台子上打网球，后来用空心的塑料球代替了弹性不大的实心球，并用木板代替了网球拍，这种在桌子上进行的球类运动最初也被命名为“table tennis”。它在 20 世纪初期传入中国，人们将其译作“乒乓球”，其本义指的是这种球类运动项目。随着这种运动逐渐普及，“乒乓球”也通过转喻手段衍生出新义，由于在这项运动中，左右翻飞灵活自如的塑料小球是必不可少的，甚至可以说，人们一看到这种独特的小球就能联想到这项体育运动。基于这种相关性，“乒乓球”还可指代“乒乓球运动使用的球”。这点与英语不太一致，英语若想表达此义多用“Ping-pong ball”或“Table-tennis ball”等，而非直接用球类运动本身进行指代。与之类似的还有清末民初出现的新词“橄榄球”，它既可以指这种运动本身又可指运动时使用的球。

【印花】

(5) 王廷极宏丽……产呢羽、绸缎、印花洋布、磁器。(徐继畬《瀛环智略》卷七)

(6) 凡买卖交易，每开一票，均需贴一印花（俗名“人头纸”）。(徐建寅《欧游杂录》)

“印花”在清末民初义项较多，其中之一可指印有图案或花纹的，如“印花布、印花裙、印花绸”等。后来此义项通过转喻手段衍生出新义，可指“印花税票”。这种事物并非本土固有，是在晚清时由西方引入的，特指“由政府出售，规定贴在契约、凭证等上面，作为税款的一种特指印刷品”。之所以用“印花”代指这种印花税票，是因为这种税票上会有鲜明的印花标志，这也是它最为凸显的特征。例如，孙诒让《周礼政要·券税》中有这样的描述：“今西国印花税之法也，其法令民间买国家所制之印花，粘贴各项契券之上，以为纳税之证。”该句中既已说明，这种票据主要是通过“印花”的方式来标明已经纳税。这种税制虽然源于西方，但明确提出和使用“印花税”及“印花税票”的是晚清政府。为了方便起见，清政府将各类税种统统纳入印花税范畴，因而使得它在推广之后迅速发展。图四是民国时期一些常见“印花”的样式：

图四　民国时期印花图样

【铁蹄】

(7) 觉得鸠儿那匹马，如跳丸激矢一般，铁蹄翻飞，轻尘罩地。(叶楚伧《古戍寒笳记》第二十七回)

(8) 张宗昌铁蹄下之财政……张宗昌铁蹄下之军事。(中国国民党山东省党部《张宗昌祸鲁小史》)

“铁蹄”顾名思义，指用铁制成的蹄掌，由于马足下通常都钉有铁掌，因而“铁蹄”可代指马足，例（7）中“铁蹄翻飞”实际就是马足翻飞，形容骏马飞驰的样子。另外，由于铁蹄坚硬无比，与手无寸铁的人相比，力量相差悬殊，因而它还可代指蹂躏弱者的强暴行为。“铁蹄”的这两个义项均是通过转喻产生的，其中后者出现较晚，民国中后期受到帝国主义强权欺凌现实的影响，该义项的使用频率逐渐提高。通过“读秀”学术搜索对民国时期的文献进行粗略统计，发现表蹂躏弱者的强暴行为这一义项在20世纪20年代后期开始多见，且主要见于“铁蹄下的X”这一结构中，如“铁蹄下的歌女”“铁蹄下的杭州”“日军铁蹄下的香港”“铁蹄下的浙河人民”“日本铁蹄下之东省现势”“在罗马的铁蹄下”等。

【看守】

(9) 当时结束，点了一百多人，其余都叫看守山寨，便一齐杀出九松浦。(俞万春《荡寇志》第七十六回)

(10) 本课看守长四人，技手一人，看守十二人，主管全狱用度、营缮、作业事宜。(郭钟秀《东游日记》)

例（9）中的“看守”是联合式动词，义为“看管、看护”。此义中古时期既已出现，一直到清末民初仍在使用，其搭配范围较广，一般的处所名词都可作为其对象。清末民初“看守”还可指对监狱犯人的“监视和管理”，如金保福《扶桑考察笔记》上卷：“壁悬管理人名牌，看守者分上午、下午、夜间三班”。上文提到的这两个动词义项在清末民初均通过转喻衍生出了新义，表“看管、看护”的“看守”可代指“看守XX的人”，类似于今天所说的“门卫”，如鲁迅《南腔北调集·上海的少女》：“公园看守会格外认真的检查入门券。”表“监视和管理（犯人）”的“看守”引申出了“监狱里看管犯人的人”的义项。从历时发展的角度来看，清末民初表“看管犯人的人”的义项，其使用频率相对较低，但在今天，“看守”多半特指监狱看守，其他地方的“看守”一般用“看门人”或“门卫”取代。

【导演】

(11) 你要拍时，尽管在我房间里拍，可以不必另开房间，拍时我还好替你导演。(网蛛生《人海潮》第四十九回)

(12) 但是他们之间却互不通气，并不知道幕后的导演是同一个人。(曹绣君《古今情海·为欢殒生》)

例（11）中的“导演”是动宾结构词，它源于英语中的“direct”，义为“在排演戏剧或拍摄电影、电视时指导表演、布景等”。后来它通过转喻衍生出新义，由于在影视艺术中必须有人负责指导表演的工作，所以使用“导演”这种动作行为来指代担任此项工作的人。这点与英语不太一致，英语是通过在词根的基础上添加表人后缀“-or”构成名词“director”。事实上，在中国戏剧史上，早有人从事类似工作，以前戏班中的班主即身兼此职，但是现代意义上的“导演”是伴随着西方影视艺术的传入才产生的。由于直到19世纪末电影艺术才被法国的卢米埃尔兄弟创造出来，所以“导演”一词出现较晚。不过，它自产生以后便被广泛使用，且一直沿用到今天，成了现代汉语常用词。

此期由动作引申出相应的名词义项的情况较为多见，类似的再如“裁判、参谋、雕塑、总理、教练、教授”等。

（二）义项的减少及消长变化

相比义项增多，这种情况相对较少，尤其在清末民初仅百余年的时间内，要想判断一个词的义项是否彻底消失是比较困难的。不过，一个多义词可能会出现某个常用义项的频率明显减少或者出于某种因素词义有明确的消失趋向，而其他义项变得更为常用，这就属于义项之间的消长变化。我们结合义项的使用频率，适当放宽标准，把义项的减少及消长变化放在一起讨论。

【声浪】

“声浪”一词产生较早，在 19 世纪中后期的几部英汉词典中均将“sound wave”译作“声浪”。由于“波、浪”同义，在 20 世纪初又出现了“声波”一词，如 1909 年周树人《人生象学·本论》：“声波之来，先抵外耳，耳翼使之集合。”虽然“声浪”出现较早，但由于它在清末民初还可喻指“社会上的某种论调或呼声”，如郭沫若《〈戏的念词与诗的朗诵〉序》：“一两年前时常听见的剧本荒的声浪，现在似乎变而为戏场荒、演员荒了。”后来，这一义项成为常用义项，而表声波的这个义项逐渐萎缩，甚至趋于消失，《大词典》释“声浪”为“声波的旧称”，也可见其端倪。

【永岁】

“永岁”一词大约出现于清初文献中，如周亮工《哭车亦仁今始成声》：“家贫期永岁，世乱重生还。”这里义为“长寿”。该词形在 19 世纪中后期产生了新义，中国近代史资料丛刊《太平天国·太平天国官书·太平礼制（八年）》有这样的记载：“王世子臣下呼称‘幼主万岁’；第三子臣下呼称‘光王王三殿下永岁’……以下第六子至百子千子皆仿此类推。”该句中的“永岁”是太平天国时期臣子对天王洪秀全第三子以下的诸子的称呼。众所周知，封建时代臣民对皇帝的专称为“万岁”，太子称为“千岁”，这均源自“千秋万世、永远存在”的吉祥寓意。太平天国作为我国历史上最大规模的农民战争，所建立的政权历时 14 年，并在天京（即南京）建立了都城，直接与清王朝对峙。洪秀全与古代某些在位时间不足百天的君主相比，他作为统治者的时间也相对较长。从这个角度出发，洪秀全将第三子称为“永岁”，甚至规定“百子千子”皆为此名，可见这也是对太平天国能推翻封建王朝建立独立政权的一种美好的希冀。太平天国始于 1851 年，在 1864 年天京陷落则标志彻底失败，“永岁”的新义项是受到特殊历史事件影响而产生的，在该政权消失以后，带有明显的时代特色的新义也一并消失。因此，“永岁”的词义变化属于义项的减少。

【教案】

“教案”这一词形在清初既已出现，且使用频率很高，它特指“因外国教会欺压人民而引起的诉讼案件，也指人民反抗教会欺压而引起的外交事件”。在19世纪后期，天津就曾出现一场震惊中外的教案，起因是1870年天津发生多起儿童失踪案件，加之天气炎热，育婴堂中有三四十名孤儿患病死亡，于是民间开始流传外国修女以育婴堂为幌子，实则绑架杀死孩童作为药材之用。一时间群情激愤，人们已无从分辨真伪，最终矛盾激化，造成多名修女、神父被杀的后果，且焚毁了数间天主教堂以及法国领事馆。中方的处理结果是处死带头的20余人，并赔偿46万两白银。这一教案影响甚广，波及全国，并进一步催生了其他地区教案的发生。可以说，“教案”一词折射出了中国人与西方传教士在接触过程中难以避免的矛盾和冲突。20世纪初，该词又被赋予新义，例如1913年出版的《中华教育学教科书》第62页对“教案”这样解释道：“教案者，表示各科教授之要旨，选择各科应用之材料，以适当之顺序排列之教授细目也。”此时，“教案”成了教育领域的术语。上述两个义项在清末一直并存，后来，前一义项趋于萎缩，逐渐退出现实的使用。从历时发展的角度来看，该词义的变化属于义项减少。

【夜学】

“夜学”这一词形在中古时期既已出现，义为“夜间学习”，此时它为状中式结构，该义一直保留到了晚清时期。随着西式教育的不断普及，该词在清末民初被赋予了新义，指“夜间授课的学校”，属于定中式结构，如郑观应《盛世危言·学校》：“更有文会、夜学、印书会、新闻馆，别有大书院九处，书籍甚富。”不过，此期还出现了与“夜学”同义的“夜校”，如《人海潮》第二十三回：“承东杰一口允承，聘他们担任夜校教员，现在听你一说，如此腐败，还当了得。”除此以外，“夜校”还参与构词，如“工人夜校”“民众夜校”等。由于“夜校”的使用频率、构词能力都相对更强，从语言经济性的角度来看，“夜学”很可能在竞争中处于劣势，并逐渐被前者取代，而事实也确实如此，而这自然也属于该词义项的减少。

以上我们讨论了几个义项减少的词例，还有一些多义词，它们的诸个义项在此期呈现明显的消长变化，以下也举例说明。

【白人】

“白人”这个词形古已有之，可指“皮肤洁白的女子”，如唐代王涯《宫词》：“白人宜著紫衣裳，冠子梳头双眼长”。我们通过“汉籍全文检索系统”对清至民国的1012种文献进行考察，发现该义项一直到清末民初仍偶有使用，如《儿女英雄传》第四十回：“忽然眼前又添了这个一个俏丫鬟，虽说不得‘白人之白’，也犹‘白马之马’”。另外，“白人”在此期还有一个义项，可特指“鬼、白无常”等，如《红楼复梦》第八回：“这一定是个无常鬼……放大胆子急身跑将过去，对着那个白人使劲一脚，只听见惊天动地的一声大响。”从该例句可以明确看出，由于中国神话传说中的“白无常”往往一身白衣，十分阴森可怕，因此“白人”可被用作“白无常”的代称。该义项在清末民初较为常见，在我们的统计范围内，在用到“白人”的67部作品中，表“鬼、白无常”含义的共计8部，但是该义《大词典》并未收录。另外，除却上述两个义项，随着西方殖民侵略以及国门被迫打开，许多非本族人出现在人们的视野中，“白人”被赋予一个新义，即“白种人”。该义项在此期非常多用，共有58部作品采用此义，试举几例。

(1) 力夫道：“只因黑人愚，白人智，所以黑人受白人的凌虐。”(旅生《痴人说梦记》第二十七回)

(2) 白人播殖贪狼策，黄种酸辛贩豕悲！(施士洁《后苏龛合集》卷十一)

(3) 乘危邀击，遂得生俘白人十八名、红毛人一名、黑人十三名、广东汉奸五名。(陆士谔《清朝秘史》第六十五回)

以上例句中“白人”表义相同，与之相应的还有“黑人（黑种人）”“黄种（即黄种人）”“红毛人（荷兰人）”等。从例句可以看出，当时中国人对世界其他种族有着不同的等级看法，虽然白人侵略了我国，是人们憎恶的对象，但同时他也具有高高在上的地位，这可能与其经济、科技、军事力量的强大有关。“黑人”在当时的西方国家地位较低，受到各种欺凌，因而在中国人的观念中，他们经常与“愚蠢、受奴役”相关联。在我们搜集的文献中，对于“黑人”还有“黑奴、黑鬼、乌鬼、黑夷、黑番”等多种称呼，全部带有较强的贬义。此外，从例（2）可知，“黄种”实际指代的是当时中国人，该称呼并非本土固有，最初源于西方的一种偏见和歧视。从18世纪开始，瑞典生物学家林奈首先在《自然系统》中将亚洲人的皮肤用拉丁语定义为“luridus”，该词带有贬义，指的是“有黄色、浅黄色，以及死亡、像幽灵一样”等。此后不久，德国人类学家布鲁门巴哈率先用“黄种人”进行命名，将中国人与日本人包括其中，视之为“白人和黑人间的中间种族”。[①] 到了19世纪末，中国知识分子开始从西方大规模引入新知，也吸纳了“黄种”的观念，但是他们多半不以为耻，反而以西方人的观点作为增强国人自信心的工具。如梁启超在1897年6月30日的《时务报》中写道：“凡黑色、红色、棕色之种人，其血管中之微生物，与其脑之角度，皆视白人相去悬殊。惟黄之与白，殆不甚远。故白人所能之事，黄人无不能者”，这里很明确地提出能与白人相提并论的唯有黄种人。由以上分析也可以看出，对于当时的一些中国人来说，即使对“白人”的野蛮侵略行径抱有一种憎恶的心理，但在内心深处仍把他们看作高一等级的尊贵的人种。

从义项的演变情况来看，表“肤色洁白的女人”在此期的使用频率极低，这可能是受到语言表达日趋精密化的影响。另外，词在从单义向多义发展的过程中，各个义项之间势必会互相影响，表“鬼、白无常”的义项带有一定贬义，表“白种人”的义项则带有强烈的时代色彩，它们均会对原有义项“肤色洁白的女人”产生冲击。而且，一个词的义项之间往往是此消彼长的，某个新义项的产生主要是出于语言使用的需求。像晚清时期国门洞开，人们对外部世界有了全新的认识，为了描述那种与中国人肤色迥异的外来人种，人们采取在原有词形的基础上添加新义的方式。从“白人”的上述三个义项来看，清末民初它们发生了较明显的此消彼长的变化。在这一过程中，“白人”的义项趋于减少。从今天来看，“白种人”这个义项虽然产生最晚，但现在已成了“白人”的基本义。

【双料】

“双料”一词在明末既已出现，其本义指的是“制造物品用的材料比通常的同类物品加倍”，如《金瓶梅词话》中即有“双料茉莉酒”。该义项一直保留到清末民初，杨少坪《增广英字指南》卷一就有这样的描述：

---

① 转引自腾讯评论2017年1月6日第585期《中国人被定性为“黄种人”，是种族歧视的结果》，网址为：http：//view. news. qq. com/original/legacyintouch/d585. html。

“墨水之常用者，有二种：一乃单料，名曰写字墨水；一乃双料，名曰钞字墨水。”后来，该词在实际使用中，由于多用于比喻语境，因而衍生新义，如《孽海花》第六回：“原来仑樵自到福建以后，还是眼睛插在额角上，摆着红京官、大名士的双料架子，把督抚不放在眼里。”指的是“红京官”与“大名士”双重的架子。我们通过对“汉籍全文检索系统”中的文献进行考察，发现“双料”在此期共出现 28 例，其中仅有 7 例采用的是本义，如“双料里石、双料墙面石、双料红圆金”等。而且，在使用本义的 7 例中有 3 例都是与“单料”对举。相对来说，此期更为常见的是“双料”的比喻义，从搜集的语例来看，它的使用范围较广，既可以修饰实体，也可以修饰抽象事物，前者如“双料曹操、双料长辈、双料举人、双料博士、双料奴才、肉头双料”等，后者如“双料架子、双料情丝、双料迷眼、双料马屁”等。

从该词两个义项的使用情况来看，其本义的出现频率逐渐降低，而其比喻义则越来越频繁地使用，可以说其比喻义已成了“双料”的常用义项，而这自然也是一种此消彼长的变化。

【潮流】

“潮流”这个词形大约出现于中古时期，义为“潮水”，如《全晋文·望海赋》：“商客齐唱，潮流往还。”该义一直保留到清末民初，如王韬刻印于 1875 年的《淞隐漫录》中有这样的语句：“时月黑风高，潮流湍急，尸已远去，无从援救。”但是，该词在此期还经常用于比喻，随着使用频率的增加，逐渐固定为新的比喻义，喻指“社会变动或发展的趋势”，如晚清小说《黄金世界》第十一回：“拒约的潮流，汹涌及于全国，我辈忽然说要争例，似乎势力薄弱，不免为所淘汰。”

在我们的统计范围内，此项“潮流”的比喻义更为多用，其搭配范围也很广，例如“政治潮流、经济潮流、思想潮流、世界潮流、贫富潮流、文明潮流、出版潮流、信交潮流①”等。尤其在 20 世纪以后，由于受到西方的影响，一时间涌入了大量思潮，人们也习惯用“X 潮流”这

① “信交”这个词形古已有之，本指“以信义相交”，如刘向《新序·节士上》：“程婴、公孙杵臼，可谓信交厚士矣。”这里的“信交潮流”中的“信交”不同于古义，它见于民国时期网蛛生所作《人海潮》第四十一回：“信者信托公司，交者交易所，两种事业，性质相差不多，比较上，交易所发财来得更快。上海本来没有这个名称，都是近来许多投机家新发明的。”可见，“信交潮流”就是当时流行的信托和交易所业务。

种带有新异色彩的表达去形容各种流行趋势，这都促使“潮流”的比喻义越发多用。总的来说，此期该词的两个义项呈现了此消彼长的状态，表“潮水”的语义变成了非常用义，而其比喻义则成了常用的基本义。

【殿军】

“殿”先秦时期即有“居后、在后”之义，因而“殿军”本义指“行军时走在最后”，如《晋书·王坦之传》：“故大禹、咎繇称功言惠而成名于彼，孟反、范燮殿军后入而全身于此。”后来，“殿”的意义扩大，不仅可用于军队，还可指“考试中的最后一等”，例如董仲舒《春秋繁露·考功名》：“考试之法……亦有上中下。以一为最，五为中，九为殿。”而“殿军”也在后世衍生新义，指“考试或竞赛入选者的最末一名”。从“殿军”两个义项的使用情况来看，其本义自产生便一直保留到清代，并且在清初文献中较为常用，而其引申义在晚清时的使用频率更高一些。例如，徐哲身《大清三杰》第十八回：“湖南乡风，父母呼他幼子，每用满字，犹之乎考场中的殿军意思一样，又仿佛四川人呼小的儿女谓之老幺，江浙人呼小的儿女，谓之阿小一般”，该例中把幼子名满比喻成“殿军”，可见此义在清末民初已非常普遍。总的来说，古时由于行军作战的需要，其本义为常用义，而在其他方面日益提高的使用频率，使得“殿军”的引申义逐渐变得常用起来，而本义的使用频率则有所降低。

二　词的一个意义的演变情况

词的一个意义的演变不同于一个词的意义的演变，它指的是，当一个词是多义词时，其中某一个义项的发展变化，我们采用葛本仪的观点，从以下四个方面进行考察。

（一）词义的丰富和深化

葛本仪认为词义的丰富和深化是“在词的一个意义范围之内发生的变化和发展，它是指词的某一个意义在外延不变的情况下，在内涵方面发生了由简单到复杂，由肤浅到深刻，由不正确到正确的发展变化”①。造成这种发展的原因主要有两个，一是人们的认识发生了变化和发展，二是客观事物本身的发展变化。下面结合上述原因对相关情况进行分析。

---

① 葛本仪：《现代汉语词汇学》，山东人民出版社 2001 年版，第 184 页。

1. 词义的深化

【癌】

“癌”这个词形古已有之，早在宋代东轩居士撰写的《卫济宝书》中即有记载：“痈疽五发，一曰癌”，不过这里的“癌”是中医里的术语，指炎症性质的病症。明代医书《普济方·痈疽门》中，把“癌”与“痈、疽、瘭、痼”相提并论，认为它们都属于“痈疽”之属，并对“癌发”的症状做了描述：“此病初发，不寒不热，肿处疼痛，紫黑色不破，里面坏烂。二十以前者积热所生，四十以后者，皆血气两衰。须早为治，十可全一二也。”该句中提到了“寒热、肿处、积热、血气两衰”等，可见，古人对“癌”的认识还是基于传统中医的角度。日本江户末年，受到兰学的影响，开始大量译介西学，包括西医的一些先进知识。有学者指出，当时日本医学家大规玄泽以“癌腫”对译荷兰语“kanker”，此义后来又传入了中国。① 不过，该义产生较晚，我们考察了19—20世纪多部英汉词典，绝大多数还用中医术语对译“cancer”，如将“胃癌”称为“胃疽”“胃毒瘤”等。事实上，西医中的“癌”与中医不同，它指的是一种源于上皮组织的恶性肿瘤，如1913年《新字典》：“毒瘤之生于脏腑内者，凹凸不平，硬固而疼痛，如胃癌、乳癌。”与古汉语中“癌”的语义相比，由于19世纪人们对此病有了更加深入的认识，这也使得“癌”的语义发生了深化。值得一提的是，该词最早读“yán”，后来由于其发音与“炎”相同，容易使人产生混淆（如“胃炎—胃癌”），因而在1961年修订版《新华字典》中改读“ái”。

【有机】【无机】

“有机”“无机”在中古时期既已出现，如“有/无机可乘”，此时“机”即“机会”。19世纪中期左右，它们被赋予了新义，如“有机”可指“跟生物体有关的或从生物体来的”，如1899年《清议报》十五册《国家论》：“有机、无机皆化学语。有机，有生气也，人、兽、草、木是也；无机，无生气也，土石是也。”可见在当时，“机”义为“生活机能”，换句话说，“有机”即是有生命体，“无机”则是无生命体。后来，德国化学家弗里德里希·维勒（Friedrich Wohler）在18世纪中期左右通过氰酸与氨水合成了尿素［$CH(NH_2)_2$］，这打破了人们之前“人工只能

① 转引自黄河清编著，姚德怀审订《近现代辞源》，上海辞书出版社2010年版，第3页。

合成无机物而不能合成有机物”的认知，对于“有机”“无机”的界定也更加科学，而不限于是否有生命。在此基础上，“有机”的义项发生了深化，现指“除碳酸盐和碳的化合物以外，含碳原子的（化合物）”，像人们熟知的甲烷（CH_4）、酒精（C_2H_5OH）、葡萄糖（$C_6H_{12}O_6$）都属于“有机”的范畴。由于“有机”的语义发生了演变，由其也构成了一系列化学领域的新词语，例如：

有机物/有机化合物（前者是后者的简称）：指除碳酸盐和碳的氧化物等简单的含碳化合物之外的含有碳元素的化合物。

有机化学：研究有机化合物的结构、性质、变化、制备、用途等。

有机肥料：含有机质的肥料。

有机玻璃：由甲基丙烯酸甲酯聚合而成的高分子化合物。

【思维】

“思维”这一词形古已有之（古汉语中该词做“思惟”），“维”先秦时期即有“思念、思量”义，因而“思”“维”同义连用，指的是“思量、思度”，例如东汉支谶《般舟三昧经》卷中：“无量经法悉受持，思惟分别是三昧。”清末民初，辩证唯物主义兴起，俄国生理学家巴甫洛夫创立的高级神经活动学说，初步揭示了思维的神经生理机制。后世，辩证思维学在马克思、恩格斯古典哲学和近代科学的基础上逐渐建立起来。因此，“思维”在此期产生了新义，特指“人类的一种精神活动，是在表象、概念的基础上进行分析、综合、判断、推理等认识活动的过程”。该义产生较晚，大概在民国时期才有用例，如茅盾《蚀》：“我眼尚能谛视，我脑尚能消纳，尚能思维。”从该句可以看出，人们已认识到“思维”是人类大脑的一种活动。从语义发展的角度来看，“思维”的新旧义项都与“想、思考”有关，但古人对“思维”的认识较为肤浅，如《孟子·告子上》：“心之官则思，思则得之，不思则不得也。”可见在古人的认知中，主导思维的器官是“心”，这从现代遗留下众多“竖心旁”的字也可以看出，如“慌、愣、惊、憎、恨、愧、憾、怜、惧、愉、快”等心理活动均与“心”有关。而近代社会随着生理学的发展，人们对于大脑、思维的认知也不断提高，“思维”的语义发展即属于词义的深化。

2. 词义的丰富

这种类型往往是由于事物本身有了新发展，从而使得该词在外延不变的情况下，内涵越发丰富了，该类型在此期也较为多见。

【玻璃】

“玻璃”这个词形古已有之，实际就是所谓的“水晶”，如李时珍《本草纲目·金石二·玻璃》：“其莹如水，其坚如玉，故名水玉，与水精同名。”后来，随着工业技术水平的提高，人们用化学方式制作出现代意义上的“玻璃”，这是通过含石英的砂子、石灰石、纯碱等混合后，在高温下熔化，成形，冷却后制成的一种质地硬而脆的透明物体。该义一直保留至今，且非常多用。到了20世纪初期，一种新材料被美国化学家贝克兰发现，它除了具备耐化学侵蚀、大部分绝缘等化学属性外，在外形上还有“具光泽，部分透明或半透明”的特点，而这与玻璃的外形具有很大的相似性。因而，当时国人并未对这种新兴材料重新命名，而是以“玻璃”指称这种像玻璃的塑料或合成制品。由于这并非是人们的思想深化而导致词义发生的演变，而是事物本身发展演变的结果，因而“玻璃”的语义得到了丰富，由此也衍生出一系列以“玻璃”命名的新词语，如“玻璃袋、玻璃纱、玻璃丝、玻璃纸”等。值得一提的是，即使“塑料”的名称在民国中晚期已经出现，但直到20世纪中期左右，人们仍习惯用“玻璃”来指称。在1948年顾均正《从原子时代到海洋时代·玻璃世界》一文中有这样一段话：“在这许多商品之中，以玻璃（?）物品最为流行，上海已经变成一个玻璃世界了。例如玻璃裤带、玻璃表带、玻璃皮包、玻璃牙刷、玻璃烟盒、玻璃肥皂盒、玻璃木梳、玻璃毛巾架、玻璃雨衣、玻璃拖鞋……真是数说不尽……却说现在大家所称的玻璃，实在完全不是过去所谓的那种玻璃。这种玻璃有一个总名称，叫做塑料（plastics），有时也叫合成树脂（Syntheticresin）。”由此可以清楚地看出，有时由于人们的习性思维以及社会的约定俗成，即使人们的认识有所提高，仍可能沿用原来的旧称，像“玻璃纱、玻璃纸”等在今天仍在使用，不过绝大多数已改用“塑料”来修饰，如“塑料袋、塑料表带、塑料牙刷、塑料拖鞋”等。

【冰箱】

“冰箱”是指一种可以放置冰块用来冷藏食物、保持低温的器具。该词形出现较晚，直到清末民初才有用例。不过，中国制冰、用冰、储藏冰的历史悠久，早在先秦时期即有相关记载。如“凌阴”“冰室”均为古代藏冰的处所，《诗·豳风·七月》：“二之日凿冰冲冲，三之日纳于凌阴。”毛传：“凌阴，冰室也。”而且，由于冰并非一年四季都有，特别在炎热的夏季，冰是弥足可珍的，古人还特辟官职，如“凌人”，专掌藏冰之事，如《周礼·天官·凌人》：“凌人，掌冰；正岁十有二月，令斩冰，三其凌。”以“冰”构成的词还有“冰厨”，是指夏季供备饮食的处所，其功用与“冰室”相类似，如赵晔《吴越春秋·勾践归国外传》：“勾践之出游也，休息食室于冰厨。”古代最早的“冰箱”也在先秦时期既已出现，1978 年湖北随州曾侯乙墓中出土了两套铜鉴缶，它们由青铜制成，是古代用来冰酒的器具，也是迄今所见到的中国最古老的“冰箱”。这种器具在后世得到了不断发展，如明朝时，冰箱不仅用于储藏食物，还可作为祛暑的器具，当时一般以黄花梨木或红木制成箱子，箱内挂锡裹，箱底有小孔，每到暑天来临，可将箱子内的活板取下，里面放置冰块并将瓜果饮料置于其上，而冰水受到锡裹的保护不至侵蚀木箱，反而能从底部小孔渗出，此外，冰融化时还可吸收热量，降低室温。清末民初的文献中出现了“冰箱”这个词形，如 1908 年颜惠庆《英华大辞典》中便将“A vessel in which liquors , &c., are cooled”译作“凉酒器、饮品致凉具、凉水甕、冰箱”。由于此时利用电能做动力的现代化的电冰箱还未传入中国，因而这里“冰箱”就是一种冷却的装置，其功用与古代的类似装置无异。后来，“电冰箱”一词开始出现，从其偏语素“电”可以看出，它与中国传统的冰箱相比，主要利用化学方式制冰，更重要的是采用电能，所以此时“冰箱”的所指内容范围变得扩展和丰富，这就属于词义的丰富。

【教授】

“教授”这一词形古已有之，如《史记·仲尼弟子列传》：“子夏居西河教授，为魏文侯师。”此时该词为联合式的动词，义为“把知识传授给学生”，该义项一直沿用至今。后来“教授”在近古时期衍生出名词义项，成为人们对私塾先生的尊称，如《水浒传》第十四回：“教授不知，这厮夜来赤条条地睡在灵官庙里，被我们拿了这厮。”后来，该词形传入日本，日语中用其对译英语“professor”，汉语将其借回，指的是“高等学校教师学衔或职务名称之一”。我们知道，在中国古代虽也有类似于大学的高等教育机构，如太学、国子监等，但与西方现代化的大学仍有差异，尤其在自然学科的传授上极为缺乏，所以近代中国的教育系统也亟待转型。甲午战争以前，人们对西方近代学堂已有各种各样的命名，如裨治文用“大书院”指哥伦比亚大学，还用“大学公堂”和“大学馆”指称伦敦大学。再如张德彝用“大学院”来指伦敦郊外的大学，志刚用“大学馆”指巴黎大学，李圭把美国的大学称作“大书院”等。甲午战争以后，中国开始学习西方兴办近代学堂，其中第一所中国官办的大学是1985年成立的北洋大学（今天的天津大学），随后，南洋公学（1896）和京师大学堂（1898）等先后创建。在这样的背景下，“教授”不再是传统意义上的学官或私塾先生，而是现代高校中的资深教师，它的语义也比原来丰富了。

（二）词义的扩大

词义的扩大指的是词所指称的客观事物范围由小变大，词义扩大以后，原来词义所表示的内容就包含在扩大后的词义所指称的范围之内了，这是词的一个意义变化中很普遍的现象，此期这样的例子也相对较多。必须强调的是，新旧义一般来说不能同时并存，但凡新义出现也就意味着旧义消亡，不过可以推想的是，旧义向新义转变势必要有一个过渡阶段，二者不可能发生突变，也不可能出现昨天还是旧义，今天就全部转变为新义的情况。因而，新旧义并存实际是词义扩大的必经过程，这个过程也可以看作一个词的义项的增加，然后经过两义并用再通过义项减少来实现词义的扩大。鉴于清末民初仅有百余年时间，再加之掌握文献的有限性，很难说此期词的一个义项发生了扩大，所以我们尽可能找出旧义基本消失而又符合扩大标准的实例进行分析说明。

【套鞋】

“套鞋”这个词形出现较晚，在我们的统计范围内，直到19世纪后期才有用例，如邝其照《英语汇腋初集》第二章：“Put on your ruvvers [overshoes] 汝往穿一对树胶套鞋。”这里“套鞋”译自“overshoes”，可见它本指“套在鞋外面的鞋”。1908年颜惠庆《英华大辞典》对“overshoes”做了如下解释：“鞋外之套鞋，鞋套（通常防湿气或保暖气者）。”这里对其功用做了进一步明确，黄河清《近现代辞源》中也说到“套鞋”原指套在鞋外面防雨的鞋。不过，后来其词义范围发生扩大，可泛指防雨胶鞋，如茅盾《子夜》十：“他们将使他们的灯泡，热水瓶，阳伞，肥皂，橡胶套鞋，走遍了全中国的穷乡僻壤。”蒋绍愚曾从义素分析的角度阐述“词义扩大”，认为这是“中心义素不变，限定义素减少”①。通过

① 蒋绍愚：《词义的发展和变化》，《语文研究》1985年第2期。

对“套鞋”新旧义项的对比可见，二者中心义素仍为［防雨］［鞋］，只不过旧义项多了“套在鞋外”这一语义，可见由旧语义向新语义发展的过程中，限定义素逐渐消失。因而，“套鞋”的词义扩大。

【五金】

“五金”最初是简缩词，它是“金、银、铜、铁、锡”这五种金属的合称，该义直到清末民初仍在使用，如清末《大八义》第四十回：“除了世外的高人，金银铜铁锡五金打出刀来，可不能切金断玉，斩人不沾血光。”后世随着冶炼技术的不断提高，其他金属也纷纷被发现，如“铅、汞”等。尤其清末民初，随着各种矿藏不断被开发出来以及化学元素概念的传入，“五金”已经不能涵盖这些金属，但是由于人们固有的使用习惯，该词形仍在使用，只不过其语义所指称的客观事物的范围由小变大了。此期“五金”可泛指各种金属，并作为金属的统称使用。试举几例。

(1) 五金之产，天地自然之利，居今日而策富强，开矿诚为急务矣，夫金银所以利财用，铅铁所以造军械，铜锡所以备器用，硫磺所以制火药，石炭所以运轮轴，皆宇宙间不可一日或少之物。(郑观应《盛世危言》卷八)

(2) 机器局想未停办，煤、铁、五金之矿，尚可设法振兴否？(李鸿章《李文忠公选集·光绪五年》)

(3) 这如舟专办外国五金器具，在上海开了两爿五金店，又开一个铁厂。(旅生《痴人说梦记》第六回)

从例(1)可知，“五金”范围广泛，“金、银、铅、铁、铜、锡、硫、石炭(碳)”均属于此类。例(2)中把煤、铁与五金并举，可见“五金”显然不是指代五种金属。再如例(3)，句中的“五金器具、五金店”，其语义与用法已与今天无异。

【戏剧】

“戏剧”这个词形古已有之，如杜牧《西江怀古》：“魏帝缝囊真戏剧”，这个“戏剧”义为“儿戏、游戏”。后来，随着宋元时期戏曲开始发展成熟，“戏剧”开始指中国传统的“戏曲”。前文已述，此时的“戏剧”并不同于西方现代意义上的“戏剧”，不过由于清代戏曲发展鼎盛，所以作“戏曲”义的“戏剧”在清末民初用例颇多。例如晚清《泣血亭》第六回："一个戏班子来彩排戏剧，那苏衙内专爱清静，不好热闹，戏一开演就是《丰年鬼弄》等热闹戏"，这里"戏剧"指的就是传统戏曲。后来，随着西方戏剧的传入，本土"戏剧"受其影响有所演变，人们对其认识也有了新的发展。后来所说的戏剧，其词义扩大，可作为"戏曲、话剧、歌剧、舞剧等的总称"，如曾朴《孽海花》："他做了许多小说、戏剧，在巴黎风行一时。"这里的"戏剧"就是语义扩大后，指可与"小说、散文、诗歌"并称的文学体裁之一。

【低能儿】

"低能儿"来自日语，这个词形出现较晚，直到 20 世纪初期才有用例，最早指的是"生理或精神有缺陷的、智力低下的儿童"，这里"儿"有较强的实义性，义为"小儿、小孩"。教育学家叶圣陶在 1920 年创作了一篇小说，名为《低能儿》，其中就描述了一个 8 岁男孩阿菊，由于其父母忙于生计无视他的存在，导致他在学校这个迥异于他的"狭窄又龌龊"的家的世界中，变得怯弱、恐惧、不知所措。与同龄人相比，他成了"低能儿"。后来，该词语义范围扩大，不再局限于儿童，而可泛指一切智能低下的人，如郭沫若《残春》："为什么偏会把异于常人的天才，当成狂人、低能儿、怪物呢?"鲁迅在《藤野先生》一文中也反讽道："中国是弱国，所以中国人当然是低能儿，分数在六十分以上，便不是自己的能力了。"通过新旧义项对比，发现"低能"这个义素保留了下来，但新义中的义素"人"显然包括了"儿童"，这相当于减少了限制性义素。事实上，不论什么样的智能低下的人，其本身并未发生变化，是人们在语言交际的过程中，由于认识的变化和发展以致这些客观事物的名称有了不同的改变，因而使得词所表示的意义范围有所扩大。

总的来说，当语义变成泛指时，词义就可能扩大，例如"畅饮"，它原指尽情地喝酒，清末民初可泛指痛快地喝，例如茅盾《诗与散文》："他像烦渴到眼中冒火星的人骤然畅饮了清泉。"语义范围扩大到了所有饮品。

（三）词义的缩小

词义的缩小与词义的扩大正好相反，它的特点是：词的指称范围变小，也就是"中心义素不变，限定义素增加"①。换句话说，原来用于泛

① 蒋绍愚：《词义的发展和变化》，《语文研究》1985 年第 2 期。

指的词义，变成用来特指某一事物时，就形成了词义缩小。与词义扩大相比，该类数量较少，尤其在清末民初这个较短的时期内，不太容易判断词义是否已经完成了缩小这一过程。

【恐慌】

“恐慌”一词源于日语，它产生较晚，直到 20 世纪初才有用例。日语中该词语义比较宽泛，既可以形容人惶恐不安的状态，又可以用于经济领域，如“经济恐慌”即“经济危机”之义。该词传入中国以后，其语义最初与日语相同，我们利用“汉籍全文检索系统”对用到该词的 83 篇文献进行了考察，用于人的共有 55 例，例如徐哲身《大清三杰》第四十九回：“此谕一下，京中百姓，顿时大大恐慌起来。”用于其他方面，尤其是经济领域的相对较少，共有 28 例，其搭配对象有“经济”“市面”“财政”等。《大词典》收录该词，释义为“惊惶不安”，列举了两个民国中晚期的实例，分别为巴金的《家》和钱钟书的《围城》，全用于述人，由此透露的消息是，“恐慌”在进入汉语以后，逐渐趋向于表“人惊恐不安”。尤其从历时发展的角度来看，今天“金融危机”早已取代了“金融恐慌”，包括民国时期出现的“大恐慌”（即指经济极度萧条）也早已消失不见，因而，从词义的演变来看，“恐慌”的使用范围在发生变化，由原来表人、表物均可到现在更倾向于单一表人，这属于词义的缩小，而这一趋向应该始于清末民初。

【宪法】

“宪法”这个词形古已有之，如先秦时期《国语·晋语九》：“赏善罚奸，国之宪法也。”此处义为“法典、法度”。在中国法律史上，曾出现一系列适应当时法律制度的术语，很多自产生起便有很高的使用频率，甚至沿用到今天，如“死刑、告状、犯人、监禁、刑罚”等。不过，有学者指出：“中国近代法学虽在一定程度上继承了中国古代法学的遗产，但这种继承，比起英、法、德等国来，无论在数量上还是在质量上都要弱得多。打个不太恰当的比喻，如果说英、法、德等国的近代法学中，有百分之七十的内容是在继承本国历史上法学遗产的基础上的创新，那么中国近代法学中，古代法学的遗产可能百分之二十都不到。”① 可见，很多法律词语虽然产生较早并沿用到后代，但在近代以来往往都或多或少地添加了

---

① 何勤华：《中国古代法学的死亡与新生》，《法学研究》1998 年第 2 期。

新的内容，并由此而产生变化，最终导致词义所指范围的改变（包括缩小）。尤其在日本明治维新以后，中国知识分子从日译西书中拿来了大量人文社会科学的词语，“宪法”作为“回归借词”又逆输入至中国，其语义也发生了变化。具体来说，古代“宪”特指先王之法，如《尚书》：“监于先王成宪，其永无愆。”此时经常可见“发宪、明宪、布宪”等，可见“宪”是一种带有尊崇性质的“法”，不可轻易修改。秦汉以降，“宪法”泛指一般法律的用例较为多见，也可以理解为“国家的各种法令”，如《清实录·高宗纯皇帝实录》：“各酋番革面革心，恪遵宪法。”20世纪初，随着君主立宪呼声高涨，为了寻求立宪的正当性，“宪法”一词也被赋予了新义，如施士洁《后苏龛诗钞》卷六：“当时宪法初萌芽，自由满拟开好花。欧人性质喜独立，民权国会纷挓沙。”诗中出现了众多被赋予新义的词语，如“自由、民权”等。“宪法”也由指“国家的各种法令”转为“国家的根本法”，此后“宪法”一词就基本固定表示此义，而从词义发展的角度来看，这自然属于词义的缩小。

与之类似的还有“刑法”，《大词典》释其为“关于犯罪和刑罚的法律规范的总称”，如桓宽《盐铁论·诏圣》：“礼让不足禁邪，而刑法可以止暴。”古汉语中的“刑法”范围广泛，包括“户婚、田土、钱债、斗殴、赌博”等法律均涵盖其中。近代由于法律制度不断规范和细化，产生了诸如“民法、婚姻法、经济法、诉讼法”等一系列法律法规，它们分别独立，不再属于刑法的范畴。换句话说，新的法律词形成以后，它们所指称的事物便从原来的范畴中分离出来，这就使得原范畴所指称的范围也发生了变化，从语义发展角度来看，“刑法”从古到今所指范围的变化自然也属于词义缩小，而这一过程起于，甚至有可能完成于清末民初。

（四）词义的转移

词义的转移是词指称范围的改变，其特点是：词的形式不变，但其所表示的新概念的外延和内涵完全代替了原有概念的外延和内涵，这也是蒋绍愚所说的“保留原有的若干义素，但中心义素改变”①。下面，我们结合实例进行说明。

【保险】

“保险”这一词形早已有之，在中古时期它为动宾式结构，义指“据

---

① 蒋绍愚：《词义的发展和变化》，《语文研究》1985年第2期。

守险要之地”，该义一直到清末民初仍在使用，如《皇朝经世文编》续集卷七十六：“恃险者败，保险者胜。败而畏者胜，败而忘者败。”此句“恃险”与“保险”对用，可见它仍采用的是古义。该词形后来作为英语“insurance”的意译词（当时也有音译形式，如“燕梳”），其语义也发生了变化，特指“用于补偿因自然灾害或意外事故而造成的经济损失，或对公民因疾病或丧失工作能力而给予医疗或物质保证的一种方法”，如《留东外史续集》第三十七章：“他……悄悄的从后门溜出来，跑到三井洋行，办了个保险的交涉，就住在三井洋行。”该事物在民国时期较为盛行，由此也衍生了一系列与其相关的词语，如“保险金、保险费、保险公司、保险单、保险会、保险资”等。从语义发展的角度来看，“保险”的语义发生了转移。

【暗房】

“暗房”这个词形古已有之，原指“产妇的卧室”，这个义项一直保留到清末民初，如《儿女英雄传》第三十九回：“今儿个屋里也不算暗房咧，他娘是在那儿掇弄孩子呢。就请老弟你到屋里瞧瞧。”但是，随着时代不断发展，该词形的指称范围发生了变化，试举两例。

(1) 见光处铬二养三变化，晒毕，取入暗房，用清水洗去其未变化之胶。(徐建寅《欧游杂录》)

(2) 在暗房里去洗影，最非易事，近日新法，改用暗帏，以便携带。(邹弢《海上尘天影》第九回)

从例句可知，这里“暗房”显然不是产妇的卧室，而是从事照相、化学等相关工作的场所，所以例句中“暗房”义为“有遮光设备的房间”。由于传统思想认为，刚出生的婴儿在产妇坐月子期间不能接触强光，否则会影响视力，因而老一辈人总会在产妇卧室内拉上帘子，用以遮光。从某种程度上来说，产妇的卧室也属于遮光的暗室，这也是“暗房”新义项所保留的义素，即［遮光］，但其中心义素已发生改变，它与“产妇”“卧室”没有关联。因而，由表“产妇的卧室”演变为“有遮光设备的房间”，这属于指称范围的变化，词义发生了转移。尤其在今天，“暗房”可用于摄影、医学、化学等众多领域，但却不再指称产妇的卧室。

【台球】

“台球”这一词形出现较晚，1913年陆尔奎《新字典·拾遗》对其进行了解释：“玩具也，英名ping-pong，以树胶为小球，两人于桌上对击之，亦称台球。”前文已述，现在所说的“乒乓球”源自英语“ping-pong”或“table tennis”，所以“台球”最早指的是乒乓球，这可能与乒乓球要在台子上击打有关。后来，“乒乓球”这个名称的使用频率越来越高，“台球”的指称范围也发生了变化，它开始转指另外一种球类运动“billiards”。该词在颜惠庆《英华大辞典》释为：“A game played on a rectangular table, covered with a green cloth, with small ivory balls which the players aim to drive into hazard-nets, or pockets, at the sides and corners of the tables, by impelling one ball against another, with maces or cues，台球戏，打小弹戏”，从释义可知，这里“台球”与今天所说基本无异，是一种完全不同于乒乓球的运动，尤其从历时的角度来看更是如此。

【温室】

“温室”也是古已有之，义指“暖和的房间”，汉武帝开始建造“温室殿”，是皇上冬日居住的暖殿，它在古代还可以用于宴请、议政等。该义项一直延续到清代，而且特指“冬天里用烤火来取暖的房间”，如《皇朝文献通考》卷二百九十三：“气候极寒，雪下则凝，室宇常用火温，行旅为严寒所侵，蓦入温室，耳鼻辄堕于地。”后来，日语借用“温室”这个词形来意译英语hot house，实质上还是根据其本义，但其指称范围发生变化，多用来指“冬季培育喜温植物的房屋，有防寒、加温和透光等设备”。不过，现代意义上的温室产生较晚，如1906年郭钟秀《东游日记》：“温室中所载热带番产尤多”，1917年徐珂《清稗类钞·园林类》对温室做了较为详尽的描述：“溪侧筑温室二，形长方，仅启一户，前壁多置玻璃，后壁配樊笼，则鸟之种类奚止百十。”从上例可见，此时温室多以玻璃搭建，因而还有“玻璃房、玻璃花房”等别称。通过新旧义项对比，可以发现词义发生了转移，尤其在今天，温室的旧义已完全消失。

除了语义已发生转变的词例以外，此期还有在具体使用中发生转移的情况，其转移义在词典中并无体现，属于一种语境义。例如“友爱”，它在古汉语中早已出现，原为联合式结构，指“友好亲爱”，其搭配对象主要为朋友、亲人。民国时期出现了“友爱结婚”一语，邢墨卿《新名词辞典》第21页的解释为：“美国支加哥林绥所提倡之结婚的新样式，即男女双方可不拘旧日结婚的形式，实行同居，待若干年实验的结果，彼此都有偕老的确信时，始正式结婚，在实验期间，相互间俱有离婚的完全自由。”这里的“友爱”与原义相比，它的搭配对象发生了变化，主要指情侣、伴侣，且表义与“友好亲爱”有所不同。这种婚姻方式类似今天所说的“试婚”，而“友爱”则属于使用中词义的转移。

从以上词例来看，我们可以归纳出此期造成词义转移的原因，即受到外来词的影响所致。词义的演变是一个历时发展的过程，它不可能出现突变，因而一定有某种因素促使词义发生转移。汉语内部因素的影响往往要在一个漫长的时期才能体现出来，清末民初不足百年的时间显然很难完成这一变化，因而外部因素就显得尤为重要。我们知道，此期词汇有一个突出的特点，即引入了众多外来词，尤其从日语中引入的新词具有独特性，它们的词形在古汉语中曾出现过，传入日本以后又经由留日学生和知识分子引回中国，也就是所谓的日源外来词。这些词的语义与古汉语有一定关联，但又有所区别。它们的传入势必会对原有词形造成冲击，尤其在日源词被广泛传播和应用以后，它的语义会对汉语固有词造成干扰。从词义的发展来看，它们往往属于语义的转移，如“标本、羊羹、狂言、浪人、支配、演出”等。

第二节 色彩义的演变

词的色彩义是附着在词的理性义或概念义之上的表示某种倾向的意义。对于色彩义的分类，学界并没有定论，我们结合此期词语及其使用的实际状况，主要从感情色彩、语体色彩、时代色彩、地方色彩、形象色彩等角度进行讨论。

一 感情色彩的产生与变化

感情色彩是词的色彩义中最重要的内容，通常分为褒义、贬义和中性三种类型。感情色彩是语言使用者主观思想和情感态度的反映，因而会受到客观世界的影响而发生改变，从而导致感情色彩有所变化。以下就几个典型词例进行分析。

【地主】

“地主”这一词形古已有之，原指“当地的主人”，与来往客人相对，此义一直保留到至今，如有“地主之谊、地主之礼”的说法。后来，它衍生出了“田地的主人”之义，在清末民初文献中也屡见不鲜，如晚清小说《狄公案》：“推原其故，或者是从前地主为埋藏金银起见，以致遗留至今。”从例句可知，此时它属于中性词。20世纪初，“地主”在人们心中的地位开始发生转变。我们知道，地主本是封建社会的产物，他主要依靠收取地租的形式从农民那里获取利益，后来，受到新文化等进步运动的影响，“地主”开始成了旧时代的代表被推上了批判台，其色彩义也发生了变化。通过当时文献中对“地主”的描述，或能看出其演变的轨迹。

(1) 凡劳力者自食其力，地主与资本家不得以奴隶畜之，是贫民对于素封者所争得之自由也。(梁启超《论自由》)

(2) 社会主义者谓土地不当私有，彼盖以土地与他之生产资料等，谓地主榨取劳动者所劳动之结果也。(梁启超《驳某报之土地国有论》)

(3) 占有土地，自己不劳动，或只有附带的劳动，而靠剥削农民为生的，叫做地主。地主剥削的方式，主要的是收取地租。(毛泽东《怎样分析农村阶级》)

从例句可以清楚看出，“地主”在当时已作为农民的对立面而存在，而且由于经常对农民使出“剥削、奴役、榨取”等行径，地主阶级也成了中国在民主主义革命中需要重点打击的对象，这也使得“地主”的感情色彩由中性变为贬义。即使在今天，只要一提起地主，人们往往还会联想到历史上“刘文彩、黄世仁、南霸天、周扒皮”等恶霸形象，可见其贬义色彩在人们的认识中已根深蒂固。

与之类似的还有一些表人词语，它们往往是旧社会、封建帝制的代表，由于清末民初社会转型，封建制度被彻底打破，因而这些词语所代表的事物也成了人们批判的对象，其感情色彩也随之发生了变化，这样的例子如“皇帝、太上皇、帝王、钦差、头目”等。

【打手】

“打手”这个词形在明代开始频繁出现，由于“手”可指“从事某种行业、活动或做出某种行动的人”，所以“打手”即表发出“打斗、斗争”这种动作行为的人。它在明代出现时是褒义词，可用于形容那些

“精于技击、勇敢善战”的人，且该义一直沿用到清末民初，如晚清《康熙侠义传》第二回：“有二位英雄，带打手一百名，俱是短衣裳，小打扮，手使杀威棒，从北院中出来。”这里“英雄、打手”连用，可见它仍是褒义词。后来，“打手”在使用过程中特指“邪恶势力豢养的用以直接欺压人民群众的爪牙”，词义的感情色彩发生变化，如储仁逊《八贤传》第十五回：“田旺义闻言欢喜，遂带领二十余个打手，狐假虎威住王家门首而来。”从该例可以明显看出，“打手”的感情色彩已由褒义变成贬义。“打手”的贬义色彩自产生便逐渐占据了优势，且一直保留到今天。

【论调】

“论调”一词产生较晚，最初可指“议论的倾向、意见”，常见于各种评论性质的文献中。例如，晚清《对联话》卷七：“第二首论调堂皇，笔亦流转，惟二落句平仄欠谐”，该例中“论调”属中性词。我们通过“汉籍全文检索系统”，对清末民初“论调”的43个用例进行了考察，发现有27例都带有一定的贬义色彩。例如：

(4) 自从北方那个三苗国，创出一种稀奇古怪的论调来，以为婚姻是男女终身的大事，必须男女情投意合，才可以白头到老。(钟毓龙《上古秘史》第四十八回)

(5) 拍马论调，更是狗而屁之的了。(徐哲身《汉代宫廷艳史》第四十七回)

(6) 我深知他素来瞧一般女学生不起，不想他对你会忽然倾心，将从前诋毁女学生的论调完全改变。(不肖生《留东外史续集》第四十四章)

(7) 这变了日本人的论调了，我是极端反对的！(曾朴《孽海花》第三十二回)

由此可知，“论调”所指的往往是些奇谈怪论或者令人不齿的内容，贬义倾向明显。《现代汉语词典》中直接写明该词“多含贬义”，可见，“论调”在感情色彩上发生了转变。

【教书匠】

(8) 照你这样的先生，叫作通称本是教书匠，到处都能雇得来。

（文康《儿女英雄传》第十八回）

（9）因想起家学里贾代儒年纪虽衰，精神还好，又是老教书匠。（郭则沄《红楼真梦》第三十八回）

“匠”在古汉语中可指在某一方面造诣高的人，像“铜匠、铁匠、泥水匠”等。“教书匠”一词产生较晚，其原始语义与其他“X匠”结构类似，指在教书方面具有较高水平的人，例（9）便表此义。我们通过对“汉籍全文检索系统”进行考察，发现清末民初该词仅出现6例，其中有4例系贬义，除了例（8）以外，《古今情海·秋容》中出现了“穷酸教书匠”的说法，《瞎骗奇闻》第四回则提道：“赵泽长只是护着儿子，骂先生没有良心，……要不然，真叫这般教书匠害死了。”从该句前用“先生”，后用“教书匠”，可以看出二者理性义一致，但感情色彩已发生了转变。从这些表贬义的用例来看，“教书匠”显然不能与人们崇敬的“教师”相提并论，它更像是古板、平庸、穷酸的象征，因而贬义色彩浓厚。另外还有2例，从语境看更倾向于中性，例如《广陵潮》第三十九回：“万一世界上的少年都像他来，不是要了我们当教书匠的性命。”前例中“教书匠”用于自称，带有一定调侃的意味，而后例中则呈中性，但在此期已不占主流。

从历时的角度来看，该词在20世纪以后其感情色彩转变得更为明显。我们知道，以前的老师多半在私塾中教学，以传授儒家经典为主业，后受到西学的影响，中国自晚清开始创办新式学堂。从京师同文馆开始，新式学校开始陆续出现，尤其在20世纪初“废科举、兴学校”以后，现代学校在全国范围内普及，学校内的老师以传授系统科学知识为任务，学习内容广博，这与之前私塾中满嘴“之乎者也”的老师形象大不相同。因而，“教书匠”也成了旧时代的代表性产物，它也不再是尊称，而带有贬义色彩。我们在民国中期文献中发现了相关用例，该词的贬义色彩更为明确，例如罗廷光《师范学院教科书》第2页提出：“冀藉教育改良政治、社会，远非流俗所谓‘教书匠’可比了。”再如沈百英《国民教育漫谈》第9页：“我们担任教育工作的人，如果单单依书教书，有字识字，只有技术上的传授而没有原理作根，那么也只配称为教书匠，而不能称为教师。”该句中对“教书匠”和“教师”有了更明确的区分，前者的贬义色彩已经非常明确。

此外，我们还找到一例在使用中而产生的感情色彩变化的例子，例如“黄色”，该词本是单纯的颜色词，但它在清末民初出现于特定的搭配中，在该使用中感情色彩也发生了变化。这一变化或许起自意译的“黄色新闻”，邢墨卿《新名词辞典》第136页对此的解释是：“Yellow Press，是指将某种琐屑的新闻，藉记者的一特殊活动，而使成为一件‘特别纪事’的新闻。此种新闻的特色，就在于‘新奇动人’，因之他是不惜无中生有或牵强附会，将一新闻，加之以特别的渲染成为一夸张曲折的特别纪事的。”由此可见，“黄色新闻”的贬义比较明显。

从历时角度来看，“黄色新闻”最早出现在美国，它源自19世纪末报业大亨威廉·赫斯特与约瑟夫·普利策的竞争。前者为了迅速在竞争中取得优势，大量报道犯罪新闻与社会丑闻，并将原来普利策旗下的著名专栏画家理查·奥特考特挖了过来。奥特考特曾创作了“黄孩子”连环画系列，主人公为一仅有几根头发、没有牙齿的小孩，穿着一件又长又大的黄色衣服，发表各种犀利观点，很受人们欢迎。普利策重新聘请回乔治·拉克斯续画“黄孩子”。这场“黄孩子”之争在当时极为轰动，两报借此事件也纷纷策划了大量刺激性报道，当时的著名记者华德曼将两报的新闻风格戏称为“黄色新闻”①，它被人们很快接受，并且一直沿用至今。随着1906年赫斯特解散了《纽约新闻报》，黄色新闻也从高峰走向衰落。“黄色新闻”是一种媚俗的、耸动的新闻，作为一个历史阶段的产物，它在使用中所带有的贬义是由时代所赋予的。在现代汉语中，“黄色”已衍生出表贬义的义项，指代“色情”，如“黄色小说、黄色电影”等，其色情含义主要与19世纪末英国创刊的《黄杂志》有关。②

二　时代色彩的产生及变化

时代色彩是由某一特定历史阶段赋予词的时代气息，一般来说，其发

① 刘笑盈：《中外新闻传播史》，中国传媒大学出版社2007年版，第174页。

② 1894年，英国创刊了一家《黄杂志》，一批有世纪末文艺倾向的小说家、诗人、散文家、画家等，围绕该杂志形成一个被称为“颓废派”的文艺集团。他们的作品，有时带有一点色情意味。1985年王尔德由于同性恋的罪名而被捕，当时其腋下夹了一本《黄杂志》，人们想当然认为该杂志含有不名誉的内容。另外，当时法国许多廉价小说都是黄封面的，同样被认为是不登大雅之堂的。这些都是造成“黄色”与色情相关的重要原因。以上转引自百度知道，网址为https：//zhidao. baidu. com/question/808290404976852652. html。

展变化大致可以分为“时代色彩的增加”“时代色彩的褪色”以及“时代色彩的复现”三类。鉴于清末民初历史较短，而“褪色”“复现”往往需要在较长的时间内才能完整呈现，所以此期的时代色彩变化主要体现在“增加”上。清末民初大量新事物、新概念不断涌现，与之对应的新词语经常也会沾染上一定的时代色彩，这也是此期最为普遍的现象。

【泰西】

“泰”有“极”义，如“泰古”即表“远古”。由于在地理位置上，欧美国家都处于中国的西方，而在鸦片战争以前，中国人缺乏对西方国家的认知，认为它们处于极远的地方，因而“泰西”就是“极西”，实际上就是泛指西方国家。该词在清以前的文献中仅有十余例，清以后，尤其是清末民初其使用频率大幅度增长，这与西学传入有着密切的联系。当时的有识之士为了救亡图存，翻译了大量西籍，并撰写了众多介绍西方地理、经济、历史、文化等的书籍，国人通过这些文献，对“泰西”及“泰西人”有了全新的认识。我们通过几则实例进行分析：

(1) 目今泰西气焰汹涌而来，大有摧残亚东之势。动不动开交涉，以骚扰我政府，发兵舰，以凌挟我边疆，纷至沓来，令人目眩心悸。(李伯元《后官场现形记》第二回)

(2) 泰西擅奇诡，横海鸣得意；余波及东夷，船炮竞坚利；堂堂中华称，逐逐后尘企！(施士洁《后苏龛诗钞》卷三)

从例句可知，对于泰西的侵略行为及强大的军事实力，人们采用了“气焰、摧残、骚扰、凌挟、心悸、奇诡、(自)鸣得意”等一系列带有强烈贬义色彩的词来形容，可见国人对于侵略者那种凌驾其上的嚣张气焰十分痛恨。

但是，从另一个角度来看，当时西方国家在军事、科技方面确实远胜于中国，进步人士在这一方面又抱有肯定的态度并希望国人可以积极学习。例如：

(3) 自古富强之道不外乎兴利除弊，然而此四个字人人皆知，而至于今日我中国所以不及泰西诸国，其利弊安在？……泰西诸国讲求气学、化学、电学、矿学、水法、机器等项生财之道，能以人巧代

天工。中国之人患在不学其学，有等不学时务者，直以为不屑学。(绿意轩主人《海上花魅影》第一回)

(4) 你看那泰东、泰西各国的人民，皆有自得之乐，独有我们中国，无论官僚士庶，皆同那牛马犬豕一般，鞭策、宰割悉听诸人。(云江女史《宦海钟》第十回)

(5) 故就今日视之，则泰西与支那诚有天渊之异，其实只有先后，并无低昂，而此先后之差，自地球视之，犹旦暮也。(梁启超《与严幼陵先生书》)

(6) 器用朽窳，物业凋敝，一见泰西之工艺而瞠目咋舌，疑若鬼神也。(郑观应《盛世危言》卷八)

从例(3)可知，进步人士逐渐对中西的差距进行理性的思考和分析，而且在例(4)中，人们把当时中国与西方及东方其他国家进行了对比，并对中国的腐败、黑暗进行了尖锐的批判。另外，人们也意识到中国由于长期的闭关锁国，已远远落后于西方国家，如例(5)中提到有如"天渊、旦暮"的差距，再如例(6)中提到泰西的工艺已达到"若鬼神"的地步，显然时人认为凭人力难以达到西方工艺的程度。

从以上分析可知，随着西学东渐的不断深入，中国人开始打开国门看世界，"泰西"就是在这个过程中产生的极富时代色彩的词，不过，随着时间的推移，"泰西"已不再像"极西"那样遥不可及，取而代之的是"西方国家"，因而该词自民国以后使用频率逐渐降低，在"CCL语料库"的现代汉语库中，"泰西"已难寻踪迹，今天已彻底弃用。

【跑堂的】

"跑堂的"[①] 即旧时饭馆中的服务员，等同于"堂倌""店小二"，例如《二十年目睹之怪现状》第六十五回："于是相将登楼，拣了坐位，跑堂的送上酒菜。"该词产生较晚，据我们对"汉籍全文检索系统"的统计，所有用例都集中在清末民初，可见具有浓郁的时代气息。从历时的角度来看，它自产生以后留存了较长时间，直至民国晚期的《四世同堂》《围城》等作品中仍能见到该词。但是，它在今天已被"饭店服务员"

---

① 《现代汉语大词典》中收录的是"跑堂"这个形式，它与"跑堂的"义同，均为名词，并且晚清及民国时期亦有用例，而《大词典》并未收录"跑堂的"。据我们对"汉籍全文检索系统"进行统计，"跑堂"远不如"跑堂的"多用，《现汉》中收录的是"跑堂儿的"这个形式。

取代。

值得一提的是，自“服务员”产生以后，它与“跑堂的”在较长一段时期内仍并行不悖，各司其职。造成这种现象的原因可能有以下两个，一是“服务员”一词产生较晚，前文已述，以“员”做后缀的词出现较晚，所以直到1916年赫美玲《官话》中仍将“waiter”（即餐馆男服务员）释为“堂倌、伺候饭厅的、跑堂的、侍席人、店小二”，可见“跑堂的”已具有一定的社会基础，很难轻易被他词取代。二是“服务员”在产生初期，其使用范围十分广泛，我们对中华人民共和国成立前该词出现的语境进行了粗略统计，发现它可搭配的对象和今天有所不同，例如当时习见的“战地服务员、少尉服务员、童子军服务员、病房服务员”等在今天极少出现。[①] 可见，早期“服务员”并不专指饭店服务员。由于其语义范围较广，为了避免混淆，人们轻易不会用“服务员”取代“跑堂的”。不过，中华人民共和国成立以后，“服务员”一词使用越来越频繁，其语义也逐渐缩小，尤其《现汉》中已经限定了服务行业的主要应用领域，因而现在说到“服务员”，更倾向于指称旅馆或饭店的服务人员。

【巡捕房】

“巡捕”一词早已有之，它本是联合式动词，指“巡逻搜捕”。后来语义发生引申，可指代与其相关的职位，如宋代试院中“巡捕”可肃清考纪；再如清代各省督抚等衙门均有“巡捕”，它是督抚或将军的随从官，分文职武职，各司传宣与护卫。清末民初，“巡捕”又衍生新义，特指当时上海租界中的警察。鸦片战争后，一些帝国主义国家通过不平等条约，强迫清政府在中国各大口岸（如上海、天津等）划出一定区域为其侨民“居留和经商”之用，这就是所谓的“租界”。帝国主义国家以租界为据点，对我国进行政治、经济、文化侵略，为了维持租界内的殖民特权，一些地痞流氓也被帝国主义所收买，并且进入了当时“巡捕”的队伍中，而监押反抗其压迫者的地方就被称为“巡捕房”[②]。它在此期文献

① “服务员”《汉语大词典》释为“服务行业中的招待人员；机关中的勤杂人员”，《现代汉语词典》（第7版）释为“机关的勤杂人员；旅馆、饭店等服务行业中招待客人的工作人员”，通过二者对比可以看出，该词过去释义十分宽泛，而今天其语义使用范围相对缩小。通过词义约束，就可以避免把“护士”“护工”称为“病房服务员”的问题。

② 马玉山：《中国近代中央警察机构建立、发展与维度》，中国政法大学出版社2015年版，第26—27页。

中也有着较高的使用频率，如《二十年目睹之怪现状》第六十一回：“而且他们的神通实在大，巡捕房那等严密，却只拿他不着……这一回出其不意，叫一个广东包探，带了几十个巡捕，自己还亲自跟着去捉。”当然，随着太平洋战争爆发，日本长驱直入，西方设立的大部分租界在抗战时期被取消，作为旧时代产物、具有浓郁时代色彩的“巡捕房”自然也就退出现实的使用。此外，上文例句中还提到“包探”一词，它与“巡捕”类似，指帝国主义者在中国租界设置的密探。1919 年陈荣广撰写的《老上海》第 175 页曾对租界中设置的各类人员进行了描述：“租界警察，名曰巡捕。有总巡驻于福州路之劳巡捕房。有捕头驻于各分捕房。……巡捕，分为四种。一为巡选，由三道头稽查之。一为管车务，立路口以指挥车马。一为巡路，查破车及违章等事。一为马巡，英印人充之，此外有包探，俗称包打听。此其组织之大略也。”以上这些人员都是在当时时代背景下而产生的，也是殖民时代特有的产物，现在均已消失。

【天足】

“天足”这一词形中古时期既已出现，如南朝朱广之《咨顾道士夷夏论》：“贱者不能无累，尊者自然天足。”这里“天足”义为“优裕、充足”。清末民初以此形另赋新义，特指“未缠裹之天然足”，与以前封建社会的“缠足”相对。缠足也就是俗称的“裹小脚”，是中国古代的一种陋习，女性用布将双脚紧紧缠裹，使其畸形，从而达到“小巧美观”的目的。这一恶俗始于宋代，发展至清代已达到顶峰，女子不论阶层，几乎人人都要缠足。晚清时期，一些知识分子开始意识到这种做法是女性落后的象征，因此开始反对缠足，其代表人物有维新派人士康有为、梁启超等。他们在上海、广东等地先后成立“天足会”，康有为还写过一篇《戒缠足会檄》，其中说道：“试观欧美之人，体直气壮，为其母不裹足，传种易强也。今当举国征兵之世，与万国竞而留此弱种，尤可忧危哉！”可见，这已经把“不裹足”上升到一种社会制度改良的高度。在此以后，提倡天足逐步由个人活动发展至群体活动，尤其到了五四时期，缠足更成为各派革命运动和激进分子讨伐的对象，例如陈独秀、李大钊、鲁迅等人都曾撰文痛斥这一行为对妇女的摧残和压迫，如鲁迅《花边文学·汉字和拉丁化》：“如果提倡缠足，则即使是天足的壮健的女性，她还是在有意的或无意的害人。”民国中晚期，缠足之人越来越少见，直到 1949 年中华人民共和国成立，这一封建陋习彻底灭绝，现代女性没有再缠足者，也就无所谓天足不天足。由此可见，该词带有鲜明的时代特色，它从一个侧面折射出了女性地位的提升，反映了中国社会的变化。

三　地方色彩的产生与变化

地方色彩的变化主要有以下两方面：一是“产生”，它主要通过共同语对方言词的引进和吸收而实现的；二是“消退”，由于中国幅员辽阔，各个地域都有自己的方言词，随着时间的推移，某些方言词的使用面可能扩大，它们的地方色彩也会逐渐消退。由于清末民初历时较短，很难说共同语已完全吸收了某个方言词，或者说某个方言词的地方色彩已彻底消退，不过有的方言词正在向更大范围传播，从历时发展的角度来看已出现了地方色彩的变化，所以这里适当放宽标准，尽可能选择相对典型的词语进行举例说明。

鸦片战争以后，清政府被迫开放了广州、厦门、福州、宁波、上海五个通商口岸。其中上海自开埠以后，尤其是到了 19 世纪末，其商业贸易、金融和近代工业都迅速发展，人口不断增加，形成了各地移民和外国侨民杂居的格局，城市的发展和生活水平都达到一个新的高度。在此基础上，很多本属于吴语的方言词的使用面越来越广，当时的共同语也吸纳了一部分流行的吴方言词语。除此之外，某些粤方言词语也成为吸收的对象，但在此期数量不如吴方言多。另外，其他方言中也有一些使用频率较高的词语融入共同语中。

以上情况详见表十。

表十　　典型方言词示例①

词例	释义	例句
瘪三	上海人称无正当职业而以乞讨或偷窃为生的城市游民。他们通常是极瘦的	有一个专爱夸耀的小瘪三，一天高兴的告诉别人道：“四大人和我讲过话了”。（鲁迅《且介亭杂文集·说面子》）
揩油	比喻占公家或别人的便宜	他们办学的人，大概有几句座右铭的，叫做“金钱为重，揩油次之，教育为轻”。（网蛛生《人海潮》第二十八回）

① 表中列举的方言词，其主要依据为黄河清编著《近现代辞源》，该词典在有的词条的释义中会标注〈方〉，表示该词属于方言词，如抽斗：〈方〉抽屉。这里做了穷尽性的统计。

续表

词例	释义	例句
大班	旧称外国公司、洋行的经理	船到了上海，船主便到行里，见了大班，回了这件事。（吴趼人《二十年目睹之怪现状》第五十回）
时髦	新颖趋时	佩纕姑娘，木渎人。现在时髦呢！（邹弢《海上尘天影》第九回）
拉皮条	撮合不正当的男女关系	他这人专门替人家拉皮条，溜钩子。（李伯元《官场现形记》第四回）
放白鸽	旧时指以女色为诱饵设骗局	这可不是做了放白鸽的吗？你可听说他们两个是什么时候走的。（天虚我生《泪珠缘》第八十六回）
敲竹杠	利用别人的弱点或借某种口实索取财物，或抬高价格	既而一想，怕他借此敲竹杠，话在口头仍旧缩住。（李伯元《官场现形记》第二十六回）
小白脸	外表漂亮的男青少年。常带有爱打扮、风流浪荡等含义	你看他虽然生得一个小白脸，是中看不中吃的，床功又没有，钱又没有。（李涵秋《广陵潮》第四十回）
白面	白粉，指毒品海洛因	最毒无如海洛因，吗啡虽烈逊三分。高居鸦片红丸上，北地人多白面称。（叶仲钧《上海鳞爪竹枝词》）
白煤	无烟煤	参以湖南所产白煤油煤，即可二炉齐开。（《清史稿》卷一四）
包心菜	结球甘蓝	球叶甘蓝，俗又称包心菜。（徐珂《清稗类钞·植物类》）
蹩脚	失意潦倒	本是翩翩大少爷，当年可恨吃烟差。而今蹩脚真无奈，拉部东洋人力车。（1910年《图画日报》第三百七十五号）
菜馆	即“饭馆”，也叫菜馆子	西商菜馆建高房，园椅长台列几行。（《沪江商业市景词》卷二）
抽斗	即“抽屉”	那犹太人便在衣袋里取出了一柄钥匙，把台子的抽斗开了，打开一本支票簿。（陈辟邪《海外缤纷录》第二回）
搭客	（车船）顺便载客	原来同舱的搭客，除了我一个之外，竟是没有一个不吃烟的。（吴趼人《二十年目睹之怪现状》第八十二回）
客	量词，用于论份出售的食品、饮料	食炒蛋各一客，面包数片，茶一杯，共须四美金。（《欧游日记·苏俄之行》）
来路货	进口货	又因她这些首饰，都是外国来路货，镶工很为精细，舍不得把他挖坏了。（朱瘦菊《歇浦潮》第六十回）
抛锚	比喻事情进行中因故中止	乘客喧哗起来：“抛锚了！这怎么办呢？”（丰子恺《车厢社会》）

续表

词例	释义	例句
坪	土地或房屋面积单位，1坪约合3.3平方米	加入地一百坪作为一百分，其石造者乘为二，则为二百分。（黄遵宪《日本国志》卷十六）
水门汀	水泥，有时也指混凝土	坚硬的木屐踏在水门汀的月台上，汇成一片杂乱的噪音。（郭沫若《残春》）
炭精	人造碳和石墨的总称	以炭精条置筒内，筒内满盛浓硝强水。（傅兰雅《格致汇编·电气镀金》）
拖船	被拖轮拉着航行的船	拖船，A tracking boat。（马礼逊《广东省土话字汇》）
小菜	泛指鱼肉蔬菜等	上海租界中，四十年前本无规定之小菜场，每晨集合各行贩设摊于今之盆汤弄。（胡祥翰《上海小志》卷十）
雪糕	冰激凌	小厮提着一盒儿雪糕。一同坐到车上，一路回来。（李绿园《歧路灯》第十二回）
洋碱	肥皂	卤盐洁而良，固非洋碱所能企及也。（姚文栋《日本地理兵要》卷七）
洋盘	对都市中普通的或时髦的事物缺乏常识、经验的人	且说京城里有个阔公子，姓孙，排行老六，正式北边人所谓“冤桶”，难辨认所谓“洋盘”。（蘧园《负曝闲谈》第九回）
洋油	煤油	洋油这件东西，他的气味是臭而不可解的。（吴趼人《糊涂世界》第八回）
珍珠米	玉米	北方贫人，取以作粥，便是棒子馒头棒子，南人谓之珍珠米。（吴趼人《二十年目睹之怪现状》第七十四回）
自来火	火柴	三十年前，尚未设法造自来火。（张德彝《欧美环游记》）
脚踏车	自行车	泰西近俗出游人……有的地区还将自行车称作“脚踏车”“单车”。（傅兰雅《格致汇编》第五册）
卷心菜	结球甘蓝	千瓣者花大如小卷心菜，瓣密色娇。（傅兰雅《格致汇编》第四册）

此外，清末民初徐珂的《清稗类钞》系由清人、近人的文集、笔记、札记、报章、说部中，广搜博采编辑而成，内容极其广泛，其中专门有一章“方言类”，归纳了多种方言的典型词语。我们对此进行了穷尽性的统计，如果某方言的词语在同期其他地区的作家作品中出现，那么我们就认为它的地方色彩发生变化，已由方言向共同语过渡。具体词例参见表十一。

表十一 《清稗类钞》中地方色彩发生变化的方言词

广州方言	蛋家妹	以船为家，亦或卖淫者也
	烂仔	流氓也
	发癫	骂人之癫狂也
	好彩	好运气也
	地皮	未有房屋之空地也
上海方言	碰和	斗麻雀牌也，以四人为一局
	牌九	赌博之一
	老虎灶	设灶煮水售钱之肆，即茶炉也
	跷辫子	人死也，虽对于无辫子者，亦有此言
	猪头三	为骂初至上海者之名词，其源盖出于猪头三牲一语，呼为猪头三，歇后语则为一牲字，牲生谐声，言初来之人，到处不熟之谓也。今引申其义，以为骂人之资，不必尽施之初来之人，殊失猪头三之本义。近又有猪头四之名词，乃从猪头三上孳生而来，已无独立之意义矣。且又有作为者头三，者字起首三笔为土字，讥其土头土脑耳
	饭桶	假借为骂人无用之名词，取其仅能盛饭之义，犹之骂人为造粪机器也
	猪猡	豕也，假借为骂人无用与顽冥不灵之词
	蹩脚	侘傺无聊，落拓不得志也，义与京语之没有乐儿相似，犹文言之落魄也
	马马虎虎	颟顸也，实即模模糊糊之转音耳
	阴阳怪气	喻人之对于种种事物，辄以冷静态度对之也
	寻开心	调弄对手人，而自引以为乐者，谓之寻开心
	坍台	因种种事实之发觉，致贻笑于他人，或不齿于社会，无面目以对人者，谓之坍台，犹杭州语之倒霉，扬州语之丢丑，盖极不荣誉之名词也
	大块头	呼肥硕之人为大块头。大读作杜字音，形其肥硕而已，不含他项意义也
	二房东	以己所租之余屋转以赁与他人，己所处之地位即二房东
	老枪	老于吸鸦片烟者之称也，今假借为老而无力者之称，或又引申其义为老妓之称，其义以为所吸者多耳
	咸水妹	西人呼妓曰咸飞司妹，华人效之，于接应西人之粤妓简称之曰咸水妹，然有时亦接本国人，惟不能使与西人相遇耳
	钉梢	蹑行人后，左则左之，右则右之，跬步不离之谓也，今则专适用于男子追随女后之称矣
	姘头	男女于既轧姘头以后，姘头名词遂完全成立。男女双方，固各自承认，而第三者亦加认可，如语云，某为我之姘头，某为彼之姘头者是。盖姘头者，犹文言所欢之谓也。京语谓之外家
	仙人跳	男女协谋，饰为夫妇，（亦有出之正确之夫妇者。）使女子以色为饵，诱其它之男子入室，坐甫定，同谋之男子以夫之资格猝自外归，见客在则伪怒，谓欲捉将官里去，客惧甚，长跪乞恩，不许，括囊金以献，不足，更迫署债券，订期偿还，必满其欲壑，始辱而纵之去，谓之仙人跳

续表

广州方言	蛋家妹	以船为家，亦或卖淫者也
	烂仔	流氓也
	发癫	骂人之癫狂也
	好彩	好运气也
	地皮	未有房屋之空地也
苏州方言	碰头	与人相遇之义，文言所谓邂逅也
天津方言	好家伙	畏之、赞之二义也
	大茶壶	妓院佣也
	溜达	散步也

四　形象色彩的产生与变化

形象色彩的变化主要包括“产生”和“淡化”两个方面。

首先来看“产生”，有的词在使用过程中，随着新义的产生或使用范围的扩大，可能会产生新的形象色彩。此外，一些通过比喻造词法而形成的新词，它们在创制之初便带有一定的形象色彩。其次，形象色彩的淡化也是普遍的现象，很多原本具有比喻、借代义的词在使用过程中，形象色彩也会逐渐淡化，如果放到更长的历史阶段进行考察，甚至会发生形象色彩的消退。

1. 形象色彩的产生

上文“义项的增多”小节中曾提到了比喻义和借代义的增加，由于篇幅所限，我们再列举几个典型词语及其用例，不再展开论述。详见表十二（释义中后一个义项为新增义，也是形象色彩的体现）。

表十二　　清末民初产生形象色彩的词语

词例	释义	例句
产儿	刚产生的婴儿，常用作比喻	《新青年》杂志是中国革命的产儿。（《新青年季刊》1923 年第一期）
落伍	①掉队。②比喻跟不上发展的时代或形势	小姐，博士太太候补者，虚荣心，思想落伍。（茅盾《幻灭》二）
大炮	①口径大的火炮。②比喻好说大话或好发表激烈意见的人	抱素人的这发言者是有名的“大炮”史俊。（茅盾《幻灭》五）

续表

词例	释义	例句
大战	大规模的战争，也用于比喻	忽又乌鹊在空中大战，纷纷堕地而死。（徐哲身《汉代宫廷艳史》第四十四回）
帽子	①戴在头上保暖、防雨、遮日光或装饰的用品戴在头上保暖、防雨、遮日光或装饰的用品。②指所加的罪名或坏名义	只是认得的人虽多，都是穷光蛋一般，戴着维新帽子混钱度日的。（旅生《痴人说梦记》第二十五回）
尖端	①尖锐的末梢。②发展水平最高的	尖端：站在最前线者，称为“尖端”，如“时代的尖端”。（胡立知《新知识辞典》）
加油	①添加燃料油、润滑油等。②比喻进一步努力、加劲儿	我盼望咱校的兄弟们要“加油”念德、法文！（《清华周刊》1924年第318期）
使命	①派人办事的命令。②多比喻重大的责任	我现认清社会主义为资本主义的反映。其重要使命在打破资本经济制度。（张巨成《给毛泽东的信》）
墙角	①墙根。②比喻基础	她只用很有利的方法根本拆坏一切旧生产方法的墙角。（蔡和森《社会进化史》第一篇）
胃口	①食欲。② 比喻对某事的兴趣	清客应当制造什么样的趣味，这是要看“主上”的胃口怎样而定的。（瞿秋白《论文学革命及语言文字问题·学阀万岁》）
花瓶	①盛水养花或作摆设用的瓶子。②旧时对女职员的蔑称。意思是专供摆设用的	我国以妇女运动的勃兴，各机关商店多有用女职员者，惟以一部分女子能力薄弱，未能胜任，一般人遂讥之曰花瓶。意谓不切实用，徒陈设以供清玩也。（邢墨卿《新名词辞典》）
曙光	①黎明的阳光。②比喻已经在望的光明前景	曙光在头上，不抬起头，便永远只能看见物质的闪光。（鲁迅《热风·随感录五十九》）
导火线	①引爆炸药的线。②比喻直接引起事变爆发的事件	拿俄国的革命做一个世界革命的导火线。（李大钊《Bolshevism 的胜利》）
稻草人	①稻草扎成的人。②比喻没有实际本领和力量的人	我看S夫人坐在厨房上边三铺席面的小房里，简直就和稻草人一样。（郭沫若《人力以上》）
纸老虎	纸做的老虎，比喻貌似强大而实际空虚无力的人或集团	纸老虎 A paper tiger，a false pretext to frighten people。（马礼逊《广东省土话字汇》）
处女地①	未开垦的土地	依吾人所主张，发展西北方，开辟蒙古、新疆之处女地，以为农园之计划。（朱执信《伯达铁路指过去及将来》）

① “处女作、处女地”均是日源外来词，属于原语借词。虽然非本土固有词，但其结构仍可分析，“处女”特指“出嫁、未曾有过性行为的女子”，其语义中带有“初次的、未经开发的”之义，用其作为偏正式的修饰语，新词往往带有形象色彩，例如“处女地”“处女作”。

续表

词例	释义	例句
处女作	作者的第一个作品	作为编辑，他发表了不少新作者的处女作，鼓励新人怀着勇气和信心进入文坛。（巴金《致〈十月〉》）
方针	①罗盘针。②比喻指导工作或事业前进的方向和目标	认定方针，一贯以行之，必有能达其目的之时。（梁启超《论支那独立之实力与日本东方政策》）
黑甜乡	①梦乡。形容酣睡。②比喻黑暗的旧社会	我知我们黑甜乡里的同伴，他们或者和我一样。（瞿秋白《〈饿乡纪程〉绪言》）

2. 形象色彩的淡化以至于消退

有学者认为，许多词的形象义的发展变化具有单向性，即随着时间的推移，大致经过了一个由产生到淡化以至于消退的过程，另外，词的高频使用也是造成形象色彩淡化的重要原因。①

【导火线】

“导火线”一词直到清末民初才出现，这可能与无烟火药在 19 世纪末才出现有关，它指的是“使爆炸物爆炸的引线”。我们对汉籍全文检索系统中的文献进行考察，发现“导火线”在此期共出现 8 次，其中仅有 1 例采用的是本义，如《雍正剑侠图》第二十八回：“如果在凉爽亭一点导火线，顺着药捻子通到月台底下，‘轰隆’一炸，这大雄宝殿就全完了。”其余 7 例全部使用比喻义，即“引起事变爆发的事件”，如“革命之导火线”“中英战事的导火线”“五卅惨案之导火线”等。民国文献中，这一比喻义更为多用，例如 1914 年沈炼之的《法国革命史讲话》一文中出现“法国革命的导火线——财政问题”这样的小标题。再如，周瘦鹃的《我之忆语》中也直接用“导火线”作为标题来描述斐迪南大公遇刺（即第一次世界大战的导火线）这一历史事件。从语义的历时发展来看，其形象色彩已经有很明显的淡化趋势。

【开幕】

“开幕”这一词形古已有之，中古时期它是“开建幕府”的缩略形式，到了清末民初，随着西方戏剧的传入，中国也吸取了这种艺术形式，包括利用舞台、道具、布景等。演出中，常以舞台上幕布的开合区分剧情

① 刁晏斌：《现代汉语史》，福建人民出版社 2006 年版，第 197 页。

的发展以及时间、场景等，这也就是所谓的“幕”，由此而形成“独幕剧”“多幕话剧”等，而剧情开始也被称为“开幕”。该义的使用频率很高，在此期还衍生出一个新义，指“企业开张、会议开始”等，这个引申义也非常多用，我们对“开幕”在此期出现的语境进行了粗略统计，发现其陈述对象较为广泛，包括“大观园”“议院”“西菜馆”“公司”“工厂”“俱乐部”“市场”“交易所”“银行”“国务院”等，此外还出现了“开幕式”“开幕典礼”等新词语。由于使用范围不断扩大，此词还可以用于表述一些与开张、营业等无关的事物，如“此书开幕”是指内容正式开始，“美人计开幕”指的是开始施展美人计。由于“开幕”的新义使用频率很高，这也使得人们对其用法由新奇到习惯，再到习焉不察，其形象色彩也逐渐淡化。

与“开幕”类似的还有“谢幕、序幕”等，它们均在清末民初衍生新义，如“谢幕”可喻指“事物的结束”，“序幕”则为“重大事件的开端”，从历时的角度来看，它们后来也都有较高的使用频率，其形象色彩也日益淡化。

五 语体色彩的产生与变化

语体色彩主要包括书面语体色彩、口语语体色彩以及介于二者其中的中间语体色彩。清末民初引入大量科技术语，很多用于专门领域的新词原本带有书面语色彩，随着使用频率的提高及范围的扩展，逐渐成为普通用语，语体色彩也往往转为中性。另外，一些原本口语化的词语也有可能向中性转变，不过这种情况在此期相对较少。下面结合词例进行分析。

【升华】

“升华”这个词形在古汉语中曾出现过，义指“升官”，如“升华内阁”等。清末民初，随着西学传入，“升华”被灌注了新义，成为物理学术语，例如汪荣宝《新尔雅·释化》：“加热于固体使变为气体，而此气体至冷处复凝为固体者，谓之升华。”从该义项可以看出，固体物不经过液态阶段就直接变为气体，这本身是一个质变的过程，由此在民国早期又衍生出新义，喻指“事物的提高和提炼，由低级转为高级”，例如郁达夫《纸币的跳跃》：“但是这些往事，都已升华散净，凝成了极纯粹，极细致的气体了。”从此例可以看出，把往事散净用“升华”加以描绘，可见其已具比喻义，此后类似用法日益增多。随着词义的发展，该词的语体色彩也渐从书面转向中性。

【游离】

“游离”本是化学术语，指的是“化学上一种物质不和其他物质化合而单独存在，或物质从化合物中分离出来”，例如周树人《人生象学·本论》：“盖肌当劳作时，质中生游离磷酸或酸性磷酸加里及炭酸等，是名劳质。”该义项的中心义素为“分离”，后来其语义范围扩大，其表述对象逐渐从化学领域的化合物扩展至其他领域，甚至是抽象事物，此时“游离”义为“脱离、无所依附”。该义产生较晚，但在民国早期文献中已有用例，例如曹绣君《古今情海·红奴儿》：“大概要吃汤饼时，他的魂魄已游离他的躯体了。”从语体色彩的角度来看，该词的书面色彩也已经减弱。

【焦点】

该词本是物理学术语①，指的是“平行光线经透镜折射或曲面镜反射后的聚焦点”，如《皇朝续文献通考》卷二百九十六：“望远镜如仅用一镜，不能使发自物体之光点集光线于任一焦点。”该义项的中心义素为“聚集、聚焦”，后来其使用范围扩大，不再限于物理学，而可泛指事物或道理引人注意的集中点，如碧荷馆主人《黄金世界》第六回：“只剩暹逻暂留残喘，然为两大竞争的焦点，后来茫茫，事未可知。”从语体色彩的发展变化来看，新义项虽然产生较晚，但已有由书面转向中性的倾向。

【未知数】

该词本用于数学领域，指“代数式或方程中，数值需要经过运算才能确定的数”。从数学发展史来看，中国古代数学也有过十分辉煌，甚至处于世界领先水平的时期，古人也留下了众多数学方面的研究成果。随着明末西方传教士的到来，一些西方先进的数学成果被引介到中国，由此也出现了众多数学术语，例如《皇朝经世文统编》卷九十六中有这样一段话：“中法之四元即西法之代数也。诸元诸乘方诸互乘积四元别以位次，代数别以记号法。虽殊理无异也……代数以甲乙丙丁诸元代已知数，以天地人物诸元代未知数，微分积分以甲乙丙丁诸元代常数。”这里介绍了西方的“代数、微分、积分、已知数、未知数、常数”等概念。从例句可

---

① “焦点”还应用于数学领域，指某些与椭圆、双曲线或抛物线有特殊关系的点，如1934年丰子恺《西洋建筑讲话》第四讲：“椭圆形的两个焦点上，设两个喷水池”，不过该义项产生较晚，在我们的统计范围内，最早的用例也是民国中期才出现。

知，中国古代的“四元”对应的就是西方的“代数”。“四元”这个概念在元代朱世杰的《四元玉鉴》中出现，以天、地、人、物代四个未知数，相当于现代代数的多元式。由于“未知数”的“未知”义为未能或预先不可知晓，因而“未知数”后来使用范围扩大，经常喻指“尚未了解的事物”，例如1924年郭沫若《万引》：“他没法，才决心想走入作家的生活里。但他这番的新生活还是未知数。”由此，也开启了其书面主体色彩趋于淡化的变化过程。

第五章

复音词的词形问题

本章我们主要探讨意义相同而词形不同的词在本阶段的使用情况及其发展演变。学界对词形问题早已展开过探讨，主要是从“异体词”或“异形词”的角度入手。在我国首先提出“异体词”这个概念的是高更生，他认为异体词是“词语的书面形式中有一种并存并用的现象，如‘交代’也写作‘交待’，‘照相’也写作‘照像’。这类同音同义而异形的词语可以叫作异体词。”[①] “异形词”这个概念出现于20世纪80年代，由傅永和首次提出[②]，自此便被普遍采用至今。关于其界定，比较权威的当属《第一批异形词整理表》中的定义：“普通话书面语中并存并用的同音（本规范中指声、韵、调完全相同）、同义（本规范中指理性意义、色彩意义和语法意义完全相同）而书写形式不同的词语。”[③] 本章所探讨的内容与以上定义略有不同，这里采用刁晏斌先生的观点，将研究对象界定为“广义异形词”，它指的是“词形相异，词汇意义和语法意义相同，色彩意义相同或不同的一组词”[④]。在对异形词进行探讨时，邵敬敏将其分为同素颠倒词、异形等义词和异形外来词三类[⑤]，本章也按照这一划分，分别讨论这几种异形词。

---

① 高更生：《谈异体词整理》，《中国语文》1966年第1期。

② 傅永和：《关于异形词的规范问题》，《中国语文》1985年第1期。

③ 《第一批异形词整理表》（全文），中国网，http://www.china.com.cn/zhuanti2005/txt/2001-12/28/content_5091518.htm。

④ 刁晏斌：《现代汉语史》，福建人民出版社2006年版，第77页。

⑤ 邵敬敏：《现代汉语通论》，上海教育出版社2001年版，第163页。

第一节　同素颠倒词

同素颠倒词指的是语素相同但是语素顺序相反的一对词①，我们对晚清的多部小说（《儿女英雄传》《官场现形记》《盛世危言》《老残游记》《二十年目睹之怪现状》）以及五四前后鲁迅、茅盾、冰心的多部白话作品进行了统计，共筛选出520对同素颠倒词。有学者对同素颠倒词的发展做了考察，发现其从古至今均以联合式为主②，我们的考察结果与此相符：联合式同素颠倒词共有438对，占总数的84.2%。此外，其他结构的同素颠倒词有82对，其中绝大多数是偏正式。

一　同素颠倒词的确立及特点

在考察的过程中，我们发现有些词从形式上看满足“语素相同、顺序相反”的特点，但其意义完全或部分不同，这种并不属于我们要讨论的范畴，需要认真甄别并做排除。为了便于研究，我们需要先确立准确的范围，这里用“真性”与“假性”的概念加以界定。

（一）假性同素颠倒词

我们先对假性同素颠倒词进行筛选和归类，这些假性词可细分为语义完全不同、相近但不同、词性不同等小类，下面分别进行说明。

第一，语义完全不同，在我们的统计范围内，这种类型在假性同素颠倒词中数量最多，颠倒后的词形的语义与原式相差甚远。而且，从语法角度来看，很多词在语素顺序颠倒后，其结构发生了改变，它们可大致划分为以下几种情况：①偏正—联合：马车—车马、颂歌—歌颂、神人—人神、燃点—点燃、荣光—光荣；②偏正—动宾：罪犯—犯罪、捷报—报捷、力量—量力、心上—上心、山下—下山；③联合—中补：成长—长成、出生—生出、开放—放开、出卖—卖出、出走—走出；④中补—偏正：落下—下落、流下—下流、证明—明证；⑤偏正—偏正：中心—心中、居民—民居、日后—后日、火炮—炮火、地基—基地；另外，我们还

① “同素颠倒词”这个术语引自邵敬敏《现代汉语通论》，上海教育出版社2001年版，第163页。

② 韩书庚：《基于认知语言学视角的同素异序词探究》，《汉字文化》2017年第4期。

发现两种类型，但数量极少，各有1例，分别为“中补—动宾”（任上—上任）以及“主谓—动宾”（人为—为人）。我们结合具体词例进行分析。

文明—明文：“文明”先秦时期既已产生，表“文采光明”。清末民初，随着国门打开，各种新思想观念不断涌入，该词可指“新的、现代的”，而“明文”则指“明确的文字记载”，如：

(1) 这等人……只是用几句文明的辞头骗几个钱用用罢了。（刘鹗《老残游记》第一回）

(2) 惟领侍卫内大臣例无明文，然向率以诸王大学士兼之。（昭梿《啸亭续录·武官乘轿》）

葬送—送葬：二者都是动词，上古时期二者均可指“送殡、下葬”，语义相同。清末民初“葬送”多指“断送”，其后还可接宾语，其语义与用法与“送葬”有所差异，如：

(3) 鲍超和他妻子两个，没钱戴孝，就是随身衣服送葬。（徐哲身《大清三杰》第三回）

(4) 虽然后来依然葬送在一班无耻的土人手里，然内中却出了几个为种族牺牲、死抗强权的志士！（曾朴《孽海花》第三十三回）

学科—科学：“学科”在中古时期指的是科举考试时的学业科目，晚清时期，随着西学引入，现代教育学的诞生，逐渐产生了按照学问的性质而划分的门类，即新式的“学科”。而“科学”在此期指的是“反映自然、社会、思维等的客观规律的分科知识体系”，二者语义完全不同。如：

(5) 彼此意见都说这学堂的教科第一最重的是经学，若各门学科不从经学入手，将来皆成为无本之学。（云江女史《宦海钟》第七回）

(6) 又有些科学门径，兼贯中西，那些学生见所未见，如何不佩服呢？（旅生《痴人说梦记》第二十二回）

地基—基地：二者都是名词，“地基”产生较晚，近古时期可指地面、地皮，清末民初衍生出新义，特指“承受建筑物重量的土层或岩层”，“基地”本指门第、地位，此期产生了“作为某种事业基础的地区”之义，二者语义不同。如：

(7) 这边租界上有人造房子，要来垫地基。(吴趼人《二十年目睹之怪现状》第九三回)

(8) 中国共产党中央委员会连日讨论北伐问题，决依鲁易主张，巩固革命基地。(《中华民国史事日志·1927》)

第二，语义相近但不完全相同，词性保持一致。由于每组词的构词语素是相同的，即使语序变换，二者的语义仍可能相近或相关，下面结合典型词例进行说明。

牌号—号牌：二者均为名词，“号牌”指“上面有号码的牌子”，“牌号”则是“商店的招牌和字号”。如：

(9) 该马房所出赁之马车，须将号牌编定钉在该车阳面，俾拖走时，众目共睹易于辨认。(《皇朝经世文编》卷十五中)

(10) 洋布种类既多，牌号又各不同，用户安能分别？(碧荷馆主人《黄金世界》第十六回)

火焰—焰火：二者均为名词，“火焰”是“物体燃烧时所发的炽热的光华”，清末民初“焰火”特指“燃烧时能发出各种颜色的火花以供人欣赏的物品”，后世“焰火”被“烟火”取代，如：

(11) 原来为这边厨房里有个学徒的烧开水泡饭吃，烧的稻柴太多了，火焰上冲，轰了烟筒。(李伯元《官场现形记》第二十回)

(12) 一是水漫金山，一是孙悟空闹天宫。最前面又有一架广东细巧焰火，看的人山堆潮拥。(邹弢《海上尘天影》第十七回)

挥发—发挥：二者都是动词，清末民初“发挥”多指“把内在的性质或能力表现出来”，“挥发”受西学引入的影响衍生出了新义，特指

“固体或液体在常温下变为气体而散发”，如：

（13）我们不是相国，那里能如此发挥，不是痴珠，那里便有此成算。（魏秀仁《花月痕》第五十回）

（14）挥发性酸类，寻常可为醋酸而算出之。（虞和钦《化学实用分析术》第三编）

融通—通融：二者均为动词，清末民初“融通”指“变通、融合通达”，“通融”在此期衍生了新义，特指通过短期借贷来度过危机，如：

（15）荣卫之间，血气融通，蠲除烦苛，精气不竭。（吴庆坻《蕉廊脞录》卷八）

（16）因为要还一笔欠项，要用二百元洋钱，一时没有调动，要想向阁下通融。（吴趼人《近十年之怪现状》第二回）

心愿—愿心：二者均为名词，语义都与某种愿望有关，但在表义上有细微差异，“愿心”类似于在神佛面前有所祈求时许下的酬谢[①]，语义范围相对狭窄，如：

（17）待女儿老来，一同入土归天，女儿的心愿足了。（无垢道人《八仙得道》第69回）

（18）怕他（闰土）死去，所以在神佛面前许下愿心，用圈子将他套住。（鲁迅《故乡》）

第三，每组同素颠倒词的意义相同或相近，但词性发生了变化，这种类型也很多见。如：

湿润—润湿：二者语义相近，均与“湿”相关，但“湿润”是形容词，而“润湿”是动词。如：

（19）隆起愈密，则愈湿润，终且泄似脓之水矣。（李公彦《花

① 何梅：《也谈鲁迅作品中的同素反序词》，《中学语文教学》1998年第10期。

柳易知》第一篇)

(20)运同懈于打水，便吐一口吐沫，润湿了手巾，将脸干揩抹一过。(朱瘦菊《歇浦潮》第四十七回)

担负—负担：二者语义相近，但是清末民初时期前者是动词，后者是名词，如：

(21)自己又因诚夫之故，弄得孤单一身，立锥无地。如今还要替他担负起这报仇的责任。(无垢道人《八仙得道》第72回)

(22)侯伯、僧侣不负纳税之义务，而一切负担，全委诸齐氓。(梁启超《梁启超文集·杂答某报》)

证明—明证：二者都与“证实”有关，但是清末民初前者是动词，后者则是名词，如：

(23)至于最近拿获真凶，证明了你师父的冤枉，这事也当然照直的叙述。(董荫孤《案中冤案》第十六章)

(24)正所谓“得意忘言，默然相赏”。这便是夫子赏识三子的明证。(文康《儿女英雄传》第三十九回)

谈笑—笑谈：二者语义中均包含“笑”的义素，语义相关，但是此期“谈笑”是动词，“笑谈”则为名词，如：

(25)二人心里越发过意不去，倒提起精神来，殷殷勤勤陪他谈笑了一阵。(文康《儿女英雄传》第三十一回)

(26)二弟你赶紧上前与我亲家赔礼，以后你再说笑谈诙谐话，那就叫大家耻笑啦。(佚名《大八义》第三十一回)

接连—连接：二者语义具有相关性，都含有“连着”这一义素，不过清末民初二者词性不同，前者是形容词，后者为动词，如：

(27)不到十来天工夫，他便接连着奉了两个札子。(吴趼人

《二十年目睹之怪现状》第四回）

（28）每根约有五英心高，上面用一根横木连接着。（德龄郡主《御香缥缈录》第七回）

（二）真性同素颠倒词

在对假性同素颠倒词进行排除以后，我们筛选出520对真性同素颠倒词，结合词例及统计的数据，发现这些词具有以下几个特点。

第一，从词性角度来看，这些同素颠倒词主要分为动词、名词、形容词三类，其中动词居多，共有289对，如“募捐—捐募、商洽—洽商、裁判—判裁、压迫—迫压”；名词次之，共有138对，如“壕沟—沟壕、折扣—扣折、心腹—腹心、党徒—徒党”；形容词较少，共有83对，如“切迫—迫切、利爽—爽利、败腐—腐败、险毒—毒险”等，此外还有其他类型10对，如“时常—常时、总共—共总”。词性分布情况参见表十三。

表十三　　同素颠倒词的词性分布

	动词	名词	形容词	其他
数量	289	138	83	10
比例（%）	55.6	26.5	16.0	1.92

第二，同素颠倒词中比例最高的当属联合式结构。在我们的统计范围内，此期联合式新词中有80%以上的词语有同素颠倒形式，造成这种现象的原因可能有以下几个方面：一是造词初期语素组合往往比较松散，由于联合式的构词语素地位平等，在排列次序上就可能带有一定的选择性和灵活性，因而就出现了众多联合式同素颠倒词；二是从外部因素来看，此期正处于中国社会的转型期，词汇系统也发生了较大变化，刁晏斌指出，现代汉语的第一阶段具有“纷纭复杂、同义形式多、超常用例多、有发展变化”四个特点①。清末民初的汉语正处于文白夹杂的过渡阶段，很多词并没有完全定型，因而许多未加规范的混乱现象便会大量产生，同素颠倒词便从一个侧面折射出了此期汉语复杂而又多变的特点。

第三，涌现了大量具有时代特色的同素颠倒词。清末民初国门打开，

① 刁晏斌：《现代汉语史》，福建人民出版社2006年版，第23页。

西学涌入，汉语词汇不可避免地受到了其他语言的影响，可以说，此期很多同素颠倒词都带有浓郁的时代特色。尤其是一些文学家出于修辞或表达精确性的要求，会造出众多同素颠倒词。以鲁迅为例，他大力提倡新文化运动，并且反传统、反文言，这一方面体现为他从其他语言中广泛吸纳新鲜、富有构词能力的成分，另一方面也有意创制与以往不同的词形，从而达到求新求变的目的，可以说，他此期作品中的同素颠倒词的出现频率超过其他任何时期。① 我们对此期几位代表性作家作品中的同素颠倒词进行整理，比较典型的如鲁迅作品中出现的“根本—本根、切迫—迫切、兴奋—奋兴、安慰—慰安”等；再如茅盾作品中的“急躁—躁急、命运—运命、野蛮—蛮野、介绍—绍介”等；还有冰心作品中的“辛酸—酸辛、刻雕—雕刻、留滞—滞留、孕怀—怀孕”等。值得注意的是，这些同素颠倒词的绝大多数后来都只留存其一，例如鲁迅早期著作中的“慰安”，在后期使用频率逐渐降低，而《现汉》已不收“慰安”。这一发展与有学者所总结的发展趋势完全一致，即“就大多数的同素颠倒词来说，由多到少的趋势十分明显”②。反过来说，此期所出现的大量同素颠倒词带有浓郁的时代特色，可以说，它们的大量使用也是此期词汇的特色之一。

第四，与古汉语相比，非联合式结构的同素颠倒词比例逐渐上升。有学者指出，“现代汉语的同素词以非并列式和非同义的同素词居多”③，看来这一特点早在此期就已形成。在非联合式结构的同素颠倒词中，大部分都是偏正式，典型词例如“早晨、昨日、发辫、关税、证物、热情”等。此外，还有动宾式“润笔、闭经”，主谓式“心焦、气喘”等，它们在此期均有同素颠倒形式，但数量较少。

二　此期同素颠倒词的使用情况调查

我们知道，一对同素颠倒词中的两个词，其使用频率往往是不同的，依据其使用频率，我们粗略分为两大类，即使用均衡及非均衡。④ 从历时

---

① 乔丽叶：《〈鲁迅全集〉中同素异序词研究》，硕士学位论文，河北大学，2007 年。

② 刁晏斌：《现代汉语史》，福建人民出版社 2006 年版，第 139 页。

③ 曲彦斌：《论汉语同素逆序词——一种特定的汉语文化现象》，《文化学刊》2012 年第 5 期。

④ 由于掌握资料有限，所谓均衡与否是结合我们统计的数据，反映一个大致的趋势。

角度来看，有的同素颠倒词的使用情况与现代汉语具有明显差异，下面结合统计数据，分析出现这种现象的原因，并尝试做出解释。

首先，我们来看使用非均衡的类型，其特点是这类中的某一词在此期的使用频率明显低于另一词。下面列举典型词例进行说明。

稳定—定稳

清末民初二者均有用例，都可表示“安定、稳妥”。在“汉籍全文检索系统”中，“稳定”出现38次，“定稳”仅有6次，后者的使用频率相对较低，例如晚清小说《闺门秘术》第四十回：“先与李坤见了一面，连他也瞒得定稳。”现代汉语中只保留了“稳定”一词，且颇为常用，其同素颠倒词“定稳”已消失。

愚昧—昧愚

清末民初文献中二词均可见，语义相同。其出现频率分别为645次和9次，“愚昧”的使用频率远高于“昧愚”，后者用例如《皇朝经世文编》卷六十九：“虽系专司之员，然主行票运，实微臣一时昧愚之见。”现代汉语中仅见“愚昧”，其同素颠倒词“昧愚”已消失。

血肉—肉血

二者在清末民初均有出现，它们同为联合式结构，表义相同。从使用频率来看，“血肉”出现450次，“肉血”仅有18例，后者并不常用，例如梁恭辰《北东园笔录续编》卷四：“而庖人几上刳肠抉胃，肉血淋漓，此之不祥视他不祥孰大？”此期也出现了“血肉淋漓”的用法，可见二者在语义及功能上相同。纵观历时发展，“肉血”在民国中后期偶有出现，如老舍《火葬》中就出现了“闪动的是火光，飞溅的是肉血”的用例，不过今天“肉血”一词已被“血肉”取代，不再使用。

逃逸—逸逃

清末民初二者虽然都有用例，但“逃逸”的使用频率远高于“逸逃”，据“汉籍全文检索系统”的搜索结果，“逃逸”共出现560次，“逸逃”在此期仅有10例，如《清实录·德宗景皇帝实录》卷二十八：“以被控逸逃，革吉林佐领成林职拏办。”从现代汉语的角度来看，原本使用频率就较低的“逸逃”没有保留到今天。

收买—买收

二者在清末民初文献均可表“收购、购买”，例如《梁启超文集·杂答某报》出现了“资本家常能以贱价买收未发达之土地”的用法，但是

“买收”使用频率远低于“收买”。民国中后期，“买收”受“收买”影响衍生出了新义，可指“用钱物或其他好处笼络拉拢人”，如鲁迅《丧家的资本家的乏走狗》：“为金光灿灿的卢布所买收。”不过，“买收”在历时发展中逐渐被“收买”所取代，并未保留到今天。

奸狡—狡奸

它们在清末民初文献中均有出现，二者语义相同。其中“奸狡”的使用频率远高于“狡奸”。据我们对“汉籍全文检索系统”的统计，“狡奸”在清代仅出现 2 例，如《金屋梦》第六回：“不知西门庆将来罪案，如何收结，正是清河县中少了个纵欲贪财的狡奸汉。”从现代汉语的角度来看，“狡奸”几乎不再使用，而“奸狡”偶有用例，值得注意的是，其中有许多都出自港台作品中，例如我们在梁凤仪、张小娴、亦舒、金庸的作品中都发现了“奸狡”一词，虽然有的仅出现了一次，但不难看出该词在使用上有着一定的地域特色。

轮舟—舟轮

这对同素颠倒词语义相同，“轮舟”即“轮船”。世界上第一艘轮船是由美国工程师富尔顿于 1807 年设计而成的，中国直到 19 世纪中后期才由安庆军械所发明出第一艘轮船“黄鹄号”，所以“轮舟”一词产生较晚。总的来说，此期“轮舟”的出现频率远高于“舟轮”，前者共计出现 201 次，后者仅有 6 例，如《皇朝经世文编》卷七十七：“若乃敌进欲距，敌走欲禽，或横铁锁，或絙舟轮。”由于现代汉语中“船”已成为交际语中的常用词汇，而“舟”则往往带有古语痕迹，因而今天普遍使用“轮船”来表示“轮舟”，而本来使用频率就较低的“舟轮”已不再使用。

除了以上词例，有的同素颠倒词在附加色彩上有所区别，这也可能导致二者使用不均衡。例如“热闹—闹热”，其中“闹热”来自闽、吴、客家方言，与之类似的还有“牢监”源于吴方言，“晨早”在广州方言中还有出现，可见二者的地方色彩不同；再如“敏锐—锐敏”“鉴赏—赏鉴”，每对词的后者文言色彩更加浓郁。此外，还可能存在其他的差异，例如“绅士—士绅”，前者可用于个体，后者一般作为总称。

以上我们讨论的都属于不均衡发展的同素颠倒词，很显然，当某一词的使用频率远低于另一个时，二者的发展趋势也会不同，甚至在历时发展中频率低的会被淘汰掉。对于一对同素颠倒词中某个消失的原因，学者们曾展开广泛探讨，包括语音特性、认知心理、社会文化、逻辑事理等多种因素。例如“逃逸—逸逃”，二者受到声调影响（以四声相承顺序为主）[①]，最终保留了“逃逸”；再如“买卖—卖买”，其中“买卖”从运动过程上更符合时空原则，因而取代了“卖买”一词。此期不均衡发展的同素颠倒词大致符合这几条规律，这里不再赘述。

其次，我们再看使用均衡的类型。它们中有部分自产生起便一直并存，且从古至今语义保持不变，这种类型的数量颇多，如“整齐—齐整、苦痛—痛苦、气力—力气、式样—样式、路线—线路、察觉—觉察、援救—救援、替代—代替、积蓄—蓄积、寻找—找寻”等，这类词一般都保留到了今天。此外，还有一种类型较为特殊，即清末民初二者使用频率较为均衡，但在用法上逐渐发生了分化。二者从完全相同变成了不完全相同，这种变化过程有学者归纳为“意义分化”[②]。其中有一部分同素颠倒词在历时发展中完全分化开来，因而到了现代汉语中，很可能二者各司其职，从而也不能认为是同素颠倒词。我们重点探讨这种类型。下面结合词例进行说明。

法律—律法

清末民初二者均可指“由国家立法机关制定的法令、法规”，在这个义项上它们完全相同，且使用频率较为均衡。后来“律法”在使用过程中产生了新义项，可指某种规律，例如郭沫若《惠施的性格与思想》：“当时学者墨非儒，儒非墨，道又非儒、墨……然而终不能跳出大自然的律法中。”而这一义项是“法律”所没有的，后者在现代汉语中仍用于专业法律领域，此时二者的语义由完全相同变成了不完全相同。

渡过—过渡

清末民初“渡过”与“过渡”语义相同，都可表示“越过（江河）”，例如后者在清小说《宦海钟》末章中曾出现过：“兄弟才游嵩岳回来，到镇江泰州上岸，过渡回家。”在此义项上二者出现频率较为平衡。但是，“过渡”逐渐衍生了新义，可指“事物由一个阶段逐渐发展而转入另一个阶段”，梁启超著于1901年的《过渡时代论》曾这样阐释：“一群之中，常有停顿与过渡之二时代。互起互伏，波波相续体，是为过渡相。”可见，此时“过渡”虽与“渡过”有相关之处，但二者语义并不

① 陈爱文、于平：《并列式双音词的字序》，《中国语文》1979年第2期。

② 刁晏斌：《现代汉语史》，福建人民出版社2006年版，第134页。

相同。在今天，“过渡”表示越过江河的语义已消失，二者语义不再相同，它们各司其职，所搭配的对象不能混用。

缔结—结缔

清末民初二者均有“结合、订立”义，所以文献中既有“缔结良缘”，又有“结缔前缘”，在此义项上二者完全相同，且使用频率较为接近。20世纪后，随着西医传入，一些医学术语随之出现，“结缔”被赋予了新义，特指“人和动物体内具有支持、营养、保护和连接机能的组织”，《现汉》收“结缔组织”一语，而“缔结”在现代汉语中并无此义，二者语义发生了分化。

灵魂—魂灵

二词古已有之，清末民初均有表“迷信认为附在人的躯体上作为主宰的一种非物质的东西”的义项，二者使用频率较为接近。民国中后期，“灵魂”一词语义泛化，衍生了新义，例如可指“生命”“精神、思想、感情”以及“人格、良心”等，这些义项直到现代汉语仍在使用。而“魂灵”的使用范围较为狭窄，不能代指“生命、人格”等，因此，在今天，二者语义不再相同，发生了一定程度的分化。

捕捉—捉捕

清末民初二者均可表“捉拿、擒拿”，在此义项上完全相同，且使用频率相当。后来，“捕捉”在使用中衍生新义，特指“抓住（机会）”，如“捕捉时机”等，而“捉捕”在现代汉语中无此义项，二者语义的虚实以及用法有所不同。

洗刷—刷洗

清末民初二者均有“洗拭”的含义，在此义项上完全相同，且使用频率较为均衡。但是，“洗刷”在使用过程中逐渐衍生了新义，可指“辩白冤屈或除去污辱”，如刘鹗《老残游记》第十九回：“一个时辰就把我家的冤枉全洗刷净了!”而“刷洗”在历时发展中并没有产生该义，到了今天，二者的分工更为明确，一般“洗刷”均与“冤屈”等搭配，它们的语义发生了分化。

除了以上所述，有的同素颠倒词在此期的使用频率都很低，从某种程度上来说，也可以看作使用均衡的类型。总的来说，这种类型的数量相对较少，而且绝大多数同素颠倒词都未保留到今天。例如：

陷挤—挤陷

二者在清末民初均有用例，且表义相同，指的是“受人陷害”。以“挤陷”为例，胡思敬《国闻备乘》卷一：“同时在高位，皆被人挤陷，一仆不再振。”据我们对“汉籍全文检索系统”的统计，“挤陷”在此期出现 8 次，“陷挤”有 2 例，使用频率都比较低。从历时角度来看，二者在今天都被同义词“陷害”所取代。

顽迷—迷顽

清末民初文献中二词均可见，不过使用频率均很低，其中“顽迷”出现 3 次，“迷顽”有 2 例。它们出现的语境较为类似，在搜索的文献中，既有“警迷顽”，也有“警顽迷”的用法，可见二者的语义和功能均相同。由于二词产生时间较晚，且语义一直是语素的简单加和，并未产生虚化，所以从构成上来看，更类似于“顽固执迷”的简缩形式，表义不甚明确，这可能是它们未保留到今天的主要原因。

第二节　异形同义词

我们首先要明确“同义词”的概念和分类。葛本仪提出同义词有以下三类：一是完全同义词，指的是词的词汇意义、语法意义和色彩意义都完全相同的词，也被称为“等义词”，如“互相—相互、手臂—胳膊、灯泡—电灯泡”；二是不完全同义词，指的是一组词所表示的词义内容中，其词汇意义和语法意义都相同，只有色彩意义不同的同义词，如“父亲—爸爸、土豆—马铃薯、激光—镭射”等；三是义项对应的同义词，指的是两个或两个以上不同的词，从整体上讲，它们的意义并不相同，但却可以在某个义项上形成对应关系，并成为同义词，例如“愿望”与“希望”，后者是兼类词，它在名词义项上与“愿望”形成了同义关系①。我们认同以上分类，并在此基础上对“异形同义词”进行界定：词形相异，词汇意义和语法意义相同，色彩意义相同或不同的一组同义词。

上文已述，此期语言具有“同义形式多”的特点，由于新生事物大量出现，造词及用词情况纷纭复杂，同一事物有多种不同命名方式的情况并不少见，而这就推动了此期异形同义词的发展。从一组异形同义词出现

① 葛本仪：《现代汉语词汇学》，山东人民出版社 2001 年版，第 155—166 页。

的时间来看，大致有两种可能：第一，这组词均产生于造词初期，人们从不同的角度给新事物命名，而这不同的命名形式均见使用，由此就构成了异形同义词；第二，有的词早已有之，随着时代发展以及人们认识的进步，或者是其他因素的影响与促进，此期又另赋新名，新旧之间也构成异形同义词。

根据异形同义词成因的不同，我们将其分为以下几个类型。

一　命名方式不同形成的异形词

这是此期异形同义词普遍得以产生的最主要原因，由此形成的异形同义词数量众多，因而也是我们重点讨论的类型。造成命名方式不同的可能有很多，我们选取具有典型性的情况进行说明。

（一）使用同义或近义语素形成的异形词

具体来说，假设语素 A 和语素 B 同义，它们在表义和功能上基本一致，那么在参与构词的过程中，都有与语素 C 结合的可能。因而，在词语创制初期，对不同的造词者而言，就可能出现“AC”“BC”并存的情况，由此就构成一对异形同义词。以下我们列举几个典型词例加以说明。

八音盒—八音匣

该事物源于英语“music box”，它本身是一种机械发音乐器，并非本土固有。早在明代意大利传教士利玛窦第一次来华时，其随行礼物中就有这种乐器。之所以用“八音”来作为修饰性语素，是因为我国古代以“八音”泛指乐器或音乐，例如《三字经》有这样的描述：“匏土革，木石金。丝与竹，乃八音”。

不过，明代传入的这种乐器体型较大，直到 1796 年瑞士钟表匠安托·法布尔开发出了一种体积较小的音乐盒，1908 年颜惠庆《英华大辞典》对此有这样的介绍：“a small barrel-organ machine，adapted for playing different tunes”。我们通过“汉籍全文检索系统”对此期该乐器的指称形式进行查找统计，共有“八音盒、八音匣、八音琴、八音琴匣、八音器、琴箱”等形式，它们构成了一组异形同义词。在这些词语中，有的注重它的性质，即属于一种“琴”或“乐器”；有的侧重它的形状，如“盒、匣”；还有的是将二者结合起来，如“琴匣、琴箱”。在这几种命名形式中，以“八音盒”和“八音匣”最为接近。其中“匣、盒”同为盛物有盖器具，外形也较为类似。清末民初出现的驳壳枪，分别有两个同义形式“盒子炮”与“匣子枪”，也是二者互相换用，正与“八音匣”和“八音盒”相同，它们都是因为采用了可替换的同义语素而互为异形同义词。此期这两个词形虽然都有用例，但频率并不相同：“八音盒”远高于“八音匣”。着眼于发展，前者的优势完全压制了后者的劣势，并使之趋于萎缩并最终退出现实的使用，所以《现汉》只收前者而不收后者。

与该组异形同义词类似的还有与照相机相关的“暗箱”，它在当时亦有“暗匣”的指称形式。

耻骨—羞骨

耻骨是位于髋骨前下部靠近外生殖器的骨头，它是随着西方生理学知识的传入而产生的新词。英语为“pubic bone”，其中“pubic”本指“阴毛的、阴部的”，从位置上来说是比较私密的。我们知道，中国自古以来对与性相关的表达都是委婉含蓄的，在前人的思想认识中，这块骨头属于“羞于暴露”的部位，因而在命名时会用与“羞耻”相关的语素来修饰“骨”。“羞”在先秦即可表“羞耻、耻辱”，如《易·恒》：“不恒其德，或承之羞。”可见“羞、耻”语义相同。二者在构词上具有相同的功能，可与同一语素相搭配，因而清末民初出现了“羞骨”“耻骨”两种形式，它们形成了一对异形同义词。从历时发展的角度来看，“耻骨”在20世纪初期的使用频率要高于“羞骨”，如1903年汪荣宝《新尔雅·释生理》：“肠骨、耻骨及坐骨，为无名骨。”而“羞骨”在“汉籍全文检索系统”中并无用例，只有黄河清《近现代辞源》中提到了该词，并将其作为“耻骨”的别称。此外，1916年赫美玲《官话》中则直接把“耻骨”称为“部定词”，可见“耻骨”已基本取代了“羞骨”并一直沿用了下来。

弹道—弹路

该词指的是“弹头射出后所经的路线”。我们知道，“道”与“路”语义基本相同，先秦时期二者即可同义连用，如《周礼·夏官·司险》：“司险掌九州之图，以周知其山林川泽之阻，而达其道路。”因而，“弹道”与“弹路”语义相同，构成了一对异形同义词。从历时发展的角度来看，“弹路”出现较早，1877年傅兰雅《格致汇编》中《西炮说略》一文既已用到，而直到20世纪初期“弹道”才出现，如1903年关庚麟《日本学校图论》：“第二年为炮外弹道学、火药学、弹丸炮架及车辆。”

虽然“弹道”产生较晚，但其使用频率远高于“弹路”。我们检索 BCC 语料库，“弹路”仅有 7 例，而“弹道”则有 33 例，即在二者的竞争中，“弹道”明显占据上风。

与该组词类似的还有“人行道—人行路”“铁道—铁路”等。

优点—佳点—美点

以上三词在清末民初构成了一组异形同义词，其中“优、佳、美”语义相近。“优”上古时期即有“优良、美好”义，与“劣”相对，如《论衡·书解》：“二儒在世，未知何者为优”。“佳”表“美好、令人满意”之义也是古已有之，且一直沿用，如鲁迅《两地书》：“中国现今文坛的状况实在不佳”。“美”即“美好”，因而“优点、佳点、美点”表义相同。相对来说，此期“优点”的使用频率要高于“佳点、美点”，通过“汉籍全文检索系统”的统计，“优点”共有 11 例，“佳点”仅 1 例，即吴恭亨《对联话》卷十三：“对联嵌字似少落下乘，然亦有二佳点。”“美点”主要见于五四运动以后的文学作品中，如鲁迅《且介亭杂文二集·论讽刺》：“人也并不全不自知其丑，然而他不愿意改正，只希望随时消掉，不留痕迹，剩下的单是美点。”有学者提出，“美点”是从日语引入的非正式借形词[①]，且现在日语中仍在使用，并与“缺点”（现一般写作“欠点”）是一对反义词。由此可见，此期“美点”与“优点”语义基本一致。从历时发展的角度来看，“佳点”在今天使用频率极少，“美点”偶有用例，但多半用于文学评论、美学等领域，常与“疵点”对用，而“优点”则成了现代汉语常用词。

领带—颈带—脖带

清末民初人们还习惯穿着长袍、马褂等传统服饰，领带是随着国门打开传入的新兴事物，它源于英语中的“necktie”，而“领带、颈带、脖带”均为“necktie”的仿译形式，它们构成了一组异形同义词。“领、颈、脖”在色彩上虽然有的偏书面语，有的偏口语，但语义相同。“领”在先秦即可表“脖颈”，如《诗·卫风·硕人》：“领如蝤蛴，齿如瓠犀。”毛传：“领，颈也。”后世表此义多用“颈、脖”，直至民国时期仍有“颈子、脖子”并存的情况，因而“领带、颈带、脖

① 引自姚彝铭《来自日语的非正式借形词举例》，《语言研究》1996 年第 1 期。“非正式借形词”文中界定为：非正借，有临时或过时的性质，教材或专著不提及，不举例。现代不通用，一般现代汉语词典不收录，《汉语大词典》原则上也不收。

带”可以通用。考察“necktie”在19—20世纪英汉词典中的翻译，1908年颜惠庆的《英华大辞典》将其译作“领带”，1913年的商务书馆《英华新字典》译为“颈带”，而1916年赫美玲的《官话》则称为“脖带”。可见，正是由于同义语素的并存，给人们对事物的命名提供了多种可能。

声波—声浪—音浪—音波

“声波”是物理学术语，指的是能引起听觉的振动波，它的频率在20—20000赫兹。它是伴随西学东渐而引入的新词，源于英语“sound wave”。以上四词体现了两组同义关系，分别为“声—音”“波—浪”，每组直到清末民初仍是同义词，它们在句法功能上也基本一致，因而在语素组合时可以自由搭配，于是就形成这四个异形同义词。从历时发展的角度来看，“声浪”一词产生较早，在19世纪中后期的几部英汉词典中均将“sound wave”译作“声浪”[①]，其余几词均在20世纪以后才有用例。“声波”大概在20世纪初出现，如1909年周树人《人生象学·本论》：“声波之来，先抵外耳，耳翼使之集合。”“音波”用例较少，如齐秦野人《武宗逸史》第十二章：“香汤阵阵，恰似美人在水中拨弄琵琶，一圈圈的水波，如同音波伴浪。”在我们的统计范围内，“音浪”直到民国中晚期才出现。虽然“声浪”最早出现，但后来主要喻指“社会上的某种论调或呼声”，如郭沫若《〈戏的念词与诗的朗诵〉序》：“一两年前时常听见的剧本荒的声浪，现在似乎变而为戏场荒、演员荒了。”而表原义时则逐渐被“声波”取代，所以《大词典》指其为“声波的旧称”。现代汉语中，“声浪”的比喻义更为常见，“音浪、音波”虽未消失，但其使用频率远不如“声波”。与该组异形同义词类似的还有“电波—电浪”“寒流—寒潮—寒浪—冷流”等。

属于此类的还有以下一些：

同、近义语素在前

导电—引电、繁果—复果、甘油—甜油、红热—赤热、红外线—赤外线、试纸—验纸、假果—伪果、简谱—略谱、揭幕—除幕、头骨—颅骨、恶根性—劣根性、红十字会—赤十字会

① 1898年傅兰雅编撰的《热学须知》中释“热浪”：“声动有声浪，光发有光浪，热传亦有热浪，皆如水之激动成浪然。”可见，早期对这类术语的命名皆倾向于“X浪”结构。

同、近义语素在后

避孕—避妊[①]、冰袋—冰囊、黄斑—黄点、常衡—常量、金衡—金量、净重—净量、催生—催产、镶牙—镶齿、拍卖—拍售、幻觉—幻感、气管—气道、奏鸣曲—奏鸣乐

此外，还有一例同、近义语素出现在三音节词中间，即“立脚点—立足点”。

（二）同音异体语素形成的异形词

即一组词中某个语素的字形相同，另一个语素音同形不同。此期这种类型的异形同义词数量也相当多，下面对典型同音异形语素及其构词情况进行具体分析。

气—汽

由这对同音异形语素构成的异形同义词数量较多，具有一定的典型性。在古人的认识中“云气、空气、蜃气”均可用“气”来表示，从物理学角度对相关现象进行科学的认知和表述始于清末民初，当时人们认识到“气”是三种物质状态之一，即“气体”（其余两种为固体、液体），如阮葵生《茶馀客话》卷十三有这样的论述：“自有而无者，化为气也，如水之耗而干也。自无而有者，变而为质也，如气之蒸为水也。”这段话中即概括了“液体”和“气体”的转化过程。“汽”《集韵·去未》释为“水气也”，也就是“水蒸气”，可见“气”“汽”语义有别。

清末民初，随着蒸汽机的发明与投入使用，一系列由其作为动力的装置出现，其名称中也均带有“汽”，如“汽船、汽机、汽车、汽缸”等。但是，由于人们对这种新兴事物还缺乏认知，所以存在“气”“汽”混用的情况，从而造成异形同义词。我们列举一些本应用“汽”而用“气”的例子。

（1）多运布疋、气油、烟丝、花金、白盐各款货物，于此交易。（佚名《嘉义管内采访册·打猫北堡》）

（2）一气缸高寻，等中空铁筒引釜上气横入缸内。（《皇朝经世文编》卷四十四）

（3）只听得气笛一声，便见那双轮转云渐渐的离了岸了。（云江

① “避妊”是日语词，据我们统计，在20世纪20年代有关“避孕”的书共有4部，其中3部标题都采用的是“避妊”，只有1部采用“避孕”，民国中期以后，“避孕”的使用频率变得更高。

女史《宦海钟》第24回）

（4）先年董子珊司马创造气船，赴金陵验收。（《皇朝经世文编》卷四十七）

（5）直至将要开船，小火轮的气筒呜呜的连放了几遍，方才上去。（张春帆《九尾龟》第六十二回）

（6）气轮一动、弹指闲数百步外炉火并炽。（《皇朝经世文编》续集卷九十五）

（7）虽配有气机，备在海面，转动风帆锚炼之用。（《时务分类文编》卷二十）

（8）且于西人电气灯、火轮、汽车等并未尝亲身目见，亦不过空中摹写。（绿意轩主人《海上花魅影》第二回）

（9）地上的山，是气化蕴积，地上的水，也是气化灌输。（汤颐琐《黄绣球》第二十二回）

以上词例如从造词原理的角度来看，均应为“汽X”形式。举例来说，“汽笛”是利用蒸汽，使其从气孔中喷出而发出很大音响的发声器，而非“气笛”；再如“汽船”，它是当时利用蒸汽机发动的小型船只，也非“气船”。

与之相反，当时也有一些本该用“气”而改用“汽”的词例，例如“气球”，它是充满空气或其他气体的密封袋，但在清末民初“汽球”也有用例，如康有为《大同书》辛部第二章：“大同之世，铁道横织于地面，汽球飞舞于天空。”再如“水蒸气”，它是由液态的水加热到100℃时开始沸腾而形成的气体，但在此期亦有“水蒸汽”一词，如《皇朝经世文编》卷十一：“地心之吸动有力，波涛之摧压有力，风气之鼓荡有力，水蒸汽则有涨力。”还有“气泡”，它是气体在液体、固体的内部或表面形成的球状或半球状体，而《皇朝经世文新编》续集卷七中则出现了“此汽泡尽是养气，其炭气即已化于水中”的用法。“气垫”“汽垫”在此期也有通用的情况。不过，总的来说以“汽”代“气”的情况相对较少。

园—苑—院[①]

“园”本有“庭园”之义，可指供人憩息、游乐或观赏的地方；

---

① 虽然“园”的声调与“院、苑”不同，但三者声母与韵母均相同，语义相近，我们也把它放在这个类型中一并进行讨论。

"苑"在先秦多指帝王或贵族拥有的园林，清末民初亦可泛指一般园林；"院"表"庭院"义也一直留存至今。可见，这几个字在表达处所时意思相近。清末民初出现了一些中国古代没有的面向大众开放的公共场所，不同的人在命名时往往趋向于在这一组字中选择某一个，由此就造成了一些属于此类的异形同义词。例如"博物馆"，就有"博物院"与"博物苑"这一对异形同义词；"电影院"也有同义形式"电影园"；而"动物园"最早也有"生灵园、生灵苑、生物院"等不同指称形式。当然，随着语言的不断精密化与规范化发展，这几个字的分工越来越明确，表义也更清晰，并由此使得一些此类异形词逐渐消失。像"院"后来主要用于某些机构和公共处所的名称，所以会出现大量"X 院"结构词，如"法院、医院、议院、国画院、科学院、疗养院"等；而"苑"的古语色彩较为浓厚，使用范围本来就有限，因而后来很少用于公共场所的命名，而已有相关词形也趋于退隐；"园"则侧重供人休息、玩乐、观赏的特性，因而"公园、动物园"等词语也取代了其他异形词而存留下来。

除了以上几组较有代表性的同音异形语素构成的异形词，此期的异形词还受到日源外来词的影响。举例来说，日语中有"身分"一词，指的是"身分、社会地位"，它属于"原语借词"，汉语将其借入以后，又产生了同义的"身份"，二者义同。与之类似的是"想像"和"想象"，前者是来自日语的回归借词，后者则是其后产生的，这也构成了一组异形同义词。

除此以外，此期较为多见的词例再如：

百叶窗—百页窗、草帽缏—草帽辫、车厢—车箱、车站—车栈、橱窗—厨窗、锉刀—磋刀、灯泡—灯炮、抵触—牴触、电灯—电镫、番茄—藩茄、反刍—翻刍、干馏—干溜、佝偻病—狗偻病、海绵—海棉、座次—坐次、座位—坐位、海峡—海狭、花岗岩—花刚岩、纤维—纤微、阳痿—阳萎、氧化—养化、鹰洋—英洋、住院—驻院、手铐—手拷、沥青—沥清、器具—器俱、家具—家俱、计划—计画、筹划—筹画、规划—规画、葡萄糖—蒲陶糖、言词—言辞、供词—供辞、词类—辞类、欢迎词—欢迎辞、七巧板—乞巧板、铆钉—帽钉、勾连—勾联、联系—连系、连贯—联贯、内涵—内函、黏土—粘土、痉挛—经挛、绝症—决症、撤销—撤消、枪枝—枪支、支气管—枝气管、无庸—毋庸、仓皇—仓惶、张皇—张惶、融化—溶化、熔点—融点、扳指—搬指、爆烈—暴烈、记载—纪载、纾难—抒难、菁华—精华、胁迫—协迫、何不—曷不、铜元—铜圆、打消—打销、克日—尅日、骚扰—搔扰、糊口—餬口、部分—部份、愤慨—忿慨、远飏—远扬、舢板—舢舨、盘踞—盘据、伸冤—申冤、彻查—澈查、预定—豫定、汲汲—岌岌、书估—书贾、螺钉—螺丁、结彩—结采、人材—人才、本分—本份、知识分子—知识份子、内廷—内庭、鳞茎—麟茎、斥候—斥堠、告诫—诰诫、古集—古籍、转圜—转环、起源—起原、视察—视查、迤东—以东、标识—标帜、麇集—群集、匍匐—匍伏、脑袋—脑带、早膳—蚤膳、湮没—淹没、泄漏—泄露、原故—缘故、原由—缘由、辗转—展转、囹圄—囹圉、激愤—激忿、装潢—装璜、筹码—筹马、轰动—哄动、干预—干与、宴席—筵席、少候—稍候、刺激—刺戟、勘察—勘查、那么—那末、化妆品—化装品、雄赳赳—雄纠纠、谘议局—咨议局、稍安勿躁—少安勿躁、不可向迩—不可响迩、仓卒—仓猝—仓促、真像—真象—真相、沉甸甸—沈钿钿—沈垫垫—沈颠颠

二　全、简并存形成的异形词

我们在上一章讨论了简缩造词，事实上，全称和简缩形式也可以构成一组异形同义词。① 有时由于简缩程度的不同，还会出现一组词中成员多于 2 个的情况。下面结合用例进行简单分析。

有机体—机体

(10) 一至城市，则有机体之发达，永不可见也。（梁启超《新民说》第二十节）

(11) 生理学（physiology）论动、植机体之功用，分动物、植物二支，昔人名曰身理，曰体用。（《最新中学教科书·生理学·译例》）

“有机体”是偏正式结构，指的是“具有生命的个体的统称，包括植物和动物”，而“机体”《大词典》释为“即有机体”，可见二者属于全、简对立的异形同义词。它们都是生物学术语，也是随着西学东渐而出现的

① 这里需要说明的是，我们依据音节的长短判断全称和简缩形式，二者在当时共存，但在产生时间上并不一定是全称在前，简缩形式在后。

新词。一般来说，生物学领域中只对有生命的机体进行界定，而很少把与之对立的“无生命个体”称为“无机体”，因而“机体”基本不会产生理解上的混淆。从历时发展的角度来看，二者产生时间均在20世纪前后，但是“有机体”在民国中后期衍生出新义，可指“事物构成的各个部分相互关连，像生命的个体一样具有统一性的物体”，如朱光潜《艺文杂谈·慢慢走，欣赏啊!》：“一篇好文章一定是一个完整的有机体”。因而，这两个词虽然都保留到了今天，但分工上有所不同，“有机体”更倾向于描述无生命的事物，多采用其比喻义。

股份（分）票—股票

(12) 公司与各号，亦不用现银，而用股份票。（碧荷馆主人《黄金世界》第十五回）

(13) 由兄弟照过收条，写信到那边，就可以寄股票来。(吴趼人《近十年之怪现状》第八回)

清末民初西方新型股份制企业的组织方式深深影响了本土的经济结构，近代中国逐步发展了自己的股份制公司。“股”在中古时期可指“事物或人群的分支”，到了明末逐渐衍生出“资本或财物的一份”的含义，如《初刻拍案惊奇》卷一：“余九百两照现在人数，另外添出两股，派了股数，各得一股。”直到清末民初，该词仍可单用表此义。而“股份”一般指在合股经营企业资金中所占的数额，从语义来看，“股份”与“股”基本相同，因而“股份票”与“股票”构成了异形同义词。不过，由于受到汉语双音化趋势的影响，“股票”在此期的使用频率远高于“股份票”，该词也一直留存到今天。

沸腾点—沸点

(14) 第一罐中之气压五九〇粍、沸腾点九〇度。［邱文鸾《台湾旅行记（一）》］

(15) 此际心中似水沸腾，确已超过了沸点，他那种急于要看的心，比较着谁都要迫切。(董荫孤《案中冤案》第8章)

“沸点”是“液体开始沸腾时的温度”，属于物理学术语。由词义可知，“沸点”即“沸腾点”，由于在词语创制初期，才可能出现二者并存的情况，因而构成了一组异形同义词。从历时发展的角度来看，双音节词“沸点”更符合汉语的音节结构，因而逐渐取代了“沸腾点”一词。

蚊虫香—蚊香

(16) 碰见过一次，我恨极了，用一枝蚊虫香燃着了头，在洞子里穿过去。(网蛛生《人海潮》第三十九回)

(17) 蚊香列入药品，未得免税，颇为缺憾。(天虚我生《工商业尺牍偶存》)

中国早在中古时期即有用药物点燃的烟驱赶蚊虫的记载，如宋代《格物粗谈》：“端午时，收贮浮萍，阴干，加雄黄，作纸缠香，烧之，能祛蚊虫。”当时受技术所限，主要采用的是“线香”，以下一例对此说得很清楚：

(18) 还有个四十多岁的妇人，手中拿着几根薰蚊子的线香在那儿点。(不肖生《留东外史》第四十章)

直到20世纪前后，日本人上山英一郎发明了盘状的蚊香，后传入我国。

除了“蚊虫香—蚊香”外，可以与之同组的还有一个“蚊线香”。黄河清主编的《近现代辞源》在“蚊香”词条下列举了它的几个别称，其中就包括“蚊线香”，虽然并未列举用例，但足可证明该词在清末民初曾经出现过。统计“汉籍全文检索系统”，我们并未发现“蚊线香”的用例，但例（18）中出现了“薰蚊子的线香”，而“蚊线香”或许是它的简称形式。以上三词构成了一组异形同义词，两个三音节词虽然都属于偏正结构，但其内部层次不相同，“蚊虫香”是由“蚊虫”+“香”构成，而“蚊线香”则是“蚊”+“线香”。但是，由于二者都是三音节词，与汉语双音节为主的趋势不相一致，因而逐渐被“蚊香”这个双音节词所取代。

三　书、语并存形成的异形词

即书面语中的词与口语中的词并存，这种类型在语言面貌纷繁复杂的清末民初也颇为常见。下面结合实例进行说明，每一例中前一个词为书面词，后一个为口语词。

疟疾—打摆子

这种病症早在先秦时期即有记载，如《礼记·月令》："（孟秋之月）寒热不节，民多疟疾。"清末民初，随着西方医学传入，人们对这种病有了新的认识，通过放大一千倍以上的显微镜能看见一种圆形的小虫，这是疟疾的致病源，即"疟原虫"。虽然病因直到近代才逐渐明确，但"疟疾"这个名称自产生便一直沿用了下来，它也成了这种病的学名，基本属于"学名"即书面语词。由于这种病发作起来具有全身发热、发冷等特性（马礼逊《华英字典》"疟"条：疟疾，fever and ague），而且初时以发冷发抖为主，所以晚清时期人们也会用"打摆子"这种口语化的说法来指称此病，如《檐曝杂记》卷五对此有明确的记载："'视'曰'看'，'窍'曰'洞'……'疟疾'曰'打摆子'"。这样，"疟疾"与"打摆子"就构成了一对书面语词与口语词对立的异形同义词。

梅毒—绵花疮、茱萸疮、天泡疮、广东疮

"梅毒"是性病的一种，我国古代已有记载，如1565年窦梦麟《疮疡经验全书》："梅毒一名广东疮，一名霉疮，霉音梅"。之所以称其为"梅毒"，主要因为其病灶会出现肿突红烂的现象，状如杨梅。随着近代西医的广泛传播，人们认识到该病的病原体是梅毒螺旋体。该病自有记录以来，名称甚多，其中"梅毒"历史较为悠久，且更具有科学性，因而后世作为学名并一直保留了下来，主要用于书面语。除此以外，该病还有众多口语性的指称形式，例如民国医书《花柳易知》第二编对此进行了较为详尽的解释："（梅毒）其在西北人则名为天泡疮；东南人又谓之广东疮。凡毒轻而小者，状类茱萸，故名茱萸疮。毒甚而大者，泛滥可畏，形如棉花，故名棉花疮。"由此可见，这些口语形式有的因地域不同而叫法不同，有的则因病症轻重而造成的不同形状而命名。从历时发展来看，清末民初这些口语形式虽然使用频率不高，但偶有用例，到了今天则基本不用。

番茄—西红柿

番茄—西红柿是哥伦布发现美洲以后逐渐传入中土的舶来品，最初由于它颜色鲜艳诱人，很多人怀疑其有毒，因而长期都只作为观赏植物而不敢食用。直到19世纪，才开始作为食品引入中国。它最初进入本土时被命名为“番茄”，因为它属于“茄科（拉丁学名‘solanaceae’，管状花目下的一科植物）”，而“番”在古汉语中可指“外国的”，如“番商、番红花”等，因而用“番茄”来作为这种植物的名称是顺理成章的。考察19—20世纪的多部英华词典，绝大多数都将“tomato”译作“番茄”，它也成了这种植物的学名。相对来说，“西红柿”更贴近口语，“红柿”指的是这种植物的外观形象，而“西”则用来说明它的外来属性。该词产生时间较晚，大概在19世纪晚期才有用例，它与“番茄”都保留到了今天。与之类似的还有“马铃薯—土豆”等。

此外，清末民初属于此类的还有“正方形—见方”，1728年12月2日《为朗石宁画画屋内铺地炕取毛毯一块》：“自武备院行得见方一大旧黑羊毛毡一大块”，其中“见方”更多见于口语，“正方形”在19世纪初期出现，它多用于数学领域，语体色彩更倾向于书面语。限于篇幅，我们再列举数例（横线前是书面语）。

草莓—蛇莓子、猩红热①—丹痧、百日咳②—天哮呛、白喉—白皮痧、旱獭—荷兰猪、臼齿—磨牙、枪弹—枪子、迫击炮—望天炮、榴弹—开花弹、沥青—柏子油、水泥—红毛泥

四　新、旧并存形成的异形词

这类中的“新”与“旧”是相对而言的，“新”指的是在清末民初才出现的，而“旧”则是在此之前已经出现过的词形，由于二者所指相同，因而构成了一对“新、旧并存”的异形同义词。其实，前边所讨论的一些例词已经出现过这种情况，以下再集中举例说明。

驼豹—长颈鹿

动物长颈鹿并非本土固有，由于译入的途径不同，其在古汉语中有多种译名，它们和清末民初产生的“长颈鹿”构成了一组异形同义词。具体来说，古汉语中长颈鹿的译名多是从阿拉伯语、索马里语等中翻译过来的，如“徂蜡、徂剌法”等，即阿拉伯语“Zarafa”的音译形式。宋代《诸蕃志》卷上有这样的描述：“兽名徂蜡，状如骆驼而大如牛，色黄，

① “猩红热”是日源外来词，汉语将其借入并成为这种病症的“学名”，主要用于书面语，“丹痧”多用于口语中。

② “百日咳”是日源外来词，它也多用于书面语，民间老百姓俗称这种病症为“天哮呛”。

前脚高五尺、后低三尺，头高向上，皮厚一寸。”这里已提到其“头高向上”的重要特性。到了近现代，又产生两类名称，一类译自英语“Giraffe”，有“支列胡、支而拉夫、吉拉夫、知拉夫”等，另一类是中国人自创的，如“鹿豹、豹鹿、驼豹”等，它们有的出现较早，如“驼豹”，早在《大明英宗皇帝实录》中即出现该词，且它一直保留到了清末民初，检索19—20世纪的多部英华词典，8部中有3部都将“Giraffe”译作“驼豹”，可见它在当时使用频率较高。与之相对的，“长颈鹿”是19世纪中期左右出现的新词，如1848年徐继畬《瀛寰志略》卷八：“又产长颈鹿与鸵鸟（长颈鹿颈长于身，鸵鸟似斗鸡而高大）。”从历时发展角度来看，虽然“驼豹”等在古汉语中既已出现，其产生时间较长，但可能不如“长颈鹿”这般精准、形象。由于这种动物具有“颈长”的特性，而且它还属于“偶蹄目鹿科动物”，所以此名一经出现就得到了广泛的传播，且一直保留至今。

白熊—北极熊

该动物非本土固有，源于英语“polar bear”。早在明代西方传教士入华时，就已在一些文献资料中介绍过这种生活在北寒带的哺乳动物，只是当时采用的是“白熊”或“大白熊”这类较为模糊的命名，如《马可波罗游记》第四卷：“在这些极北地区还有白熊，躯体硕大。”“白熊”一词一直保留到了清末民初，就我们对多部英汉词典进行的统计来看，绝大多数都将“polar bear”译作“白熊”，赫美玲《官话》还称其为“部定词”。但是，该词主要描绘了这种动物的外形特征，却没有与本土熊类相区别，也很难看出它的地域特性，因而到了清末民初，“北极熊”随之产生，例如吴友如《中外百兽图》：“方熊，即银熊也。……亦名北极熊。”由于“白熊”有时也可泛指“白色的熊类”，很难专指这种动物，因而虽然北极熊出现较晚，但一经出现就得到了大众的广泛认可，逐渐取代了其他称呼，并一直保留到现代汉语中。

壁虱—臭虫

该动物是一种虫类，身体扁平，赤褐色，腹大，专刺吸人畜血液，且能释放臭气。它在古汉语中曾被命名为“壁虱”，如《太平广记》卷四七九：“壁虱者，土虫之类，化生壁间”。该命名注重这种虫子存活的处所，它一直沿用到清末民初，如薛绍元《台湾通志·物产》：“家有竹鸡啼，白蚁化为泥。盖好食蚁也；亦辟壁虱”。到了19世纪中期左右，在各大英汉、汉英词典中开始出现“臭虫”一词，如马礼逊《华英字典》“臭”条就列举了“臭虫”，并释为“臭虫，a stinking insect”。这种虫类由于体内有一对臭腺，能分泌一种可防御天敌和促进交配的异常臭液，甚至连其爬过的地方都留下难闻的臭气，因而“臭”更能概括这个虫类的特性。此词一经出现就站稳脚跟，现在已成为通行的名称，而“壁虱”则仅限于某些地域使用。

胰—膵脏

“胰”在古汉语中可表“夹脊肉”，后来指称人或高等动物体内的腺体，在胃的后下方，既能分泌胰液帮助消化，又能分泌胰岛素，调节糖的新陈代谢。《大词典》释“胰”为“也称胰腺，旧称膵脏”，可见二者分属于同一事物的新旧名称。前文已述，“膵脏”一词来自日语，其中“膵”是日本人利用汉字造字法造出的新字，用来对译英语“pancreas”。纵观西人对 pancreas 的译法，20 世纪以前的多部双语词典均将其译作“甜肉”或“甜肉经”，究其原因，叶霖《难经正义》有这样一段话：“中有液管一条……与胆汁入小肠同路，所生之汁，能消化食物，其质味甜，或名之甜肉云。”将西方人与日本人的命名进行对比，前者更倾向于描述该器官的某一特性，而日本人则将其视为与中医“五脏”相类似的脏器之一，从表义上来看，显然“膵脏”更易为国人所接受。20 世纪前后，“胰”这一词形衍生了新义，可用于指代这一脏器，它自产生以后，使用频率逐渐提高，赫美玲《官话》将其标为“部定词”。从历时发展的角度来看，“胰”的新义项产生较晚，而且二者并存过一段时期，因而属于新、旧并存。值得一提的是，“胰”在民国时期更多被称为“胰腺”，“腺”是和制汉字，也属于日语原语借词。

除此以外，此类中还有一部分词颇具特点，它们多半是新兴术语词，在没有进行统一的科学定名之前，往往会出现旧名、新名并存的阶段，最为明显的就是 19—20 世纪的化学元素名称。由于后文“外来词”部分还会涉及元素的命名问题，这里不展开论述，仅列举数例。

钡（barium）—重土、铋（bismuth）—苍铅、铂（platinum）—白金、氮（nitrogenium）—淡气、碘（iodium）—紫气、氟（fluorum）—弗气、钾（kalium）—碱金、铝（aluminum）—矾精、镁（magnesium）—苦土、砷（arsenium）—砒素、碳（carbonium）—炭素、氩（argonium）—惰气、氧（oxygenium）—养气、硅（silicon）—玻精

我们知道，元素的命名历经半个多世纪，最终在20世纪前后得以确定，傅兰雅对化学元素制定了一套成体系的方式，在当时共为58个元素进行了定名。在此之前，人们多以一些形象化的方式为其命名，如“铂”从外表上看类似于“白金”，“氧”是一种能供给生命的“养气”，它们在一定时期内也得到了人们的认可，因而形成了一系列元素名称的异形同义词。

五　方言与通语并存形成的异形词

这里所说的“通语”是与“方言”相对而言的，指的是各地通行的普通词语。“通语”和“方言”并存也会构成一组异形同义词。例如（横线前面的词是方言词）：

褯子—尿布

“褯”本指婴儿的衬褥，“褯子”实际就是兜小孩的尿布。清末民初该词仍有用例，如《儿女英雄传》第十九回：“从你裹着褯子的时候，我抱也不止抱过一次。这年正是你的周岁，我去给你父母道喜”。“尿布”相对来说出现较晚，如1858年合信《妇婴新说》卷下：“小二污浊或尿布腌累致腋下、腿桠……应洗净”。二者相比，“褯子”在当时多用于方言，王博主编《关东方言词汇》第196页记载了“褯子”，并将其释为“尿布”，但据我们考察，关中地区也有将“尿布”称为“褯子”的，例如《白鹿原》中白灵在被送往陕北根据地途中，也看到当地老大娘从孩子身上抽下尿湿的“褯子”，可见陕北大部分地区也使用该词。“尿布”则属于“通语”，由于其表义明晰，在各地使用也不至产生误解，因而一直保留到了今天，且有着较高的使用频率。

花大姐—瓢虫

花大姐—瓢虫属昆虫类，源于英语“ladybird”或“ladybug”。通过考察19—20世纪多部英汉词典，发现有的将其译作“红娘子、花大姐”，有的则译作“瓢虫”。前者一般见于方言，我们在民国中晚期的农业学书籍中看到以下论述。

> 东北地区的马铃薯害虫计有20余种……别名大二十八星瓢虫、花大姐、胖小（指幼虫）。（《东北农作物病虫害防治工作手册》第289页）

二十八星瓢虫别名叫花媳妇或花大姐，成虫的翅膀鞘上有二十八个黑点，所以叫二十八星瓢虫。(《华北农业害虫》第 25 页)

瓢虫为人们所熟悉的一个类群。因腹面平坦、背面隆起，形似飘状而得名“瓢虫”，又因颜色鲜艳、花纹美丽，而在北方民间有“花大姐”之称。(《昆虫分类学》第 101 页)

从以上论述可以看出，“花大姐”一般作为别称，在东北、华北等北方地区较为流行。其中每个语句中也提到了“瓢虫”，它类似于学名，所以属于通语。不过，如果从科学的角度来看，“瓢虫”其实是一个大类，指的是“鞘翅目瓢虫科”，“花大姐”只是其中的一个分支，专指“二十八星瓢虫”。但是，由于一般人对该种昆虫究竟有多少斑点等并不关注，反而对它红色的外壳以及鲜艳的花纹更为注重，因而“花大姐”在一定程度上可以与“瓢虫”等同。

胰子—肥皂

这两个词形在古汉语中均出现过，“胰子”本为猪、羊等动物的胰脏，而“肥皂”最初是一种用皂荚或肥珠子等捣烂制成的丸状去污用品，因而词义本不相同。随着历时发展，二者语义均发生变化。具体来说，我们先看“胰子”，旧时人们曾把猪胰浸入酒中，冬日涂抹手面，可免皴裂，事实上，这涉及一个化学过程。当把碱末掺在猪的胰脏和脂肪中时，碱末就会和脂肪混合在一起，变成“肥皂”，同时还会生出甘油。人们用来滋润手的是生成的甘油，而另外的化合物“肥皂”由于与“胰子”密切相关，于是后来人们就用“胰子”来借指肥皂。随着近代科技发展，人们发明、生产出一种块状的可洗涤去污用的化学制品，主要由油脂和氢氧化钠制成，它与古代的“肥皂”具有同样的功能，所以仍用此名称之，但其材质、制作工艺都有了明显的不同，因而可以视作新词。若从通用的角度来考虑，“胰子”在某些方言区使用较多，例如刘思训《“哏儿都”说哏儿话，天津话这么说》第 411 页将“胰子”作为词条，再如王力《谈谈汉语规范化》中也提到在北京“肥皂”又叫“胰子”，另外，百度百科“胰子”词条也提到，陕西关中、天津、青岛等地都这样称呼肥皂，可见至少在以上地域“胰子”是作为方言词广泛流传的。与此相对，由于“肥皂”古已有之，并沿用千年，所以它更多作为通语存在。即使在今天，“肥皂”一词也更为普及，在CCL语料库中有上千例之多，而“胰子”仅48例，由此也可以看出二者在通用程度上的差异。

野鸡—流娼

“野鸡”这一词形在古汉语中曾出现过，它是“雉”的别名。清末民初该词在上海方言中流行，并被赋予新义，喻指沿街拉客的娼妓。究其原因，徐珂《清稗类钞·方言类》有这样一段解释：“野鸡，雉也，今喻妓之下等者为野鸡，以其随人求合，有类于雉也。”“野鸡”在此期使用频率较高，主要见于吴方言区的作家作品中。吴趼人《二十年目睹之怪现状》第三回有这样的描绘。

> 我听了这话，就止住了，因问起野鸡道台的话。继之道：“说来话长呢。你先要懂得‘野鸡’两个字，才可以讲得。”我道：“就因为不懂，才请教呀。”继之道：“有一种流娼，上海人叫做野鸡。”我诧异道：“这么说，是流娼做了道台了？”继之笑道：“不是，不是。你听我说：有一个绍兴人，姓名也不必去提他了，总而言之，是一个绍兴的‘土老儿’就是……一天不知听了甚么人说起‘打野鸡’的好处。”我听了，又不明白道：“甚么打野鸡？可是打那流娼么？”继之道：“去嫖流娼，就叫打野鸡。这土老儿听得心动，那一天带了几块洋钱，走到了四马路野鸡最多的地方，叫做甚么会香里，在一家门首，看见一个‘黄鱼’。”我听了，又是一呆道：“甚么叫做黄鱼？”继之道：“这是我说错南京的土谈了，这里南京人，叫大脚妓女做黄鱼。”

这段话中出现了“野鸡”，文中很明确指出就是指“流娼”。此外，还谈到南京话中将“大脚妓女”称为黄鱼。除此以外，“野鸡”在此期文献中还可参与构词，如“打野鸡”（找妓女）、“拉野鸡”（做妓女）、“野鸡窑子、野鸡窠、野鸡窝”（妓院）等。“流娼”相对“野鸡”来说更为通行，“娼”中古时期即有“娼妓”义，所以“流娼”便指“无固定接客处所的娼妓”。该词在清末民初也较为常用，例如《宦海钟》第十五回：“若说是流娼害人不得不驱逐出境，他不过换个码头，还去做他的流娼。”在今天，“野鸡”表流娼的语义仍在使用，但它更多指“不合规章而经营的”，如“野鸡杂志”“野鸡公司”“野鸡大学”等。

跑街—收账人

“跑街”源自上海方言，徐珂《清稗类钞・方言类》将其释为“商店洋行所雇在外收账之人也”。我们通过“汉籍全文检索系统”进行统计，该词共有19例，全部出现于吴方言区作家作品中，如《人海潮》《歇浦潮》《十尾龟》等。“跑街”的方言色彩较浓，一般来说，它可等同于“收账人”，或者直接用“收账的”表示，后者属于通语。我们还发现一则音译词，其语义与“跑街”相同，也多用于上海地区，即“式老夫”，它源于英语“shroff”，主要指的是洋行中的收账人。

第三节 异形外来词

本节所讨论的异形外来词，指的是词形不同但是表义相同的外来词。由于后文还有专门章节讨论外来词，我们这里仅对“异形”的成因、类别进行简要论述，重点词例分析将放到后文。为了进行更充分、更全面的考察，这里暂且把意译词也归到外来词的范畴中。

明代末年，西方传教士陆续进入中国，他们在传教的同时也带来了西方众多的新事物、新概念，而为了表达或指称它们，就需要创制各种新词。在对译外语词的过程中，既可以采用音译的方式，也可采用意译的方式，或者是其他方式，这就可能使得同一事物有了多个不同名称，它们便形成了异形外来词，根据出现的原因不同又可以细分为若干小类，以下结合此期词例，分别进行简述。

一 音译、意译并存

这种类型在此期非常多见，一般来说，音译词相对出现较早，而意译词虽然出现较晚，但在二者竞争过程中往往会取得胜利并一直留存下来。例如：

谬士翁—博物馆

“博物馆”一词是英语“museum”的意译。事实上，被公认为是人类历史上最早的博物馆——埃及亚历山大城的缪斯神庙，它本身是一个专门的研究机构，这与“museum”的拉丁语源“library，study”相吻合。现代意义上的博物馆在17世纪后期出现。18世纪，英国医生汉斯・斯隆将自己近8万件藏品捐献给英国王室，在此基础上，1753年大英博物馆建立。博物馆应向全社会普遍开放，这是其基本特点，而这一点直到法国大革命之后的卢浮宫才得以实现，向公众开放的博物馆也被视为近代社会的产物。中国古代也有博物馆的萌芽，例如皇室收藏或者祠堂家庙等，但由于中国古代未能从封建社会进入近代社会，因而也无法产生现代意义上的博物馆。正因为如此，清末民初“museum”作为新兴事物被引入中国，其音译形式为“谬士翁”，意译则为“博物馆”，二者为异形同义词。值得一提的是，“museum”在当时出现了多种意译名称，如“博物之院、博物园、博物局、博物场、博物苑、博览场、博览院、博古院”等。从这些不同名称中可以发现，这些偏正式词语的中心语，如“院、园、局、场、苑”等，均为表场地、处所的名词，属于同一语义场，而其偏语素均与“博”相关，说明人们都是以此来反映博物馆收藏广博的特性。所以，至少在当时，这些意译名称也都可以看作一组异形同义词。当然，这组异形同义词在历时发展中势必要互相竞争，最终“博物馆”取代了其他意译和音译形式，留存在现代汉语中。

好斯曷甫乐尔知—上议院、好斯曷甫恪门斯—下议院

上议院与下议院是西方两院制议会的组成部分，而议会是国家最高立法机关，监督内阁行政，并对内阁所作行政决策拥有决定权和否定权。这种议会制度并非所有国家都实行，较为典型的有英国、美国、法国等。鸦片战争后，中国闭关锁国的状态被打破，随着对西方社会了解的加深，也引入了很多有关它们政治、经济、文化等的词语。例如“议会”，1844 年林则徐组织翻译的《四洲志》将“pailiament”译为“巴厘满”“巴厘满衙门”等，19 世纪中期，意译形式“议会”出现，如慕维廉的《大英国志》（1856）：“英之先民各分部落，部有大小，父老集议，名曰议会。”后来，关于议会制度的术语逐渐细化，由此出现了“上议院”和“下议院”，它们在当时均有音译形式，“上议院（House of Londs）”对应的是“好斯曷甫乐尔知”，而“下议院（House of commons）”对应的是“好斯曷甫恪门斯”。由于每对音译形式和意译形式都是同一事物的不同译法，因而分别属于异形同义词。

李圭的《环游地球新录》（1876）有这样的语句：“楼左为上议院，右为下议院。每年由副伯理玺天德，会同各督抚，选举官绅二百人居上院；再由民间自选才识出众者四百人居下院，参议国政。”从该句也可以看出，关于西方政治的诸多术语在当时并没有固定的译法，既有音译形式

"伯理玺天德（president）"，又有意译形式"上议院、下议院"，此外，一些与本土相类似的官职则直接用汉语固有词比附，如"督抚"[①]"官绅"[②]等。虽然"上议院""下议院"以及其音译形式在当时均在使用，但音译形式音节过长，且用字生僻，表义远不如意译形式准确。我们知道，上议院多由要员、下议院多由平民组成，由"上、下"修饰议院，其成员的身份一目了然。因而，现在音译形式早已被意译形式取代，不再使用。

吉贲—长臂猿

该组词系英语"gibbon"的翻译形式。钟观光的《理科通证·动物篇·猿》（1909）中有这样的描述："长臂猿前肢极长，立时垂地，性温和，富于爱情。"可见，由于该动物属于"猿"类，加之具有"长臂"的外形特征，因而用"长臂猿"来意译。此期"gibbon"亦有音译形式"吉贲"，它与"长臂猿"所指相同，因而二者是一对异形同义词。音译中的"贲"在汉语中使用频率较低，对于一个外来事物采用这种生僻字可能会增添理解上的困难，而"吉"虽只是作为记音符号，但在汉语中有着很强的表义性，容易使人产生误解，认为该词带有"吉祥、吉利"的褒义色彩。与之相对的，意译形式"长臂猿"表义明晰，易于理解，因而该词一直留存到了今天，而"吉贲"则早已不再使用。

除此以外，我们所见还有以下一些。[③]

涅伏（nerve）—神经、透平（turbine）—水轮机、安琪儿（angel）—天使、德律风（telephone）—电话、梵婀铃（violet）—小提琴、水门汀（cement）—水泥、披雅娜（piano）—钢琴、马达（motor）—电动机、阿屯（atom）—原子、伊洪（ion）—离子、杯葛（boycott）—联合抵制、白脱（butter）—奶油、拷贝（copy）—复制、密斯（miss）—小姐、密斯特（mister）—先生、密昔司（mistress）—女主妇、马丹（madam）—夫人、品脱（pint）—英升、哀的美敦书（ultimatum）—最后通牒、维他命（vitamin）—维生素、哑呣（aloe）—芦荟、因克（ink）—墨水、芝士（cheese）—奶酪、甲必丹（captain）—船长、开麦拉（camera）—照相机、

① 督抚：总督和巡抚的并称，明清两代最高地方官，兼理军政、刑狱。

② 官绅：官吏和绅士。

③ 以下词例主要归纳自2010年上海辞书出版社黄河清编《近现代辞源》、1934年新生命书局邢墨卿编写《新名词辞典》以及2015年上海辞书出版社宋子然编《100年汉语新词新语大辞典》。

辛迪加（syndicate）—企业联合组织、雪丝黛（sister）—妹妹、阿西台林（acetylene）—乙炔、爱纳尔基（energy）—能量、巴厘满（parliament）—议会、烟士披里纯（inspiration）—灵感、斯罗干（slogan）—标语、探并（dumping）—倾销、坦波（tempo）—拍子、英华司（invoice）—发货单、赛因斯（science）—科学、刚白度（comprador）—买办、安那琪（anarchy）—无政府、司泼灵（spring）—弹簧、匹克涅克（picnic）—野餐、生的门脱尔（sentimental）—感伤、迪克推多（dictator）—独裁者、派司（pass）—通行证、基尔特（guild）—行会、茄门（German）—德国人、康妙恩（commune）—公社、泼赖妈（primer）—初级教材、灵视（lens）—透镜、美约而（major）—少校、配奇（page）—页、康牟尼斯脱（communist）—共产主义者、康牟尼兹姆（communism）—共产主义、康莫索姆尔（komsomol）—少年共产党①、康敏脱（comminter）—共产国际②、唛头（mark）—标记、摩登（modern）—现代。此外，还有源于俄语的"康密赦（komissar）—委员"、源于法语的"古迭打（coup d'état）—政变、亚丢（adieu）—再会"、源于德语的"奥伏赫变（aufheben）—扬弃"等。

二　音译差异

这种类型在此期也非常多见。由于不同的音译者会受到方言、选字等因素的影响，最终采取不同的音译形式，由此使得同一个事物具有多种音译形式。有的异形词采用的是同音字，也有近音字的情况，以下分别举例说明。

1. 同音歧异

仅就共同语而言，汉语同音字众多，这样就给音译者提供了多种选择，而不同的音译者选择可能不同，由此就造成了很多同音歧异的情况。例如：

啤酒—皮酒、吨—敦、便士—辨士、咖啡—喀啡、库仑—库伦、吗啡—玛啡、密斯—蜜司、欧姆—殴姆、撒旦—撒但、香槟—香宾、雪茄—雪加、鸦片—丫片、吉他—吉它、罗曼司—罗曼斯、托拉斯—脱拉斯、辛迪加—新狄加、祖母绿—祖碉绿、阿司匹林—阿斯匹林

---

① 康莫索姆尔（komsomol）是俄语 kommunistioheiki soyuz molodezi 的略称，即少年共产党。

② 康敏脱（comminter）是 communist international 的略称，即共产国际。

2. 近音歧异

如上所述，汉语同音字众多，如果再加上近音，音译者选择的余地自然就更大，而实际上由此造成的歧异情况就更多。如果再加上方言纷歧，情况自然就更加复杂了。所以，这类歧异也很常见，例如：

法郎—佛郎、加仑—卡伦、焦耳—佳耳、可可—柯柯、卢布—罗布、沙拉—沙律、苏打—梳打、瓦特—瓦德、盎司—温司、芝士—计司、以太—伊太、白兰地—罢阑地、德律风—得利风、凡士林—华士林、海洛因—海洛英、吉普赛—吉普色、卡路里—卡罗里、开麦拉—开末拉、穆斯林—穆士林、尼古丁—尼古奠、普鲁士—普鲁斯、水门汀—士敏土、威士忌—畏士忌、耶和华—耶和瓦、斯芬克斯—斯芬克士、魁英—魁阴、柏拉丁难—布拉的纳①、各里司里尼—各里西里尼②、阿非利加—亚非里加

以上虽然列出的基本都是一对两个，但实际上一实多名的情况也比较普遍，甚至在很大程度上也体现了此期音译词及其使用的特点，典型的例子如“皮亚诺”有“披亚诺”“批雅娜”等多种译名，再如“巧克力”也被译作“知古辣”“炒扣来”“勺勾腊”“绰故辣”“猪古辣”“朱古力”等。

三　意译差异

与上述音译歧异一样，即使同样是意译，也可能因为选择不同的语素，而产生异形同义词，因为汉语中同义或近义的字/词也很多，此外还有意译思路、方式以及来源等的不同这些都是歧异产生的原因。以下列举一些常见例词。

黑名单—黑表③、黑茶—红茶、番茄—西番柿、耳廓—耳廉、动能—动力、电扇—自来风、电报—法通线—电气线④、电灯—自来月、灯塔—灯楼、导体—引电质、沸点—沸度、辅音—附音、负电—阴电、镜箱—照相机、车厢—车房、棒球—棍球、白宫—白屋、安全灯—保险灯、半规

---

① 以上二词是 platinum 的音译，即元素“铂”，当时也有人将其意译为“白金”。

② 二词均是“glycerin”的音译，该词当时还有意译形式“甘油”。

③ 二词均是“blacklist”的意译，其中“list”可译作名单，也可译作表。当时亦有“白名单”和“白表”并存的情况。

④ 在电报传入中国初期，关于它的意译名称较多，后来由于无线电报逐渐取代了有线电报，名称中带“线”的意译形式逐渐被淘汰，电报成了正式称呼。

管—半圆管、报纸—新闻纸、传教士—传道士、蛋白质—蛋白素、低等动物—下等动物、果糖—左旋糖、滑翔机—飘行机、下意识—潜意识、小资产阶级—过渡阶级、原子—原点

四 全、简并存

这种类型也会导致大量异形同义词出现，根据来源又可以大致分为以下几种。

一是音译词的繁简不同，如“安—安培、打—打臣、瓦—瓦特、伏—伏特、欧—欧姆、品—品脱、法—法拉、欧—欧罗巴、非—亚非里加、美—阿美利加、亚—亚细亚、英—英格兰”等。

二是意译词的繁简不同，如“潜艇—潜水艇、国联—国际联盟、电车—电气车、磁暴—磁气暴、火枪—火绳枪、冰点—冰冻点、电路—电行路、电码—电报号码、司机—司机人、重曹—重炭酸曹达”等。

三是音译加意译的繁简不同，这种类型是在音译原词的基础上添加义标构成新词，有时由于使用频率高，得到大众认可，后加的义标可省略，由此形成全、简并存的情况，例如“毛瑟—毛瑟枪、勃朗宁—勃朗宁枪、乒乓—乒乓球、高尔夫—高尔夫球、探戈—探戈舞、摩托—摩托车、白兰地—白兰地酒、结核—结核病”等。

下编　清末民初外来词研究

中国素来具有深厚的文明传统，在汉语绵延几千年的发展历程中，外来文化不时与本土文化相互碰撞，形成一个不断接触、选择、融合的过程。语言是文化的载体，文明的互动势必会在语言上留下深刻的烙印。对于这一点，陈望道在《文法革新问题答客问》有过这样的论述："语言分内发语和外来语，前者是本地自造的，后者从外路输入的……外来语也是新文化之一。"①可见，语词的引介从某种程度上来说，就是一次文化的输入。

清末民初，社会的巨变导致各种外来事物以及新兴的思想文化都在短时期内涌入中国，指称这些内容的外来词也大量出现，这些外来词与汉语词汇相互碰撞、融合，有的被纳入了汉语词汇系统，并且直到今天仍有很强的生命力，有的则在与汉语接触的过程中被改造或者直接被淘汰，可以说，这些外来词也是此期词汇系统的重要组成部分，对它们进行共时和历时相结合的研究，有助于完整地了解清末民初的词汇面貌。因而，本章主要从外来词的角度进行全面的分析和说明。

---

① 引自复旦大学语言研究室编《陈望道语文论集》，上海教育出版社 1980 年版，第 411 页。

第一章

西源外来词研究

清末民初的外来词主要有两条传播路径，分别是从西方和从日本。由于二者的语言文化具有明显的差异，这也使得它们的传入过程、类型特点都有着较大的区别，我们这里分两部分进行探讨。为了便于说明，我们将两种来源的外来词用“西源词”和“日源词”进行界定。

第一节　西源外来词的传入过程及总体特点

中国第一次大规模地接触外来文化始于东汉时期。佛教从印度经由中亚、西域传入汉地，汉语以其广阔的襟怀博采外来语汇，为原有的语言系统注入了新鲜的活力。第二次大规模吸收外来词始于近代。近代文明发轫于西欧，它的播散和影响并非一蹴而就，其间也经历了高潮和低谷。在数百年的时间内，外来词的引入有几个不同的渠道，引介者的身份也有不同。

根据这些不同可以把整个过程粗略分为三个阶段。

第一阶段是从明末至清初，在此期间开始有外国人把西学引进中国，由此也带来了一些外来词语。早在明朝万历年间，便有一位意大利传教士利玛窦（Ricci Mattnew，1552—1610）来到中国，他最初的传教方式属于“知识传教”，其特点在于不直接向民众宣扬西方教义，而是通过展示、宣传西方先进的物质文明等手段取得受众的好奇、信任和尊敬，从而间接传教。例如，他从国外带来了很多中国人从未见过的奇器，如自鸣钟、世界地图、西琴、三棱镜等，这些都引起了万历皇帝和中国士大夫的浓厚兴趣。此外，利玛窦还开创了“中西结合”译书的模式，例如他与徐光启（1562—1633）、李之藻（1565—1630）等人合译了一批西方科技、宗教以及数学方面的著作，如《几何原本》《同文算指》等，其中用中国本土疑问词“几何”意译“geometria”（即几何学），十分形象，后来成为中国近代数学的核心术语。利玛窦1582年入华，在中国前后待了28年，其译作达19种之多。由于当时西方社会已经产生了资本主义萌芽，近代科学受到生产力的刺激而发展起来，而中国的自然科技却因为政治、经济等因素停滞不前，所以利玛窦对于西方科技的传播具有重要的意义，他也被誉为“西学东传第一师”①。在明朝末年，李之藻还与葡萄牙人傅泛际（Francois，1587—1653）合译了《名理探》（17世纪葡萄牙科英布拉大学的逻辑讲义，原名可译作《亚里士多德辩证法概论》），这也是中国最早的一本逻辑学著作。② 在此期间进行译介活动的以来华的传教士以及与之合作的中国士人为主，这是西学东渐的第一个阶段。

这股引入西学的潮流在清王朝建立之后仍然持续着，一些经历了明、清两个王朝的传教士，如汤若望（1591—1666）等以新制历法、窥远镜、舆地屏图等西学知识重新获得了清政府的赏识，这些促进了天主教在中国的发展，较之明朝甚至是有过之而无不及。直至康熙时期，对于西方教派和西学的态度发生了一些转变。最初，康熙皇帝在二三十岁时很热衷于西学，曾命南怀仁（Ferdinand Verbiest，1623—1688）、闵明我（Philippus Maria Grimaldi，1639—1712）、徐日昇（Thomas Pereira，1645—1708）等传教士轮流进宫讲学，讲解内容包括各种科学仪器的用途用法、几何、对数等③。在康熙的授意下，法国传教士张诚（Gerbillon Jean Franois，1654—1707）译出《算数纂要总纲》《勾股相求之法》等数学书籍，此外，传教士们还向康熙介绍了地理、音乐、医学等方面的西学知识。有了清政府的认可和支持，天主教在中国的发展一度达到鼎盛。上文已指出，利玛窦等传教士为了传教需要，尊重并逐步适应中国文化，摸索出了一条“间接传教”的新途径。但是，自西班牙神父黎玉范（P. Juan B. Morales）来华以后，他对这种有违教义的做法提出异议，并于1643年向罗马教廷递交了17项指责，反对中国教徒祭祖、尊孔等行为，而康熙皇帝却认为这只是一种礼仪，并非涉及宗教。在这样对立局面的影响下，1717年，康熙下令禁止天主教在华活

---

① 王前进：《西学东传第一师——利玛窦》，科学出版社2000年版。

② 周云之：《中国逻辑史》，山西教育出版社2004年版，第285页。

③ 吴伯娅：《康雍乾三帝与西学东渐》，宗教文艺出版社2002年版，第382页。

动。从康熙下禁令开始，历经雍正、乾隆、嘉庆、道光诸朝，直至道光二十四年（1844）解除禁教令为止，总计 127 年，所以这一时期在中国天主教历史上被称作“百年禁教”[①]。受到这一事件的影响，西学东渐逐渐转入低潮，新词语的引入也开始减少。

外来词引入的第二阶段始于清道光年间（19 世纪初叶）。耶稣会在欧洲复苏，西方的新教也随之传入中国，以英国马礼逊（Robert Morrison，1782—1834）为代表的西方传教士展开了西学东传的第二个阶段，时间跨度约为百年。这一百年，是古老的中华民族被西方殖民者肆意蹂躏和仁人志士奋力抗争的一百年，也是外来文化纷至沓来，逐步登上中国舞台的一百年。在外来文化逐渐融入中国的过程中，首先出现的是 19 世纪入华的新教传教士，他们在引入西学方面起到了重要作用，如马礼逊编纂《华英字典》、罗存德（Wilhelm Lobscheid，1822—1893）编译《英华字典》、傅兰雅（John Fryer，1839—1928）著《佐治刍言》、丁韪良（W. A. P. Martin，1827—1916）译《万国公法》、伟烈亚力（Wylie Alexander，1815—1887）译《数学启蒙》、合信（Benjamin Hobson，1816—1873）著《博物新编》、李提摩太（Timothy Richard，1845—1919）译《泰西新史揽要》等。其次，鸦片战争的炮响已然击碎了清王朝“天朝上国”的这种自大心态，第一批“开眼看世界”的经世派人士，如林则徐（1785—1850）、魏源（1794—1857）、徐继畬（1795—1873）等，面对着中国被外来侵略打击得千疮百孔的局面，他们开始思索如何应对严峻的民族危机。经世派人士开始大量翻译西方的历史、地理以及经济方面的著作。此后，随着洋务运动的展开，向西方学习，创制新词、引入新语已成为一种必然的趋势。清政府也开设了京师同文馆、江南机器制造局翻译馆、墨海书馆等翻译机构，其翻译质量和词语创制的科学性都较经世派学者有所进步。

引介新词语的第三个重要阶段是从甲午海战（1895）开始直至民国初年（1919 年五四运动时期）。在此期间，中国首先涌现了一批掌握西语的知识分子，并直接进行译介，如严复（1854—1921）、马建忠（1844—1900）等，他们的出现结束了“西人口述，中人翻译”的译介形式。此外，引介的方向不仅局限于西方国家，日本也成为一条学习西方经验的途

---

① 格拉茨：《现代天主教百科全书》，宗教文艺出版社 2012 年版，第 39 页。

径。可以说，在明清时期，中国的西学水平明显高于同为汉字文化圈的日本，但是日本自明治维新之后异军突起，一跃成为亚洲第一个走上工业化道路的国家，这使得它成为中国吸纳西学的中介。中日间的文化交流正如郭沫若所说："资本主义以前的文化，是从中国流到日本，资本主义以来的文化，是从日本流到中国。"① 在中日甲午战争之后的十多年时间里，留日的华人逐渐增多，这些爱国知识分子又掀起了广译东书的热潮，他们也陆续向国内引介大量日源的外来词。例如，黄遵宪（1848—1905）曾于光绪三年（1877）任驻日本公使馆参赞，他于1887年撰写了共四十卷五十万言的《日本国志》，书中对日本明治维新的相关内容进行了详细的记载，具体分为十二志，包含刑法、天文、地理、国统、学术、礼俗等方面，其凡例中便已写明"此书官名、地名、事名、物名皆以日本为主，不假别称"②，因此书中使用了大量的日本新词新语。再如梁启超，戊戌变法失败以后东渡日本寻求政治庇护，而且一待就是13年时间。在日期间，梁启超先后创办了《清议报》及《新民丛报》，大量介绍西方资产阶级政治学说，其中很多西方外来词都直接取自日语汉字词。梁启超还曾著《和文汉读法》，这本书被清末中国人视为学习日语的速成教材，因为它迎合了清末时期大量从日文转译西学书籍的需要，所以在留日学生中也产生了很大影响。

总的来说，在第二次大规模吸收外来词的过程中，汉语对外来新词的吸收速度并不相同。在明末清初时期已有一些西方人来到了中国，并引介了不少新词语，但此时西方人与中国人之间的接触是间接的，也受到很多限制。有学者曾提到，在鸦片战争以前，在广州的西方人中，能熟练运用汉语，可以毫无困难地进行交流的人，寥若晨星③，这也从一个侧面展示了在19世纪前半期，外源词的引入发展还是比较平缓的。随着鸦片战争的爆发以及国门的被迫打开，中国社会发生了巨大的变化，尤其在清末民初这个社会急剧变化的转型期间，外源词的引介发展迅速，对于展现语言与社会文化的关系也具有典型意义。因而，本章主要以清末民初这个外来词语引进的第三阶段出现的外来词作为研究对象，重点探讨在社会文化视

① 郭沫若：《沫若文集》第11卷，人民文学出版社1959年版，第65页。

② 黄遵宪：《日本国志》，上海古籍出版社2001年版，第3页。

③ 马西尼：《现代汉语词汇的形成：十九世纪汉语外来词研究》，黄河清译，汉语大词典出版社1997年版，第15页。

角下，此期外来词的特点以及引进和演变的相关规律，这一方面有助于了解当时的词汇面貌，也能更加明确整个汉语史的发展脉络，另一方面，这种研究对于当今的外来词引进也具有重要的借鉴价值，因而也有一定的现实意义。

清末民初的外来词数量众多，所以我们以能反映此期语言特色的经典著作和字词典作为语料来源，从中搜集并整理了“清末民初西源外来词词表”，并在此基础上对此期的外来词展开全面的探讨。首先，这些外来词从外形上来看各不相同，但其内部具有一定的规律性，某些词在构成上有相似之处，因而可以从“类型”的角度对它们进行归类，然后再对每一类中的典型词例进行考察。其次，这些外源词在进入汉语之前需要经过“汉化”的过程，在此期间可能会受到汉语音节、文字等多种因素的影响，所以我们还需要对翻译过程中所遵循的规律进行归纳总结。最后，外源词在纳入汉语的过程中，除了外形上的“汉化”以外，其词义也要与汉语语义系统相贴近，所以可能会发生外源词的理性义或附加义发生改变的情况。下面即从外来词的类型、音译规律以及词义演变三个角度展开研究。

第二节　西源外来词的基本类型

一　清末民初外来词概述

谈到外来词产生的缘由，除了语言自身的发展需求以外，外部社会环境的变化也是极为重要的促进因素。随着社会中外来新事物的不断涌入，借用外来语言成为一种必需的手段，这也正如王国维所说：“周秦之言语，至翻译佛典之时代而苦其不足，近世之言语，至翻译西籍时而又苦其不足……而人既造之，我沿用之，其势无便于此者矣。”①

“外来词”这个概念大约出现于20世纪初期，它在中国最早被称为“外来语”。说到“外来语”②，其实它本身就是从日语借来的外来词。汉语引入这个概念主要对应的是完全或部分音译的词，但是有一些语言学家

① 王国维：《论新学语之输入》，罗振玉编《教育世界》1905年总第96期。

② 日语中的外来语指用片假名音译的词，基本来自西方语言，不包括来自汉语用汉字记写的词。

认为“意译”的词语也应纳入其中，例如1936年胡行之编著的《外来语词典》就表达了这样的观点；再如罗常培在《语言与文化》中对这个术语的理解也比较宽泛，其研究范围大大扩展，除了音译词以外，还包括借译词（即仿译，如以“自我实现”对译英语“self-realization”）和描写词（有加外来义标的词，如“番茄”；还有纯意译词，如“火柴”）。①

针对“外来语”是否应包含意译词这个问题，吕叔湘认为，外来语应只限于译音的词和部分译音的，至于“意译”的词，因为利用原语言里固有的词或词根去凑合，应归入合义复词，所以也不能算是严格的外来语。②这基本上就已经确定了“外来语”的研究范围。后来由于“外来语”一词与汉语中其他使用“-词”结尾的术语不太一致，因而高名凯、刘正埮在1958年正式使用“外来词”这个术语，其内容包括音译词以及日源汉字词。史有为对“外来词”重新进行了科学的界定，本文采纳他的观点，即“在与外族语中某词有源流关系或相关关系的前提下，语音形式上全部或部分借自相对应的该外族语词，并在不同程度上汉语化了的汉语词”③。

清代末年到民国初年是汉语发展历史上的重要阶段，因为此时处于近代社会的重要转型时期，社会的巨变，尤其是与外部世界接触的增多，都为外来词的产生创造了条件，这也正像何九盈所说：“中国语文转向的重要契机是语言接触、是跨语际对话，是大量译文的传播、大批新词语的输入。这一切早在‘五四’以前的半个世纪就开始发生了。”④

在此阶段输入中国的外来词有两大重要来源，占据了19世纪主流地位的当属西源外来词，而清末民初外来词的另一大来源则是19世纪末开始大量引入的日源汉字词。当时的西源外来词主要来自英国、法国、德国、意大利等国，这些国家的语言虽然彼此之间有所不同，但同属于印欧语系，均为屈折语，并且都使用字母文字。日源汉字词我们在下一章会详细论述，这里搁置不论。

二 清末民初西源外来词的基本类型

我们对此期出现的西源外来词进行了穷尽性的统计，是否录入词表的

① 罗常培：《语言与文化》，语文出版社1996年版，第27页。

② 吕叔湘：《中国文法要略》，商务印书馆1942年版，第13页。

③ 史有为：《汉语外来词》，商务印书馆2000年版，第14页。

④ 何九盈：《汉语三论》，语文出版社2007年版，第16页。

一个重要依据，在于该词形是否在此期文献中出现过。为了研究的准确性，只要没有出现过的词形，均不视为此期外来词，也不列入词表当中。另外，需要说明的是，有的外来词源于不同的翻译者，由于个人在用字、翻译习惯上可能会有所不同，这就造成了一系列异形外来词的存在，例如“inspiration（灵感）”，有人译作“烟士批里纯”，有人译作“烟士比里纯”，只要其反映的事物或概念是同一个，那么就只视为一个外来词的不同形式，而不是两个外来词。在分析具体的汉化规律时，不同的音译形式可能会产生不同的结果，我们只选取使用频率最高的，因而最具有代表性的音译形式进行分析。

在我们的统计范围内，清末民初的西源音译外来词共计 615 个，这些外来词内容广泛，涉及科学技术、医药卫生、军事、经济、教育、社会文化、日常生活等众多领域，可谓包罗万象。值得一提的是，在 1919 年“五四运动”之后，音译词的增长速度逐渐加快。有学者曾做过这样的描述：“到了五四以后，有些知识分子为了炫耀自己的英文知识，为了带点洋气以示‘高雅’，往往故意不用汉语原有或已有的词，而在书面上代之以英文的译音。例如，把汉语原有的‘先生’说成‘密斯脱’，‘小姐’说成‘密斯’，‘夫人’说成‘密昔司’，‘手杖’说成‘斯狄克’，把五四前已经通行的‘民主’‘科学’也要说成‘德谟克拉西’‘赛因斯’。”[①]这都使得清末民初的外来词数量较以往有了很大的提高。

有关音译词的类型问题，罗常培早在 1950 年便有过论述，他在《语言与文化》一书中把近代汉语的“借字”分为四项[②]，其中有两项与音译词有关。其一是“声音的替代”，包括四个小类，分别为“纯音译词、音兼义、音加义以及译音误作译义”；其二是“新谐音字”，例如佛经中的“袈裟”，还有化学术语“氨”等。此外，孙常叙、潘允中也持类似的观点[③]。

① 北京师范学院中文系汉语教研组编著：《五四以来汉语书面语言的变迁和发展》，商务印书馆 1959 年版，第 105 页。

② 这里的“借字”不同于前文的“外来词”，它的范围更加广泛，音译、意译均包括在内。

③ 孙常叙在吉林人民出版社 1956 年出版的《汉语词汇》第 316—317 页中，把外来词分为“全译词”“半译词”“附注译词”三类，基本对应了罗常培所提到的“纯音译词、音兼义、音加义”这三类。潘允中在 1989 年上海古籍出版社出版的《汉语词汇史概要》第 149—151 页提到了“音译、意译、音义兼顾（选词表义、前期音加义）”这三类，除了意译以外，其他类型也与罗常培所提出的基本一致。

史有为将借音的音译词归纳为“单纯音译”“谐音音译”“音译字形意化”“音译加义标”四种形式。[①] 刁晏斌在《现代汉语史》中将外来词分为四类，涉及音译词的有“音译”和“音、义结合”两种。其中“音译”分为“单纯音译、谐音音译、造字音译”三个小类，“音、义结合”包括“音译、意译结合”以及“音译+义标”。[②] 通过对清末民初615个西源外来词进行综合考察，结合此期外来词的实际情况，我们以《现代汉语史》中的类型作为分类基础，依照每种类型数量的多少进行排序，下面分别进行讨论。

（一）单纯音译类

单纯音译，顾名思义指的是完全根据发音进行对译的方式，其音译的过程是借用和原词发音近似的汉字，通过模拟外语原词的声音来造词，葛本仪称为“摹声法”[③]。这种方式比较简单、便利，所以往往产生于翻译初期。但是，汉语属于意音文字，它兼具表音表意的双重属性，而本节所讨论的外来词，其源语言均为表音文字，二者之间具有明显的差异，所以用一种文字体系的词去对译另一种文字体系的词，难免会出现一些问题。这主要集中在汉字的“形”和“音”两方面。

从语音的角度来看，汉语中音同、音近的词很多，所以在对译的过程中可能会出现字形歧异的问题，如“guitar”可以翻译为“吉他”，也有人译作“吉它”；再如“海洛因—海洛英”“撒旦—撒但”“密斯—蜜司”“嚣俄—雨果”“甲克—夹克”“斯芬克士—斯芬克狮—斯芬克斯”等。

此外，音译词还会受到方音的影响。清末民初时期，最早与外部世界相接触的有几大通商口岸，如上海（吴方言区）、广州（粤方言区）、泉州（闽方言区）等，它们的语音系统均与当时的通语不尽相同，所以如果方言区的翻译经过传播之后成为通语，就可能出现“一词多译”且读音相差较大的情况。例如，“sofa”在吴方言中被译作“沙发”，在粤方言中则为“梳化”。再如，“salad”在吴方言和粤方言中分别被译为“色拉”和“沙律”。如果不清楚音译词的来源，完全按照通语的标准来衡量，则可能产生记音不准的误解。以“sofa”［ˈsəʊfə］为例，它在英语中是双音节词，首音节的/s/与汉语的擦音 s 发音类似，如果按照当时通语

① 史有为：《汉语外来词》，商务印书馆2013年版，第139—148页。

② 刁晏斌：《现代汉语史》，福建人民出版社2006年版，第249—255页。

③ 葛本仪：《汉语词汇研究》，外语教学与研究出版社2006年版，第40页。

的标准，首音节音译过来应当为平舌音，所以无论是“沙发”还是“梳化”，从通语的角度来看都是不够准确的。而事实上，上海话中的“沙”和粤语中的“梳”在各自方言区中读音均类似于“梭（suō）”，与原词的语音还是较为贴近的。现代留存下来的很多外来词由于受到翻译时的方音影响，都会存在这个问题，所以单纯音译词有时很难完全准确地反映原词的语音。

从字形的角度来看，汉字不同于拼音文字，虽然单纯音译词中的汉字仅应起到记音符号的作用，但其表意的特性总是会对人们造成潜移默化的影响，所以有时会因为字形的因素对人们的认知形成误导。例如“布丁”（英语 pudding 的音译形式），本指一种外来食物，但乍看上去，很容易误解成一种“布”；“葡萄牙”（Portugal 的音译形式）是国家的名称，但按照字面可能会产生“葡萄里长牙”这种可笑的联想；“大马士革”（Damascus 的音译形式）是叙利亚首都的名称，它本身面积较小，仅为 105 平方公里，中国首都北京便有 156 个大马士革那么大，但其译名中却带有“大”字，很容易造成误导。再如，一些语文掌故中也有“望文生义”的一类，如《今古传奇》中有一文：“民国初年，某学堂招考新生，作文命题为《项羽拿破仑论》。有某生者，于拿破仑素无所闻，见题后极为惶惑，继而忽有所‘悟’……夫项羽，乃拔山盖世之雄，岂有一破仑而不能拿乎？”① 之所以会出现这样的错误，很显然是因为人们对“Napoleon”的音译形式按照汉语思维进行了附会式的理解，“拿”是汉语口语中常用的动词，“破仑”则被看作了“破旧的轮子”，这样的误解实在令人发笑，但却也并非毫无理据。

在我们的统计范围内，清末民初 615 个音译外来词当中，单纯音译词共计 374 个，也是数量最多的一种类型，占到了总数的 60.8%。下面我们选取一些典型词例进行分析。

【开】

（1）英国金币即以纯金二十二分与铜二分制成，称二十二开金。（觉迷《西药指南》上卷）

---

① 刘金光：《今古奇文·项羽拿破仑论》，《今古传奇》1994 年第 2 期。

“开”是黄金的成色单位，在理论上含量100%的金即为24开纯金，它源于英语“karat”的音译缩略。[①]该词早期还有全音译形式“卡剌特”“克辣”“加辣”等。1913年出版的商务书馆《英华新字典》中该词还被译成“加辣”，可见音译缩略词“开”的出现是相对较晚的。1918年由吴中弼（1890—1934）编纂的《西药指南》中已经出现了“开”的用例，如“饰物通常称十八开、十五开、十二开、九开者，即二十四分中含纯金十八分、十五分、十二分、九分也”，这种由数字后加“开”而形成的结构一直沿用至今。“开”本身作为单位词还可以进一步简化，并用其音节的首字母表示，即“k”，像“18开、24开”今天也常被称作“18k、24k”。

【以太】

（2）昔余尝持“视天”之说，以为远望苍然者，皆内蒙于空气，外蒙于阿屯、以太，而成是形。（章炳麟《视天论》）

“以太”是古希腊哲学家所设想的一种媒质，源于英语“ether”。这个术语最早被译作“以脱”，见于金楷理（Carl Traugott Kreyer，1839—1914）所撰写的《光学》一书，在该书中同时出现了意译形式“传光气”。之后，“ether”又出现了多种不同的音译形式，诸如“伊太、以泰、爱对尔”等。1890年英国传教士傅兰雅在其翻译的《光学图说》中将其音译为“以太”，这也是该词的首见出处。此后，谭嗣同《仁学·以太说》吸纳了“以太”这个术语，文中还对这种“媒质”做了非常详细的论述：“（以太）是盖遍法界、虚空界、众生界、有至大至精微，无所不胶黏、不贯洽、不管络而充满之一物焉。目不得而色，耳不得而声，口鼻不得而臭味，无以名之，名之曰：‘以太’。”章炳麟继续沿用了“以太”这个译法，并将其与“阿屯”（即atom，原子）视作宇宙基元，用于阐释新的宇宙观。后来，随着狭义相对论的确立，“以太”最终被物理学界所抛弃，今天已不具有生命力。

① “karat”也可以写作“carat”，前者主要用于美语中。此外，karat还有一个很重要的义项也被借入了汉语中，即为宝石重量单位“克拉”，这在后文会详细阐释。

【爱美的】

(3) 明城还有爱美的剧社几个，一年演三四个戏。(《我们的娱乐》,《清华周刊》1924 年第 315 期)

“爱美的”指的是业余爱好者，它为法语“amateur”的音译形式。该词的产生主要源于五四新文化运动时期兴起的“爱美剧运动”。因为当时传统戏和已经变异的文明戏逐渐没落，所以取而代之的是一种提倡非职业性的小型话剧演出式的“通俗戏剧”，用来抵制文明戏商业化、庸俗化的不良倾向。在此基础上，一些戏剧家提出了“爱美的戏剧”的概念，如中国现代戏剧家陈大悲于 1921 年发表的论著中就详细论述了“爱美的戏剧”的内涵，并提出：“我国现在要望有好的戏剧出现，只有让一般不靠演戏吃饭，而且有知识的人，多组织爱美的剧团，来研究戏剧，才有希望。”[①]这种由非职业演员参演的戏剧正适应了“五四”运动之后在学校兴起的学生业余演剧的需要，一时间在社会上颇为盛行，这也使得“爱美的”有了“业余爱好者”的语义。但是，“爱美剧”的流行时间并不长，虽然它具有广泛的群众性特点，但却达不到以往剧社专业性和正规性的演出水准，所以自 1923 年以后，“爱美剧”也逐渐走向了没落。在这一背景的影响下，“爱美的”一词也逐渐淡出了人们的视线，取而代之的是“amateur”的意译形式“爱好家”和“爱好者”。在我们的研究范围内，“爱好家”一词的出现时间更早一些，如 1926 年出版的《艺术鉴赏的心理》一书中曾这样说道：“关于个人个性差异底研究的资料，最好是艺术爱好家的札记和信札等。”[②] 再如罗波克在《战后世界政治经济概观》中也提到了“无线电的爱好家”[③]。而“爱好者”的出现时间似乎要晚一些，陶晶孙作于 20 世纪 40 年代初期的《牛骨集》中曾提道：“《创造》第一期有田汉的戏剧，他和屠模等为演剧爱好者。”[④]虽然“爱好者”出现较晚，但值得注意的是，在 20 世纪 50 年代出版的大量翻译自俄国的科

---

① 陈大悲：《爱美的戏剧概论》,《陈大悲研究资料》，中国戏剧出版社 1985 年版，第 58—59 页。

② 马霞尔：《艺术鉴赏的心理》，梁溪图书馆 1926 年版，第 92 页。

③ 罗波克：《战后世界政治经济概观》，明日书店 1931 年版，第 156 页。

④ 陶晶孙：《牛骨集》，太平书局 1944 年版，第 146 页。

技著作中，“无线电爱好家”的说法均被译成“无线电爱好者”，由此我们也能大致看出“爱好家”与“爱好者”这两个词在使用上发生了一些转变。

【歇斯底里】

(4) 在这样歇斯底里的空气中，梅女士惘然静听那十几位男教员和五六位女教员很客气地交换着不连贯的断句。(茅盾《虹》)

这是一个名词，指癔病，音译自英语“hysteria”。其实“癔病”在汉语中早已有之，《玉篇·疒部》释为“心意病”，但《玉篇》中的“癔病”与“歇斯底里”的病症并不完全相同，可以说后者是伴随现代医学的发展而借入中国的，而“癔病”在与外来文化的接触过程中也增添了新义，并且成了“hysteria”的意译形式。郭沫若的《湖心亭》用到此词：“她这七八年来，单是愁儿子们的衣食，不已就够使她成为‘歇斯底里’了吗?”从这句话可以看出，该词在文中出现时仍需要加引号，可见它在20世纪20年代还未达到广泛流传的地步。不过，新文化运动的浪潮在一定程度上也促进了它的发展，使它渐渐有了一定的使用频率，尤其多见于当时的文学作品中。从今天的使用来看，“癔病”“歇斯底里”在现代汉语中仍然并存，只是后者更多用于引申出来的形容词义项（形容情绪异常激动，举止失常）。

【罂塞觉罗辟的亚】

该词首见于严复作于1907年的《书·百科全书》，该文开宗明义：“百科全书者，西文曰罂塞觉罗辟的亚，正译曰智环，或曰学郛。盖以一部之书，举古今宇内，凡人伦思想之所及，为学术，为技能，为天官，为地志，为各国诸种有传之人，为宗教鬼神可通之理，下至草木、禽兽、药物、玩好，皆备于此书焉。”它源于英语“encyclopaedia”，指的是“系统介绍文化科学知识的大型工具书”。18—20世纪，西方国家相继编纂了一系列权威性的百科全书，如《大英百科全书》《那不勒斯百科全书》《莫斯科大百科全书》《华盛顿百科全书》等。中国本土也有类似性质的书籍，也就是所谓的“类书”，如《艺文类聚》《太平御览》《玉海》《永乐大典》等。虽然这也是一种大型的资料性工具书，但仅辑录各种书中的材料，按门类、字韵等编排以供查检，在内容上更偏文史，与西方的

"百科全书"有着一定的区别。因而，清末民初受到西学东渐的影响，更具现代意义的"encyclopedia"也被作为新事物由康有为引入中国。从音译的角度，它被译作"婴塞觉罗辟的亚"，从意译的角度，它被称为"百科全书"，从搜集的各类文献来看，直到民国初年，"百科全书"仍未成为唯一定名。从历时发展的角度来看，音译词的音节较长，且用字生僻，显然不利于人们识记，而"百科全书"能准确概括其包罗万象的特点，且简单易懂，因此今天它早已取代音译形式，成了现代汉语常用词。

总的来说，单纯音译类在外来词中占有比较大的比重，它也是产生于翻译初期的一种最为便捷有效的方式，所以很多当时产生的单纯音译词都保留到了今天，例如"巴黎""摩托""扑克""爱丁堡""布尔什维克"等。但是，这类词在翻译的过程中不需要考虑语义的因素，再加之它们所代表的概念也是相对陌生的，这会直接影响人们对它们的理解，所以新的外来词类型也随之产生。

（二）音、义结合类

这种类型与单纯音译不同，单纯音译整体的发音是与原词基本保持一致的，而"音、义结合"类，由于既有表音的部分，又有表义的部分，所以一般与源词语的发音有所不同，甚至是很大的差异。具体来说又有以下两种类型。

1. 半音译半意译

这种类型在对译的过程中，采取一半借音一半借义的方式，其中音译部分作为外来语素存在。在我们的统计范围内，这种类型在清末民初 615 个音译外来词中数量并不多，共计 61 个，占总数的 9.9%。较有代表性的如：

【本生灯】

（5）将一片铁纱置于自来火灯上或置于本生灯上，扭开煤气管关捩，煤气出管，隔一层铁纱，上面以火引之，发有火焰。（林乐知译《格致启蒙》卷一）

"本生灯"是一种实验室所使用的、以煤气做燃料的产生高温的装置，与酒精灯类似。（具体如下图所示）

它译自英语"Bunsen burner"。其中"本生"是"bunsen"的音译形

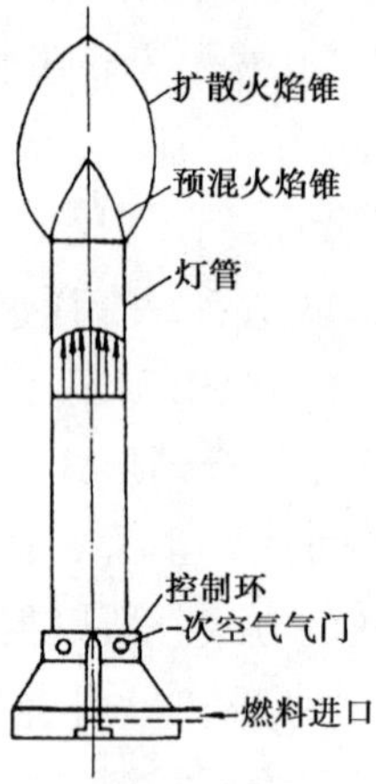

图五　本生灯构造

式，而“burner”则可意译为“灯”①。用“Bunsen”为名，是为了纪念它的发明者德国化学家 Robert Wilhelm Bunsen。由于音译的不固定性，该词还有“彭仁灯、班生灯”等不同译法。“本生灯”最早见于美国传教士林乐知（Young John Allen，1836—1907）所著的《格致启蒙》中，林乐知曾任职于江南制造局翻译馆，而江南制造局历来以翻译化学术语见长，因而该词的译法也得到了广泛的传承。1880 年傅兰雅在《格致汇编》第三册《格致释器》中也采用了这种译法，如“有本生灯嘴排成一行，燃时其蓝色火焰相联，略成一带。”虽然近现代科学水平取得了长足的进步，但“本生灯”并没有随着科技进步而被淘汰，在今天的普通化学、燃烧学等领域仍很多用，该词自创立之后便一直沿用到了今天。

【道林纸】

(6) 甲种四开本，用道林纸印，布面西装。(商务印书馆《本馆印行四库全书概况》)

“道林纸”是胶版印刷纸的旧称，源于英语“dowling paper”。其中

① “burner”在英语中本指“燃烧物”，它在该词中被意译为“灯”，黄河清（1995）对此有一个说明：“（表义部分）主要来自原词的词义，一般不是来自原词的命名根据。例如，‘本生灯’中的‘灯’，它是根据 burner 的词义或其所指对象翻译的，因为，如果根据 burner 的命名根据，那么它的仿译词是燃烧物”。

"dowling"音译为"道林"，而"paper"则意译为纸。"道林纸"一词产生于20世纪20年代左右，如天虚我生《工商业尺牍偶存》中便已出现。当时旧中国的造纸业还普遍采用手工纸，如写信的毛边纸，记账的连史纸等，印（石版）书用的玉扣纸等，而上海一家纸行从香港的英国道林股份有限公司（Dowling Co. Ltd.）引入了一批新型印刷纸，深受厂家欢迎，因为是从"道林公司"引进，所以便把这种纸命名为"道林纸"。据资料记载，1956年北京前轻工业部在整顿行业时，曾提出"道林纸"不够准确，不符合规划，拟用"胶版印刷纸"取代它[①]，但是在今天的纸业市场上仍有不少人沿用旧称。

【珂罗版】

(7) 珂罗版：美术印刷，俗称玻璃版。（魏金枝《注音新词林》）

"珂罗版"是一种照相版，把要复制的字、画的底片，晒制在涂过感光胶层的玻璃片上而成，它源于英语"collotype"。这种照相版技术大约在清代光绪初年传入中国，最早多用纯音译形式"苛罗太仆"。"珂罗版"这个半音译半意译词大约出现于20世纪20年代，例如徐珂的《清稗类钞·珂罗版印刷法》中便有用例。相较而言，纯音译形式中的"太仆"(type)令人摸不着头脑，而把"type"意译为"版"则能让人大致明晰它的语义范围，所以后来"珂罗版"便取代了"苛罗太仆"。虽然随着科技水平的提高，更先进的印刷技术不断产生，但在今天的书画收藏领域，仍可见到"珂罗版"的身影，如华夏经纬网2015年2月5日有过这样一则报道，题目即为《珂罗版印刷技艺沉寂20多年将恢复用于古书画复制》[②]，再如2016年8月15日搜狐网的一则新闻《珂罗版复制精品走进台湾》[③]，文中也明确提到了"珂罗版"在复制传统书画作品方面有着其他印刷法难以比拟的优越性，可见该词在现代汉语中仍具有一定的生命力。

---

① 刘仁庆：《纸张小百科》，化学工业出版社2005年版，第32页。

② 《珂罗版印刷技艺沉寂20多年将恢复用于古书画复制》，http：//www. huaxia. com/zhwh/whxx/2015/02/4265995. html。

③ 《珂罗版复制精品走进台湾》，http：//www. sohu. com/a/110515413_ 364064。

【瓦罗尔氏桥】

“瓦罗尔氏桥”源于拉丁语“pons varolii”，我们在维基百科“pons”词条下发现这样的释义：“The pons（Latin for“bridge”）is part of the brainstem, and in humans and other bipeds lies inferior to themidbrain, superior to the medulla oblongata and anterior to the cerebellum. The pons is also called the pons Varolii（“bridge of Varolius”）, after the Italian anatomist and sugeon Costanzo Varolio（1543-1575）.①”［作者译：拉丁语中的“pons”即指“脑桥”，它是脑干的一部分。在人类及其他两足动物中，它都处于中脑的下方，在延髓与小脑的上方。自意大利解剖学家、外科医生科斯塔佐瓦罗里奥（1543—1575）以后，“pons”也被命名为“瓦罗尔氏桥”］由此可以看出，“瓦罗尔氏桥”实际上就是“脑桥”，只不过它是以发现者的名称来命名。其中“pons”为意译，“varolii”为音译，因而它属于半音译半意译的形式。该词在今天仅见于科学文献中。

【达姆弹】

“达姆弹”源于英语“dumdum bullet”，1934年邢墨卿主编《新名词辞典》第181页将其释为：“是一种来复枪的子弹，为印度兵工厂dumdum所创造……击中人身后，即自炸裂，与普通子弹之仍保原状者不同，曾经海牙国家和平会规定禁止使用，一·二八事变时，日军复用此弹。”可见，该词以其生产地而得名。不过，“达姆弹”并非是“dumdum bullet”的初始名称，在20世纪20年代的两部文献中都将其译作“达姆达姆弹”，如1921年东方杂志社编的《大战杂话》第112页：“欧洲战事甫开，而腾腾弹（Dumdum bullet一作达姆达姆弹）之交涉旋起。”若从音译的准确性来看，“达姆达姆弹”与原词更为贴近，但其音节较长，而且在表述上较为烦琐，因而后来就被简缩式“达姆弹”所取代。据我们统计，大概以20世纪30年代为分界，在此之后，“达姆弹”的使用频率开始超过“达姆达姆弹”。虽然“达姆”与“dumdum ”并非完全对应，但“达姆”是“dumdum”的音译简缩形式，因而该词仍属于半音译半意译的类型。“达姆弹”实际就是“开花弹”“榴霰弹”，有关内容我们在本土词章节已经阐述，这里不再赘言。

---

① “pons”维基百科，https：//en. wikipedia. org/wiki/Pons。

【萨克斯喇叭】

“萨克斯喇叭”是一种乐器，即今天的“萨克斯号”，它源于英语“saxhorn”。其中“sax”音译为“萨克斯”，“horn”则意译为“喇叭”。这种乐器的得名也是源于它的发明者——比利时人阿道夫·萨克斯（Adolphe Sax，1814—1894）。“喇叭”属于管乐器，在明代时期就已经很流行，虽然“horn”与中国的“喇叭”并不相同，但二者外形比较近似，而且均属于铜管乐，所以在翻译之初采用了本土固有词“喇叭”来对译。试想一下，如果为每个西洋乐器都重新命名，这对于人们的记忆负担来说是很大的，所以这种半音译半意译的形式是符合语言经济性原则的。但是，随着近代西洋乐器在中国越来越普及，人们也逐渐认识到了西洋的“horn”与本土固有的“喇叭”并不相同，因而“horn”后来被音译成了“号”①，“saxhorn”也由“萨克斯喇叭”逐渐演变成“萨克斯号”。

此外，清末民初还出现了各种“X 主义”结构的词语，很多从音译的角度来看均属于半音译半意译，例如“亚细亚主义、易卜生主义、马克思主义、斯拉夫主义、普鲁士主义”等。

以上都属于“音译+意译”的形式，在这些半音译半意译词中，还有“意译+音译”的形式，但数量很少，仅有 3 例，分别为“冰淇淋”“新西兰”以及“圣彼得堡”。

【冰淇淋】

(8) 汗出过多的脚一浸到冰冽的泉水里，比吃冰淇淋还要爽快百倍。(徐蔚南《香垆峰上岛瞰》)

“冰淇淋”源于英语“icecream”，其中“ice”意译为“冰”，“cream”音译为“淇淋”。在 20 世纪初期，“icecream”曾出现了多种译法，较为常见的形式还有“冰激凌”“冰汽凌”“冰忌廉”等。此外，该词也有比较接近纯意译的形式，如“冰糕、冰乳、冰酪”等。今天仍有一些地区保留了“冰糕”这种意译形式，例如在上海地区“冰糕”一词仍在使用，“老上海冰糕”也是当地一种著名的甜点美食。

---

① 事实上，“horn”对应的是今天所说的“圆号”，但在 1908 年颜惠庆编撰的《英华大辞典》中把“horn”翻译成了“号角、号筒”，可见在 20 世纪早期，人们对于西洋乐器 horn 并不需要做明确的区分。

【新西兰】

(9) 澳大利亚又名新荷兰，别有两岛，曰搦日伦敦，又名新西兰，皆英人新开之土。(徐继畬《瀛寰志略》卷七)

“新西兰”源于英语“New Zealand”，其中“new”意译为“新”，“Zealand”音译为“西兰”；值得注意的是，港台地区对于“New Zealand”采取的是单纯音译的手段，将其译作“纽西兰”，这也体现了同一个外源词在不同地区的翻译差异。当然，外来地名中的“new”在不同地区也有翻译相同的时候，例如“New York”一词中的“new”，内地和港台地区均采用了音译的形式，所以该词被译作“纽约”。

【圣彼得堡】

(10) 一旦中国自强，与彼开衅，兵力或胜之，直可迳扫至圣彼得堡。(《清议报》四册《答问中俄交亲之故》)

“圣彼得堡”源于英语“St. Peterburg”，其中“ St.”（saint 缩写）意译为“圣”，“peterburg”音译为“彼得堡”。

2. 音译+义标

如果完全按照原词的读音进行翻译，这种纯记音的方式并不利于语言交际，很多词从字面来看也会令人难以捉摸，所以为了明确音译词的具体所指，还可以在借音的基础上再添加汉语固有语素混合而成，史有为将添加的汉语语素称为“义标”①。这种类型与“半音译半意译”不同，因为源词在翻译的过程中一定有一部分是通过意译的方式，而“音译+义标”中的汉语固有语素都是依照汉语习惯后添加的，并非源词所有。由于所添加的汉语语素可以说是从源词的语义中析出的部分，因而与音译形式结合之后词义会更加明晰。据统计，这类词的数量比较多，共计 94 个，占清末民初 615 个音译外来词的 15.3%。它的特点是，音译部分后加的中心语，表明该词所指称事物的类属，而音译部分则相当于“区别词”，表明具体种类，二者构成一个名词性的偏正结构。例如：

① 史有为：《汉语外来词》，商务印书馆 2013 年版，第 143 页。

【伊甸园】

(11) 你若能赐我一个伊甸园内的“伊扶”，使她的肉体与心灵，全归我有，我就心满意足了。(郁达夫《沉沦》)

“伊甸园”是《圣经》中人类祖先居住的乐园，源于英语“Eden”。虽然基督教在明代已经传播开来，但直至19世纪初基督教新教传教士才开始着手将《圣经》全文翻译成中文。从19世纪至20世纪这近百年的时间内也出现了众多翻译版本，对“Eden”的译法也各不相同，下面试举几例：马殊曼译本（1822）将其译作“依顿”，马礼逊译本（1823）则称其为“希但”，裨治文、克陛存译本（1853）译作“埃田”，高德、罗尔悌译本（1853）称为“东方之埃田”，施约瑟译本（1874）译作“埃田”。[①] 从这些《圣经》译本来看，“Eden”的译法也在不断的变化中，最早期的译经中，“Eden”倾向于单纯音译为主，到了19世纪中后期，“埃田”这种形式的出现频率较高，而“伊甸园”相对出现较晚，在我们的统计范围内，最早见于20世纪20年代。之所以“伊甸园”这种音译+义标的形式最终成为主流，是因为它的表义更为清晰，“Eden”本身在《旧约·创世纪》就表示“乐园”，后语素“园”只是从原词义中分离出来的，而“伊甸”即为“Eden”的音译形式，所以通过在其后添加义标“园”的方式会使词义更准确、也更易于理解。相较而言，“埃田”虽能展现“土地、土田”的特性，但却很难反映出《圣经》中“Eden”的内涵，也难以体现其外来属性，所以逐渐被“伊甸园”所取代。

【法兰绒】

(12) 若将铅养或钾养消化于水，以法兰绒侵入而加热，则法兰绒变为黑色。(傅兰雅译《化学鉴原》卷三)

“法兰绒”指的是一种有绒面的毛织物，源自英语“flannel”，它大约出现于18世纪的英国威尔士，其传入中国的时间相对较早，在19世纪初马礼逊所著的《英华字典》中便收录该词，并将其释义为“小绒”。我

① 以上均源于“珍本圣经数位典藏查询系统”，http：//bible. fhl. net/ob/。

们知道，法兰绒表面有一层细密的短绒毛，但用“小绒”来命名这种新兴材料是比较模糊不清的。卫三畏（Samuel Wells Williams，1812—1884）著于1844年的《英华韵府历阶》中将“flannel”释为“小呢”，并增添了一条“咈囒吒”，“flannel”音译过来便是“咈囒”，可见，此时的翻译方式已从纯意译转向了“音译+义标”。20世纪前后出版的几部英华字典中均采用“音译+义标”的形式，只是字形不尽相同，邝其照《华英字典集成》译作“佛囒绒”，颜惠庆《英华大辞典》中则正式出现了“法兰绒、福兰绒”的译法。1913年出版的商务书馆《英华新字典》中保留了“法兰绒”这个译名，并且该词直到今天仍在使用（外国译著中多见），例如《了不起的盖茨比》曾这样描述：“（盖茨比）一身白法兰绒西装，银色衬衫，金色领带，慌慌张张跑了进来。”[①]再如张丽钧《蝴蝶的一个吻触》中有这样的语句：“母亲有一件灰绿色的法兰绒袄子。盆领，泡袖，掐腰，用今天的话说，是‘很萌’的款式。”[②]

除了以上例词，该类型中还有大量与国家、地区相关的“音译+义标”词，例如“阿美利加洲”，它音译自英语“America”，其本身属于世界七大洲之一，所以在音译名后添加类属“洲”。与之类似的还有很多，例如“爱斯基摩人（Eskimo+人）、阿拉伯语（Arab+语）、拉丁文（Latin+文）”等。再如“几维鸟”“啤酒”“卡片”等也都属于此类。

此外，我们还发现几个外来词，它们的形成也体现了音译和意译结合的因素，但与“音译+义标”又不太相同，这里把它们拿出来单独进行考察。在我们的统计范围内，这类词数量较少，只有5个，而且全部是表示单位的词语。虽然它们也由音译和意译两部分组成，但音译部分并非来自源词，而是译者添加的一个音译缩略形式，它不作为词义的中心，而是变成了汉语固有语素的修饰语。而音译形式后的成分，则大致相当于意译的部分。下面结合例子进行说明。

【英尺】

(13) 光绪六年，造大船，名义大里；八年，造大船，名雷盘陀均，长四百英尺，阔七十四英尺。(邹代钧《西征纪程》)

---

① 菲茨杰拉德：《了不起的盖茨比》，巫宁坤等译，上海译文出版社2015年版，第27页。

② 张丽钧：《蝴蝶的一个吻触》，作家出版社2015年版，第110页。

“英尺”是单位词，源于英语“foot”，它是由语素“英”加上中国原有单位构成。然而，“英”并不是由“foot”音译而来，它是“English”（英国）的音译缩略，虽然其代表的是外来事物，但由于英国是最早与中国通商的国家之一，所以可以推想“英”在当时出现频率一定是比较高的，再加之语义也相对固定，因而“英”已具备了表义语素的功能。它可以作为偏正式的“偏语素”出现，表示“英国的”。而“尺”是中国自古便已使用的单位，虽然外国的新兴单位其量度与中国有所差异（一尺约为 0.33 米，一英尺约为 0.3048 米），但其归属的类别是一致的，“foot”与“尺”均为长度单位，这种联系就为这类单位词的系统定名创造了条件。

与之类似的还有“英寸”（inch）、“英里”（mile）、“英两”（ounce）、“英亩”（acre），它们与“英尺”的构造相同，均由语素“英”后加本土固有单位而形成。由以上分析可以看出，与其给这些迥异于中国的新兴单位重新命名，倒不如利用汉语原有的构词模式，即在中国固有单位“尺、寸、里、两、亩”的前面添加修饰语素“英”，这样不仅符合语言的经济原则，也体现了一种语言的类推性。值得注意的是，这些单位中绝大多数都有新造字形式，如“呎”“吋”“哩”等，它们中的绝大部分都是日本人按照汉语的造词规律造出的新字并传回中国。这些“新造字”与由“英”构成的一系列双音节新词在某个阶段形成了竞争关系。这些单音节词在今天虽然没有完全消亡，但其使用范围很有限，如“呎”在大陆较少见到，一般多用于港台地区，尤其是房地产领域；“吋”在大陆的某些行业还是常用的，可以用于蛋糕店或者用于说明电视、电脑、手机等屏幕的规格和尺寸等，相对来说，大陆地区以双音节形式更为多见。

众所周知，词语的命名往往会涉及“理据”的问题，也就是事物的得名之由，但它和“造词法”的考察角度是不同的。可以说，理据之中往往已经蕴含了造词法问题，它提供了所要表达的概念的基础形式，造词就是从基础形式中提取有用的、具有代表性的成分作为语素，然后合成新词。前文所说的几种类型中，“单纯音译”由于仅是记音，所以它与一般摹声词模拟自然之音的原理没有本质区别，这就是它的构词理据。其他几类词语的得名多少都涉及语义因素，但整体来说构词理据和词语的创制是保持一致的，也是可以一次成形的。举例来说，“几维鸟”源于英语“kiwi”，之所以叫这个名称是因为它是一种叫声类似“kiwi”的鸟类，这便是它得名的“理据”。当然，这么冗长的理据显然不能作为词语的名称，所以从造词的角度来说，首先要提取出具有代表性的成分，由于这种鸟类叫声特殊，所以把“kiwi”作为它的典型特征（音译成汉语便是“几维”），这种摹声造词的过程也体现了它的得名之由。此外，它本质上属于一种鸟类，所以从原始理据中提取了“特征+事物类”来创制新词，这也符合“偏正式”的强势语义模式。[①]

此外，还有几个外来词，它们的构词理据与词语创制之间的关系比较迂回，往往不能一次成形，这多半源于外来词在发展的过程中有了新的得名理据，例如：

【驳壳枪】

(14) 取了立正的姿势，很敏捷地把上着木壳的驳壳枪一齐向他举起。(郭沫若《骑士》)

“驳壳枪”即毛瑟枪，源于英语“Mauser Pistol”。这是由德国人冯·毛瑟（1838—1914）在1866年所发明的一种新式手枪，依据其发明者的名称而将其定名为“毛瑟枪”。20世纪初期中国从德国进口了这种优质手枪，引入初期也称为“毛瑟枪”，在北洋政府陆军部档案中，有一份1912年9月陆军部与德商礼和洋行（Carlowitz & Co.）签约购买的文件：“七密里六三自来得毛瑟手枪二百杆，连有木匣手把，每杆连子弹五百粒，价计京公砝足银五十八两。共计京公砝足银一万一千六百两。”[②] 从这段话中能看出毛瑟枪独有的外形特点，即接有木匣手把。实际上，这种手把本身是一种木制的枪套，它可以倒装在枪柄上作为枪托抵肩使用，也正是由于这种外形特点，我国在20世纪初期称其为“盒子炮”，并广泛应用于战争当中。在当时的中国，由于列强在中国的租界实行武器禁运政策，日本政府更是独断专行，禁运项目包括重型军用装备，但是唯独手枪例外，这也是中国人比较多用毛瑟手枪的原因。值得一提的是，随着“盒子炮”

---

① 董秀芳把“偏正式”的强势语义模式概括为“提示特征+事物类”，见于董秀芳《汉语的词库与词法》，北京大学出版社2004年版，第132页。

② “毛瑟枪”，百度百科，http://baike.baidu.com/link? url = IfAeaFIDpZ2wB8ZaVZ8 - EPCh2Wn2OPGoI037MtG7zAo - Kwgfa7xlmZx1OXBfzJRfYAlZFjPtp0YpsbvYfAWL0GEdtSNDG2hAG - R16gscU3ipQp-yDO4aOtvVyPSuWdBM。

的使用频率越来越高，外国人将其直译为“box cannon”，并又作为外来词引入。[①] 由于“box”音译过来便是“驳壳”，所以“盒子炮”就是“驳壳枪”，在《近代九种步兵轻兵器教练与说明》中也有这样的解释：“枪名曰自来得手枪，有呼驳壳枪及盒子砲者，均取其外形之相似也。”[②]

【吕宋烟】

(15) 色盖，即烟卷，华人所谓吕宋烟。（李圭《环游地球新录》）

“吕宋烟”即雪茄烟（英语为“cigar”），“吕宋”是菲律宾附近岛屿“Luzon”的音译，但英语中并没有“吕宋烟”的对应形式[③]，可见它的名称与其构词理据也是相对迂回的。事实上，“cigar”自清代传入我国之后，最初叫作“雪茄烟”，它属于“音译+义标”的形式，其构词理据与词语形成是保持一致的。之所以后来又被称作“吕宋烟”，是因为菲律宾吕宋岛所产的烟叶质量好，而雪茄又多出自于此，所以便以产地作为得名之由，例如1891年袁祖志《涉洋管见》：“其产自吕宋，故中土人名之曰吕宋烟。又因泰西呼为‘夕盖’二音，遂译作‘雪茄’二字。”[④]

由以上二例可以看出，有一些外来词虽然也按照音译的方式进行对译，但在源语中并不一定能找到译词的对应形式。要想探究它们的结构，就必须要深入挖掘它们的构词理据，这样才不会使得研究流于表面，而且可以避免一些由字面带来的误解。

（三）造字音译

“造字音译”指的是“为了对应原词的音而兼表其所属的意义范围而另造新字”[⑤]，而且往往是形声字。译者在翻译的过程中没有选取固有汉字而是另造新字，这主要是由汉语自身特点所决定。事实上，汉语中有一些汉字其语音与外源词相近，字形也恰好有关联，如“钾”，它在古汉语

① 刘学昌主编：《枪史》，兵器工业出版社2003年版，第176页。

② 《近代九种步兵轻兵器教练与说明》，军用图书社1937年版，第238页。

③ 严格来说，“吕宋烟”对应的是英语中的“manila cigar”，按字面翻译过来是“马尼拉雪茄”，但几乎没有人这么称呼。

④ 黄河清编著，姚德怀审订：《近现代辞源》，上海辞书出版社2010年版，第847页。

⑤ 刁晏斌：《现代汉语史》，福建人民出版社2004年版，第251页。

中已出现，如《晋书·姚弋仲载记》："于是贯钾跨马于庭中，策马南驰。"在这里，"钾"指"铠甲"。后来"钾"逐渐被"甲"所取代，它在古汉语中基本不再使用。但是，化学元素"kalium"，其发音（除去后缀-ium）与"钾"类似，再加之"kalium"本身是一种金属，这与"钾"的形旁"钅"正好相符，所以它可直接作为外源词的音译字。不过，整体来说这种"巧合"的情况还是很少的，究其原因，汉字属于意音文字，它在表音的同时也兼具表义特性，尤其常用汉字更是如此。试想如果"kalium"译作"甲"，很容易让人产生"铠甲"或"顺序第一"的误解，而汉语中类似"钾"这种本义已失落，使用频率较低的汉字很少见，这就为"另造新字"提供了客观条件。事实上，这种方式早已有之，例如"魔"，它出现在汉民族第一次大规模接触外来文化的阶段，也就是佛教传入时期，"魔"源于梵语"Māra"，最开始"Māra"是借汉字"磨"来对译，但"磨"是常用汉字，而且从石，很容易让人产生误解，所以后南朝梁武帝另造新字"魔"，从鬼，更加明确了它的类属。这实际上就属于形意化的音译字，也就是"造字音译"。

在清末民初615个音译词中，属于该类的共计63个，占总数的10.2%。它们基本都是创造的新字，而且绝大多数都出现在化学领域，还有几例属于单位词以及其他类别。由于化学术语数量较多，而且其命名颇具特点，所以我们先由此入手。

1. 化学术语与新造汉字

首先需要说明的是，这些化学术语绝大多数都是单音节词，也就是由一个汉字构成，所以此时新造的汉字就与外来词本身等同。由于这些化学术语均属于专名词语，相对于普通词汇而言，它们本身具有抽象性和学术性，在对译时就更需要精确。但是，这种创制新字的方式有一个形成和定型的过程，从19世纪中后期开始，围绕化学元素的定名人们采取了各种不同的方式，直至19世纪末确定了造字音译的手段，我们有必要对这些方式进行简述和比较。

（1）纯音译形式

在这些化学新造字中，有17个都有相对应的纯音译形式，试举如下几例。

铋（bismuth）—璧士密司　　钙（calcium）—加尔叟谟

钠（natrium）—那笃伦　　铬（chromium）—格鲁缪谟

有的常用元素甚至不止一种翻译形式，例如“铂”（platinum）就曾有“柏拉丁难”“布拉的纳”等多种译名。这些化学元素的音译形式少则2个音节，多则5个音节，迥异于汉语以单音节或双音节为主的体系；而且从用字来看，为了避免表义汉字对单纯记音的影响，很多元素在命名时选取了较为少用的汉字，如“氪、涅、笃”等。但是，化学元素对中国人来说，本身就是新兴的外来事物，如果再用一些使用频率较低的汉字来对译，只会增加人们对其认知的难度。而且，由于元素名称普遍较长，译成汉语往往在三音节以上，所以纯音译形式也不利于人们的识记。

（2）意译形式

这些化学术语中，还有几个元素既有纯音译形式，也有意译形式，总的来说，兼具这两种形式的元素相对较少，一般都是比较多用的元素，如：

【氧】

源于英语“oxygen”，合信1855年所著的《博物新编》中曾将其意译为“养气”，该名称表现了“氧”的特征“养护”，后语素“气”也标明了类属，相对来说比较科学。后来还陆续出现了“生气”“酸素”“地气”“阳明之气”等意译形式，其中酸素是日语译词，它是严格按照荷兰语中“氧”（zuurstof）的语素结构进行翻译的，其中“-stof”在日语中一律译作“素”。“氧”这个新造名词直至20世纪初期才出现，也属于1912年当时的教育部所认定的“部定词”。

【硅】

源于英语“silicium”，硅在地球表面的含量仅次于氧，所以它的意译名称也是比较多的，如“玻精”“玻”“砂”等。之所以叫“玻精”①，可能是因为玻璃的最主要成分是硅酸盐，但是如果从译名本身来看，除非是熟知化学原理的人，否则很难把“玻精”和元素“硅”联系在一起，更不用提“玻”“砂”等单音形式了。值得一提的是，“硅”的读音从今天来看与英语原词并不相近，这其实经历了一个历时的发展过程。1871年傅兰雅、徐寿译著的《化学鉴原》中有“silicon，矽”，其发音为“xī”，这是它在中国的最早译法，19世纪末，徐寿将其定名为“硅”（发音也

① 丁韪良《格物入门》（1868）卷七《化学》的“原行总目”中列出42个元素，其中非金属元素大部分以精结尾。

为 xī)，来源于“畦”字，因为“畦”义为土地的面积，这是借土壤主要成分为硅酸盐之义。[①] 但是，到了 20 世纪初期，人们普遍受到“圭、闺、桂”等字的影响，将“硅”误读为“guī”，于是化学家们在 1935 年前后中国化学集会的时候重新启用了《化学鉴原》中使用的汉字“矽”来代替“硅”，读音仍规定为“xī”[②]，可这样一来，矽的读音又与已有的化学元素“锡”“硒”读音相互混淆，为了避免同音术语的出现，1953 年中国科学院召开全国性的化学物质命名座谈会，将“矽”更名为原来的“硅”，并规定读音仍为“guī”[③]。目前，中国的台湾、香港以及澳门地区仍沿用旧有形式“矽”，例如，大陆地区称“silicon valley”为“硅谷”，台湾则译作“矽谷”。有趣的是，“矽肺”“矽钢片”等词至今仍用“矽”字。

总而言之，化学术语的意译形式与纯音译相比，虽然更易理解一些，但是很多意译词一味注重描述特点，与原词所指称的事物相脱离。例如“碘（iodium）”，由于它极易升华成为紫色的蒸汽，所以曾被人意译为“紫气”，这种译法虽然形象地描述了它的特性，但与“碘”的本质相距甚远，另一个重要原因可能是易与传统表义，如“紫气东来”中的“紫气”相混。此外，一些元素也很难用意译的方式描述出来，像“氦”(helium)，它是一种无色无味的惰性气体，但有这个特点的气体很多，如“氖”“氩”“氪”等，它们之间仅依靠“核电荷数”来区分，类似这样的元素就很难意译。即使将其意译为“一种无色无味的惰性气体”，也很难体现它的本质属性。所以，现今所存留的意译形式可能仅有白金（铂）等，相对来说数目较少。由此可见，对于化学术语的翻译来说，纯音译和纯意译都并非理想的手段。

（3）新造字形式

19 世纪中后期，一批欧美新教传教士为译介西学展开了探索。对于传统的音译、意译两种方法能否忠实地翻译西方文化这个问题，也一直存有争议。对中文能够译介西学持肯定态度的有美国传教士狄考文（Calvin Wilson Mateer，1836—1908）、德国传教士罗存德以及英国传教士傅兰雅等，其中罗存德和傅兰雅均为化学元素的定名做出了具有开创性意义的

① 转引自周公度主编《化学辞典》，化学工业出版社 2011 年版，第 676 页。

② 冯志伟：《现代术语学引论》，语文出版社 2011 年版，第 35 页。

③ 邵靖宇：《硅字的来历和变迁》，《中国科技术语》2008 年第 1 期。

探索。

A. 罗存德《英华字典》与化学元素命名

罗存德作为一名德国传教士，1848 年来到中国，先后在香港、广州、日本等地传教行医。1866—1869 年，他撰写了 4 卷本共 2013 页的《英华字典》（English and Chinese Dictionary），并由香港"Dally Press"印刷出版。这部大型的双语字典代表了 19 世纪西人汉外辞典编纂的最高成就，对汉语、日语译词的形成都产生了深远的影响。"重抽旧绪，别出新诠，博采傍稽，合参互证"是对罗存德译词特色的精准概括①。与当时的其他词典相比，罗存德并非一味求新，他创制的新词主要是对原有的汉字加以改造，这种改造根植于汉语本体，要么是在原有字形的基础上加以变化，要么是对原有词义进行扩充。我们知道，化学元素足有上百种之多，即使在 19 世纪末期已发现的元素也有数十种，化学元素的名称作为一个系统大规模涌入，仅仅依靠旧词新义已经很难应对，所以通过"创制新字"来为元素定名的方式就应运而生。

罗存德在《英华字典》第四册的序言当中专门探讨了化学元素的命名方式，他提道："It now remains for us to explain the principle on which we have found some of the words used in chemistry. The Chinese character for element is '行'. All words combined with this radical are placed between the right and left division of the figure of the character. Acting upon this principle we have no difficulty in exhibitingin the simplest form the names of most of our elements。"（作者译：我们已经发现了化学中的一些术语，它们现在仍然可以作为一种规律存在。例如，英语中的"element"对应到汉语中即为"行"。根据这个规律，"行"可以分置到所有代表化学术语的汉字的左右两侧。据此进行操作，我们发现这个方法可以以最简便的形式来命名绝大多数的化学元素，而且是毫无困难的。）从这段话我们可以看出，罗存德认为化学元素如果对应到汉语中，可以统一用"行"这个字来表示，因为"行"是"the first or constituent principle or part of anything"，即"首要的构成原则"（《英华字典》第 713 页）。用"行"来表示构成世间万物的基本要素，很显然是比附了中国人传统的"五行"观念，也正是通过"行"这个字，罗存德开创了中国第一套元素译名。他主要是用"会意"

① 沈国威：《近代日中语汇交流史》，笠间书院 1994 年版，第 139—146 页。

的方式来造字，绝大多数的元素名称都可以通过将某一汉字插入“行”中而轻易得到，例如：

氧（oxygenium）—⿴行养（读音为 yang）

炭（carbon）—⿴行炭（读音为 tan）

氯（chlor）—⿴行綠（读音为 luh）

碘（iodine）—⿴行蘭（读音为 lan）

19 世纪 60 年代，已知的元素共有 63 种，《英华字典》收录元素名称就达到了 50 个，其中使用“行”造字的元素则有 21 个。

遗憾的是，该法虽然开创了化学元素命名的新天地，但是并未推广开来，究其原因可能有以下几点：首先，由“行”字法造出来的元素名称，笔画繁复，形态很臃肿，所以不易识记与书写。本来化学元素就是从西方自然科学领域引入的新兴名词，对于这种外来概念应采取简便的方式才有助于其融入汉语。其次，使用“行”来比附中国的“五行”，从表面上看是增加了“汉化”的因素，但是，自 19 世纪中期以后，西方的自然科学知识逐渐传入中国，“行”已经不足以阐释西语中的“element”这个概念，例如合信《博物新编》第一章就提道：“西人考究五类之元质，为数五十有六，五行原不足以尽之。”①可见，这种造字方式虽然可以为化学元素进行较为系统的定名，但却缺乏科学的依据。再加之罗存德《英华字典》在当时的中国并没有引起太多的关注，反倒是在日本两次重印出版，以上种种原因均导致罗存德的尝试没有获得成功，影响力也很有限，但是该法却启发了下文将要说到的傅兰雅。

B. 傅兰雅、徐寿《化学鉴原》与元素命名

在翻译方面，英国传教士傅兰雅是 19 世纪来华西方人士中贡献最大的。他在中国共生活了 35 年，曾先后在北京京师同文馆和江南制造局翻译馆任职，并与中国科学家徐寿合译了《化学鉴原》，于 1871 年出版。该书大量创制化学元素的新名并广为流传，傅兰雅也因此被时人称为“今之仓颉”。

傅兰雅在发表于 1880 年的《江南制造总局翻译西书事略》一文中阐释了自己的观点，当时西方人普遍有一个看法，认为“中国语言文字最

① 合信：《博物新编》，上海墨海书馆 1855 年版，第 54 页。

难为西人所通，即通之，亦难将西书之精奥译至中国”[1]，针对这个观点，傅兰雅提出：“盖明时利玛窦诸人及今各译书之人，并未遇有甚大之难，以致中止。”[2]事实上，这从一个侧面反映了他认为汉语有翻译西方概念的能力。此外，他还提出了翻译西书的第一要事为“名目”，若所用名目必须为汉语字典中的词义，不可另有解释的话，则译书之事永不能成。换句话说，只有不断创制新法，才有可能打破当时西方人用汉语对译外来术语的僵局。

傅兰雅针对化学元素名目的翻译摸索出了一套成体系、规范化的方式，即“以平常字外加偏旁而为新名，仍读本音，如镁、钟、矽[3]等，或以字典内不常用之字释以新义而为新名，如铂、钾、钴、锌等是也”[4]。他还明确指出了“一字”原则：所有原质、多无华名，自必设立新者、而以一字为主，或按其形性大意而命之，或按西字要声而译之[5]。他所创造的新词创制方法对于化学元素的定名具有重要意义。据我们统计，这样的新造字可分为两类，在数量上具有差异，下面就结合这些新造字具体说明。

首先，采取“平常字外加偏旁”方式的相对较多。该类基本都属于形声字，利用添加义符表示化学上的分类。譬如说添加“金”字旁表示的是“金属”类，如“钙”“锆”“镓”“镁”等；加“石”字旁的表示的是“固态非金属”类，如“砷”“碳”“硅”等；添加“气”字头的表示的是“气体”，如“氧”“氦”“氩”等。值得一提的是，使用气字旁的新字并非傅兰雅所译，在《化学鉴原》中仍写作“养气”“轻气”，而“氧”“氦”等新造字是在益智书会1899年公布的《协定化学名目》中首次出现的，在1912年则成了教育部所规定的“部定字”。

其次，“以字典内不常用之字释以新义”方式的数量较少，这些字均在古汉语中已经出现，但有的字使用频率较低，甚至久已不用，因而具备“灌注新义”的条件。例如“铒”，《玉篇》释为“钩”，它是古代一种钩形饰物，此物由于逐渐退出了历史舞台，该字也就没有了用武

---

① 傅兰雅：《江南制造总局翻译西书事略》，第二章“论译书之法”。

② 同上。

③ “矽”是“硅”的旧名，这是一个形声字，现在中国港台地区仍保留“矽”的译法。

④ 傅兰雅：《江南制造总局翻译西书事略》，第二章“论译书之法”。

⑤ 傅兰雅：《华字命名·化学材料中西名目表小序》，《化学鉴原》第一卷。

之地，而“铒”代表的元素“erbium”，它的后缀“-ium”在元素命名中大多表“金属”，而除去后缀音译过来就类似于汉语中的“er”，所以给“铒”添加新义用于表示元素名，还是比较合情合理的。再如“钒”，它出现于中古汉语中，最初表动词义，如《广韵·上范》：“钒，拂”，后来它也曾用于人名中，如明朝伊国藩王朱諟钒。我们通过“汉籍全文检索系统”对清代的942种文献进行了统计，除了反映古代历史文献的语料曾提到朱諟钒，此外“钒”仅出现一次，如作于1870年的《俗话倾谈》卷一中曾出现这样的语句：“（横纹柴）悔恨方深，感怀倍切：裙钒影隔，谁来捧药床头。”从“钒”在清代文献出现的次数也可以看出该词的使用频率很低，基本已不再使用，因而也符合“以字典内不常用之字释以新义”方式的要求。“钒”被用作元素“vanadium”的音译字，该元素名称如果刨除代表金属的后缀“-ium”，其发音正类似汉语中的“凡”，其左侧的金字旁也表示了它的金属特性。与之类似的还有“钌”（以金属装饰器物，如“钌䥯”）、“鬲”（古代炊器，三心空足，同“鬲”）等。

从这两种类型中我们可以看出，傅兰雅造新字的方式更易为中国人所接受，而且不管是哪一类，都具有一定的理据性，并且较成体系，所以这也是他的元素译名能够留存至今的原因。

2. 度量衡单位与音译字

体现度量衡单位的新造字非常具有典型性，下面一并进行分析。

“呎”“吋”“哩”“唡”“呏”这五个新造字均表示计量单位，“呎”即“英尺”，“吋”即“英寸”，“哩”即“英里”，“唡”是重量单位“盎司（ounce）”的新造字，而“呏”是容积单位“加仑（gallon）”的新造字。这五个字中，前三个是来自日语的原语借词（这部分内容在后文日源外来词章节还会详述），后两个是国人自造词，虽然来源不同，但日本人的自造汉字也依据的是汉语造词规律，因而具有相通性，这里一并来说。这五个字的读音与它们右侧的声旁相同或相近，左侧均添加了“口”字旁。当时的译者使用“口字旁”来表义，这其实属于一种特殊的造字音译的方式。《说文》：“口，人之所以言食也，象形。凡口之属皆从口。”但是，“呎、吋”等从“口”之字与饮食并不相关，所以这里“口字旁”的表义与《说文》并不相同。事实上，添加“口字旁”来造字可能最早出现于东汉佛经翻译时期。宋代郭忠恕曾说：“钵啰护噜之文，内典加口而弹舌。”[①] 对于佛经中的“弹舌”，他这样解释道：“佛经真言弹舌者多非本字，皆取声近者从口以识之。”[②]我们从中可以推断出，佛经中添加“口字旁”的新字当属于音译字，例如译经中常见的六字真言“唵嘛呢叭咩吽”等，它们的语音与字右侧的发音近似，但是为了标明外来身份，所以添加了“口字旁”构成新的音译字。佛教中有大量的真言咒语，这都促使这种音译字的不断发展。举例来说，“哩”顾野王《玉篇·口部》释为：“哩，出《陀罗尼》。”“陀罗尼”在佛经中类似于长咒语，“哩”在“陀罗尼”中很多用，并且在后世其他的音译词中也多次出现，例如译经中常见的“阿密哩多”（Amṛta，即甘露）、“底哩三昧耶”（Trisamaya，“底哩”即梵语中的“三”）等。严格来说，“哩”在佛经中早已出现，所以它并非是为了对译“英里”而新造的音译字，但“哩”是利用添加“口字旁”而形成的，这也符合我们所说的规律。

这种新造音译字（即添加“口字旁”表义）的方式一直沿用了下来，在清末民初也有所体现，而且在创制的过程中还添加了译者的主观心理。1840年的鸦片战争拉开了中国近代史的帷幕，虽然这从一定程度上促进了中国现代化的程度，但同时也打碎了当时封建的清王朝自尊为“天朝上国”的美梦，这种社会的变革投射到对外来语言的引介上，就可能出现几种倾向，一方面，从19世纪50年代开始，经世派人士，如林则徐、魏源、龚自珍等开始积极引介西方的新兴概念和科学技术，而另一方面，人们对于外来事物却有着一种本能的抵触心理。例如，书写国家名称时，一般都要加“兽”字旁或者“口”字旁表示“非我族类”这样的心理。[③]方维规曾说过：“根据通常的观点，这里的‘口’指的是动物的而不是人的嘴巴。在这样一种造词结构下，它很明显地涵括了人们所流露或暗示的印象，其特定的情感价值。”[④]以英国为例，它在鸦片战争中侵占了中国东南部沿海的城市，并且还迫使香港被割让出去并成为其殖民地，这让整

① 参见郭忠恕《佩觿》卷上。

② 同上。

③ 引自齐廉允《“大国意识”与“世界意识”的错位——中国传统外交观考察》，《英才高职论坛》2005年第2期。

④ 方维规：《“夷”“洋”“西”“外”及其相关概念：晚清译词从“夷人”到“外国人”的转换》，载于《新词语新概念：西学译介与晚清汉语词汇之变迁》，山东画报出版社2005年版，第104页。

个社会陷入了严重的危机当中，所以中国人对英国抱着一种本能的排斥的心态，因而“英吉利”（England，英国）被改译成“㖠咭唎”。与之类似的，许多西方国家的名称均以加口字旁的方式进行了对译，例如“美利坚”（America，美国）被译为“咪唎坚”[①]，“法兰西”（France，法国）被译作“咈兰哂”[②]，“荷兰”被译为“嗬兰”[③]，还有的外国人名也遵循了这个规律，例如出现了“喳咍唦唧”[④]“唦唧啞哩唍嗊”[⑤]等名称。事实上，以上国名、人名所涉及的许多用字都是在古汉语中从未出现过的，但是通过添加口字旁间接反映一种来自异族、异类的造字心理还是较为普遍的。

同样的，“尺、寸、里、两、升”是中国传统的计量单位，它们所表示的单位大小与西方是完全不同的。当外来文明传入之后，基于一种积极进步的考虑势必要对它们进行科学的翻译，但是国人对西方文明又抱有一种抵触的情绪，所以在中国固有单位的基础上添加“口字旁”，这不能不说是一种独特而又微妙的心理，但是值得注意的是，这些新造字在后来均发展出了其他音译形式，从它们的变化也能看出其来源的不同，来自日语的“呎”“吋”“哩”采取的是由音译缩略语素“英”作为偏语素，后面添加汉语原有单位“尺、里”构成音义结合的新词，如“英尺”“英里”等；汉语自造的“唡”“呏”则采取了单纯音译的形式，如“盎司”“加仑”等。

3. 其他新造字

其他新造字的数量不多，还有“啤”“镑”等，它们都是利用形声法而造的新字，我们试举几个典型词例进行分析：

【啤】

“啤”源于英语“beer”。我们知道，“beer”在当时还有其他翻译形式，如“比耳、比耳酒、麦酒”等，这里“麦酒”属于日源词，我们留待后文再说，从“比耳、比而酒”发展到“啤酒”，其实体现了汉语音译

① 林则徐所撰写《信及录》便有《咪唎坚夷吐哪禀复呈义律收烟字据由》一文。

② 见于《大清高宗法天隆运至诚先觉体元立极敷文奋武孝慈神圣纯皇帝实录》卷之第四百七十六。

③ 见于梁章钜撰《浪迹丛谈》卷六。

④ 参见梁廷枏《海国四说·粤道贡国说》卷五。

⑤ 同上。

外来词过程中会出现的一个普遍现象，即外来语素的产生及再构词。具体来说，“比耳”是 beer 的单纯音译形式，从外形来看，人们难以了解它的含义，为了表义明确，可以在音译形式后添加义标，构成“比耳酒”。而“啤”则是为了对译 beer 而造出的新字，其左面“口字旁”表义标，右面声旁表音，由于它是汉语新出现的字形，具有浓郁的外来色彩，让人一看便知其源于国外。而且，与“比耳酒”相比，“啤酒”更符合汉语以双音节为主的特点，因而该词也取代了其他形式，并一直留存到了今天。

不过，虽然“啤酒”这一名称早已有之，但纵观 19—20 世纪多部双语词典，仍有将 beer 译作麦酒、大麦酒、苦酒的例子，可见该词仍未达到人所共知的程度，因而直到 20 世纪 20 年代开始，“啤”才逐渐参与构词，例如 1926 年徐志摩《我所知道的康桥》：“这乡间每‘望’都为你储有上好的新酿，黑啤如太浓，苹果酒、蕃酒都是供你解渴润肺的。”这里出现了“黑啤”一词，由于它在同时期的文献中仅出现 1 次，所以很难说此句中的黑啤究竟是词还是“黑色的啤酒”的缩略形式，但是可以看出，“啤”已具备了作为语素参与构词的条件。后世随着该词使用频率的提高，“啤”也逐渐由无义音节向语素转化，当其又与其他语素构成新词时，实际就完成了语素化的过程。在今天，“啤”也成了汉语中典型的外来语素，由其也构成了众多词语，如“黑啤、扎啤、干啤、淡啤、冰啤、生啤、听啤、罐啤、散啤、青啤、燕啤”等。

【泵】

“泵”字明代既已出现，最早有明确的注释当出自清钮琇的笔记体小说《觚剩》中的“粤觚”一节，文中提到“粤中语少正音，书多俗字……其字之随俗撰出者，如水之矶激为‘泵’，音聘”。可见，“泵”最初是个会意字，从石、从水。后来黄叔璥《台海使槎录》卷二又出现了“大浪泵”一词，他对“泵”的语音做了进一步的说明：“字典音聘，土音蚌。”可见由于受到方音的影响，“泵”的语音很可能转化为了“bèng”。清末民初，它开始作为英语“pump”的翻译形式而存在。虽然从严格意义上来说，泵并非是新造字，但由于其发音特点，再加之它在近代汉语中较为少用，这些原因都促使其成为 pump 的音译用字。有意思的是，泵经常出现在现代的字谜当中，如“当谜面是‘泵’时，打一四字成语”，由于“泵”是上“石”下“水”的结构，隐含着水的高度下降了，水下之石就会露出来的含义，谜底便是“水落石出”，而这恰与

"泵"的功用相一致。

另外，我们再简述几例：

"镑"：它是英语"pound"的音译新造字，"镑"右边声旁表音，而左面的"钅"旁在汉语中往往与金属货币相关，这也提示了"pound"是一种货币单位。

"鹋"：它对应的是英语中的"rhea"，该词音译过来为"鸸鹋"（即美洲鸵），其中"鸸"这一字形在上古时期既已出现，指的是一种鹰，"鹋"则直到清末民初才出现。

（四）谐音音译

"谐音音译"就是在音译的基础上，还要尽量挑选与源词意义相关的汉字去表达。它本质上是利用了汉语的谐音，然后根据翻译的需要，达到一定的语用目的，有的时候甚至只是为了滑稽逗趣，这也属于"谐音音译"的方式之一。这种类型相较"单纯音译"而言，虽然也有借音的成分，但也融入了一定的语义因素，因此其"汉化"的程度相对更高一些，由这一方式创造的外来词也可以称作"谐译词"。

据我们统计，在清末民初 615 个音译外来词中，这种类型并不多见，仅有 20 个，占总量的 3.3%。较具有代表性的如：

【爱斯不难读】

（16）"爱斯不难读"固荒谬，即"世界语"。(《新青年》1919 年第 4 卷)

"爱斯不难读"，即为世界语，它是"Esperanto"的谐音音译形式，是由波兰医生柴门霍夫（Ludwik L. Zamenhof，1858—1917）在 1887 创制的一种国际辅助语言。世界语是基于印欧语体系而建立起来的，书写形式采用的是拉丁字母，其设计的初衷就是以一种简单通用的语言消除国际间由于语言不通而形成的障碍，其实这从它的命名上就能看出端倪。"Esperanto"源于拉丁语动词"sperare"，意为"希望"，柴门霍夫在出版《世界语第一书》时也以"Dr Esperanto"（即希望者博士）作为笔名，这都在间接暗示创制者在搭建语言沟通桥梁时所寄寓的美好期望。中国在 20 世纪初期引入了世界语，它也曾被音译为"爱斯不兰托""恩斯伯落持"等，但显然不如"爱斯不难读"那样明晰、生动，因为后者在音译的基础上，还交代了世界语的特点，也就是“爱就不难读”，达到了传义又传神的目的，所以更具有生命力。

【苦力】

(17) 所有苦力，均须经过乙方所指定的医生检验合格，并在启程往南非洲以前，在英国领事前签署合同。(《天津仁记洋行与特兰斯瓦矿务委员会订立的招工合同》)

“苦力”即帮人干重活的人，源于葡萄牙语“cule”或英语“coolie”。19 世纪 40 年代，世界范围的废除奴隶制运动造成了劳力的缺乏，西方世界，如美洲、澳洲等，便从印度、中国等东方国家吸收大量卖力气干重活的劳动者并向外输出，他们被称为“coolie”。鸦片战争以后“coolie”被翻译为“苦力”[①]，它不仅记录了原语的语音，其语义也一目了然。从字面上来看，“苦力”生动地展现了当时劳动者辛苦卖命的特点，可见谐音音译要比单纯音译易于理解，其汉化程度也更高，正是由于字形的“迷惑”，我们今天已很难看出“苦力”的外来词身份。

【乌托邦】

(18)“乌托邦”是理想上的事，不是即时可以做得到的。(孙中山《三民主义·民权主义》)

“乌托邦”指的是理想中最美好的社会，源于拉丁语“Utopia”。严复在 1897 年出版的《天演论》中有这样的论述：“乌托邦者，犹言无是国也。”我们知道，古代汉语中“乌”通“无”，就是“乌有”的含义，例如《史记·司马相如列传》：“上召问相如 …… 相如以‘子虚’，虚言也，为楚称，‘乌有先生’者，乌有此事也，为齐难。”而“邦”译自音节“-pia”[②]，它在古汉语中可以泛指国家，如“城邦”。由此可见，“乌托邦”就是无可寄托的国家，换句话说，就是存在于理想之中，不可即

① 粤方言将该词译作纯音译词“咕喱”，而且直到今天还在使用，与汉语通语不同的是，它选取的是带口字旁的汉字，这可能与发音特点及方言习惯有关。

② 如果从意义的对应性来说，“邦”应该对应的是音节“topia”，它源于希腊语“topos”，即“地方”。

时去到的地方。虽然严复译词多采用意译的方式，但“乌托邦”在传义的同时也考虑了语音的对应，所以一经翻译便得到了广泛的流传，1912年中国教育部认定了一批由大学及普通学校通用的标准科学术语，称为“部定词”，严复所译的“乌托邦”就属于该列。这个词也一直沿用至今，堪称谐音音译的典范。

【魁阴】

(19) 五十年前一美人，居然在位号魁阴。教堂高坐称朝贺礼，赢得编氓跪唪经。(局中门外汉《伦敦竹枝词》)

“魁阴”指的是女王或杰出女性，译自英语“queen”。“魁”早于先秦时期便有“领头、首领”之义，而“阴”在中国自古以来便可代指“女性”，所以“魁阴”实际上就是“女性中的魁首”之义。“魁阴”的结构形式类似于汉语中的“月亮”，“月亮”的主体是“月”，“亮”是“月”的修饰语素，所以“魁阴”与“月亮”相似，均属于“正偏式”结构。我们仅从字面上就能大致推断出“queen”的语义，而且“魁阴”的语音也与源语相近，这就是表音的同时兼表义的巧妙用例。此外，该词在当时也有“魁英”的译法，它也属于谐音音译，对比可以发现，二者语音上几乎没有差异（很多南方方音中前鼻韵尾和后鼻韵尾不分，因此阴与英的语音在方言区甚至是一样的），但“魁阴”侧重于强调其女性身份，而“魁英”在此基础上还带有言外之意，这个我们在后文还会阐述，这里搁置不论。

此外，“谐音音译”词还有包括“绷带”“逻辑”“引擎”“引得”“浪漫”“灵视”等，它们都在译音的同时也注意挑选与语义有关的汉字，可以说很大程度体现了外来词的汉化，这更利于它们融入汉语当中，再加之音义结合比较成功，所以这些词绝大多数都保留到了今天。

以上例子属于“谐音音译”的一个方面，此外还有一种类型，它更多属于一种“谐趣”的翻译方式。由于“谐趣”往往体现了译者主观上的态度和使用意图，因而从字面上来看很难推断出它的真实语义，但往往具有一种逗趣、幽默的语用效果。

20世纪初期曾流行过几个“谐趣”外来词，如将“husband”（丈夫）译为“黑漆板凳”，与之相对的“wife”（妻子）则被译成了“瓦夜壶”。虽然从表面上来看很难一眼明确源语的指称内容，但是它们与原词在格调上具有鲜明的反差，给人一种生动形象的感觉，所以也经常出现在文学作品当中。如现代作家章依萍《红迹》中的片段：

> 全堂顿然肃静。有的低头在想，有的拿起笔来在写了。一个顽皮的学生忽然说：“家庭里有 wife，有‘黑漆板凳’，有……”说到这里，旁边一个顽皮学生从座位走下来，伸出两手落地，弓着背，说：“这就是‘黑漆板凳’的四条腿子，我们将来都是预备给人家坐的。”

文中通过生动的描写把“黑漆板凳”进一步具象化，令人产生丰富的联想，读后不禁哑然失笑，达到了幽默诙谐的修辞效果。

再如“gentleman”（绅士）被译成“尖头鳗”，而“ladies”（小姐）则译作了“累得死”，事实上，“gentleman”和“ladies”传入中国的时间都较早，所以在 19 世纪出版的数本英华字典中二者已经出现了意译形式，如 1869 年出版的罗存德《英华字典》中把“gentleman”译作“绅士、列位先生”，1822 年马礼逊所著的《英华字典》将“lady”释作“小姐、姑娘”，它们早已成为常用词，可见“尖头鳗”和“累得死”的出现更多是为了一种语用效果。以“尖头鳗”为例，醉夫《笑之宝鉴》：“诱惑笑——男女之间，这诱惑的笑最多……其目的在引诱对方作或某一种行为。在大马路或其他的场所看见‘尖头鳗’追逐‘狗儿’时所笑者即是也。”此句中还出现了与“尖头鳗”对应的“狗儿”，实际就是“girl”的译音，通过这种谐译，整个文句呈现一种有趣诙谐的风格。而“累得死”是形容中国女子作为妻子的苦累，反映其时中国妇女地位低下的状况。[①] 与之类似的还有“密斯偷”（mister 先生）、“蜜斯”（miss 小姐）等，这些音译词的产生虽然与原词没有明确的关联，但内中包含了译者讽刺、戏谑的态度，从中也体现了“汉化”外来词过程中的文化心态。不过，这样的谐译只起到补充的作用，偶一用之，而“正常”的形式一定是“正规”的那一个。

总的来说，除去我们所谈到为语用效果而偶有出现的谐译以外，其他绝大多数谐音音译因为兼顾了音、义两方面的因素，所以后人对其评价颇

① 转引自吴礼权《修辞心理学》，暨南大学出版社 2013 年版，第 255 页。

高，但是这种音译方式往往存在一定的局限性，主要有以下几种情况。

第一种情况，有时会就其义而损其音，例如“绷带”，它源于英语bandage，其中“带”让人一眼就能看出其本质属性，具有鲜明的表义特点，但是它对应的是音节“-dage”［-dɪdʒ］，与自身发音并不相同，甚至为了表义清晰，把尾音［dʒ］直接脱落掉了。清末民初的谐音音译词中多少都存在这个问题，根据语音减损的不同，我们简单分了几类。

一是省略尾音，如“logic”，它的谐音音译形式为“逻辑”，显然要比纯音译形式“落日加”表义清晰，但如果从语音角度来看，“逻辑”则不如“落日加”记音准确，因为前者直接省略掉了尾音［k］，这就是“就其义”而损其音的实例。

二是结尾增音，如“灵视”，原词“lens”的尾音 s 在汉语中无法自成音节，译成汉语则成了独立音节 shi，这就是在原音的基础上增加了尾音而形成的。

三是语音整体近似，但个别音节有所改动。例如“维他命”，“vitamin”［ˈvɪtəmɪn］如果单纯音译过来的话，似乎“维特命”与原词语音更为接近，但“维他命”从汉语语法的角度来说可以理解为动宾式结构，且该形式形象地点明了它的功用，显然要比纯音译表义清晰，这种类型就是通过语音微调而达到音义兼译的目的。

总的来说，由于汉语与印欧语具有本质差异，所以仅考虑语音对应的准确性已很难达到，更不用说还要兼具表义的目的了。也就是说，谐音音译很少能做到在语音和语义上都与原词完美契合，所以在保证表义的前提下，语音与原词的对应性就会降低。

第二种情况，在对译的过程中有时会因为“无中生有”而失其义，也就是产生所谓的“义溢出”现象①。例如上文所举的谐趣音译的例子如“尖头鳗”“黑漆板凳”等，该译法为原词添加了明显的附加色彩，而这并非原词所有，虽然的确起到了一定的语用效果，但容易让人不解其义。而且，由于它在表义上缺乏与原词的直接关联，所以这种谐译属于一种边缘译法，个别可能有一定的积极修辞或语用效果，但多数并不明显，有一些则流于油滑、无聊，因此自然难登大雅之堂。

① 引自潘文国《汉语音译词中的“义溢出”现象》，载《社会语言学论文集》，北京语言文化大学出版社 2002 年版。

第三种情况就是以上两者兼而有之，以饮料品牌“可口可乐”为例，它译自英语“cocacola”。早在20世纪二三十年代，这种来自异域的饮料就已传入中国，但最初它却被冠以一个奇特的名字“蝌蝌啃蜡”，由于从字面上看就难以理解，而且仿佛与“蝌蚪”还带有某种关联，因而自然打不开销路，直到后来它被更名为“可口可乐”，才逐渐打开了中国市场。从表音的角度来看，“可口可乐”与“蝌蝌啃蜡”的语音有相似之处，但显然不如“蝌蝌啃蜡”那样准确，之所以由“可口可乐”取代了“蝌蝌啃蜡”，更多是因为表义的关系。“可口可乐”由于兼顾了语义，所以能让人迅速了解它是一种饮品。尤其“可口可乐”这一简洁明快的形式能激起人们的美好联想，仿佛一喝到这种饮料就会产生快乐，这种言外之意也是由谐译形式而赋予的。清末民初的谐译词中也有属于此类的，例如“魁英”，原词“queen”是单音节，但译成汉语之后变成了双音节词，显然与原词的语音不能完全对应。但是，“英”在先秦时期就有“花”义，可用于形容女性，如《诗・郑风・有女同车》：“有女同行，颜如舜英。”所以，“魁英”一词其实带有性别“义溢出”的特征。再加之“英”在汉语中也有“出众、卓越”之义（如“精英”），这与“queen”（女王）的语义正好相吻合。总的来说，虽然这种译法对明晰词义有较大的帮助作用，但是有时候“义溢出”也会对词语理解造成干扰，而且要想达到音意兼译的目的还会受到语音、语义、文字多方面的限制，这也是谐音音译在清末民初时期数量较少的重要原因。

（五）借形词

借形词即借用源语言词形的外来词，我们本章主要讨论的是西源外来词，与日源词不同的是，人们除了借入源语的外形以外，语义也一并借入。根据借形程度的高低，又可以分为部分借形和完全借形两类。

1. 部分借形词

我们首先来看部分借形词，它是把汉字或数字与外文字母进行组合的一种形式，属于今天所说的“字母词”的一种。在信息时代的今天，几乎遍及各个领域，也成了汉语词汇中不可或缺的组成部分，常见的例如“AA制、HB铅笔、B超、MP3音乐、K歌”等。从字母词的使用历史来看，自汪荣宝（1878—1933）《新尔雅》中出现“X光线”一词开始，距今已有一百多年的历史了，但是很少有人谈及字母词在创制初期的特点及发展，所以我们对此做进一步的举例分析。

【三 K 党】

(20) 大战后美国人的生活中，有一件最离奇荒谬的事实，这便是三 K 党的勃兴了。(东方杂志社《世界之秘密结社》)

“三 K 党”是美国的一个反动恐怖组织，提倡种族歧视，迫害黑人及一切进步人士。该词源于“Ku Klux Klan”，其缩写便为“K. K. K.”。“三 K 党”一词的形成体现了两种方式，首先是对“K. K. K.”进行“音译缩略”，“缩略法”本身是造词法的一种，其中有一个小类便是从词语中挑选出共同的元素，然后提取项数，二者结合便为新词，典型的例子如“五讲四美”（例如“讲文明、讲礼貌、讲卫生、讲秩序、讲道德”，缩略之后即为“五讲”）。由“K. K. K.”变成“三 K”便是音译缩略在起作用。其次，“三 K”本身是个团体的名称，为了进一步明确语义，所以在其后添加了汉语固有语素“党”，这也可以降低“三 K”的外来色彩，与汉语更加贴近。民国初年，上海曾出现过“民国三 K 党”的组织，如 1924 年 6 月 17 日上海《时事新报》刊登了一组照片，照片上是与美国“三 K 党”装束完全一致的三个中国人，照片说明即“何谓三 K 党”，事实证明，此组织只是借着为人民谋利实则干着盗匪行当的团体，并很快被取缔。不过从报纸刊登的内容来看，当时“三 K 党”这个词在中国已经出现，但并没有大范围地传播。

值得一提的是，后加语素“党”在此期语义发生了改变，具有现代意义的“政党”开始出现，其附加色彩也产生了变化。为了说明这个问题，我们有必要先对“党”的历时发展做一个简单的梳理，“党”在古汉语中最初是个中性词，表示的是一种地方基层组织，有 500 家为一党的说法，如《论语 · 雍也》：“以与尔邻里乡党乎。”“党”在发展过程中，逐渐引申出了“朋党”之义，也就是为了不当的利益而互相勾结的一类人，如《淮南子 · 氾论训》：“摄威擅势，私门成党，而公道不行。”历史上由“党”而形成的动乱不在少数，如东汉时期的“党锢之祸”，唐朝中叶的“朋党之争”，明朝末年的“阉党专政”等，“党”的附加色彩也由中性逐渐转为贬义，而且直至清朝末年仍是如此，例如，严复曾就“党”的问题提出这样的看法：“中国之所谓党者，其始由于意气之私，其继成为报复之事，其终则君子败而小人胜，而国亦随之。”[①] 所以，在 20 世纪初由孙中山所领导的民主革命中没有用“党”来命名革命组织，而是称为“兴中会”“同盟会”等。但是，随着中国社会的发展，“党”的附加色彩又发生了转变，这一方面是由于鸦片战争失败以后，中国的封建统治受到了严重的威胁，其权力机构也遭受了重创，濒临瓦解；另一方面是由于从西方以及日本引入了大量政治学说，使中国的传统政治观念发生了改变，这些原因都可能导致“党”的语义由贬义向中性过渡。举例来说，梁启超曾说过：“今者政府腐败于上，人民沉酣于下，其所以有一线之生机者，有组织政党之一法。”[②] 这里已经出现“政党”一词，该词是来自日语的原语借词，《现代日汉双解词典》中“政党”释为：“ある政治上の理想・目的を実現するために，政治権力への参与をめざして結ばれた政治的团体。”从释义可知，它与英语“party”表义一致，可见清末民初传回中国的“政党”已具有了现代意义，是顺应西方资产阶级革命而出现的政治组织，此时“党”从使用上已很难看出贬义色彩。“党”被赋予新义后也开始参与构词，例如孙中山成立“兴中会”之后，很注意联络当时民间出现的以“反清复明”为宗旨的团体，并称这些组织为“会党”，由“会”“党”连用可以看出，此时“党”已经逐渐为人们所接受，并逐渐转为与“会”相近的中性词语。包括清末民初时期出现的“保皇党”和“革命党”，这或许都体现了由“私人利益关系结成的集团”到“政党”义的中间状态。

另外，从今天的角度来看，《现汉》中“党”释为“①政党，在我国特指中国共产党；②由私人利害关系结成的集团”。从词汇角度来看，现代汉语中有许多由“X 党”形式构成的词，尤其中国香港地区很多见，如“飞车党”“穷游党”“标题党”“器材党”等，这些词中的“党”显然不能看作某种政党，它的释义与义项②也不尽相同，确切来说，它应与“族、群”类似，表示“经常做某事或有共同属性的一类人”。

此外，这种部分借形词在五四时期的文人笔下出现频率较高，一些受过西式教育的新型知识分子经常会有意无意地使用借形词，尤其多用于人名、地名，例如“阿 Q、S 城、小 D”（鲁迅）、“H 君”（林语堂）、“T

---

① 严复：《论中国分党》，《国闻报》1897 年 2 月 13 日。

② 转引自王忍之《辛亥革命前十年间时论选集》，生活・读书・新知三联书店 1978 年版，第 620 页。

岛”（王统照）等。同时，还有用于社会生活的其他方面，例如“24K 金、维生素 A、F 大/小调、O 型血、Zigoma 团”等[①]。虽然在当时人们对这些较为陌生的词语没有形成系统的认识，更谈不上研究，但事实上，有些借形词不仅存活了下来而且一直沿用至今。究其原因可能有以下几种可能。

一是受到汉语词汇系统其他成员的影响，例如“k”在前文已经提过，它可以用来表示黄金的成色单位“开”（karat），但是同时，它还可作为其他事物的单位，例如表示纸张时，一开纸为 787mm×1092mm，其余的几开就表示“整张纸的若干分之一”。具体说，将一开纸对折两份，就是二开，以此类推，还有四开、八开等。再有，它在 19 世纪末还可作为本土银圆的单位，张之洞曾在广东铸造银元，并规定了它的轻重大小，分为五个等级：一等为元，重七钱二分，二等三钱六分，三等则一钱四分四厘，以此类推，后来就把除一等以外的分别称为“对开”“四开”“八开”“十六开”等。由此可见，“开”不论是作为本土单位还是外来单位，虽然在语义上有相通之处，但很可能彼此之间造成混淆，再加上“数字+K 金”的说法也比较简便，这都可能促使“K 金”这个部分借形词留存下来。

二是借形词往往属于某一领域的专名词语，例如“F 大调”，它是源于西洋音乐学的术语。中国古代流行“五声音阶”，分别用“宫、商、角、徵、羽”对应“1、2、3、5、6”几个音阶。我们知道，音乐的基本元素是七个音符，所以“4”和“7”可以用“变徵”和“变宫”来表示，但在中国传统民乐中二者并不多用。清朝末年，西洋音乐大量传入，相应的乐理也引入中国。西方音乐采取“七声音阶”，分别用“C、D、E、F、G、A、B”来对应“do、re、mi、fa、so、la、si”。从以上介绍可以看出，中西方乐理分属不同体系，所以当“F 大调”这样的概念传入之后，汉语很难用本土词对译，另外，“F 调”本身也是中国传统民乐中较少采用的，所以无论是音译还是意译都不如直接借形来得清晰。与之类似的还有“O 型血”，它是伴随着西医传入而进入汉语的，传统中医中很难有近似的词对译，而且作为专名词语，它需要科学准确的定义，显然在当

---

① 源自郭沫若《漂流三部曲》，文中“Zigoma 团”释义为“美国城市中流行的一种流氓暴力团体”。

时的科学条件下，利用借形的方式是最为合适的。

三是部分借形词发生了语义引申，例如“阿Q”，它最早出现于鲁迅《阿Q正传》中，之所以叫“阿Q”，原文是这样解释的：“他活着的时候，人都叫他阿Quei……我的最后的手段，只有托一个同乡去查阿Q犯事的案卷，八个月之后才有回信，说案卷里并无与阿Quei的声音相近的人……生怕注音字母还未通行，只好用了‘洋字’，照英国流行的拼法写他为阿Quei，略作阿Q。”由此可见，阿Q作为人名，最初只是出于临时的巧合，但是“阿Q”是个非常具有典型性的人物，“阿Q精神”是一种精神胜利法，就是以自欺自骗以求自慰，所以在他的身上体现了半封建半殖民地社会中被压迫的弱者的精神状态。鲁迅的这篇小说写于1921年，此时国人正受到五四运动和新文化运动的洗礼，并且开始觉醒，人们意识到只有打破精神上的枷锁，即“阿Q精神”，才能真正走向反抗和斗争，所以“阿Q”也从一个普通的人名成为了“自欺欺人、因循守旧”的代名词，而且今天已经发展成了一个人所皆知的词语。对比同时期的其他人名，如“H君、小D”等，它们只是一种临时组合，并未发生转义，所以很难作为固定词语保留下来。

四是受到译者主观心理的影响，例如受到“崇洋”心理的支配，而这与当时的社会环境是分不开的。自19世纪五六十年代洋务运动兴起之后，广采西学，制造洋器成了一种潮流，清末史志学家陈作霖（1837—1920）曾描述了当时的“崇洋”状态：“道光年间，凡物之极贵重者皆谓之洋。重楼曰洋楼，彩轿曰洋轿，衣有洋绉，帽有洋筒，挂灯名为洋灯，火锅名为洋锅……大江南北，莫不以洋为尚。洋乎洋乎，岂非今日之先兆乎。”①而且由于国人“以洋为美”的心理由来已久，即使在“五四”时期，这也不失为一种比较普遍的社会心态。② 可以说，这种“崇洋”风气影响了社会生活的方方面面，语言也不例外，所以这种“以洋为美”的心态也间接促使了字母词语的发展。

2. 完全借形词

我们再来看完全借形词，在清末民初时期，这种类型的词语主要出现于当时的进步人士和知识分子的作品当中，多半是人名、地名、商品品

① 陈登原：《中国文化史》下册，辽宁教育出版社1998年版，第300页。

② 刁晏斌：《初期现代汉语语法研究》，辽海出版社2007年版，第328页。

牌、专名词语等。从词例的使用情况来看，很多只是临时使用，或者为了某种效果有意为之，所以生命力不强。下面试举几例。

(21) 吾观夫西人之所谓“gentleman”，此字中国语无确译，俾斯麦尝谓此英语中最有意味之字也。若强译之，则君子二字庶乎近焉。(梁启超《新民说》)

(22) 有普通的国语法，方有国语的 grammar，方可编定完备的国语教科书。(黎锦熙《国语学讲义》)

(23) 今天，满城风雨的清秋节，似乎荒圃中有什么盛会，所以“冠裳云集”了。来的总是某先生某太太小姐之徒，谁耐烦替他们去唱名——虽然有当日的号簿可证。我只记一桩值得记的 romance。(俞平伯《芝田留梦记》)

(24) “赌什么呢，也是一个 Kiss 罢?”“如果我赢了呢? 我可不愿意 Kiss 你那样的鬼脸!”(茅盾《子夜》)

(25) 林监督开心地说:“OK! 你这一句话是在今天，圣诞节前的一天说的。嘿嘿，嘿嘿。”(夏衍编剧《脂粉市场》)

(26) 十四日嘉陵宾馆开欢迎大会，问他（海明威）的观感。然而怪了，竟不如所料。他频频说了一句说，“Wonderful! So wonderful!”——“太奇妙了! 太奇妙了!”(秦似《时恋集》)

此外，还有一些借用了英语中的词组或句子，例如:

(27) 顾八奶奶:“博士，你别老这么叽哩呱啦地翻洋话好不好?”张乔治:“Oh my，我的小露露，my dear……Oh，Sorry，sorry，完全对不起。我简直不习惯说中国话了。”(曹禺《日出》)

(28) 范博文座位刚好对着四小姐，就先看见了，他赶快站起来，挡在那三位面前说:“你们猜一下，这里还有什么人?”“还有一个却不是人，是印在你心上时刻不忘的 poetic and love 的混合!”(茅盾《子夜》)

(29) 就是在现在 Ladies first 时代，男人要吃醋也很便当，社会的舆论肯替他帮忙，而且他只要断绝了你的经济供给就可制你死命。(苏青《好色与吃醋》)

纵观以上例句，例（21）（22）（26）完全借用了英文原词，但只是作为一种“介绍”，并且均附有汉语的释义，所以并不能算是一种语言运用。其他例句中，例（23）（24）（25）（27）全部出自20世纪二三十年代的小说和戏剧当中，例如《日出》中的张乔治，他就是一个典型的假洋鬼子的形象，为了凸显他的人物特性，文中只要有他出场，语句中一定是中英混杂，所以这里的借形词更多是出于一种艺术加工。例（29）出自苏青的散文，苏青是20世纪中期著名的海派作家，而上海作为半封建社会首屈一指的大都市，在当时受到了西方文化的强烈冲击，所以在她的作品中也出现了较多的借形词。

（六）其他类

在清末民初还产生了一些外来词，它们或多或少都与音译相关，但又与以上五种类型不尽相同，我们这里单独进行分析。

【西西】

（30）“西西”，一种容量之名。（陆渊雷《细菌学补编》）

“西西”旧称毫升，源于英语“cubic centimeter”（即立方厘米）。这个词的形成也与音译缩略有关。“cubic centimeter”缩写便为“c. c.”，由于近代社会英语并未普及，为了便于理解，便用汉字中音近的汉字进行了对译，所以“c. c.”就是“西西”。此词在20世纪初便已出现，如富马利《豪慈儿科学》初集有此用例。值得注意的是，“c. c.”和“西西”在发展的过程中长期并行着，例如：

（31）“这是浓缩剂，给他注射five c. c.（五西西），够了吗?”（罗广斌、杨益言《红岩》）

此例中两种形式均已出现，但从标注的顺序来看，很显然在20世纪中期前后，“西西”在使用上应该更为普遍。直至今天，由于西医的普及以及人们英语水平的提高，“c. c.”出现的频率明显增高，但通过对“BCC语料库”进行检索，“西西”的用例仍有很多，如：

（32）老肖填单时说，就抽两百西西吧。母亲问，两百西西是多

少？老肖比划说，就像喝老荫茶的杯子那样有一杯。”（张世君《红房子的兄妹们》）

可见二者仍然并存着，也没有发生西西取代“c. c.”的现象。有意思的是，虽然现在书面语上多写作“c. c.”，但仍有“xīxī”的读法，可见这两个词在并存的过程中仍会互相影响，它们也属于外来词语中较为少见的“一音二形”例。

【英镑】

（33）寄柏林者，要买美金或英镑，不可买马克，有恐马克有跌无起，美金英镑则有起无跌故也。（蔡和森《祝土耳其国民党的胜利》）

“英镑”是英国的本位货币，该词出现于20世纪初期。值得注意的是，这个词的形成较为特殊，与其他音译词相比，它是利用汉语构词法创制出的新词，而且它的后语素并不是本土固有，“镑”本身也是通过音译产生的，所以严格来说，这个词是经过几个阶段才最终形成的。首先，“英”表“英国的”，它是英语“England”的音译缩略，前文已述，它在19世纪末便已成为汉语中的表义语素，而“镑”是“pound”的音译形式。“英镑”的构词规律类似于汉译佛经中由“佛”造出的一系列词，“佛”是梵语“Buddha”的音译略称，当它具备表义语素的身份之后，便可利用汉语的构词法造出大量新词，如“佛法、佛堂、佛经、佛学”等。在佛经中亦有和“英镑”形成相类似的词，诸如“佛塔”“佛刹”，均是两个音译成分重新组合而成的新词。

此外，“英镑”本身是表货币的单位，但它与其他表单位的词，如“英尺、英寸”等不太相同。虽然它们都有相同的音译缩略语素“英”，但之所以不把“英镑”归到“音、义结合”的类型中，一个最主要的原因在于它的词形中没有意译部分。值得一提的是，“pound”在进入汉语中后，除了表示货币单位“镑”，还可表示重量单位，后者被译作“磅”。“磅”在后来又衍生出“称重”的含义，并可单用表义，如“磅行李的”，即行李称重员。“pound”的几个义项分别以不同形式进入了汉语，这属于词义的分化，我们在后文还会具体阐释。

【弗】

（34）美国为金银两本位之国……其币制之规定，每十密而为一生脱，十生脱为一台姆，十台姆为一弗。十弗为一以格。（奚楚明《标金交易秘诀：中外汇兑指南》）

“弗”源于英语“dollar”，这类比较特殊，有人称为“象译”①，它指的是，英语用字母或词描述某种事物的外形，翻译时也可以按照它的形状，选用能够表示或者近似这种形状的汉语词汇来翻译，所以在清末民初时期，也有人用“弗”进行摹形式的翻译。我们在 20 世纪几部字词典中均发现了关于“弗”的记载，如邢墨卿《新名词辞典》：“美国金元之符号 $ 与‘弗’相似，故假以为对美金之称。”再如台湾中国文化研究所编撰的《中文大辞典》：“美金：……（dollar），译成大赉或打拉，略号作弗，美国之货币单位。”既然在当时的字词典中都对“弗”进行了收录，可见它在此期使用频率较高。

由于汉字具有形、音、义三位一体的特性，绝大多数西源词在传入中国时利用的是汉字语音上的相似性，还有的能在语音的基础上兼顾表义，而“弗”的翻译方式利用的是汉字的形体。众所周知，西方文字是拼音文字，与汉字属于完全不同的体系，因而二者在形体上几乎没有相似之处，这也使得此类译词数量极少，在我们的统计范围内，此期仅见这 1 例。

（七）小结

清末民初不仅是中国近代史上较为独特的一段，它在汉语的发展史中也具有重要的地位，刘叔新曾概括道：“从鸦片战争到五四运动前后，汉民族共同语大量搬介日语和西方语言的词语，又把西方语言的一些句法方式吸纳过来，引起了较大的发展变化。”②本节主要探讨的是西源外来词的音译类型，它们种类丰富，共计有六大类，分别为单纯音译、谐音音译、造字音译、音义结合、借形词以及其他类。其中每一种类型都有一定的能产性，由此创制的很多音译词都极具生命力，如“白兰地”“沙发”“逻辑”“冰淇淋”等一直沿用到今天。但是，如果从数量的角度来看，

① 杨莉藜：《英汉互译教程》（上），河南大学出版社 2014 年版，第 282 页。

② 刘叔新：《现代汉语理论教程》，高等教育出版社 2002 年版，第 4 页。

这六大类型则有较为明显的差异。这里单纯音译词的数量最多，而且音节分布也是最广泛的（从单音节至七音节均有用例），此外依次为音义结合、造字音译、谐音音译、借形词以及其他类型，其中“其他类”本身就属于音译词中的特例，所以整体数量也是最少的，我们这里主要探讨其他几种类型。

具体来说，虽然“造字音译”在数量上仅次于“音义结合”，但这主要与当时的背景有关，因为清末民初时期是化学元素被普遍发现的阶段，来自西方的传教士傅兰雅和中国科学家徐寿采取“造译”的方式进行了命名，因而在当时产生了较多的音译词。剩下的几种类型当中，除了单纯音译以外，其他都与语义密切相关。我们可以试想一下，音译词之所以在所有翻译方式中是最早出现的，一个主要原因就在于它简单、便利，可以第一时间对外源词进行转译，但在清末民初，外来文化强势侵入，人们迫切需要将这些反映外部世界的语词引介到中国，所以虽然带有语义成分的音译类型更利于汉化，但毕竟要经过一个加工过程，例如前文提到的“cocacola”，由纯音译“蝌蝌啃蜡”到音义兼译的“可口可乐”，历时十多年才最终定名，从翻译的效率来说，可能远不如单纯音译来得方便、迅捷。换句话说，源远流长的音译是引进外来词语的“初始”形式，也是一种“粗加工”的形式，它的优点是最为方便快捷，所以它才往往成为人们的首选形式。但是，这是汉化程度最低、外来色彩最浓的一种翻译方式，与中国人与生俱来的“见形明义”的心理落差很大，而随着进一步的使用，它只记音不表义甚至误导作用便开始显现，此时如果可能的话，就让位于其他相对“高级”一些的形式，即“精加工”的形式。但是，它也固守一些自己的“领地”，如人名、地名，以及其他各种难以用其他方式准确翻译（即找不到更好的替代者）的词语。

此外，“音义结合”“谐音音译”等方式，由于其翻译形式不仅要表音还需达意，因此会尽可能选取与原词语义相关的字。例如“音义结合”中有一类半音译半意译形式，其中音译部分可以迅速地找出对应的语音，但是意译部分除非在汉语中有相应的事物，否则很难快速译出。举例来说，法语中有一个名词“Palais de Versailles”（de 类似于英语中的介词 of），其中“Versilles”作为地名可直接音译为“凡尔赛”，“Palais”在法语中指“宫殿”，而且往往特指皇宫。中国由于长期受到封建帝制的影响，自古便把“宫”作为帝王的居所，这点与法语中的“Palais”比较类似，因而可以直接选用汉语固有语素“宫”来进行意译，但可以设想一下，如果在中国没有“宫”这种事物和概念，此时就很难用意译的形式译出。再如“白宫”，它是英语“the White House”的意译形式。其实house在英语中更倾向于指“房屋”，所以该词理应译作“白屋”，但是我们知道，白宫是美国总统的官邸，从地位上来说就等同于中国古代帝王所居住的宫殿，因此译作“白宫”则更贴近原词。再如“音义结合”中的“音译+义标”类更是如此，因为基本上所有的义标都是从音译所代表的事物中析出的成分，这种义标也应是汉语中所具有的，否则很难采取这种方式。例如英语中的“pudding”，它是西方的一种由浆状的材料凝固成固体状的食品，在它没有引入中国之前，本土是没有这种饮食类型的。我们对19世纪的几部英华词典中“pudding”的释义进行了统计，绝大多数都采取了单纯音译的形式，但偶尔会在音译形式之前/后辅以意译成分，如“汤饼”（麦都思《英华字典》）、“糕”（罗存德《英华字典》）、“面食”（卢公明《英华萃林韵府》）等。这些译名中的“饼、糕、面”等都是中国传统饮食中常见的义标，虽然译者已经努力选取汉语中的饮食类别来进行翻译（它们共同抓住了“pudding”的一个特点，就是“固体状食品”），但很显然它们与“pudding”都相距较远，很难准确反映出原词的特点，因而这种类型的词也不适合采取“音译+义标”的方式。“谐音音译”从外形上看最接近汉语固有词，但是它对语义的要求也是最高的。在能准确记音的前提下又恰好可以表义，这种情况还是比较少见的，属于“可遇而不可求”。至于借形词，虽然它完全保留了原词的语义，但是绝大多数词所对应的内容都是汉语中已有的，如“goodbye、kiss、sorry”等，它们更多起到一种语用效果，所以数量也不算多。

总而言之，通过以上这些类型的比较，尤其是分析各类中语义的需求程度，我们大致可以明确当时单纯音译词数量最多的原因。事实上，直至今天，现代汉语外来词中单纯音译仍占据较大的比重，这点与清末民初是保持一致的。

第三节　西源外来词的音译规律

一　音译词的产生理据及其作用

音译外来词在中国历史上由来已久，最早可以追溯到西汉时期。两汉之际共有两次较大规模的民族接触与往来，一次是汉族与匈奴的交好，还有一次是张骞出使西域，这两次接触都为汉语注入了新的活力。例如，来自匈奴的外来词有“单于、阏氏、骆驼、猩猩、琵琶”等，再如来自西域的外来词有“苜蓿、师子、安石榴、葡萄”等。东汉时期佛教传入中国，这也是中国历史上首次大规模引入外来词的时期，像我们今天熟知的“佛”“菩萨”“涅槃”等词均是通过音译梵文原典中的术语而产生。唐代经师玄奘曾对佛经中何时采取“音译”提出了“五不翻”原则：秘密故、含多义故、此无故、顺古故、生善故。[①] 这里的“不翻”实际上指的就是沿用原语，即采用“音译”的手段，具体涉及五种情况，我们简要说明一下。“秘密故”指的是佛经中含义玄妙深奥的概念和词语，如“陀罗尼”（Dhāraṇi），它意译过来为“总持”，实际上类似于佛经中的“咒语”，像佛经中的“心咒”——南谟三曼多缚曰罗赧憾，这就应该直接采用音译；“含多义故”指的是一个概念或词语具有多种含义，如“薄迦”（Bhagavān），梵语中有六义（自在、炽盛、端严、名称、吉祥、尊贵），显然音译的方式翻译起来更加便利；“此无故”指的是梵文中所提到的一些事物在中土并不存在，这样的事物数量很多，例如“阎浮树”（Jambu），它采用的就是“音译+义标”的方式；“顺古故”指的是在翻译中沿用以前的音译译名，如“阿耨多罗三藐三菩提”（Anuttara-samyak-saṁbodhi），如果意译的话便为“无上正遍知”，但因为在东汉译经中已有音译用法，后世便也一直沿用；“生善故”指的是有关哲理道德的说教，如“般若”（Prajñā），佛经中意译为“智慧”，但玄奘认为“智慧”显得浅浮，例如东汉时期支娄迦谶所译《道行般若经》，符秦时期的同经异译仍作《摩诃般若钞经》，再到玄奘译经《大般若波罗蜜多经》，从这个发展过程可以看出，“摩诃”（Mahā）一词变成了“大”，它体现了由音译到意译的变化，但“般若”的音译形式却一直保留了下来，目的是显得更为尊重。上述“五不翻”也是中国关于音译理论的早期论述。

汉语发展到外来词引入的第二个高峰——清末民初时期，我们会发现，玄奘的“五不翻”原则中比较适用于近代语境的只有“无此故”“顺古故”以及“生善故”。其中“无此故”是最为重要的因素。高名凯先生曾指出：“在运用本族语言的人有必要谈及外语所有、本语所无的词所指

① 梁启超：《佛学研究十八篇》，上海古籍出版社 2009 年版，第 202 页。

明的事物时，如果他不能或来不及运用本族语言的原有材料，去创造合适的新词的话，他就会把外语的词吸入本族语言里来，给本族语言的词汇系统加入外来的成分。”[①] 此段话语便是对“此无故”的最为恰切的阐释。清末民初处于近代社会的转型时期，词汇的空缺往往意味着科技水平、社会文化等方面的相对滞后。西方列强的坚船利炮打开了中国长期封闭的大门，同时也带来了一些新兴事物以及思想文化知识，它们一股脑地涌入中国，新兴外来词也随之大量出现，这种外来词的产生途径就与上文所提到的“此无故”相类似。我们以经世派早期的代表人物林则徐为例，他积极组织人员译介西方知识，并作8万余言的《四洲志》，这是近代中国第一部相对完整、比较系统的世界地理志书。书中详细叙述了世界四大洲（亚洲、欧洲、非洲、美洲）三十多个国家的地理、历史和政治状况，其中很多国家的具体状貌，内中包含的新兴事物均是国人闻所未闻、见所未见的。针对这些“此无故”的事物，林则徐大量采用了音译及音、义结合的形式，例如国名、城市名、洲名、人名、山川河流名、政治术语中都有大量音译词出现。虽然偶尔也能见到一些纯意译的词语，如“千里镜”“自鸣钟”等，但这些词早在明清时期便已在翻译西方器物的过程中出现了，所以只是沿用而已。

如果从现代的翻译和语言学理论来说，本阶段之所以产生了大量的音译词，主要与音译的产生理据及其作用有关。具体而言，大致有以下几个要点。

第一，我们上文提过，“音译”这种方式具有悠久的历史传统，古人在先秦两汉时期便已采用，而且虽然翻译外来词有多种方式，但音译词的数量是最多的。以东汉时期大乘佛法的传译者支娄迦谶为例，他译作的8部佛经中音译词数量达到248个，而意译词仅99个，连音译词数量的一半都未达到，即使加上108个合璧词，整体也没有音译词的数量多。[②] 虽然这只是部分数据，但见微知著，我们也可以大致了解早期外来词在翻译方式上的一个基本趋势。清末民初时期，外来词在创制之初也是符合这个特点的，从社会环境的角度来看，虽然经世派、洋务派人士一直积极地引介这些外来的词语，但中国封建、闭塞的观念已经根深蒂固，所以面对大

① 高名凯：《语言的内部发展规律与外来语》，《光明日报》1962年7月3日。

② 张烨：《支谶译经“构词法”及“造词法”研究》，博士学位论文，吉林大学，2012年。

量新兴事物，一时间也难于寻找合适的意译形式，所以音译外来词是最适合、也是最便捷的一种方式。

第二，在外来词引入之初，人们对于原词所代表的事物或概念缺乏了解，尤其在本土没有对应事物的前提下（就是前文说的“此无故”），“照搬”是最自然、最便捷的方式。这种“照搬”可以有两种渠道，一是直接搬原形，虽然我们之前也提到了西源借形词，但这毕竟是少数，尤其在本阶段，人们对外语知之甚少，这种方式显然是不合实际的。那么，剩下的就是变通的方式，即采用汉字记音的方式搬过来，这样做的好处在于，人们即使不知其义，至少可以模拟出读音。早期的英汉字典中也大量采用了这种手段，例如“coffee”，咖啡虽然发现很早，但传入中国的时间较晚，最早的记载大概见于清中期的文献中。在此之前，中国传统的饮品是以茶为主，这种新兴的饮料在汉语中很难找到对应之物，再加之咖啡主要产于热带地区，在我国的分布也仅局限于云南及两广地区，这都使得人们对“coffee”这种事物缺乏了解，此时音译就成了一种最便利的方法。例如同治时期，美国传教士高丕第在《造洋饭书》中说道：“猛火烘磕肥，勤铲动，勿令其焦黑。”[①]这里便将“coffee”音译为“磕肥”。此外，卫三畏著于1844年的《英华韵府历阶》将其译作“喋啡”，从字形来看已和今天差别不大了。有意思的是，卫三畏的书在“coffee”词条下还列举了“coffee-pot”和“coffee-house”，前者中的“pot”直接意译为“壶”，所以该词采取半音译半意译的方式译作“喋啡壶”，但后者却翻译为“茶馆”，可见在当时，茶文化仍作为中国的主流，甚至可以推想当时中国应该是没有“咖啡馆”的，所以便用汉语中大家耳熟能详的“茶馆”进行了附会式的解释。这种观念在其后的罗存德、颜惠庆的英华字典中都有类似的体现，二者均将“coffee”译作“咖啡茶”。再如，清末民初的诗人毛元征在其《新艳诗》中写道：“饮欢加非茶，忘却调牛乳；牛乳如欢甜，加非似浓苦。”诗歌中已经很明确地提到了咖啡的饮法，但是仍然采用了外来事物的音译“加非”与本土固有语素“茶”相结合的方式，可见当时咖啡远未普及，对很多中国人来说可能还是比较陌生的，这点在民国初年编纂的《中华大字典》（中华书局1915年版）中也得到了印证：“咖啡，西洋饮料，如我国之茶，英文Coffee”。

---

① 高丕第：《造洋饭书·杂类·二五一》，清同治五年（1866）第52页。

第三，从文字类型特点来说，印欧语属于拼音文字，一个字母表示一个音素，而一个词通常由一个以上的字母组成，所以印欧语中的字母和音节并没有一一对应的关系。汉语则属于意音文字，除了具有表义功能以外，在表音上的特点也很鲜明，即一个字通常与一个音节是等同的。在汉语音译原词的过程中，这个特性更利于记音，也可以保证音译的准确性。举例来说，“Norway”在英语中是个双音节词，音译成汉语时也应是个双音节词，而汉语正是“一字一音”，所以用两个汉字便能较为精准地记录下原词的读音，即“挪威”。基本来说，原词和汉语音译词在音节数上是保持一致的，当然偶尔也会有特例，如“karst”，汉语中没有复辅音，而且原词中的复辅音“-st”在音感上虽不如前面的元音响亮，但也不至于完全脱落，所以对译为汉语时就采取了“增音”的手段，变成了三音节词“喀斯特”。事实上，也正是由于汉语没有复辅音的这个特性，使得音节之间界限分明，这也为音译时的“增音、删音”提供了依据。具体的语音借入规律在后文还会详细论述。

第四，音译因为对源词只是“传其声”，不作其他任何改动，它对源词的“破坏”最小，也可以最大限度保留其语言信息，所以在翻译之初，往往是最为常用的。由于其带有强烈的新异特性，所以也是最能体现语言接触的一种方式。例如“whisky”，它是源自西方的一种烈性蒸馏酒，传入中国时曾被译作“穀酒”“大麦酒”“白麦酒”等，这种译法标明了它的类属，也强调了它的制作特点（即由谷物制成），但是并没有准确地表达出源词所反映的独特之处。因为在“whisky”传入之前，中国本土早有同样烈性的白酒，如《本草纲目》：“烧酒（即白酒）非古法也，自元时创始，其法用浓酒和糟入甑（指蒸锅），蒸令气上，用器承滴露。”再加之“whisky”和“白酒”均采用谷物发酵、蒸馏而成，所以这种意译的方式不如音译形式“威士忌”能够精确完整地传递源词的信息。虽然音译词只考虑“传声”，但它也可以通过选用不同表义倾向的汉字使得语义更加明晰，有时还可以通过新造字甚至创制某些具有特定含义的新字来表义，如通过加“口”字旁表示一种主观情绪等，例如前文提到的“咩哩干”“嘆咭唎”等。至于进一步的改造，有可能是表音更接近，也有可能是选用更合适、更贴近原义的字形，例如“mango”，它被音译为“芒果”，体现了它属于植物、水果的特性；“champagne”音译为“香槟”，从“香”字也能探知到其酒味香醇的特点。此外，音译有时还能变为表义形式，例如前文提到的“谐音音译”词，就是最典型的代表。

虽然音译的方式具有上文所述的种种特点和作用，但它也有一定的局限性，这主要有以下几种情况。

第一，同音近音汉字众多，这是造成异形音译词多的重要原因之一。虽然音译词在产生之初对于用字没有一定的标准，但不代表同一个事物的多种歧异形式可以同时存在，因为这不仅是一种语言冗余，也会对语言交际造成很大的干扰。尤其对不懂外语的人来说，他可能认识“芝士”，但是“cheese”的其他音译形式“计司，起司”就可能完全不理解。

第二，外来词传入有几个主要的途径，但多数都集中在当时较大的通商口岸，这些通商口岸所在地区的译者们如果各自按照方音记录，这也很容易造成词形分歧。

第三，音译形式往往只考虑表音，没有太多表义的提示，因此明确性较差。汉字的表义特性有时有可能会对人们的认知造成误导。例如“祖母绿”，它是绿宝石之王，但由于其名称中带有“祖母”二字，所以很容易使人产生只有祖母或者年纪大的人才能戴的一种错觉。事实上，“祖母绿”是纯音译词，最早源于波斯语“zumurrud”，元代陶宗仪《南村辍耕录》卷七中将其译作“助木剌”，明代清溪道人《媚史》中已见“子母绿”的译名，清末伟烈亚力创办《六合丛谈》中首次出现了“祖母绿”的形式。由于这个三音节词可以拆解成偏正式结构，再加之“绿”正好暗合了“zumurrud”的特性，所以这种主观上的认知就容易对人们形成误导，这也正如同“蒲式耳”与耳朵无关，“尼加拉瓜”也不是一种瓜一样。

第四，相对来说，音译词的外来色彩过浓，可以说在外来词语中仅次于字母词语，因此相较于其他形式来说，与汉语的“兼容”性相对较差。

总体来说，音译的方式尤其适合外源词传入初期，因为意译虽好，但很难保证准确，而不完整不准确的翻译，无疑是对二者准确对应关系的一种破坏。所以，从积极的角度来说，这是一种翻译策略，也是一种最为“保守”因而也最为“保险”的译法；但是，从消极的角度来说，这也是一种“偷懒”，因为在没有最恰当的翻译形式出现之前，人们往往宁可选择一个语音的“空壳”，而不会对里边的内容去过分较真，这也会间接影响意译词的出现。

从翻译形式的历时变化来看，今天人们耳熟能详的意译词，如“电话”（音译“德律风”）、“烟草”（音译“淡巴菰”）、“墨水”（音译“因克”）等，均经历了一个由音译到意译的变化过程。这种转变符合一般的认识规律：在翻译初期，针对汉语中所没有的事物很难准确对译，为了快速吸纳外源词，所以广泛采取音译的形式，但是随着科技水平以及思想认识上的发展，人们逐渐找到了更为“合适”的对译形式，相应的意译词就应运而生。

二 外来词音译的规律和特点

纵观清末民初这615个西源外来词，我们可以发现，这一时期吸纳的外来词与人们的日常生活息息相关，主要分布于科技、军事、社会、科教、医疗卫生等领域。

面对中国社会的种种巨变以及西学东渐的日盛，在近百年的时间内，涌现出的音译外来词数量众多，其外在形式也是五花八门。相对于意译而言，音译往往与词义没有直接的、必然的联系，因为在对译源词的音节时，它只是记音符号，但是汉语并不同于印欧语，汉字本身属于表意文字，汉语又是有声调语言，所以音译的过程不仅要做到尽量忠实地记录语音，还要符合汉语自身的特点，这就必须要解决两个主要的问题：

第一，如何将音译词尽量汉化但又要避免汉字表义可能会带来的误导；

第二，面对众多纷繁的同音、近音形式如何从中挑选最贴切、最达意的一个。

由此可见，对音译词的类型进行描写是研究的一个维度，从它的产生、竞争和汰选这个动态的过程中更可以窥见清末民初西源外来词在翻译过程中的规律和特点。据我们考察，音译词的形成主要受以下四方面因素的影响，下面分别说明。

（一）音节数目

1. 西源外来词音节数目分布统计

关于音节的发展变化，人们的一般共识是，汉语词汇的发展呈明显的双音化趋势。西源外来词带给人们新异感的主要原因之一就体现在音节数目上。在这615个外来词中，少则单音节，多至七个音节，其中三四个音节的词比比皆是。

具体的音节分布情况如表十四所示。

表十四　　西源外来词的音节数目分布统计

	单纯音译		谐音音译		造字音译		半音半意		音译+义标		其他		合计
	数量	比例（%）	数量	比例（%）	数量	比例（%）	数量	比例（%）	数量	比例（%）	数量	比例（%）	
单音节	21	5.6	—	—	63	100	—	—	—	—	—	—	84
双音节	131	35	14	70	—	—	6	9.8	24	25.5	2	66.7	177
三音节	126	33.7	4	20	—	—	21	34.4	31	33	1	33.3	183
四音节	59	15.8	1	5	—	—	11	18	32	34	—	—	103
五音节	29	7.8	1	5	—	—	23	37.7	7	7.4	—	—	60
六音节	7	2	—	—	—	—	—	—	—	—	—	—	7
七音节	1	0.3	—	—	—	—	—	—	—	—	—	—	1
合计	374	60.8	20	3.3	63	10.2	61	9.9	94	15.3	3	0.5	615

从表中我们不难看出，这615个西源外来词中，双音节词与三音节词的数量基本持平，分别为177个和183个，各占西源词总数的28.8%和29.8%。我们知道，音节数越长，其内部的结构就越松散，就越可能被分离成几个不同的结构。音译词虽然只是记音，一般没有内在的结构，但汉语的这种构词特点对外来词的形成也具有制约作用。四音节和单音节词紧随其后，而从四音节以上，音译词的数量呈现骤然降低的趋势，像六音节仅有7例，而七音节词则只有1例，而且六音节和七音节词都仅出现在单纯音译类型中。

接下来，我们再从历时的角度对音节数目进行考察。既然说到历时，我们主要关注的对象就是音译词的音节数目产生变化的实例，这种变化可能包含以下几种情况：其一，同一个词先后出现了几种音节数不同的音译形式，所以音节的变化可能由音节较多的向音节较少的过渡，或者正好相反；其二，有时候音节多的和音节少的基本同时产生，后来某种形式逐渐被淘汰，另一种形式则被保留了下来。据我们统计，无论是转变还是汰选，音节数的变化都遵循着相似的规律，所以下文对这两种情况不做区分，仅挑选典型词例进行分析。

七音节词的发展变化（仅有1例）

在我们的统计范围内，七音节词仅有1例，即“encyclopaedia”的音译形式“婴塞觉罗辟的亚”，它在此期亦无其他音节数较少的音译形式。前文已述，该词有对应的意译形式“百科全书”，后世则被意译词所取代。所以，从严格意义上来说，七音节词并没有发生音节上的变化。

六音节词的发展变化（仅有1例）

这种类型相对较少，当然也是由于六音节外来词本来就只有7例，其中发生音译音节数变化的仅有1例，且变成了双音节词，我们大致可以看出外来词音节数目是呈现减少的趋势的，下面具体说明。“普罗列塔利亚”意为“无产阶级”，源于法语“proletariat”，借入汉语之后又引申出“社会上多数普通民众”的含义。该词是纯音译形式，总共六个音节，这种新异的结构完全不同于汉语原有的语言面貌，因而后来从中截取头两个音节“普罗”，作为该词的音译缩略形式，同时也遵循了汉语以双音节为主的原则，尤其是“普罗”二字还兼具表义特性，“普”隐含“普通、普遍”的含义，“罗”有“网罗、搜罗”的语义，这都与“普通民众”的语义相吻合，因而现在也多见“普罗大众”的说法。

五音节词的发展变化（共6例）

这里说的五音节词的变化发展，不包括原本是音译词，后来被意译词取代的例子，如“爱斯不难读”“哀的美敦书”等。除此之外的6例中，从历时发展的角度来看，有2例最终确定为双音节形式，如“阿非利加洲（Africa）”—“非洲”、“亚美利加洲（America）”—“美洲”。其余的4例最终确定为单音节形式，它们全都是化学元素名。如“亚尔密纽谟（aluminum）”—“铝”、“麻偪涅叟谟（magnesium）”—“镁”、“安质母纽谟（antimony）”—“锑”、“阿尔地海地（aldehydes）”—“醛”。由于变成双音节的2例都是地名，而且即使变成了双音节仍保持“音译+义标”的方式，所以可以大致了解其义。但是，这4例化学元素，从它们的命名就可以看出，五音节词不仅累赘、烦琐，而且与其所代表的事物本身缺乏关联，而最终确定的单音节形式基本都是利用形声、会意的方式创制出来的，所以语义更为明晰，记忆的负担也相对较小。

四音节词的发展变化（共12例）

四音节词也有一些发生了变化，有1例最终确定为三音节形式，即“苛罗太仆（collotype）”—“珂罗版”，由纯音译变成了半音译半意译词。还有4例最终确定为双音节形式，如“欧罗巴洲（Europe）”—“欧洲”、“亚细亚洲（Asia）”—“亚洲”、“费里地费（Philadelphia）”—“费城”、“沃度丁几（iodine tincture）”—“碘酒”。此外还有7例最终确立为单音节形式，这7例均为化学元素名称，即“璧士密司（bismuth）”—“铋”、“柏拉丁难（platinum）”—“铂”、“加尔叟谟（calcium）”—“钙”、“格鲁缪谟

(chromium)"—“铬”、“剥笃亚斯（kalium)"—“钾”、“丹格士天（tungsten)"—“钨”、“衣列地毚（iridium)"—“铱”。

三音节词的发展变化（共10例）

三音节发生变化的词中有4例最终确立为双音节形式，即“佛朗克(franc)"—“法郎”、“费勒敖（pharaoh)"—“法老”、“古比斯（copeck)"—“戈比”、“曼摩司（mammoth）”—“猛犸”。其余词语中有3例属于地名，“美利坚（America)"变成了“美国”、“英吉利（England)"变成了“英国”、“法兰西（France)"[①]变成了“法国”。剩下3个三音节词全部缩减成单音节，其中有两个化学元素，如“里丢谟（ithium)"变成了“锂”、“那笃伦（natrium)"变成了“钠”，还有单位词“加拉提(karat)"变成了“开”。

双音节词变化（共6例）

双音节词发生变化的较少，而且在统计的范围内，也没有出现双音节形式被多音节形式取代的情况，基本都是向单音节词过渡。其中有3例是化学元素，即“沃度（iodium)"变成了“碘”、“满俺（manganese)"变成了“锰”、“布伦（borum)"变成了“硼”。此外，还有“打臣（dozen)"缩略为“打”、“帮浦（pump)"缩略为“泵”等，不过“帮浦”一词在台湾地区仍很流行，在大陆则主要用“泵”。

除了以上词例，还有一种情况值得注意，那就是单、双音节并存的现象，例如“安培—安”“伏特—伏”“焦耳—焦”等。以双音节词“安培”为例，它可以缩略为“安”，但其本身依然存在，这一方面是因为双音节并不算长，符合词汇发展的总规律，便于使用（形成标准音步），所以自有其存在价值；另一方面，它在具体使用中与单音节有着不同的分布，例如“安培表”一词中只能使用双音节形式，而不能用“安表”。这其实是不难理解的：“安”记录的是“ampere”首音节的发音，本身并不表义，但“安”在汉语中是个多义词，仅《汉语大词典》中便有24个义项，所以“安表”表义不明。为了表义清晰，自然要使用双音形式构成“安培表”。那么，单音节的价值何在？一是为了进一步简约化，例如上文列举的几个单位词，它们出现的语境都需要前加数词，如“X安”“X

① 法兰西在法国产生以后，并未完全退出使用，有时还要使用更加完整的全称形式“法兰西共和国”。

伏”等，有了这样的限定条件，即使是用单音也不易产生误解。所以，在表义相同的前提下，单音形式就要比双音形式更加简单、便捷。二是出于构词的需要，这种情况主要体现在表国名的词语上。例如“美国”，它可以缩略成单音节形式“美”，在具体的场合中，“美国”更倾向于和双音节词语结合，这样可以形成两个双音节音步，如“奔赴美国”。如果与单音节词结合，往往会采用缩略形式“美”，二者构成双音节音步，如“赴美”“美元”等。

单音节词没有音节数发生变化的，换句话说，如果在创制之初就是单音节，那么以后字形可能有所变化，但在音节数上不发生改变。

以上我们对不同音节数的外来词的音节变化进行了考察，为了更加直观，我们用图表的形式辅助说明。

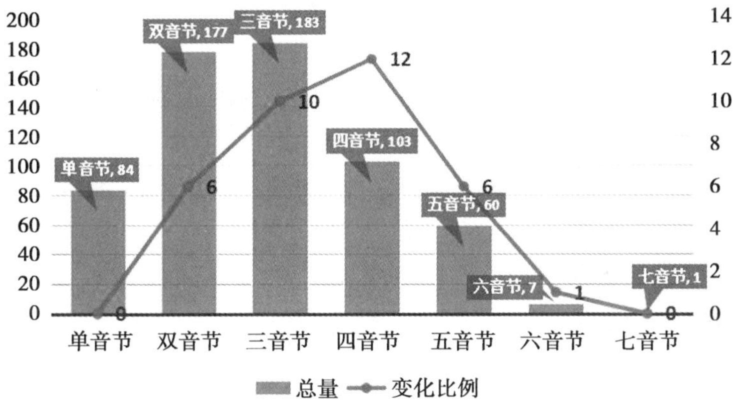

图六　清末民初西源外来词的音节变化数量及比例

由图六可知，总体而言，随着音节数的增长，音节数发生变化的比例也逐渐升高。具体说来，单音节词的总数虽然不算特别多，共有 84 例，但全部未发生变化。三音节词数量最多，共计 183 个，发生变化的共有 10 个，占总数的 5.4%。双音节词总数位居第二，共计 177 例，发生变化的占总量的 3.4%，其音节变化的比例要低于三音节词。四音节词中发生变化的有 12 个，已经占到了总量的 11.2%，几乎是双音节词变化比率的三倍。五音节词中发生变化的占到总量的 8.3%。六音节词只有 1 例，变化率达到了 14.3%。由此可以推断出，音节数越高的外来词越倾向于音节缩减，而且这种变化全部都是音节的减少，在我们的统计范围内，没有一例发生了音节的增加，即使汉语词汇的发展呈现明显的双音化趋势，单音节词也没有一例变成了双音节。

下面我们再以音节变化的词为研究对象，探讨它们变化的情况及趋势，我们仍然用表的方式进行说明。

表十五　　外来词音节数目变化情况统计

	单音节	双音节	三音节	四音节	五音节	六音节	合计
变成单音节		6	3	7	4		20
变成双音节			7	4	2	1	14
变成三音节				1			1
合计		6	10	12	6	1	35

由表十五可知，外来词中发生音节数目变化的共有35例。无论原始音节数目多少，在经过缩减之后，最多只能有三个音节，可见汉语音节的惯常模式对外来词的制约作用还是很强的。外来词有别于汉语的一大特点就是出于记音的需要，往往要与原词保持相同的音节数，这使得多音节词（这里不包括双音节）比比皆是，这种音节形态很不利于外来词的融入，所以通过汉语自身的音节制约作用，使得外来词与汉语本土词汇保持一个相对一致的状态，这更利于外来词音节数量上的汉化。此外，缩减为单、双音节的外来词共有34例，占到了变化总量的97%以上，可见，外来词在历时变化的过程中，音节数较少的单、双音节是简缩的首选。

既然单音节外来词没有一例发生音节变化，而且在变化的外来词中，变为单音节的已经超过半数，那么这是否说明，清末民初，西源外来词对译为单音节词占据了强势的地位呢？事实并非如此，究其原因主要有以下几点。

第一，汉语在历时发展的过程中，体现了明显的双音化趋势，词汇系统也由单音节为主发展成为以双音节为主，这其实就是汉语的一种历史选择。这种趋势一是受到了语音系统由繁到简的影响，二是出于语言表达精密化的客观要求，所以汉语词汇系统更倾向于采用双音节来表义，这一点即使对于外来词也具有同样的制约作用。从不同音节词语的数量来看，双音节词共计177例，不仅数量上占据优势，还是单音词的两倍不止，由此也能看出在对译的过程中，双音节词占据更主要的地位。

第二，单音节的使用范围是有限制的，我们所统计的单音节词中有90%以上都是化学元素名称，这是因为清末民初时期正值化学元素的发现及定名时期，所以它们的数量格外多。纵观其他单音节词，基本用于表地名和表单位，很多还是由双音节形式简缩而来，例如“安”（“安培”的简缩形式）“法”（“法国”的缩略形式）等，所以单音节的使用范围还是相对狭窄的。此外，从语义表达的角度来说，双音节词不仅可以通过“摹声”造词，还可以利用汉语固有的构词法，例如“音译+义标”形式的外来词，从表面看是在音译的基础上添加类名而成，实际上它是遵循了汉语偏正式的构词模式，也正是由于这种模式在汉语中具有较强的能产性，所以利用偏正式构词也有助于外来词的融入。

我们再结合现代汉语的情况来看。现代汉语是单双音节并重，马庆株曾说：“现代汉语的词，从数量上看，是双音节的占优势；从使用频率上看，是单音节的占优势。”①那么，清末民初的外来词是否也具有相同的规律？上文已经讨论过，此期双音词的数量占绝对优势，但是单音词的使用频率却与现代汉语不尽相同。首先，这 84 个单音词中绝大多数都是化学元素名称，它们属于专业用语，而这些用语有时为了显示其专业性或书面性，趋向于使用单音节词，最典型的例子如“金、银”等。由于它们的应用范围相对狭窄（化学领域居多），使用频率自然不会很高。其次，它们既然是外来词，代表的是一些新兴概念，其中很多就不属于常用的范围。像重量单位“磅”，如果换算成中国本土单位约为 0.907 斤，它既没有与本土单位形成明确的对应关系，又不存在填补空缺的可能，所以在本土单位“斤、公斤”等仍在使用的前提下，“磅”只能用于英美制的重量单位，这也限制了它的使用频率。此外，还有部分单音词比较特殊，它们的使用频率较高，而且具有一定的构词能力，继而产生了外来音节语素化的现象，但本质上这也是一种单音化现象，如“英、美、澳、法”等。总的来说，在本阶段发生这种语素化现象的比例并不高，像今天常见的“吧、秀”等，在当时要么还未出现，要么仍属于记音符号，并不具有构词能力。

2. 具体规律分析

结合具体词例，从音节分布的差异和历时发展中，可以归纳总结出以下几点。

首先，出于语言经济性原则的考虑，要求尽可能用最简单的形式表示最大的信息量，所以如果一个词语还有音节数较多的其他形式，一般来说

① 转引自邢公畹主编《现代汉语教程》，南开大学出版社 1994 年版，第 399 页。

留存下来的都是更简约的形式。因为随着音节数的增加，无论从用字多寡还是记忆的负担来说，都在不断增加，因而这种一味拘泥于源词的音译形式就很难存活下来。例如法国货币单位“franc”，如果完全忠实于原词的发音，应该类似于“佛朗克”，尾音“克”不应省略，但作为货币名称，这个三音节形式比较复杂，也不利于记忆，所以1913年商务书馆《英华新字典》中采用了双音节形式“佛郎”（就是今天的“法郎”）。与之类似的德国货币单位“mark”，按照德语发音应为“马尔克”（黎庶昌《西洋杂志》采用了该译法），但由于较为烦琐的原因，在随后徐建寅《欧游杂记》中就采取了双音形式“马克”。

其次，由于音节数目对音译具有限制作用，在清末民初借入的大量外来词中，有很大一部分没有留存下来，有的则被相应的意译词所替代，还有一些甚至没有传播开来就销声匿迹。例如：

哀的美敦书—最后通牒

(1) 缅王不允，印度总督怒，遂以哀的美敦书致缅王。(李提摩太《列国变通兴衰记》)

二者均源于英语“ultimatum”。“哀的美敦书”出现于19世纪80年代左右，它最早用于外交领域中，“ultimatum”音译过来便是“哀的美敦”，由于它是一国向另一国所递交的具有胁迫强制性质的文书，所以为了表义更加清晰，在音译词后面添加了类名“书”。

虽然该词在20世纪初期较为流行，但它毕竟是一个五音节词，与汉语双音节为主的格局相距甚远。相较而言，“最后通牒”这种意译形式更易于理解，并且它还可以拆为两个双音节词的组合。具体说来，“牒”在汉语中由来已久，我国自春秋时期即把一些官府之间的公文称为“牒”，直至清代，“通牒”一词产生，表示一种“书面通知”，如《霞外攟屑·小仓山房文集》：“王深然之，缮稿数千言，通牒大府。”虽然这里的“通牒”用如动词，但是语义还是比较明晰的，再加之“ultimatum”其拉丁语源即为“最后一个”①，所以在偏音译形式的“哀的美敦书”和意译形

① 引自 *Oxford Dictionaries*：“Mid 18th century: from Latin, neuter past participle of ultimare ‘come to an end’”。

式“最后通牒”的竞争中，后者无论在音节数还是语义上都更具有优势，因而从今天来看，其使用频率也要高于“哀的美敦书”。我们从清末民初各个英华词典的释义对比中也能看出二者更替的大致时间点，19 世纪共有 3 部词典收录了“ultimatum”，但均采取的是意译的方式，如释为“尾意、终意、决书”等，1908 年颜惠庆《英华大辞典》首次出现纯音译形式“哀的美敦”，1911 年卫礼贤（Richard Wilhelm，1873—1930）编著的《英华文科学字典》中出现了“音译＋义标”形式的“爱底美敦书”，1913 年商务书馆《英华新字典》中沿用此译法，而 1916 年赫美玲《英汉字典》中则采取了意译形式“最后通牒”。由此可以看出，“最后通牒”约在 20 世纪 20 年代开始逐渐流行。1955 年北京师范大学编纂的《同音字典》释“哀的美敦书”为“国际间的最后通牒”，可见至少从 20 世纪中期开始，相较于“哀的美敦书”，“最后通牒”已经成了一个更加通用、更为大众熟知的词语。

巴厘满（巴力门）—议会

二者均源于英语“parliament”，其中“巴厘满”是“parliament”的音译形式，最早出现于林则徐组织翻译的《四洲志》（1844）中，后来魏源《海国图志》沿用了该译法，并据此发展出了一个“音译+义标”的形式“巴厘满衙门”。由于“衙门”一词属汉语固有，所以后者相较“巴厘满”语义更加明确，但从音节数的角度来看，“巴厘满衙门”是五音节词，冗长拖沓，尤其是“巴厘满”令人不知所云。此外，“议会”源于英国，它根植于资本主义社会，这与中国封建社会的“衙门”具有很大区别，由于汉语中并无相应的概念能够表示“议会”，因而译为“巴厘满衙门”也只是一种权宜之计。

在此以后，梁廷枏（1796—1861）所著的《兰仑偶说》中将“parliament”译作“议国事署”，徐继畬著于 1848 年的《瀛寰志略》将其意译为“公会所”，此外还有诸如“公会”“公议堂”“集议院”“议政院”“议事阁”等译名，这都是从意译的角度进行的尝试，尤其是“议国事署”与今天“议会”的本质属性极为贴近。“议会”一词出现于 19 世纪中期，如慕维廉（William Muirhead，1822—1900）所著的《大英国志》卷一：“英之先民各分部落，部有大小，父老集议，名曰议会。”自“议会”一词出现以后，“巴厘满衙门”等一系列音译词便逐渐退出历史舞台。

再如：

democracy—德莫克拉西（民主） philosophia—斐录琐费亚（哲学）

revolution—里佛留显（革命） metaphysica—默达费西加（形而上学）

president—伯理玺天德（总统） hypothesis—希卜梯西（假设）

一方面，这些词语的纯音译形式音节复杂，而且大多选用较为冷僻的汉字，不符合汉语社群对字的认知心理。汉字似乎具有一种“按字索义”的趋向，当代汉语新词语有一个“见形明义”的特点，即看到词形，即知其义，这恐怕是长期存在的一种心理需求或取向。很多外来词无法满足人们的这种需求或取向，由此导致“穷则思变”。另一方面，有些音译词虽然早就出现于汉语中，但并未实际使用过。例如“斐录琐费亚”“默达费西加”等词，在明代傅泛际（P. F. Furtado，1582—1653）和李之藻（1565—1630）所作的《名理探》中便已出现，但由于当时采取的主要翻译方法是“口译+笔译”，也就是说由外籍人士（傅泛际）口译，再由中国人（李之藻）记录下来加工整理润色的方式，譬如书中释“哲学”采用了以下方式：“爱知学者，西云斐录琐费亚，乃穷理诸学之总名。”由此可见，书中很多音译词只是注解性的陪衬用法，主要还是采用意译为主，这也导致部分音译词自创立伊始就很难立足于汉语系统。换句话说，意译词只要一经出现，很多音译词由于受到音节数及表义等方面的限制就会逐渐被意译词取代。

值得注意的是，有的音译词兼有好几种意译形式，例如“president”，在颜惠庆《英华大辞典》中被释作“伯理玺天德，大统领，总统”，其中第一个是音译形式，后面两个都是意译词。如果仅从传意的角度来说，“大统领”应该更为贴切，因为“总统”一词在古汉语中曾用作动词，表“总揽、总管”，即使到了清末民初，仍有用如动词的例子，如“使冯国璋总统第一军”等，所以“大统领”起码在词性上与“president”保持了一致。20世纪初，梁启超曾在多篇文章中谈到与“政府”“民主”相关的话题，在提到“president”时无一例外，均取“大统领”形式，如“元首者，兼君主国之君主、民主国之大统领而言”①。由此可以看出，“大统领”的译法在当时还是比较流行的。但是，在其后的文献中，“总统”的出现频率逐渐增加，从历时的角度来看，现代汉语中“总统”则

① 梁启超：《论政府要与人民之权限》，1902年3月10日。

完全取代了“大统领”。我们知道，同一个事物如果有多个译名，势必会造成语言冗余，这两个意译词必然要有一个竞争和汰选的过程。那么，对于二者而言，音节的多少也可能会起到一定的作用，其结果就是，在几个意译词的竞争中，最终倾向于选择双音节词“总统”。虽然意译词并非是本节所讨论的范围，但在音节的选择上似乎遵循着相似的规律，而音译词相较意译词，很少受到语义因素的影响，所以在音节的选择上更应倾向于音节数较少的形式。

再次，音译外来词的音节数还与“音译缩略”有关，汉语缩略形式发生的基础之一是“原形繁杂”，原形的音节数越多，带给人的记忆负担就越大，所以最初缩略可能是出于音节简省或者某种修辞的目的，只是一种临时用法。但是，随着使用频率增加，减缩后的形式便有可能从一个纯粹的记音符号“凝固”成语义固定、形式简洁的新词。我们把没有发生减缩的形式称为“原式”，而由原式过渡到“缩略式”可能通过几种不同的途径：其一，从原式的音译形式中挑选有代表性的字作为缩略新词；其二，把几个并列成分的项数用数字概括出来，然后加上共有部分而形成新词。由于类型二只有“三 k 党”一词涉及了这种缩略过程，前文已有说明，所以我们主要对类型一进行探讨。

类型一主要体现在纯音译形式中的单音节词以及新造音译字中。纯音译形式中的单音节词共计 20 个，其中有 16 个源于音译缩略，分别为：安、澳、打、俄、法①、法②[①]、非、荷、开、美、墨、欧、亚、英、伏、焦。其中有 10 个与国名、地区名相关的单音节词，此外还有 6 个单位词，下面分别举例说明。

我们先来探究这 10 个表国名及地名的词语。

第一，它们的缩略过程大体保持一致，以“美”为例，它可指美国，源于英语 America 的音译省文。19 世纪前半期，中国人对于美国有多种译名，例如有意译名“花旗国、合省国”；还有音译名，如“美利坚”“亚美利加”“亚墨理格”等。由于音译名称大多较长，音节复杂，所以可以从中挑选出具有代表性的音节，经过节缩后的音节本身承载了多音节词的语义和功能，它也从一种记音符号转变成了语素。其他表国家、地区名的音译缩略过程也大体一致。

---

① 法①、法②分别是两个不同的词，法①表国名、法②表单位，特此区分。下同。

第二，由于这些外源词基本都是三音节以上，所以在缩略的过程中选取哪个音节作为代表也是值得探究的。据我们考察，绝大多数的地名遵循了同样的规律，选取了首音节作为代表字。但是，也有个别取自第二个音节的，如“美”（取自“亚美利加”）“非”（取自“阿非利加”），究其原因，这主要和音节的“重音”相关。我们知道，印欧语有明确的“重音”特征，但汉语并不明显，所以在音译的过程中，我们往往对非重音的音节并不敏感。胡以鲁《论译名》对此有过相关论述：“音声学应有之损益，无妨从惯习而损益之，如‘美利坚’，重音在母音后之第二音节，其母音往往不成声。”受到这个因素的影响，“America”“Africa”省略了首音，这可能是“亚美利加”等完全音译词没有竞争过“美利坚”的原因之一。同是洲名的“亚细亚”（Asia）之所以取首音，胡以鲁认为：“国名洲名之习用者，不妨但取首音。”所以从语言习惯的角度来说，“亚细亚”没有像“亚美利加”等洲名一样选取第二音节作为代表。

第三，这类词语，其缩略形式与全称往往是可以共存的。一般来说，如果出现在正式的政府公文或者地理书籍中，通常用的是全称，如“澳大利亚联邦於一九〇一年一月一日由六州联合而成，所谓六州者郎新南威踪士。”（刘百文《世界各国之政治组织》）但是，全称的缩略形式有时可作为语素参与构词，其出现的语境往往是几个缩略语素形成的联合式结构中，如“中英”（关系）、“澳新”（地区）等，有时受到汉语双音节结构的影响，也会多用缩略形式，如“赴美”（交流）、“在法”（学习）等。而且，一般标题中也经常会用到单音节缩略形式。

值得一提的是，这些表地名的缩略形式都属于纯音译词，它们还可以利用汉语构词法重新造词，或称“二度造词”，即取其首音节再加上通名，构成“音译+义标”这样的形式。以“城市名”为例，“费里地费”是美国东北部的城市名，源于英语“Philadelphia”。李圭《环游地球新录》有这样的记载：“美国富庶之区，皆萃与东北各省。各省中又以三大城称最：一曰纽约，二曰费里地费，三曰波士登……若地方之大，屋宇之多，街道之广，费城实居第一。”① 从中可以看出，首先出现的是纯音译形式“费里地费”，这个四音节词的形式相对复杂，而且从表义上看也不甚清晰，所以在下文中又出现了“音译+义标”的形式“费城”。这种变

---

① 李圭：《环游地球新录》，湖南人民出版社 1980 年版，第240 页。

化是有据可循的，首先，作者已经点明了“费里地费”是三大“城”之一，所以从纯音译形式选取首音节“费”作为其音译缩略形式，后面添加义标“城”，这是顺理成章的。其次，中国自古以来，以“X 城”为地方命名的例子层出不穷，如先秦时期即有“郢城”“彭城”这样的地名。再以洲名为例，其构词原理和城市名类似，例如“Africa”由音译形式“阿非利加”经过缩略，选取第二音节“非”作为代表性语素，再通过构词法添加“洲”而形成新词“非洲”。事实上，“洲”在《说文》中被释作“水中可居曰洲”，中国古代也有“X 洲”这样的结构，如“鹦鹉洲”“瀛洲”等。在《明史》中有这样的记载：“万历时，其国人利玛窦至京师，为《万国全图》，言天下有五大洲。第一曰亚细亚洲，中凡百余国，而中国居其一。第二曰欧罗巴洲，中凡七十余国，而意大里亚居其一。第三曰利未亚洲，亦百余国。第四曰亚墨利加洲，地更大，以境土相连，分为南北二洲。最后得墨瓦腊泥加洲为第五。”①可见，以“洲”为外源词命名的形式至迟在清初既已出现。在清代中晚期，以音译缩略形式后加“洲”的形式越来越多见，最终形成了今天所说的“亚洲、非洲、美洲”等洲名。此外，国名也可以在全音译的基础上经过缩略，后面添加“国”这个通名，常见的如“美国”“法国”“俄国”“英国”等。

接下来，我们再讨论“单位词”的缩略问题。以“打”为例，12 个称为“一打”，源自英语“dozen”。邝其照著于 1884 年的《英语汇腋初集》中将其音译为“打臣”。作为一种单位来说，这种音译形式无疑是比较累赘的，加之汉字兼具表义属性，“打臣”从字面来看也容易引起误解，所以便从中选取首字“打”作为代表性音节，以后再表计量的时候，便可以直接说“一打”。“打”在 19 世纪末得到普遍使用，如 1889 年傅云龙的《游历日本图经》、1891 年傅兰雅的《格致汇编》中都有用例。由于“打”在汉语中是一个非常习用的多义词，可能为了避免误解，“打”做单位词时读作阳平“dá”，以示区分。其他表单位的词如“法”是“farad（法拉第）”的音译缩略，“开”是“karat（卡剌特）”的音译省文，“安”是由“ampere（安培）”音译减缩而来，“伏”源于“伏特（volt）”，“焦”源自“焦耳（Joule）”。

① 见于《明史》卷三二六，列传第二一四，外国七。其中“利未亚洲”指“非洲”，“亚墨利加洲”指“美洲”，“墨瓦腊泥加洲”指当时的“澳洲”。

此外，新造音译字共计 63 个，其中大部分都要经过“音译缩略”的过程。以“铋”为例，它源于拉丁语“bismuth”，最初它有纯音译形式“璧士密司”，但是很显然，从“璧士密司”很难推知它所代表的实际事物，再加之它是一个四音节词，令人费解。我们之前提到傅兰雅给元素定名的一套系统性的新法，很多都是以汉语平常字加偏旁而成，那么究竟选取什么汉字呢？据我们统计，绝大多数都选取音译词的首音节作为代表字，像上文提到的“bismuth”就选择了“铋”作为其音译字，后面的音节就进行了缩略。再如：

chromium（格鲁缪谟）音译缩略首音节 ge—添加金属偏旁—铬

ithium（里丢谟）音译缩略首音节 li—添加金属偏旁—锂

当然，也有选取非首音节作为缩略代表字的，如“碘（iodium）”和“氧（oxygenium）”就选取了第二个音节，但是整体数量较少。究其规律，1871 年出版的英国的韦而思原著、英国的傅兰雅口译、中国人徐寿笔述的《化学鉴原》中对造化学字的原因及基本作法有这样的说明：“故‘白金’亦昔人所译，今改为‘铂’。此外尚有数十品，皆为从古所未知，或虽有其物，而名仍阙如，而西书赅备无遗，译其意义，殊难简括，全译其音，苦于繁冗，今取罗马文之首音，译一华字，首音不合，则用次音，并加偏旁，以别其类，而仍读本音……”[①]我们对句中的“首音不合，则用次音”再做一下说明：以“碘”为例，其读音为［aɪədaɪn］，汉语是一字一音节，所以并没有与［aɪə］相对应的汉字，于是便选取了次音；而“氧”则与其他气体元素都不同，没有选用与原词语音相关的汉字，而是选用了与之谐音的“养”作为代表字，这或许也与“氧”能供养生命的重要功用有关。

（二）音译用字

制约音译用字的因素有很多，从外来词翻译的角度来看，音译纯粹是借外语词的音，汉字只是记录词的语音符号而已。但是，汉字毕竟不同于印欧语的拼音文字，它属于意音文字，是用表意体系的符号来表示汉语的语素或词，它具有形音义三方面的属性，所以音译用字的选择自然也受到语音、字形以及语义三方面的影响，下面我们分别进行讨论。

1. 语音方面

外源词从出现再到被翻译为汉语，除了由“字母词”到“汉字词”

---

① 刘泽先：《十九世纪的化学字》，香港《词库建设通讯》1998 年总第 17 期。

的转换是一次性完成的，其他类型往往可以分解为几个环节。因为，这不仅涉及源语、译入语能否准确对应的问题，还包括译入语的语音及记音符号之间的关系。Catford 指出，音译过程可分为三个阶段：首先将译出语的字母（即文字）转为译出语的语音单位，然后再将其转为译入语的语音单位，最后转换为译入语的文字单位。① 西源外来词绝大多数源于印欧语系的日耳曼语族和罗曼语族，此外还有少量来自斯拉夫语族，而汉语则属于汉藏语系的汉语族，两者在语音上的差异是比较大的。

首先，汉语和印欧语具有音质上的差别，印欧语有一些汉语没有的音素，例如前者存在"复辅音"，如"worth"中的"rth"，而清末民初的汉语体系中已经没有复辅音。还有一些音素的发音虽然比较相似，但达不到完全对应的程度。总的来说，当时的语音系统经历了清末的"官话"和民国初年"老国音"的更替，标准音体系还未确定，所以在与印欧语进行对译时，较难采取一个统一的标准。而且，由于受到汉语方音的影响，也会导致音译用字的不同。再加之，翻译是译者主观的活动，所以不同的翻译者往往难以有共同的标准。以上这些因素都会造成音译用字存在较多的歧异。就目前所掌握的文献资料来看，有些音译词的出处及译者并不十分确定，这样都有可能使调查结果出现一定程度的偏差，而我们只是想通过这样初步的工作给出一个倾向性的看法。这里就选取一组较为确定的音质差异词语，具体谈谈音质的不同是如何影响音译用字的。

从发音方法来说，英语和汉语都有 6 个塞音，发音部位都是在双唇、齿龈以及软腭，但是各自分类的方式及结果不同。英语塞音是以清浊作为区分标志，而汉语则是利用送气与否作为分类标准。英语中送气与否并不是一个区别特征，因此以英语为母语者较难区分送气与不送气音。事实上，根据英语的发音规则，处于词首的清塞音是送气音，在词首"s"之后的塞音为不送气音，此外，词内非重读元音前的音也为不送气音。具体分布情况参见表十六。

① Catford, J. C., *A Linguistic Theory of Translation*, London: Ox - ford University Press, 1965, p. 66.

表十六 **汉语与英语中的塞音对比情况**

<table>
<tr><td></td><td colspan="2">清音</td><td>浊音</td></tr>
<tr><td rowspan="2">汉语</td><td>送气音</td><td>不送气音</td><td rowspan="2"></td></tr>
<tr><td>p^h、t^h、k^h</td><td>p、t、k</td></tr>
<tr><td>英语</td><td colspan="2">p、t、k</td><td>b、d、g</td></tr>
</table>

英语中塞音可以出现在音节首位，也可以出现于音节尾端，据我们统计，在音译外来词中体现"塞音"借入的共计 110 个①。绝大多数体现为"音节首位"的借入，共有 86 例，还有 24 例体现在"音节尾端"借入，下面分别论述。

（1）音节首位塞音的对译

依据发音部位的不同，出现于音节首位的塞音共分为三组：双唇音/p/、/b/；齿龈音/t/、/d/；软腭音/k/、/g/。从数据统计来看，体现双唇音借入的数量最多，共有 42 例；齿龈音其次，共有 26 例；软腭音的借入有 18 例。我们以数量最多的双唇音借入为例。清塞音/p/（22 例）借入之后有以下几种情况（每种情况均是前面的音为英语发音，后面是对译为汉语的发音）：

送气塞音/ p^h/—［p^h］，/p/位于词首，属于送气塞音，这种类型共有 6 例。例如：

Pingpong［'pɪŋpɒŋ］—乒乓［p^hiŋ-p^hɑŋ］

Portugal［'pɔ：tʃʊgl］—葡萄牙［pu-t^hɑu-jA］

送气塞音/ p^h/—［p］，这种类型共计 12 个，例如：

pudding［'pʊdɪŋ］—布丁［pu-tiŋ］

pound［paʊnd］—磅［pɑŋ］

不送气塞音/p/—［ p^h］，塞音位于词内，这种类型共有 1 例，即：

Aspirin［'æsprɪn］—阿斯匹林［A-sɿ-p^hi-lin］

不送气塞音/p/—［p］，这种类型共有 4 例，如：

copy［'kɒpi］—拷贝［k^hɑu-pei］

Gypsy［'dʒɪpsɪ］—吉卜赛［tɕi-pu-saI］

① 有的外来词塞音借入既体现在音节首位，同时在音节尾部也有所体现，属于重复出现，如果刨除这部分重复出现的词例，共有 89 个。

浊塞音/b/在汉语中虽无对应的音素，但汉语依据听觉的感知也对它做了适当的调整，绝大多数都对译为汉语清音不送气塞音/p/，但也有对译为/ p^{h}/的情况。

对译为［p］的例子如：

Baroque［bə'rəʊk］—巴洛克［pA-luo-k^{h}ɣ］

boycott［'bɔɪkɒt］—杯葛［pei-kɣ］

对译为［ p^{h}］的例子如：

Borneo［'bɔ：niəu］—婆罗洲［p^{h}o-luo-tʂou］

Bushel［'bʊʃl］—蒲式耳［p^{h}u-ʂʅ-ɚ］

齿龈音/t/、/d/以及软腭音/k/、/g/的借入方式与双唇音相同，但是软腭音除了对译为汉语中的送气和不送气塞音以外，还有以下几种特殊类型：

kiwi［'ki：wi：］—几维鸟［tɕi-wei-niɑu］

syndicate［'sɪndɪkət］—辛迪加［ɕin-ti-tɕia］

gibbon［'gɪbən］—吉贲［tɕi-pən］

可见，清送气塞音/ k^{h}/、清不送气塞音/k/以及浊塞音/g/均对译为汉语中的不送气［tɕ］。

再如：

Kazakh［kə'zæk］—哈萨克［xA-sA-khɣ］

清送气塞音/ k^{h}/对译为［x］，在汉语中，二者同属于舌根音，发音部位相同，所以也是可以偶尔借用的，但整体数量极少。

经过对音节首位塞音借入的情况进行考察，我们大致可以得出以下几个规律：

第一，虽然英语中的清塞音在不同的位置会有“送气”“不送气”的发音差异，但从借用的情况和每种类型的数量来看，并没有形成规律性的认识，可见塞音借入的过程中没有规定何时对译为送气音，何时对译为不送气音，整体较为随意。

第二，浊塞音在汉语中没有完全相对应的音素，但并不妨碍借入，而且从数据来看，90%的浊塞音在对译时都选择了汉语中的不送气塞音。这也说明，从听觉感知上，英语的浊塞音和汉语的清不送气音还是较为相近的。

第三，由于塞音借入没有固定的规律可循，有时可能会导致同一个词有若干种翻译的方式。以“pence”为例，英语中“p”为送气的清塞音，翻译至汉语中可以有送气、不送气两种译法，所以当时出现了“便士（不送气）”“佩尼（送气）”“喷尼（送气）”等众多译法。

（2）音节尾端塞音的对译

关于音节尾端的辅音，汉语和英语有较大差异，汉语能进入音尾的只有［n］、［ŋ］两个鼻辅音，而英语所有的塞音都可以作为词尾出现。因而，在对译为汉语的过程中，对这样系统性的语音差异必须要进行一定的调整和修补。据我们考察，共有 27 例以塞音结尾的词，它们所采取的方式具有一定的规律性，主要有以下几种。

结尾增音

体现结尾增音的词共有 10 个，其中只有一例是以浊塞音结尾，其余都是清塞音。例如“cube ”［kju：b］—朱勃，源词以一个发音的浊音［b］结尾，这与汉语音节结构不符，在对译时便在后面添加元音/o/，形成［po］音。

其余以清塞音结尾的词基本都在后面添加元音［γ］，如“马克”［mɑ：k］，以清辅音/k/结尾，借入汉语中后面添加元音，即“克”［k^hγ］，与之类似的音译词如“哈萨克”“巴洛克”“马赛克”等，全部以/k/结尾，对译成汉语的规律也是一致的。此外，还有一例较为特殊，即“pint”［paɪnt］，它在借入汉语时没有如“瓦特”“喀斯特”等添加元音［γ］形成“特”音，而是添加复元音［uo］，所以“pint”译作了“品脱”。

尾音脱落

体现尾音脱落的词共有 16 个，除了一例较为特殊，其余全部是把结尾的辅音脱落以后直接音译。

尾音/t/脱落：

这种类型的词例最多，共有 7 例。

tart［tɑ：t］—挞［t^hA］

boycott［'bɔɪkɒt］—杯葛［peI-kγ］

jacket［'dʒækɪt］—夹克［tɕiA-k^hγ］

merchant［'mɜ：tʃənt］—马占［mA-tʂan］

trust［trʌst］—托拉斯［t^huo-lA-sɿ］

chocolate［'tʃɒklət］—巧克力［tɕhiɑu-khγ-li］

Scotland ['skɒtlənd] —苏格兰 [su-kɣ-lan]

尾音/d/脱落：

pound [paʊnd] —磅 [pɑŋ]

Poland ['pəʊlənd] —波兰 [po-lan]

Bagdad ['bægˌdæd] —巴格达 [pA-kɣ-tA]

celluloid ['seljulɔɪd] —赛璐珞 [saI-lu-luo]

尾音/k/脱落：

Denmark ['denmɑ：k] —丹麦 [tɑn-maI]

logic ['lɒdʒɪk] —逻辑 [luo-tɕI]

Bangkok [bæŋ'kɒk] —曼谷 [mɑn-ku]

尾音/p/脱落：

pump [pʌmp] —泵 [pəŋ]

此外还有一例“card”，它在音译的过程中也省却了结尾辅音/d/，但是为了便于理解，在音译形式“卡”之后添加标明义标的“片”，构成新的双音词。

以上我们选取了一组有差异的音质进行了考察，由于双方语音系统无法做到完全对应，如何准确、合理地将原语转化为译入语的文字单位成为首要考虑的因素，从分析中也能清楚地看出音质对于音译用字的选择具有重要的制约作用。

其次，汉语是一种有声调的语言，以现代汉语为例，普通话中声韵调的各种拼合依据《现汉》中的《音节表》所列出的带有声调的音节共有1335个，但是如果除去声调，仅剩下400个左右，也就是说，会出现大量的同音字。在对外来语进行音译的过程中，一个相同的音节可能对应着多个同音字，再加之绝大多数汉字还代表确定的意义，这无疑增加了音译用字的选择难度。大量同音字的出现还会造成选字歧异，形成“一名多译”的情况，下面我们简单列举几例。

表十七　　“一名多译”示例

原词	现在通行	曾用译法①
ton	吨	墩、暾、噸、敦

① 曾用译法主要选自黄河清、姚德怀著《近现代辞源》，上海辞书出版社2010年版。以及“中央研究院”近代史研究所的电子版《英华字典》中所收录的19—20世纪多部字典中的译法。

续表

原词	现在通行	曾用译法①
morphine	吗啡	玛啡、玛非、玛琲、马非、马非
gallon	加仑	加崙、加伦、加论
Iesous	耶稣	邪稣、耶酥、叶酥
ether	以太	伊泰、以泰、伊太
trust	托拉斯	托辣斯、脱拉斯
ice cream	冰淇淋	冰其林、冰其淋、冰汽淋

由以上词例可以看出，除去声调因素之后，一个外源词可能对应了多种同音字的组合，在我们的统计范围内，音节数在三个以上的外来词出现同音译法的情况远不如双音节词多，而且往往仅有一字之差，如“西伯利亚”有“锡伯利亚”的译法，“英特那雄纳尔”中的“纳”曾被译作“那”等。而且，从音译用字来看，有一些在汉语中较为生僻的汉字可能会受到原词发音的影响，暂时失却原始的读音而成为新的记音符号。例如“吨”，它曾被译作“墩”“噋”等，后者在先秦时期既已出现，如《诗》云：“大车噋噋。”表示沉重、迟缓的样子，读为“tūn”，单从语音上来看，与今天的“吨”并不同音，但在1913年商务书馆编订的《英华新字典》中“ton”直接释为“噋、噸（吨的繁体字）”，可见二者语音相同。而且，“噋”受到其他音译字“墩、敦”的影响，读音也变成了“dūn”。再如“琲”在古汉语中表示“成串的珠子”，读为“bèi”，但它在近现代汉语中的使用频率很低，再加之字形与其他音译用字“啡、非、菲”类似，所以语音也可能受到影响，变成了“fēi”音。

此外，翻译具有一定的主观性，一个重要的体现就是译者往往来自不同的方言区，所以在翻译的过程中不可避免地会受到各自方音的影响。在这里，我们有必要对清末民初外来词借入主要地区的方音系统做一个简要的梳理。清朝末年，随着外族侵略的日益扩大以及社会的不断开放，中国人和西方人打交道的机会越来越多，也就不得不面对各种不同的文化与语言，从那个时候开始，汉语就从英语中借用大量的词汇来描述各种前所未有的新事物与新概念，而这些借词的主要产生地，就是清朝对外开放的几个重要的窗口，由于各地方音系统的差异，也会对语音借入产生影响，下面分别进行说明。

首先是吴方言区的上海，它东濒东海，南临杭州湾，凭借其地理位置上的优势，自1843年开埠以后，迅速成为一个有大量移民聚居的国际都市，也成了外来词引进的中心。在1949年以前，上海又曾是多国租界所在，所以外来词在各个方面都可以得到比较广泛的使用，这也是现代汉语中源于吴方言的外来词数量较多的原因，较为典型的如“引擎、马达、白兰地、香槟酒、加拿大、卡片、拷贝、安琪儿、夹克、高尔夫球、盎司、冰淇淋、三明治、巧克力”等。

其次是粤方言区的澳门和广州。澳门大约于明朝末年就已与西方密切接触，明政府划出澳门半岛西南部的一块区域，供以葡萄牙人为主的外国商人居住及进行贸易，澳门由此发展成19世纪前中国主要的对外港口。同时，澳门也是西方基督教向中国传播的早期据点，早在明代，意大利传教士罗明坚（Michele Ruggleri，1543—1607）和利玛窦先后来到澳门学习汉语，他们也是近代中国社会首批传播基督教义的传教士，而且直至19世纪初，新教传教士仍以澳门作为主要基地。许多在澳门学习生活过的传教士也积极译介西书，通过这些译著也有一批外来词涌入中国，例如艾儒略（Jules Aleni，1582—1649）编写了地理书籍《职方外纪》《坤舆图说》，马礼逊曾把《圣经》翻译成中文，并且由他所编写的《英华字典》（*A Dictionary of the Chinese Language*，in Three Parts）也在澳门出版。在此期间，英国传教士马士曼（Marshman）编写了汉语教材《中国言法》（*Elements of Chinese Grammar*，1814），马礼逊也于1815年出版了汉语语法教材《通用汉言之法》等。可以说，澳门作为“开眼看世界”的重要窗口，对外来词的产生和引介起到了重要作用。除此之外，粤方言区的广州也是最早开放的通商口岸之一，鸦片战争就发生于此，它与西方文化接触较早，加之邻近香港、澳门地区，因而也吸收了大量西源外来词。由于澳门曾被葡萄牙占领，所以其语言中也有一些源于葡萄牙语的外来词，像今天仍在澳门流传的如“司打”（葡文“Senado”议事会）、“甲必丹”（葡文“Capitao”船长）、“嚒啰”（葡文“Mouro”摩尔人，印度一带的人）、“喽嚟哆”（葡文“Vereador”议事会委员）等。此外，还有一些源于英语的外来词，较为典型的如“威士忌、鸦片、泵、先令、仙士（cents，英货币中一分钱）、打臣、士担（stamp，邮票）、花臣（fashion，流行）、燕梳（insure，保险）、占（jam，果酱）、唛（mark）、连仁（linen，亚麻布的一种）、沙文（servant，服务生）、扑克胜（boxing，拳击）、士多（store，商店）、马占（merchant，商人）、挞（tart，蛋挞）、泰晤士（Times，报纸名）、咸水妹（handsome maid）"[①] 等。

但是，由于粤方言与共同语语音差异很大，因而部分外来词语并没有在本区域以外广泛传播，只是在当地流行，因而属于粤方言独有，例如"啤啤"（baby，小婴孩）、"波士"（boss，老板）、"咕哩"（coolie，苦力）、"咪"（mile，英里）、"派司"（pass，通过）等。

再次，闽方言区的泉州和厦门也是西源外来词传入的重要地区。闽南地区以厦门、漳州、泉州金三角为中心，泉州是闽南地区开发最早的地方，它曾是古代南方的第一海港，也是海上丝绸之路的起点，自古便与海外有通商往来，因而清末民初时期，也从闽南语中吸取了一些外来词。例如：

波：即英语"ball"，首见于宋育仁 1894 年编著的《泰西各国采风记》[②]。

极仔：即英语"cake"，蛋糕之义，首见于 1857 的《六合丛谈》月刊。

滥斧：即"lamp"，傅兰雅《格致汇编》中有用例。[③]

总的来说，外来词的译名带有一定的主观因素，这与译者来自不同的方言区有关，在翻译过程中容易受到各自方音的影响，这就很容易造成同一个事物有多种译名，所以也经常会有选字歧异的现象出现。举例来说，"brandy"一词中的辅音"b"在英语中是自成音节的，但在对译为汉语的过程中，必须后加韵母，不同方言区受到方音习惯影响，所加韵母也有所不同。现在普通话一般将其译作"白兰地"，但是马礼逊《广东省土话字汇》中则将其译作"罢阑地酒"，这是因为马礼逊自 1807 年来到中国以后就一直住在粤方言区，所以他的翻译明显受到了粤方言的影响："白"在粤语中读为"bǘ"，这可能就是"罢阑地酒"中"罢"的由来。

① 卜启明《上海掌故辞典》释义第 649：早期特指广东船妓，认为该类妓女在沿海用船接待外国客人，广东海水咸酸，故名。1883 年出版的《淞南梦影录》中说到，粤东蜑妓专接泰西冠盖者，谓之"咸水妹"。

② 源于闽南语的外来词均选自刘禾《跨语际实践》——附录 F《源自英语、法语、德语的汉语音译词》，生活·读书·新知三联书店 2014 年版，第 354 页。

③ 史有为《汉语外来词》第 162 页提到，"滥斧"来源于马来语"lampu"，由于发音与英语较为接近，所以暂且按照源于英语来处理。

而且，多方言音译并出造成的结果就是异形词众多，并且相互之间竞争。相对而言，广州和闽南地区的距离较为接近，但是个别外来词在两地也稍有差异，如“check”，在英语中是支票的意思，《出洋通商举隅》（1901）中曾译作“乞克”。该词在粤语中的音译形式为“赤”，在闽南语中则为“籍”。吴方言区和粤方言区相距较远，所以受到方音影响，同一个外源词在两地的翻译形式可能有较大的差异，下面也简列几例（前者是吴方言，后者是粤方言）：

冰淇淋—冰忌廉、色拉—沙律、巧克力—朱古力、三明治—三文治、沙发—梳化、盎司—安司、马达—摩打

从这些异形词中可以发现，虽然不同的方言区带来了不同的译法，但现在普通话所吸纳外来词多数来自吴方言区。从地理位置来说，上海作为外来词引入的中心，它处于长江入海口，自 1843 年以后成为对外开放的商埠并迅速发展成为远东第一大城市，而且长期作为中国经济文化的中心，所以具有重要的地位。广州虽然也是早期的通商口岸之一，但其处于中国南部，尤其在当时，与内陆地区的沟通交流并不便利，所以从外来词的传播角度来看，上海具有得天独厚的条件。

2. 字形因素

汉字发展自甲骨文开始，距今已有 3000 多年的历史。汉字不同于拼音文字，它是一种具有表意性质的符号。我们知道，符号是作为标识、记号使用的图形或文字，所以它本身应具有便于识别、书写、记忆以及称说等特点，而音译本质上是采用“记音符号”来模拟原词的语音，这种符号除了要求表音准确以外，也应具备易于识记的特性。如果从文字的体系来看，拼音文字只记录语音，无论是音素文字还是音节文字，其发音与符号本身是基本对应的，所以即使不通晓某门语言，也可以大致拼读出来，这就为音译提供了便利的条件。但是，汉字属于意音文字，很多字从表面上看很难识别它的读音，而语言符号的外部形式便是语音，此时汉字作为记音符号很难与原词的发音直接关联，这在很大程度上就会降低音译的效率。此外，汉语同音字众多，同样的语音在汉语中可以对应多个汉字，如“li”音就可以体现为“力、利、立、里、梨、离”等多个形式，仅从记音的角度而言，它们具有同样的资格，这就使得译者在音译的过程中还要面对一个“汰选”的问题，此时符号的便利性成为一个重要的因素。对于音译来说，作为记音符号的一个个不同汉字，在保证记音准确的前提

下，字形越简单，笔画越简省，就越可能具有符号便利性的特点。

我们知道，汉字是由图画演变发展而来，原始图画若想画成其物，笔画自然就多，从汉字的发展史来看，笔画简化一直是演变的一个趋势。清朝中晚期，汉字仍以繁体字为主，笔画繁复，复杂难学，很多学者对此都深有感触，例如卢戆章曾说过："中国字或者是当今普天之下之字之至难者。"①陈虬也认为："字又着实难识得很……而且笔墨忒多，通扯起来每字总有八九笔，多者四五十笔不等。"②尤其到了清朝末年，受到西方文化的冲击，国内学者也开始对拼音文字和汉字的优劣进行思考，例如马体乾谈道："今六书文字，难于辨，难于记，难于解，辞难通，音难同，书难音，字难工，特较标音文字之易习易用者，真不可同日而语矣。"③虽然他对于标音文字的优点不无夸大，但从中不难看出，如果作为标音符号，汉字确实不如拼音文字有优势。清末民初时期，顺应着社会文化变革的要求，汉字改革运动也应运而生，这里不乏激进的观点，例如废除汉字，直接照搬西语，但也有很多人主张对繁体字进行改造、简化笔画等。清末民初恰好是外源词大规模涌入的时期，在音译过程中，很可能受到社会外部环境的影响，所以，结合多方面的因素，在音译字的选择上译者会尽可能选择同音字中笔画较为简省的，因为它更便于书写和识记。此外，如果几个汉字的字形和笔画的繁简程度比较接近时，可再依照汉字的其他因素，如语音、语义等角度再进一步筛选。下面结合几个实例来对此进行说明。

西伯利亚—錫伯利亚

二者均作为地名"Siberia"的音译形式出现过，只是首字不同。事实上，不论是"西"还是"錫"，其发音均与音节"-si"相似，如果从纯表义的角度来看，"錫伯利亚"更好一些，因为"西"在汉语中表方位，如果选用此字，就容易带给人一种"西方、西向"的误解。事实上，"Siberia"处于亚洲大陆的北部，是俄罗斯境内非常广阔的一片区域，为了区分地域，后来有了"东西伯利亚、中西伯利亚、西西伯利亚"等称名。但是，从字形的繁简来说，"西"有六画，而"錫"则有十六画，"西"更简单易写，而且便于识记，所以今天保留的也是"西

① 卢戆章：《一目了然初阶（中国切音新字厦腔）》，文字改革出版社 1956 年版，第 2 页。

② 陈虬：《新字甌文七音译》，文字改革出版社 1958 年版，第 10—11 页。

③ 马体乾：《清末文字改革文集》，文字改革出版社 1958 年版，第 88 页。

伯利亚”的译法，可见，字形的繁简以及笔画的多少是影响音译选字的重要因素之一。

非洲—菲洲

二形均源于英语“Africa”，最早采用全音译形式“阿非利加”，后来又出现了“音译+义标”的译法“非洲”。在20世纪二三十年代，“非洲”常被写作“菲洲”，如瞿秋白写过一篇题为《菲洲鬼话》的文章，再如鲁迅20世纪30年代初所作的《二心集》中引用黄震遐《陇海线上》中的文字：“每天晚上站在那闪烁的群星之下，手里执着马枪，耳中听着虫鸣，四周飞动着无数的蚊子，那样都使人想到法国‘客军’在菲洲沙漠里与阿剌伯人争斗流血的生活。”后来“菲洲”被“非洲”取代，包括后来出版的鲁迅杂文也对“菲洲”做了明确的解释：“菲洲，今译作非洲”。从这个发展过程我们可以看出，“菲洲”被淘汰，可能也是基于笔画多少的考虑。

当然，笔画只是选取音译字的因素之一，有时也会出现相反的情况，也就是说，在两个同音字中选取了笔画较多的那个作为音译字。例如“冰淇淋”曾有多种音译形式，像“冰其林”在笔画上显然更简省，但“冰淇淋”中的“淇淋”通过添加表义部首凸显了它的特点，而这就涉及“语义”或“字义”的问题了，下面对此具体分析。

3. 语义因素

汉字本身的特点决定了它的每个成员都是一个音义结合、密不可分的整体，前文已经提到，汉语中存在一音多字的现象，这样就有可能把本属于语音的问题转化成一种语义现象。潘文国在谈到汉语音译词时曾提到“义溢出”① 现象，它指的是译入语中增加了源语言中某个语言形式原来所没有的意义，这种现象在汉语音译词中屡见不鲜。就实际动机而言，一种是无意形成，即由于汉字的表义性所致，这种情况往往要忽略字义，只考虑它的记音功能。另一种是有意为之，由于翻译是人的一种思维活动，前边我们一直在强调译者在翻译的过程中会带有一定的主观性，因而译者有可能利用字义进行主观上的引导。下面具体分析这两种情况。

① 转引自陈宏薇主编《翻译教学与实践研究》，上海外语教育出版社2008年版，第224页。

（1）只记音，忽略或基本忽略字义

由于音译词是以整体作为记音符号出现，而且人们往往只关注是否音同或音近，所以较为理想的情况就是词内每一个字与整体词义没有关联。但是，由于汉字本身具有表义的特性，而这种特性是没办法与汉字本身相分离的，所以一个经常性的策略就是“择音忘义”，即忽略或基本忽略字义。

前文已述，西源外来词有六种基本类型，其中纯音译形式中绝大多数的用字都只起到“借音”的作用，尤其体现在表国名和表单位这两方面。例如“巴黎、秘鲁、缅甸、波兰、丹麦、芬兰、伦敦、纽约、巴拉圭、威尼斯、阿根廷、斯德哥尔摩”，这些都是常见的国名或地区名称，由于它们都是单纯词，无论多少个音节都只有一个语素，所以词内的每一个字都无法单独表义。这些词中有的字在汉语中并不多用，如“缅、圭”等，因而可基本忽略字义。再如“安培、盎司、卢比、法拉、库仑、马克、里拉、里昂、欧姆”等单位名也是如此。另外，常见的词例还有“沙发、喀斯特、托拉斯、威士忌、歇斯底里”等。再如“音译+义标”的类型中，“义标”部分是后来添加的，所以抛去意译余下的音译部分大多数也只借音，不借义。例如“非洲[①]、拉丁文、尼罗河、婆罗洲、伊甸园、来复枪、哀的美敦书”等，这些词中的音译部分只是充当记音符号，像“哀的美敦书”如果除去义标“书”，前面的音译部分是一个语素，彼此之间不能拆分，也无法用汉语的构词法进行分析，此时“哀的美敦”只是记音，与各字的意义无任何关联，因此有人称为“弃义字”[②]。

我们再来看一则反例，例如“mauser rifle”曾被译作“茅塞枪”，由于“茅塞”一词在汉语中历史已久，早在先秦时期便已出现，后代还有成语“茅塞顿开”，所以可想而知，如果一个完全不熟悉这种枪的人在看到“茅塞枪”的名称之后，很难忽略其字义，因而为了避免这种情况发生，该词后来被改译为“毛瑟枪”。

（2）译者主观上有意引导

汉字具有表义属性，所以在音译的过程中如果有几个同音字可以备选，那么能帮助词义理解的用字无疑更有优势，因而这里主要考虑一个

① 带下划线的部分表示音译，其余意译部分是后添加上的“义类”，这里不考虑在内。

② 周荐：《汉语词汇趣说》，暨南大学出版社2011年版，第18页。

“优选”的问题。依据字义本身与音译形式的相关性，大致可分为直接相关和间接相关两类。我们分别进行分析。

A. 直接相关

这种类型往往以“谐音音译”为主。由于音译本来只是记音，但是它的用字却兼具表义，这就是一种“音义双关”，也是译者的一种有意为之。同时，这种类型还经常具有特殊的语用效果，这正如张德鑫评说：“这类音义双关的音译词虽不免近似文字游戏，不易做到，却也难能可贵，有相当生命力。”① 举例来说，“绷带”（bandage）如果直接音译过来可以有多种形式，但是“带”点明了事物的本质属性，而“绷”既说明了功用，又给人一种“紧绷”的感觉，非常形象贴切。再如“引擎（engine）”，如果不标明它的外来词身份，仅从表面来看，这是一个由动词性语素构成的双音词，“引”指“牵引、引领”，“擎”是“向上托、举”的含义，二者语义联合起来实际上就是“engine”所具备的功能。虽然从语音对应的角度来说，“引擎”并不见得是最精确的，但却通过用字形象化地说明了引擎一词，从而降低了它的外来色彩，更易于人们理解。“谐音音译”是在记音的同时以整体为单位来表义，但是有时在译词的词形中会有一个或几个字也在间接表义，之前所说的“单纯音译”“半音半意”以及“音译+义标”中都有这样的例子，下面结合例子具体说明。

【图腾】

(1) 中国的姓颇与图腾近似。(李大钊《原人社会于文字书契上之唯物的反映》)

作为家族或部族标志的某种动物、植物或其他物体，是英语“totem”的音译形式，图腾最早源于旧石器时代的古印加文明，而此词大约在20世纪初期出现，最早见于1903年严复所作的《原富·译名表》。“图腾”中的“图”不仅语音对应音节“to”，它本身还暗含“图画、图像、图形”的意义，这与图腾所表达的语义有相吻合之处，所以被认为是一个非常好的译例，并且一直沿用至今。

① 张德鑫:《中外语言文化漫议》，华语教学出版社1996年版，第174页。

【白兰地】

(2) 酒有舍利、火克斯、白兰地、皮卤、香饼诸名目，每瓶自半元起，至五六元不等。(黄式权《淞南梦影录》卷四)

这是一种用葡萄、苹果等汁酿成的酒，源于英语“brandy”，此词也曾被音译为“罢阑地”，此外它的翻译形式众多，既有纯意译的，也有音义结合的，不一而足。“白兰地”之名得以在众多译名中脱颖而出并最终站稳脚跟，或与一次著名的广告征名有关。据说 20 世纪初某酒商曾出一上联“五月黄梅天”，为其征求下联，结果最佳对子便是“三星白兰地”，商家借此促销。从对联中“黄、白”对举的角度便可看出，“白”更倾向于表颜色的形容词，具有实义。事实上，“brandy”本身绝大多数都是用白葡萄酿造，所以与“罢阑地”等相较“白兰地”无疑更胜一筹。当然，除此之外，还有出于“好字眼”的考虑，这就属于下文要说的“义溢出”现象了。

【三明治】

指一种中间夹有火腿、肉、干酪等的面包片，源于英语“sandwich”。汉语中，其指称形式最早出现在张德彝（1847—1918）所著的《使英杂记》一书中，他将其译为“三堆之”。可以说，“三堆之”在译音的同时也考虑到了表义的问题，因为“sandwich”早期就是由两个面包片把肉夹在其中，从外表上看的确是“三堆之”。现在大家熟悉的“三明治”大致出现在 20 世纪二三十年代，如郁达夫《马缨花开的时候》：“低身钻了进去，上半身就像是三明治里的火腿，被夹在玻璃与窗帷的中间。”该词中“三”对应“sand”，间接地表达了“sandwich”的形态特点，“明治”对译“-wich”，在语音上也较为贴近原词。虽然“三堆之”在表义上更清晰，但是该词从外部形式来看与汉语十分接近，而且类似于动词性词组，容易造成误解，而“三明治”既考虑了表义问题，又凸显了它外来词的属性，这可能是它在竞争中能够脱颖而出的原因。① 现在“三明治”的译法多用于大陆地区，广东及香港地区在音译时采用了自身语音系统中和原

① 作于民国初年的《海外缤纷录》第十六回中出现了“三明治”一词：“二人好不容易找到了一个座头胡乱点了些‘三明治’等冷食。”文中的“三明治”用双引号标出，可见一是它在当时达不到通行的地步，二也能体现出它对中国人而言是一种“外来事物”。

词相近的汉字来记录，所以多称为“三文治”。

在翻译外来词的过程中，“音义双关”经常是有意为之的，如“芒果（mango）”，“果”对应音节“-go”，同时也代表了它所属的类别，令人一目了然。再如“加德满都（Katmandu）”中的“都”在表音的同时又恰巧点明了它作为“首都”“都城”的特性。但是，有的时候由于个别译字在汉语中具有强烈的表义性，这就极易产生误解，这种类型往往都体现在纯音译形式中的“地名”词上。

B. 间接相关

这种类型主要表现为三种形式，一是直接选用形声字，二是经历由非形声到形声的过渡，三是另造新的形声字。下面分别进行说明。

首先来看直接选用形声字。汉语中形声字的比例历来较高，东汉的《说文解字》中即占 9353 个字的 82%（7697 字），而清代《康熙字典》共收字 47035 个，形声字有 42300 个，约占总字数的 90%。[①] 由此可见，这种依形辨义的方式长期根植于汉语言文字系统中，人们在造词时也会不由自主地遵循这个原则，所以在翻译活动中，译者也可以利用这个特点有意形成引导，让人们可以更加方便地了解音译词所代表的含义，比较典型的有女性人名、植物名称等。例如“魁英（queen）”，“英”在先秦时期便有“花”义，可用于形容女性，如《诗·郑风·有女同车》：“有女同行，颜如舜英。”王奇也曾提到“草字头”偏旁常见于翻译女名的专用字，像“莉、莎、薇”都是高频的女性名用字。[②] 再如“雪丝黛”中的“黛”、“蜜斯”中的“蜜”、“安琪儿”中的“琪”等，都透露了明显的性别倾向。

其次，从某些音译形式的发展变化中能看出由非形声向形声的过渡，这种过渡往往体现在为某个音译用字添加表义偏旁。我们知道，汉字的表义特性从“偏旁”中可以觅得踪迹。在翻译的过程中，可以有意选取一些特定的“偏旁表义”的汉字，它们更助于语义的理解，从而降低外来词的陌生感。此外，有的外来词在翻译之初可能具有多种译法，但有表义偏旁的字往往更易于被汉民族所接受，译字间的相互竞争其实就是外来成分逐渐被汉语系统同化的过程。由于译字偏旁往往是起到标明语义的作

① 张旺熹：《对外汉语本体教学概论》，商务印书馆 2013 年版，第 264 页。

② 刁晏斌、邹贞：《基于计算的海峡两岸女性译名性别义溢出情况对比研究》，《云南师范大学学报》（哲学社会科学版）2014 年第 2 期。

用，而这恰恰是印欧语等源语言所不具备的特性，下面我们简单列举几类偏旁及相关译词。

【口字旁】

口字旁的汉字多与嘴、嘴的动作或语言等有关，其表义特性在很多译名用字上有所反映，以下举例说明。

咖啡：英语“coffee”的音译，自18世纪初期传入中国以后，音译形式众多，例如“哈非、加非、加菲、茄菲、架菲、架飞、迦非、考非、喀啡、加非茶”等。要从音译的准确性而言，“考非”似乎更好一些，而据对相关文献的统计来看，“加非”在19世纪中晚期最为常见。但是，不论是“考非”还是“加非”，对中国人而言其所指都是一种外来事物，所以为了表义的明确性，此后流行的“加非”二字分别添加“口”字旁形成的“咖啡”。该译词的字形提示功能非常明显：一见就可以大致推知所指属于“饮食”类。

与之类似的还有“吗啡（morphine）”“喹啉（quinoline）”“啤酒（beer）”等。“啤酒”是“音译+义标”形式，“beer”曾经被音译为“比”“皮”“碧儿”“比耳”等，但显然添加了表义偏旁“口”的“啤”在语义上更加明晰，所以最终得以存留。

【三点水旁】

“氵”字旁的字往往可以表示和河流、水、液体等有关的事物，这一点在译词中也有所反映。

冰淇淋：一种半固体的冷食，源于英语“ice cream”，这是一个半音译半意译词，“冰”意译“ice”，而“cream”在20世纪初期则有多种译法，如“积凌、其林、其琳、汽琳、汽凌、鸡宁、忌廉”等，从这些五花八门的音译形式不难看出，它们与实际所代表的事物之间联想距离都相对较远。“冰淇淋”大约出现于20世纪20年代末，如茅盾《子夜》中便有该词，由于“淇淋”的“氵”字旁可以间接表达出事物的特性，因而也逐渐取代了其他译法。

与之类似的还有“水门汀”“海牙”等。

【木字旁】

木字旁的字表示和植物特别是木本植物有关的事物，例如：

柠檬：一种水果，源于英语“lemon”。柠檬并非本土所有，从国外引进之后最早衍生出了纯音译形式“宁蒙”，但是它的表义并不清晰，甚至会产生“宁愿蒙受”的误解，而在原字的基础上添加“木”字旁构成新词“柠檬”，就自然而明确得多了。与之类似的还有由福建话译自马来语的“pinang”，它也在早期形式“宾郎”的基础上添加“木”字旁，构成了“槟榔”一词。

还有的表义偏旁虽然在翻译中出现的概率不高，但由其构成的音译词也能体现此类体征，例如“反犬旁”的字可以表示和狗或其他动物有关的事物，英语中有“mammoth”一词，它曾被译作“曼摩司”“满帽斯”，如果从音译准确性的角度来说，这两个词较为贴近原词，但是在 20 世纪 20 年代杜亚泉《动物学大辞典·动物界之概略》中直接将该词改译作“猛犸”。因为“曼摩司”等译名让人很难了解所指为何，而采用反犬旁间接表义，这样即使不能明确它的具体所指，但是至少可以知道它指的是一种动物。

再次，如果在汉语中找不到合适的音近字，或没有现成的汉字来记音，这时候就需要创造新字，这种类型也体现了译者的一种主观引导。罗常培曾就此指出：“外国语词借到中国后，本国的文人想把它们汉化，于是就着原来的译音再应用传统‘飞鸟安禽，水族著鱼’的办法把它们写作谐声字。”例如，汉语在汉代时从西域引进了“狮子”，由于中原地区没有这种动物，便暂用“师子”一名，后来为了不引起混淆，便新造形声字“狮”。与之类似的还有“宾郎—槟榔”“流离—琉璃”等。清末民初外来词中有一种类型基本全是新造字（表化学术语），并且多半采取形声造字的方式，鉴于前文已述，这里不多赘言。

4. 字的组合模式及相关规律

不管是哪种类型的音译用字，其实都要遵循一个普遍的原则，一方面，在几个同音字的竞争都要尽量挑选在汉语中比较冷僻的、语义较为单一的、不会带给大众误解的那些字；另一方面，尽可能通过这些相对少用的字，让大众对词语产生一种新异感，从中能体现它的异域色彩。

结合字义，苏培成《现代文字学纲要》对汉字做了简要的分类：第一种是一个字如果只记录复音节语素里的一个音节，这样的字不单独表示语素，也没有意义，如“葡、萄、徘、徊”；第二种是有些字有时表示语素，有意义，有时又不表示语素，没有意义，如“马拉松”中的“马”；第三种是字本身就能表达一个完整的意义，这样的例子很多，如“天、地、吃”等。[1] 周荐的观点与其类似，在他的论述中，这三类字分别用“无义字”“弃义字”和“有义字”来表示，由这三类字而形成的外来词模式共有六种类型。[2] 据我们统计，清末民初外来词的组合模式共有三种，结合这些字组合成词的基本模式，我们把音译用字的原则具体解释一下。

第一种类型是“有义字+有义字”，周荐提出“有义字”又可以分为“实义字”和“虚义字”两种，后者如“呢、着、乎”等。清末民初的外来词中没有出现虚义字，所以全部都是实义字的组合。这种类型主要出现在“谐音音译”类型中，虽然这类词的每一个组成成分也是译自外语，但它们兼具表义功能，所以也可以看作有义字的组合。例如前边已说过的“绷带”（bondage），“绷”和“带”都可以单独表示一个明确的意思，整个词义其实就是这两个有义字的语义组合。与之类似的还如“引擎、苦力”等。这种类型的用字有一个突出的特征：“记音”往往不准。由于它注重传义，需要尽可能寻找贴近原词表义的字组合成词，所以相对来说，很难做到对原词完全准确地记音。尤其是“谐趣音译”，如“黑漆板凳”“尖头鳗”等，虽然具有一定的语用效果，但与原词“husband”以及“gentleman”对比，语音差距还是较大的。

第二种类型“有义字+弃义字”或“弃义字+有义字”，前者例如“西非”，其中“西”是有义字，表示方向，做定语，起说明限制的作用，后面的“非”则是弃义字，如前所述，它是“Africa”的音译缩写。与之类似的还有“冰淇淋”等。在我们的统计范围内，“弃义字+有义字”的数量相对更多。再如“英尺”，“英”是“England”的音译缩略，它是弃义字，而“尺”是汉语固有，属于有义字。类似的还有“磅秤、啤酒、几维鸟、可兰经”等。我们发现，这种类型只出现在“半音译半意译”以及“音译+义标”形式中，其中的音译用字全部是弃义字。

第三种类型“弃义字+弃义字”，这也是外来词中最多见的组合模式，可以说，单纯音译词中绝大多数都属于此类。由于弃义字在汉语中本来都有意义，而为了尽可能地减少字义的干扰或误导，人们往往趋向于选择那些意义较少，或者是使用频率相对较低的冷僻字等。这点在国名、人名等

---

① 苏培成：《现代文字学纲要》，北京大学出版社 2004 年版，第 254 页。

② 周荐：《汉语词汇趣说》，暨南大学出版社 2011 年版，第 18 页。

上体现得尤其明显。例如：

老挝、孟买、缅甸、悉尼、耶稣、巴拉圭、匈牙利、菲律宾

像“挝”，虽然它早在古汉语中就已出现，义为“捶打”，但是自从有了“敲”“捶”等词之后，“挝”也逐渐失去了用武之地。所以现在用这个字形（语音发生了变化，之前是“zhuā”，现在是“wō”）作为“老挝”的音译用字，形式上的陌生感也会给大众一些暗示，隐约点明了它的外来身份。“稣”也类似，《说文》释之为“把取禾若也”。最早义为“复活”，同“复苏”中的“苏”。后来此义逐渐消失，而这一字形也较少使用，所以也属于冷僻字，这样，用于给外国人名记音就不易产生误解，因而优于当时其他音译用字“酥、舒”等。

还有的是通过汉字之间异于惯常的组合形式及关系来突显其来源信息。比如“孟买”，“孟”是姓氏，属于体词性词汇；而“买”是谓词的，二者无论从语义还是构词理据，按汉语的一般构词规则都不大能成立，因此更有可能属于“非我族类”者。与之类似的还有“巴拉圭”“悉尼”等。因而，这些音译用字的选择都可以避免由于多义而造成的误导。有一些音译用字由于长期使用，逐渐成为比较固定的音译用字，如“尼、拉、利、圭”等。

（三）音译对象

众所周知，语言符号在创制之初具有任意性，所以对于外来事物的命名一般也可以采取多种方式，如音译、意译、直接借形等。但是，在翻译的过程中，有一些外来事物可能更适合采取音译，这就涉及音译对象的问题，以下对此进行讨论。

1. 人名和地名

一般来说，人们在翻译过程中会对外来词语进行汉化，以尽可能提高其可理解以及可接受程度，但是人们对外文人名和地名，却往往趋向于保留其“洋味”，以音译的方式“转写”与记录其读音。例如：

人名：

亚脱拉斯—Atlas	耶稣—Iesous
亚当—Adam	撒旦—Satan

绝大多数人名仅是一种称呼的代号，所以一般只用音译形式即可。除非原名具有特定的内涵，才会考虑采用其他方式。例如“Sphinx”，源于古希腊神话，即我们今天所说的“狮身人面像”。它在克罗齐《十九世纪

欧洲史》中被音译为“斯芬克斯”，但由于它本身是一头狮身怪兽，所以后来也被译作“史芬克狮”，包含了一定的意译因素。不过总体来说，绝大多数人名都采用了纯音译的形式。

有时，某些译名如果与原语对比，其发音并不见得准确，但由于产生较早，而且可能得到了大众的普遍认可，所以仍沿用此名，这也属于一般常说的“约定俗成”。例如，明代万历年间来华的意大利传教士利玛窦（Ricci Mattnew），其名如果直译为中文当为“玛提欧·利奇”，但是现译名“占位”在先，所以也就一直流传下来。

在人名翻译时，一般通常有两种取向，一种是早期较为多见的做法，而今依然保留在港台地区，称为“归化式”，即尽可能地靠近中国人的名字，首字尽可能选用中国的传统姓氏，音节尽可能以三为限，上文提到的“利玛窦”即是如此。以19世纪来华的外国传教士为例，一些较具代表性的人物，如马礼逊、卫三畏、丁韪良、傅兰雅、林乐知等，均以汉族姓氏作为译名的首字，这多半具有归顺或取悦的目的。而且，从这些译名中也能看出译者尽量向中国传统文化靠拢，甚至与之融合的痕迹。例如Morrison，除去以“马”为姓外，其余两字的选择，也意在表现中国文化中“知礼”“谦逊”的精神；再如Fryer，除去“傅”姓以外，其名仿佛透露出“如兰花一般雅致”的意味。由此可见，这些人名的翻译是比较彻底地以汉语及中国文化作为基准的，体现了一种强烈的“归化”倾向。

另一种取向在后来更为多见，今天主要多用于中国大陆地区，此法注意区分彼此，有意突显其“非我族类”，只记音，不刻意用中国姓氏（甚至避免使用），对音节的处理也大致如此。例如美国前总统Ronald Wilson Reagan，大陆地区译作“里根”，香港译为“列根”，台湾译作“雷根”，新加坡则译为“李根”；再如著名的“铁娘子”（即英国前女首相Margaret Hilda Thatcher），大陆地区译为“撒切尔”，香港译为“戴卓尔”，而台湾则为“佘契尔”。事实上，台湾译作“佘契尔”颇有讲究，除了有上述照顾姓氏的原因之外，也在于它能激起人们的联想和类比。因为一提到“佘”姓，中国人往往会想到岳飞的母亲佘太君，她巾帼不让须眉，“岳母刺字”的故事广为流传，而撒切尔夫人也属于女中豪杰，所以用“佘”为姓，应该不乏类比的意味。其实，大陆地区在人名翻译上也经常有用心之处，例如在抗美援朝时期，联合国军的总司令是Matthew B. Ridgway，最早的汉译名为“李奇伟”，从字面来看给人一种伟大、卓越的感受，但事实上，作为敌对方，这个译名难免有“长他人志气”之嫌，于是后来被改为“李奇微”（即特别渺小），由这个译名的变化也可以大致窥见译者在翻译过程中的微妙立场、心态等，而这往往是一般外国人所难以体悟到的。

此外，人名翻译还比较普遍地存在性别“义溢出”现象。例如“夏娃”，其中“娃”是“女”部字，因而有着很明显的性别提示意味，而实际上，“娃”也大量用于女性译名。再如，由近代翻译家林纾译于1895年的《巴黎茶花女遗事》，其中男主人公 Armand Duval 被译作“亚猛著彭”，该译名中的“猛”也带有很明确的性别特征。不过，这个译名读起来比较拗口，另外有几个用字后来不常见于译名（如“猛”“著”），所以在后来数次重译中没有保留下来（现今通行译法是“阿尔芒·杜瓦尔”）。林译中的女主人公 Marguerite Gautier 被译作“马克格尼尔”，这个名称从表面上看很难分辨出性别，尤其后文基本简写为“马克”，感觉更偏男性化，所以后来的译本一般译作“玛格丽特·戈蒂埃”。其中“玛”从王，表玉石，汉语中用“玉”部字作为女性名字的例子比比皆是，如“琳、环、玫、瑰、珍、珠、玥、玲”等，很显然比中性的“马”更具有女性气息。此外，“丽”表女性美丽、漂亮的用法古已有之，所以也是女名常用字。从不同译法的历时发展来看，音译形式所透露的性别信息也是决定译名更替的重要因素之一。

本阶段，有很多音译人名仅在一部文献中出现过一次，后世也未再现，但是它们不仅数量众多，而且体现了当时人们的一些翻译倾向，所以列举如下：

阿采巴希甫、爱克那顿、爱理亚、安得列夫、安特罗、巴苦宁、巴奈德、巴斯德、白里安、摆伦、班乐卫、般哈提、般纳德、邦齐、鲍也尔、倍尔氏、勃拉斯、卜罗斯、布格逊、布兰兑司、曹痕、查理士伽兰、戴香纳、邓南遮、狄式尔、都介涅夫、恩斯登、费伦巴克、佛洛特、福达、福罗贝尔、福许、甘尼地、刚巴斯、哥力尔、哥密斯、格莱戈里、格莱蒙棱、谷虚、哈定、海格尔、汉姆兰德、何尔穆斯、何威尔斯、赫格尔、霍士敦、基尔特、加巴特、柯洛涟科、柯洛斯、克次、拉门德、莱脑尔、蓝格尔、蓝塞谟、劳特乔治、栗泊士、罗持、罗泠斯、马尔桑斯、马沙利克、玛克罗亚、曼兑尔、梅德林克、米勒兰、莫理斯、娜耶、诺士克立夫、诺斯克里甫、欧士白格、批尔苏特斯基、濮兰德、芮恩施、瑞倪客、塞根、桑泰耶拿、沙宁、斯宾塞耳、梭罗古勃、所孚罗纽斯、台莪尔、台谋卡耶、文得尔班、乌胥、希尔台勃兰、希斯洛伯、显克尔敦、须林娜、英哲尔士

地名：

牙买加—Jamaica　　尼加拉瓜—Nicaragua

威尼斯—Venice　　阿尔巴尼亚—Albania

以上这些地名都是典型的单纯音译词。相对意译而言，音译地名的优点在于，能够使得原语和译入语的双方都能听懂，并且也利于第三方听懂，所以具有更高的适用性。由于这种类型只考虑记音的因素，再加之此期对地名的翻译也没有统一标准，这导致一名多译的现象比较普遍。清末《皇朝经世文新编续集》卷十六中曾开列“各国都城地名译音异同表”，在表前对不同的音译形式有过这样的说明：“译音必有定值，笔述者与口述者，其所操方音平时各有不同，则无定，稍有不同亦不能定……即中国人与中国人语所生殊乡，则虽同一字而喉腭舌齿唇之间高下轻重清浊缓急已必不齐，故译者译音有歧，翻者有歧，切者大抵歧于西字拼合之曳声。”①说明了由于译者“方音不同”以及“汉语与西字的差异”而造成的翻译歧异问题。下面，我们列举几例同一地名的不同音译形式（前面是今译，后面是当时的音译形式）：②

曼谷—曼谷、万国班、考克邦、勾克邦、哥滨角、宾可克、万郭、盘谷

雅典—雅典、鸦典、亚颠、亚的架、亚典、亚德纳斯

巴黎—巴黎、巴梨斯、巴里斯、巴利、巴里、巴勒士、帕尔勒士、巴勒

伦敦—伦敦、伦顿、兰墩、兰顿、兰林多、伦登

马德里—马德里、地莫勒特、莫珠尔、马得力、麦得立、马得里、吗得黎

华盛顿—华盛顿、华兴顿、洼申顿、瓦升顿、瓦兴腾、瓦乘敦

里斯本—力斯本、里斯本、里斯玻亚、力士门、勒们、力斯朋、利士本、里西波亚

---

① 引自“汉籍全文检索”语料库中《皇朝经世文新编续集》。

② 由于篇幅所限，这里只列举歧异形式在五个以上的地名。

由以上词例可以看出，即使是从纯记音的角度来翻译，同一地名仍会产生多种不同的形式。事实上，在“各国都城地名译音异同表”中，有歧异形式的地名比例超过半数，个别地名的不同音译形式甚至有 10 个以上，所以，使得某一译名能够在众多形式中“脱颖而出”的规律是值得探讨的。

首先，与人名类似，地名翻译也要遵循“名从主人”的原则，例如“Paris”，如果依照英语的发音，“巴梨斯、巴里斯”可能更加准确，但它是法国地名，自然要以法语读音作为翻译标准，所以今天译作“巴黎”。同样地，“马德里”（西班牙语）、“意大利”（意大利语）的音译都是以该国发音为准。

其次，地名翻译虽然倾向音译，但毕竟这是译者的一种主观活动，有的地名会适当美化，有的则正好相反。例如“Holland”，清至民国时期，它主要有两种音译形式“和兰”与“荷兰”，二者从表音的角度来说完全一致。相对来说，“和兰”产生时间更早。明万历年间《崇相集选录》对“和兰”有这样的介绍：“红夷，自古不通中国，与佛郎机接壤。时驾大舶，横行爪哇、大泥间。及闻佛郎机据吕宋，得互市香山澳，心慕之。万历二十九年，忽扬帆濠镜，自称‘和兰国’，欲通贡……”①众所周知，“夷”在中国古代是汉族人对外族人的一种蔑称，由于荷兰人“长鼻赤发”，因而被称为“红夷”。从这个称呼和上文论述可以看出，当时中国人对入侵中国的荷兰人抱有一种既鄙夷又厌恶的态度。作为单纯音译词“和兰”，虽然与原词的读音较为接近，但由于“和”在古汉语中即有“和平、和谐”之义，显然与当时人们对“Holland”的认知不符。从译者的主观立场出发，同音形式“荷兰”相对偏中性，虽然产生较晚，但在 19 世纪的文献中已有逐渐取代“和兰”的趋势。再如“意大利”和“义大利”，“义”自古便有“道义、义气”的含义，所以“义大利”带有一种“美化”的意味。但是，随着近代资本主义列强入侵中国之后，“意大利”这种偏中性的翻译更适合表达人们对“Italy”的主观态度，这可能也是后者逐渐取代前者的原因之一。不过，今天台湾地区仍沿用“义大利”的翻译方式。

值得注意的是，一些大国的初期译名都带有不同程度的美化，例如

① 引自“汉籍全文检索”语料库中《崇相集选录》。

“美利坚”“法兰西”“英吉利”“德意志”等。虽然前文提到可以采取一种特殊的“造译”，通过在原始字上添加“口字旁”来表达主观倾向，但从最初的选字上可以看出译者还是刻意挑选了一些表“美称”的字。事实上，这体现了译者的一种矛盾的心理，一方面，人们对外来侵略者势必抱有一种鄙视憎恶的情绪，但另一方面，从音译名称上也隐约透露了一种“以洋为美”的心态。与之相对的，一些小的或者不起眼的国家或地区，它们的译名不仅不会带给人美感，甚至还会有相反的取向。例如，“危地马拉、厄瓜多尔、不丹、老挝、莫三鼻给、怯尼亚”等，其中都有倾向表达“不好、否定”义的字眼，虽然若干译名从语音角度来说还是较为贴近原语的（如“莫三鼻给”），但从中也能感受出当时中国以“天朝上国”自居，对其他小国的一种轻视态度。在这些译名中，只有“莫三鼻给”和“怯尼亚”20世纪60年代在周恩来总理的指示下进行了整改，分别译作“莫桑比克”及“肯尼亚”①，其余基本仍保留原始译名。

除了上述单纯音译词外，还有一部分地名取“半音半意”形式。较为典型的如“新西兰”（New Zealand），其中“new”采取意译形式“新”，“Zealand”则音译为“西兰”。西源外来词中有很多包含“new”的地名，尤以美国居多，多以“新”译之。美国早期曾是欧洲列强的殖民地，所以最早到达美国的欧洲人（主要是英国人）通常以自己的家乡前加“new”为当地命名，例如“新奥尔良”“新伯尔尼”“新贝福尔德”“新墨西哥”等。但是，美国加new的地名中也有采取音译方式的，如“纽约”“纽黑文”“纽瓦克”等。这种不一致的情况可能是出自不同人之手，而且并未经过统一的规划。另外，在大陆与海外也大多存在音译与意译两种形式，如上文提到的半音译半意译的“新西兰”，港台及海外地区采用全音译形式“纽西兰”。

与音译人名类似，此期音译地名也是数量众多，我们再简单列举数例（主要选取的是与今天大陆地区定名不同的译名）：

巴奈马、非立滨、加那大、来因、莱多尼亚、露西尼亚、门的内哥罗、那威、乔治亚、新嘉坡、匈加利、亚尔巴尼亚、亚美尼亚、不鲁日、阜姆、嘉布多拿克、曼彻斯打、苏彝世、吐尔沙、韦玛、维尔诺、亚丁、爱菲耳塔、白林海峡、比萨拉比亚、伯慕大、鄂穆斯克、菲济、费拉德费

① 转引自漆菲《外国政要译名背后的故事》，《共产党员》2010年第6期。

亚、甘萨斯、曷兰、加勒本、加塔洛尼、拉塞尔、劳伦、鲁易夕安那州、马都拉岛、美索波太迷亚、蜜失失必、牛约、石勒斯维格、斯堪的纳维亚、亚尔萨斯、亚拉巴马州、亚拉伯、亚罗亚、耶普、英厘安那州、直波罗陀

2. 度量衡单位

单位词也就是常说的量词，一般包括“名量词”和“动量词”两类，其中前者中有一类专门表示度量衡单位，它们绝大多数倾向于纯音译的方式，但也有例外，我们对此进行了归纳汇总，详见表十八。

表十八　　音译单位词及相关情况统计

<table>
<tr><th colspan="2" rowspan="2"></th><th colspan="2">单纯音译</th><th colspan="2">音译+义标</th><th colspan="2">其他</th></tr>
<tr><th>词例</th><th>数量</th><th>词例</th><th>数量</th><th>词例</th><th>数量</th></tr>
<tr><td rowspan="3">度量衡单位</td><td>单音节</td><td>安、磅、打（dá）、吨、法①、开、迈、欧</td><td>8</td><td></td><td></td><td></td><td></td></tr>
<tr><td>双音节</td><td>嗌格②、安培、盎司、达因、加仑、焦耳、库仑、欧姆、品脱、瓦特、法拉</td><td>11</td><td>英尺、英寸、英里、英两、英亩</td><td>5</td><td>西西</td><td>1</td></tr>
<tr><td>三音节</td><td>卡路里、蒲式耳</td><td>2</td><td></td><td></td><td></td><td></td></tr>
</table>

从表中我们可以产生以下几点认识：

首先，在这些度量衡单位中，双音词的数量是最多的，虽然单音节词也不少，但“安、打、法、欧”均是双音节音译单位词的简缩形式，而且无论哪种音译类型都是如此，“音译+义标”以及“其他”两类中甚至只有双音节词。从语言经济性的角度来看，应该尽可能用更精简的形式来表义，三音节词与单音、双音相比，显然更加复杂，也会加重记忆负担，这可能也是其数量最少的原因。值得注意的是，像“卡路里”这样的复杂形式在今天已经有了单音缩略形式“卡”，并且还能构成新词，如“大卡”，它指的是1千卡，而“蒲式耳”则没有产生单音缩略形式，这一差异应该主要由二者的使用频率不同决定的。

① “法”即“法拉”，英语“farad”的音译简称，乃导体之电容之单位。

② “嗌格”即“英亩”，是英语“acre”的音译形式。

其次，从单位词所对应的内容来看，度量衡单位主要集中在物理学领域中，现代物理学有四个主要的分支“力、热、光、电”，在引入相关理论的同时，首先应该明确的就是和物理相关的单位，如：

力的单位——达因

热的单位——焦耳、瓦特、卡路里

电的单位——法（法拉）、欧（欧姆）、安（安培）、库仑等

此外，还有一系列与日常生活相关的度量衡单位，如：

表长短单位——英尺、英寸、英里（迈）、英亩（嗌格）

容积单位——品脱、西西

重量单位——盎司、英两、磅、吨

3. 货币名称

据我们统计，清末民初引入的外国货币名称也倾向于单纯音译的方式，这样的外来词共有 7 例。此外，还有 2 例由“音译+义标”结合而成，即“美元、美分”；还有 1 例是由两个音译成分利用汉语构词法结合而成，即“英镑”。所有的货币名称均为双音节词。表货币的外来词和与外国的通商有着密不可分的关系，从货币所属的国家中也能看出端倪。例如：

英国货币——便士、英镑

法国货币——法郎

俄国货币——戈比、卢布

德国货币——马克，早期还有“分尼”

意大利货币——里拉

印度货币——卢比

美国货币——美元、美分

众所周知，中国与西方的贸易往来由来已久，最早可以追溯到西汉时期的“丝绸之路”，在清政府实行闭关政策之前，各朝代政府都是鼓励对外经贸的，这也使得中国封建经济十分发达。但是，随着西方资本主义萌芽的发展，对外经济侵略扩张，尤其是 18 世纪以来，中国对鸦片的需求增高，也逐渐导致了中国对外“贸易顺差”的转变，西方列强大量倾销商品，这些经济侵略活动也促进了货币的流通。以英国货币为例，英国发动了第一次鸦片战争，它对中国的经济掠夺也是影响至深的。例如，当时既有表示大额的“英镑”，也有表示小额的“便士”，单就“便士”而

言，当时译名形式众多，基本可以分为两类：一是译自“penny”（即单数形式），如“便尼、佩尼、喷尼、边尼”等；二是译自“pence”（即复数形式），如“本斯、边士、片士”等。货币分类之所以如此精细，自然是出于语言表达的需要。再以印度货币为例，19 世纪，东印度公司在孟加拉取得了鸦片贸易的独占权，虽然受到了中国政府的抵制，但仍屡禁不止，出于贸易的需要，印度的货币也进入到了中国市场，随之产生了外来词“卢比”。[①] 通过对以上这些货币名称的引入背景的考察，我们可以对当时的经济生活有更深刻的认识。

4. 材料名称[②]

材料是人类文明的物质基础，从某种意义上来讲，人类的历史可以说是人类利用材料的历史。受到清政府闭关锁国政策的影响，很多国外出现的新兴材料难有机会进入中国。20 世纪初，材料发展已经从单纯利用火制造转入了利用物理、化学原理合成的阶段。对于当时的中国社会来说，没有办法对外来材料予以科学的解释，自然很难利用意译法造词。据考察，清末民初的材料词并不算多，仅有 6 例，但却分属于几个不同的领域：建筑材料包括“马赛克（mosaic）”、“水门汀（cement）”；能源材料有“凡士林（vaseline）”；工艺材料有“赛璐珞（celluloid）”；金属材料有“铂（platinum）”等。苏新春《现代汉语分类词典》中把“材料”共分为 8 大类，上述 5 例外来材料词已经占据了 4 类，可以说引入的材料还是具有广泛的应用性的。

以上几种类型之所以多用音译，可能是因为以下几个因素：首先，这几种类型均属于专有名词，它相对普通名词而言，更需要与原语所代表的事物紧密契合，但这些事物往往是汉语中所缺少的，针对这种情况，以音译的手段进行翻译可以最大限度保留原语的信息；其次，这几种音译对象多半具有较强的抽象性，具体含义不清，尤其是人名、地名，本身甚至没有太多的意思。像这样的音译对象也是很难意译的，所以音译便成为最适宜的手段。

---

① 东印度公司，全称为“可敬的东印度公司”（The Honourable East India Company，不列颠东印度公司或“英国东印度公司”，British East India Company，BEIC，HEIC）。1600 年 12 月 31 日英格兰女王伊丽莎白一世授予该公司皇家特许状，给予它在印度贸易的特权而组成，主要领地孟加拉当时还未从印度分离，所以货币单位仍然是“卢比”。

② 以下材料分类均参考苏新春《现代汉语分类词典》，商务印书馆 2013 年版。

(四) 汉民族的文化心理

在翻译学中，有“归化”（adaptation）一词，指的是“译文以目的语或者译文读者为归宿”[①]。换句话说，译者在翻译过程中，应该尽量挑选适于目的语读者理解的方式，这样可以最大限度消除源词的外来色彩。此外，语言是文化的载体，随着外来文明的不断涌入，新兴外来词也逐渐增多，但这并不意味着要不加选择全盘吸收，外来词的生命力很大程度上取决于它与汉民族文化心理的契合程度，这正如葛本仪所说，“在语言产生之后任何词的产生都是人们思维活动和语言材料结合作用的结果。”[②] 我们知道，语言作为一种自组织系统，它的演变、发展乃至消亡都不是置于真空之中，汉语在吸纳外来词的过程中，汉民族特有的思维和文化心理总是左右着语言的走向。中国的传统文化以多种形式存在和延续，已经内化为中国人的文化心理和性格，沉淀成一种文化遗传基因。这种文化遗传基因根植于每个中国人的心理图式之中，像过滤器一样，下意识地过滤掉那些与他们积累起来的传统文化心理基因相异或者相斥的信息，而相同的部分则会顺理成章地进入汉语系统中，有时甚至很难发现它的外来色彩。可以这么说，人们所创造的新词作为一个语言实体，它就是人类的思维活动在语言符号系统内的真实反映，就如同棱镜一般，新词便是“客观事物通过人的认识折射到语言中的影子”[③]。下面我们便从汉民族的思维方式和文化心理方面进行讨论。

1. 正名思想

关于“正名思想”，孔子早在《论语》中便有这样的论说：“名不正则言不顺，言不顺则事不成。”后来墨子从认识论的角度延续了“正名”观点，认为：“瞽不知黑白者，非以其名也，以其取也。”也就是说，瞎子之所以不识黑白，并不是不会说这两个词，而是不能从现实中“选取”出黑白的事物。由此可见，“正名”思想要求在造词的过程中不仅要名实相符，更重要的是据名求实，形神兼备，让人一览便知。清末民初的西源外来词中不乏体现“正名”思想的词例，例如：

---

① 郭建中：《翻译中的文化因素——异化与归化》，《外国语》1998 年第 2 期。

② 葛本仪：《汉语词汇形成的基础形式》，《山东大学学报》1997 年第 3 期。

③ 刘兰民：《试论影响汉语造词的因素》，《语言文字应用》2005 年第 1 期。

【维他命】

（1）紫光是维他命（vitamin）D、鱼肝油及鸡蛋，都富有这种品质。（黄成中《雏鸡的研究》）

“维他命”即维生素，源自英语“vitamin”。当时还有另一个音译形式“维太命”，但显然不如“维他命”那样，能够更明确地凸显这种物质的重要性，因为二者具有“非指人”和“指人”的差异。“维他命”在记音外还兼具表义功能，正好符合“正名”思想。试想一下，即使一个人对“维他命”完全陌生，他也会从字面上大概推知其功用，即“维持人体的生命活动”，而“维他命”的确是人类生存必不可缺的元素，因而这一译名十分生动形象，是准确记音又明白达意的典范。“vitamin”后来还意译为“维生素”，二者在现代汉语中都在出现，只是在使用社群上有所不同，“维他命”现在多用于港台地区。

有趣的是，在今天的一些食品、药品和化妆品中，广泛出现了“维他”这个形式，例如“北京天天维他保健食品有限公司、深圳维他（光明）食品饮料有限公司、维他营养及防晒系列产品、21金维他、维他奶、小护士维他营养霜、维他纯蒸馏水、维他麦、维他滋养因子、维他面、维他型、胆维他、维他免疫素、维他宝、维他健、维他纤维”等。[①] 这里的“维他”作为一个语素使用，它从表面看是对汉语音译形式“维他命”的简缩，实则不然。事实上，“vitamin”一词在语源学中可以拆分为拉丁语中的“vita”+“min”（源于“amine”）[②]，其中“vita”就是今天英语中的“vital”一词，表示的是“维持生命所必需的”，可见，“维他”就是对“vita”的音译。像现在英语中也有“vitamilk”“vita coffee”等，可见也是把“vita”当作一个构词语素的。

【曼谷】

地名，译自英语“Bangkok”。前文已述，地名的音译有时会因汉字的表义属性而产生误导，如“葡萄牙”等，但“bangkok”的译名恰恰是利用这个特点的佳例。“谷”《说文解字》释为“泉出通川”，后代语义

① 刁晏斌：《现代汉语史》，福建人民出版社2006年版，第103页。

② 引自 Online Etymology Dictionary，http：//www. etymonline. com/index. php? allowed_ in_ frame = 0&search = vitamin。

也没有太大变化，所指一直比较固定。用“谷”对译音节“-kok”，表音的同时也兼表义，即使不明此词的人也能大致推断“曼谷”是一个表地点的名词。关于该词的选字理据，林则徐《四洲志》曾有这样的描述：“暹罗（即今天泰国）建都于曼谷，两面皆山，一宽长大之谷也。”由此可见，该词准确地体现了“正名”思想对于事物命名的要求。

但是，还有一些外来词在引进之初用字不够精准，或者名、实之间的距离比较远，这样的词就很难说符合“正名”思想。如果在当时没有其他合适的译法，那么随着使用频率的增加，或许可以成为语言的约定俗成，一直留存到现代汉语中。不过，如果一旦出现其他译法与其竞争，那么它多半摆脱不了被淘汰的命运。例如：

【水门汀】【水泥】【洋灰】

(2) 坚硬的木履踏在水门汀的月台上，汇成一片杂乱的噪音，就好像有许多马蹄的声响。(郭沫若《残春》)

(3) 水泥，西人名塞门得土，华名红毛泥。(张之洞《劝学篇·外篇·农工商学》)

(4) 澳外风浪极大而澳内平稳如故，叠石灌以洋灰，所费不赀。(沈翊清《东游日记》)

三者均源于英语“cement”。水泥输入中国是在清末，开平矿务局曾在煤矿附近设立水泥厂，光绪三十二年（1906）让给华商经营，更名为启新洋灰厂。由此可见，最早占据统治地位的应该是“洋灰”，由于它是从外国传入，所以还一度被称为“红毛泥”。“水门汀”和“水泥”，前者属于音译词，源于上海的“洋泾浜”式外语，后者是意译词。虽然“水门汀”是音译，但由于“cement”本身就是加水的泥浆状物体，所以其首音节“水”多少带有一些表义属性，这要比同时期其他纯音译词，如“四门町”等好一些。不过，在与“水泥”的竞争中，“水门汀”从字面上看仍然很难与它所代表的事物相联结，所以逐渐被“水泥”取代。至于“洋灰”，它固然也是意译名，但作为一个偏正式词，其中心语“灰”很难体现出事物的本质属性，而且在20世纪50年代及以后，也摒弃了许多带“洋”的称呼，所以虽然它使用时间较长，但最终还是退出了历史舞台。值得一提的是，香港地区将“cement”译作“石屎”并且今天仍在使用，从类型上来说，它应当属于音义兼译的类型。

2. 形象性思维的特点

对于汉人的“形象性思维”，法国学者安德列·勒鲁瓦·古昂曾有这样的论述：“汉语符号的并置创造的不是句子，而是一组有意味的意象，意象的张力充满了暗示的意义。”① 与西方人重视理性和逻辑相比，汉人更倾向从形象的思维去关注客观事物。现代汉语词汇系统中到处可见形象思维对造词活动所遗留的痕迹，如形容词“雪白”“红彤彤”“绿油油”等便是实例。再如中国传统文学中善用的“通感”修辞，举例来说，《礼记·乐记》：“故歌者，上如抗，下如队，止如槁木，倨中矩，句中钩，累累乎端如贯珠”，孔颖达《礼记正义》对此做了简要的解释：“声音感动于人，令人心想其形状如此。”这就是把听觉和视觉互相打通的实例。

此外，形象性思维也与“联想距离”有关，后者指的是事物本身和人们对其进行联想的距离。但是，在汉语中并非是联想距离越近的词就越容易生存下来，由于先人注重对语言符号的形象性理解，所以有些看似联想距离较远的词也能在竞争中脱颖而出。例如现代汉语中有一类结构特殊的偏正式复合名词，如“人海”“法网”“虾米”等，它们与一般偏正式不同的是，其中心语素都是前语素，后语素对前语素起到修饰的作用。从两个语素的联想距离来看，我们以“人海”为例，“人”的联想空间很大，所以它能激活的区域非常广，而“海”与人的相关度并不是很高，所以联想距离也较远。但是，“海”本身具有一定的修饰性，所以如果把“大的、数量多的”这样的语义加入构词中，两个语素的相关度便可建立，表示“像海一样数量多的人”②。对于外源词的翻译也是如此，我们知道，翻译的过程是译者的一种主观思维活动，那么汉民族特有的“形象性”思维便会对译词造成直接或者间接的影响。直接影响体现在，当人们选用记录语音的符号时，会尽量挑选那些与源词相关联的且具有形象性的汉字，从而使得读者能迅速从音译符号本身联想到它的形象特性，进而把握它所代表的事物及概念；间接影响则体现为，当众多译词一并出现时，形象性思维则会不自觉地做出评判和筛选，有些新异的译法在最初阶段可能只是一种临时性组合，但是往往因为生动可感，所以反而能得到大

① 安德列·勒鲁瓦·古昂：《手势与语言》，马萨诸塞技术学院出版社 1993 年版，第 207 页。

② 徐正考、张烨：《一种结构特殊的偏正式复合名词》，《苏州大学学报》2011 年第 5 期。

众的青睐。

【霓虹灯】

(5) 五光十色的霓虹灯，日新月异的商店样子窗装饰，加之以鲜艳夺目的广告图案、书籍封面、货品装潢，随时随地在那里刺射行人的眼睛。(丰子恺《商店艺术》)

“霓虹灯”是电灯的一种，源于英语“neon”。它本身属于“音译+义标”类型，在音译形式“霓虹”的后面添加汉语类名“灯”而构成，但它同时又能体现形象性思维的特点。何谓“霓虹”？其所指就是彩虹。元朱凯《昊天塔》第一折：“空锁着一股怨气，做不的万丈霓虹。”霓虹灯闪烁时的样貌恰如天空中五颜六色的彩虹，甚为美丽，所以用“霓虹”音译“neon”，仿佛在人们面前架起了一座七色虹彩，译音又达意，而且形象生动，所以这也远较它的另一个译法“年红灯”要好得多。

【乒乓球】

(6) 一直是琮琮地响着的乒乓球，突然都寂静。(茅盾《虹》六)

乒乓球是一种球类运动项目，该运动最早起源于英国，并曾被命名为“table tennis”。“tennis”指网球，所以从外部形式来看，它可以被仿译为“桌上网球”。(现在日本和中国台湾地区仍用“桌球”表示“乒乓球”。)后来，一位美国制造商根据打球时撞击的声音创造出“ping-pong”一词作为新的名称，但并非正式用语。该运动在20世纪初传入中国，不过首先为中国人所接纳并借用的反而是“ping-pong”一词。这一方面是由于汉语中本来就有发音类似的拟声词“乒乓”，更重要的是，“乒乓球”很符合汉人的形象思维取向。我们知道，造词是人类特有的活动，它一定要符合某个民族的审美意趣才能存在，正如钱钟书先生所说：“在日常经验里，视觉、听觉、触觉、嗅觉、味觉往往可以彼此打通或交通，眼、耳、舌、鼻、身各个官能的领域，可以不分界限。”① 这就类似于文学领域的

① 钱钟书：《旧文四篇》，上海古籍出版社1979年版，第51页。

"听声类形"。试想一下，当听到球类撞击在桌子上的"乒乓"声，是不是眼前也会浮现出小球迅捷、轻灵的上下翻飞的形象画面？

3. 重"直觉"和"意合"的思维特点

中华民族从儒家开始便重视"直觉"和"体悟"，而西方则更倾向于理性思维，所以比较注重形式性和逻辑性。柏格森《形而上学导论》中认为："直觉就是一种理智的交融，这种交融使人们自己置于对象之内，以便与其中独特的，无法表达的东西相符合。"[①]也就是说，"直觉"思维并不需要词语具有明确的形式和标记特征，它更多是靠读者与语词承载的内涵之间的如同"顿悟"式的沟通。

此外，汉语不同于英语的一个很大特点是，前者为"意合"型语言，后者则倚重"形合"。王力指出："汉语复合句之间有时候有一二个虚词表示它们的连带关系，有时候，它们之间的联系却是以意会的，叫做'意合法'（parataxis）。"[②] 所谓"形合"（hypotaxis），是指借助语言形式手段（包括词汇手段和形态手段）实现词语或句子的连接，注重意义上的连贯（coherence）。这个特点反映到翻译源词时也同样具有制约和选择的作用。换句话说，汉语语素的结合不需要太多形式上的考虑，往往几个构词语素在语义上具有相关性，就具有了搭配的可能。这种语法形式上的简约性一般通过"意合"过程中的语境来填补。例如，叶蜚声、徐通锵曾举"谢幕"为例，《现代汉语词典》释为"演出闭幕后观众鼓掌时间，演员站在台前向观众敬礼，答谢观众的盛意"。它包含的众多内容只用了两个重要的点"谢"和"幕"就表达出来了，可见，在语境的帮助下，汉语语素的结合更加灵活自由。有一些好的音译词，也能在一定程度上体现这一特点。

【幽默】

（7）Humor，有情滑稽；幽默。（《英汉对照百科名汇》）

"幽默"指有趣或可笑而意味深长，源自英语"humour"。汉语中本有表示"滑稽"或与之相关的词语，例如"诙谐""嘲""谑""讽"

① 柏格森：《形而上学导论》，商务印书馆 1969 年版，第 3 页。

② 王力：《汉语语法纲要》，新知识出版社 1957 年版，第 144 页。

“调侃”等，但都很难表达“幽默”那种隐含的语义。1906 年，王国维直接将“humour”音译为“欧穆亚”，但并未展开论述，此译法也没有得到广泛的认可。事实上，“幽默”一词早就存在于古代汉语中，如屈原的《九章·怀沙》：“眴兮杳杳，孔静幽默。”不过这里的“幽默”指的是“寂静无声”。直到 1924 年，“两脚踏中西文化，一心评宇宙文章”的林语堂在《晨报》副刊连续撰文，将“humour”音译为“幽默”，相当于在汉语原有词形上添加了新义。其实，该译名如果单纯从字面来看，很难体会到内中深意，但是汉语构词重“意合”的特点是其选择的重要依据。这也正如林语堂在《答青崖论幽默译名》一文中提到的：“凡善于幽默的人，其谐趣必愈幽隐，而善于鉴赏幽默的人，其欣赏尤在内心静默的理会，大有不可与外人道之滋味，与粗鄙显露的笑话不同。幽默愈幽愈默而愈妙，故译为幽默。”① 由此可以看出，该词的深刻蕴涵如果从形式或逻辑的角度来看，其实是很难一时言明的，但是从中可以挑选出两个最具有典型性的字眼，利用一种“直觉”或者“顿悟”，无须遵守严格的形式要求便可表达出这种引人玩味的含义，可见是表音又兼具传义的典型范例。林语堂本人在多年后的《八十自叙》一文中，还单辟“幽默”一节，并自豪地宣称：“我创造了幽默这个译文，大家都叫我幽默大师。”②

【逻辑】

(8) 逻辑，犹吾国之名学也。(胡以鲁《论译名》)

“逻辑”指一种思维的规律，源于英语“logic”。此词的译名在我国历经了好几个阶段才得以最终确定。首先，17 世纪末，耶稣会的传教士曾介绍了一些这方面的知识，如艾儒略《职方外纪》中便有过相关论述，但由于缺乏相应的术语，艾儒略只能用纯音译的方式“落日加”来表示，并对此做了简单的解释，即“辨是非之法”。随后，傅泛际和李之藻在《名理探》中创造了一种意译形式，即“名理”。其次，19 世纪大批传教士来到中国，并对这个术语重新进行了翻译，比较典型的如罗存德《英华字典》中的“理学”。直至 19 世纪末 20 世纪初，日语从被动接受汉语

① 林语堂：《答青崖论幽默译名》，《论语》1932 年创刊号。

② 林语堂：《八十自叙》，中国戏剧出版社 1990 年版。

新词转为向中国逆向输入大量日制汉字词，其中就包括“logic”的日译形式“论理学”。与之产生竞争的是严复在1902年所译《穆勒名学》中使用的“逻辑”。当然，今天“逻辑”一词已经完全取代其他译法，而这与它独特的翻译方式密切相关。“逻辑”本身是一个较为抽象的概念，从字面来看，“逻”即“巡察”，“辑”指的是“聚集，特指聚集材料编书”，二者本身都是动词性语素，结合之后表达“依循一定的路线行动并把材料进行收集、综合、推理”的含义，而且二者共同的义素都与“思维规律”相关联，这为它们的结合提供了可能性。因而，这两个语素的结合就是依据“意合”法连缀在一起，“逻辑”在表音的同时兼具表义功能，同时也要比之前的“名学”“论理学”更为贴切，因此也一直留存至今。

4. 民族审美心理的作用

汉民族在历史发展的长河中，逐渐形成了具有民族文化特色的审美心理，对于美感的向往和追求也对外来词的借入产生了深刻的影响。

我们首先对这些外来词进行了归类，有的译词从表面上看就能产生超于词义本身所具有的表达效果，这种“望文生义”属于一种“义溢出”现象。还有的词在与其他音译形式竞争的过程中，为了避免“望文生义”，从而选择偏中性的表达，这可能也是受到了心理因素的影响。从审美心理来说可以分为以下几类，我们一一进行说明。

首先是求美心理。

汉民族历来崇尚和谐的美感，在语音方面也不例外。汉语同印欧语不同，讲求“声韵调”的配合，这种“声韵调”的和谐古已有之。语音对音译词的制约我们已在前文做过分析，这里不多赘述。这种“求美心理”在汉字及其使用中也有所体现。由于汉字具有表意特性，在长期使用的过程中，有些字会带给人美感，有些字则会令人反感，这种积累下来的认识已经在人们的头脑中形成了思维惯性。例如“鄙”，其本义是指“一种行政单位”，在周代王城郊外以五百家为一“鄙”，后来它在长期发展中逐渐引申出形容词义项“未开化的，缺乏教养的，粗俗的”，如“粗鄙、卑鄙”等，所以该字带给人一种贬义的色彩认识。在上述求美心理的影响下，在翻译英语中的“bi”音节时，译者一般不会使用“鄙”，而往往会采用与之同音的“比”“毕”等。可见，如果在翻译的过程中出现了若干同音备选译字时，那些与原词所代表的事物相距甚远，甚至在心理上造成反感的汉字，就必然会被首先淘汰。汉语中不少流传至今的音译词，大致都经过了这样一个汰选过程。

【巧克力】

(9) 原料：蔗糖粉，九六〇公分；巧克力粉，二四〇公分。(周缵善《小工艺》)

“巧克力”即指英语的“chocolate”，该食品早在19世纪初便传入中国，当时马礼逊在《广东省土话字汇》中将其音译为“知古辣”，当然，这可能是受到当地方音的影响，但是这三个字的组合很难和巧克力香甜可口的味道联系在一起，尤其是“辣”甚至还会带给人误解。与之类似的是“chocolate”的其他译名，诸如“炒扣来”“勺勾腊”“绰故辣”“猪古辣”等，都无法带给人一种美好的想象，同时也难以勾起人的食欲。“巧”字在汉语中多具有褒义性，如“灵巧、乖巧”等，用作外来食物的译字比较具有美感，更易于被汉民族所接受。与之类似的如“可可”(cocoa的音译)，从字面上就要比其他音译形式“苟苟、寇寇、高告”具有美感，从发音上来说也较为响亮，用来音译饮食类外源词也是较为贴切的。

【安琪儿】

(10) 叶只说了个我的安琪儿，便拥住沙妮亚不放。(陈辟邪《海外缤纷录》第二十二回)

“安琪儿”即天使，源于英语“angel”。此词在《国语辞典》中的释义为“人形有翼，常系男性少年，亦作美丽者之通称”。单从译音角度来看，音节“-gel”译为“其、奇”等同音字也未尝不可，但却不能生动地描绘出天使的形象。“琪”《玉篇·玉部》释为“玉属”，《汉语大词典》作“美玉”解，它在后世经常作为语素出现在“琪花、琪草、琪树、琪瑰”这样的组合中。以“琪树”为例，它最早指的是“仙境中的玉树”，此时“琪”仍是本义“美玉”，但在后代“琪树”的语义发生了引申，衍生出了“亭亭玉立的美人”这样的比喻义，如温庭筠《女冠子》：“雪胸鸾镜里，琪树凤楼前。”可见，“琪”的语义已经发生了变化，具有一种“美好”的意味。再如后来产生的“琪殿”即指华美的宫殿，如祝允明《宫观》诗：“琪殿临高台，时闻落瑶磬”，“琪琚”可以比喻美妙的言辞，如孟郊《忽不贫喜卢仝书船归洛》：“喃喃肩经郎，言语倾琪琚”。这都反映出了同样的表义倾向。在今天，“琪”多用于女性名称中，从中也能看出它隐含的“美好”之义。因而，在对译“angel”的过程中，“琪”这种字形上的“言外之意”能与源词紧密相合，也更符合中国人的求美心理。

【雪丝黛】

“雪丝黛”即姐妹，英语“sister”的音译形式，此词在张德彝《欧美环游记》中已经出现。“黛”《说文》释为“画眉也”，看到这个词就很容易联想到女子的一弯黛眉，颇具美感，“雪”亦具有纯洁无瑕的特性，可以说，二者用在女子的命名上都再合适不过。所以，虽然从语音的角度来说，“雪丝黛”并不见得完全忠于源词，但却比较符合中国人的求美心理，很容易让人产生女子美好的联想。事实上，求美心理的突出表现就是体现在人名翻译上，例如民国中期美国女作家 Pearl Sydenstricker Buck，其姓名如直接音译则为“珀尔·赛登斯特里克·布克”，但她的父亲是长期居住在中国的传教士，于是按中文习惯，取美国姓氏中的首字“赛”为中姓，名字则直接意译为“珍珠”。“赛珍珠”这个译名不同于以往以单纯音译为主的外国人名，但却传达了“比珍珠还要珍贵、光彩熠熠”的信息，而且“珍珠”用于女性名称也有“珠圆玉润”的美感。再如近代第一部翻译小说，由清人蒋其章于 1875 年翻译出版的《昕夕闲谈》（译自英国小说家爱德华·乔治·布韦尔·利顿创作于 1841 年的长篇小说 *Night and Morning*），其男主人公最终与三个恋人中的第一个“Merville”夫人订婚，这个法语名字被作者译作“美费儿”。如果从记音的角度来说，它并不是最贴近原词的，但从这个译名中仿佛能感受到女性柔美、娇弱的一面，所以是符合中国人的求美心理的。同样，男主人公 Morton 被译作“康吉”，很明显也是受到了汉民族审美心理的影响。如果从历时发展的角度来看，类似于“美费儿”这样的译法今天在港台地区较为普遍，尤其是台湾地区更倾向于选择女性度较高的字。[①] 例如，美国

① 刁晏斌、邹贞：《基于计算的海峡两岸女性译名性别义溢出情况对比研究》，《云南师范大学学报》（哲学社会科学版）2014 年第 2 期。

前总统奥巴马的夫人“Michelle”，大陆地区译作“米歇尔”，台湾地区则使用更加女性化的“蜜雪儿”，从字面来看，后者无疑更具柔美的感觉。再如上述二人的女儿“切尔西（Chelsea）”，台湾地区译作“雀儿喜”，大致也体现了同样的规律。

其次是求雅心理。

在中国，自古以来就以“礼仪之邦”闻名于世，因而民族的文化、心理活动一直崇尚高雅文明，避免粗俗。有关“雅”的命题提出得很早，它常和“俗”作为一对矛盾而出现在人们的论述中。孔子早在先秦时期便提出：“言之无文，行之不远”，这其实就是“求雅”心理在文学艺术中的一种朦胧体现。再如曹丕《典论·论文》：“奏议宜雅，书论宜理”，这里的“雅”主要指的是文辞上的清雅、脱俗、富于文采。直至近代严复《天演论·译例言》中对于翻译仍坚持“信达雅”的标准，希求文笔典雅具有文采。可以说，从古至今，中国人崇尚美感雅致的心理也一直影响着造词活动，对于外来词的翻译也不例外。这一方面体现为用字的“典雅”，一些较为粗俗，能带给人反感的字眼尽量通过谐音的方式将其雅化，另一方面，为了追求文雅的效果，对一些不便言明的事物往往采取回避或委婉的方式。

【夏娃】

(11) 吾等之始祖亚当、夏娃，即系作工之人。（马林译，李玉书述《英国立宪沿革纪略》）

“夏娃”是人名，是英语“Eve”的音译形式，此词最早见于19世纪60年代，如张德彝《航海述奇》中便有“夏娃”。从纯音译的角度来说，还有人将其译作“厄袜”。比较而言，“袜”与“娃”语音相同（对于无声调语言而言，二者的音调区分不起辨义作用），但从用字角度来说，“娃”更加雅致，别具意味。在中国古代就流传的“精卫填海”的传说，其中“精卫”在《山海经》中被描述为：“是炎帝之少女，名曰女娃”，可见“娃”出现在女性名称中由来已久。到了汉代，《说文解字》：“吴楚之间谓好曰娃。”还有《汉书·扬雄传上》：“资娵娃之珍髢兮，鬻九戎而索赖。”其中娵、娃连用，颜师古注：“娵、娃皆美女也。”再如金元好问《芳华怨》诗：“娃儿十八娇可怜，亭亭袅袅春风前。”这里的“娃”显然不是指“小孩”，而是指“美貌女子”。从这些用例中可以看出，“娃”自上古时期便可表“美女”，并且该用法在后世一直得到了承用，直到今天还有“娇娃”的用例。所以，从翻译的角度来说，“娃”不仅对应了音节“-ve”，也直接体现了女性美貌的特点，而且“娃”显然要比“袜”雅致许多。同时，“厄”在汉语中常表“困苦、灾难”，往往与“厄运、厄难”搭配，所以仅从字面上来说，就会带给人一种不好的联想。由此可见，“夏娃”一词取代“厄袜”是符合汉民族“求雅”心理的。

另外，我们在梁廷枏《海国四说·粤道贡国说》中发现了一段文字：“膏油之类，味美者阿利袜，是树豆果，熟后即全为油，其生最繁，以法制之最饶风味，其核又可为炭，滓可为硷，叶可食牛羊。”这里提到的“阿利袜”，实则英语“olive”的音译，与“厄袜”类似，用“袜”作为音译用字，给人一种不登大雅之堂的感觉，更何况它还是可以入口的食物，与“袜”联系在一起，也无法带来句中所述“最饶风味”的感受，因而后期该词逐渐被意译形式“橄榄”所取代。

【香槟酒】

(12) 他心上一急，一个不当心，一只马蹄袖又翻倒了一杯香槟酒。(李伯元《官场现形记》第七回)

“香槟酒”是酒类的一种，源于英语“champagne”。它约在清代中期传入中国，最早曾被译作“三边酒”，道光时期《香山县志》的《舆地》篇中曾提过来自西洋、佛朗西诸国的酒，其中之一即为“三边酒”，在1855年成书的《华英通语》中也有其踪迹。此外，它还被译作“三鞭酒”，道光六年编著的《皇朝经世文编》中有过这样的记载：“果行又极多制造三鞭酒、菩提酒、啤酒……”张德彝《航海述奇》中沿用了这个译名，而且在清末民初的多部英汉词典中“champagne”均被译作“三鞭酒”，可见以上两个“音译+义标”的译名在当时比较通行。如果从记音角度来说，二者与源语都比较贴近，但从字面来看，尤其是“三鞭酒”绝对称不上是“雅”的译法。事实上，晚清时期的小说中曾出现了“三鞭酒”，例如《宦海钟》第十二回：“这个种子秘方，似乎比那些龟鞭再造丸、三鞭酒要验些呢，有钱无子的须要试试。”再如鲁迅《准风月谈·中国的奇想》：“无论古今，谁都知道，一个男人有许多女人，一味纵欲，后来是不但天天喝三鞭酒也无效，简直非‘寿终正寝’不可的。”由此可见，上述例子中的“三鞭酒”其实是指由三种雄性动物的生殖器泡制的强身酒，所以它是一个偏正式词语，和音译词“三鞭酒”是两个不一样的词，只是恰好形式相同而已。但是，可能是受到了汉语固有词的影响，所以音译词“三鞭酒”容易造成“壮阳酒”的误解，而且本身也与“champagne”带给人那种高雅、洋气的感觉不相符，这可能也是它无法作为音译形式留存下来的原因。相对来说，“香槟酒”出现的时间并不早，不过在清末民初的众多小说，如《海上花列传》《孽海花》《官场现形记》等作品中已经普遍采取了“香槟酒”的译法。从字面来看，“香”突显了酒味醇香扑鼻的特点，而且要比“三鞭酒”来得雅致，所以更符合中国人的审美心理。当然，弃“三鞭酒”而不用还有其他的因素在起作用，主要是因为它名不符实，容易产生误导。

再如我们前文提过的“咖啡”，它产生于吴方言区，最早出现在上海美华书馆出版的《造饭洋书》中，当时被音译为“磕肥”。“肥”在普通话中指脂肪较多，通常用来形容动物，若形容人的话，往往带有贬义或者蔑视的色彩，例如“脑满肠肥、食言而肥”这样的成语，都是偏于贬义。所以，如果把“肥”用于饮品名称中，可能给人一种喝了之后会变肥，变得臃肿之类不好的联想，给人一种不甚雅观的印象。而其他音译词，无论是“加非、嚟啡”还是“咖啡”，整体来说都比较中性，所以更适合作为“coffee”的译名。值得一提的是，日语中“coffee”（コーヒー）是用汉字“珈琲”来表示的，据考察，“珈琲”是由日本江户时代的兰学家宇田川榕庵所使用的[①]，这两个字在汉语中古已有之，从王，表义均与“珠玉”相关，日语译法注意使用了好字眼，但是这种形式并没有取代汉语的“咖啡”（中国某些地区也出现了该形式，如武汉、上海等地一些咖啡馆的招牌用字），可见这是两种不同的取向。汉语的“咖啡”从口，更强调它的“入口”特性，而日语则强调它的美好一面。

此外，此期一些西洋乐器的名称也体现了“求雅心理”，如“piano”被译作“批雅娜”，“violin”被译成“梵婀玲”，“flute”译为“弗柳德”等，这或许与西洋音乐本就被当时国人视为高雅音乐有关，因而在用字上也要向“雅”靠拢。

① 《咖啡爱好者冷知识》，搜狐网，http：//www.sohu.com/a/149942157_409217。

再次是求吉心理。

这种审美心理从本质上来说源于汉民族的“趋利避害”心理。由于中国长期受到儒家思想的熏陶，对“福、禄、寿、喜”的追求亘古未变，这种思想在语言中也有所体现，人们尽量摒弃对人身有害的凶恶的字眼，而去选取蕴含“吉利、喜庆”色彩的词语来表达对吉祥福寿生活的追求和向往。

【海洛因】【鸦片】

(13) 最毒无如海洛因，吗啡虽烈逊三分。高居鸦片红丸上，北地人多白面称。(叶仲钧《上海鳞爪竹枝词》)

二者都属于毒品，前者源于英语“heroin”，后者译自“opium”。毒品在近代中国是一种很特殊的存在，早在明代，鸦片就已经输入中国，到了清道光年间，英国为了扭转贸易逆差，开始通过走私毒品而获取暴利，当时的清政府也逐渐认识到了鸦片烟流毒之害，为了查禁和抵制毒品输入，任命钦差大臣林则徐在广东虎门集中销毁鸦片。“虎门销烟”成为第一次鸦片战争的导火线，在此之后，有识之士也纷纷对鸦片的危害进行了口诛笔伐。“heroin”是“鸦片”的高度提纯物，它们的危害性在近代作品中屡有论及，如资产阶级革命家朱执信在《吗啡之毒》中提道：“吸鸦片者，面目灰败，精神率萎，众所周知。而打吗啡针者，抑又加甚……喜罗英之毒，又甚于吗啡、鹄肩。”[①]由此能清楚地看出毒品对人身体所带来的巨大危害。

这样的“毒害”本应是为人厌弃，唯恐避之不及的，但是从它们最初的译名中却很难看到这个特点。“opium”曾被译作“雅片”，如作于道光九年（1829）的《东槎纪略》中有过这样的论述：“赌馆、娼间、槟榔、雅片，日寝食而死生之。”“雅片”译名留存时间较长，直至光绪二十年（1894）的《盛世危言》中仍有用例。而“海洛因”在 20 世纪初曾被译作“喜罗英”或“喜罗因”并广为流传。这样的译名与毒品带给中国社会的损害严重不符。试想，对于一个首次接触“雅片”或“喜罗英”的人来说，仅靠字面理解，他很可能会产生与词义背道

① 朱执信：《朱执信集》，中华书局 2012 年版，第 360 页。

而驰的联想，这也不符合中国人“趋利避害”的文化心理。正是由于这个原因，同样产生于晚清的“鸦片”，其使用频率远超“雅片”，并逐渐替代了后者；“海洛因”的出现时间较晚，大概是20世纪二三十年代才出现，但是由于避免了“喜罗因”带给人的误解，所以也逐渐取而代之并一直沿用至今。

【来复枪】

（14）本公司在英国白明哈门地方开设，专造各种枪，即鸟枪、来复枪、手枪等。（傅兰雅辑《格致汇编》第二册）

“来复枪”是一种膛内刻有螺旋形槽线的步枪，源于英语“rifle”，来复枪引入中国的时间较晚，大约在19世纪末才出现，最早它曾被译作“来福枪”，这在1899年邝其照《华英字典集成》中有所体现，1908年颜惠庆《英华大辞典》中仍保留此译名。仅从记音的角度来看，“来福”“来复”除了音调上稍有差异，其他并无不同，但从文化心理来看，“枪”本身属于杀伤性武器，尤其是经历了鸦片战争中“洋枪洋炮”的荼毒，人们对于“枪”有一种本能的“避害”心理，试想，这样一种武器怎么还会“来福”呢？这个名称很显然与中国人的“求吉”心理相抵触。而“来复枪”的名称比较偏中性，不会给人带来不好的联想，1916年赫美玲《英汉字典》就使用了这个译名，并且一直保留至今。

我们还发现了一个有趣的例子：鲁迅《南腔北调集》中提到了“高而富球”：“富翁胖到要发哮喘病了，才去打高而富球，从此主张运动的紧要”。该词是“golf”的“音译+义标”形式。其实golf在当时已有“高尔夫球”的译法，之所以用“高而富”来命名，是因为作者有意为之。从例句也可以看出，作者特意选取一些吉利的字眼，如“高”“富”，但实际却暗含讽刺，那些富人好吃懒做，宁可花大把银子去打只有富人能享用的“高而富球”，也不会自觉运动的形象跃然纸上。试想一下，该句如果用“高尔夫球”，势必达不到同样的反讽效果。

从以上四个方面可以看出，汉民族的思维特点对于音译外来词在选字及定形上的制约和影响，这正如张岱年所说：“通过各种造词方法产生出来的新词，也完全表示了人们在造词时，由于种种认识活动而形成的新概念。同时，人们的思维规律也会很自然地通过词的内部结构形式，用语法方面的各种规则表现出来。”① 换句话说，在音译的过程中，人们总会不时受到民族思维的影响，在翻译的过程中融合了汉民族的好恶心理，这是一个隐藏的动态的过程，而最终定型化的音译词就仿佛是镜子一般，它折射出的便是汉语思维最形象化的体现。

① 张岱年：《中国思维偏向》，中国社会科学出版社 1991 年版，第 1 页。

第二章

日源外来词研究

第一节　日源外来词概况

一　日源外来词的产生背景

中国有着悠久的历史，中国文化经过几千年的积累，沉淀出博大精深的底蕴和内涵，对世界各国尤其是周边国家产生了深刻的影响。从地缘关系上来说，中日两国是一衣带水的邻邦，在气候条件、文化传统和发展历程上有着很多相似之处，日本还属于汉字文化圈，在语言文字上与中国有着很深的渊源，因而它也是受中国文化影响最大的国家之一。

纵观两国几千年的文明接触，这一过程曲折复杂，其中有高潮也有低谷，既有单向交流也有双向互动，我们有必要先对这个历史阶段做大致的梳理。依据两国之间文化传输的流向，大致分为以下两个阶段：

第一阶段，在封建王朝的鼎盛时期，以中国向日本的单向输出为主，博大精深的汉文化源源不断地输入邻邦日本。众所周知，汉字源于中国，它是一种书写符号，更是文化交流的工具。在汉字远播之前，日本是没有自己文字的，据日本《古语拾遗》（807）记载："（日本）上古之世，未有文字，贵贱老少，口口相传，前言往行，存而不忘。"[①] 直到公元 4 世纪前后汉字传入日本，它才第一次有了自己的文字系统。[②] 当时日本圣德

---

① 转引自宫崎爱《汉日语中的汉字及汉字词分析》，硕士学位论文，天津师范大学，2014 年。

② 当时日语文字中除了大量汉字以外，还结合自身国情及语言特点，创造了和制汉字以及平、片假名等，共同构成日本的文字系统。

太子摄政，他为了直接吸取中国的先进文化，向中国派出了遣隋使。在此以后，日本又分别派出19次遣唐使团，根据不同的组织、规模、路线，分为四个时期，时间绵延260余年，这使得中日文化交流迎来了第一个黄金时期。在此期间，大量留学生涌入中国，众多中国的古典文献也传播至日本，汉字就像一个使者一般，对文化的传输起到了至关重要的作用，它也提高了日本社会的文明程度，丰富了日本人的社会文化生活。崔崟曾提出，现代日语词汇中，由汉字构成的词占到了50%以上[①]，可以说，社会生活的方方面面都离不开汉字词，如“肺、菊、门、辞书、豆腐、一、匹、正直”等。不过，在此阶段日语也对汉语产生了一定影响，这多表现在魏晋时期的日语音译词以及唐宋时期的日语汉字词。前者如“卑弥呼、夜邪拘、乌越”等，后者如“藤原氏、粟田真人、空海大师、舒明天皇、孝德天皇、大和、东海道”等。自唐宋以后，两国词汇的接触和碰撞逐渐转入低潮，鲜有文献资料对此进行记载，直到晚清时期，中日迎来了文化交流的新时期。

第二阶段，从1840年鸦片战争开始直至1919年五四运动前后，也就是我们所关注的清末民初时期，王力先生在描述此期词汇变化时曾指出，这一时期的现代汉语新词的产生有两个特点，第一个特点是尽量利用意译；第二个特点是尽量利用日本译名。[②] 由此可见，此期中日交流与之前不同，不再以中国向日本的单向输出为主。纵观清末民初这近百年的时间，1895年的甲午战争是中日交流的重要转折点，依据流向的不同，我们将此阶段分为前后两期。

首先，从1840—1895年，中英鸦片战争的爆发标志着中国近代史的开端，随着国门逐步打开，大量代表着西方新事物、新概念的词语涌入中国。这一方面是由西方传教士在宣教的同时翻译了众多西文书籍，另一方面，当时的清政府及团体组织也编撰了许多介绍西方先进科技、社会科学等方面的书籍。日本在明治维新期间，励精图治，开始从中国引入大量与西学相关的汉译文献资料，将其译成日语并从中学习。值得一提的是，当时汉译西书中的一些词汇在传入日本以后，在20世纪前后又由中国知识分子和留日学生引介回来，这些回流的词汇为数不少，例如“贸易、火

① 崔崟：《汉字对日本文化的影响有多大》，《中国民族报》2009年2月12日。

② 王力：《汉语史稿》，中华书局1980年版，第518—526页。

轮船、公司、铁路、议院、国债、偶然”等。另外，当时的留日学生及学者也撰写了一些与日本相关的游记、笔记等文献资料，以黄遵宪于1880—1887年编写的《日本国志》为例，书中介绍了大量与日本相关的知识，有学者进行过考察，认为其中可判明源于日本的词语就有559个，其中一类为日语中既有的汉字词（共178个），还有一类为江户末期、明治时期创制的汉字新词（共381个）。[①] 如果从日源外来词所反映的事物类别来看，此期主要有两种类型，其中绝大多数是汉语通过日语中意译西方的汉字词转译西词，如“民主、白热”等；另外还有一小部分是用汉字反映日本人自主认识的事物，多属于日本社会特有的事物，如“茶道、手续”等。但是总的来说，1840—1895年，中日交流仍以汉语对日语的影响为主。

其次，1895年中日甲午战争以清政府的惨败而告终，这仿佛给中国敲了警钟。回顾19世纪的晚清政权，西学的不断输入并没有使中国摆脱封建落后的局面，相反，受到“天朝上国”思想的影响，当时的清廷妄自尊大，对西方先进知识抱有本能的排斥，这使得中国不仅远远落后于西方，甚至还比不上国土面积远小于自己的日本。反观日本，19世纪中期，随着美国培里舰队的来航，结束了日本闭关锁国的局面。同时，明治维新的兴起为其带来了巨大的变化，当时的政府提倡脱亚入欧，日本为学习并赶超欧美，大量吸纳西方现代文明的精华，在把这些资料翻译成日语的过程中，日本学者创造了成千上万个新词，尤以人文科学领域最为突出。清政府在面对中日差距时，终于清醒地意识到向已完成改革的日本学习的必要性，于是，20世纪前后掀起了一股热潮，最早有唐宝锷、朱忠光等13名留日学生，此后日渐增多，到1899年有200多名，1903年有1000多名，1906年有8000余名，1915年达到高潮，有1万余名。[②]。政府对于派遣日本留学生也有自己的理由，如张之洞《劝学篇》所说：“西书甚繁，凡西学不切要者，东人已删节而酌改之。我取径于东洋，力省效速。其次尚有语言文字问题。中日两者都使用汉字，所谓‘同文’之国。东文近

---

① 刘凡夫：《以黄遵宪〈日本国志〉（1895）为语料的日语借词研究》，《日语学习与研究》2012年第3期。

② 实藤惠秀：《中国人日本留学史》，谭汝谦译，生活·读书·新知三联书店1983年版，第58页。

于中文，易通晓。另外与风俗相近、两国距离相近、学费少也有关系。"①总之，此期有大量知识分子，如梁启超、鲁迅、郭沫若等均留学日本，大批反映近现代科技、文化的日语词语便随着留日学生对日语著作进行翻译以及编撰各种字词典等方式涌入了汉语，由此形成了日源外来词借入的高潮。有学者统计，"我国新词语半数以上由日本输入"②，它们遍及社会生活的方方面面，例如，表政治的"政府、公务员、行政"，表经济的"会社、产业、银行"，表通信交通的"电话、汽车、电车"，表法律的"私法、公诉、法庭"等。可见，只有对日源外来词进行全面、细致的分析，才能对现代汉语词汇系统的形成及其构成有一个清晰的认识。

汉语之所以从日语中广泛吸纳外来词，是因为相较西方，日语主要以汉字作为载体，很多日源外来词进入中国以后，不需要经过音译或意译的过程，甚至连语义都可以一目了然，这很大程度上缩短了汉化的过程。另外，从地理因素来看，日本与中国是邻邦，在交通、通信尚不发达的时期，从日本接受新词显然要比从西方便捷得多。因为这些优势，当时留日知识分子也对日语借词非常推崇，例如梁启超在流亡日本期间就曾说过："吾近好以日本语句入文，见者已诧赞其新异。"③ 他在点评当时文人郑西乡的诗作时认为："全首皆用日本译西书之语句，如共和、代表、自由、平权、团体、归纳、无机诸语，皆是也。"④ 由此可见他对日语借词的引入持积极肯定的态度。再如鲁迅、郭沫若、郁达夫等文人，有些概念和事物本土已然存在，但他们仍有意无意地使用日语借形词去表达，例如"昨今—最近、昆贵—兄长、还历—六十岁、控室—候客室、奉仕—服务、肩书—称号、名刺—名片"等，这部分日语借词虽然没有流行开来，甚至在多部外来词词典中都没有记载，但毕竟都在当时实际的语言运用中出现过，因此也能看出当时文人引介和使用日源外来词的热情。

① 张之洞：《劝学篇：中体西用的强国策》"广译第五"，李忠兴译注，中州古籍出版社1998年版，第25页。

② 黄摩西：《普通百科新大词典》，中国词典公司1911年版。

③ 马西尼：《现代汉语词汇的形成——十九世纪汉语外来词研究》，汉语大词典出版社1997年版，第55页。

④ 梁启超：《饮冰室合集》之四十五，中华书局1989年版，第17—18页。郑西乡诗作全文如下：太息神州不陆浮，浪从星海狎盟鸥。共和风月推君主，代表琴樽唱自由。物我平权皆偶国，天人团体一孤舟。此身归纳知何处，出世无机与化游。

二 日源外来词的界定及分类

日源外来词数量众多，在现代汉语词汇系统中占据不小的比重，在学界的研究中它一直都是备受关注的焦点，但相关的争议也一直持续不断。我们认为，有必要先对“日源外来词”这个术语进行界定。另外，对于日源外来词的分类，学者们的看法也不尽相同，结合清末民初日源词的具体情况，我们也需要对本书的分类加以明确。

一般来说，对日源外来词的界定与辨识并非易事，而其难以界定的原因主要来自以下两方面。

其一，共用汉字的基础。虽然汉语是孤立语，日语是黏着语，二者分属不同的语言类型，但是日语中的汉字众多，这使得引入的日源外来词往往采用汉字原形，从外表上很难辨别。另外，除了一小部分音译词，如“榻榻米、奥巴桑”等，其他日源词中有很多都是利用汉字的字义、构词规律自创的汉字词，根据其外形便可“望文生义”，这使得人们很难识别其外来身份。

其二，存在大量汉语中已有的词形。日本在古代汉语典籍以及清末民初的汉译西书中吸纳了不少汉语词，它们在日语中词形未变，语义基本相同，在使用了一段时期后又回传到了中国，由于它们对国人而言并不完全陌生，对其外来身份就更难鉴定了。

长期以来，学者们由于理论方法、研究视角等方面的不同，对日源外来词的界定及分类持不同的观点，我们分别简述。

分歧之一是日源词是否属于外来词。由于外来词涉及形、音、义几个要素，如果采用标准不同，得出的观点便会有所不同。例如，有的学者认为日源词不属于外来词，如王力认为：“我们不应该认为是汉语向日本‘借’词，这些词并不是日本语所固有的，它也不过是向西洋吸收过来的……日本人创造了一些新词来表达西洋传到日本去的那些概念，我们只是利用日本现成的翻译，省的另起炉灶罢了。”① 由此可以看出，王力认为转译自西方概念的汉字词都不属于日源外来词。再如，吕叔湘认为外来词应是“译音”或“部分译音”的词②，从这个角度来

① 王力：《汉语史稿》，北京科学出版社 1958 年版，第 528 页。

② 吕叔湘：《中国文法要略》，商务印书馆 1943 年版，第 169 页。

看，绝大多数日源词都不属于此类。有的学者主张将日源词的范围适当放宽，如郑奠提出“这部分汉语词汇……说它是日本人借用汉语汉字所创制或继承的日语词汇也好，说它是中国人借用日本学者创制后继承出来的汉语词汇也未尝不可。”① 再如史有为提出，仅仅借用文字之形而不借外族语读音的词可以被视为“准外来词”。② 也有不少学者对日源词的外来词身份持肯定的态度，如孙常叙认为：“汉语词汇中有两种借词：一种是从语音形式借取的，一种是从书写形式借取的。后者一般是从日本语借来的，前者是从日本语以外的其他民族语言借来的。”③ 再如高名凯、刘正埮 1958 年撰写的《现代汉语外来词研究》中也认可日源词是外来词的这个看法。此外，杨锡彭认为：“由音译产生的与外语词在语音形式上相似的词语以及音译成分与汉语成分结合而成的词语是狭义的外来词，通过形译或意译的方式产生的词语是广义的外来词。”④ 本文认同杨锡彭所提出的“广义说”。

分歧之二是对日源外来词的分类不完全一致。以下我们介绍几家较有代表性的观点。

一是高名凯、刘正埮的分类：①纯粹日语（即日语原有的非用汉字翻译欧美词汇成员的日语的词）来源的现代汉语外来词，如“场合、道具、美浓纸”等；②日本人用古代汉语原有的词去“意译”欧美语音的词，再由汉族人民根据这些日语的外来词而改造成的现代汉语的外来词，如“意识、文化、经济、革命”等；③先由日本人以汉字的配合去“意译”（或部分“意译”）欧美语言的词，再由汉族人民搬进现代汉语里面来，加以改造而成的现代汉语外来词，如“美学、电报、微积分、辩证法”等。⑤

二是北京师范学院中文系汉语教研组的分类：①用古汉语词译成的，如“具体、相对、悲观、交换、警察”等；②用汉字构造或书写的，如“哲学、经验、议会、科学、宗教”等；③其他，包括用汉字音译成的词，如“瓦斯（gas）、淋巴（lymph）、百斯笃（pest）”等，以及根据

---

① 郑奠：《谈现代汉语中的日语词汇》，《中国语文》1958 年第 2 期。

② 史有为：《汉语外来词》，商务印书馆 2003 年版，第 4 页。

③ 孙常叙：《汉语词汇》，吉林人民出版社 1957 年版，第 307—309 页。

④ 杨锡彭：《汉语外来词研究》，上海人民出版社 2007 年版，第 37 页。

⑤ 高名凯、刘正埮：《现代汉语外来词研究》，文字改革出版社 1958 年版，第 79—98 页。

汉字字形创造的新字，如“腺、癌、呎、吨”等。[①]

三是王立达的分类：①用汉字书写的日语音译词，如“瓦斯”；②用汉字书写，只有训读没有音读的日语本族语词，如“入口、手续”；③借自西方语言，用音读不用训读的日语词，如“绝对、相对”；④在汉语中获得新义的日语词，如“劳动者、辩护士”；⑤本为古汉语词，明治前后日本人在翻译西方文献时赋予了新义，引进中国后，使用的是与古义不同的新词，如“组织、革命”；⑥日本人创造的汉字，为我所沿用，如“腺、癌”；⑦中国人翻译日语时候创造出来的，如“基于、关于”；⑧现在已经弃用的20世纪初期的日语词，如“劳动组合”；⑨协和词。[②]

四是史有为的分类：①使用汉字义的借形汉字词，又分为意译西语（如“干部、经济、教授、腺”）、文字上意译读音上音译（如“麦酒、俱乐部”）、日本自主认识并采用汉字反映事物的词（如“花道、俳句、浪人、手续”）；②不用汉字义的借形汉字词，如“寿司、瓦斯”等；③汉译借音词，如“奥巴桑、斯纳库”等。[③]

以上观点显示，学者们实际上各有侧重，例如王立达主要结合日源词在汉语中的使用情况来进行分类，史有为则从形、音、义结合的角度进行考察，分类也更为细致。结合本文所要研究的清末民初日源外来词，我们更关注它的来源和流向，因而从大类上分为“原语借词”和“回归借词”两类。前者包括近代以前来自日语本族语的外来词以及和制汉字词；后者指的是在汉语古籍和汉译西书中曾出现过，传到日本后词形和词义基本没发生变化，此后又返回中国的日语词。我们在后文便结合这个分类对日源外来词的构词、语义进行考察与分析。

第二节 日源外来词的类型

日源外来词在汉语词汇中扮演着重要的角色，由于日语和汉语均使用汉字的缘故，很多词书写形式相同，构词方法类似，再加之年代久远，对

① 北京师范学院中文系汉语教研组：《五四以来汉语书面语言的变迁和发展》，商务印书馆1959年版，第77—88页。

② 王立达：《现代汉语中从日语借来的词汇》，《中国语文》1958年第2期。

③ 史有为：《汉语外来词》，商务印书馆2003年版，第172—176页。

它们的考证有一定难度，但从类型来看主要分为两类。结合我们所搜集的语料，并进行全面细致的统计，我们最终确定 859 个日源词以及 16 个词缀（类词缀），其中“原语借词”767 个，“回归借词”92 个，下面据此进行具体考察。

一　原语借词

这种类型主要有以下两种情况，一是日制汉字词，即日本人模仿汉字形体或利用汉字作为构词语素自行创制的词；二是日本人借用汉字去翻译各种西方语言而产生的词，这类词的数量最多，构成了原语借词的主要部分。我们分别进行分析。

（一）日制汉字词

这种类型在此期数量并不算多，其中既有单音词，也有复音词。单音词由日本人模仿汉字字形而造出的新字表示，它们主要是利用汉字“六书”的造字法而创制出来的；复音词则利用汉字和汉语构词法创制而成，其反映的内容与西学翻译无关。

1. 日造汉字

清末民初这一类主要有以下 8 个，它们的字形均由日本人创造出来，其中绝大多数利用形声法或形声兼会意法，依据其字义以原有汉字为基础增加或替换其偏旁而造出的，其读音与意义与原汉字有一定的对应关系，这 8 个字是：

呎、吋、哩、腺、粁、瓩、粍、糎

以上主要是反映欧美“度量衡”的单位词，如“哩”是英美制长度单位“英里”的旧称，再如“瓩”，它是功率单位“千瓦”的旧称。现代汉语中，前四个词保留下来了，后面四词则被淘汰掉了。究其原因，汉字具有一字一音的特性，后面四字均是一字对应两个音节，如“粁”读为“千米”，“粍”读为“毫米”，与汉语的基本规则不相符合，因而，这几个日造汉字已被“千米、千瓦、毫米、厘米”所取代。

2. 日本人创制的词形

这种类型的数量相对较多，我们结合《汉语外来词词典》、实藤惠秀《中国人留学日本史》中的“中国人承认来自日语的现代汉语词汇一览表”，以及前贤时人的论著，对此期原语借词进行了筛选，有以下 117 个词语符合该类型，即：

白夜、备品、病虫害、不景气[①]、标高、财阀、参观、茶道、成员、宠儿、场所、场合、储藏、传染病、打消、大局、单纯、读本、读物、德育、敌视、等外、登载、番号、方针、服务、复式、副食、副手、歌舞伎、公营、公立、公判、公认、弓道、广场、国立、海拔、和服、和文、和歌、和学、集结、集中、假名、尖兵、坚持、简单、见习、就任、金额、净琉璃、巨匠、巨星、军部、浪人、劳作、立场、连歌、落选、美浓纸、明确、内幕、内服、内勤、能乐、农作物、俳句、片假名、平假名、钱、权益、权限、取缔、人力车、日程、柔道、柔术、勤务、三味线[②]、失效、实绩、实权、手续、私立、特长、台车、外勤、尉官、物语、吴服[③]、小型、校训、学会、学历、训话、训令、训育、雅乐、羊羹、印鉴、疫痢、原动力、原作、原意、猿乐、阵容、支部、制版、重点、主动、组成、座谈、天长节、地久节、大正琴、浮世绘

以上词例主要反映了两部分内容：

一是日本固有事物，非翻译西语所得，根据其特点又分为以下几种情况：

首先，日语自创用音读汉字构成的自创词，如“歌舞伎、美浓纸（日本美浓地区产的一种棉纸）、平假名、片假名、猿乐（日本戏剧的一种）、能乐（日本的一种古典乐剧）、俳句［日本的一种短诗，以十七字（五、七、五）共三句为一首］、人力车（一种用人力挽拉供人乘坐的单座胶轮车。旧时由日本传入，故又称东洋车）、弓道（日本的一种箭术训练方法，用以发展专著和协调能力）、连歌（日本诗歌的一种，由二人以上分别咏上下句）、和服、和文、大正琴（一种发明于大正初年的简单拨弦乐器）、浮世绘”等。

其次，借用古汉语词形表示日本事物的语义，例如“柔道”，古汉语中

---

① 在我们的统计范围内，清末民初文献中并未出现“不景气”的用法，但在民国中期已有该词语，指经济萧条，如洪深《电影戏剧的编剧方法》第二章有：“一九三〇年美国的不景气日见严重。”

② 《汉语外来词词典》中“三味线”释为“日本的一种拨弦乐器”，与源自中国的三弦相近，它是歌舞伎的主要伴奏乐器，也是江户文化的代表。民国时期李伯元《文明小史》第五十三回中出现了该词：“据翻译说，叫做三味线，弹得从从琤琤的。”

③ “吴服”是“和服衣料的总称”，民国时期不肖生《留东外史》第五十九章：“大鎏到白木吴服店做了百几十块钱的和服，重新办了几件完全日本式的行李”。

有“柔软之道”之义，日本借用该词形，用来指代“日本式的武术（类似我国的摔跤）”；再如“浪人”，中古时期出现该词形，义指“游荡无赖之徒”，日语借入以后指代“幕府时代失去主家的流浪武士及无业游民、失业学生等”；还有“狂言”，古汉语中该词形表示“放肆、荒诞的言论”，日语中的“狂言”是日本古典戏剧的类型之一，是穿插于能剧剧目之间的一种即兴简短的笑剧；再如“钱”，它在中国指的是“钱财、货币”，属于通称，日语中的字形为“銭”，它是日本货币单位，100 钱等于 1 日元；还有“天长节”，它在中国本为唐玄宗生日，如《封氏闻见录》卷四：“玄宗开元十七年，丞相张说遂奏以八月五日为千秋节，百僚有献承露囊者。是日皇帝御楼张乐，倾城纵观，天下士庶皆为赏乐。其后又改为天长节。”后来该词传入日本，变为日本天皇的生日。与之对应的，由于中国素有“天长地久”一语，所以天皇妻子的生日则被命名为“地久节”。

最后，日语用训读汉字构成的新词。我们知道，日语中有音读和训读之分，前者指的是汉字的发音模仿该字传入日本时中国人的念法而读，后者指的是只取汉字义，发音仍按照日语原有发音而读。此期用训读汉字构成的新词数量较少，例如：场合—［baai］、手续（日语写作手続き）—［tetsuzuki］、打消—［uchikeshi］、读物（日语写作読物）—［yomimono］、引渡—［hikiwatashi］等。

二是由日本人自主认知以后按照汉语构词法造出，其词义与语素义有紧密联系，基本上依照词形可了解其义。例如“成员”，即集体和家庭的组成人员；再如“原动力”，它从字面来看是产生动力的力，实际可喻指为促使事物发生的动因；再如“尖兵”，“尖”本指“尖端、前端”，引申出“在前的或先行的”义项，因而“尖兵”义为“行军时派出的担任警戒任务的分队”。

（二）借用汉字翻译西方语言

这部分词从表面上看，其字形和字义都源于汉语，是日本人借用其翻译外族语而产生的词，翻译的来源主要是英语、荷兰语，此外还有德语、意大利语、法语、葡萄牙语等。依据词形与汉语的关系又可以分为两种情况。

1. 在汉语中未出现过的词形

这种类型指的是，利用汉字重新组合成新的词形去翻译西方语言，它的数量相对较多，限于篇幅，我们列举一部分较为多见的词例。

表十九 **译自英语的原语借词**

	日语词	英语原词	翻译方式	日语词	英语原词	翻译方式
双音节	白热	White heat	仿译①	版画	woodcut print	意译
	表决	decide	意译	苍铅	bismuth	意译
	单利	simple interest	仿译	低调	low tone	仿译
	古柯	coca	音译	蜜月	honeymoon	仿译
	铁血	blood and iron	仿译	重曹②	sodium bicarbonate	意译
	组合	combination	音译	专卖	monopoly	意译
	制约	condition	意译	液体	liquid	意译
	消极	negative	意译	舞台	the stage	意译
	索引	index	意译	权威	an authority	意译
	漫画	caricature	意译	可决	approval	意译
	巨头	magnate	意译	会社	company	意译
	速记③	shorthand	意译	但书	proviso	意译
三音节	舶来品	imported article	意译	不动产	immovables	意译
	最惠国	a mostfavoured nation	意译	燕尾服	a swallow-tailed coat	仿译
	血色素	haemoglobin	意译	手榴弹	grenade	意译
	摄护腺	prostate	意译	入场券	ticket	意译
	高利贷	usury	意译	非金属	nonmetal	仿译
	出发点	the starting point	仿译	探海灯④	search light	意译
四音节	现实主义	realism	仿译	通货膨胀⑤	inflation	意译
	交感神经	sympathetic nerve	意译	古加乙涅	cocanine	音译

① 从翻译方式的大类来看，仿译属于意译的一种，为了强调日语词与英语原词之间的对应关系，这里把二者区分开来。

② “重曹”译自英语“sodium bicarbonate”，其中 bicarbonate 是碳酸氢盐的含义，其中前缀“bi-”表双重，carbonate 即碳酸盐，因而该词是“sodium（钠）”与“重碳酸盐”的结合而成。而“曹”即“曹达”，它是“soda”的音译形式，即“碳酸氢钠”，可见，“重曹”是“重碳酸曹达”的略称。需要注意的是，这里“重”应读为“chóng”。

③ “速记”源于“shorthand”，该词本译作“速记术”（sokki - jutsu），这里“速记”（sokki）是其略称。

④ “探海灯”在当时还可读作 sāchi-raito，它是英语 search light 的音译形式，它与“探照灯”义同，后者也是来自日语的原语借词。

⑤ “通货”这一词形在古汉语中出现过，指“在社会经济活动中作为流通手段的货币”，如《管子·轻重乙》：“黄金刀布者，民之通货也。”“膨胀”古汉语亦有之，但并没有出现“通货膨胀”这一组合，由于该词属于现代经济学领域的术语，其含义与古汉语并不相同，因而这里视为在汉语中未出现的词形。

表二十　　译自其他语言的原语借词

日语词	语源及原词	翻译方式	日语词	语源及原词	翻译方式
曹达	荷兰语 soda	音译	丁几	荷兰语 tinctuur	音译
感性	德语 Sinnlichkeit	意译	干部	法语 cadre	意译
虎列拉	荷兰语 cholera	音译	加农炮①	荷兰语 kanon	音译
剩余价值	德语 mehrwert	意译	素描	法语 dessin	意译
象征	法语 symbole	意译	止扬	德语 aufheben	意译

2. 在古汉语中出现的词形

这种类型指的是，日本人采用在古汉语中曾出现的词形去翻译西方语言，并另赋新义。学者们对这类词存有较大的争议，因为其词形与汉语完全相同，有人称为“回归借词”。我们认为，语言是文化的载体，即使词形相同，古代中国的思想文化体系与现代西方社会也有着本质的不同，可以说，这些词形经过日本学者灌注新义以后，焕发了新的生命力，它们是日本人思想文化的结晶。从这个角度来看，这部分词更应当看作原语借词。它们的数量相对较少，据我们统计，全部是双音节词，计有以下一些：

霸权、悲观、表象、插话、长波、衬衣、储蓄、创作、大气、代表、单位、道具、登记、电波、独占、发明、法则、法庭、反动、反应、分解、分配、分析、分子、风琴、封建、封锁、服用、干事、纲领、革命、规范、国际、环境、机械、计划、记录、建筑、讲习、交换、交通、阶级、节约、经费、经济、拘留、具体、军籍、抗议、科目、劳动、理论、理事、理性、列车、美化、民法、能力、骑士、气分、气质、侵略、社会、身分、神经、审问、生产、时事、世纪、事变、私法、思想、素质、条件、温室、文化、宪法、相对、信用、学府、讯问、演说、演习、演绎、遗传、议决、艺术、异物、意识、意义、印象、游弋、预算、运动、

① “加农炮”是一种发射仰角较小，炮弹膛口速度高的火炮，它源自荷兰语“kanon”，杨少坪在 1879 年出版的《增广英字指南》中将其意译为“大炮”，事实上，中国自春秋时期“砲”便已经出现，当时它是用来发射石弹的一种机械装置。公元 8 世纪，火药被发明了出来，“砲”由抛石头变成了“抛火球”，这就是最早的“火炮”。明朝开始，从欧洲陆续传入了新型的火炮，尤其在清末民初，大量新式火炮被发明出来，种类名目繁多，其中就包括“加农炮”。该词经由日本又传回中国，在战事频发的中国，该词逐渐变得多用起来。

支配、主食、主体、主义、注射、资本、自律

由于这些词从汉语传入日语，在语义上也往往经过一个历时的发展过程，所以有必要对这个动态发展的过程做进一步的分析，限于篇幅，我们挑选典型词例进行考察。

【电波】

“电波”这一词形早在中古汉语中既已出现，当时应为联合式名词，指的是“闪电和流水”，可喻指稍纵即逝的事物，如司空图《释怨》：“且夫电波悠悠，人生若浮。一瞬朝暮，百年今古。”后来该词形传入日本，日本人用其意译英语“electric wave”，由于“electric”可译为“电”，“wave”指的是“波”，该词形正好与英语原词契合，因此被赋予新义，作为“electric wave”的仿译词。电波直到19世纪80年代才由德国物理学家海因里希·赫兹发现，因而其传入中国的时间也较晚，我们在清末民初的文献中仅发现1例，即《新纪元》第六回：“英国技士某发明电气探矿法，其法与无线电信送电波于空气之理同。”值得注意的是，电波实际上是一种“电磁波”，它是以波动的形式传播的电磁场，但我们在此期文献中并未发现“电磁波”一词，可见前者并非后者的略称。

【侵略】

“侵略”这个词形也是古已有之，如《后汉书·孔融传》：“袁氏妇子多见侵略，而操子丕私纳袁熙妻甄氏。”此时“侵略”为联合式动词，义为“侵犯掠取”。后来该词形传入日本，日本人用它来意译英语的“agression”，此时其语义也有所改变，特指“一个国家或几个国家联合侵犯别国的领土、主权，掠夺、奴役别国的人民”。众所周知，晚清时期资本主义国家为了达到殖民扩张的目的，对亚洲、非洲、拉丁美洲等国家展开了武装入侵，可以说，“侵略”与“被侵略”构成了19—20世纪的“主旋律”。就中国而言，自1840年鸦片战争以后，仅50年之间，又经历了第二次鸦片战争、中法战争、中日甲午战争等，帝国主义列强对中国领土不断瓜分，国人由此也陷入更深的危机当中。可以说，“侵略”一词带有很强的时代气息，其语义也远比古汉语的程度深、范围大。据我们对“汉籍全文检索系统”进行统计，发现该词在此期共出现207次，全部表示不同于古义的新义，而表示新义的“侵略”也留存到今天，成了现代汉语常用词。

【生产】

“生产”这个词形最早出现于西汉时期，如《史记·货殖列传》：“吾治生产，犹伊尹、吕尚之谋，孙吴用兵，商鞅行法是也。”这里“生产”即“生计”，该词形还有“生育”“出产”等引申义，可以说，它是古代汉语的常用词。“生产”一词借入日本后，日本人用它意译英语“production”，义指“人们使用生产工具改变劳动对象来创造物质财富的过程”。可以说，该词是伴随着19世纪西方政治经济学的兴起而出现的新术语，马克思和恩格斯在《德意志意识形态》第1卷第1章中区分了三种类型的生产，即“自己生命的生产”“他人生命的生产”“思想、观念、意识的生产”①，分别对应的是“满足人们衣、食、住、行等必需的物质资料生产”“使人类自身世代延续的人自身的生产”以及“满足人们必需的文化生活的精神生产”。由于“生产”是由日本传入的原语借词，其新义产生较晚，在此期文献中，该词形虽然出现频率较高，但多半采用的是汉语旧义，即使偶有新义出现，也都指的是“物质资料生产”，日语到今天仍只指该义。值得一提的是，汉语在引入该词后，还可指“精神生产”，即创造精神财富，不过该义产生较晚，直到20世纪中期左右才有用例，如郭小川《山中》诗：“我爱在那激动的会议里发言，就是在嘈杂的人群中也能生产诗。”“生产”在传入中国以后，由它参与构成的一系列经济学术语也在民国时期相继出现，如“生产力”“生产关系”“生产方式”“生产工具”“生产手段”“生产要素”“生产资料”“生产率”等，并且大都留存至今。

【注射】

“注射”这一词形在中古时期既有用例，如李绅《悲善才》诗：“塞泉注射泷水开，胡雁翻飞向天没。”这里“注”表“倾泻”义，该义一直到今天仍在使用，如“暴雨如注”，因而例句中的“注射”是状中结构的动词。日语将该词借入以后，以之作为“inject”的意译形式，义为“用注射器把液体药剂输送到机体内”。此义的“注射”属于医疗术语，它是随着西医新技术的出现而产生的新词。虽然在19世纪前，西医曾尝试用木钩子、柳叶刀等刺穿皮肤将药物送入体内，但真正使用针筒注射器要直

---

① “生产”，百度百科，https：//baike. baidu. com/item/% E7% 94% 9F% E4% BA% A7/3123653？fr=aladdin。

到19世纪中期，这也使得“注射”传回中国的时间相对较晚，如1906年郭钟秀《东游日记》：“近得（马血为之）制造法，注射病人身上，即愈。”此外，“注射器”一词也属日语原语借词，19世纪中期合信在《西医略论》中将其命名为“铜节”，1899年邝其照《华英字典集成》称为“射水管”，直到进入20世纪以后“注射器”一词才正式出现，如1903年关庚麟《日本学校图论》：“屈翅板、注射器、解剖用锯。”纵观20世纪初期的几部双语词典，1908年颜惠庆《华英大辞典》中也将“syringe”译作“注射器”，但1913年商务书馆《华英新字典》与1916年赫美玲《官话》中都不见该词，前文已述，颜惠庆词典受到日语影响较深，这也从一个侧面证明“注射器”是由日语传入的原语借词，只不过与“注射”不同的是，该词形在古汉语中从未出现过。

二 回归借词

回归借词指的是在中国古代文献或近代西学文献中曾出现过的词形，它们传入日本以后，词形与语义均未改变，在日本使用一段时间以后又传入中国的词语。[①]它与上文“原语借词”中“在古汉语中出现的词形”有所不同，最主要的区别在于语义是否发生改变。还需说明的是，有的词形在汉语中出现的很早，其语义已经发生了引申，但引申后的词形在经由日本后又转回，语义未发生变化，这样的词仍应看作回归借词。之所以把这些词义、词形都源自汉语的词称为“借词”，是因为它们虽原产中国，但是并未用开与普及，后传至日本，然后随着当时“引进”的浪潮，在日语的影响下，重新焕发生机与活力，也就是说借由日语才使得它们流行开来。

判断是否属于回归借词的一个重要依据是该词形出现的时间，在汉语古籍中曾出现的词较好判断，利用《汉语大词典》、19世纪前中期的5部双语词典以及“汉籍全文检索系统”都可对其出现时间加以认定；相对较难的是近代中国出现的词语，它们有的出自西方传教士编撰的译著中，也有的源于国人翻译的西学书籍中，日本人在19世纪中后期将其借入日本，而中国人在20世纪初期又将其借回，由于时间相隔较短，所以判明其首见书证就格外重要。我们尽可能搜索更多语料，确保每一词都有明确

① 崔崟、丁文博：《日源外来词探源》，世界图书出版公司2012年版，第32页。

的出处，以保证论证的准确性。

我们先将此期的回归借词列举出来：

白金、半旗、白旗、保险、保障、本质、比重、必要、博士、博物、出口、电池、电报、噸、法律、法则、反射、方程式、副官、公报、规则、寒带、化学、会话、基督、基督教、记号、交际、教授、教养、解剖、金刚石、精神、剧场、咖啡、克服、课程、会计、力学、伦理、码、麦酒、民主、默示、内阁、偶然、判决、批评、铅笔、侵犯、热带、入口、审判、使徒、手工业、水准、随员、受难、天主、天主教、特权、同情、文明、文学、物理、物理学、物质、悟性、细胞、想像、消化、宣传、选举、学士、演习、阳极、医学、议会、义务、议院、阴极、右翼、银行、营养、影象、原理、园艺、原罪、杂志、知识、自由、总理、总领事、作者、左翼、右翼

以上词例中，双音节词占了绝大多数，此外，还有2例单音节以及7例三音节，在我们的统计范围内，还未见到四音节及以上的回归借词。下面对典型词例进行分析。

【右翼】

“右翼”在古汉语中早已出现，如《晋书·慕容廆载记》：“以裴嶷为右部都督，率索头为右翼。”此时义为“作战、检阅时在正面部队右侧的部队”。后来该词衍生了新义，高名凯、刘正埮《汉语外来词词典》将其释为“资本主义国家的政党中倾向于保守的一派”，并明确标注它源于日语。有学者认为“右翼”属于来自日语的回归借词，并以1866年罗存德编撰的《英华字典》作为依据①，我们也对该词的语源进行了考察，发现英语“right wing”在19世纪的双语词典出现了两次，分别见于1847年麦都思《英华字典》第1987页：“right and left wings 左右翼”以及1866年罗存德《华英字典》第1987页：“the left wing of army 左翼……the right wing 右翼”。从词典释义来看，其实“左翼、右翼”在西人翻译的汉语文献中均已出现，如果“右翼”属于回归借词，那么与之对应的“左翼”也应是回归借词，在我们查证的资料中，“左翼”一词并未列入回归借词，当收。

① 崔崟、丁文博：《日源外来词探源》，世界图书出版公司2012年版，第44页。文中收录“右翼”为回归借词，但未收录“左翼”。

【细胞】

"细胞"是伴随着近代生物学的发展而出现的新词，源自英语"cell"，这一词形最早出现于19世纪中期，如韦廉臣译，李善兰笔述《植物学》卷二："植物全体中，有无数细胞体，胞中皆有流质，此细胞一胞，为一体相比附而成植物全体。"后来该词形传入日本，在使用一段时间后又传回中国，其语义未发生改变。我们在19—20世纪多部双语词典中也发现，20世纪前，没有将"cell"译作"细胞"的用例，可见虽然这一词形早已有之，但在中国并未推广开来。事实上，直到1918年孙中山写的《建国方略》一文中仍将"细胞"称作"生元"。不过，这一情况在20世纪以后的双语词典中则是另一番景象，1916年赫美玲《官话》中将"cell"明确译作"细胞"，并标注了（新、Biol）的字样，我们知道，该词典主要收录古汉语词和来自日语的新词，可见"细胞"属于回归借词①，并在这段时间才逐渐流行开来。不仅如此，细胞在当时还构成了一系列生物学术语，如"细胞液、细胞组织、细胞壁、细胞核、细胞膜、细胞质、子细胞、肝细胞、母细胞"等，可见具有很强的能产性。

另外，有日本学者指出："在专业术语几乎仍不完善的领域，如数学、基督教、政治、法律等，需要借助（比日本）更早开拓的中国汉语译词。（因此日语中的）基督教用语几乎是采用中国的汉语译词"②。从传教士更早进入中国并进行传教活动这一史实来说，也的确如此，因而，以上词例中如"基督、基督教、牧师、受难、天主、天主教、原罪"等一系列宗教词汇也都属于回归借词。

除此以外，由于回归借词的鉴别难度很大，个别词例也存有疑问。以上词例中，有一例"咖啡"，在以往学者的论述中，大多数将其看作"回归借词"，有人认为"咖啡"源于英语"coffee"，该词形早在19世纪前半期既已出现，如1866年罗存德《英华字典》第418页就将"coffee"释为"咖啡"。随着罗存德《英华字典》传入日本，其词汇也被日本人吸纳，"咖啡"在日本使用一段时间后，又被借回中国。不过，我们在考察中发现，日本采用的是"珈琲（bèi）"这一词形，无论是字形还是语音

① 崔崟、丁文博编写的《日源外来词探源》第40页中将"细胞"一词认定为回归借词，这与我们的研究结论是一致的。

② 森冈健二：《近代語の成立明治期语彙編》，明治书院1969年版，第107、156—157页。

都与“咖啡”有着很大差距，我们对 20 世纪前后的文献进行了粗略统计，发现 1925 年郭人骥编著《女性养生鉴》中提到了“茶及珈琲之利弊”，另有民国初年张若谷写的《从郁达夫说到珈琲店一女侍》，该文中有这样一段文字：“在这几天的上海正闹着珈琲店潮流的当儿，凡有珈琲趣味者及一般喜欢享受异国情调文学者，都应该咀嚼这篇可歌可泣的生动的故事。”从这些文献中可以看出，在汉语已有“咖啡”一词的前提下，“珈琲”这个词形应当是由日本传过来的。（事实上，直到今天日语中的“コーヒー”，其汉字标记仍为“珈琲”，笔者在日本旅游期间，也随处可见“珈琲店”的招牌。）“珈琲”在进入中国以后，依据此期汉语对外来事物的造字规律，确实有可能在原词基础上添加“口字旁”加以区分，对此前文已述，不再赘言，换句话说，如果能证明是先有“珈琲”后有“咖啡”的话，那么从“珈琲”到“咖啡”势必要经过一个字形上的改造，也就是汉化的过程，但是我们一时还难以找到充分的证据来证明这一点。从这个角度考虑，“咖啡”是回归借词的身份似乎还需要进一步讨论，这就留待日后再做定论。

我们再从日源词是否存活的标准进行分类考察，发现可以将其分为两类。一类是在传入中国一直保留到了今天，上文讨论的“原语借词”和“回归借词”都属于此类。还有一类日源外来词，它们的生命力很短暂，虽被引入了中国，但它们并未留存下来。我们简列数例（横线后为日语词）：

明信片—叶书、机车—机关车、恒齿—永久齿、飞机—飞行机、对手—相手—相手方、董事—取缔役、前列腺—前立腺、白喉—马脾风、青光眼—绿内障、邮票—切手、油画—油绘、支气管—气管支、炸弹—爆弹、住宅—住居、候车室—控室、放映—映写、付钱—拂、德国—独逸、法国—仏国、俄罗斯—露西亚、抢先—先取、职务—役目、星期一—月曜日、星期二—火曜日、星期三—水曜日、星期四—木曜日、星期五—金曜日、星期六—土曜日、星期日—日曜日

这类词的留存时间很短暂，很多仅见于某位作家作品中，属于较具个人特色的词语，如鲁迅作品中出现的“叶书”一词在此期其他文学作品中就较为少见。另外，有的日源词不符合汉族人的造词习惯或文化心理，我们知道，清末民初词汇系统以双音节词居多，像“永久齿”虽与“恒齿”语义相同，但其三音节的结构与汉语习惯不符，与之类似的还有

“机关车”“飞行机”等，因而即使被引入也摆脱不了被淘汰的命运。除此以外，还有的日源词与国人自创的音译词、意译词或本土自造词发生了竞争，例如“切手”，前文已述，清末民初随着中国现代化邮政业的不断发展，“邮+X”结构的新词大量出现，“邮票”即为其中之一，日源词“切手”不具有系统性，在与意译词“邮票”的竞争中最终失败，而没有留存下来。再如星期的不同命名，虽然中国早已有了“七曜”[①] 的概念，但在古代中国并不以其记时，而是采取“候、气、节、月”[②] 等方式，到了明清之际，随着基督教的传入，一些教徒开始使用“星期制”，该法也逐渐推广开来。而日语中的“七曜日”命名，来源于拉丁语中的星期，例如星期一为“月亮日”（dies lunae）、星期二为“火星日”（dies Martis）、星期三为“水星日”（dies Mercurii）、星期四为“木星日”（dies Jovis）、星期五为“金星日”（dies Veneris）、星期六为“土星日”（dies Saturni）、星期日为“太阳日”（dies solis）。日语中的七曜日在清末时期传入中国，但此时中国的星期制已较为普遍，且在民间广泛使用，因而七曜日并没有保留下来。

第三节 日源外来词的结构及特点

在上一节中，我们主要从源流的角度对此期的日源外来词做了区分，诚然，探源工作确实很有必要，但更重要的是从本体角度进行深入的探究，因此本节主要考察日源词的内部结构及特征。

一 日源外来词的内部结构

葛本仪曾提出这样一个观点：“语言中的每一个词都是构词法研究的对象，对每一个词都可以从构词的角度作内部结构的分析。”[③] 上一章的西源外来词以音译词为主，它们多半是单纯词，也就无所谓构词问题，但

① 七曜在中国又称为七政、七纬、七耀。这是中国古代对日（太阳）、月（太阴）、金（太白）、木（岁星）、水（辰星）、火（荧惑）、土（填星、镇星）七大行星的一种总称，源于中国人民对远古的星辰自然崇拜，http：//dy.163.com/v2/article/detail/DGFJJG8H0518R7B7.html。

② 中国古代，五日为一候，三候为一气，二气为一节，一节为一月，一年有二十四节气。

③ 葛本仪：《汉语词汇研究》，山东教育出版社 1985 年版，第 65 页。

是日源词与汉语有着相同或相近的外形，这就使它具备了构词研究的可能。

学者们围绕这个问题也展开过讨论，首先遇到的一个问题是，对日源外来词而言，研究其结构是否有必要。由于汉日的构词法基本一致，因而有人认为我们只是直接吸收了这些词，如孙常叙提出：“日语造词在词素、方法和结构上往往是附合汉语造词规律的。”① 再如王立达认为：“从构词法上辨别不了日语借词，因为除了汉语是动—宾，日语是宾—动，二者不同之外，其余主谓、向心（偏正）、并列、动补等结构方式，两种语言是完全一致的。”② 事实上，学者们在分析汉语构词法时，也会有意无意地涉及一些日源外来词，而这实际上就是对汉语词与日源词“一视同仁”了。例如，符淮青就谈到，“组织”属于联合式，“克服”属于动补式，“动员”属于动宾式；③ 再如，武占坤、王勤在其著作中也将“干事、抽象”分析为“支配格”；④ 此外还有史有为也明确提出“革命、机关、积极、柔道”等词在形式上具有（汉语）固有构词方式⑤。可见，即使不专门对日源词的构词法展开研究，鉴于汉语吸纳了众多日源词，也没法对此视而不见。其次一个问题是，针对研究中存在的困难，应当采取哪些理论、方法或手段。我们知道，词的结构关系离不开对语素义、词义的分析，日源词的特点在于，其语素义很大程度上可以按照汉语来理解，周祖谟就认为：“尽管日本语里汉字的读音跟汉语不同，但是并不妨碍汉字所表示的意义。”⑥ 张志公也指出：“还有一些日译词，是用汉字构造的，少数日语固有的词也是用汉字书写的，一般都可以从字面上推知其词义。”⑦ 正是由于两种语言具有这种联系，使得除去某些日语固有词（如“取缔、手续”）以外，其他日源词基本都具有按汉语词进行分析的可能性。另外，众所周知，日语中存在“音读”和“训读”⑧，由中国古代引过去的

---

① 孙常叙：《汉语词汇》，吉林人民出版社 1956 年版，第 311 页。

② 王立达：《从构词法上辨别不了日语借词》，《中国语文》1958 年 9 月号。

③ 符淮青：《现代汉语词汇》，北京大学出版社 2004 年版，第 6、170 页。

④ 武占坤、王勤：《现代汉语词汇概要》，外语教学与研究出版社 2009 年版，第 93 页。

⑤ 史有为：《外来词：两种语言文化的融合》，《汉语学习》1991 年第 6 期。

⑥ 周祖谟：《汉语词汇讲话》，外语教学与研究出版社 2006 年版，第 65 页。

⑦ 张志公：《现代汉语》（试用本），人民教育出版社 1982 年版，第 238 页。

⑧ 音读指的是汉字在日语中按照日语对汉语的译音读出来，训读指的是只取汉字义，发音按照固有词的发音。

词语多为音读，如“中国（ちゅうごく）”“人民（じんみん）”，它们一般是比较书面化的词汇，而日语固有词往往是训读，如“手（て）”“人（ひと）”等。由于上一节我们已确定了清末民初日源词的范围，并对其源流做了相对比较细致的分类，因而这也为结构分析打下了基础。在学界，已经有学者有意识地利用汉语的词汇、语法理论来对日源词进行研究，如马西尼《现代汉语词汇的形成——十九世纪汉语外来词研究》的附表2，就对日源词的结构问题做了探究，例如“文法”一词的说明是“双音节词，偏正结构，来自日语的原语汉字借词，名词”。再如周玉琨《日语借形词的构词问题》一文中，也将借形词的构词法进行了大致归类，从中可以看到较强的系统性和规律性。

通过对学者们的观点进行梳理，我们发现，除去若干牵强附会的解释，绝大多数日源词均可进行结构分析，并且这种探究具有重要的价值，下面结合词例进行归纳总结。[①]

（一）单纯词

汉语单纯词是由一个语素构成的词，虽然此期的日源单纯词不多，但包括以下两种类型：一是日造汉字，它们全部是单音节字；二是用汉字音译西方语言的音译词。例如：

呎、吋、哩、腺、粁、瓩、粍、粡、癌、腺、瓦、目、台、才、淋巴、丁几、曹达、古柯、瓦斯、沃度、虎列剌、古加乙涅

（二）合成词

1. 复合式

（1）联合式

汉语中联合式的构词语素彼此之间地位平等，依照语义关系可分为“同义联合”“类义联合”“反义联合”三类，日源外来词基本也可按此分类，不过此期反义联合词的数量极少。联合式的词例如：

储藏、储蓄、创作、单纯、登记、登载、范畴、放射、纲领、观测、记录、建筑、讲演、讲习、简单、交通、经济、拘留、竞技、看守、抗议、科目、劳动、类型、了解、目标、目的、派遣、评价、思想、条件、图案、思想、演绎、印鉴、精神、消化、运动、教授、知识、过渡、法

① 由于日语借词数量较多，限于篇幅，这里仅列举从类型上来说较为明晰、易于辨识的词语。

律、标本、理论、疫痢、演奏、指导、止扬[①]、质量、仲裁、组织、注射、制限、审问、铁血[②]

（2）偏正式

汉语的偏正式体现的是语素间修饰与被修饰的关系，依据中心语素的性质，可以分为定中式及状中式。此期日源词中偏正式的数量较多，除了双音节词以外，还有众多三音节乃至四音节的偏正式，下面分别举例说明：

定中式

双音节词：悲剧、背景、表象、常识、错觉、大局、大气、但书、等外、号外、单利、德育、静脉、金牌、段奔、电车、尖兵、和服、广场、广义、基调、环境、画廊、高炉、固体、光线、思潮、私交、体操、温床、温室、陵土、军籍、音程、展现、银幕、原则、阵容、支线、政党、宪兵、舞台、重点、坐药、主观、麦酒、异物、风琴、白金、羊羹、浪人

三音节及以上：出发点、处女地、处女作、传染病、催眠术、大本营、代言人、导火线、单行本、地下水、教科书、国事犯、化妆品、氛围气、高射炮、检波器、交响乐、净琉璃、假想敌、黑死病、火成岩、金婚式、燕尾服、探照灯、巡洋舰、清教徒、生产力、军需品、看护妇、原动力、血色素、天鹅绒、仲裁人、经济恐慌

状中式

暗示、敌视、独裁、独占、反动、反对、预算、保险、革命、共和、坚持、假定、国立、广告、否定、否决、否认、脉动、漫画、漫谈、不景气、决算、内服、盲从、累进、累减、遗传、座谈、专卖、总动员、自然淘汰

（3）动宾式

采光、出庭、催眠、动员、复员、化脓、就任、卫生、接吻、任命、

① “止扬”为哲学术语，是德语 aufheben 的意译词，其中“扬”指的是继承和发扬旧事物内部积极、合理的因素，“止”指的是抛弃和否定旧事物内部消极的、不好的因素，二者结合属于“反义联合”。该词在汉语中被译作“扬弃”。

② 前文已述，“铁血”源自“blood and iron”，它实际是普鲁士首相俾斯麦于 1862 年提出的通过王朝战争实现德国统一的政策，“铁”指武器，“血”指战争，该词即为“武力及带血的政策”，属于类义联合。

立宪、失恋、失效、施工、落选、理事、退役、投影、探险、宣战、组阁、有机、保健

（4）动补式

附着、集中、输入、输出、固定、介入、饱和、打消、组成、说明、改进、改良

（5）主谓式

事变、自律、他律、自由、物语、胃溃疡、通货膨胀、通货收缩、神经过敏、神经衰弱

2. 附加式

汉语的附加式依据词根与词缀的位置关系，可分为“前缀+词根”与“词根+后缀”两种类型，我们在本土词部分已讨论了此期出现的前后缀，事实上，其中有一些就是来自日语的，如“泛”“主义”等。前文已述，此期“-主义”结构的词语数量极多，其中一部分是从日本直接借来，还有一部分是用日语后缀“主义”与本土词组合而成，我们这里只考察完全借自日本的新词。对于日语中的前后缀，学者们没有定论，较为肯定的是日语前缀相对较少，一般来说包括“泛-、非-、不-、否-”，不论是数量还是构词特点都不如后缀复杂多样。崔崟认为，日语中原语借词后缀包括“-车、-道、-点、-度、-法、-感、-观、-病、-阶级、-表、-力、-论、-品、-社会、-式、-学、-线、-型、-员、-业、-主义”[①]，此外，还有学者提出“-的、-化、-界、-率、-时代、-问题、-性、-炎、-作用”等也属于日语原语借词后缀[②]。另外，回归借词由于完全采用汉语已有词形，汉语中曾出现过的前、后缀（或者类词缀）也都一并传入了日本，这些虽不能算作来自日语的词缀，但在构词上同样要视为“附加式”，如“-师、-者”等。下面结合学者的观点以及此期词例，我们分别列出（个别是词组，但属于附加式结构，为了考察全面，一并列出）：

（1）前缀+词根

泛-：泛神论、泛心论

非-：非金属

不-：不动产、不景气、不作为、不完全（身体不健全）

① 崔崟、丁文博：《日源外来词探源》，世界图书出版公司2012年版，第65页。

② 陈生保：《中国語の中の日本語》，该文在1996年12月17日于日本演讲时发表。

（2）词根+后缀

-士：辩护士、代议士

-化：进化、退化、净化、美化、特殊化、国有化、资本化、表面化、电气化

-者：劳动者①、无产者、担当者、支配者、债务者、新闻记者

-主义：军国主义、社会主义、人文主义、虚无主义、共产主义、耽美主义（唯美主义）、实用主义、平和主义、悲观主义、折衷主义、改良主义、新闻主义、集产主义（国有制）、独占资本主义

-性：理性、感性、悟性、可能性、现实性、必然性

-员：成员、议员、乘务员、陪审员、事务员

-家：资本家、专门家、艺术家、商工资本家

-点：重点、终点、美点、焦点、出发点

-学：化学、哲学、论理学、教育学、经济学、社会学、语源学、生理学、物理学、建筑学、统计学、心理学、动力学

-型：大型、小型

-式：新式、旧式

-师：技师

当然，还有一些词语依据日本固有语法规律而形成，这部分自然无法直接用汉语构词法来进行分析，如“血吸虫、海拔、人选、德育、体罚、体育、体操、病虫害”等，由于日语句法要求名词与动词构成动宾关系时，其正常语序是名词在前，动词在后，如“手を洗う”，即“洗手”（を为宾格助词，う是动词“洗”的词尾），当句法结构缩略成词法结构时，助词通常会省略，这样就会出现名词在前，动词在后的结构，因而“人选”即“选人”，“海拔”即“拔海”，“血吸虫”的偏语素可理解为“吸血”，这就是中日语言模式不同而造成的结构上的问题。

二 日源外来词的特点

清末民初的日源外来词数量众多，纷繁复杂，上节我们主要从内部结构角度进行了初步的分类，此外它们在语音、语义以及汉化等方面还具有

① “劳动者”在当时还具有一定的能产性，例如在当时还出现了“洋服劳动者”，该形式见于1930年王慎名、柯柏年《新术语词典》。

鲜明的特点，下面我们分别进行分析。

（一）日源外来词的语音特征

我们知道，日本汉字音是由古代中国直接或间接传入日本的基于汉语的汉字读音。依其传入时间和地点的不同可分为古音、吴音、汉音、新汉音、唐音、宋音等。虽然日语与汉语在语音上有着很深的渊源，但清末民初时期，二者早已发展出各自独立的语音系统。

首先，我们看一下这些日源词所对应的日语词的发音情况。回归借词这里暂且不论，因为它虽经由日本又流回中国，但其形体、语义均未发生变化，所以我们主要以原语借词作为讨论对象。可以说，其中的大多数都属于音读式汉字词，其余的要么是训读式，要么是音、训混合式，但整体数量不多。具体来说，这些训读词中有以日语语素构成但使用汉字书写（即采用训读）的意译西语的词，如“组合、引渡、借方”等；也有用训读汉字构成反映日本人自主认知的事物的，如“场合、打消、手续”等；还有虽采用古汉语词形但属于训读式的音译词，如“麦酒”（日语 biru，训读式音译荷兰语的 bier）。采用半音读半训读的汉字词数量很少，只有“身分”“小型”“株式会社”等。纵观日语在明治维新以后创制新词的情况，主要采取的方式仍以汉字词为主，而非和语词或混合词，汉字的构词能力及对日语的影响由此可见一斑。

其次，这些日语词传入中国以后势必要经过汉语语音系统的改造。虽然有的汉字在中日语言中的读音较为接近，但绝大多数都有区别。由于汉字是表意文字，因此汉语在借入这些日源词的时候主要是借“形”，而没有办法同时记录它们在日语中的读音。当然，由于大多数日源词可以“望文生义”，也就没有必要重新规定日源词中汉字的发音。所以，无论该词在日语中是音读、训读还是音训混合，只要是进入汉语系统中的日源词都采用的是汉字本音来读，这点与汉语吸纳西源词时主要记录其发音有着本质的区别。

除此以外，汉语还吸纳了一部分日语新造字，像“腺”“膵”等汉语中本无的字，对这部分字的读音，汉语往往比照原有同音符形声字的读音来读，例如“腺”的语音源于“線”，“膵”的读音源于“萃”。

（二）日源外来词的音节分布

如前所述，此期日源词包括原语借词和回归借词两部分，其中原语借词共计 767 个，回归借词则相对较少，共有 92 个。从音节分布来看，它们从单音节到四音节都有，不过在数量分布上差异很大。两类中均以双音节词为主，单音节词数量最少，总共只有 18 个。具体数量情况见下表。

表二十一 原语借词音节数量分布情况

	单音节	双音节	三音节	四音节
数量	16	593	133	25
所占比例（%）	2.1	77.3	17.3	3.3

表二十二 回归借词音节数量分布情况

	单音节	双音节	三音节
数量	2	84	6
所占比例（%）	2.2	91.3	6.5

从表二十一可以看出，原语借词中双音节词数量最多，占到总数的三分之二以上，其次是三音节词，约为总数的五分之一，再次分别是四音节与单音节词，二者数量基本持平。究其原因，主要有以下几个方面：第一，清末民初汉语词汇呈现以双音节为主的格局，因而日源词在被纳入汉语系统中时，也倾向选取双音节词。即使超过双音节，在进入汉语词汇系统以后，也可能向双音节演变，这在前文提到的“简缩造词”一节中也有所体现。例如，“机关枪”在进入汉语以后逐渐简缩为“机枪”，再如“结核病”缩略成“结核”“金婚式”变为“金婚”“氛围气”简缩为“氛围”“重工业”省称为“重工”等。第二，以三音节、四音节词为例，严格来说，它们中有的虽然是词，但属于多层结构，有的视为词组也未尝不可。像“主义”本属于原语借词，但它亦可与其他词语结合形成新的结构，此时它为后缀，如“共产主义”“社会主义”“人文主义”“虚无主义”等，这样的“X 主义”结构，其语素之间结合较为松散（《现汉》一直把“主义”标为名词）。再如“不景气”，虽然它在日语中是一个词，但由于与其对应的“景气”也传到了中国，从结构上来说它更像是后者的否定式，即表否定的状中式短语，这就使得“不景气”的性质变得有些模糊。事实上，我们在此期文献中也看到了“不太景气”这样的说法，可见，某些即使在日语中可以看作“词”的三、四音节形式，到了汉语中也可能依照汉语习惯，被拆分为双音节词与其他成分的组

合。第三，据我们统计，三、四音节词中音译西语的比例要高于单音节和双音节，如“古加乙涅”“偻麻质斯”“规尼涅”“虎列剌”等，而双音节词中大多数都是意译西语的，我们知道，意译与音译相比，除了表义清晰以外，一个很大的优势在于其音节往往更为简短，便于识记，这也是此期日源词中双音节词居多的原因之一。

再看表二十二中的回归借词，这类中双音节词呈绝对优势，其主要原因在于，回归借词是在汉语中出现过的词，我们知道汉语从东汉开始便呈现以双音节为主的趋势，日语借去的词形也倾向于双音节。再看单音节与三音节，前者包括“吨”“码”，后者有“方程式、基督教、手工业、天主教”等，两类加在一起不足 10%，可见日本人在借汉语词形时也更倾向双音词。

第三章

外来词词义系统研究

以上两章我们分别从来源的角度，分西源与日源对清末民初的外来词引进、使用的情况及其内部结构、外在特征等进行了一定程度的讨论，本章中，我们对以上二者统而观之，并且换一个角度，从词义系统来做进一步的探究。

第一节　清末民初外来词的语义类别研究

语言是文化的载体，人类的历史、文化是依靠语言记录、储存并传播开来的。美国语言学家萨丕尔曾说过："语言的背后是有东西的，而且语言不能离开文化而存在"[①]，人类学家 A. 怀特提出："人类的全部文化（文明）依赖于符号（语言），正是由于符号能力的产生和运用才使得文化得以产生和存在，正是由于符号的作用，才使得文化有可能永存不朽。没有符号，就没有文化"[②]。由此可见，语言记录了一个民族文化的深厚内涵。

我们知道，在语言三要素中，词汇是最灵活易变的，社会生活的任何变化都或多或少在词汇上有所体现，同时，社会生活各个方面的变化发展也会影响词汇的产生及演变。因而，本节我们对外来词的语义所指进行分类，将具有相关性的归纳为一类并对其进行描写，以期对词汇所反映的文化及社会生活有一个更加充分全面的认知。由于所有的外来词都有这个特点，所以仍依照之前的划分，对西源及日源外来词分别讨论。

---

① 萨丕尔：《语言论》，商务印书馆 1964 年版，第 196 页。

② A. 怀特：《文化科学》，浙江出版社 1988 年版，第 31—32 页。

一　西源外来词的语义类别研究

（一）引入西源外来词的历史分期及其语义类别

如前所述，中国翻译史上出现过三次高潮，第一次是东汉至唐宋的佛经翻译，第二次是从晚清直至五四时期的科技文化翻译，第三次高潮则是1978年改革开放以后的翻译，随着中国全面实行对外开放的政策以及中外经贸文化交流的日益频繁，外来词在这个阶段大量涌入。我们所讨论的清末民初外来词属于第二次高潮，经历了两次鸦片战争的失败以及太平天国的冲击，晚清的开明官僚及有识之士发动了"洋务运动"，在这一运动中，总理衙门于1862年设立了京师同文馆，1865年李鸿章设立了江南制造局翻译馆，再包括后代所创立的各种翻译局，都译介了大量西方社会科学和科技作品，这对普及西方科技文化知识、开启民智起到了重要的作用。

具体来说，鸦片战争后，中国逐渐走向半封建半殖民地社会，此间还经历了数次政治变革及斗争。随着时局的变迁，清政府及有识之士也不断寻求强国图存之路，因而，学习西方政治、军事、科学技术、社会文化成了这个阶段社会发展的一个显著特点，而这对外来词的产生和使用也有着深刻的影响。

陈原先生对新词的借入曾这样论述："任何一种有生命力的语言，它不怕同别的语言接触，它向别的语言借用一些它本来没有，而社会生活的发展要求它非有不可的语汇……"① 清末民初，中国社会正处于一个动荡的转型时期，新事物、新思想不断涌入，用来反映它们的外来词的数量也逐渐增多。当时社会发生了若干具有标志意义的历史事件，在此期间，社会关注的焦点及热点各有侧重，依据吸纳外来词的内容以及译介人员的差异，我们可以大致分为两个阶段：第一阶段从1840年鸦片战争开始一直到洋务运动时期（19世纪60—90年代）；第二阶段从1894年甲午战争直至民国初年（20世纪10—20年代初），下面分别进行介绍。

1. 鸦片战争—洋务运动时期

此期翻译西学主要以"洋务派"为主导，更倾向于选择实用型的翻译内容。19世纪伊始，当西方世界正在进行日新月异的变革时，清政府

① 陈原：《社会语言学》，学林出版社1983年版，第287页。

却仍以“天朝上国”自居，继续沉溺于“康乾盛世”的幻觉中而不思进取。“闭关锁国”的政策使得国人对西方社会了解甚少，直至林则徐于1839年赴广州禁烟时，仍有这样的感慨：“沿海文武员弁，不谙夷情，震于英吉利之名，而实不知其来历。”①

在第一次鸦片战争惨败之后，一些“经世派”人士开始主动增进对西方世界的了解，例如被称为“开眼看世界第一人”的林则徐，主持编译了《四洲志》，成为近代第一部较为完整、系统的历史地理图书。魏源在此基础上编写出《海国图志》一书，并提出“师夷长技以制夷”的主张。后来，又陆续问世了一批介绍西方地理、经济以及中西关系等的书籍，例如汪文泰《红毛番英吉利考略》（1841）、陈逢衡《英吉利纪略》（1841）、何秋涛《朔方备乘》（1843）、姚莹《康輶纪行》（1845）、梁廷枏《海国四说》（1846）、徐继畬《瀛寰志略》（1848）、夏燮《中西纪事》（1850），还有1853年在香港创刊的《遐迩贯珍》等。②

以上诸书均引入了大量外来词，总的来说，经世派著作引入的外来词主要涉及以下个几方面：①地理用语，包括西方世界的国名、地名，如“意大里亚”“佛兰西”“英吉利”“俄罗斯”“阿西亚洲”“白令海峡”等，有的已与今天的译法相差无几；②西方政治、经济领域的术语，如“勃列西领”（president，总统）、“冈色尔”（council，委员会）、“西那多”（senator，参议员）、“斯旦税”（stamp duty，印花税）、“甘巴尼”（company，公司）；③西方社会学科用语，对于西方学科的译名主要吸取明清西方耶稣会传教士的论著，如“斐录琐费亚”（拉丁语 philosophia，哲学）、“薄利第加”（拉丁语 politica，政治）、“络日伽”（拉丁语 logica，逻辑学）、“默达费西加”（拉丁语 metaphysica，形而上学）；此外，还有部分外来器物的名词，但很多都属于意译词，如“千里镜”“火轮船”“战舰”“量天尺”等。

除了经世派人士，清政府的一些进步官员也亲眼见识到了外国坚船利炮的威力，感受到了一种潜在的威胁，因而在恭亲王、曾国藩、李鸿章等

---

① 林则徐：《附奏东西各洋越窜夷船严行惩办片》，郑振铎编《晚清文集》，中国人民大学出版社2011年版，第1页。

② 此期著作各有侧重，汪文泰、陈逢衡以记录英国为主，何秋涛书主要记录中俄关系，姚莹书侧重中国西藏边境关系，夏燮侧重中西关系史，尤其记录几次鸦片战争始末，余者都属于全球地理类书。

人的引领下开展了轰轰烈烈的“洋务运动”，并打出了“自强”和“求富”的口号。在此背景下，军事、民用工业逐步兴起，如江南制造总局、福州船政局、轮船招商局等；还有一些翻译机构也开始竞相译介西书，例如近代第一所外国语言学堂“京师同文馆”，江南制造局翻译馆以及由西方传教士主办的广学会、益智书会等。可以说，翻译馆对于译书的选择与当时的洋务运动紧密相连，洋务派大量兴办工业、发展军事，提倡“西学”，所以译介的书籍自然更偏重自然科学。与道、咸年间（19世纪四五十年代）相比，那时多采用间接翻译的方式，很多时候仍承袭明清传教士的译法，用字并不精准，流传并不广泛，但是洋务运动时期，中国士人和西方译者在翻译西书领域发挥了重要作用，译著颇丰。以“同文馆”为例，译书内容十分广泛，主要包括：①军事、法律领域。如《公法便览》（汪凤藻译）、《万国公法会通》（丁韪良译）、《星轺指掌》（联芳、庆常译）、《法国律例》（毕利干译）、《陆地战例新选》、《公法新编》等。②自然科技领域。例如物理学著作《格物入门》（丁韪良译），化学著作《化学指南》、《化学阐原》（毕利干译），数学著作《算学课艺》（席淦、贵荣编辑，李善兰鉴定），天文学著作《中西合历》（海灵敦等译）、《中西历法》（骆三畏等译），医学著作《全体通考》（德贞译）等。再看“江南制造局翻译馆”，其译书门类庞杂，分为史志、政治、兵学、农学、格致、算学、电学、化学、声学、光学、天学、地学、医学等，总计24类，译书总量达到178种之多。此期的西方译者虽不再以传播宗教教义为主要目标，但其翻译方式仍沿袭以往做法，即以西人口述，再由中人笔译。较具影响力的译著如《重学》（艾约瑟、李善兰译），《几何原本》（伟烈亚力、李善兰译），《植物学》（韦廉臣、李善兰译），《化学鉴原》（傅兰雅、徐寿译），《全体新论》（合信译）。

从这半个多世纪西学东渐的过程可以看出，当时的社会已逐渐呈现开放的态势，人们产生了主动了解西方、学习西方的需求，但是洋务派这种“经世致用”的思想只能暂时缓解现实中所面临的困境，仅仅依靠介引西方的先进科技无法改变中国落后的封建制度，尤其在介绍西方先进社会制度与文化等方面的社会科学译著较为缺乏，这从此期外来词所反映的内容便可见一斑。

2. 甲午战争—民国初年

19世纪末，中日甲午战争爆发，战事的惨败揭示了洋务运动失败的命运，也让进步人士认识到单纯引进西方先进科技很难改变封建腐朽王朝的落败局面。从19世纪后期开始，以康有为、梁启超为代表的“维新派”逐渐兴起，他们提倡资产阶级新文化，主张学习西方资本主义国家的政治思想，并进行改革。维新派人士不仅重视西方科技的引进，其“师西”的内容还包括政治、经济、教育、法律等社会科学的内容。他们在学习的过程中亦很重视对西方典籍的翻译（或转译日语翻译的西书），以梁启超为例，他在《变法通义》（1896）中专辟一章《论译书》，倡导“译书为救国之第一要义”，并主张：“今日而言译书，当首立三义：一曰，择当译之本；二曰，定公译之例；三曰，养能译之才。”这种思想在外来词的引入内容上也有所体现。

从翻译西学的途径来看，19世纪前中期，由于本土人士并不熟知西语，所以很多时候仍要依仗西方传教士，即使如徐寿、李善兰这样著名的科学家也不例外，所以自“维新变法”之后，清政府开始提出主动走出国门，这样人们一方面可以在西方国家学习语言，另一方面也促进了对西方的先进科技文化知识的学习。从当时人们走出国门的情况来看，主要体现为以下两方面的特点。

第一，清政府有意识地选派人才出国留学，这使得清末民初中国出现了大量通晓西语并可直接翻译西书的知识分子，其中极具代表性的是严复，他译著众多，且致力于翻译资产阶级社会学说及自然科学著作，例如翻译英国生物学家赫胥黎的《天演论》（原著为《进化论与伦理学》）、英国经济学家亚当·斯密的《原富》（原著为《国富论》）、J. S. 密尔的逻辑学著作《穆勒名学》（原著为《逻辑学大纲》）等多部著作，共计二百多万字。[①] 虽然他的译词有许多并未流传开来，但他系统地介绍了近代西方人文科学的发展，梁启超评价其为“于中学西学皆为我国第一流人物”[②]，由于他是最早翻译西书的代表性人物，其开拓性的做法也为当时西学引进及翻译事业做出了很大贡献。此外，还有一批士人通过出国考察，撰写了不少相关的见闻游记，如张德彝《航海述奇》、郭嵩焘《郭嵩焘日记》、斌椿《乘槎笔记》、王韬《扶桑游记》等，在这些游记中，也

① 冯天瑜：《新语探源——中西日文化互动与近代汉字术语生成》，中华书局2004年版，第30页。

② 苏中立、涂先久：《百年严复——严复研究资料精选》，福建人民出版社2011年版，第267页。

出现了很多翻译词语。

第二，留学的国家也不限于最初的英、美、法、德，留日的学生也日益增多。日本自明治维新之后迅速崛起，在此之前，日本曾大量借助中国明清时期所译的西书来了解西方，经过明治维新的变革，日本仅用半个世纪的时间就发展成为先进的资本主义国家，并且在政治、经济、文化等方面保持了足够的独立性，这都促使日本开始走向“自译”西书的道路。到20世纪初，日本逐步开始向中国输出西学，对于当时中国的有识之士来说，为了追求速效，从日本转译不失为一条便捷的途径，这正如康有为所说：“譬如作室，欧美绘型，日本为匠，而我居之也。譬如耕田，欧美觅种灌溉，日本锄艾，而我食之也。”①而且直至五四运动，中国一直不间断地从日本“间接”引入西方新词，这也是汉语中日语借词占较大比重的原因之一。

虽然“维新派”的翻译活动对推进西学起到了重要作用，但毕竟囿于晚清“经世致用”思想的影响，译者们在材料的选择上带有强烈的政治目的，所以他们更注重材料内容，而对于文体的艺术性和文学色彩则不够重视，直至清、民之际的一些文人，他们开始对文学和文化领域的作品进行翻译，例如马君武，他精通英、日、德、法等国语言，尤其欣赏德国18、19世纪在文学方面的成就，曾使用中国格律诗的体系大量翻译外国作品，例如歌德的《米丽容歌》、席勒的《威廉退尔》、拜伦《唐璜》中的《哀希腊歌》等，其译作中也出现了大量表示人名、地名的音译词。随着五四“新文化运动”的兴起，文学、文化著作的翻译逐步走向繁荣，因为“‘五四’新文化运动追求国人之‘最后觉悟’，它将科学与民主结合起来，作为衡量所有社会现象的价值准则，以‘评判的态度’重新估定一切价值，逐步实现民族文化心理层面的变革，逐步实现‘人’的解放，‘输入学理’是它的主要手段，‘再造文明’是它的基本目标”②。这都无疑有助于大量新词语的引进和创制。那些以新文化运动为背景而产生、传播、发展起来的词语被称为“五四词语”③，其中就有相当一部分是外来词语。学者和知识分子借助它们来探讨问题、表情达意。例如，20世纪早期很流行的“德谟克拉西”等，虽然早在19世纪后半期便出现

---

① 康有为：《进呈日本明治变政考序》，载《康有为政论集》，中华书局1998年版。

② 周光庆、刘玮：《汉语与中国新文化启蒙》，台湾东大图书公司1996年版，第323页。

③ 同上。

“democracy”的意译名称“民主”，不过由于此译法是从日本引入，早期的进步人士还是惯用“德先生”的说法，因为它能够更加全面地反映从西方引入一种政治制度的深意，而且还可以与日语中的“民主”相区别开，这也从一个侧面反映了新文化运动追求民族文化心理变革的目的。

（二）西源外来词的语义分类

对于外来词的探究往往是从结构形式的角度入手，但事实上，外来词还应从语义的角度去考察它所反映的事物、观察语义之间的转化，以此更深入全面地认识清末民初的外来词。尤其此阶段处于中国社会的重要转型时期，各种新事物、新思想的涌入都会在词汇上得到反映，词汇的语义分类背后直接对应的是社会、民族以及观念的文化世界。正所谓“一个时代有一个时代的语言”，所以从不同时代的词汇分类的对比中就可以窥见社会发展在语义上留下的痕迹。

在此基础上，我们对清末民初的外来词进行了统计，由于语义分类往往偏于主观，所以我们主要参考了史有为《汉语外来词》以及苏新春《现代汉语分类词典》中的语义分类方法，根据西源外来词所代表的社会内容将其分为了五个类别。

1. 生物范畴

主要分为人、动物以及植物三个小类，整体数量相对较少。

（1）人

表“人”的西源外来词中以表“籍属”的最为多见，例如“Arab”在英语中一词多义，既表示“阿拉伯”这个地区，又表示“阿拉伯人”以及“阿拉伯语”，而后两个都是通过“音译+义标”的方式创制出来的。前文已述，自鸦片战争以来，中国大量翻译介绍世界史地知识的论著，“阿拉伯人”一词便出自1886年的《曾纪泽日记》中，与之类似的还有“印第安人（Indian）”“爱斯基摩人（Eskimo）”“日耳曼人（Germanic）”等。此外，还有众多的诸如“密斯脱（mister）”“密昔司（Mrs.）”“达尔玲（darling）”“黑漆板凳（husband）”“尖头鳗（gentleman）”“雪丝黛（sister）”“魁阴（queen）”“法老（Pharaoh）”“苦力（coolie）”“马占（merchant）”“甲必丹（captain）”等表示人的称谓、亲缘、职业等的西源外来词。

（2）动物

表动物的西源外来词并不算多，表示走兽类的如“吉贲（gibbon）”

“猛犸（mammoth）”“海乙那（hyeana）”；表飞禽的如“几维鸟（kiwi）”；表水生动物的如“儒艮（dugongs）”“沙丁鱼（sardine）”。值得一提的是，像猛犸、几维鸟、海乙那（即鬣狗）等动物都属于外国独有，在中国本土找不到对应的概念，因而采取音译的方法，但像“儒艮”，就是俗称的“人鱼”，在我国古代典籍中早有记载，古人称为“鲛人”，如干宝《搜神记》：“南海之外，有鲛人，水居如鱼，不废织绩，其眼泣，则能出珠。”由此可以看出，古代的人鱼还是多少被赋予了神话色彩的。“儒艮”一词大约产生于20世纪初期，如钟观光《理科通证·动物篇·海兽》便已出现，可见随着西学演进以及科技文明逐步的发展，更加科学准确的术语也被纳入汉语词汇体系中。

（3）植物

表示植物的西源外来词数量不多，仅有2例。一是“阿罗”，它源于英语“aloes”，最早见于1854年《遐迩贯珍》。其实，“阿罗”即为“芦荟”，早在明代李时珍《本草纲目》中便有记载，称其“色黑、树脂状”。由此可见，当时“芦荟”对应的是从欧洲传来，并将汁液熬干之后留下的块状物。可能为了与这种“块状物”相区别，后来引入外来词“阿罗”作为一种新的药用植物的名称。同时，在19世纪中后期也出现了“番芦荟”的译名，其中“番”表“外国的或外族的”。用“番”来修饰汉语固有事物并以示区别，这在当时是一种流行的构词方式，例如，魏源《海国图志》中便有“番人、番字、番银、番梢”等，可见此时的“阿罗”应与明代的“芦荟”不尽相同。我们再来看“可可”，它音译自英语“cocoa”，指一种原产于美洲热带的植物。直至16世纪欧洲人发现新大陆以后，他们才认识到“可可”还是一种珍贵的经济作物。早在1848年徐继畬所著的《瀛寰志略》中对其便有介绍，不过这种植物传入中国的时间相对较晚，直至1922年才在我国引种，此时的“可可”又可以指这种植物，也可以指由其种子而制成的饮料。

2. 具体事物

涉及具体事物的外来词相对较多，包含的门类也纷繁复杂，所以我们大致分为六个类别一一进行说明。

（1）器具

此类中涉及较多的有军事装备及交通工具。军事装备类词语数量较多，可能与此期战事较多且受关注程度较高有关，人们希望通过翻译的途径获得更多军事方面的信息，例如“毛瑟枪/驳壳枪（Mauser pistol）、来复枪（rifle）、勃朗宁（browing）”等。此外，虽然清末民初国门大开，受到经济贸易的影响与拉动，交通工具也迅速发展开来，不过此期大多数交通工具名称都选取意译形式，如“飞机、自行车、火车、机车”等，像“摩托车”这种音译形式并不多见。除了以上两大类别数量较多以外，还有与自然科学领域相关的仪器类等，如医用容器“安浦耳（ampoule）”，物理仪器“安培表/计（amperemeter）”，化学用具“本生灯（Bunsen burner）”，工艺用语“珂罗版（collotype）”等。

（2）自然物

这类是“具体事物”中数量最多的一类。清朝晚期，国门逐渐打开，去海外留学的人员增多，他们引介了大量关于天文地貌等的外来词，如“哈雷彗星（Halley's Comet）、喀斯特（karst）、印度洋（Indian Ocean）、尼罗河（Nile）、波斯湾（Persian Gulf）”等；另外，为了学习西方的先进科技，对自然领域的术语翻译也是此期人们关注的重点。以化学领域为例，医学传教士合信于1855年出版的《博物新编》被视为近代化学向中国传播的起点，但是其化学元素、相关术语的翻译并不理想，直至傅兰雅、徐寿于1871年翻译出版的《化学鉴原》，才大致确定了化学术语的基本定名，日本传入的绝大多数元素名在与本土名称并存一段时间后，基本都被取代，这些化学元素、化合物绝大多数都属于自然物质。

此外，像日源词“紫外线（ultraviolet rays）、光线（light）”等所指事物也都广泛存在于自然界，所以这也是此类外来词数量较多的原因之一。

这类词中的“哈雷彗星”属于天文学术语，我们知道，中国是世界天文史上发展较早的国家之一，几千年来积累了大量宝贵的天文资料，而自明代传教士来华至民国时期的几百年时间，西方先进的自然科学知识对中国传统的天文学领域产生了重要的影响。关于这一点，从“哈雷彗星”这一指称形式的引入和发展或能看出一些端倪，下面我们具体分析。

【哈雷彗星】

（1）Halley's comet，哈雷彗星。（《英汉对照百科名汇》）

该词源于英语“Halley's Comet”，从音译类型上来说，应属于半音译半意译。虽然译名源于西方，但并不代表在中国的天文学历史上没有关于它的相关记载。事实上，早在先秦时期中国就有了专职的天文官，从事观象工作，如《尚书·尧典》："乃命羲和，钦若昊天，历象日月星辰，敬授人时"。有关哈雷彗星的记载大约出现在公元前613年的鲁文公时期，这个时间早于西方并得到了世界公认[①]，具体记载如《春秋》："秋七月，有星孛入于北斗。""孛"在古汉语中指光芒耀眼的彗星，所以"星孛"当属联合式结构。在我国天文学历史上，后世关于"哈雷彗星"的记载还有数十次，但名称略有不同，较常见的如"蓬星"（《汉书·天文志》）、"长星"（《后汉书·天文志》），或者直接称为"彗星"（《史记·六国年表》）。从这些名称上可以看出，中国不但数次观测到了哈雷彗星，而且也准确记录了它的特性，如"长尾、带有光芒"等，由此也从一个侧面证明了中国古代天文学的发展程度。

虽然从先秦直至宋元时期，中国的天文学一直居于世界前列，但是随着哥白尼（Nicolaus Copernicus，1473—1543）提出了"日心说"、开普勒（Johannes Kepler，1571—1630）发现"行星运动三大定律"以及伽利略（Galileo Galilei，1564—1642）开始用望远镜进行天体观测等，西方天文学也在快速发展。到了明朝末年，以利玛窦为首的西方传教士来到了中国，由于他们采取了学术传教的方式，再加之很多传教士本身懂得一些天文学知识，因而他们所介绍的西方天文学知识受到了当时知识分子的欢迎，并对此进行了翻译和介绍。到了清代，清政府任命西方人汤若望为钦天监监正，并用"西洋新法"编算民用历书，可见西方天文学在中国已经得到广泛的认可和传播。究其原因，这与当时的社会制度及物质基础紧密相关，中国传统的封建制度，对西方的先进知识了解较少，而且近代天文学需要精密的仪器进行观测，这也是一般学者难以具备的物质条件，所以西方天文知识的先进性及预测的精准性都对传统天文领域造成了巨大冲击。

从哈雷彗星的发现时间来看，中国早于西方数百年，但是伴随着中国对西方天文知识的广泛接受，18、19世纪天文学的重大发现，即哈雷彗星出现时间的预测及轨道的计算，该词也作为天文学的新术语被引进中国，并直接采用了音译方式来显示它的外来属性。据《清朝续文献通考》

---

① 陈遵妫：《中国天文学史》，上海人民出版社1984年版，第1154页。

记载，清道光年间曾观测到它，但当时仍沿用古代名称“彗星”，而到了清宣统年间，《郑孝胥日记》则记载：“海中观哈雷彗星，在北斗西南，吐芒丈余。”[①]这个译法自出现便一直沿用至今。在这短短几十年时间，同一事物的名称发生了较大的改变，由此我们也能看出社会、科学技术的发展对外来词的传播所起到的重要作用。

（3）食用品

具体事物中与社会生活紧密相关的是各种食用品，这是苏新春《现代汉语分类词典》所用的类名。书中将“食用品”分为三类，分别为食品、药品以及有毒物品。[②] 在与西方社会相接触的过程中，一系列外国的食品被引入中国，随之产生的是指称食品的一些外来词，如“布丁、三明治、冰淇淋、咖啡、白兰地、威士忌、啤酒、香槟酒、雪茄、副食、主食”等，这些词语绝大多数在前文都已提及，这里不再赘述。在我们的考察范围内，未发现表示药品的外来词，而“食用品”中最具有时代特性的便是伴随着烟草、鸦片贸易而衍生的一系列“有毒物品”，如“鸦片（opium）、吗啡（morphine）、海洛因（heroin）、淡巴菰（tobacco）、尼古丁（nicotine）”等。有人曾指出，越洋贸易的大肆拓展是近代史早期最为重要的一件大事，一些原本只生长在某大陆或某半球的植物、动物由此传播到世界各地，深刻影响了人口结构与生态环境。[③] 可以说，这种传播有时是一种社会的进步，但是也有它的负面影响，例如在中国近代历史上，像烟草、鸦片这类涵有精神刺激成分的植物的传入，就给中国人的身心健康带来了前所未有影响甚至灾难。

中国人最初吸食鸦片是从吸烟草衍生而来的，烟草在当时被称作“淡巴菰”，姚旅《露书》中便有记载：“吕宋国，有草名淡巴菰，一名金丝醺，漳州人自海外携来”。这里“淡巴菰”即为西班牙语“tobaco”的音译形式。“淡巴菰”中含有一种成分叫作“尼古丁”（英语“nicotine”的音译），由于科学技术的滞后，所以“尼古丁”这个译名产生较晚，其

① 郑孝胥：《郑孝胥日记》，中华书局1993年版，第570页。

② 以下所列词语的分类均取自苏新春《现代汉语分类词典》，由于篇幅所限，每个词语所代表的具体小类不另做说明，例如“白兰地”属于“食用品”中“食品”这个类别下的“饮品”类。

③ 戴维·考特莱特：《上瘾五百年——瘾品与现代世界的形成》，上海人民出版社2005年版，第1页。

所指是一种使人上瘾迷醉的化合物，人们在短时间之内就有可能产生强烈的依赖感，这也是“淡巴菰”能够迅速传播开来的原因之一。

但是，这种烟草其危害远不如后来的“鸦片”烟巨大。鸦片最初起源于南欧及小亚细亚，它约于唐朝乾封二年（667）传入中国。“鸦片”最早被称为“阿芙蓉”，由于鸦片是经由丝绸之路由阿拉伯国家传到中国，所以这是音译自阿拉伯语“Afyun”。李时珍《本草纲目》便有用例：“阿芙蓉前代空闻，近方有用者，云是罂粟花之津液也。”[①]清代初期，鸦片的吸食更加普遍，此时清政府已逐渐意识到鸦片是一种毒品，雍正七年（1729）清廷公布禁令，但是由于吸食人数众多，加之西方国家为了扭转贸易逆差，开始大量向中国走私和出口鸦片，这都直接促使了当时的社会乱象，有副对联形象地揭露了鸦片的祸害：

竹枪一支，打得妻离子散，未闻枪声震动。

铜灯半盏，烧尽田地房舍，不见烟火冲天。[②]

随着西方自然科学的不断发展，1806 年外国科学家利用化学方法首次从鸦片中提取出一种生物碱，这便是“吗啡”，它音译自英语“morphine”。吗啡是一种比鸦片毒性更大、更易上瘾的药物，但在当时它肩负的任务却是“戒大烟”。1874 年《申报》的广告栏中曾有这样的文字：“由伦敦新到戒烟药莫啡散多箱，其药纯正而有力，故杜瘾之效较为速捷。”[③]这里的“莫啡”即“吗啡”，这种以毒攻毒的方法无异于饮鸩止渴，使得更多的人又对吗啡形成了药物依赖。

最后再说“海洛因”，它的产生途径与吗啡大体类似，1898 年，德国药物学家为了解决吗啡的药物依赖性，又合成了一种高纯化的白色粉末，这就是“海洛因（heroin）”，而且它吸食起来更为方便，这也助长了海洛因的泛滥，该词在当时也成了高频词语。

（4）社会生活用品

由于外来事物大量涌入，在人们的日常生活中随处可见，所以指称“社会生活用品”的外来词语数量众多，其中尤以“生活用品”和“文体用品”名称为多。

---

① 参见李时珍《本草纲目第二十三卷谷部二》，源于“古诗文网”的在线典籍。

② 转引自文芳主编《亲历民国丛书——民国烟毒秘档》，中国文史出版社 2013 年版，第 84 页。

③ 《民国戒毒往事》，《中国青年报》2014 年 8 月 27 日第 11 版。

生活用品如“沙发（sofa）、德律风（telephone）、灵视（lens）、法兰绒（flannel）、哔叽（beige）、夹克（jacket）”等，它们一般是伴随着西方先进技术的引入而出现的，这些在今天看来很多都属于生活常用品。

以“德律风”为例，音译自英语“telephone”，即今天所说的“电话”，最早是由美国人贝尔于1876年发明出来的。1877年10月16日，时任中国第一任驻英公使的郭嵩焘（1818—1891）应英国工厂主毕谛的邀请，访问了其在伦敦附近的电气化办公地，并且参观了刚发明不久的电话。当时毕谛把电话放置在了距离十丈远的楼上和楼下，郭嵩焘派遣自己的随从张德彝去楼下接听。据记载，郭问：“听闻乎？”张答曰：“听闻。”郭又问：“你知觉乎？”张应道：“知觉”。郭又说：“请数数数字。”张依言而数曰：“一、二、三、四、五、六、七……”郭嵩焘在当天的日记中写道：“其语言多者亦多不能明，惟此数者分明。”①可见，此时电话的语音传递效果并不尽如人意。郭嵩焘在《伦敦与巴黎日记》中将“电话”命名为“声报”。电话大约于清光绪七年（1881）传至中国，当时由丹麦人所经营的大北电报公司在上海公共租界埋设电杆，架设电话线，直至1882年初开通了中国第一部电话，当时使用的是其音译名称“德律风”。虽然初期只有25家客户，且通信质量很差，但这个举措对于电话的传播却起到了至关重要的促进作用。《清史稿·交通志三·电报》有过这样一段记载，或可说明“德律风”在清朝末年的一个发展状况：“二十五年（即光绪二十五年，1899），宣怀（盛宣怀，1844—1916）疏言，德律风创自欧美。入手而能用，著耳而得声。坐一室而可对百朋，隔颜色而可亲謦欬，此亘古未有之便宜。故创行未三十年，遍于全国。其始止达数十里，现已可通数千里。”可见，19世纪末，“德律风”已经传播到了全国，后来它被意译名称“电话”所取代。

文体用品包括体育娱乐用品，如“乒乓（ping-pong）、扑克（poker）”等；还包括办公及学习用品，如“因克（ink）、道林纸（dowling paper）、卡片（card）”等；此外还有文艺用品，如“梵婀玲（violin）、萨克斯风（saxphone）、开麦拉（camera）、菲林（film）”等。

（5）能源材料

前文已述，材料的名称更倾向于音译的形式，我们所搜集到的几例指

① 转引自苏文主编《晚清民国人物另类档案》，中华书局2006年版，第8页。

称材料的外来词也是如此，如“马赛克（mosaic）、赛璐珞（celluloid）、铂（platinum）、凡士林（vaseline）、水门汀（cement）”，“水门汀”后来产生了意译形式“水泥”。另外，“铂”在当时还有日源词“白金（platinum）”与其竞争，不过最终“铂”取得了胜利，其他词都一直保持原始的音译形式。上述词语所指称的这些材料的引入，对近现代科学技术的发展具有重要的作用。像产生于1869年的“赛璐珞”，其语源是由“纤维素”（cellulose）加后缀“-oid”（大致义为“像……似的”）构成，这是人类历史上最早出现的塑料，所以它的产生对于材料领域具有划时代的意义。说起“赛璐珞”在我国的传播，还与“国球”——乒乓球有着密切的联系，据记载，大约在1904年前后，上海四马路大新街一家文具店的店主王道平东渡日本，希望选购一些比较新颖的文具用品。日本人的一场乒乓球比赛吸引了王老板，于是，几只乒乓球及其他乒乓球器材被带回上海。[①] 这个乒乓球便是由“赛璐珞”制作的。何躬行对此做过以下的说明：“赛璐珞，实由硝化纤维素，变相而成，日人利用之，制为玩具，推销我国，获利至厚……近年我国赛璐珞厂，亦有多家。”[②]可见，乒乓球的流行也间接推动了“赛璐珞”的自主生产。此外，这种新型材料的应用范围极广，一些常见的文具如钢笔杆、三角尺、量角器等，再如日常用品中的烟盒、牙刷、发卡、梳子等都以之为制作原料。除此以外，它还可以作为装饰物镶嵌到风琴、雨伞、刀具上，还能被制作为人工象牙（这也是赛璐珞最早被称为“假象牙”的原因），都具有细腻、光滑、致密的特性，这或许能说明“celluoloid”在翻译的过程中为何选择了带“王字旁”的“璐珞”二字。[③] 基于当时社会对“赛璐珞”的广泛需求，综合多方有利因素，中国自1921年在上海建立盛德赛珍厂，开始自主生产赛璐珞制品，直至1958年自行研究设计的第一套聚氯乙烯装置投产，这也标志着中国塑料工业进入了一个新时期。

3. 抽象事物

表示抽象事物的外来词是数量最多的一类，主要包括以下几个

---

① 唐灏：《乒乓外交高层内幕——一个细微事件开启一个时代》，当代中国出版社2012年版，第58页。

② 何躬行：《上海之小工业》，当代中国出版社1932年版，第81页。

③ 汉语中带“王字旁”的字多半与玉器、玉石相关，因其具有光滑、致密的特性，所以或许用表示美玉的“璐”“珞”二字进行对译，可以更贴近它的特性。

方面：

（1）国名和地名

前文已述，表示国名、地名的外来词本身较为抽象，所以很难用意译的方式进行翻译，而且音译本身带给人较强的新异感，能起到提示外来词身份的作用，所以表示国名、地名的音译词数量很多。此外，清末民初处于社会转型时期，一批仁人志士开始“开眼看世界”，引介了大量介绍他国史地知识的著作，这也是该类词语数量较多的原因之一。部分表示国名、地名的音译词，如“法兰西、美利坚、澳大利亚”等，它们的使用频率较高，语义已经固定，往往会出现“音译缩略”的情况，这些缩略音节都发展成了汉语的构词语素，如“澳、法、英、美”等。但是，这些国名、地名最早都是以“音译全称”的形式进入汉语中的，多半不少于三音节，这并不利于人们记忆，而且也与汉语双音节的趋势不相符，所以随着使用频率的增高，缩略后的音节具有了一定的表义性，并且可以作为构词语素参与造词。例如“墨”是“墨西哥（Mexico）”的简称，方经曾说道：“吾国币制向以钱为本位，自外洋银元入中国，遂称之曰洋钱。又因鹰圆产自美洲墨西哥国，故又曰墨洋。”[①] 可见在当时，“墨”已经衍生出了一个新义，即指“墨西哥”，但从整体来看，“墨”的使用频率要低于表其他国家的单音节简缩形式（如“美、英”），这当然也和国家间政治、经济往来的频繁与否紧密相关。自这些单音节缩略形式固定下来以后，在表达国名、地名时多半采取“音译+义标”的方式构成新的双音词，如由“音译（缩略）+国”构成的“俄国、法国、英国、美国、德国”，由“音译（缩略）+洲”构成的“澳洲、非洲、欧洲、亚洲”等。

（2）语言文字

“语言文字”类与上一类相似，国名、地名属于抽象名词，指称语言文字的词语同样也属抽象的范畴，而且二者往往相互对应。一般来说，印欧语中一个国家的语言和其国名在写法上较为相似，其中有的国家的语言是在国名之后添加后缀而形成。例如，“西班牙（Spain）”是国名，添加后缀“-ish”，则变成了“西班牙语（Spainish）”；还有的国家语言称名系由其国名发生内部屈折之后形成，如“法国（France）”是国名，

① 朱有瓛：《中国近代学制史料》，华东师范大学出版社 1989 年版，第 89 页。

在表示"法语"时则变成了"French"。如果从音译的类型来说，它们主要采取的是"音译（缩略）+义标"的形式，但不管是音译全称还是音译缩略，都选取的是直接音译"国名"，再在其后添加标明语言、文字的义标，如"语""文"等，没有一例是把表示语言的原词直接音译过来的。

究其原因，这可能和语言类型的差异有关，英语是印欧语系下的一个分支，属于屈折语，而汉语属于孤立语，这也导致二者在构词上会有所不同。汉语并没有像英语那样具有较为丰富的词缀系统，而且在构造新词时也无法利用像印欧语那样的"内部屈折"方式，所以汉语构词更多采用的是语素结合的复合法。可以说，自东汉佛教外来语大量传入之后，为了与"梵言"相区分，便产生了"汉语、汉文"的指称形式，如庾信《奉和法筵应诏》："佛影胡人记，经文汉语翻。"此外还有"华语"等。可见，中国自古便有"X+语/文"这样的语素结合模式，像今天常用的"粤语、吴语、闽语"等都是如此，所以出于语言经济性的考虑，也没有必要把每个外来词都音译成汉语，可以直接在音译国名的基础上，利用汉语固有构词模式造出一系列新词。例如，"意大利语（Italian）"便是在国名（意大利）之后添加义标"语"而构成的新词，"英文（English）"是在国名"England"的音译缩略之后添加义标"文"而形成。另外，此期还有一例日源词"和文"，它是日本人利用汉字和构词法自造的词。

（3）宗教信仰

这一类虽然数量不算太多，但却是比较具有时代特色的，首先"宗教（religion）"这个词即是来自日本的原语借词。前文曾述，明代万历十一年（1583），意大利耶稣会士利玛窦来到中国传教，直至1717年康熙皇帝下御旨对天主教驰禁，前后历经150年左右，基督教的发展曾达到鼎盛①，教众也由明末的38000人扩展至30万人②。经历"百年禁教"之后，基督教一度走向衰微，直到清道光年间（19世纪初），基督教开始以"新教"的形式再度传入中国。但是，嘉庆十二年（1807）第一个来中国的新教传教士马礼逊因受到清政府禁教的影响，只能先以东印度公司职员的身份活动，并陆续发展了蔡高（1788—1818）、梁发（1789—1855）等中国教徒，之后又有美国公理会传教士裨治文（Elijah Coleman Bridgman,

① 这里所说的"基督教"是广义的范畴，包含三个主要组成部分，即：在中国称为天主教；在中国称为东正教；在中国称为新教或基督教、耶稣教。

② 沈福伟：《中西文化交流史》，上海人民出版社2006年版，第380页。

1801—1861)、伯驾（Peter Parker，1804—1888)、卫三畏等人也来到了中国，但是这些早期来华的传教士并不能光明正大地宣传教义，只能翻译《圣经》、印刷宣传品，为传教做准备。在此基础上，马礼逊与其助手编译了第一部《圣经》的汉译本。从马礼逊来到中国到第一次鸦片战争（1840）为止，来到中国的新教传教士仅二十余人，教徒也不满百人，宗教传播的进程十分缓慢。[①] 但是，随着鸦片战争的爆发，西方列强用侵略手段洞穿了中国闭关锁国的大门，清政府也被迫签订了一系列不平等条约，其中基督教的传教活动也被作为特权列入条约当中，像中国第一个不平等条约《南京条约》中就允许外国人在通商的五个口岸建堂传教。受此影响，清政府只能被迫停止禁教，自 19 世纪中后期开始，大批传教士来到了中国，基督教在中国也迅速发展起来。至 1919 年五四运动前夕，基督教新教教徒已增至 35 万人，新教传教士也达到了 6636 人。[②] 虽然在民国初期经历过几次“非基督教运动”，传教活动也几次走入低潮，但它的传播相较清朝初期已经有了翻天覆地的变化，多版本的《圣经》翻译不断出现即为证明。为了便于传播教义，经书中涉及的基本宗教词汇是需要首先确定下来并向民众传播的。

“基督”一词源于希腊语“Χριστός”，英语中称为“Christ”，其本意是“受膏者”[③]，后来转变为“救世主”的含义，由信仰“基督”而形成的宗教便为“基督教”。前文已述，“新教”于公元 16 世纪在西方世界进行改革，自 19 世纪初正式传入中国，“基督新教”在中国就被称为“耶稣教”。“耶稣”源于希腊语“Iēsous”，早在乾隆四年（1739）定稿的《明史·列传第二一四》中便已出现：“外国七大都欧罗巴诸国，悉奉天主耶稣教。”早期基督徒常称呼“耶稣”为“耶和华之子”，“耶和华”音译自“Jehovah”，但此词出现相对较晚，1847 年麦都思（Walter Henry Medhurst，1796—1857）编著的《英华字典》仍将其释为“爷火华”。之所以选取“爷”字，应该也和中国表示神、佛时常用“爷”来尊称有关（如“佛爷、财神爷”等）。

---

① 孙尚扬：《简论基督教文化在中国的传播与发展》，http：//www. zysy. org. cn/a1/a-XCXXX65DE1012BDE186B45。

② 顾卫民：《基督教与近代中国社会》，中国人民出版社 1996 年版，第 54 页。

③ 古代的以色列王在即位时必须将油倒在国王的头上，象征着神用来拯救以色列人的王，称为“受膏者”。

再以《圣经》第一章“创世纪”中出现的外来词为例，耶和华神始造生人者为“亚当”（音译自 Adam）和“夏娃”（音译自 Eve），居于“伊甸园”（音译“Eden”+义标）。关于“夏娃”的译名优劣在前文已经论述过，值得一提的是，中国自古也有创世始祖的传说，我们称为“女娲”，不得不说，“娲”“娃”二者在语音上具有很强的相似性。从 19 世纪西方传教士所编著的各版《英华字典》中也能大致看出他们在翻译的过程中有意无意地做了对应，如麦都思《英华字典》第 515 页释“Eve”：

Eve，夕 seǐh，晚 wan；the motllen of mankìad，夏娃，hea wa：by the Romanishe celled. 额娃 gǐh wa；and by the Mahomedans，好娲 haòu wai by the Chiaese 女娲 nyù wa.

可见，无论是天主教中的“额娃”，还是伊斯兰教（音译“Islam”+义标）中的“好娲”，都尽量与中国本土创世人物“女娲”相对应，因为在对外文人名的翻译上，主要采取的是纯音译，所以“夏娃、夏娲”“好娃、好娲”从语音角度来说，并没有太大的区分，这在某种程度上也会更易于外来宗教的传播。①

此外，当时还有其他宗教在社会上传播，它们也带来了部分外来词，较为典型的如伊斯兰教的相关词语：

哈里发：伊斯兰政治、宗教领袖的称谓，音译自“caliph”。
穆斯林：顺从真主者、实现和平者等，音译自“Moslem”。

古兰经：伊斯兰教的经典，穆斯林认为这是真主对先知穆罕默德在二十三年陆续启示的真实语言。源于“Koran”，属于“音译+义标”形式。

再如“印度教工、犹太教、喇嘛教”等，也都是采取“音译+义标”形式。

---

① 虽然外来宗教在传入中国的过程中多少会采取一些“汉化”的方式，但其教义本质还是与中国本土宗教有着较为明显的差异，编著于道光三十年（1850）的《皇朝经世文四编》中“外部治道”一节中曾做过这样的对比：所谓圣经，曰旧约，曰新约，其言与中国儒书矛盾者，如中国儒经孟子言性善，而彼教之经谓人之鼻祖曰夏娃，蛇诱食果，故人皆性恶，此一矛盾也。中国儒教最重五伦，而彼教耶稣之主父，曰约瑟，彼经不以约瑟为父，以上帝为父，是无父子也。此二矛盾也。

(4) 政治思想

这类词语数量不多，而且多半产生时间较晚，这可能与中国近代化进程中学习西方的阶段性特征有关。自鸦片战争以后，近代中国向西方学习主要经历了三个层次及阶段：以李鸿章、左宗棠等发起的洋务运动主要侧重于学习西方的科学技术，以康有为、梁启超等掀起的戊戌变法运动和孙中山等发动的辛亥革命主要侧重学习政治制度，陈独秀、李大钊等人掀起的新文化运动，主要侧重于学习思想文化。总体来说，在学习西方的过程中经历了由"器物"到"制度"再到"思想文化"的阶段，这也体现了一个由表及里、由浅入深的发展过程，所以有关政治思想的外来词主要都集中在第二和第三阶段。

国人之所以在学习西方的内容上发生了转变，主要是因为：首先，近代以来，中国先进知识分子为了挽救国家危难，一直在探寻实现国家独立、富强的道路。辛亥革命（1911）虽然建立了中国第一个资产阶级共和国，但是民国的成立没有给人们带来预期的民族独立和社会进步，这也使得人们开始反思，要想确实改造中国，就必须进行一场思想的启蒙运动，使人们从封建思想的束缚中解脱出来。其次，19 世纪末 20 世纪初，随着新式学堂的出现和大批青年学生出国留学，产生了人数众多的资产阶级知识分子队伍，他们在国外广泛接触各种各样的西方政治思想并带回国内，一时间，各种各样的"主义"涌入中国，而"马克思主义"就是其中非常重要的一个。

有研究者指出，"马克思"（Marx）这个译名最早出现在 1898 年上海出版的《泰西民法志》一书中[①]，而"马克思主义"源于"Marxism"，这是个半音译半意译词，后缀"-ism"并非本土自创，日本人将其译作"主义"，并作为原语借词传回中国。自 20 世纪以来，各种介绍马克思主义的论著逐渐增多。一方面，因为戊戌变法而失败流亡的人士在积极寻求新的改良途径，例如梁启超，他在 1902 年发表的一系列文章中都涉及对马克思主义的相关介绍[②]；另一方面，由于 20 世纪初，中国开始从日本间接学习西方的社会主义学说，所以一批留学日本的学子们，如马君武、鲁迅、梁启超等，也在留学的过程中通过创办报刊等方式积极介引马克思

① 张铨亚：《马克思主义何时传入中国》，《光明日报》1987 年 9 月 16 日。

② 梁启超文章中把"马克思"译作"麦喀士"，如 1902 年 10 月 16 日《新民丛报》中《进化论革命者颉德之学说》一文中便用的是"麦喀士"。

主义。虽然马克思主义在中国的传播日渐广泛，但是由于时代条件的局限以及译者的阶级局限，它并没有立刻就对中国社会产生变革性的影响。

真正使马克思主义广泛传播的，是以俄国的十月革命和中国的五四运动及新文化运动等为标志。1917 年，俄国爆发十月革命，它体现了马克思主义理论实践的成功，并由此创建了世界上第一个社会主义国家。由于十月革命发生在与中国国情相似的俄国，二者都曾受到过严重的封建压迫，经济文化相对落后，所以马克思主义具有别样的吸引力，一下就从各种新思潮中脱颖而出。此外，五四运动前后，李大钊、陈独秀等人，专门撰文对俄国革命和法国革命做过比较，也得出过相似的结论，即“法国革命已经过时，代表 20 世纪新潮流的是俄国革命”。再加之新文化运动冲开了禁锢人们思想的闸门，从而也为外国的思想，尤其是马克思主义的广泛传播提供了思想和文化条件，在此基础上，一批体现当时这一政治思想的外来词也应运而生，尤以俄源外来词居多，较有代表性的如：

【苏维埃】

(1) 这种组织和俄国某部分的苏维埃制度有点相像。俄国内各地方之苏维埃政府有些于总苏维埃之外，别设一部一部的苏维埃。(梁启超《欧游心影录节录》)

“苏维埃”是俄语“совет”的音译，意为“代表会议”或“会议”。苏维埃制度是苏联的政治基础，是俄国人民在反对沙皇专制统治的革命过程中创造出来的政权组织形式。

【布尔什维克】

(2) 布尔什维克是俄语多数派底意思，即列宁主义派。(孙志曾《新主义辞典》)

该词是俄语“Большевик”的音译，指的是苏联共产党建党初期党内的一个派别，意为“多数派”。布尔什维克是坚持马克思主义并同俄国实际相结合、创造性地发展马克思主义的无产阶级革命派。1917 年，布尔什维克通过十月革命夺取了俄国政权，最终在日后发展成苏联共产党。后来，此词成为“真正的共产党人”的同义语。

【布尔乔亚】

(3) 所谓布尔乔亚国家，不外是对自己阶级的各个成员并被榨取阶级的布亚乔尔阶级的相互保险。(巴克译《社会主义的基础》)

该词源于法语“bourgeoisie”，即“资产阶级”，它是根据一些西方经济学思想学派，尤其是马克思主义学说，为资本主义社会所做的阶级划分中的富有阶级之一。鲁迅《“硬译”与“文学的阶级性”》一文中用到了该词。

【普罗列塔利亚】

(4) 没有任何生产手段，为了生活不得不出卖他的劳动力，受人雇佣，以工银劳动来维持生活的劳动者，这就叫普罗列塔利亚，也即是无产者。(高乔平《社会科学大词典》)

该词义为“无产阶级”，源于法语“proletariat”，它虽然来自法国，但却是在苏联活跃起来的，并且增加了“大众”的含义。后世常用其缩略形式“普罗”，并衍生出“普罗大众”的说法。

【乌托邦】

(5) 乌托邦是理想上的事不是即时可以做得到的。(孙中山《三民主义·民权主义》)

该词源于拉丁语“Utopia”，本是英国空想社会主义者托马斯·莫尔的拉丁文巨著，后在19世纪初期的西欧，以欧文、圣西门和傅立叶为代表，提出“乌托邦主义”（即空想社会主义），主张建立一个没有资本主义弊端的理想社会。后严复《天演论》中将其译作“乌托邦”，并一直流传至今。

(5) 度量衡单位及货币名称

这类词既包括数量单位，如“安培、盎司、英寸、卡路里、吨、码”等；又有货币单位，如“马克、法郎、英镑”等。我们在上文已经做过考察，总而言之，这些单位的产生都是出于科技、经济生活等的需要。例如，世界上流通的货币将近200种，但是在清末民初比较常见的外来货币只有9种，这一方面是由于当时这些国家与中国有经济贸易上的往来，中国对外输出茶叶、丝绸、瓷器等，而西方国家则输入鸦片、烟草等，这就势必要用到他们的货币；另一方面，当时中国仍属于半封建半殖民地社会，长期以来的“闭关锁国”政策使得人们缺乏对外部世界的认知，包括对别国货币等自然也不会有太多的了解与认识。像今天无论是美洲的巴拿马（货币 balboa，译作“巴波亚”），还是非洲的埃塞俄比亚（货币 birr，译作“比尔”），其货币都有对应的译名，正所谓今非昔比，而这也是经济全球化所带来的结果。

（6）医疗卫生

这种类型的西源外来词虽然也有，但全部是音译词，且音节数较长，如“实扶的里亚（diphtheria）、白克台里亚（bacterium）”等，从字面看语义较难理解，且难以识记，因此很难留存下来。此外，还有部分西源词被日源词或本土自造词所取代，如“涅伏（nerve）”被“神经”取代，“麻痿利亚病（malaria）”被“疟疾”取代。

（7）文体活动

此类词主要集中在艺术和体育领域，例如“沙龙（salon）、爵士乐（jazz）、夏空（法 chaconne，即恰空舞）、华尔兹（waltz）、探戈舞（tango）”等。

4. 行为活动

表示“行为活动”的外来词呈现一个明显的特点，即来源于西方语言的数量较少，来自日语的数量极多，且很多都成了现代汉语常用词，如“支配、分析、概括、记录”等，这与前面几种类型形成比较鲜明的对比。究其原因，可能有以下几点：第一，从外来词产生的根源来说，当新事物出现时，一种语言如果没有能够准确反映这个概念或事物的词语，就为外来词的引入创造了条件。前文已经提到，中国向西方学习集中在“器物”“制度”“思想”等方面，而这正是由前三种类型（生物、具体事物、抽象事物）的外来词所体现出来的，这些外来词主要是一些术语和概念，它们往往是名词，相较而言，表“动作行为”的动词的数量相应较少。第二，如果汉语中本来就有表示“行为活动”的词语，那么外来语的介引主要就是凸显一种“洋化”的味道，或者在语用色彩上会与汉语固有词有所不同，但相对来说，这种起到“填补空白”作用的西源外来词数量还是较少的。日源词则不然，其词形与汉语基本一致，绝大多数词语仅从字面就可推知其义，日语在翻译西方语言时也利用的是汉语构词法，因而由其产生的动作行为词就极易被汉语所吸收。

我们首先来看在引入西语之前汉语中没有出现的词形，较有代表性的如“杯葛”“拷贝”等。

【杯葛】

(1) 国民政府署外交部长陈友仁宣布，十月十日以前结束杯葛（省港罢工）手续。(《中华民国史事日志》)

“杯葛”指的是联合抵制，是英语“boycott”的音译形式，因1880年爱尔兰的佃农集体地、有组织地抗拒一个地主的土地管理人Boycott上尉而得名。这个词大约于20世纪初传入中国，在近代国家经济依赖关系日趋紧密的情况下，“联合抵制”已经跨越了国界，它在反抗强国、与其抗争的过程中起到了重要的作用。1926年的《中华民国史事日志》中使用了“杯葛”一词，并记录了当年爆发的一起颇具代表性的“杯葛事件”①，可见在20世纪20年代，受到当时政治经济活动的影响，“杯葛”的使用频率开始提高。1933年出版的《迷途的羔羊》一书中收录了《生活周刊》1931年未发表的稿件，其中有一篇读者来信便是咨询“杯葛”一词，信中提道：“贵报第六卷第四十九期小言论栏‘国联无再研究之必要’一文，内有应调查反日之杯葛行为一语。查辞源中无‘杯葛’二字……鄙思‘杯葛’与‘boycott’音虽近似，义或未必尽然？”编辑回答道：“承询敝刊四十九期小言论内有杯葛二字，是否系‘boycott’译音，查此二字确系此字译音，已颇通行也。”从这则通信中我们也可以看出“杯葛”作为纯音译外来词，在当时已很普遍。

从“杯葛”在今天的使用情况来看，该词在大陆地区的使用频率较

① 据1926年《人民周刊》第24期记载：自1925年6月省港大罢工发生后，广州革命政府对英国实行经济封锁与绝交，使其遭受重大打击，香港一度变成“死港”。由于英国对两广实行吸回资本政策，也给两广财政经济造成相当困难。1926年6月5日，广州国民政府鉴于即将出师北伐，财政需求激增，建议与英国香港政府谈判解决省港罢工问题，但英方代表不再前来参加谈判。广州国民政府自行决定自10月10日起对平常入口货物加征特税2.5%，以特税收入补恤罢工工人，同时宣告撤销对香港封锁。各国未敢表示反对，该事件就此了结。

低，而《台港澳经济贸易辞典》则称“港台报刊中多以此代替‘抵制’一词”①。我们在北京大学CCL语料库中搜索“杯葛”，所见用例港台文学占到了95%以上，例如廖辉英《盲点》：“偶然在床头上，见他带回来的各式各样、各种名称的酒廊火柴盒，丁素素虽不以为然，但也想不出应如何开口杯葛，只有存放心底，成为一层层沉淀堆积的阴影。”我们对该词在各个地区使用频率差异的原因进行了考察，发现民国时期广东清溪镇编纂的《清溪镇志（征求意见稿）》曾提到“杯葛”的来源，认为该地由于毗邻香港，华侨多，受西方文化的影响，一些方言也借用外来语言，这其中就包括“杯葛”。可见，该词最早应见于香港地区。

再来考察第二种，即汉语中本有表示“行为活动”的词语，借用外来词来凸显“洋味”或有其他语用功能。汉语本有“你好”“告辞”“再见”等用语，像引进的“哈罗/啰”（音译英语hello）和“亚丢”（音译字法语adieu）等打招呼用语，多是出于语用方面的目的，或者是对某语言相关用语的介绍。“亚丢”出自宋育仁1895年撰写的《泰西各国采风记》，这只是对于法语中表示“再见、再会”的词语进行音译式的介绍，它在当时也并未得到广泛传播。而“哈罗”最早出自1905年杨少坪编著的《增广英字指南》中，此书在当时属于供中国人学习英语的速成著作，里面采取了类似“洋泾浜”的方式给英语注音，其中就记录了“哈罗”。我们对近现代的多部文学作品进行了调查，其中“哈罗”出现的语境都有一个相似的特点，即都是出自外国人（或所谓的“假洋鬼子”）口中。下面试举两例：

(2)（万光）正步行着回去，忽迎面来个男子，欣着帽和我打个“哈罗”，我便停了步。他含笑操着英语道：“密斯特可要到夜总会里去玩玩？”（陈辟邪《海外缤纷录》第十七回）

(3)他们的桌上，添了一对外国年轻夫妇，和一个小孩子。那孩子只有四五岁光景，红颊，大眼睛，很活泼可爱的……那孩子便笑着对远说：“哈啰，张先生。”（冰心《西风》）

例（2）中的《海外缤纷录》描写的是民国初年赴法留学生的经历，

① 杨毓朗主编：《台港澳经济贸易辞典》，山西经济出版社1993年版，第51页。

所以是远在异国他乡，为了增加真实感，会采用“哈罗”的说法；例（3）中的女主人公秋心曾为了追求事业远赴国外，自然会经常接触洋人，从两个例句的语境中可以清晰地看出，作者使用“哈罗/啰”主要是增加一些异域气息，而且更易于标明说话者的外国人身份。从语言运用的角度来说，也使得文章更具有可信度。“哈罗”在今天的口语中比较流行，书面语如果使用它，那多半是增加文学效果，但是与它相对的“拜拜”，虽然出现时间很晚①，却流传极广，不仅使用范围不断扩大（不限于口语，也常用于书面语），表义范围也不断扩大，其语法功能也衍生出了“动词”的用法，在《现汉》收录了“拜拜”，但“哈罗”却并未收录。

5. 性质与状态

表示“性质与状态”的主要是形容词，其特征与上类表“行为活动”的相类似，西源词的数量不如日源词，下面我们对典型词例进行分析。

【摩登】

(1) 觉明夫人并非摩登女子，故客来不陪谈。[浦江清《清华园日记》(上)]

“摩登”即“现代的，时兴的”，它是英语“modern”的音译形式。此词在20世纪30年代左右十分流行，例如，《社会日报》曾介绍上海冥器店的新产品，包括“旗袍、汽车、洋房”等一应俱全，由于亡者可以享用这些“最现代的生活用品”，因而记者戏称其为“摩登鬼”。② 值得注意的是，此词形并非是首次出现在汉语中，佛经中早有“摩登”一词，它是梵语“摩登伽”（matanga）的音译省称，大正藏第十四卷的《佛说摩登女经》中已出现“摩登女”，专指用咒语诱惑阿难菩萨的“淫女”，这个含义自传入汉语之后一直没有消亡，直至明末清初的一些文学作品中仍有用例（如《二刻拍案惊奇》）。我们将音译词“摩登”与佛经外来词“摩登”进行对比，二者语义并没有相似之处，因此只能看作同音词。

① 据金欣欣《普通话中“拜拜”（bye-bye）是怎么来的》一文中研究，普通话至少在20世纪70年代末以前是没有这个词的，1978年北京公映了香港电影《巴士奇遇结良缘》，片中主人公在说再见时就用的是“byebye”，自此流行开来，但产生之初是音译为“白白”，而非“拜拜”。

② 引自《鬼也摩登了》，《社会日报》1993年9月14日第2版。

但是，如果对20世纪初期出现的“摩登”进行考察，我们会发现它的语义也在不断发展，从表示“现代的”更倾向于表“时髦”义，而且感情色彩也由原本的偏中性转为贬义。在当时的报纸、小说中，该义的用例证还是比较丰富的，例如《社会日报》中一位作者曾以打油诗的形式定义“摩登女子”：“一个大蓬头，真成也不收。双峰高矗矗，两臂滑油油。蝉翼纱痕薄，鸡心倩影留。摩登形若此，同梦甘可不？”①再如，鲁迅在杂文《赌咒》中写道：“你知道现在是什么时代！现在是盗也摩登，娼也摩登，所以赌咒也摩登，变成宣誓了。”② 我们在前文曾提到出自上海方言的“摩登狗儿”（modern girl 的译音），仅从字面上便能看出译者明显的贬义倾向：对“时髦的女郎”进行调侃，把她们比作依赖主人的宠物狗。

【罗曼蒂克】

“罗曼蒂克”即后来的“浪漫”，英语“romantic”的音译形式，《国语辞典》释义为“放纵、诙奇、热情等意”。该词的产生与西方19世纪盛行的“浪漫主义文学”有关，作为西方近代文学最重要的思潮之一，其载体“浪漫主义小说”也自19世纪开始流入国门，其热情奔放的语言以及直白夸张的表现手法，使得读者受到了极大的冲击，因而这类作品也广受欢迎。例如，近代著名翻译家林纾于光绪二十三年（1897）与精通法文的王寿昌（1864—1926）合译法国小仲马《巴黎茶花女遗事》，这是一部典型的浪漫主义作品，其文字风格也是国人前所未见的，一时间风靡全国。此后，随着《罗密欧与朱丽叶》《巴黎圣母院》《瓦尔登湖》等的问世，浪漫主义小说在当时的中国形成了一股热潮，这也直接导致了“romantic”“romance”（罗曼司）等外来词的产生。

该词在中国既有音意兼译的“浪漫”，也有纯音译的“罗曼蒂克”，二者都留存下来，可能因为它们最初的语义分工不同。“浪漫”一词早在宋代便已出现，如苏轼《与孟震同游常州僧舍》诗之一：“年来转觉此生浮，又作三吴浪漫游”，这里的“浪漫”《汉语大词典》释为“纵情、任意”。这个义项一直到清代的作品中仍然保留，很显然它与“romantic”所代表的那种“富有诗意的、充满幻想之意”并不相同。换句话说，在

① 引自《摩登女郎》，《社会日报》1934年8月10日第2版。

② 鲁迅：《鲁迅自编文集：伪自由书》，译林出版社2013年版，第23页。

“罗曼蒂克”产生之初，它的表义与当时的“浪漫”其实是有差异的，而“罗曼蒂克”由于是纯音译词，所以更具有异国情调。

下面，我们对外来词的语义分类做一个简单的小结。

众所周知，词汇是语言三要素中最灵活易变的，清末民初属于社会动荡的转折时期，词汇系统也随之进入一个急剧发展变化的时期，其中一个典型标志就是大量外来词的产生与使用。它们虽然源于国外，但其所反映的概念与内容却往往是社会生活所需要的，否则也就失去了引入的价值。本小节我们对外来词的语义进行了具体的分类，一个重要目的是通过这一途径对此期外来词的全貌有一个更深入的了解。此期外来词主要集中在五个语义大类，从数量上来看，表抽象事物的词语数量最多，其次是表具体事物，表动作行为的再次，数量最少的是表性质与状态类。

究其原因，我们知道，词汇是语言的建筑材料，如果社会生活中的事物或概念在词汇系统中找不到相应的反映时，势必会对交际造成影响，这也是促使新词产生的动力之一。新词可以选用汉语固有语素以及利用汉语构词法而产生，对于那种汉语中没有的事物或者很难用语素组合的方式构建的词语，则可直接从源语中借用过来。

通过比较，数量最多的两类，无论是表具体事物，还是抽象事物，有许多确实是中国所没有的，与之对应的，在汉语中也自然没有反映这两类事物的词形。前文已述，对于这种本土没有的概念固然可以采用意译方法，但一是费时费力，二是很难达意，此时音译则是最简单易行的方法。例如“sofa”在引入之初也有人称其为“弥陀榻”，虽然外形上有相似之处（例如都可以作为卧具，有靠背等），但“弥陀榻”本身多用于佛教坐禅，从功用来说与“sofa”有很大不同，为了体现这种差异，不如直接采取音译形式“沙发”。在“音译对象”部分中，我们也通过数据统计得出结论，表示“国名、地名、人名、单位词、材料名称”的外源词更倾向于采取音译，而这几类恰恰就集中在“具体物”和“抽象事物”这两大类中。另外，清末民初西学东渐风气影响巨大，大量成系统的科学术语涌入中国，例如化学元素的定名，人们为了快速便捷地把它们系统地呈现出来，也会选择音译方式，而化学元素均属于“具体物”，所以这也是该类词数量比较多的原因之一。

与之相反，表示“动作行为”和“性质状态”的西源外来词数量相对较少。究其原因，主要有以下两方面：第一，部分外来词所反映的概念在汉语中已有类似的表达，或者用汉语语素可以描述出来。例如“休克”，它是伴随着西医发展而引入的外来词，但汉语也可以从纯意译的角度进行对译，如“脑力猝衰”（赫美玲《英汉字典》）、“震感”（颜惠庆《英华大辞典》）等；“杯葛”在20世纪初也曾被译作“同盟绝交”“抵制”等。再如表示“性质状态”的“罗曼蒂克”，在当时也有谐音音译词“浪漫”。虽然这些音译词的出现有的是出于表达更精细化的要求（如“休克”），有的是源于某种语用效果，例如语用的需求（如“亚丢”“哈啰”等），但从整体来看，由于汉语中亦有类似的表达，因而引入的可能性就相应降低。第二，与西源外来词相比，日源词中表动作、状态的词数量较多，但是其中有很多是借用了汉语古籍中的词形，例如“霸权、创作、等级、独占、储蓄、发明、分解、分配、分析、反动、反响、封锁、封建、规范、记录、交通、节约、拘留”等原语借词，虽然借入日本以后语义发生变化，但词形本是由中国人利用语素和构词规律所造出，至于“反射、交际、解剖、克服、判决、侵犯、想象、消化、选举、组织、自由、同情、偶然”等回归借词，更是如此。可见用汉语语素组合完全可以表达相关概念，只是借由日本这个途径，要么为旧词赋予新义（但与原义有关联），要么让未在汉语中流行的旧词形重新焕发生命力。如果除去这部分词，表示动作行为以及性质状态的西源外来词数量就更少了。

二　日源外来词的语义类别研究

此期日源外来词数量众多，其反映的内容也遍及社会生活的方方面面，我们从语义类别的角度进行了区分，发现主要集中在哲学、政治、法律、经济以及军事领域。我们依据的是苏新春编写的《现代汉语分类词典》，由于某些事物是日本固有，在该词典中没有收录，我们尽量按照它所表达的含义对应到相应的类别中。例如，“三味线”是日本的一种拨弦乐器，它与“风琴、小提琴”等当属于同一类别，所以它在分类目录中就标注为：二、具体物——（七）文化用品：A【文艺用品】。另外，有的词属于兼类词，它在词典中分别属于不同的类型，例如“紧张”，在分类词典中属于三个类别，分别为：五、生物活动——（五）生理活动：E【害怕】；八、性质与状态——（三）性状：A【多少】；八、性质与状态——（六）情状【缓急】。为了避免重复出现，我们选取义项的依据是高名凯《汉语外来语词典》的释义，最终选取的是第三个形容词义项。我们对此期所有的日源词做了穷尽性的统计，发现它所反映的语义主要有以下八个方面，涉及的语义大类及小分类全部源自《现代汉语分类词典》。由于有的日源词是意译英语而产生，有的则属于本土自创，为了以示区分，凡是译自英语的均标明英语原词，下面一一进行分析。

（一）生物范畴

主要分为人、动物、植物以及生物部分这四类，表示动植物的日源词各有 1 例，其数量远不如西源词多。

1. 人

日源外来词中包括指称日本固有人物的，如“浪人”[①]“歌舞伎”；也包括日本人利用汉字与构词法造出的表示自主认知事物的词语，如“宠儿”“尖兵”“尉官”“巨匠”“巨星”等，它们基本上根据字面意思即可了解其义；此外还有一部分是通过汉字词对译西方语言而产生的（这里还包括“回归借词”，即词形源于中国，传入日本后语义基本未变，后又传回中国的词语），它们为数不少，主要涉及法律、军事、教育领域，例如“乘客（passenger）”“事务员”“代言人（律师的旧称，lawyer）”“代议士（议员，a member of the house of Representative a Dietman）”“法人（juridical person）”“陪审员”“辩护士（lawyer）”“副手”“旗手（standard-bearer）”“骑士（knight）”“干部（cadre）”“干事（manager）”“讲师（lecturer）”“教授（professor）”“警官（police officer）”“看护妇（nurse）”“技师（engineer）”“少将（major general）”“少尉（second lieutenant）”“元帅（marshal）”“清教徒（puritan）”“宪兵（military policeman）”“会计（accounts）”“运转手（即司机，汉语中亦有司机人、司机者、司机等名称，后来该词被司机取代）”等。

限于篇幅，我们将此类中其他词语简列如下：公民（citizen）、财阀、干事（secretary）、内勤、外勤、技师（engineer）、警察（police）、队商（商队 caravan）、法人（juridical person）、宠儿、特务（special service）、副手、低能儿（a feeble-minded child）、国事犯（state criminal）、风云儿（lucky adventurer）、艺术家（artist）、劳动者（labourer）、无产者（prole-

---

① “浪人”这一词形源自汉语，传入日本后语义发生变化，因此属于来自日语的原语借词。我们所谓的“日本本土事物”指的是该词形赋予的新义是日本特有的，而非词形是由日本人新创造的。

tarian)、资本家（capitalist)、取缔役（董事)、仲裁人（arbitrator)、清教徒（puritan)。

2. 动物

此期属于“动物”的日源词仅发现1例，即“血吸虫”，它译自英语“blood flukes”。其语义本为“吸血虫”，其语序的成因在前文已做解释，这里暂不赘述。

3. 植物

表“植物”的日源词也仅有1例，为“农作物”，民国初期邱文鸾《台湾旅行记》中提到该词，如“馆内陈列甚富：农作物为一室，古时衣冠、器用等为一室”。这篇游记在开篇即说“台湾自隶日本后，锐意整理，内治井然，而实业尤有可观”，这可能从一个侧面反映了“农作物”最早于台湾地区使用。

4. 生物部分

苏新春《现代汉语分类词典》中把“生物部分”分为“躯体部分”“体液”和“分泌物”三类，反映该类事物的词多半都是医学、生物方面的专有名词。我们结合这个分类对日源词进行归纳，属于“躯体部分”的包括“细胞（cell)、淋巴结、输尿管（ureter)、毛细管（capillary)、交感神经（sympathetic nerve)、腺（gland)、膵”等；属于“体液”的有“血色素（haemoglobin)、淋巴（lymph）”。我们未找到属于“分泌物”类的日源词。

（二）具体事物

表“具体事物”的词往往与社会生活息息相关，与西源词类似，该类词的数量众多，且种类丰富，我们主要分为六类并一一进行说明。

1. 自然物

与西源词类似，在我们的统计范围内，表“自然物”的日源词的数量在该类型中也是相对较多的，大致可分为以下四类：一是“自然物质”，如“光线（light)、白热（white heat)、弧光（arc light)、烛光、电流（electric current)、长波（longwave)、短波（shortwave)、寒流（cold current)、暖流（warm current)、大气（atmosphere)、苍铅（铋 bismuth)、曹达（苏打 soda)、电子（electron)、分子（molecule)、原子（stom)、紫外线（ultraviolet rays）”等；二是“天体”，如“寒带（the frigid zones)、热带（the tropics)、大熊座（the Great Bear)、小熊座（the Litter

Bear）”等；三是“地貌”，如“处女地（virgin soil）、地上水（Surface water）、地下水（groundwater）”等；四是“气象”，我们仅找到“高潮（high tide）”这一例。

2. 器具

该类型主要集中在“机具”“仪表器械”“交通工具”以及“军事装备”这几类中。前文已述，西源词中表“军事装备”的词语数量较多，但日源词与其不同，各个小类的数量分布较为平均。表“机具”的如“机械（machine）、高炉（blast furnace）、转炉（converter）、旋盘（车床 lathe）、变压器（transformer）、消火栓（fire hydrant）”等；表“仪表”的如“电话（telephone）、幻灯（magic lantern）、真空管（vacuum tube）、检波器（detector）”等；表“交通工具”的如“电车（tram car）、列车（train）、人力车、汽船（steamship）、牵引车（tractor）”等；表“军事装备”的如“机关炮（machine gun）、加农炮（荷 kanon）、驱逐舰（destroyer）、导火线（fuse）、手榴弹（grenade）”等。

3. 食用品

与西源词类似，表“食用品”类型中也分为食品、药品以及有毒物品。但是，这里有很多词所代表的事物都源自西方，只是词形与西源词不同。例如“麦酒”，它源于“beer”，该事物本出自西方，它在传入中国以后便出现了“啤酒”这个翻译形式。而麦酒利用了汉语构词法而生成，从词形可知，造词时更注重了它的制作材质，只是该日源词在与啤酒的竞争中失败，并没有留存下来。再如“古加乙涅”，它源自“cocaine”，该事物亦被音译为“可卡因”，显然，日源词和西源词都采用单纯音译的方式，但后者在记录语音上更为精准，因而一直使用到了今天。除此以外，该类中还有一些典型词例，如“副食、主食、坐药（栓剂）、丁几（酊剂）、规尼涅（金鸡纳霜）”等。

4. 社会生活用品

与西源词类似，指称“社会生活用品”的日源词数量也很多，遍布在社会生活的各个领域，如“文体”“艺术”“日用”“办公”等，它们中的绝大多数保留到了今天。以“办公用品”为例，来自日语的外来词如“铅笔（pencil）、证券（bill）、誊写版（mimeograph）、入场券（ticket）、明细表（an itemized account）、印鉴”等。再比如表示布料、服饰的，如“天鹅绒（velvet）、吴服、和服、衬衣（shirt）”等，还有文艺用品，像日本特有的乐器“三味线”“大正琴”，还有表示西方乐器的，如“风琴”等。从历时角度来看，现代汉语中未保留像“三味线”这样反映日本特有事物的词，前文已述，它是歌舞伎的主要伴奏乐器，而中国并不流行“歌舞伎”这种艺术形式，因而它也逐渐失去了生命力而最终被淘汰。

5. 材料

指称“材料”的日源词数量相对最少，其中还包括部分回归借词，属于日语自创的词语相对较少。我们简列如下：白金（platinum）、瓦斯（gas）、坑木（pit prop）、混凝土（concrete）、金刚石（diamond）、非金属（nonmental）。

6. 事物概称

与上面几类不同，这类词所指称的事物不是具体事物，而是大类名称，例如“媒质（medium）、固体（solid）、流体（fluid）、气体（gas）、液体（liquid）、博物（natural history）、备品、道具（instrument）、内在（inherent）、外在（externality）、军需品（Munitions）、舶来品（an imported article）”等。

（三）抽象事物

与西源词类似，日源词中表示抽象事物的词的数量是最多的，其分类也纷繁复杂，在我们的统计范围内，可大致分为九类，下面我们按照类型中词语数量从多到少分别说明。

1. 科教

这类日源词的数量最多，其门类丰富，包含文化知识、教育、语言、文学、传媒等多个方面，其中以自然科学与社会科学领域的词语最为多见。

具体来说，此期引入的自然科学领域的词语以日源外来词居多。虽然西源音译词也有一定数量，但绝大多数都在与日源词以及意译词的竞争中被取代，如“阿屯—原子（atom）、尼格来脱—亚硝酸盐、鄂布的思—光学、立低莫斯—石蕊、斯必得伦—光谱、各里司里尼—甘油”等。就分布来看，自然科学领域的日源词主要集中在化学、物理学科，例如“波长（wavelength）、成分（ingredient）、刺激（stimulus）、电流（electric current）、动力（motive power）、流体（fluid）、密度（density）、速度（velocity）、比重（specific gravity）、物理（physics）、化学（chemistry）、阴极（cathode）、阳极（anode）”等。

再来看此期用于社会科学领域的词，它们基本都源自日本。前文已述，日本明治维新以后，大量翻译西方的书籍，由于中日同属汉字文化圈，从日本直接引回这些日译西书不失为一条捷径，这也是此类日源词较多的主要原因。例如“但书（法律条文中，‘但’字以下的部分，指出本条文的例外，proviso）、地质（geological features）、概念（conception）、公债（public bond）、金融（finance）、经济（economy）、民法（civil law）、刑法（criminal law）、商业（commerce）、商法（commercial law）、私法（private law）、宪法（constitution）、哲学（philosophy）、文化（culture）、文学（literature）、债权（credit）、债务（debt）、证券（bill）、资本（capital）、经费（expenses）、法律（law）、生态学（ecology）、伦理学（ethics）、社会学（法 sociologie）、生理学（physiology）、不动产（immovables）、高利贷（usury）、所得税（income tax）、通货膨胀（inflation）、通货收缩（deflation）、经济恐慌（financial pinic）、剩余价值（德 mehrwert）”等。

2. 社会

我们知道，此期社会发生了巨变，各种新兴的社会团体机构频出，因而这类词的数量也较多，主要涉及各种社会群体组织、身份、职业、社会活动等。其中有少部分词是日语自创，如“兴信所”，它指的是一种信托公司，该词在20世纪初便已在使用，如彭兆瑾著于1913年的《银行实务》中提道：“顾客其不及直接调查者，大抵托商业兴信所为之。”此外，大部分日源词多半意译自英语，如“会社（company）、集团（group）、组织（organization）、单位（unit）、企业（enterprise）、财团（foundation）、社团（association）、战线（front）、协会（organization）、右翼（the right wing）、左翼（the left wing）、身分（position）、军籍、关系（relation）、学位（academic degree）、学历、商业（commerce）、金融（finance）、保险（insurance）、例会（a regular meeting）、讲座（course）、展览会（exhibition）、重工业（heavy industry）、轻工业（light industry）”等。

3. 事情

在我们的统计范围内，这种类型的日源词数量仅比上类少1个，其涉及的门类也非常广泛。在苏新春《现代汉语分类词典》中该类共分为9项，例如“过程、规律、遭际、情势”等，日源词分布占据了7项之多。

其典型词例如“概略、故障、事变、目标、目的、指标、方针、序曲、序幕、手续、论理、概念、经验、印象、事态、大局、场合、概略、环境、现象、信号、性能、实绩、氛围气（atmosphere）、金婚式、银婚式、辩证法、出发点、病虫害”等。这里我们重点说一下“氛围气”，它早在20世纪初期既已出现，如陈槐著于1918年的《实用教科书物理学》中提道：“吾人所处之地球，环有空气，其弥漫颇高，名曰氛围气。”可见，它在引入之初语义类似于今天所说的“大气”。后来，该词在使用中语义发生引申，邱文渡、邬孟晖合编的《新文艺辞典》将其释为：“因受外围的空气之反映，各个体便自有他的特殊的风味。例如：山川含容了空气，呈现出山川特有的色……这种空气在不同的场合得到了不同的气分，情调和色彩。”由于该词为三音节，与当时汉语词汇以双音节词为主的特点不符，因而后来简缩为“氛围”，如民国小说《御香缥缈录》第三十一回：“为了太后一人的不快，于是整个的大内，便又照例的陷入一团灰色的氛围中去了。”此时的“氛围”与引入之初的语义不尽相同。由于其简缩方式前文已述，这里不再赘言。

4. 属性

该类主要涉及的是事物“性质、景状、范畴、标准”等方面的内容，我们统计的日源词遍布该类的各个小分支。其典型词例如“权限、范畴（category）、贷方（the credit side）、借方（debit）、日程、阵容、要素（factor）、因子（factor）、成分（ingredient）、表象（德 Vertretung）、精神（mind）、规范（norm）、前提（premise）、条件（condition）、校训、质量（mass）、品位（grade）、情操（sentiment）、信用（credit）、理性（reason）、理智（sentiment）、园艺（gardening）、催眠术（hypnotism）、生产力（德 Produktivität）、原动力”等。

5. 政治

我们知道，清末民初有很多进步派人士远赴日本，学习并翻译了大量西方政治思想的经典著作，从而也带回了若干日源词，其中的绝大部分都留存到了今天，且非常通行。例如“无产阶级（proletariat）、资本家（capitalist）、共产主义（communism）、社会主义（德 sozialisimus）、军国主义（militarism）、共和（republic）、独裁（dictatorship）、阶级（class）、政党（political party）、法律（law）、宪法（constitution）、刑法（criminal law）、民法（civil law）、私法（private law）、法庭（court）、权利（right）、权益、霸权（supremacy）、自由（freedom）、特权（privilege）”等。

6. 文体卫生

这类分为“文体活动”与“医疗卫生”两大类，其中与“文体活动”相关的典型日源词如“体操（gymnastics）、体育（physical culture）、喜剧（comedy）、悲剧（tragedy）、猿乐、能乐、狂言、低调（low tone）、漫画、版画、柔道、柔术、广场（square）、俱乐部、交响乐、小夜曲”等。其中反映日本本土特有事物的外来词，它们在传入中国以后很多都没有广泛传播。例如“猿乐”，在“汉籍全文检索系统”中该词虽有用例，但全部源自不肖生的《留东外史》及《留东外史续集》，此外并无其他用例，可见该词使用范围狭窄，与之类似的还有“能乐、狂言”等，这多半与它们所代表的事物在中国并不流行有关。反之，像“体操、悲剧、喜剧、俱乐部”等词，它们代表的事物源自西方，受到当时西学东渐的影响，各种新鲜事物也纷至沓来，人们在学习西方先进技术的同时也普遍接纳了各种文化艺术形式，因而这些词在传入中国以后生命力都很强，基本保留到了今天。

我们再来看反映“医疗卫生”的日源词。与西源词相比，与医学相关的日源词的数量明显更多。我们简列如下：癌（cancer）、神经（nerve）、结核（tuberculosis）、母体（parent body）、静脉（vein）、血栓（thrombus）、疫痢、坐药（栓剂，一种塞入肛门、尿道或阴道内的外用药，suppository）、精神病（Mental disease）、胃溃疡（Gastric ulcer）、卫生（hygiene）、动脉（artery）、猩红热（scarlet fever）、传染病（contagious disease）、黑死病（plague）、虎列剌（霍乱，cholera）、流行病（epidemic）、摄护腺（前列腺）、百日咳（whooping cough）。

7. 意识

这一类词涉及社会群体的思想意识、情感、志趣以及宗教信仰等。前文已述，日源词中有许多关于基督教的用语都属于回归借词，这类词包括“基督（Christ）、天主（god）”等。此外，其他日源词散见于表“意识”大类中的各个小分支，典型词例如“思潮（the trend of thought）、错觉（illusion）、实感、预后、共鸣（resonance）、反感（antipathy）、动机（motive）、观点（viewpoint）、计划（plan）、理想（ideal）”等。

8. 数量单位

此期还由日本传入了若干表示数量单位的词，整体数量不多，不过较具特色，尤其是表单位的词，前文已述，它们主要都是日造汉字词，如“呎（foot）、吋（inch）、哩（mile）、粁（kilometer）、瓩（kilowatt）、粍（millimeter）、糎（centimeter）、吨（ton）”等。另外，表数量的还有“密度（density）、海拔、标高、金额、出超（an excess of exports over imports）、入超（unfavorable balance of trade）、概算（rough estimate）”等。

9. 军事

表“军事”的日源词主要都集中在上一大类“具体事物”中，在我们的统计范围内，该类涉及军事的抽象词语仅有“现役（active service）、预备役（reserve duty）、铁血（Iron blood）”三例。

（四）行为活动

前文已述，表行为活动的日源词远比西源词数量丰富，其总数接近150个，且类型也十分复杂。在《现代汉语分类词典》中表动作行为的共有三大类，分别为“生物活动”“社会活动”“运动与变化”，我们所统计的日源词遍布这三类，且每类还至少包含4个小类，其中最多的为表“社会活动”类，其数量接近总数的一半。这些日源词最开始往往是科学领域的术语，在传入汉语时，有的语义发生泛化，成了社会生活中的常用词，但是无论语义是否变化，仅从外表上来看，绝大多数词很难让人察觉其外来词身份，为了清晰地展示它们的类别，我们采用表格的形式进行归纳，详见表二十三。

表二十三　　“行为活动”日源词的分类

生物活动	生活工作	储蓄（saving）、服务、复员、冷藏（refrigeration）、探险、统计（statistics）、退役、预算、盲从（blind obedience）、介入（intervention）、储藏、对照（contrast）、假定（supposition）、失恋（unrequited love）、概算（rough estimate）、劳动（labour）、劳作、审美
	心理活动	坚持、自律、同情（sympathy）、想象、了解（verstehen）、计划（plan）、敌视、反感（antipathy）、反对（opposition）、神经过敏
	身体动作	观照、观测、接吻（kiss）
	生理活动	化脓（suppuration）、催眠（hypnotize）、消化（digest）、内分泌、外分泌、神经衰弱
	际遇	升华（sublimation）、落选、退化（degeneration）

续表

社会活动	社交	暗示（hint）、插话、承认、否认（disapproval）、否定（denial）、漫谈（rambling talk）、美化、社交、演说（public speech）
	管理	制裁（sanction）、分配（distribution）、支配、回收（collection）、表决（decide）、登记（registration）、否决（rejection）、公营、鉴定（legal advice）、立宪、派遣（dispatch）、任命（appoint）、选举（election）、评价（appraise）、公立、公营、国立、独占（monopoly）、登载、就任、组阁、议决、编制、组织、发明（invention）、取缔、取消、回收、策动（manoeuvre）、动员（mobilization）
	文教	指导（guidance）、创作、运动（sports）、分析（analysis）、服用、改编（reorganization）、改订（revis）、归纳（induction）、综合、假定、讲演（lecture）、竞技（a match）、临床、速记、演出、演奏（perform）、演绎（deduction）、演习（practice）、主笔、教授、讲习（a short training course）、见习、解剖（dissection）、分解（decomposition）、概括（outlines）、参看、参照、参观、记录（record）、素描（法 dessin）、注射（inject）、内服
	战争、争斗	宣战（declare war）、解放（liberate）、抵抗（resistance）、封锁（blockage）、制约（condition）、看守、抗议（protest）、强制、革命、侵略（agression）、侵犯（invasion）
	司法	公判、公诉、仲裁（arbitration）、谈判（negotiation）、立宪（constitutionalism）、陪审、拘留（detention）、引渡（delivery）、审问（interrogate）、讯问、审判、出庭（to appear in court）
	生产、经贸	生产（production）、施工（constructon）、交换（exchange）、复制（reproduction）、投资（invest in）、输出（export）、输入（import）、配给（rationing）、专卖（monopoly）、节约（saving）、制版、出版（publication）
运动与变化	自然变化	采光（natural lighting）、反射（reflection）、放射（emission）、辐射（radiation）
	事态变化	刺激（stimulus）、进展（development）、净化（purification）、遗传（heredity）、失效、施行（enforce）
	方位改变	附着（adhesion）、集结、集中、扩散（diffusion）、脉动（pulsation）、游离（isolation）
	数量变化	打消、累进、累减、消费（consumption）

（五）性质与状态

表示"性质与状态"的主要是形容词，也包括部分区别词，该类词亦以日源词为主，西源词的数量相对较少。通过统计，我们发现该类日源词主要分为"才品、性质、情状"这三类，限于篇幅，我们将典型词例简列如下：

白热（white heat）、悲观（pessimism）、抽象（abstraction）、低能（weak intellect）、封建（feudalism）、感性（德 Sinnlichkeit）、能动（activity)、积极（positive)、消极（negative)、简单、紧张（tension)、景气(boom)、具体（concrete)、客观（object)、理性（reason)、理智（intellect)、敏感（sensitiveness)、积极（positive)、主观（subject)、偶然（德Zufall)、活跃（activity)、权威（authority)、直观（intuitive)、小型、大型、单纯、明确、主动

除了以上这五大类，日源词中还有一小部分“辅助词”，在《现代汉语分类词典》中辅助词指的是虚词，在我们的统计范围内，这些日源词基本都是副词，例如“间接（indirect)、直接（direct)、绝对(absolute)、相对（relativity）”等。

下面我们对这些日源词的数量、语义分布等特点进行简单的总结。

第一，从数量来看，表“抽象事物”的词语数量最多，而“辅助词”(即虚词）的数量最少，仅有4例，其余几类除了表“性质与状态”类相对较少以外，数量基本持平。

第二，从每类涉及的小类来看，表“具体事物”和“抽象事物”最纷繁复杂，例如表抽象事物类涉及了9个小类，表具体事物也涵盖了6类，而且每类数量均不少，可见它们所反映的内容更为广泛。

第三，从类别对应的词性来看，表生物、具体物和抽象事物的词语主要是名词，其次是数量词，代词，表生物活动、社会活动、运动与变化类别的主要是动词，表性质与状态的是形容词，辅助词则只有4例副词。可见，名词占据了日源词中的大部分，动词其次，再次是形容词。

下面，我们对影响甚至决定上述日源词语义分布的原因进行分析。

首先，某些语义类别所包含的词在数量上占较大优势，例如医疗卫生领域，其中既有人的生理器官，如“腺、输尿管、淋巴、交感神经”，又有西医中诸多病症，如“猩红热、百日咳、黑死病”，此外还有与之相关的动作行为，如“化脓、消化、内分泌、神经衰弱、注射、内服、解剖”等。这些词虽然分属不同语义标，且在词性上也不尽相同，但它们反映的内容具有一致性，可以视为同一语义场。类似的语义场还有“军事”“法律”“政治思想”“经济”等，其中每一类包含的词语数量都很多，且词性也涉及名词、动词等。究其原因，此期战事频繁，外族侵略者的军事力量强大，新式武器也大量出现，这些都使得人们迫切需要引进和使用与军事相关的术语及概念等。至于法律、政治、经济等领域的词语，均属社会科学范畴，前文已述，此期人们主要从日本学习西方各种先进的

制度，上述领域的新词在建立新的国体、政体、法律体系、经济制度等方面都起到了至关重要的作用，其数量也远胜于其他方面。值得一提的是，自然科学领域的词语虽不如其他领域多，但它们进入汉语后具有很强的生命力和适应能力，很多词义都发生泛化，不仅限于科学领域。例如“分析”，高名凯《汉语外来语词典》释为：①一个整体分成它的各个组成部分，如物理上力的分解。②一种物质由于化学反应而分成两种或以上物质，如氯酸钾分解成氯化钾和氧气。

由以上释义可知，该词最初作为科学术语引入，主要见于化学和物理领域，但由于其语义中带有“分成几部分”的义素，因而后来语义范围扩大，它不仅可与表具体事物的词搭配，还可与表抽象事物的词搭配，如“将繁杂的事务分解成几部分来处理”。与之类似的动词再如“脉动、游离、放射、分析”等。

其次，与西源外来词相比，日源词在表动作行为方面的比例相对更高。这主要是因为西源外来词往往采用的是音译或音义兼译方式，从表义清晰度来看一般不如意译词，而日源词要么直接从古汉语中借用词形，要么利用汉语语素和构词法创制新词，从外形上来看与本土词或意译词无异，这当然更有利于它融入汉语词汇中。例如“copy”，它可以音译为“拷贝”，但同时从日语又传回了“复制”一词，二者相比，后者是人们熟悉的状中结构，且“复”做修饰语表次数的用法古已有之，如“复发”，因而该词更易于被汉语词汇系统所接受。与之类似的还有“里佛留显”，从外形上看，其音节烦琐，表义不清，因而也被来自日语的回归借词“革命”所取代。也正是由于日源词的这一特性，有的词借入以后，其在日语中的本义反而被国人“望文生义”的理解所取代。以“打消”为例，高名凯《汉语外来词词典》将其释为“……多用于议会中所提出的议案，经议员否决而使全案不能成立。”可见，日语中该词本为“否认、否定”之义。该词传入汉语以后，其语义不同于日语本义，例如李涵秋《广陵潮》八十二回：“娶我这一层，事实上万万不能做到，我也就打消了此念。”汉语中的“打消”义为“取消、消除”，这就可能受到语素“消”的语义的影响而产生了“误解”。此外，表动作行为的日源词可分为多种类型，且每类均可再进一步细分，虽然有的动词在汉语中也有类似表义的词，但日源词往往更为精准，能满足语言表达精细化或者科学化的要求，也可以推动汉语由单音节词向双音节词转化。例如“专卖”，它在语义类别上属于社会活动中的“经贸”类，日语用它来对译英语“monopoly”，类似今天所说的“垄断”。事实上，这种由国家对某种消费物品的产品和销售，由某部门独占经营和管理的制度，在中国早已有之，古代称为“榷”，如韩愈《论变盐法事宜状》：“国家榷盐，粜与商人。”此外还有“榷酒”“榷茶”等，该义直到清代仍在使用，如魏源《圣武记》卷二：“假濬渠筑城为名，广征关市，榷盐井，开矿鼓酬，潜积硝磺诸禁物。”这里指的是吴三桂入滇以后，借着筑城的名义，开始垄断盐井的经营。后来受到汉语双音化趋势的影响，表义清晰的“专卖”一词自传入中国以后，便逐渐取代了单音词“榷”，现在“专卖公司”“烟酒专卖”的用法早已非常普及。

最后，此期出现的形容词性日源词数量虽然不算太多，但也要比其在西源词中所占的比例高。汉语中，不论是表性质还是表状态的形容词，往往都是成对分布的，如“大—小”“火热—冰凉”等。日源外来词也不例外，如“主观—客观”“大型—小型”“积极—消极”“具体—抽象”等。副词与形容词类似，例如我们所搜集到的4例副词，即为两对反义词。

当然，有的词在传入中土以后，会成为仿拟构词的“词模”并产生新词，如“悲观—乐观”，有的则直接与本土语义相对的词形成一对反义词，如“简单—复杂”。

第二节　外来词与原词的意义关系

语言成分的价值是存在于特定系统的关系之中的。外来词在借入汉语后，为了适应汉语的特点，常常会按照汉语的实际需要进行改造，这个“汉化”的过程涉及语音、语义、语法等多方面，这里只讨论语义部分。外来词语意义的汉化在汉语语义系统的制约下呈现出一定的倾向性。这里，我们尝试用“语义契合度”来定义汉化后的语义及原词语义之间的关系。

外来词的语义类型不同，汉化过程中变化的方式、幅度和途径等往往也就不完全一致。

此期有为数不少的借词语义与原词相比几乎没有发生变化，这类以指称具体事物的词为主，如“咖啡、美浓纸、血吸虫、燕尾服”等。但是，由于受到汉民族思维特点的影响和汉语词义系统的制约，外来词的翻译很难不受其影响，此时其与原词之间的语义契合程度就很难达到百分之百。从外来词语义变化的过程来看，还可以分为两个阶段：一是创制之初，因为外来词的产生主要是为了填补汉语的空缺，而本时期很多外来词都是随着西学书籍的翻译而传入的，所以译介的原词必然会受到具体语境以及语际意义转换不能完全实现的种种限制，这使得翻译不可避免地要产生意义损失（loss of meaning）[①]；二是进入汉语词汇系统以后，受到译者语言文化社群的社会环境以及语言使用等方面的影响，语义也可能会与原词有所不同，孟伟根曾对此做过分析，并把外来词与译词的语义差异归纳为六个方面：词义的减缩、词义的增加、词义的转移、词义的分化、指称范围的变化以及附加色彩的变化[②]。下面我们主要依照这几个方面对语义的变化进行分析，为了全面说明，在词例的选取上，我们兼顾西源外来词和日源外来词。

（一）词义减缩

多义词在任何语言中都是十分普遍的现象，它是词义历时发展演变的结果与体现。据 Byrd et al 对 “Webster's Seventh Dictionary” 将近 6 万词条的抽样统计，有 21488 个词条具有 2 个或 2 个以上的意义，即多义词占到近 40%[③]，但是，汉语却很少一次性借入一个词的多个义项，因为外来词是应汉语的表达需要而产生的，所以汉语对义项的借入是有取舍的，这就呈现出明显的多义词单义化的倾向。换句话说，汉语在借用时发生了词义减缩。这种词义减缩主要有两种可能：第一，在借用时便从原词的多个义项中只择其一；第二，在清末民初这个历时过程中，分阶段多次借用原词中的若干义项，它往往是多次译介累加的结果。下面分别进行说明。

【托拉斯】

（1）于是遂有大资本之营业起，且以单纯之公司为不足恃，故有合诸公司而成之托拉斯出。（柳准《商业经济》）

“托拉斯”是资本主义垄断组织的形式之一，源于英语“trust”。此词在英语中既有动词义项（表信任），又有名词义项，而且做名词时也是

① 刘宓庆：《新编当代翻译理论》，中国对外翻译出版公司 2005 年版，第 114 页。

② 孟伟根：《汉语外来词的词义汉化及其回译》，《词库建设通讯》1996 年第 9 期。

③ 蔡基刚：《英汉词汇对比研究》，复旦大学出版社 2008 年版，第 26 页。

个多义词，其义项有：①信任、信赖；②可信任的人；③义务、责任；④信心、希望；⑤托管、照管；⑥垄断企业……[①]汉语在借入时选取了义项⑥，其他义项均未采用。究其原因也很好理解：因为只有当汉语中没有表示此类事物的词语时才需要从其他语言中借入外来词，但除了义项⑥，其他义项在汉语中均有相应的表达形式，自然无须借入新词。

【涅伏】

(2) 脑络涅伏，周罗人体内外，其杪末隐于肌膜之中。(严复译《穆勒名学》三)

“涅伏”源自英语“nerve”，从上例可知，“涅伏”即“脑络”，大脑中的脉络，实则就是今天所说的“神经”。“nerve”在英语中是个多义词，它既有名词义项，又有动词义项，做动词时义为“鼓励、激励；鼓起勇气”，做名词时它有三个义项，分别为：①神经；②勇气、胆量；③［植］叶脉；中枢。汉语在借入“nerve”时仅选取了名词义项①，我们知道，清末民初，伴随着西学传入，大量西方生物学方面的术语也进入了汉语词汇系统中，而这类外来词是之前汉语所没有的，这也是汉语借入“涅伏”一词的重要原因。“涅伏”最早见于1902年，虽然出现时间较早，但该词的生命力并不强，例如鲁迅作于1935年的《集外集》中提道：“例如‘涅伏’，就是‘神经’的腊丁语的音译，这是现在恐怕只有我自己懂得的了。”事实上，它已逐渐被日源词“神经”所取代。

【霸权】

“霸权”是来自日语的原语借词，该词形曾在汉语古籍中出现过，如宋代俞文豹《吹剑录》：“成忠清之壮志，振勾吴之霸权。”此句中“霸权”义为“在诸侯中的领袖地位”。后来该词形传入日本，被借来对译英语的“supremacy”，所以它也被赋予了新义。日语中“霸権”主要有两个含义：一是“霸权”，指在国际关系上以实力操纵或控制别国的行为，如“海上の霸権を握る（掌握海上霸权）”；二是指冠军，即“競技など

① 以上释义选自上海译文出版社《新英汉词典》（第4版），第1707页“trust”条，原文还有“trust”用于商业领域的专业术语，因篇幅有限，略去。

で優勝して得る栄誉”，如“リーグ戦の覇権を争う（争夺联赛冠军）”。“霸权”一词传回中国后，汉语只吸收了前一个义项，我们通过“汉籍全文检索系统”进行了统计，此词共出现21次，有1例采用的是古汉语义项，其余全部指的是“在国际关系上以实力操纵或控制别国的行为”，主要与“贸易、经商、地球、海上”等共现。就汉日之间义项间的对比而言，这无疑也属于外来词引进中词义的减缩。

【演出】

“演出”这一词形古已有之，如胡应麟《诗薮·周汉》：“《胡笳十八拍》或是从此演出，后人伪作”，此时“演出”义为“演变而来”。后来，日语吸收了该词形，并赋予新义，主要有两个含义：一是指表演，如“京劇を演出する”，即“演京剧”的意思；二是指导演，如日语中“演出家”即“导演”之义。此词传入中国后，仅剩第一个义项，专指“把戏剧、舞蹈等演给观众欣赏”，如《二十年目睹之怪现状》第一百六回：“我因为在上海住下，便得看见龙光和符弥轩两个演出一场怪剧。”通过义项对比可知，该词并未吸收日语“导演”这一义项（日语今天仍保留此义项）。

【景气】

“景气”是来自日语的原语借词，在日语中主要有两个含义：一是指社会经济景气，繁荣，即为好景气；二是指精神旺盛，即“元気のよいこと”，如“不景気な顔をする”即指脸上无精打采。该词被引入中国，与之对应的是“不景气”，二者在汉语中只保留与经济相关的义项，用以形容人的精神的义项则没有被吸纳。1921年世界书局出版的《社会科学大词典》第633页对“景气”有以下的解释：“景气好、景气好况都是同样意思的。就是商品的销路好，金融的顺调，产业新兴而又扩大了，劳动者的职业多，而无失业者，物价也上升，工银也增加等，这种产业界的活跃状态就叫好景气”。我们通过“读秀学术搜索”对“景气/不景气”在此期出现的文献进行了考察，二者在195本书籍中出现过，其中有颇多是以“景气/不景气”作为书籍或文章的标题，例如张梁任《景气学》、［德］华搿曼《世界经济之机构与景气变动》、宋春舫《不景气之世界》、郑伯奇《不景气的插话》、庄泽宣《不景气与美国教育》、［英］霍曲莱《一九二九至一九三一年之不景气》等。“景气/不景气”全部用于经济领域，可见该词也属于词义的减少。

除此以外，日源词中属于词义缩减的词例还有“手续”“经理”“创作”[①] 等。

以上词例均是在借入时即选取原词义项中的某一个，下面我们再看一个分阶段多次借用的实例。

【引得】

(3) 引得是一种学术的工具，学者用之，可于最短时间中，寻检书籍内部之某辞或某文。(洪叶《引得特刊之四》)

“引得”源于英语“index”，该词在英语中的语源与“index finger”(即食指)相关，即“指点”，后演变为一种查阅工具之名。该词在英语中也有多个含义，如：①索引；②标志、表示；③指数；④刻度盘上的指针，汉语只选取了义项①，并采取了“谐音音译”的方式译作“引得”。据“中国字度撷法”[②] 的创始人洪业（1893—1979）所述：“将引得之法真正应用于中国书籍，也是大部采取外人近十年从经验而产生的原理和类例，再加以变通。”[③] 由此可见，这种供人检索的方式并非源于中国，所以在引入相关技术的同时也引入了这个外来词。纵观“index”的其他意义，其中义项③“指数”也并非本土固有[④]。前文已经提到，尽管徐光启、李善兰等人在西方数学的介绍和普及方面做了很多努力，但近现代的数学学科仍然属于“舶来”的一种科学体系。“指数”属于数学术语，所以也是在译介西方数学教科书的同时被引入过来的，但它采取的是“意译”的方式。例如，清末民初所编著的《查理斯密大代数学》(陈文、何崇礼合译，科学会编译部刊行，光绪三十一年）中便已出现了“指数”一词。由此可见，“index”作为英语的多义词，汉语在引入的过程中陆续吸取了两个义项，它是多次译介累加的结果，但从整体而言，照比原语仍

① 日语“创作”还有“捏造”之义，如“その話は彼女の創作だ”即“那句话是她编造出来的”，带有一定贬义，汉语并未吸收该义项，汉语用“捏造”“编造”表达此义。

② “中国字度撷法”是史学家洪业发明的汉字检字法，新中国成立前哈佛燕京学社引得编纂处编辑古籍引得时采用此法编排。这种检字法把每个汉字编成 6 个号码，按号码先后排列。

③ 洪业：《引得说》，《引得特刊之四》1932 年。

④ “指数”在古汉语中确实出现过，但这里“数”为“shǔ”，表示屈指计数，指责数落等义，与现在所说的“指数（shù）”只是同形而已。

然是一种词义的减缩。

（二）词义增加

这种类型指的是某个外来词在原语中仅有某个义项，借入汉语中后产生了新义项，这样外来词的语义照比外语原词就有所增加。例如，“ping-pong”原指一种球类运动，借入汉语以后又衍生出指称该项运动所用器材，即“乒乓球”（《现汉》收此义项）。这种义项的增加最能体现外来词引进后在汉语中的发展变化，它往往与外来词使用的时间及频率成正比，换句话说，出现的时间越长，使用的频率越高，它就越可能衍生新义。我们如果对比某一词典新旧版本所收义项，往往就能发现这一点。不过，鉴于清末民初仅有百余年时间，新义项从产生到彻底被大众接受需要较长时间，有时要证明这一变化过程并非易事。这里我们尽可能选取符合标准的，或者已有明显义项增加趋势的词例来进行说明。

【分解】

“分解”这一词形古已有之，中古时期该词义为“分析、剖解”，后来又衍生出“说明、交代”之义，旧时章回小说每回结尾都常用“且听下回分解”，即为此义。后来该词形传入日本，日语用来对译英语“decomposition”，由此使得“分解”成为化学术语，特指“一种化合物由于化学反应而分成两种或多种较简单的化合物或单质”。该义后来回传中国，据我们对19—20世纪的多部双语词典进行考察，“分解”这一义项最早出现于1908年颜惠庆的《英华大辞典》，前文已述，该词典收词深受日语影响。此词引进后，在使用过程中逐渐衍生出新义，如民国中期的数学教材中便多次出现“分解”一词，如1929年由日本数学家林鹤一编订的《代数学》中便专辟一章“因数分解”，可见此时语义已有所增加。再如毛泽东《星星之火，可以燎原》：“必须这样，才能给反动统治阶级以甚大的困难，动摇其基础而促进其内部的分解。”此例中的“分解”与化学术语“分解”语义相关，都带有“分化、分成几部分”这样的义素，但该词在使用过程中泛化，其搭配对象不再限于化合物，此时“分解”义为“瓦解、分化”。从语义发展角度来看，该词属于词义的增加。

【插话】

“插话”是来自日语的原语借词，它译自英语“episode”，指的是“（与正题没有直接关系的）小故事、插曲、插话。”早在1866—1869年罗存德编写的《英华字典》就将episode译作“插言、插说”，由于罗存德版词典在后世被引入日本，而日语的“插话”一词可能也是受其影响。该词回传后，最初仍采用其本义，民国时期的几部词典均有收录，且语义与日语相同。例如，邱文渡、邬孟晖合编的《新文艺辞典》中将“插话”释为“与主旨无甚关系的事实，即被记入文中，也只可算作文章底旁枝”。在孙俍工编纂的《文艺辞典》中亦出现了“管弦乐列那底浮士德的两个插话”的说法。后来，在此义的基础上衍生出动词义，即“插嘴”，与名词“插话”的一致之处是，二者都表示在主题、主线以外的话语。我们通过“CCL 语料库”对“插话”用例进行考察，现代汉语子库共有 10 例，4 例名词义，6 例动词义。

除此以外，属于词义增加的再如“序曲、序幕、低能儿、编制”等。

（三）意义范围缩小

有的外源词在本族语中的意义范围广泛，但借入中国以后，其反映的事物范围可能会由泛指变为专指，从语义来看就属于意义范围的缩小。

【番号】

“番号”是来自日语的原语借词，它是日本人依据汉语语素及构词法自主创造的词。其中“番”义为“号、盘”，如“電話は291の7606 番”即“电话号码是 2917606”，可见“番、号”语义相近，二者联合表“号、号码、号数”，可用于电话、邮编、房间号、题号、军队编号等，语义范围相对较广。该词传入汉语的时间较晚，大概在民国时期，我们以 1916 年出版的《留东外史》和《留东外史续集》为例，这两部小说都反映中国留学生在日生活，由于小说背景即为日本，因而“番号”的语义未发生变化，例如“电话番号”“房子的番号”“门牌的番号”“住的地名番号”等。到了 20 世纪 20 年代，“番号”的搭配对象发生了变化，如 1920 年的《中华民国史事日志》：“莫荣新撤销驻粤滇军第三、第四师番号，改编为边防陆军三个旅及三个独立团。”此句中的番号特指“中国部队的编号”。我们对 CCL 语料库进行检索，此词在现代汉语语料库中出现 18 次，全部指部队编号。可见，该词被借入汉语以后，意义范围缩小了。

【道具】

“道具”这个词形古已有之，最早出现于中古时期文献中，如严维《送桃岩成上人归本寺》：“道具门人捧，斋量谷鸟衔”。它属于佛经词汇，丁福保《佛学大辞典》释为：“凡三衣什物，资助一切学道身之具，名曰道具。”后来，该词传入日本，日本人把它作为英语“instrument”的意译形式。据《现代日语双解词典》，“道具”有四个义项，分别为“工具、器具、手段、器官”，可见其语义较为宽泛。该词后来作为原语借词又传回中国，特指演剧或摄制电影时表演用的器材物品等，通常分为大道具（如桌、椅、屏风等）、小道具（如杯、文具等）、装饰道具（如书画、古玩等）、随身道具（如眼镜、扇子等）。该义在汉语中使用较晚，如民国小说《武宗逸史》第五章：“宫中人摆上布景道具，武宗头上扎块红帕子，把袍子一角掖在腰上，肩背宝剑出场亮相。”

【反对】

“反对”也是古已有之，最早指汉语韵文中辞反而义同的对偶句，与“正对”相对。后来该词衍生出“相反、对立”之义。民国时期仍有此义，如郭沫若《中国古代社会研究》第一篇：“墨家的思想刚好和这反对。”该词形传到日本以后，日语用其对译英语“opposition”，由此在汉语原词基础上衍生新义。日语中“反对”主要有以下几个含义：一是“反对”，即不赞成、不同意；二是相反；三是相对，如“道の反対側”即“道路的那一边”，再如“反对の手”其实就是另一只手；四是颠倒，如“顺序が反对だ”即为“顺序颠倒了”。该词在日语中的义项较多，但传回中国以后，除了本土固有义以外，没有吸纳表“相对的”以及“颠倒”的义项。汉语中主要用其表示“不赞同”之义，且在此期文献中使用频率很高，如《李文忠公事略》第十一章：“俄国协定多少，中国不得反对，然仍不得输入兵器于满洲。”另外，我们在民国小说《留东外史》中发现这样一段话：“轻轻敲了一下道：‘开门不要紧么?’就听得下女在里连说了几个咿呀（反对不愿意之意），接着小声叫道：‘李先生，客来了，还是这样。’”该小说以日本为生活场景，下女（即女仆）所说“咿呀”实际是日语“いや”音译，该词即为“不同意”之义，括号中用“反对”来加以注释，可见该词在当时已较为通行。

（四）意义范围扩大

外源词进入汉语后，有时会受到汉语自身特点以及整个社会需求的影响，它所反映的事物的范围也有可能会由小变大，这就属于意义范围的扩大。

【香槟】

该词源于法语“champagne”，《朗文英语词典》的释义为“a French white wine with a lot of bubbles, drunk on special occasions”，从中可以看出，

“香槟”最初指的是一种“French white wine”（即法国的白酒）。它的得名较为特殊，因为“香槟”本是法国东北部的一个省名，该地盛产葡萄，但出产的葡萄酒品质却较为一般。17 世纪后半叶，当地一位修道士打破了传统的酿造工艺，将葡萄酒转入瓶中进行二次发酵，最终生产出备受赞誉的新型起泡葡萄酒，这种酒便以产地“香槟”命名。只有在法国香槟地区出产的这种酒才能被冠为“Champagne”（香槟），而其他地区采取相同工艺酿造的酒，法语用“crémant”标称，英语则称为“Sparking Wine”（起泡酒）。但是，该词引进之后，所指范围扩大了，成为“葡萄汽酒”的通称。而且，酿造的水果也不限于葡萄。现在市面上经常可见“小香槟、女士香槟、巧克力香槟”等称名，就是词义扩展的最好说明。

与此类似的还有“吉普（车）”，其实“吉普”是车的一种品牌，而并非是车型“jeep”，但由于其名声响亮，所以后来非“吉普”品牌的其他相同车型也都可以统称为“吉普”。

【沙发】

“沙发”源于英语“sofa”，“Oxford Advanced Learner's Dictionary”将其释为“A long upholstered seat with a back and arms, for two or more people”，这个释义强调了英语中的“sofa”是用于两人或多人，通常不指单人沙发[①]，但在汉语中“沙发”却并不强调这一点，即等于说这一义素已经消失。一般而言，在选择外语词的对应形式时，出于“求便”原则，并非一定要另创新名，如能用本土固有语素组合新词，或者直接选用已有词，这当然不失为一种好的策略，但是，关键因素在于原有事物、原有概念是否能够准确反映外来事物的独特之处？以“沙发”为例，在“sofa”传入之前，中国社会也有一些传统的坐具，如床、榻、椅子等，它们其实已基本具备了“sofa”的功能，所以虽然“sofa”在鸦片战争前后就已传入中国，但直至 19 世纪末仍采取以本土坐具名称“附会”释义的方式来对译。如例卫三畏《英华韵府历阶》、罗存德《英华字典》、卢公明《英华萃林韵府》、井上哲次郎《增订英华字典》、邝其照《华英字典集成》等多部字典均将“sofa”释为“睡椅”；再如杨少坪《增广英字指南》直接用本土的“弥陀榻”对译（明代屠隆《起居器服笺》中释“弥陀榻”为“高九寸，方圆四尺六寸。三面靠背，背少高……可以坐禅习禅，甚

① 单人位沙发用英语翻译可以是“One seater sofa”或者“Single chair”。

便斜倚”，可见，“弥陀榻”的外部形态与“sofa”有很大的相似性）。但是，这些中国的传统坐具均未体现“sofa”的独特之处，所以才又另用音译词“沙发”来对应。人们对沙发关注点主要在其有弹簧软垫，至于具体能坐几人并非与中国传统坐具相区别的主要因素，因此人们并不特别在意，所以才既有“长沙发”，也有“单人沙发”等，另外甚至也可以指没有弹簧软垫的“木沙发”，由此所指范围自然有所扩大。

此外，属于意义范围扩大的词例如“市场、出发点、代言人”等。

（五）词义转移

外来词在借入后，受到语言发展及文化差异的影响，在汉语中的所指已与原词所指的事物或概念发生了偏移，这种现象就是词义转移。转移后的义项与原词义项往往具有一定的联系，但又有明显差异。

【扑克】

（1）我并不说中国人顽固，因为我相信，鸦片和扑克是不会在排斥之列的。（鲁迅《华盖集·补白》）

“扑克”是英语“poker”的音译形式，它在英语中指的是一种“card game”（纸牌游戏），玩牌的时候所使用的纸牌通常称为“cards”。此词进入汉语后，语义发生转移，主要指的是游戏中的“纸牌”，例如民国初期的小说《人海潮》第二十三回有这样的描述：“只见三男两女，围着一张桌子，正在打小扑克。”这里的“扑克”对应的是英语的“card”而不是其所音译的“poker”。换句话说，英语的“poker”在汉语中只能用“打扑克”表示，而汉语“扑克”则指的是英语“card game”中的“card”。打扑克在英语中是用“play cards”来表示，而通常不说“play poker”，因为英语“poker”没有“纸牌”义。该词之所以在汉语中词义发生了转移，这主要是因为“扑克游戏”与“扑克牌”属于同一语义场。就认识规律以及语言发展过程而言，从“poker”到“扑克”，由一种游戏转指游戏时采用的工具是顺理成章的。

【马赛克】

该词源于英语“mosaic”，“Oxford Advanced Learner's Dictionary”释为“A picture or pattern produced by arranging together small pieces of stone, tile, glass, etc. mosaics on the interior depict scenes from the Old Testament

(旧约)”，指的是一种由彩色石头、玻璃所拼成的图案或图画，而且其发展与基督教具有密切的联系。因为早期基督教不被认可，大量教徒受到迫害，所以他们纷纷涌入地下室集会，同时也运用“马赛克”镶嵌画的方式将基督耶稣的故事进行传播。在基督教得到正式承认之后，这种“马赛克”图画得到了极大发展，到了公元5世纪已经非常普遍，反映的内容绝大多数都与基督教的传说或故事有关。作为建筑装饰材料的“马赛克”大约在清末传入中国，但其功用与国外有所不同，一般都作为铺室内地面的瓷砖使用，英语中若想表示该义应采用“ceramic tile”。即使同样作为装饰材料，中国也很少用来反映宗教主题，可见“mosaic”在借入之后其语义与原词相比发生了偏移。

【取缔】

“取缔”是日本人自创词，主要有两个含义，一是指监督、管理、控制，如“農薬取締法”即“农药管理法”；二是作为“取缔役”的缩略语，“取缔役”指的是“董事”，例如“取締会”即为“董事会”。该词被汉语借入以后，最开始采用的是其本义，在朱鸿达主编的《现行法有效大理院解释例全集（1913—1927）》中规定了“军用枪砲取缔条例一”的法条：“售卖枪支或收拾废枪出售应依刑律第二百零五条处断。”显然，这里的“取缔”义为“管理”。再如民国时期的“取缔纸币条例”，其中亦规定“发行纸币，要信用合作社才有资格……纸币数量限一角、二角、五角三种”等，从以上内容可以看出，实则在谈如何“管理”纸币。另外，如“电气事业取缔”“牛奶取缔规则”等用法也很常见。但是，它在使用过程中语义逐渐发生变化，义为“明令取消或禁止”，该义在民国时期已出现。通过“汉籍全文检索系统”进行统计，此期大多数“取缔”已表“取消”义，如《广陵潮》第九十回：“我们求见县长，不为别的，就为取缔私塾那件事。县长既不许我们吃这碗饭，我们也不敢违拗，但求县长另外赏我们一个饭碗，好让我们安心度日。”该句中“取缔私塾”等于“不许吃这碗饭”，可见并非是管理私塾，而是完全、彻底地取消。该词到了民国中晚期，采用日语本义的用例已很少见，而“取消”义的使用范围越来越广，如老舍《四世同堂》第六章：“‘就是今年吧？’她刚说完，马上又把那个‘吧’字取缔了：‘就是今年！今年不是牛年吗？’”从该例可知，“取缔”在当时甚至可与“取消”通用，可见从语义发展的角度来看，该词属于词义的转移。

（六）词义分化

有的外来词在原语中是多义词，它的几个义项可能都是汉语原本所无的，但在借入的过程中如果均采取同一个形式，那么有可能会造成理解或识记的某些不便，甚至于误解。所以，为了适应汉语的表达需要，原词的几个义项分别以不同的形式进入汉语，这就是我们所说的词义分化。

磅—镑

二者均是英语"pound"的音译形式。"pound"本义是一种重量单位（a unit of weight），1 pound 等于 16 盎司（ounce），换算成中国单位即为 0.4536 千克。"pound"后来又衍生出表货币单位（monetary unit）的含义，它的产生与"重量单位（磅）"具有密切联系。货币单位"镑"的全称为"pound sterling"，其中"sterling"原义为"标准纯银"。在纸质货币诞生之前，"银"一直是实物货币最好的原材料，尤其在欧洲，银比金更早被商人们用于交易，而且自古以来，银的价值单位就是重量。[1] 在公元 7 世纪左右的盎格鲁-撒克逊时代，"sterling"是当时王朝所发行的用"一磅银"（即 pound+sterling）制作的银币，并作为法定货币单位。由此可见，"磅"与"镑"的产生都与"重量"相关，因而这两个单位关系密切，不过在英语中它们较易区分，"磅"可简写为"lb"，而"镑"则用"£"表示。[2] 但是，借入汉语时，其语音均为"bàng"，如果不加分化，就很容易造成混淆。我们选取了 19 世纪中期以后出现的五部英汉（汉英）字典，从对"pound"的释义中也能大致感受到编者对于词义分化所做出的尝试和努力。我们先把释义简列于下（仅列举与二者相关的释义）：

（1866—1869）罗存德《英华字典》：

Pound：an English pound，一磅……one pound sterling，［£ ＊］一磅金。

1899 邝其照《华英字典集成》：

Pound：一磅，十二两，二十个司令银（即二十个先令）。

1908 颜惠庆《英华大辞典》：

---

① 宁远涛、赵怀志编著：《银》，中南大学出版社 2005 年版，第 13 页。

② 无论是"磅"还是"镑"，其语源都与拉丁语中的"libra"（天秤座）有关，它本身有"秤"的含义。在古罗马测量单位中，Libra 指的是"libra pondo"，即为"一磅重量"的意思，所以二者的缩写都与大写字母"L"有关。

Pound：1. A standard weight consisting of 12 oz（即盎司）. Troy or 16 oz. avoirdupois，英斤，磅（约十二两）；2. A money of account consisting of twenty shillings，镑，金磅（值二十先令）。

1913 商务书馆《英华新字典》：

Pound：磅，华十二量，一镑金。

1916 赫美玲《官话》：

Pound：（English），镑（部定），磅（部定）英斤。

由此可以看出，在 19 世纪中期左右，汉语已经把英语“pound”的两个义项先后借入，但此时并未做语义的分化，若想表达“镑”的含义，则直接用其等值说法“一磅金”来表示，发展至 19 世纪末，这种释义方式仍然存在，只是把“一磅金”变成了“二十司令银”。真正对二者的语义进行分化并用汉语的方式加以区分的，当从 20 世纪初期开始，颜惠庆采用了“磅”与“镑”两个汉字分别进行释义，这时已经较为清楚明晰了。此后，商务书馆及赫美玲均沿用了这种做法，至此，“pound”的语义得到分化。

事实上，“磅”与“镑”是古已有之的汉字，并非为了对译外来词而新造。“磅”在古汉语中可作为象声词，如“砰磅（pāng）”，也可以表示气势盛大，如“磅（páng）礴”；而“镑”在古汉语中音为“pāng”，表示“切削”，如欧阳修《归田录》：“诸药中犀最难捣，必先镑屑，乃众药中捣之”。可见，在古汉语中二者读音除了声调以外完全一致，另外在汉语中的使用频率都不高，属于比较生僻的字，用来作为音译字一般不至引起误解。前人之所以选取二者来分化“pound”的两个义项，除了利用相似的读音，而且也巧妙地利用了二者的形旁。“磅”为“石”字旁，“石”自先秦时期便可以作为计算重量的单位，如《书·五子之歌》：“关石（dàn）和钧，王府则有。”可见用“磅”来表示重量单位是有一定理据的；而“镑”是“金”字旁，中国早在青铜器时代便有了金属货币，所以“pound”的第二个义项用“镑”来表示，也是非常合适的。

开—克拉

二者均是英语“carat”（karat）的音译形式①。“carat”是个多义词，在牛津在线词典中有两个释义，分别为：

① 美语在表示“黄色成色”这个概念的时候通常用“karat”。

①A unit of weight for precious stones and pearls, equivalent to 200 milligrams;

②A measure of the purity of gold, pure gold being 24 carats.

这里义项①指的是珠宝的重量单位，1个“carat”就等同于200毫克。义项②用来表示黄金的纯度，也就是说，纯金应为24carat，达不到这个标准，相应的有14/18/22 carat的黄金。很显然，该词如果采用相同的音译形式很容易引起误解，所以借入汉语后最终也产生分化。首先借入的是义项①，例如早期罗存德《英华字典》就用“加竦”来对译“珠宝单位”。直至20世纪初期，颜惠庆《英华大辞典》中收录了义项②，而且初步体现了分化二者的思想，例如义项①他仍采用“加竦”的形式，义项②则用“加辣”，虽然语音没有区别，但从外部形式来看却体现了一定的差异。前文已述，著于民初时期的《西药指南》一书中首次出现“开”的形式，它是“carat”的音译缩略（选取第一个音节作为音译名称）。我们把颜惠庆翻译的“加辣”与“开”进行对比，很显然后者更为清晰，也更易于把“carat”的两个义项分化开来。后来“开”也可以简写为“K”，这就是今天常听到的“18K金、24K金”等的由来。

摩托—马达

> （1）快车工人，电车摩托车工人。（蔡和森《法国最近的劳动运动》）
>
> （2）至机器原动力，旧时系用蒸汽机，民国九年改用电动机，添置马达四部。（《江南造船所纪要》）

二者均音译自“motor”这实际上也属于外来词引进后的语义分化。

我们首先来看“motor”在引入之初的语义，1936年版的《辞海》中有这样的释义：

马达：Motor之音译，即发动机，今多特指电动机。

摩托：Motor之音译，即发动机，今多特指电动机。

电动机：（Electric motor，or motor），电发动机之略称，亦称马达或摩托。

由此可见，motor在早期的现代汉语中，指称的应该是“发动机”，它既可以译作“马达”，也可以译作“摩托”，二者并没有什么差别。

但是，在实际使用过程中，却并非完全如此。有学者曾对20世纪40年代的《人民日报》中的马达和摩托的使用情况进行过统计①，我们用下表简单概括一下：

表二十四　　“马达”“摩托”语义分布及使用情况

	发动机	电动机	发电机	摩托车	以“摩托”为动力的“机动义”	摩托化
摩托	14	1	3	13	33	33
马达	30	43	21			

由上表可以看出，“motor”最早传入中国时的“发动机”义项，二者均有用例，其中“马达”的使用频率更高，大约是“摩托”的一倍。如果这种机器特指和“电”有关，“马达”的使用频率则远远高于“摩托”。但是，如果表示“motorbike”或形容词的义项，“摩托”则占绝对优势，在统计范围内甚至没有用“马达”表示的用例。总的来说，“马达”比较类似于通称，不论是发动机、电动机还是发电机均可用它来表示，而且使用频率上也较为平均。“摩托”则从一开始就承担了“motorbike”以及形容词的义项，从使用情况和数据统计来看，这点基本没有例外。因而，虽然二者在语义上有混用的情况，但实际上，“motor”在引入汉语之后就倾向于用不同的音译形式来表达分工上的侧重，这实际上也是其语义分化的基础。

高名凯和刘正埮曾对外来词的规范问题做了探讨，其中有两项原则，一是“三一原则”，二是“二并原则”②，类似于“motor”这种同一词语因语义分化而成为两个不同词形的外来词是可以并存的，也就是所谓的“异形并存”原则。上述两个词形均沿用至今，像现在所说的“摩托车”即是“motorbike”的半音译半意译形式。

（七）附加色彩义变化

一般认为，词义大致包括词汇意义、语法意义和色彩意义三个部分，

① 表中数据转引自刁晏斌：《“摩托”与“马达”的混同与分化——一个比较独特的“一源二词”现象考察》，《湖南文理学院学报》（社会科学版）2008年第1期。

② 高名凯、刘正埮：《现代汉语外来词研究》，文字改革出版社1958年版，第178页。

其中色彩义指的是附着在词的理性义或概念义之上的表示某种倾向的意义。在词义系统中，词汇意义是最基本的，因为它反映了客观事物、现象的本质属性，也是词典释义中的主要内容。但是，事物除了本质属性外，往往还具有非本质的特点，而这通常是运用该语言的人们才能够理解和体会到的，其中就包括词语的各种附加色彩义。在外来词的翻译过程中，本质属性是比较容易传递的，所以词汇意义的转译比较容易实现；但是，色彩义涉及人的主观意识等诸多因素，其他语言文化背景下的人有时很难领悟或理解，这就导致它有时很难实现转换和再现。同时，外来词在汉化过程中有时也会受到汉民族社会生活及文化等的影响，有时也会使其增加原本没有的某些色彩义。

对于色彩意义所包含的内容，学界目前并没有一个统一的看法，但对感情色彩、形象色彩、外来色彩、地域色彩等的关注与讨论相对较多，所以以下就从这几个方面入手来进行讨论。

1. 感情色彩变化

感情色彩是词的色彩义中最重要的内容，通常分为褒义、贬义和中性三种类型。在我们的统计范围内，体现感情色彩变化的并不多，这可能是由于感情色彩的产生及流行需要经过较长时间有关。

【革命】

“革命”这一词形古已有之，如《易・革》：“天地革而四时成，汤武革命，顺乎天而应乎人。”由于古人认为王者受命于天，改朝换代是天命变更，因而“革命”便指“实施变革以应天命”。在古汉语中，“革命”是一个中性词。后来，该词形被日本借去，并用来作为英语“revolution”的意译形式。回流汉语后，其语义，包括感情色彩都发生了变化，特指“摧毁旧的腐朽的社会制度，建立新的进步的社会制度”。梁启超 1902 年写了《释“革”》一文，文中谈到了对“革命”的理解：“‘革’也者，含有英语之 reform 与 revolution 之二义。Reform 者，因其所固有而损益之以迁于善，如英国国会一千八百三十二年之 revolution 是也。日本人译之曰改革、曰革新。Revolution 者，若转轮然，从根柢处掀翻之，而别造一新世界，如法国一千七百八十九年之 revolution 是也……于是近今泰西文明思想上所谓以仁易暴之 revolution，与中国前古野蛮争阎界所谓以暴易暴之革命，遂变为同一之名词，深入人人之脑中而不可拔……此所以 revolution 之事业，（即日人所谓革命，今我所谓变革）为今日救中国独一无二之法门。不由此道而欲以图存，欲以图强，是磨砖作镜，炊沙为饭之类也。”从这段论述中可以看出，梁启超对“革命”持一种积极、肯定的态度，并且认为是一种“从根柢处”彻底改造新世界的举动，唯有革命才是救中国的“不二法门”。另外，“革命”虽然古已有之，但它与泰西历史上“以仁易暴”的“revolution”有着本质区别，更倾向于正义的、进步的力量推翻旧有的腐朽势力，因而带有明显的褒义色彩。

“革命”在清末民初的使用频率非常高，可能是顺应了国人希望推翻旧政权、改天换地的心态，不仅对于当时的政府，在社会生活的方方面面人们均希图通过“革命”以求新貌，而这些通过当时非常流行的诸如“文学革命、思想革命、宗教革命、学术革命、道德革命、经学革命、史学革命、诗界革命、小说界革命、音乐界革命、工业革命、民主革命、社会革命”等组合形式即可见其一斑。

【民主】

（1）君主者，权偏于上；民主者，权偏于下。（郑观应《盛世危言·议院》）

“民主”无疑是清末民初极富时代特征的“核心词”或“关键词”，该词形古汉语中曾出现过，为偏正结构，即“民之主”，如《文选·班固〈典引〉》：“肇命民主，五德初始。”蔡邕注：“民主，天子也。”该词形被日本借去，后成为英语“democracy”的意译形式，“民主”由此也被赋予新义，即“人民参与国事或对国事有自由发表意见”，与“专制”构成一对反义词。

“democracy”在当时还有音译形式，如“德谟克拉西、德摩克拉西、德谟克那西”等，它们与“民主”一样，都具有鲜明的时代色彩。在1919年五四运动时期，知识分子高举“民主”和“科学”两大旗帜，向封建礼教和封建专制思想开火。有人将这两大旗帜进行了拟人化的翻译与表述：“democracy”由“德谟克拉西”等而为“德先生”，“science”则因“塞因斯”而被称为“塞先生”。陈独秀在1919年1月15日的《新青年》杂志上谈道：“只因为拥护那德莫克拉西（Democracy）和赛因斯（Science）两位先生，才犯了这几条滔天的大罪。要拥护那德先生，便不得不反对孔教，礼法，贞节，旧伦理，旧政治。要拥护那赛先生，便不得不反对旧艺术，旧宗教。要拥护德先生，又要拥护赛先生，便不得不反对国粹和旧文学。”

其实，早在先秦时期，《孟子》就提出“民为贵，社稷次之，君为轻”，这或许就是中国式的“民主”思想，而清末民初恰逢时代变迁，西方的“民主”思想成为知识分子推翻封建的重要思想基础与追求目标，反映了社会发展和民众的迫切需求，因而深入人心，而在这一背景下与语境中，此词的感情色彩也由传统的中性变为褒义。

2. 形象色彩变化

很多词语还具有形象色彩，它往往源于人们的感性认识，例如以生动具体的形象诉诸人们的视觉、嗅觉、味觉、听觉等，从而引起人们对于某种形象的联想。我们知道，虽然音译词主要是“记音”的，但是绝大多数汉字都具有表义特性，而人们在选择音译用字的时候，有时也会有意地利用这一点来为该词附加上某一形象色彩，从而实现了这一方面的“义溢出”。例如，利用“视觉”形象的“霓虹灯（neon）”，会使们在“霓虹”的色彩斑斓形象与“霓虹灯”的多彩特性之间建立起联系，从而为该译名附着浓厚的形象色彩。此外再如进行“味觉”联系的，如“香槟酒（champagne）”，如前所述，“champagne”本指法国的一个地名（因香槟产自该地便以地名命名），但从“香槟”这一音译形式就很容易产生“香醇”的联想，而这也暗合了“香槟酒”的特性，十分形象。再如“梵婀玲”（violin），产生于五四运动之后，如朱自清《荷塘月色》：“塘中的月色并不均匀，但光与影有着和谐的旋律，如梵婀玲上奏着的名曲。”客观地说，“梵婀玲”一词的出现并不仅仅是为了填补“violin”这一外来事物在汉语中的指称空缺，事实上，早在20世纪初期的英华词典中就已出现了“四弦提琴”的意译形式。[①]“violin”在英语中只是一个普通的乐器名称，但译作“梵婀玲”却增加了原语以及意译形式所没有的形象色彩等。这是因为，汉语表达中，“婀、玲”一般都用来形容女性的曼妙，如“婀娜多姿”“玲珑有致”等，而“violin”由于音色优美，通常被称作古典乐器的“王后”，所以“婀、玲”恰与“violin”的特质相对应，而且能够使人联想到悠扬悦耳

① 如颜惠庆《英华大辞典》、赫美玲《英汉字典》均把“violin”释义为“四弦提琴”。

的琴声，而这也是“梵婀玲”多用于文学作品的原因，因为它能够营造一种诗情画意的氛围。

3. 外来色彩变化

汉语吸收外来词是一个动态的过程，随着使用频率的增加以及时间的发展，很多外来词的外来色彩也在不断减退，甚至消退，但也有部分词语一直保留着较为明显的外来色彩。由于日源外来词绝大多数利用汉字和汉语固有构词法构成，因而外来色彩的体现并不明显，所以这一类的研究对象主要是西源外来词，下面我们结合外来词的不同类型来具体分析外来色彩的变化。

首先，各种字母外来词由于全部或部分由外文字母构成，所以往往仍具有比较浓厚的外来色彩。例如“DDT（一种杀虫剂）”“X 光”“三 K 党”等，虽然引进及使用的历史已经比较久远，但仍然一眼就能识别出它们的外来身份。

其次，纯音译形式往往不涉及语义，词语内部一般缺乏理据，用字也较为生僻，所以其外来色彩的消退也相对较慢，例如“伦敦、欧姆、安浦耳、巴拉圭、喀斯特、福尔马林、布尔什维克”等。

最后，半音译半意译、谐音音译、造字音译以及“音译+义标”等形式，它们与纯音译相比，都不同程度地具有汉语的语义成分或因素，所以其外来特征及色彩远不如字母及纯音译形式明显，仅存的部分也会随着使用频率的提高而逐渐消退。例如半音译半意译词“安培表（amperemeter）”，虽然“安培”属于音译，陌生化程度相对较高，但“表”是汉语固有语素，这一方面降低了此词的外来色彩“级别”，另一方面也使其更加易于融入汉语词汇体系。至于“绷带、苦力、幽默”这样的谐音音译词，自然就更是如此了。

此外，从历时的角度来看，随着外来词大量涌入汉语系统，可能会促使一些语言符号发生语法化的现象，这也会使某些词的外来色彩降低甚至消失。这种类型主要分两个阶段：一是外来词音节的语素化，一些原本没有意义的记音符号因为频繁地使用，可以脱离最初所构之词（如“美国”）逐渐成了表义语素，并且能够另构新词（如“美标、美制、美军”）。另外再如“啤”，前文已做分析，这里不再赘述；二是外来词音节的词化，例如常用来表示国名、地名的“英、俄、美、法、亚、非、欧”等，它们在产生之初一定要依赖其他共现语素的提示，例如“美国”

“非洲”等。但是，随着使用越来越频繁，不仅它们的构词能力大大增强，在表示国名、地名时，甚至都不用后加提示语素，已完成了外来词音节的词化，例如“留法学生”“赴美产子”“非盟会议”这样的表述现在随处可见，人们也不会有理解上的困难。

参考文献

北京师范学院中文系汉语教研组：《五四以来汉语书面语言的变迁和发展》，商务印书馆 1959 年版。

陈光磊：《汉语词法论》，学林出版社 1994 年版。

陈建民：《改革开放以来中国大陆的词汇变异》，《语言文字应用》1996 年第 1 期。

陈明娥：《日本明治时期北京官话课本词汇研究》，厦门大学出版社 2014 年版。

陈原：《语言与社会生活》，生活·读书·新知三联书店 1980 年版。

崔崟、丁文博：《日源外来词探源》，世界图书出版公司 2012 年版。

刁晏斌：《新时期大陆汉语的发展与变革》，洪叶文化事业公司 1995 年版。

刁晏斌：《现代汉语历史发展研究刍议》，《辽宁师范大学学报》1995 年第 4 期。

刁晏斌：《新时期大陆汉语与海外汉语的融合及其原因》，《辽宁师范大学学报》1997 年第 4 期。

刁晏斌：《差异与融合——海峡两岸语言应用对比》，江西教育出版社 2000 年版。

刁晏斌：《现代汉语史论稿》，中国文联出版社 2001 年版。

刁晏斌：《现代汉语词汇的形成及其他》，香港《语文建设通讯》2004 年总第 78 期。

刁晏斌：《现代汉语史》，福建人民出版社 2006 年版。

刁晏斌：《初期现代汉语语法研究》，辽海出版社 2007 年版。

刁晏斌：《试论清末民初语言的研究》，《励耘学刊》（语言卷）2008

年第 2 期。

刁晏斌、邹贞：《基于计算的海峡两岸女性译名性别义溢出情况对比研究》，《云南师范大学学报》（哲学社会科学版）2014 年第 2 期。

董秀芳：《汉语的词库与词法》，北京大学出版社 2004 年版。

冯胜利：《汉语的韵律、词法和句法》，北京大学出版社 1997 年版。

冯天瑜：《新语探源——中西日文化互动与近代汉字术语生成》，中华书局 2004 年版。

高名凯、刘正埮：《现代汉语外来词研究》，文字改革出版社 1958 年版。

葛本仪：《汉语的造词与构词》，《文史哲》1985 年第 5 期。

葛本仪：《现代汉语词汇学》，山东人民出版社 2001 年版。

顾江萍：《汉语中的日语借词研究》，上海辞书出版社 2011 年版。

郭沫若：《沫若文集》，人民文学出版社 1959 年版。

贺国伟：《汉语词语的产生与定型》，上海辞书出版社 2003 年版。

黄河清：《汉语外来影响词》，香港《词库建设通讯》1995 年总第 7 期。

黄河清：《近现代辞源》，上海辞书出版社 2010 年版。

黄遵宪：《日本国志》，上海古籍出版社 2001 年版。

蒋绍愚：《词义的发展和变化》，《语文研究》1985 年第 2 期。

蒋绍愚：《近代汉语研究概况》，北京大学出版社 1994 年版。

蒋绍愚：《关于汉语史研究的几个问题》，《汉语史学报》2005 年第 00 期。

蒋廷黻：《中国近代史》，江苏人民出版社 2014 年版。

郎宓榭：《新词语新概念：西学译介与晚清汉语词汇之变迁》，山东画报出版社 2005 年版。

李如龙：《汉语词汇衍生的方式及流变》，《河北师范大学学报》2002 年第 5 期。

李仕春：《从复音词数据看上古汉语构词法的发展》，《北京化工大学学报》2007 年第 1 期。

李行健：《从语言发展和社会心理看某些词语的规范问题》，《语文建设》1987 年第 5 期。

李运熹：《试论比喻造词》，《宁波大学学报》1982 年第 3 期。

刘凡夫：《以黄遵宪〈日本国志〉（1895）为语料的日语借词研究》，《日语学习与研究》2012 年第 3 期。

刘禾：《跨语际实践：文学、民族文化与被译介的现代性》，生活·读书·新知三联书店 2014 年版。

刘叔新：《汉语描写词汇学》，商务印书馆 1990 年版。

鲁迅：《鲁迅文集》，黑龙江人民出版社 1995 年版。

罗常培：《语言与文化》，语文出版社 1996 年版。

马西尼：《现代汉语词汇的形成：十九世纪的汉语外来词研究》，汉语大词典出版社 1997 年版。

孟伟根：《汉语外来词的词义汉化及其回译》，香港《词库建设通讯》1996 年总第 9 期。

潘文国：《汉语音译词中的"义溢出"现象》，《社会语言学论文集》，北京语言文化大学出版社 2002 年版。

潘文国、叶步青、韩洋：《汉语的构词法研究》，华东师范大学出版社 2004 年版。

潘允中：《汉语语法史概要》，中州书画社 1982 年版。

钱玉莲：《现代汉语词汇讲义》，北京大学出版社 2006 年版。

任学良：《汉语造词法》，中国社会科学出版社 1981 年版。

沈国威：《近代日中语汇交流史》，笠间书院 1994 年版。

沈国威：《六合丛谈：附解题·索引》，上海辞书出版社 2006 年版。

沈国威：《新尔雅：附解题·索引》，上海辞书出版社 2011 年版。

沈孟璎：《修辞方式的渗入与新词语的创造》，《山东大学学报》（哲学社会科学版）1998 年第 3 期。

沈孟璎：《现代汉语理论与应用》，南京师范大学出版社 1999 年版。

实藤惠秀：《中国人日本留学史》，生活·读书·新知三联书店 1983 年版。

史有为：《汉语外来词》，商务印书馆 2000 年版。

松浦章：《遐迩贯珍：附解题·索引》，上海辞书出版社 2005 年版。

苏新春：《当代汉语外来单音语素的形成与提取》，《中国语文》2003 年第 6 期。

苏新春：《现代汉语分类词典》，商务印书馆 2013 年版。

孙常叙：《汉语词汇》，吉林人民出版社 1956 年版。

汤志祥：《当代汉语词语的共时状况及其嬗变》，复旦大学出版社

2001 年版。

王艾录、司富珍:《汉语的语词理据》，商务印书馆 2001 年版。

王力:《汉语史稿》，中华书局 1980 年版。

王立达:《现代汉语中从日语借来的词汇》，《中国语文》1958 年第 2 期。

吴礼权:《修辞心理学》，暨南大学出版社 2013 年版。

武占坤、王勤:《现代汉语词汇概要》，内蒙古人民出版社 1983 年版。

向熹:《简明汉语史》，高等教育出版社 1993 年版。

肖晓晖:《汉语并列双音词构词规律研究》，中国传媒大学出版社 2009 年版。

邢墨卿:《新名词辞典》，新生命书局 1934 年版。

熊月之:《西学东渐与晚清社会》，中国人民大学出版社 2011 年版。

徐正考、张烨:《一种结构特殊的偏正式复合名词》，《苏州大学学报》2011 年第 5 期。

杨锡彭:《汉语外来词研究》，上海人民出版社 2007 年版。

袁宾:《近代汉语概论》，上海教育出版社 1992 年版。

苑春法、黄昌宁:《基于语素数据库的汉语语素及构词研究》，《语言文字应用》1998 年第 3 期。

张静:《实用现代汉语》，河南人民出版社 1996 年版。

张寿康:《五四运动与现代汉语的最后形成》，《中国语文》1979 年第 4 期。

张玉来:《近代汉语共同语的构成特点及其发展》，《古汉语研究》2000 年第 2 期。

赵艳芳:《认知语言学概论》，上海外语教育出版社 2001 年版。

郑振铎:《晚清文集》，中国人民大学出版社 2011 年版。

周有光:《语文闲谈》(上)，生活·读书·新知三联书店 1995 年版。

周光庆、刘玮:《汉语与中国新文化启蒙》，台湾东大图书公司 1996 年版。

周荐:《汉语词汇结构论》，上海辞书出版社 2005 年版。

周祖谟:《词汇和词汇学》，《语文学习》1958 年第 11 期。

邹嘉彦、游汝杰:《汉语与华人社会》，复旦大学出版社 2001 年版。

后　记

历经三年艰辛而又充实的时光，本书终将付梓。落笔之际，并没有想象中的轻松和释然，我好像已经习惯了每天无论多忙多累，都会写上几段的日子。抚摸书页上的每一个文字，昔日里点点滴滴的情愫涌上心头。在这漫长的日日夜夜中，感谢我的家人、老师、领导，他们一直在鼓励我，无私地为我提供各种各样的帮助，这也是激励我能坚持下去的最大动力。在拙作即将出版之际，借此机会将我的思绪和感激化作文字表达出来。

我于 2015 年初，经由业师徐正考先生的举荐，有幸参与了北京师范大学刁晏斌先生的国家社科基金重大项目“百年汉语发展演变数据平台建设与研究”（项目编号：13&ZD133）的研究，徐老师作为该项目子课题“清末民初语言研究”的负责人，他的认可和信任使我有了这次难得的研究机会。刁老师为我拟定了“清末民初词汇研究”的研究任务，周期为三年。

初探这个领域，我即深深被清末民初纷繁多样的语言面貌而吸引，但是此期语料浩如烟海，词汇面貌庞杂，而可供参考借鉴的研究成果很少，这都给研究带来了很大的困难。另外，面对此期涌现的大量新词新义，如何将研究做实，而不限于简单的分类列举，这也是我一直思考的问题。在与刁老师沟通交流后，我确立了几个研究重心：第一，注重稀见语料的发掘，尽可能在博采此期典型语料的基础上找出前人时贤较少利用的文献资料；第二，在描写的过程中把握共时与历时相结合的因素，在描写某词时尽可能做到追本溯源，体现词的历时演变和发展；第三，在争取做到全面的基础上，保证研究的“精度”，确保搜集的每一词条均有出处，用例做到准确无误。这几项工作说起来简单，实际操作却困难重重，且工作量巨大。比如，仅自建的各种语料库就达到 21 个，统计得出的本土词和外来词近万例，参证此期的字词典有 18 部，最终的定稿达到 50 余万字。所幸的是，我做的工作也得到了项目负责人的认可，记得在 2018 年的最后一天，我收到了刁老师发来的最终修改稿，文末最后一句“在这里想说的是，对你及我而言，真的是很不容易”，寥寥数语道出了我内心的真实感受，千言万语都难以叙说过程的艰辛以及完成后的喜悦，只能任泪水恣意流下……

在本书即将出版之际，我首先想特别感谢几位老师对我提供的指导、支持和鼓励。刁老师在我写作过程中，一次次不厌其烦地提出修正意见，小到标点符号，大到知识框架，他都耐心细致地为我指出问题所在，仅“外来词”部分就改了五稿，最后的全稿三百余页，也从头至尾修正了一遍。他严谨认真的治学态度令我印象深刻，严厉而又不失幽默的指导方式让我难以忘怀。可以说，这本书最后能呈现这样的面貌得益于老师的悉心教导，他在百忙之中慷慨赐序，亦令拙作增色不少。徐正考老师是我在吉林大学攻读博士学位时的导师，我跟随他学习汉语词汇史和语法史。老师丰厚渊博的学识、耐心细致的教学方式、高尚的人格修养都令我受益终身，尤其是老师的“做学问要先学会做人”，这句话牢牢镌刻在我的心中，也必将成为我一生的努力方向。我还要特别感谢我的硕士生导师，大连理工大学的刘乃仲教授，由于我本科硕士均就读于大工，在这六年时光中深受刘老师在治学以及为人处世方面的影响，他使我深深爱上了语言学，并立志在这一领域奋斗终生。很遗憾的是，在本书马上就要出版之际，却惊闻恩师因病不幸离世的噩耗，只恨自己未能再早一些做出成绩以慰先师。

在本书的写作研究过程中，我得到了任职的大连民族大学文法学院领导以及人文社科处领导的大力支持，在此一并表示感谢。还有中国社会科学出版社的任明主任以及各位编辑，他们严谨认真的态度以及耐心细致的修改，亦让本书最终得以以这种形式呈现，再表感谢！

感谢我的爱人和我的父母，在我怀孕生子期间，他们帮我分担了很多家庭重担，没有他们的支持和关怀，恐怕我也难以坚持到今天。谢谢，辛苦了！

张　烨

2019 年 4 月于大连